Reise Know-How®

Teneriffa

»Gleichsam an der Pforte der Tropen und doch nur wenige Tagereisen von Spanien gelegen, hat Teneriffa schon ein gut Theil der Herrlichkeit aufzuweisen, mit der die Natur die Länder zwischen den Wendekreisen ausgestattet (hat).«

Alexander von Humboldt (1769-1859) am 23.6.1799 in einem Brief aus Puerto de la Cruz (damals Puerto Orotava) an seinen Bruder Wilhelm

Eyke Berghahn, Petrima Thomas,
Hans-R. Grundmann

Teneriffa

Eyke Berghahn
Petrima Thomas
Hans-R. Grundmann

TENERIFFA

2. überarbeitete und aktualisierte Auflage 2/2004
(mit separater Straßenkarte)

ist erschienen im

REISE KNOW-HOW Verlag

ISBN 3-89662-197-1

Gestaltung
Umschlag:
M. Schömann, Köln/P. Rump, Bielefeld, H.-R. Grundmann
Satz und Layout: Hans-R. Grundmann/Carsten Blind
Fotos: siehe Nachweis auf Seite 431
Karten: Elsner & Schichor, Karlsruhe

Belichtung & Druck:
W. Zertani, Druckerei und Verlag, Bremen

Dieses Buch ist in jeder Buchhandlung
in Deutschland, Österreich und der Schweiz erhältlich.
Die Bezugsadressen für den Buchhandel sind

- Prolit Gmbh, 35463 Fernwald
- Buch 2000, CH-8910 Affoltern
- Mohr & Morawa GmbH, A-1230 Wien
- Barsortimenter

Wer im lokalen Buchhandel Reise Know-How-Bücher nicht findet,
kann diesen und andere Titel der Reihe auch im Buchshop des
Verlages im Internet bestellen: **www.reisebuch.de**

Zur Konzeption dieses Buches

Im Jahr 2003 reisten rund 1,4 Mio. Deutsche nach Teneriffa, wobei ein- bis zweiwöchige Ferien überwiegen. Die meisten Urlauber haben dafür bereits im Vorwege ein Quartier bei einer Reisegesellschaft oder über individuelle Kontakte fest gebucht. Und damit schon die Weichen für einen gelungenen Urlaub – oder das Gegenteil – gestellt. Selbst wer mit Glück oder dank persönlicher Empfehlung einen Ort gewählt hat, der den eigenen Vorstellungen weitgehend entspricht, hat daran wenig Freude, wenn Hotel oder Apartment nicht »passen«.

Normalerweise bieten Reiseführer zur Frage der »richtigen« **Orts- und Unterkunftswahl** wenig Hilfestellung. Im Vordergrund stehen allgemeine, häufig zu freundliche Kennzeichnungen der Ortscharakteristika und Sehenswürdigkeiten. Dieses Buch hilft u.a. bei der Unterkunftsfrage durch sorgfältige Beschreibung der Hotelstruktur in den verschiedenen Touristenorten und begründete Empfehlungen samt Hinweis auf Veranstalter. Besondere Berücksichtigung erfahren aber auch veranstalterunabhängige Häuser, Alternativen in *Casas Rurales* (*Fincas* mit Zimmern und/oder Apartments im Hinterland) und die zunehmende Zahl schöner **Landhotels** abseits des Massentourismus`.

Das Buch liefert außerdem Antworten auf alle weiteren Fragen der Urlaubsplanung und -gestaltung. Das **Hauptgewicht** liegt auf den Kapiteln im Teil **»Teneriffa selbst entdecken«**. Alle sinn- und reizvollen Ausflugsrouten für Mietwagen oder mit dem gut ausgebauten öffentlichen Bussystem sind detailliert ausgeführt und eng verknüpft mit der Beschreibung von Städten, Orten, Naturschönheiten und geologischen »Spezialitäten« am Wege. **Eine Karte** mit der (seit 2002) neuen Straßenummerierung liegt dem Buch bei. Alle Kapitel wurden »angereichert« mit zahlreichen informativen **Themenkästen** und **Essays**, die kulturelle, historische und natürliche Phänomene dort erläutern, wo sie geographisch »anfallen«. Integriert in die Routenkapitel sind viele **Wanderhinweise** und – in einigen Fällen – genaue Wegbeschreibungen mit Skizze.

Für den Hunger unterwegs wie den kleinen Appetit gibt es eine **Restaurantauswahl** an Strecken und in Orten mit Öffnungszeiten, Preisniveau und Lage sowohl für einfache. preiswerte Lokale mit guter kanarischer Küche als auch für Spezial- und Spitzenrestaurants. Darüberhinaus haben wir ein zusätzliches Kapitel den Eigenheiten von **Essen und Trinken auf Teneriffa** gewidmet.

Im 3. Teil des Buches finden sich unter der Überschrift »**Teneriffa Wissen**« grundlegende Beiträge zu Geschichte, Wirtschaft und Kultur von den »Guanchen« bis zur Gegenwart, zum Geheimnis des »ewigen« Insel-Frühlings und zu den jüngsten Erkenntnissen über die insulare Vulkankette am Rande Europas. Viel Raum haben wir der beachtliche **Flora Teneriffas** eingeräumt. Was nicht bereits entlang der Routen behandelt wurde, ist in einem langen **Sonderkapitel zur Vegetation** dokumentiert und illustriert. Wir danken Herrn Hermann Schmidt, Nürnberg, für seine Mithilfe beim Abfassen der entsprechenden Seiten.

Unser Dank gilt auch Karola Vogt, Hans Beter und Klaus Schwidrowski, die alle auf Teneriffa leben, für ihre fundierten Beiträge (Übersicht Seite 10). Torsten Götte beschrieb für uns dankenswerterweise einige Wanderrouten.

Eine gute Zeit auf Teneriffa wünschen Ihnen

Petrima Thomas, Eyke Berghahn und Hans-R. Grundmann

TEIL 1 FERIENZIEL TENERIFFA

TEIL 2 TENERIFFA SELBST ENTDECKEN

Unterkunftsempfehlung · Restaurantempfehlung · Cafeteria, Bar, Kneipe · Wanderhinweis

TEIL 3 TENERIFFA WISSEN 433

Themen und Essays rund um Teneriffa

FERIEN-
ZIEL
TENERIFFA

1. Was bietet Teneriffa?

1.1 Teneriffa als Teil der Kanaren

Makaronesien

Die kanarischen Inseln zählen zu Makaronesien (griechisch für »glückselige Inseln«), einer Gruppe von Archipelen vor der nordwestafrikanischen Küste, zu denen auch die portugiesischen Kapverden, Madeira und die Azoren mitten im Atlantik gehören. Sie alle sind vulkanischen Ursprungs und wurden über Jahrhunderte immer wieder mit dem versunkenen Kontinent **Atlantis** in Verbindung gebracht (➢ Seite 479). Das kanarische Archipel besteht aus **sieben Inseln** (von Ost nach West: Lanzarote, Fuerteventura, Gran Canaria, Teneriffa, La Gomera, La Palma und El Hierro), die sich auf einer Fläche von 500 km x 200 km verteilen. Die kürzeste Entfernung (von Fuerteventura) nach Afrika beträgt knapp 100 km, nach Europa (Gibraltar-Teneriffa) ca. 1.200 km.

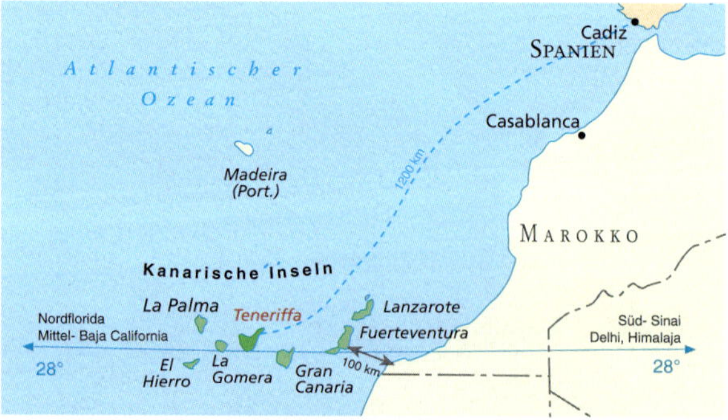

Lage und Klima

28. und 29. Breitengrad bilden Längsachsen der Kanaren. Sie liegen damit auf gleicher Höhe wie Florida (Orlando), die *Baja California* von Mexiko, Delhi, das Himalaya-Gebirge und Ägyptens Süd-Sinai. Nur auf Hawaii findet man auf dieser Breite (nur ca. 500 km nördlich des nördlichen Wendekreises auf 23,5°) das ganze Jahr hindurch ein ähnlich ausgeglichen mildes Klima wie auf den kanarischen Inseln. Grund dafür sind die kühlen Luft- und Meeresströme (der Nordostpassat und der Kanarenstrom), die wie eine Klimaanlage wirken. Im Sommer frischen sie die Wüstenhitze der nahen Sahara auf. Von November bis Februar kommen mit angenehmen 23°C Frühlingsgefühle im Winter auf. Bei beachtlich geringer Luftfeuchtigkeit (55%-65%) sinken die Jahresdurchschnittstemperaturen an den Küsten durchweg nachts kaum unter 15°C und klettern am Tag selten über 30°C. Auch der Atlantik bietet bei Wassertemperaturen von 19°-24° das ganze Jahr über Badefreuden. Dazu lacht die Sonne am Rande des beständigen Azorenhochs täglich 6-12 Stunden; und je nach Jahreszeit gibt es nur maximal 5 Regentage/Monat.

Ganzjährige Saison

Während die mediterranen Urlaubsorte in Griechenland, Italien, der Türkei und auf der Iberischen Halbinsel von Mitte Oktober bis Mitte Mai ihren Betrieb einstellen oder auf Sparflamme setzen, herrscht auf den kanarischen Inseln ganzjährig Saison. Ab Oktober fliegen die Nord- und Mitteleuropäer ein, weil es ihnen zu Hause zu naß und kalt wird; im Sommer kommen die Festlandspanier, weil es ihnen daheim zu heiß ist. Ihren Touristenboom verdanken die Kanaren diesem traumhaften Klima. Sie haben im Winterhalbjahr das sommerlichste Wetter ganz Europas und im Juli/August die frischeste Mittelmeer-Wärme.

Die zwei Seiten der Kanaren

Das kanarische Traumklima hat freilich die sprichwörtlichen zwei Seiten: Garantie für Sonne im Winter bieten die hohen und bergigen Inseln (Teneriffa, Gran Canaria, La Palma und Gomera) nur auf der kargen Südhälfte. An den grünen Nordhängen dagegen lassen gelegentliche Regenschauer eine reiche kanarische Flora sprießen und drücken die durchschnittlichen Temperaturen um 3°-4°C.

Urlaubskonkurrenten

Die kanarischen Inseln behaupten sich bisher gegenüber konkurrierenden Reisezielen an der nordafrikanischen Küste und am Roten Meer gut. Dort erwarten den Nord- und Mitteleuropäer zwar warme Wellen, z. T. auch schönere Strände und exotische Kulturen. Dafür sind Naher Osten und die südlichen Mittelmeer-Anrainer politisch unsicherer und landschaftlich einseitiger als das kanarische Landschafts-Kaleidoskop.

Nur mit den Fernreisezielen weit im Westen (Karibik, Florida) oder Osten (Thailand, Indonesien) haben die Inseln des ewigen Frühlings ernsthafte Konkurrenz in punkto Strandqualität, Exotik, fremder Kultur und Preisniveau vor Ort. Dafür verdoppelt sich bei Reisen über den Atlantik die Flugzeit und verdreifacht sich gar in den Fernen Osten. Je nachdem, wohin es geht, schmälern dabei die mitgebuchten Jetlag-Beschwerden den Erholungswert zu Urlaubsbeginn oder -ende um ein paar Tage. Der **Zeitunterschied** zwischen Mitteleuropa und den Kanaren von nur minus 1 Stunde bringt dagegen keine Probleme mit sich.

Sieben Inseln

Jede kanarische Insel hat ihre eigene Couleur, ein anderes Image und ihre spezifischen landschaftlichen Reize:

- **Lanzarote** ist die schwarze, vulkanischste, steinigste, exotischste und kahlste Insel, hat dunkle wie helle Sandstrände und nur wenig Flora.
- **Fuerteventura**, die windige, gilt mit ihren kilometerlangen hellen Sandstränden und Dünenlandschaften an einigen Küstenabschnitten als die gold-gelbe Insel
- **Gran Canaria** ist die rotbraune, nach La Palma dritthöchste (bis 2.000 m) Insel mit weiten gelben Stränden und hohen Dünen im Süden. Außerdem fungiert sie als Handels- und Versorgungszentrum der gesamten kanarischen Inselwelt.
- **La Palma** ist die grüne, die **Isla Bonita** (schöne Insel) mit lieblicher subtropischer Vegetation, Gebirge bis 2.500 m, und kaum Stränden. Sie gilt als Aussteiger-Treffpunkt.

- **La Gomera**, die zauberhafte Insel, ist grüngrau, kegelförmig steil (1.500 m) mit ablegenen Schluchten, ausgedehnten Lorbeerwäldern und 120.000 Palmen, das Traumeiland vieler Rucksacktouristen und Individualurlauber.
- **El Hierro**, die eiserne Insel, ist schwarz-grün, windzerzaust und von herber Anmut. Die kleinste Kanareninsel am westlichen Ende Europas erinnert auf ihrem zentralen Hochplateau ein Stück an Irland.
- **Teneriffa** inmitten dieser Inselwelt ist die größte, die anderen überragende der feurigen Schwestern. Vielleicht hat sie deswegen von allem etwas. Sie gilt zu Recht als die vielfältigste Insel, die auch nach wiederholten Besuchen noch landschaftliche Überraschungen bereithält.

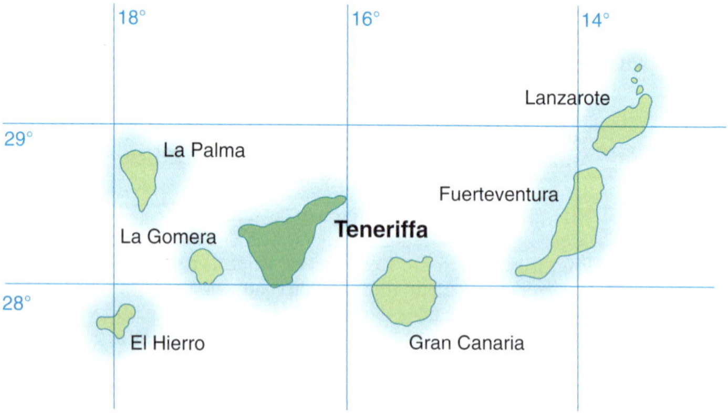

Entstehung der Insel Teneriffa

Ein Bruchsystem in der ozeanischen Platte in Form eines nach links gekippten Y formte Teneriffa. Die beiden Arme des Y, die Nordwestecke (Tenogebirge) und die Südwestecke (Gegend um Adeje) laufen in einem Winkel von etwa 120° dort zusammen, wo sich heute das Teidemassiv befindet. Das »Standbein« des Y bildet die ***Cordillera Dorsal*** (auf der Linie zwischen Teide und La Laguna) mit dem abschließenden Anagagebirge.

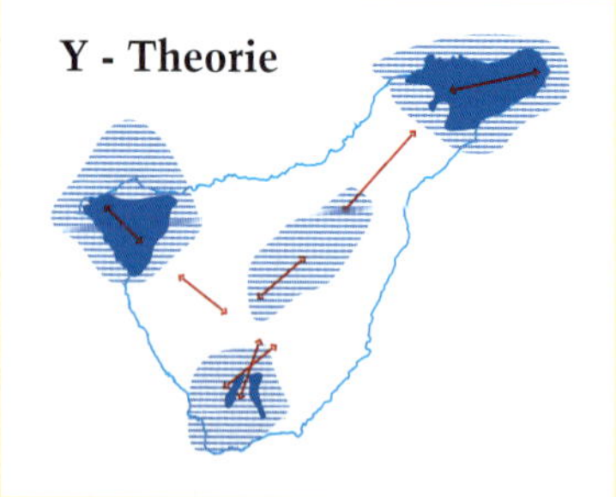

1. Spalten-vulkanismus

Diese drei zunächst unverbundenen Gebiete (Teno/Adeje/Anaga) wurden vor etwa 7-5 Mio. Jahren aus harten basaltischen Laven aufgebaut. Der Druck aus tiefer liegenden Magmakammern brach das Gestein immer wieder auf. In den entstandenen Spalten stieg Magma hoch.

Heute, nach vielen Millionen Jahren der Erosion, ist nur noch das harte eingeschlossene Gestein in den Spalten übriggeblieben. Die eng nebeneinander stehenden Felsen machen deutlich, daß immer wieder Spalten aufgebrochen wurden (➢ *Diques* bzw. Gänge, Seiten 168 und 281).

2. Rückgrat

Später, vor ca. 3-2 Mio. Jahren bildete sich das von Nordost nach Südwest gerichtete Spaltensystem, auf dessen Kamm die Straße von La Laguna zum Teide-Nationalpark verläuft (➢ östliche Teideauffahrt, Seite 397ff). Große Mengen Lava flossen punktuell seitlich nach Norden und Süden aus, welche heute u. a. die Begrenzungen (*Laderas*) der Täler von Orotava, Güímar und Icod bilden.

Eine andere Theorie besagt, das Orotavatal habe erst durch die Zerstörung des riesigen Vulkans, der ein Vorläufer des *Teide* war, sein jetziges Gesicht bekommen (➢ *Cañadas*, Seite 417ff).

3. Urvulkan

In der nächsten Phase verlagerte sich der Vulkanismus auf das Ende der stetig ansteigenden *Cordillera Dorsal* (Rückgrat), dem Gebiet des heutigen Teide. Im Gegensatz zu den bisher linear aneinandergereihten »Öffnungsspalten« bildete sich ein zentraler Vulkan, voraussichtlich mächtiger und höher als der Teide.

Auch die Zusammensetzung des vulkanisches Materials änderte sich. Waren es bisher basaltische Laven, trat jetzt trachytische und phonolytische Lava aus (➢ Lexikon Seite 439f).

Erdrutsche am Calderarand

4. Zerstörung des Urvulkans

Vor etwa 170 000 Jahren stürzte der Urvulkan nach gewaltigen Ausbrüchen ein und veränderte durch die ungeheure Menge des sich neu verteilenden Gesteins die Gestalt Teneriffas.

5. Teide Im entstandenen Kessel (*Caldera*) bildeten sich neue Vulkane, aus denen das heute bestehende Teidemassiv mit dem *Pico Viejo* hervorging (➢ Seite 417).

6. Jüngerer Vulkanismus Vor allem zur östlichen und südlichen Flanke der Insel wurden während einer späteren Phase in explosiven Eruptionen Aschewolken und Lockermaterialen (Bimsstein, Tuffs, Lapilli, ➢ Seiten 408+437f) ausgestoßen, die das ältere Gestein überdeckten und neues Terrain vom Meer hinzugewannen. Außerdem bildeten sich bis in die Neuzeit hinein an den Hängen rund um die Insel – mit Ausnahme der Anaga-und Tenoregionen – in unterschiedlicher Dichte weit über 100 kleine Aschekegel heraus (➢ Seiten 407).

Der jüngste Vulkanismus der Insel stellt die Verbindung zwischen dem Teidemassiv und dem Teno her. Davon zeugen die schwarzen noch unverwitterten und nicht mit Erde bedeckten Gesteinsmassen der Ausbrüche der *Montaña Negra* (1706), der *Narices de Teide* (1798) und des *Chinyero* (1906); ➢ Seiten 279 und 350). Zur Entstehung des gesamten Archipels ➢ Seite 434.

1.2 Die Landschaften Teneriffas

1.2.1 Übersicht

Prägende Geologie Teneriffa gleicht einem gleichschenkeligen Dreieck, dessen spitzer Winkel nach Nordosten zeigt. Etwas oberhalb des Dreieckschwerpunkts ragt der kegelförmige Teide (3.715m) aus einer riesigen, 2.200 m hohen Kraterebene (*Las Cañadas*), von der sich ein kiefernbewaldeter Bergkamm (*Cumbre Dorsal*) nach Nordosten zieht. Er läuft in einer ausgedehnten Senke aus, dem *Valle de Aguere* (ca. 500-600 m), in der der Nordflughafen (*Los Rodeos*) und die einstige Hauptstadt La Laguna liegen. Von den *Cañadas* bzw. dem Kamm fällt die Landschaft – durchbrochen von vielen z.T. tiefen Schluchten (*Barrancos*) – ins Meer; im Norden steiler als an der Süd- und Ostküste. Nur im äußersten Nordosten und Nordwesten ragen wiederum schroffe, wildromantische Massive bis zu 1.000 m Höhe auf, das Anaga- und das Tenogebirge.

Mikrokosmos »Auf sieben Inseln um die Welt« heißt ein kanarischer Werbeslogan und beschreibt Teneriffa im Zentrum dieses kleinen Universums als besonders mannigfaltig: Das ganze Jahr über Sonnenbaden und Schwimmen im Meer (dazu von Oktober bis April Schnee auf dem Teidegipfel), pechschwarze Lavawüsten, helle Tuffstein-Felder, schroffe Schluchten neben bizarren Felsformationen (*Roques*), ausgedehnte Lorbeerbaum- (*Laurisilva*) und Kiefernwälder, senkrechte Steilküsten oder schwarze Sandbuchten und immergrüne, blühende Gartenlandschaften. Was im kanarischen Mikrokosmos fehlt, sind Seen, Flüsse und Auen.

Umbruch Erst seit Mitte des 20. Jahrhunderts erlebte das Naturparadies Teneriffa radikale Eingriffe. Insbesondere an den Küsten und unteren

Hanglagen wurde eine moderne Infrastruktur geschaffen, die für die kleine Insel vergleichsweise mächtig ist: Ein im Norden und Süden extrem dichtes Straßennetz mit einer um Dreiviertel der Insel laufenden Ringautobahn, zwei internationale Flughäfen und im Metrobereich – mit 350.000 Einwohnern etwas größer als Mannheim – zahlreiche ambitionierte Großstadtprojekte internationaler Architekten.

Zersiedelung

Viele Küstenabschnitte sind total zersiedelt, um die alten Dörfer herum drängen sich engstehende, unverputzte Zementblockhäuser, Ortskerne lassen sich kaum noch erkennen. Erst seit einem einjährigen Baustopp für neue touristische Anlagen 2001 wurde forciert an einem inselweiten Raumordnungsplan gearbeitet. Bisher baute man in jeder der 31 Gemeinden, wie es kam. Nur die höheren Lagen blieben dank ausgedehnter Naturschutzgebiete (47% der dortigen Flächen) von der Bauwut verschont.

Keine Dorfromantik

Um das ursprüngliche Teneriffa zu finden, muß man schon etwas genauer hinschauen und nach altkanarischer Dorfromantik lange suchen. Liebliche Weiler sind selten. Eher trifft man auf Fischer- und Gebirgssiedlungen von unverwechselbarer Herbheit.

Schnee in den Cañadas (in über 2.220 m Höhe); auf einer subtropischen Insel eine unerwartete Attraktion

1.2.2 Strände, Pools und steiler Fels

Von Teneriffas 360 km langen Küsten*) bestehen nur 24 km aus schwarzem Lavastrand; der Rest ist steinig, steil oder felsig.

Gegensätze

Die flachere Südküste ist dabei fürs Auge bei weitem nicht so attraktiv wie die steile Nordküste, wo man nicht lange nach Aussichtspunkten suchen muß; die Hanglage über dem Meer und die Weite des Orotavatals bieten fast automatisch herrliche Ausblicke auf den Atlantik oder das Teidemassiv und oft genug auf beides. Das Farbenspiel ist perfekt: schwarze Lavafelsen an der Küste, umspült von blauen Wellen und weißer Gischt, grüne Hänge und der im Winter schneebedeckte Vulkankegel.

*) Zum besseren Verständnis der Teneriffa-Aufteilung in Nord-Süd-Ost-West ➢ Kapitel »Regionen und Küsten« auf Seite 90f.

Vom Atlantik bei Seegang überspültes Meerwasser-Schwimmbad

Nordküste

Allerdings erschwert diese Steilküste den Zugang zum Wasser. Schwimmen ist meist nur in brandungsgeschützten **Meerwasser-Schwimmbädern** möglich. Sie gibt es an vielen Orten der luvseitigen Nordküste, mal als schmucklose Betonbecken, mal als exotisch gestaltete Badelandschaft. Wenn die Wellen bei Seegang überschwappen, machen sie das Bad im Meer zum echten Vergnügen. Im Norden finden sich nur wenige leicht zugängliche **Lavasandstrände** (*Playa Jardín* und *Bollullo*/Puerto de la Cruz, Socorro und San Marcos, ➢ Strände, Seite 110f).

Der Süden

An der leeseitigen Südküste Teneriffas geht es über Lavaklippen oder hellen Tuffstein flacher und optisch weniger spektakulär ins ruhigere Wasser. Bis auf El Médano und Los Cristianos gibt es keine längeren natürlichen Sandstrände. Doch wie im Norden hat der Mensch auch hier in den letzten Jahren kräftig nachgeholfen und im **Bereich Las Américas/Costa Adeje** lange **künstliche Strände** angelegt. Sie können sich sehen lassen. Riesige Stein-Schredder haben kartoffelgroße Inselsteine (*Callaos*) feingemalen zu hellgrauem feinkörnigen Sand. Die neuen Strände sind durch Molen wellengeschützt, führen kinderfreundlich seicht ins Wasser und sind an der Promenade subtropisch begrünt.

Die Westküste

Nur an der Westküste ist die Strandarchitektur kaum entwickelt so dass es am Wasser in Playa de la Arena und nebenan bei Los Gigantes mit seinem winzigen Strand zwischen Liegen und Laken eng werden kann. Während nördlich von Los Gigantes die Natur durch gigantische Steilfelsen jeglichen Strandfreuden ein Ende setzt, sind an der südlichen Westküste die schwarzen Strandabschnitte wie in Playa de San Juan und Alcalá noch ausbaufähig.

Die Ostküste

Die kleinen Sandstrand-Buchten zwischen El Médano und Santa Cruz sind touristisch kaum erschlossen. Erst nördlich von Santa Cruz lockt Teneriffas **Vorzeigestrand**, der 1,6 km lange ***Playa de las Teresitas*** beim Vorort San Andrés, wieder Wasserratten an. Der Strand wurde vor fast 30 Jahren mit 4 Mio Sack gelbem Sahara-Sand aufgeschüttet und mit Palmen bepflanzt. Zwei Meerwasser-Schwimmbecken der Ostküste dürfen nicht unerwähnt bleiben: der kleine aber feine **Pool** zwischen **Las Caletillas** und **Candelaria** und die städtische **Badelandschaft** beim Auditorium in **Santa Cruz**.

1.2.3 Grüne Wälder, tiefe Schluchten, schroffe Gipfel

Cañadas

Während sich an den Küsten alles drängt, schlummern oberhalb von 800 m nur noch kleine Dörfer. In 2.200 m Höhe liegt der ***Parque Nacional del Teide*** (*Las Cañadas*), eine fast kreisrunde Hochebene von rund 16 km Durchmesser. Umringt von den Kraterwand-Resten eines riesigen eingebrochenen Urvulkans, erhebt sich aus dieser Ebene nochmals ein 1.500 m hoher Vulkankegel, der im Winter schneebedeckte *Pico del Teide* (3.715 m). In den *Cañadas* entfaltet das Eruptions-Gestein seine ganze vulkanische Schönheit. Eine Seilbahn-Auffahrt bis kurz unter den Teide-Gipfel gehört für viele Touristen zum Teneriffa-Muß.

Blick über ausgedehnte Lavafelder der Cañadas auf den winterlichen Teide (von der Westauffahrt, Straße TF 38)

Anaga- und Teno-Gebirge

Die geologisch ältesten Inselregionen, das Anaga- und das Tenogebirge im Nordosten bzw. Nordwesten, sind in ihrer bizarren Schroffheit von besonderem Reiz. Im Frühjahr sind sie ein grüner Magnet für Wanderer und Pflanzenkundler. Ein weites Netz an Rund- und Zielwegen in 800-1.200 m Höhe endet meist an Dorfkneipen oder einer Haltestelle des gut ausgebauten Bussystems (➢ Seiten 57 und 586f). Von den Aussichtspunkten bieten sich immer wieder neue, überwältigende Panoramablicke über tiefeingeschnittene Schluchten und skurrile Gipfelformationen auf den Atlantik – bei klarer Sicht bis hinüber zu den Nachbarinseln La Gomera und Gran Canaria.

Kiefernwälder und Laurisilva

Unterhalb der *Cañadas*, zwischen 1.000 m und 1.600 m Höhe, liegt ein ausgedehnter Kiefernwaldgürtel, wenn auch ohne das uns vertraute Unterholz. Die hohen kanarischen Kiefern saugen mit langen Nadeln die Feuchtigkeit aus den Passatwolken und versorgen so mit Milliarden Tropfen Teneriffas komplizierten Süßwasserhaushalt (➢ Seite 456. Immergrün sind auch die *Laurisilva*-Wälder (➢ Seite 170), kleine 2-3 m hohe Lorbeer-Bäumchen und 1-2 m hohe Baumheide, die in Farnen, Moosen und Riesenlöwenzahn stehen.

Tufflandschaft Wo der Mensch in die beigefarbene Tufflandschaft im Osten und Süden der Insel eingriff, wirkt sie abstoßend wie eine Geröllhalde. Nur abseits der bewohnten Gebiete findet sich dieses poröse Gestein noch in skurrilen Formationen. An den Hängen zwischen Vilaflor und Arico wurde der **Tuff zu Lapillisteinchen** kleingemahlen und dient den Bauern zum Trockenanbau. Nach der Ernte wirken die kahlen Terrassenfelder wie gigantische Treppenstufen im Lande Goliaths.

Gartenbau und Landwirtschaft Teneriffas Norden beeindruckt auch im Winter mit blühender subtropischer Vegetation. Aus Zierpflanzen, Oleander, Tulpenbäumen und wahren Bougainville-Wasserfällen schießen schlanke kanarischen Palmen mit Wedeln wie Struwelpeter-Haare. Im Frühjahr blühen auch an den südöstlichen und westlichen Hängen Mandelbäume, Feigen, Margueriten und der orange glühende kalifornische Mohn. Nach wie vor werden auch diese Regionen landwirtschaftlich genutzt. An der Küste sieht man Bananen- und Tomatenplantagen, oft unschön zum Schutz vor Wind unter Plastik verpackt; etwas oberhalb wird Wein angebaut.

Zu Lapilli gemahlener Tuffstein (Tosca), der von der Landwirtschaft als natürlicher Wasserspeicher genutzt wird

1.2.4 Kolonial- und Großstadtflair in Metro Santa Cruz

Mit gut 340.000 Einwohnern hat der Metrobereich Santa Cruz-La Laguna Großstadtcharakter mit allen Vor- und Nachteilen.

Ausflugsziel Heftiges Gewerbegebiet sowie ein Labyrinth von Vororten und engen Straßen liegt beiderseits der dort 6-8 spurigen Nordautobahn zwischen der alten Hauptstadt La Laguna und der neuen, Santa Cruz. Während La Lagunas Zentrum als erste spanische Kolonialstadt zum UNESCO-Weltkulturerbe zählt, setzt Santa Cruz neben der Restauration seiner alten Fassaden mit ehrgeiziger Architektur (Messehalle, neues Auditorium, Hochhäuser) in der *Downtown Los Llanos* auf die Zukunft. Vom zentral gelegenen Hafen spülen täglich Kreuzfahrer-Touristen auf die Ramblas und Plazas, in die Parks und Fußgängerzonen; sie bummeln und shoppen in zahlreichen schicken Läden. Die in Santa Cruz reizvolle Mischung von Kolonial- und spanischer Großstadt lohnt einen Tagesausflug in den Metrobereich.

1.3 Teneriffas Klima: Ewiger Frühling?

Die Touristenzentren im Süden der Insel werben mit 360 Sonnentagen im Jahr, doch selbst auf der »Insel des ewigen Frühlings« scheint nicht immer nur die Sonne über wolkenlos-blauem Himmel. Auch Teneriffa kennt Jahreszeiten und wechselndes Wetter.

Gegensätze Da die Klimata an der Nordküste und im Süden erheblich voneinander abweichen, spielen die meteorologische Daten für die Wahl des Ferienortes eine große Rolle. Der grüne Norden ist generell kühler als der karge Süden und Westen. Zusätzlich sorgen tiefe Schluchten und hohe Bergkämme auf beiden Inselseiten für vielfältige Mikroklimata, so dass man bei einer Inselrundfahrt am gleichen Tag mal Sonne, mal Nebelschwaden, mal kräftige Fallwinde oder heftige Regenduschen erleben kann.

Teneriffa kennt auch Schlechtwetterlagen mit vielen Wolken oder Saharasand in der Luft (➢ Seite 447). Doch daß der Himmel wie bei uns in Nordeuropa über viele Tage grau und zugezogen bleibt, kommt nicht vor. Manchmal ändern sich Wind und Wetter mehrmals am Tag und zwar in den verschiedenen Inselbereichen in recht unterschiedlicher Weise.

Nordseite Wer in punkto Wetter sicher gehen will, sollte im Winter den Norden Teneriffas besser meiden, weil dort die Lufttemperaturen im Schnitt 4°C niedriger liegen als im Süden. Dabei ist mit doppelt so vielen Regentagen zu rechnen, und die Sonne scheint im Schnitt täglich eine Stunde weniger. Dafür ist es auf der Nordseite im Sommer – dann angenehme – 5°C kühler, Grund genug für die ältere (Residenten-) Generation, ihr Domizil im Orotavatal im Bereich Puerto de la Cruz zu suchen.

Passatwolke Wer im Norden Teneriffas nicht unmittelbar am Meer, sondern in etwas höheren Lagen wohnt, gerät zudem oft an den unteren Rand der dicken Passatwolkendecke, die mittags aufzieht und einem das Sonnenbad auf der Terrasse verderben kann. Sie hängt im Winter 500 m dick zwischen 900 m und 1.700 m und im Sommer 300 m dick in einer Höhe von 600-1.300 m.

Diese Wolken »schwappen« vor allem im Winter zwischen Güímar und Santa Cruz von Norden hinüber auf die andere Inselseite.

Passatwolke über dem Tenogebirge von Süden aus gesehen. Der Norden liegt derweil unter dichter Bewölkung

Teneriffas Klimawerte in Zahlen

	Jan-März	Apr-Juni	Juli-Sep	Okt-Dez
NORDEN				
°C am Tag	19-20	21-23	24-26	24-20
°C nachts	13-14	14-18	19-20	19-14
Sonnenstd./Tag	5-7	8-10	11-8	6-5
Regentage	10-8	4-2	1-3	5-9
SÜDEN				
°C am Tag	21-22	23-27	28-30	26-22
°C nachts	15-16	16-19	21	20-16
Sonnenstunden	6-7	8-11	11-9	8-6
Regentage	4-3	2-0	0	5-4
°C WASSER				
Nord + Süd	19	20-21	24-21	20

Kühler ist es in höheren Lagen, z.B. in La Laguna (550 m):

La Laguna				
°C am Tag	15-17	18-22	24-25	22-16
°C nachts	9-10	10-13	15-16	14-10
Sonnenstunden	8-7	6-4	2-3	6-4
Regentage	11-12	8-5	3-5	11-14

Südseite

Generell ist das Wetter im Süden sommers wie winters sehr viel stabiler als im Norden. Nur im Winter kann es kurze variable Perioden (2-3 Tage) geben, wenn feuchtkühle Nordwestwinde Nieselregen bringen. Kräftiger schüttet es, falls der Wind mal aus der falschen, der südwestlichen Richtung weht.

Wind

Überhaupt ist eher der Wind für viele Urlauber das größere Problem als Sommerwolken und vereinzelte Niederschläge. Auch bei guter Wetterlage machen oft starke Fallwinde aus den Bergen den Hochfrisuren und Zeitungslesern am Strand zu schaffen. Die böigen Brisen sind die Kehrseite der Feuchtigkeit spendenden Passatwolke im Norden, die nach dem Auftrieb an den nördlichen Berghängen auf der anderen Seite des Kamms ins Tal stürmt. Los Gigantes und El Médano sind davon eher betroffen als das geschützter liegende Las Américas und die Costa Adeje.

An Teneriffas Südküsten haben Ferienapartments weder Klimaanlage noch Heizung, denn beides wurde von der Natur vorinstalliert. Außer im Hochsommer erlauben die Nachttemperaturen selbst dort nicht jeden Abend das Trägerhemdchen. Aber ein leichtes Tuch um die nordeuropäische Schulter reicht allemal – junge *Canarias* sind da erstaunlicherweise weniger empfindlich und gehen auch nachts im nabelfreien Bustier aus.

Höhenlagen

Richtig kalt kann es in den Bergen werden. Die Fausregel lautet: 1°C kühler pro 100 Höhenmeter. Auch wenn unten in Puerto de la Cruz die Sonne lacht, können die Nordhänge tagelang in der Waschküche liegen. Im Süden wird das Finca-Leben im Winter ab 600 m ungemütlich, und nicht nur nachts ist es spürbar kälter als auf der Meerespromenade an der Costa Adeje.

So flackert in den Berghotels (600-1.500 m) abends der Kamin, und in den *Casas Rurales* sorgt der Vermieter für ausreichend Holz vor der Hütte, falls die Heizung schwach ausgelegt ist. Die kleinen Poolanlagen der Berghotels sind gewöhnlich beheizt.

Die *Cañadas* (2.200 m) haben fast 6 Monate Nachttemperaturen unter Null – ganz zu schweigen vom Teidegipfel.

Hinweis

Wer sich für die meteorologischen Hintergründe des Klimas auf Teneriffa und die globalen Einflüsse interessiert, denen das Wetter der Kanaren unterliegt, findet ein **ausführliches Kapitel zum Thema »Klima auf den Kanaren«** auf den Seiten 441ff.

1

Teneriffa – Zahlen, Daten, Fakten

Auf den 2057 km^2 Fläche leben fast ebensoviele Menschen wie in Stuttgart: 760.000 *Canarios* plus – je nach Saison – zusätzlich 100.000-200.000 Touristen (zum Vergleich: das 1,5 mal größere Mallorca hat rund 650.000 Einwohner und beherbergt – im Sommer – bis zu 400.000 Gäste gleichzeitig). Rund 100.000 Ausländer leben fest auf den Kanaren (➢ »Resident«, Seite 548).

Der **kanarische Archipel** besteht aus den beiden Provinzen Teneriffa (mit den westlichen Inseln La Gomera, La Palma und El Hierro) und Gran Canaria (mit den östlichen Inseln Lanzarote und Fuerteventura) und ist 4-5 Flugstunden (ca. 3.500 km) von Frankfurt/Main, 100-500 km von Afrika und über 1.000 km vom spanischen Festland (Gibraltar) entfernt.

Teneriffa ist die größte der Kanaren (120 km lang, ca. 40 km breit) und erreicht fast die Ausmaße von Luxemburg oder dem Saarland. Ein Blick ins **Telefonbuch** der Provinz Teneriffa verrät einiges über die Infrastruktur der 4 westlichen Inseln. Mit 520 Seiten schlägt Teneriffa zu Buche, La Palma reichen 50, La Gomera 12 und dem kleinen El Hierro ganze 8 Seiten.

Von Teneriffas 700.000 Einwohnern lebt jeder zweite im Ballungsgebiet Santa Cruz/La Laguna die andere Hälfte überwiegend im Norden. Die Bevölkerungsdichte von 340 Einwohnern/km^2 sagt wenig. Während sich in Küstennähe alle drängeln (in Puerto de la Cruz über 2800, im Metrobereich 1.300 Einwohner pro km^2), ist Teneriffa oberhalb von 600 m sehr dünn besiedelt: nur 15% der Bevölkerung leben in den Gebirgsregionen, die aber rund die Hälfte der Inseloberfläche ausmachen. Vilaflor, die mit 1.500 m höchste Gemeinde Teneriffas, zählt gerade 29 Einwohner/km^2.

Die jährlich knapp 5 Mio Touristen konzentrieren sich auf **drei Zentren**: Im Norden auf den Großraum **Puerto de la Cruz** (30.000 Betten), im Süden auf **Los Cristianos** und **Las Americas** (140.000 Betten) und im Westen auf die Region **Los Gigantes** (15.000 Betten).

1.4 Urlaubsinsel Teneriffa

Wer nicht nur am Pool entspannen will, kann auf Teneriffa viel erleben. Das touristische Freizeitangebot zu Wasser und zu Lande ist vor allem im Süden groß.

1.4.1 Baden und Bummeln

Nordseite

Die Kanaren haben zwar ganzjährig Badewasser-Temperaturen von 19-24° Celsius, trotzdem ist Teneriffa keine ausgesprochene Badeinsel. Im Norden sind die Küsten steil und felsig, die natürlichen Strände oft klein und steinig, die Brandung meist hoch und die (Unter-) Strömungen gefährlich. Echtes Badevergnügen beschränkt sich – Puertos *Playa Jardín* und *El Socorro* einmal ausgenommen – entlang der Nordküste vornehmlich auf Meerwasser-Schwimmbäder (➢ Seiten 112f).

Süden und Westen

Dagegen steht im Süden und Westen zwischen El Médano und Los Gigantes das Strandleben im Mittelpunkt. Felseinstiege über Leitern direkt in den tiefblauen Atlantik und flache Sandstrände (ob nun künstlich-hell oder natürlich-schwarz) sind Teneriffas Touristen-Magneten.

Strandspaziergang

Lange Strandspaziergänge sind aber selbst im Süden nicht möglich. Außer bei El Médano sind Teneriffas Sandstrände kurz und künstlich. Nur *Playa Las Vistas* (Los Cristianos), *Las Teresitas* (San Andrés) und die *Playa Jardín* (Puerto de la Cruz) bringen es auf vierstellige Meterzahlen.

Meerespromenaden

Statt barfuß im nassen Sand schlendert man in Sandalen auf breiten Meerespromenaden – denn die gibt es reichlich in den Urlaubszentren: im Süden 10 km zwischen Los Cristianos und La Caleta und 3 km in Puerto de la Cruz. Die Touristenstädte eignen sich auch gut zum Shopping-Bummel. Dazu kommen an der Nordküste traumhafte Kliff-Pfade für längere Spaziergänge.

Der hellste Strand der Insel, Las Teresitas bei San Andrés, ist mit seinen 1.600 m Länge ein beliebtes Terrain für »Strandmarschierer«

1.4.2 Bus- und Bootsfahrten

Busausflüge

Teneriffa hat als landschaftlich vielfältigste Insel des kanarischen Archipels weit mehr zu bieten als Liegestühle und Luftmatrazen. Wer das Inselinnere nicht per Mietwagen auf eigene Faust erkunden möchte, findet tägliche Angebote von Busunternehmen, die **Ausflugspakete** (Fahrt, Besichtigung und Mittagessen o.ä.) zu allen **Insel-Highlights** anbieten. Zu den beliebtesten Tagesausflügen per Bus zählen folgende Ziele:

- **Masca** im Tenogebirge (mit oder ohne Garachico-Abstecher)
- das **Anagagebirge** (mit oder ohne Stopps am *Teresitas*-Strand/ Santa Cruz zum Baden, Bummeln und Shopping)
- ***Cañadas*/Nationalpark Teide** (mit/ohne Seilbahn zum Gipfel).

Wer alle drei Touren unternimmt, erhält einen guten Überblick über Teneriffas Landschaften, Küsten und Städte.

Ausflüge per Taxi

Per Taxi lassen sich derartige Inselrundfahrten auf festgelegten Routen zu erschwinglichen Fixpreisen allerdings individueller gestalten (➢ Seite 58).

Ausflüge per Boot

Abwechslung bieten auch die zahlreichen **Bootstrips** im Süden:

- **Bade- und Segelfreuden** mit dem Schoner zu einer einsamen Bucht mit anschließendem Deck-Picknick.
- Tagesausflüge zur **Nachbarinsel** (La Gomera, Gran Canaria) mit Tragflächenboot (Jet-Foil), Turbo-Catamaran oder Autofähre mit eigenem (Miet-) Wagen (➢ Gomera-Ausflug, Seite 257).
- **Tiefseetauchen** oder ***Blue-Marlin*-Hochseeangeln**,
- **Wal- und Delphin-Beobachtung** zwischen Teneriffa und Gomera,
- **Wasserski** oder fröhlicher **»Bananenritt«** über die Wellen,
- mit dem U-Boot ***Yellow-Submarine*** zum Meeresgrund,
- am **Fallschirm hinterm Boot** zwischen Himmel und Wasser
- **Glasbodenblick** auf Meeresschildkröten, Fischschwärme und Mantas (Rochenart).

1.4.3 Zerstreuung und Infotainment

Die tinerfeñische Freizeit-Industrie weiß auch sonst, was Touristen im Urlaub wollen und suchen. Jedes größere Hotel hat **Squash**- und/oder **Tennisplätze** (oder teilt sie mit dem Nachbarhaus) und offeriert **Fitnessprogramme**, morgendliche *Brunch*-Büffets, nachmittägliche **Tanztees** und abendliche **Animation**. Der Tauchlehrer kommt mit Maske, Flasche und Flossen zum **Schnupperkurs** in den Hotel-Pool, die nächste **Minigolf-Anlage** liegt um die Ecke, die **Bingo-Halle** nur etwas weiter. Und am Hoteltresen liegt jede Menge Material über geführte **Wanderungen**, **Ballonaufstiege**, **Nightlife**, **Discos**, Jazz- oder Pianomusik in Hotelbars und **Shows** à la Las-Vegas. Jedes Bedürfnis wird befriedigt, jeder Geschmack bedient und jede Altersstufe bedacht. Und mit etwas Glück füllen diverse Spielkasino-Banken ausgebrannte Urlaubskassen am Abend wieder auf (Eintritt frei).

1.4.4 Besucherparks

(➢ Attraktionen, Seite 250ff)

Top-Niveau hat in erster Linie der ***Loro Parque***, ein Tier- und Vergnügungspark in Puerto de la Cruz.

Aguilas del Teide (bzw. ***Parque Ecológico***), ein Tierpark mit Shows und Unterhaltung für die ganze Familie, versucht sich als Pendant im Süden. Zum Dinner bei Ritterspielen geht man ins ***Castello San Miguel***, einer scheinbar mittelalterlichen Burg.

Unweit von Las Américas/Costa Adeje kann man unter freiem Himmel Hunderte von **Kakteenarten** aus aller Welt bewundern.

Kleine Kinder planschen im ***Aquapark Octopus***, große Kinder schaukeln auf **Kamelen** durch die Gegend.

Den Besuch unterstützen Gratisbusse, die zu festen Zeiten zwischen den großen Hotels und der jeweiligen Attraktion pendeln.

Parkeigene Busse karren im Süden die Besucher gratis von den Hotels zu den meisten kommerziellen Attraktionen

1.4.5 Wellness, Beauty und Kuren

Angebote

Vom Alltagstress entspannen, den Körper verwöhnen, mit sich selbst im Reinen und Schöner aus dem Urlaub nach Hause kommen – das ist ein Trend der Zeit. Teneriffa ist auch auf dieses Urlaubsbedürfnis eingestellt. Einige große Hotels (z.B. *Mare Nostrum Resort, Oceano, Tierra de Oro, La Quinta*) bieten **umfassende Wellness-Programme**. Vulkanerde-Packungen, Aroma-Hydromassagen, Lymph-Drainage, Wasser- und Elektro- oder sogar eine Diamanten-Therapie werden in Paketen wie »Meeresflucht«, »Antistress« oder »Wiedergeburt« offeriert. Nicht zu vergessen sind auch Körper-Peeling, Gesichtsmasken und alles, was der Schönheit vielleicht sonst noch dient. Auf hohem Niveau asiatisch orientiert ist das ***Oriental Spa*** im Hotel Botánico in Puerto de la Cruz. Teilweise laufen diese Programme sogar unter medizinischer Aufsicht.

Reha

Daneben wird Teneriffa immer beliebter für medizinische Kuren und Reha-Programme. Los Cristianos z.B. hat seit langem ein anerkanntes Zentrum für MS-Kranke.

1

1.4.6 Kultur und Geschichte

Historische Städte

Der Wechsel von Sonne, Sand und Strand zu Kultur, Kunst und Museum ist auf Teneriffa nicht so fließend wie in Italien, Frankreich oder Griechenland. Teneriffa ist nicht Andalusien und Santa Cruz kein Barcelona. Doch einen kurzen Besuch sind die Inselstädtchen allemal wert: Die alte Hauptstadt **La Laguna** (130.000 Einwohner) steht als Muster für alle späteren Kolonialstädte der Spanier auf der UNESCO-Liste für Weltkulturerbe, **Orotava** gilt als architektonisches Beispiel für reiche Patrizierstädte, ähnlich wie **Garachico**, das bis zum Vulkanausbruch 1706 die wichtigste Hafenstadt der Insel war. Die spannende Handelsgeschichte des Archipels läßt sich hier ebenso gut studieren wie die spanische Kolonialarchitektur in ihren speziell-kanarischen Ausformungen.

Museen

Auch die Museen lohnen einen Besuch. In Santa Cruz gibt das anthropologische Museum (***Museo de la Naturaleza y del Hombre***) eine gute Einführung in die Kultur der Ureinwohner (Guanchen). Daß sie sogar Stufenpyramiden für kultische Riten gebaut haben sollen, erfährt man in **Güímar**.

Sehenswert ist auch das Geschichts-Museum in La Laguna (***Museo de Historia de Tenerife***); ferner das **Iberoamerikanische Museum** und das **Töpferei-Museum** in Orotava. Dazu gesellt sich eine ganze Reihe kleinerer Spezial-Museen wie das **Weinmuseum** in El Sauzal, das **Honigmuseum** gleich nebenan, das ***Mariposarium*** in Icod und das winzige **Guanchen-Keramik-Museum** in Arguayo.

Folklore

Fern vom Tourismus pflegen die Canarios in vielen Orten ihren Volkssport ***Lucha Canaria*** (Ringkampf) und ihre Folklore. Auf ***Romerias*** (eine Art Erntedankfest) singen sie in alten Trachten ihre Lieder zur *Timple* (Mini-Gitarre), schmücken zu **Fronleichnam** Straßen und Plätze mit Blumen- und bunten Lavasand-Teppichen und hauen zum **Karneval** nächtelang so mächtig auf die Pauke, daß die Delegationen aus Rio und vom Rhein nur so staunen können.

Lucha Canaria als »Sandbild«, ➢Seite 329

Kunsthandwerk (*Artesanía*), wie Lochstickereien, Klöppelarbeiten und Töpferwaren werden nicht nur für Touristen gefertigt. In den charakteristisch geschwungenen ***Artenerife*-Pavillons** in Puerto de la Cruz, Santa Cruz und Las Américas und auch in entsprechenden Läden in Garachico und Orotava werden dem Käufer Güte und Echtheit der Produkte sogar staatlich garantiert.

1.4.7 Naturparadies und geologische Wunderwelt?

Insbesondere die westlichen Inseln La Palma, El Hierro, La Gomera und Teneriffa sind ein Synomym für den Reichtum der kanarischen Flora und bis heute ungelöste geologische Rätsel.

Ungewöhnliche Botanik

Zahlreiche – auch deutschsprachige – Bücher führen durch die Welt der endemischen Pflanzen. **Hunderte von Arten** gilt es zu unterscheiden, sei es im feuchtgrünen Laurisilva-Wald hoch oben in den *Cañadas* oder im geschützen Ödland (*Malpaís*) im Süden (z.B. *Montaña Roja* bei El Médano). Aber nicht nur Hobby-Biologen schlägt auf Teneriffa das Herz höher, auch das Auge botanischer Laien kommt auf seine Kosten. So wurde ein einzelner Baum, der ***Drago Millenario*** von Icod, zum vielbesuchten Touristenkönig und die rote ***Tajinaste*** zur Königin der Insel.

Fauna

Selbst die weniger berühmte tinerfeñische Fauna wird bei genauerem Hinschauen spannend. Vornehmlich **kleine Tierchen** (Insekten, Käfer, Echsen) krabbeln an Halmen und krebsen in Felsspalten. Die **Vogelwelt** ist zwar wenig artenreich, doch unvermutet können einem selbst Reiher, Eulen und Falken begegnen – ganz zu schweigen von der endemischen Taube (*paloma turque*), dem blauen Finken (*pinzón azúl*) oder dem Kanarienvogel.

Fische und anderes Getier

Was unter Wasser lebt, sieht der Tourist im Restaurant auf seinem Teller (*Calamares*, Thunfische, viele Barsch-Arten und Brassen), auf dem Marktstand (Muränen, Kraken, Rochenarten) oder beim Bootsausflug und Tauchen: sogar Meeresschildkröten, die sich zwischen Delfinen und Europas größten Walbänken (Tümmler und Pilotwale) vor Teneriffas Südküste tummeln.

Geologie

Auch für geologisch Interessierte hält Teneriffa **Leckerbissen** bereit. Wer sich etwas einliest in die Gesetze des Vulkanismus und die Welt der Gesteine, wer Tuffsteine, Basalte, Bims und Obsidian unterscheiden kann und wer »Gänge«, »Türme« oder Lavatunnel erkennt, sieht die Insel plötzlich mit anderen Augen.

Hoch über der Küste im Anagagebirge bei Benijo

Da werden selbst karge Steinwüsten zum spannenden Teil der Naturwerkstatt, skurrile Felsformationen zum fachkundlichen Augenschmaus und die durch den Straßenbau freigelegten farbigen Gesteinsschichtungen zum Kunstwerk der Erdgeschichte am Autobahn- und Straßenrand.

Biologische und geologische **Exkursionen** unter fachkundiger Führung erfreuen sich wachsender Beliebtheit.

1.4.8 Aktivurlaub

An dieser Stelle erfolgt nur ein **kurzer Überblick** über die Palette dessen, was Teneriffa Aktivurlaubern zu bieten hat. Genaueres dazu und Adressen finden sich im breiter angelegten **Kapitel zu Sport- und Aktivurlaub ab Seite 514**.

Wandern und Klettern

Wie La Palma und La Gomera verfügt auch Teneriffa über abwechslungsreiche Wander- und Klettergebiete. Wer sich die zerklüftete Bergwelt der Insel erwandern will, kann nicht einfach drauf loslaufen. Steile Hänge, tiefe Schluchten und plötzliche Wetterumschwünge erfordern – neben viel Puste – eine gute Ausrüstung sowie angemessene Vorbereitung. Denn Ausschilderung und Kennzeichnung der Wege sind nicht immer befriedigend.

Touren

Neben drei detaillierter beschriebenen Touren (➢ Seiten 184f und 395) finden sich im Reiseteil dieses Buches zahlreiche weitere Hinweise für Wanderungen, deren Einstieg und Verlauf vor Ort hinreichend ausgeschildert (mit ungefährer Dauer, Einkehrmöglichkeit und ggf. Busanschluß) und denen relativ leicht zu folgen ist. Ebenso wird auf viele lohnenswerte Spaziergänge und kürzere Ziel- oder Rundwege hingewiesen.

Wer mit dem Gedanken spielt, auf Teneriffa mehr als nur gelegentliche Kurzwanderungen zu unternehmen, sollte den ausführlichen Abschnitt dazu im **Kapitel »Sport- und Aktivurlaub«** gründlich lesen, ➢ Seite 514f.

Tauchen und Schnorcheln

Wer Teneriffas Unterwasserwelt richtig erleben möchte, braucht eine Taucherausrüstung. Zahlreiche Tauchschulen (vor allem im Süden und an der Westküste) bieten alles vom Schnupperkurs im Hotelpool bis zur Tiefsee-Tauchfahrt. In 30 m und mehr Tiefe trifft man (bei guten Sichtverhältnissen) auf Muränen, Rochen, Barracudas, Trompetenfische u.a.

Teneriffa ist allerdings **kein Schnorchelparadies**. Nur an einigen Felsbuchten im Süden (z.B. an der *Costa del Silencio*) lohnt es sich, bei ruhiger See ins Wasser zu steigen. An der Nordküste gibt es gefährliche Unterströmungen. Nur gute Schwimmer sollten das Schnorcheln in La Barranquera oder Garachico wagen.

Surfen und Wellenreiten

Die Kanaren sind Europas einzige Ecke, wo man auch im Winter windsurfen kann. Teneriffas Surfer-Treffpunkt ist El Médano im Süden. Die Strände vor der Stadt gelten als überdurchschnittlich gute Surfreviere (für Fortgeschrittene!). Der Wind weht dort im Sommer noch kräftiger als in den Wintermonaten.

Die tinerfenische Jugend liebt ***Bodyboarding*** noch mehr als Wellenreiten und findet vor allem an der Nordküste an abgelegenen steinigen (!) Stränden gute Brandungsbedingungen für ihre bunten Bretter (z.B. bei Taganana, Mesa del Mar und El Socorro). Im Norden üben sich Touristen an Puertos ***Playa Jardín***. An den touristischen **Sandstränden im Süden ist Surfen** zum Schutz der Badenden **verboten**. In Las Américas sieht man Wellenreiter an der Lavafelsküste vor dem *Hotel Villa Cortes*.

Segeln Die Kanaren sind ein schwieriges Segelgebiet. Mit starken und plötzlichen Windböen, raschen Wetterumschwüngen und wenigen Häfen kommen nur erfahrene Segler klar. Es gibt aber einige **Segelschulen** und **Charterfirmen** im Süden und in Santa Cruz.

Paragliding Was fürs Segeln gesagt wurde, gilt auch für den **Gleitschirmflug** (*Parapente*). Wechselhafte Winde setzen eine sehr gute Kenntnis der Wetterlage, Thermik und Landemöglichkeiten voraus. Nur erfahrene Paraglider kommen mangels anderer Möglichkeiten im Winter voll auf ihre Kosten.

Reiterhof und Restaurant El Manchón nördlich von La Laguna

Reiten Eine schroffgebirgige, geröllige Vulkaninsel gilt nicht eben als Reiterparadies. Dennoch finden sich Reitställe an den bewaldeten Nordhängen zwischen 600 m und 1.200 m Höhe und an den flacher abfallenden Hängen der Ost- und Südküste. Die Reitschulen im Norden bieten für einheimische Clubmitglieder Wochenend-Ausritte und Reitstunden im Parcours an. Besucher können Ausritte in einigen Fällen nur unter der Woche buchen. Besonders schöne Reitwege im Norden verlaufen in der Umgebung des ***Centro Hípico Los Brezos*** und des ***El Manchón*** einige Kilometer nördlich von La Laguna. Der ***Rancho Grande*** im Süden auf dem Gelände des *Amarilla Golf & Country Club* veranstaltet u.a. Touren mit *Western Barbecues* für Touristen.

Golf Teneriffa hat sich zu einer beachtlichen **Golfer-Insel** gemausert. Im Süden wurden binnen weniger Jahren sechs neue Golfplätze aus der Steinwüste gestampft, die sich sehen lassen können. Puerto de la Cruz verfügt nur über ein Übungsterrain, ein Platz bei Buenavista im Nordwesten ist im Bau.

Im Norden der Insel hatten die Engländer schon vor dem 2. Weltkrieg einen Platz angelegt (*Los Rodeos*), der heute vor allem von *Canarios* genutzt wird und nur wochentags auch Touristen offensteht. Wegen der steigenden Zahl der Plätze und Bedeutung des Golfspiels, ist ihm im Rahmen des Sportkapitels besonders breiter Raum gewidmet, ➢ Seite 528f.

Tennis

4- und 5-Sterne-Hotels auf Teneriffa verfügen meist über eigene Plätze oder kooperieren mit Nachbarhäusern. Betonplätze sind sehr verbreitet. Nur in tinerfeñischen Clubs trifft man vereinzelt auf Sand oder PVC-Plätze.

Biken

Abgesehen vom bequemen Radeln in den städtischen Bereichen der flachen Urlaubszentren im Süden (El Médano, TenBel, Los Cristianos und Las Américas/Costa Adeje) schätzen Kenner die Kanaren als **Rennrad- und Mountainbike-Gebiet**.

In unteren Lagen wird einem jedoch vielfach der Spaß durch den dichten Verkehr genommen. Nur in mittleren Lagen finden sich kleine verkehrsärmere, nicht zu steile Straßen und breite Forstwege. Krönende Erlebnisse sind die kilometerlangen Abfahrten von den *Cañadas*, für Geübte gilt das auch für die sehr steilen Strecken im Anaga- und Tenogebirge.

1.4.9 Teneriffa-Trümpfe

Vielfalt

Teneriffa ist auf kleinem Raum für fast jeden touristischen Anspruch »gerüstet«: extreme landschaftliche Unterschiede (Strand, Wald, Wüste und Gebirgswelt) sind nur einige Autominuten voneinander entfernt. Wenige Kilometer Luftlinie trennen abgeschiedene Weiler von Bettenburgen oder kleinen spanischen Zentren. Baden, Wandern, Biken, Klettern, Paragliden, Surfen und Tauchen, ausgiebiges Shoppen und Restauranthoppen – alles ist möglich.

Insektenfrei

Vor allem im Winter gibt es auf Teneriffa tagsüber kaum Fliegen und nachts nur vereinzelt Mücken. Das plagenfreie Leben erhöht die Lebensqualität auf den Kanaren ganz beträchtlich: wo sonst kann man nach Sonnenuntergang ärmellos und barfuß auf der Terrasse beim Glas Wein sitzen oder bei offenem Fenster lesen ohne daß es ständig summt, piekt oder juckt?

Gefährliche Tiere?

Auch gibt es wenig lästige und praktisch gar **keine gefährlichen Tiere** wie Schlangen oder Skorpione. In ländlichen Regionen trifft man nur auf Eidechsen, manchmal robustere Exemplare als am Mittelmeer. Zwar gibt es **Bienen** in den Höhen (und dadurch köstlichen Teide-Honig), aber keine Wespen oder Hornissen. Und wenn sich im Sommer doch mal eine Mücke, Frucht- oder die gemeine Hausfliege ins Zimmer verirrt, schnappt ein verbreiteter Hausgenosse, der allenthalben an der Wand klebende **Gecko**, zielsicher zu. Diese behend-scheuen Tierchen sehen aus wie graue Eidechsen mit dickem Bauch und Kulleraugen und können mit ihren Saugnäpfen an den Füßen die Wände hochlaufen. Sie sind völlig ungefährlich, mancher findet sie sogar süß und possierlich.

Nur in vernachlässigten Quartieren trifft man unangenehmere Gesellen: bis zu 5 cm große **Kakerlaken** (*Cucarachas*), denen die *Canarios* mit Spezialsprays und Fallenden Garaus machen.

Preisniveau

Die Preise auf den Kanaren sind **mit denen in Deutschland vergleichbar**. Für den Warenkorb im Supermarkt zahlt man mehr oder weniger soviel wie daheim. Frischer Fisch ist – trotz der Insellage mitten im Atlantik – überraschend teuer.

Dienstleistungen, Benzin (ca. €0,55-€0,60/Liter), **Tabakwaren** und **Spirituosen** sind – dank der kanarischen Niedrigsteuer – **billiger als bei uns**. Bei elektronischem Gerät muß man aufpassen und die heimischen Preise einigermaßen im Kopf haben, bevor man bei vermeintlichen Schnäppchen »zuschlägt«.

Abseits der Touristenzentren findet man in Lokalen und Geschäften ein **günstiges Preis-Leistungsverhältnis**. Wer in einfachen Restaurants (➢ *Guachinches*, Seite 374) essen geht, bekommt für wenig Geld bodenständige, qualitativ gute Speisen in reichlichen Portionen: für Mittag- oder Abendessen zahlt man für Salat, Fisch oder Kaninchen mit *Papas* und *Mojo* (Kartoffeln mit Soße) und ein Dessert oder einen Café solo plus Wein und Bier um €12-€15/Person. Auch das Glas Bier in der Kneipe (um €1) oder offener Wein (oft unter €2) sind preiswert.

Infrastruktur

Viele EU-Standards gelten auch auf den Kanaren: die gewohnten **ec-Geldautomaten** stehen an jeder Ecke, das **(Handy-)Telefonat** nach Hause klappt problemlos, die öffentlichen grünen TITSA-Busse (➢ Seiten 57+586f) sind preiswert, tip-top und pünktlich. Per Satellit kommen über 20 deutschsprachige TV- (und noch mehr Radio-) Progamme in viele Hotel-Zimmer.

Die **medizinische Versorgung** ist überdurchschnittlich gut. Hinzu kommt, daß sich viele deutsche Ärzte und einige Zahnärzte hier angesiedelt haben. Und im **Notfall** ist gut zu wissen, daß im Sommer über 80 und im Winter über 130 Jet/Woche auf der Startbahn in Richtung Deutschland, Österreich und der Schweiz stehen.

1.5 Fazit

Weite Teile der Insel beeindrucken mit spektakulärer Landschaft und mannigfaltiger, oft endemischer Vegetation. Nach nur 4-5 Direktflug-Stunden ist man ohne Jet-Lag in einer politisch stabilen Region im besten Klima Europas: ganzjährig frühlingshaft mild mit viel Sonne, wenig Regen und geringer Luftfeuchtigkeit. Das Atlantikwasser ist sauber und erlaubt selbst im Winter Bade freuden. Wer gern in frischer Bergluft wandert, ein Auge für seltene Pflanzen und die Geologie hat, wird die Insel trotz der Bausünden in sein Herz schließen. Vielleicht erst auf den 2. Blick.

Außerdem ist Teneriffa-Urlaub »easy«: es gibt zahllose Restaurants jedweder Provenienz, Shopping- und Vergnügungs-Attraktionen, eine breites Sportangebot; dazu billige Mietwagen und ein gutes öffentliches Transportsystem.

2. Urlaubsplanung und -vorbereitung

2.1 Zu welcher Jahreszeit nach Teneriffa?

Klimatische Aspekte

Wie schon oben ausgeführt, sind die kanarischen Inseln das einzige europäische Reiseziel mit frühlingshaften Temperaturen in den Wintermonaten (Luft 20°C bis 24°C, nachts ca. 15°C). Bei Wassertemperaturen um 20°C kann man sogar im Januar und Februar baden. Bei der Wahl eines tinerfeñischen Urlaubsortes darf man aber nicht vergessen, daß die Nordseite ganzjährig wolkiger und feuchter und 3°-4° Celsius kühler als die Südseite ist.

Saisonale Aspekte

Nordeuropäer buchen die Kanaren vornehmlich im Winter (November-April). Bei den Veranstaltern gilt diese Zeit als Hauptsaison, wobei über Weihnachten, zum Karneval und zu Ostern Spitzenpreise verlangt werden. Die Monate Mai, Juni und September gelten als Nebensaison. Im Juli-August, wenn der Archipel von Festlandsspaniern frequentiert wird, ziehen die Hotelpreise zwar noch einmal an, bleiben aber in unseren Katalogen unter dem höchsten Preisniveau im Winter.

Nordküste

Im Herbst braucht man im grünen Inselnorden meist noch keinen Schirm, denn die ab Ende Oktober/Anfang November einsetzenden Niederschläge fallen oft nachts und geben der Vegetation nach dem trockeneren Sommer ihr frisches Grün zurück. Besonders schön ist es im Norden ab Mitte Dezember, wenn die baumgroßen Weihnachtssterne in ihrer roten »Blüte« stehen. Obwohl das Frühjahr etwas trockener als der Herbst ist, sprießen die Gräser und Wiesenblumen; die wenigen Laubbäume bekommen neue Blätter und die Obstbäume blühen. Ein Eindruck wie Anfang Juni in Deutschland.

Südküste

Erst Ende Dezember/Anfang Januar erwacht die Vegetation des Südens aus dem Sommerschlaf. Bis Ende April haben die Wolfsmilchgewächse grüne Blätter, und Mandelbäume, Margueriten und Ginster blühen. Dann zeigt sich die karge Vulkanlandschaft etwas lieblicher.

Wohnen in üppiger Vegetation in den Apartments Florasol im Stadtteil Taoro von Puerto de la Cruz. Das Foto entstand im Februar

Teide Park

Für Liebhaber von Wüstenvegetation ist das Gebiet der *Cañadas* Ende April bis Juni besonders reizvoll, wenn die roten Tajinasten und der weiße Teideginster blühen.

Klima im Sommer

Für Nordeuropäer ist Teneriffa eine Insel für den Winter. Die gängige Vorstellung ist, dass es in einer Region, die im Winter vor- bis hochsommerliche Temperaturen hat, im Juli-August so heiß sein muß wie am Roten Meer. Dabei sind die Inseln trotz der nahen Sahara im Sommer klimatisch angenehmer als die Mittelmeerländer. 3 Mio Festlandspanier machen im Juli-August auf dem Archipel Ferien, weil es ihnen zu Hause zu heiß wird. Das kanarische Sommerwetter ist absolut stabil, tagsüber steigt das Thermometer selten über 30°C und nachts frischt es angenehm auf. Schlaflose Nächte zwischen naßgeschwitzten Laken braucht man im Atlantik auch ohne Klimaanlage ebensowenig zu fürchten wie Moskito- oder Fliegenplagen. Dafür sorgt u.a. der ständig wehende Nordostpassat, der in den Sommermonaten stärker und regelmäßiger als im Winter bläst.

Wind

Was **Windsurfer** anzieht, kann für windempfindliche Menschen ein Grund sein, einige Küstenstreifen (z.B. El Médano, Los Gigantes) zu meiden. Zu meinen, das Meer sei im Sommer generell bewegter, wäre aber ein Irrtum. Im Gegenteil: an der in den Wintermonaten brandungsstarken Nordküste kann man gerade in den Sommermonaten viele ruhige versteckte Strände und Badebuchten entdecken. Allerdings haben dann auch die *Tinerfeños* Ferien und es kann an einigen Ufern eng werden.

Für alle Sonnenhungrigen und Wasserratten, denen es im Sommer am Mittelmeer zu heiß ist, kommt Teneriffa als Ferienziel daher unbedingt auch im Juli und August in Frage.

2.2 In welchen Ferienort?

2.2.1 Kriterien der Ortswahl

Reisekatalog-Angaben

Da Teneriffa ein typisches Pauschal-Reiseziel ist, orientieren sich die meisten Urlauber bei der Auswahl des Ferienortes und der Unterkunft an den Angeboten der Reiseveranstalter. Die üblichen zwei bis drei Fotos, die freundliche Beschreibung des Objekts und natürlich die Kosten müssen dabei für die Entscheidung ausreichen. Nun finden sich echte Fehlinformationen zwar ziemlich selten, aber Realität und Prospekteindruck können doch schon erheblich voneinander abweichen. Z.B. geben die Kataloge kaum oder gar nicht Auskunft über das Umfeld der angebotenen Hotels, Apartments oder Landhäuser.

Umfeld/ Umgebung

Auch kann man sich bei der Buchung meist kein realistisches Bild von Größe und Atmosphäre des Urlaubsortes und der Landschaft ringsum machen. Die individuellen Vorstellungen vom »romantischen Fischerort«, einem »abgelegenen Dorf« oder vom »alten Kurort« können arg variieren: das »Fischerdorf« entpuppt sich vielleicht als nüchterne Siedlung am Meer und der »Kurort« als verkehrsreiche Mittelstadt. Man sieht zwar das Wasser, aber es ist weit weg und nur nach Über-/Unterquerung einer Autobahn zu erreichen usw.

Standort-gebunden oder mobil?

Wer nicht durch ein spezielles Interessse auf bestimmte Inselorte festgelegt ist (z. B. Surfen in El Médano, Golfen im Süden), kann in maximal einer guten Autostunde viel Abwechslung, Unterhaltung und ganz unterschiedliche Landschaften erreichen.

Gute **Badestrände** gibt es an allen drei Küstenlinien (➢ Seiten 95ff), einige der besten liegen indesen etwas versteckt; um sie zu finden, bnötigt man bisweilen ein wenig Spürsinn. Bergwanderungen sind auf der ganzen Insel möglich. Die endemische Wüstenflora ist für Kenner nicht minder interessant als es die Pflanzen in den immergrünen Anagawäldern sind.

Unterkunft am Meer?

Für Inselerkundungen muß der Urlaubsort nicht unbedingt am Meer liegen. Wichtiger ist, daß das unmittelbare und weitere Unterkunftsumfeld den persönlichen Urlaubsintentionen entspricht: Ein müder Wanderer ersehnt sich ein komfortables Hotel oder vielleicht nur eine einfache, für die Fortsetzung der Tour günstig gelegene Herberge. Ein Reiter sitzt nach seinem Ausritt durch die Wälder abends eventuell lieber auf der belebten Kolonialstadt-Plaza als in einer stillen Hütte.

Sternfahrt oder Rundreise?

Das und mehr ist auf einer so kompakten Insel wie Teneriffa ohne weiteres möglich. Und wer die tägliche Auto-Sternfahrt zum nächsten Urlaubs-Event scheut, macht eine Insel-Tour durch Teneriffas landschaftliche Vielfalt und buntes Angebot an touristischen Aktivitäten mit 2-3maligem Unterkunftswechsel (➢ dazu Hotelempfehlungen für eine Rundreise auf Seite 571f).

»Falschen« Ort vermeiden

Unsicherheiten und Mißgriffe bei der Wahl des Urlaubsortes lassen sich bei Beachtung der folgenden Hinweise vermeiden. Umfassendere Beschreibungen der Ferienorte und -regionen finden sich im Reiseteil ab Seite 116.

Ein guter Standort im Norden für Ausflüge ist das Hotel Playa Canaria oberhalb von Puerto de la Cruz

2

2.2.2 Touristenzentren

Städtische Hochburgen

Über 90% aller Unterkünfte befinden sich in den drei Tourismus-Hochburgen Teneriffas mit städtischem Charakter. Badeleben unmittelbar vor der Tür, sei es nun an einem der wenigen Naturstrände, sei es an einem gut angelegten künstlichen Sandstrand oder an einem der reizvollen Meerwasserbecken, findet man

- im touristischen **Ballungszentrum Los Cristianos/Las Américas/Costa Adeje** im Süden (130.000 Betten) inklusive der *Costa del Silencio* (TenBel), einer in den 1960er-Jahren am Reißbrett entstandenen Urbanisation mit »Comeback«-Hoffnungen.
- im gewachsenen, aber verstädterten **Puerto de la Cruz** an der zentralen Nordküste (30.000 Betten) und
- in den Urlaubsretorten **Los Gigantes/Puerto de Santiago/Playa las Arenas** an der Westküste (15.000 Betten).

Charakteristik

Auch wenn Puerto de la Cruz, Los Cristianos und Puerto de Santiago einen alten Ortskern besitzen, handelt es sich im touristischen Umfeld doch um neu errichtete Hotel- und Touristenkomplexe samt Einkaufszentren etc. auf gedrängtem Raum.

Touristisches Ballungszentrum Los Cristianos/Las Américas

Expansion

Alle drei Zentren expandieren ständig, und auch während eines (zunächst) einjährigen Baustopps (2001) drehten sich überall die Baukräne weiter, um Baulücken zu schließen und schon genehmigte Anlagen zu vollenden. Die über Jahrzehnte explodierende Bautätigkeit hat zu einem architektonischen und städteplanerischen Tohuwabohu geführt. Bisweilen stehen an sich empfehlenswerte Häuser in unattraktivem Terrain oder kleine grüne Bungalow-Oasen in einem großstädtischen Umfeld.

Touristen als Bevölkerung

Vor allem ausländische Touristen in legerer Kleidung beherrschen das Straßencafé- und Promenaden-Bild. Um sie dreht sich alles. Die Strandartikel, die Speisekarten, die Supermarktauslagen, die Super-Sonder-Schnäppchen. Alltagsleben findet nicht statt. Die einheimische Bevölkerung fährt nach der Arbeit irgendwo anders auf der Insel nach Hause und kommt höchstens zum Sonntagsausflug mit der ganzen Familie in die Touristenzentren.

Kleinere Touristenorte In den wenigen kleineren Badeorten mit touristischen Quartieren (El Médano und Bajamar/Punta de Hidalgo) geht es zwar tatsächlich ruhiger zu, aber auch dort reduziert sich die – vielleicht erhoffte – Fischerdorf-Romantik auf ein paar am schwarzen Strand liegende bunte Ruderboote.

2.2.3 Im Dorf und auf dem Land

Dörfer und Höhenlage Wer dem Trubel der Küste entkommen will und die landschaftliche Vielfalt Teneriffas erkunden möchte, mietet sich auf dem Land ein. Da Dörfer meist in Höhenlagen von 500 m bis 800 m liegen, kann es im Winter selbst im Süden kühl und im Norden obendrein neblig sein (➢ Klima, Seite 23).

Turismo Rural Bisher blieben die *Canarios* außerhalb der Touristenzentren unter sich. In den Dörfern gab es keine Unterkünfte, weder kleine Pensionen noch Privatzimmer. Erst in den 1990er-Jahren entwickelte sich mit staatlicher Hilfe ein inselweites Netz von *Turismo Rural*-Häusern. Die alte *Hacienda* wurde zum Landhotel umgebaut, die kleine *Finca* oft aufwendig renoviert. Fast ausnahmslos liegen diese Unterkünfte nicht direkt an der Küste, wenn auch viele von ihnen durchaus Meerblick haben.

Keine Dorfromantik Ein urkanarisches Dorf verführt selten zu »Liebe auf den ersten Blick«. Den Inselorten fehlt jegliche Romantik. Neben schmalen Bürgersteigen geben fortlaufend hohe Häuserfassaden und Mauern selten den Blick in die oft üppig-grünen Innenhöfe frei. Wo immer Peseten übrig waren, sind die alten Fincas schmucklosen, oft unverputzten 2-3stöckigen Neubauten aus *Bloques* (Betonquadern) gewichen. Die ausgefransten Dorfränder erinnern hier mehr an das nahe Marokko als an das ferne Andalusien. Der Dorfplatz liegt meist verlassen, die Kirchtür ist verschlossen, der Hausstrand weit weg, und nur in der kleinen Bar an der Hauptstraße ist was los.

Ländliche Alleinlagen Auch die Beschreibung einer Finca oder eines Landhotels »in weiten Bananenplantagen« oder »auf landwirtschaftlich genutztem Gelände« kann irreführen, verstecken sich doch viele Felder hinter hohen Zementmauern oder unter Plastikplanen.

Die grüne, blühende Nordseite der Insel präsentiert sich dabei – trotz dichterer Besiedlung – gefälliger als die karge Südseite.

Ortsbeschreibungen Es empfiehlt sich auf jeden Fall, **im Reiseteil dieses Buches** nachzulesen, was sich hinter den kurzen Ortsbeschreibungen der Kataloge wirklich versteckt. Auch braucht man bei fast allen Quartieren in ländlichen Regionen ein Auto, das in den Angeboten der Reiseveranstalter meist enthalten ist. Denn der Weg zu nutzbaren Stränden, Geschäften und Lokalen kann weit sein.

Fazit Wer die richtige Unterkunft auf dem Land findet, erlebt oft eine »Liebe auf den zweiten Blick« und unvergeßliche Ferien fernab vom Rambazamba (➢ *Turismo Rural*, Seite 574f).

Naturschutzregionen

In höheren Lagen steht fast die ganze Insel unter Naturschutz. Es gibt kaum Siedlungen und bis auf ganz wenige Ausnahmen keine Unterkünfte (Ausnahmen sind das Dorf Vilaflor, das *Parador* in den *Cañadas* und einige sehr schöne Landhotels, ➢ Seite 580f).

Straßencafé an der Avenida Marítima in Santa Cruz gegenüber dem Hafen

2.2.4 Städtisches Ambiente

Wer unter *Tinerfeños* wohnen und trotzdem Geschäfte und Restaurants zu Fuß erreichen möchte, findet sowohl in Teneriffas **Hauptstadt Santa Cruz** als auch in La Laguna, La Orotava oder in der Kleinstadt Garachico attraktive Unterkünfte.

Garachico

Das kompakte Garachico im Nordwesten der Insel ist eine bedenkenswerte Wahl; es liegt auf einer Lavafelszunge direkt am Meer mit Pools zwischen schwarzen Felsen und einem großen Schwimmbad. Das Zentrum beleben die Einwohner der Stadt, während zwei Straßen weiter an der Küstenstraße die Ausflugstouristen in Cafés und Terrassen-Restaurants sitzen.

La Orotava

Auch ins reizvolle La Orotava kommen tagsüber viele Touristen; dafür ist man abends weitgehend unter *Tinerfeños* und wohnt in fast 500 m Höhe keine 10 km entfernt von Puerto de la Cruz. Ebenfalls nur etwa 10 km sind es zu den Wandergebieten in den weiter oben gelegenen Kiefernwäldern.

La Laguna

Das Leben in La Laguna wird von den Studenten der altehrwürdigen Universität geprägt. Die einstige Kolonialstadt liegt am Rand einer Hochebene auf ca. 600 m und bietet neben lebendigem *City Life* viele Möglichkeiten für Ausflüge (auch und gerade mit öffentlichen Bussen) an die Nordküste zum Baden oder in die Hauptstadt Santa Cruz, außerdem Wandern im nahen Anagagebirge, im Mercedes- oder Esperanza-Wald.

Santa Cruz

Das noch gut überschaubare Santa Cruz besitzt alle Vorzüge (und Nachteile) einer quirligen Groß- und Hafenstadt: Viele Geschäfte, Kneipen, Restaurants und Kultur (Konzerte, Museen, Galerien) bei allerhand Verkehr und Lärm. Der **Hausstrand *Las Teresitas*** ist nur 7 km entfernt, auch zum Esperanzawald und in das Anagagebirge ist es nicht weit (circa 12-15 km).

Santa Cruz Unterkunft

Santa Cruz hat Unterkünfte für jeden Geldbeutel, die anderen Städte eher einzelne einfache, aber auch mindestens eine (sehr) noble Unterkunft (➢ Seiten 552ff).

2.2.5 Urbanisationen

Charakteristik

Zu beiden Seiten des größten Urlaubszentrums Los Cristianos/ Las Américas entstanden in den letzten 10 Jahren an der Süd- und Westküste geschlossene *Urbanizaciones* (Siedlungen nach amerikanischem Vorstadtmodell mit Bungalows oder Reihenhäusern), speziell an der ***Costa del Silencio*** und ***Callao Salvaje***. Frühe Vorläufer solcher Reihenbungalow-Siedlungen waren im Inselnorden *La Romántica* I und II an den terrassierten Hängen unterhalb von Los Realejos.

Golf Urbanisationen

Die grünen Rasenflächen der neuen Golfplätze im Süden (*Urbanización Golf del Sur* und *Los Olivos* in La Caleta), verleihen den Siedlungen zwischen Meer und Bergen ein gepflegtes und distinguiertes Aussehen. Strände sind in dieser Gegend allerdings rar. Ins – hier sehr klare Wasser – geht es überwiegend nur über Leitern von den Lavafelsen hinab.

Viele solcher Siedlungen wirken wie aus dem Ei gepellt; sie haben ihren eigenen Dorfkern mit picobello Läden, Restaurants und Gemeinschaftspool. In diesen Enklaven für Tennisspieler und Golfer braucht man für den Tapetenwechsel (wie beim Land- und Stadturlaub) ein Auto. Wen – je nach Windrichtung – gelegentlicher Jetlärm der nahen Einflugsschneisen (an der *Costa del Silencio*) nicht stört, der wird sich dort wohlfühlen.

Zugang

In den Katalogen der Reiseveranstalter finden sich kaum Angebote für solche Urbanisationen (Ausnahme: Golfhotels). Denn die meisten Wohneinheiten dort gehören privaten Eigentümern. Ihre Vermietung läuft großenteils über spezielle Vermittlungsagenturen (➢ Unterkünfte, Seite 575).

2.2.6 Rundfahrt

Beispiel

Wegen ihrer unterschiedlichen Landschaften ist die Insel auch für einen **Kurzurlaub mit wechselnden Standorten** geeignet: Auftakt z.B. im ***Parador*** in den *Cañadas* in 2.200 m Höhe, dann zwei Nächte im **Landhotel** an der wellenumspülten Lavafelsküste im Norden (z.B. ***Finca Salada*** bei Bajamar), dann Wechsel in den nebelverhangenen **Esperanzawald** (z.B. ***Los Tilos*** oder *Don Leandro*), anschließend zu den skurrilen Formen der **Vulkanasche-Landschaft** an den Südabhängen (z.B. El Nogal, Vilaflor oder Arico), danach in eine alte Kolonialstadt (La Orotava oder La Laguna) und zum Schluß Strand, Wellen und Wasser satt in El Médano oder Luxus pur im *Bahía del Duque*/Costa Adeje.

Dank Teneriffas Vielfalt sind auch **ganz andere Kombinationen** mit anders gearteten geographischen wie qualitativen Schwerpunkten denkbar – je nach individueller Präferenz, Aufenthaltsdauer und Geldbeutel (➢ Unterkünfte/Rundreise, Seite 571f).

2

2.3 Wahl der Unterkunft

2.3.1 Überblick

Die folgende **nicht an der üblichen Sternekategorie orientierte Charakterisierung** der Unterkunftsmöglichkeiten soll helfen, das optimale Quartier am gewünschten Ferienort zu finden.

Auswahl

Apartments und Zimmer gibt es in allen Kategorien, wobei viele Häuser beides anbieten. Das untere Preisniveau (unter €35) ist kaum zu finden; auch billige Privatzimmer oder einfache Pensionen (ab €20) sind rar. **Selbstbuchung** ist vor allem bei Hotels teilweise erheblich teurer als über die Reiseveranstalter und nur angeraten, wenn der bei Pauschalreisen übliche Wochenturnus nicht in die eigene Urlaubsplanung paßt. Auch alle Luxusherbergen können über Veranstalter gebucht werden..

Reservierung

Ohne Reservierung auf der Insel zu landen, ist problematisch, da die kanarischen **Hotels und Apartments oft ausgebucht** sind.

Die besten Aussichten auf ein Doppelzimmer unter €50 hat man in einem solchen Fall in den weniger touristischen Städten La Laguna, La Orotava und Santa Cruz. In der Nähe des Südflughafens hilft das Touristenbüro in El Médano (8 km) an der zentralen Plaza, ✆ 922-176002; Mo-Fr 9-15 Uhr, sommers nur bis 14 Uhr, Sa 9-13 Uhr) oft erfolgreich weiter. Auch in den beiden einfachen Südflughafen-Hotels in San Isidro (***Mónica Sur*** und ***Ucanca***, ca. 4 km, ➢ Seite 560) hat man oft Glück.

Vermittlung

Die Touristenbüros in den großen Urlaubszentren vermitteln keine Unterkünfte, halten aber Adressenlisten parat. Die Information im *Terminal* des Südflughafens (Deutsch, Englisch, ✆ 922-392037 und -596227; Mo-Fr 9-21 Uhr, Sa 9-13 Uhr) schickt Gäste ohne Dach über dem Kopf eher nach Los Cristianos oder El Médano als nach Las Américas, wo sich die Hotels zu fast 100% in der Hand der Reiseveranstalter befinden.

Detaillierte Beschreibungen zu Lage, Typ und Ausstattung von Hotels, Apartmentanlagen und Campingplätzen finden sich ab Seite 552, ebenso die Adressen von Apartment-Vermittlern.

2.3.2 Traditionelle Hotels

Beispiele

Traditionshotels mit dem Flair von gestern gibt es auf Teneriffa kaum. Der einzige noch erhaltene Hotelbau aus dem vergangenen Jahrhundert, das ***Hotel Taoro*** in Puerto de la Cruz, beherbergte seinerzeit betuchte Engländer und ist jetzt Spielkasino und Kongresszentrum. Zwei alte Herrenhäuser, das ***Marquesa*** (Puerto) und das ***Aguere*** (La Laguna) dienten schon Ende des 19. Jahrhunderts als Hotels. Darüberhinaus war das kanarische Gastgewerbe trotz des regen wirtschaftlichen Austausches mit Europa und Amerika kaum entwickelt. Auch das **Nobelhotel *Mencey*** in Santa Cruz wurde erst 1953 gebaut.

Stadtpaläste

In den letzten Jahren wurden klassische Stadtpaläste zu feinen Stadthotels umgewandelt, so das ***San Roque*** in Garachico, das

Nivaria (Apartments) in La Laguna und das ***La Victoria*** in La Orotava. Auch auf dem Lande läßt es sich in den wenigen zu Landhotels umgebauten Haziendas stilvoll wohnen (***El Patio*** bei Garachico, ***Sunny Side/Finca Raya*** bei Güímar, ***La Salada*** bei Tejina, ***El Nogal*** bei Escalona).

Außer *El Patio* und *La Salada* liegen aber alle weit ab vom Meer.

Hotelfinca La Salada bei Tejina/ Nordküste östlich von Puerto de la Cruz

2.3.3

Preisgünstige Alternativen

Hotelklötze aus der Zeit des ersten Tourismusbooms

Als Ende der 1960er-Jahre an den sonnigen Küsten Europas der Tourismus zu boomen begann, wurden auch auf Teneriffa die damals üblichen Kästen mit bis zu 20 Stockwerken, winzigen Balkonen und schlichten, kaum begrünten Pools hochgezogen. Dieser heute antiquierte Hoteltyp ist vor allem im zentralen Bereich von Las Américas anzutreffen (z.B. *Palm Beach, Troya, Gran Tinerfe Park*). In Puerto de la Cruz, einer Stadt mit sympathischen Altstadtresten, wirken die fantasielosen Klötze der touristischen Frühzeit heute genauso störend wie an den Küsten im Süden und im Nordosten einzeln aufragende Gebäude (*Punta del Hidalgo, Mesa del Mar*). Dafür liegen die alten Bettenburgen fast alle – wiewohl meist durch eine Straße getrennt – am Meer. Halbherzige Renovierungen haben sie bislang vor der Abrißbirne gerettet. In manchen kann man immerhin preisgünstig Urlaub machen und sich über die gute Lage freuen.

2.3.4

Taoro und La Paz bei Puerto

Blühende Gärten

Auf dem Taoro-Hügel über dem Zentrum von Puerto de la Cruz wurden schon in den 1970er-Jahren flachere, 4-5-stöckige Hotels errichtet und mit parkähnlichen subtropischen Gärten umgeben, so dass heute botanische Führungen in den Hotelanlagen stattfinden (*Hotels Tigaiga* und *Chiripa*). Auch im ebenso hoch gelegenen Stadtteil La Paz wurde Wert auf grüne Oasen gelegt (*Hotel Botánico*). Diese Adressen sind eine teure, aber gute Wahl, wenn auch recht weit entfernt vom Meer.

Großkomplex Anthelia Park

2.3.5 Glitzerluxus

Postmoderne Hotelbauten

Ab Ende der 80er-Jahre entstanden zwischen Los Cristianos und dem alten Las Américas im Stadtteil Los Morritos und an der neu erschlossenen Costa Adeje glitzernde postmoderne Luxusbauten. Hier im Süden Teneriffas verfügte man über genug Platz für die neuen großen, gestreckten und aufgelockerten Aparthotelbauten. Marmor, viel Glas, Keramik und Holz sollten dem Bunker-Image der alten Hotels entgegenwirken.

Charakteristik der neuen Komplexe

Der Tourist wird in überdimensionierten Lobbys wie ein König empfangen, sonnt sich in karibischen Badelandschaften mit Bambusdach-Poolbar und diniert an üppigen Büffets, bevor er in seinem 08/15-Doppelzimmer schlafen geht. Oft binden ihn gleich mehrere Hotelrestaurants und Ladenzeilen, Friseure, Tennisplätze, Fitnessräume, etliche Saunen, sowie ein großes Beauty-, Wellness- und täglich wechselndes Animations-Programme an sein Haus: das **Hotel als Event**. Nur zum Schwimmen im Meer müssen die Gäste ihre Anlage durch die bewachte Gartenpforte verlassen und die Strandpromenade überqueren (z.B. *Mare Nostrum Resort Bahía del Duque, Hotel Europa Villa Cortes, Jardines de Nivaria, Costa Adeje Palace, Mare Nostrum Resort, Anthelia Park, Riu Arecas, Riu Palace Tenerife*).

Einige dieser Hotels mit **Las Vegas-Touch** sind architektonisch durchaus originell, aber inzwischen wird auch hier jede neue Glitzeranlage durch die Bauten der Konkurrenz beengt.

2.3.6 Apartmentanlagen

Neben dem absoluten Luxus entstand ebenfalls in den 1980er-Jahren ein etwas bescheidener wirkender, aber nicht weniger komfortabler Apartmentanlagen-Typ. Aufgelockerte und versetzt miteinander verbundene Flachbauten mit größeren Balkonen oder Terrassen sind um eine üppig begrünte Poolanlage gruppiert. Das Ganze wirkt sympathisch, hell und freundlich. Diese Bauweise bestimmt den Stadtteil **Fañabé** an der Costa Adeje (*Parque del Sol, Lagos de Fañabé, Sol Sun Beach*) und die Südküste an der

Costa del Silencio und *Callao Salvaje*. Einziger Minuspunkt auch hier: die **Backe-an-Backe-Bauweise** der in sich recht großzügigen Anlagen. In Fañabé sind sie in der ersten Reihe nur durch die Strandpromenade vom Meer getrennt. An der *Costa del Silencio* und *Callao Salvaje* sind die Wege zum Strand länger.

2.3.7 Individuelle Hotels

Exklusivität im Kleien

Erst seit dem letzten Jahrzehnt gibt es exklusive kleinere Häuser (Hotels oder Apartmentanlagen), die auf das Glitzerhotel-Beiwerk (Läden, Tennis, Badelandschaften mit Poolbar) verzichten und mehr auf die individuelle Note setzen, ohne auf Standards wie das Schwimmbad zu verzichten. Diese Häuser sind zwar alles andere als billig, finden aber zunehmend ihr Publikum. Typische Beispiele sind die Apartmentanlage *Jardín de la Paz* in La Matanza, *Hotel Villa Chiripa* auf dem Taorohügel in Puerto de la Cruz, das Hotel *Reveron* in Los Christianos, *Hotel Estafania* in La Chayofa (bei Los Cristianos), das Hotel *Alhambra* in La Orotava und die oben schon genannten Stadt- und Landhotels in restaurierten historischen Gebäuden. Keines davon liegt indessen unmittelbar am Meer.

Hotel Villa Chiripa in Puerto de la Cruz

2.3.8 Fincas und Villas

Wohnungen und ganze Häuser zur Miete

Wer sich im Urlaub ein ganzes Haus leisten möchte, findet bei einigen Veranstaltern reichlich Angebote an z.T. sogar luxuriösen Objekten (Olimar, Terramar, Jahn, TUI). Neuere schicke Bungalows oder Luxusvillen gehören oft Ausländern, die renovierten Fincas – oft mit herrlichen Gärten oder Patios – zum *Turismo Rural*-Programm (➢ Seite 574). Ihre Lagen am Kliff oder weiten Hängen garantieren zumindest Ausblicke auf den Atlantik. Die größeren Häuser sind oft so unterteilt, daß auch einzelne Apartments gemietet werden können und der Garten (gegebenfalls mit Pool) gemeinsam genutzt wird. *Turismo Rural-Fincas* verfügen seltener über einen Pool.

2.3.9 Einfache Pensionen

Häuser, die in keinem Katalog stehen

Die Zahl einfacher Pensionen (***Hostales***) nimmt ab. Diese Häuser offerieren meist karge Zimmer (z.T. nur mit Etagenbädern) in schlichten Neubauten. Außer in **La Laguna, La Orotava, Puerto de la Cruz** und **Santa Cruz** findet man solche Unterkünfte kaum in kleineren Orten (aber z. B. in **Playa de San Juan** und **Alcalá** an der Westküste). Ausnahme: **Los Cristianos**, wo die La Gomera- und El Hierro-Durchreisenden relativ preiswert unterkommen (€20-€25). Sie sind in keinem Katalog zu finden (➢ Seite 555).

2.3.10 Camping

Begrenzte Möglichkeiten

Es gibt auf Teneriffa nur drei (zwei weitere sind im Bau) Campingplätze, die in puncto Ausstattung (Wasser, Duschen, Versorgung etc.) unterem mitteleuropäischen Standard entsprechen. Sie liegen abseits der Küsten. Die Stellplätze sind meist beengt; Schatten ist rar. Nur wenige Wohnmobilisten tun sich denn auch den langen Landweg durch Spanien und die teure Fähre an.

»Wild« Campen

Wer entsprechend sucht, findet – vor allem im Winter – auch Gratisplätzchen, wo man ohne Wasseranschluß und Toiletten vorübergehend campen kann. Im Sommer schlagen viele *Canarios* ihr Zelt in verschwiegenen Felsbuchten auf. Die Spuren sind am Ende der Saison deutlich sichtbar.

Staatliche Einfachplätze zum Nulltarif

Ein Geheimtip ist einfaches Zelten in den ***Zonas Recreativas***, herrlichen staatlichen Picknick- und Campingplätzen in den waldigen, kühlen Höhenlagen der Insel. Im Winter ist es dort zu kalt, oft wolkig und neblig-regnerisch, im Sommer aber eine bedenkenswerte, dazu kostenlose Lösung der Quartierfrage.

Wegen der administrativen Regulierung der *Zonas Recreativas* erfordert das Campen dort gute Planung und einige Mühe. In den Monaten Juli/August sind die Campplätze oft vergeben, speziell an Wochenenden. Alle Details dazu stehen ab Seite 583.

Wildes Camping der Kanarier an der Nordküste bei Benijo (Anagaregion).

2.4 Die Reise nach Teneriffa

2.4.1 Pauschalurlaub inklusive Flug

Charter

Die Teneriffaflüge der Reiseveranstalter werden – soweit es sich nicht um eine heute eher seltene IT-Pauschalkombination von Linienflug und Hotel handelt – mit Charterfluggesellschaften abgewickelt. Mehrheitlich mit deutschen Firmen wie *Air Berlin, Thomas Cook, LTU, Hapag-Lloyd* etc. aber auch mit spanischen Luftlinien wie z.B. *Air Europa.* In ein- und demselben Fugzeug sitzen oft Kunden verschiedener Reiseveranstalter und ebenso mehr und mehr Leute, die lediglich das Ticket gekauft haben, weil sie z.B. privat unterkommen oder auf Teneriffa leben.

Abflughäfen

Da Charterflüge nach Teneriffa von allen nennenswerten Flughäfen starten, liegt es für den Urlauber nahe, den nächstgelegenen Airport ins Auge zu fassen. In Abhängigkeit von Veranstalter und Fluggesellschaft zahlt Zuschläge/Abschläge auf den/vom Katalogpreis (- €20 bis +€30), wer von anderen als von bestimmten «Basisflughäfen« abfliegen möchte.

Hotelübernachtung vor dem Abflug

Wenn Flüge von nähergelegenen Airports ausgebucht sind – und das ist zum jeweiligen Ferienbeginn der Bundesländer oft schon monatelang im voraus der Fall – ergeben sich nicht selten ärgerliche **Zusatzkosten** für eine auswärtige Hotelübernachtung. Denn bei Abflügen am frühen Vormittag sind passende Verbindungen mit der Bundesbahn zur Ausnutzung eines ***Rail & Fly***-Tarifs in den (nächtlichen) Morgenstunden desselben Tages oft nicht vorhanden. Alternativ um 2 Uhr morgens mit dem Auto aufzubrechen, ist auch nicht jedermanns Sache. Einige Veranstalter tragen dieser Problematik Rechnung und bieten in Kooperation mit bestimmten Hotels Sondertarife für Übernachtung am Airport auch und gerade bei Anfahrt mit eigenem Fahrzeug unter der Bezeichnung ***Park***, ***Sleep & Fly*** an. Während der Abwesenheit des Gastes bleibt das Auto dann zum Nulltarif oder einer geringen Gebühr auf dem Hotelparkplatz.

Für **scharfe Rechner** macht der Abflug von einem weiter entfernten Flughafen trotz der Anfahrt, eventueller Hotelkosten und des damit verbundenen Umstandes mitunter auch »freiwillig« Sinn. Wenn nämlich bei Buchung ab Airport X eine andere Saisonkategorie gilt als bei Abflug in Y, kann die Ersparnis pro Person €100 und mehr betragen. Bei einer 4-köpfigen Familie bringt deshalb (etwa zu Ferienbeginn in Niedersachsen, aber noch nicht in NRW) eine Fahrt von Hannover nach Düsseldorf bei sonst identischer Buchung schon eine nennenswerte Ersparnis.

Rail & Fly

Bei günstigen Zugverbindungen ist ggf. auch die Nutzung der ***Rail & Fly*-Tarife** der Bundesbahn erwägenswert, die im Prinzip jedem Flugscheininhaber gewährt werden. Die von Jahr zu Jahr mehr oder weniger wechselnden Einzelheiten kann man den Preisteilen der Veranstalterkataloge und dem ***Internet*** **(www.db.de)** entnehmen.

Einige Pauschalreisen-Veranstalter bieten Ihren Kunden **Sonder-** oder sogar **Nulltarif in der 2 Klasse** für den DB-Zubringer. Mit Veränderungen der Konditionen muß bei diesen Tickets ggf. auch kurzfristig gerechnet werden.

Nachteile Charterflug

Die **Abflugzeiten** und das **Erfordernis sehr zeitigen Eincheckens** – bis zu 2 Stunden vor dem Start beim Hinflug (bei vielen *Airlines* ist zumindest das Einchecken auf der Hinreise bereits am Vorabend möglich) und oft noch früher beim Rückflug, wobei der Abholtermin wegen des Einsammelns von 'zig Parteien in verschiedenen Hotels schon mal 4 Stunden vor dem planmäßigen Rückflug liegt – sind kleine Nachteile des Pauschalurlaubs.

Wer Pech hat, muß außerdem den Hinflug nachmittags und den Rückflug vormittags antreten, so daß ein voller Urlaubstag verloren gehen kann. Pauschalurlaub mit Charterflug bietet zudem nur wenig Flexibilität: weder ist ein vorzeitiger Urlaubsabbruch ohne zusätzliche Kosten bzw. Verlust von bereits gezahlten Leistungen möglich, noch sind im allgemeinen andere als vom Veranstalter vorgegebene Verlängerungsintervalle realisierbar.

Fazit

Rein ökonomisch geht bei der Buchung von Hotelunterkunft mit Verpflegung kein Weg am Pauschalarrangement vorbei. Aber vor Buchung einer Pauschalreise mit Apartmentunterkunft kann es nicht schaden, Alternativen durchzurechnen.

2.4.2 Sitzreservierung und Vorabend Check-in

Wer seinen Flugzeugsessel schon mit dem Ticket buchen möchte, kann aus der Tabelle entnehmen, wie teuer eine Reservierung ist, ob man sein Gepäck schon am Vorabend einchecken kann und in welchen Reihen und Sitzen man **mehr Beinfreiheit** hat.

Fluggesellschaft	Kosten in €	Vorabend	Jettyp[2]	Reihe/Sitze
AeroLloyd	30	ja	MD83 A320.200 A321.200	1ACDEF 1A-F 1+24A-F
Air Berlin	30/AB Card[1]	ja	B737.400 B737.800	1A-F 1A-F,16A+F
Britannia	15	nein	B767.300	1C-F 15CDE, 17C+F
Thomas Cook	30	ja	B757.200 B757.300 B757.300C	10A-F 12ABCF,28F,40A-F 6ACDEGHK 22ACDEGHK
Hapag Lloyd/Tui	30	ja	A310 B737.800	1DEG 15ABCHKL 16AF
LTU	30/LTU Card[1]	ja	A330.300 B757.200 B767.300	14ACHK 35ACHK 2ABC,11BCF,12A 29B-F, 30A 12DEG, 21DEG

1) keine Kosten mit LTU bzw. Air Berlin Card, ➢ Seite 48. 2) Jet: A=Airbus B=Boeing

Reisegepäck-Regelungen

Freigepäck im Jet üblicherweise 20 kg, LTU/Air Berlin Card Inhaber 30 kg
Übergepäck kostet €5 je kg;

Für Sondergepäck fallen folgende Kosten an (jeweils retour):

Fahrrad	Hapag Lloyd/Thomas Cook €26 LTU (mit LTU Card frei) sonst €16 Air Berlin (mit Air Berlin Card frei) €15
Golfbag	Air Berlin/Hapag Lloyd/Thomas Cook frei LTU €31
Surfboard	Hapag Lloyd/Thomas Cook €41 LTU (mit LTU Card frei) sonst €31 Air Berlin (mit Air Berlin Card frei) €30
Tauchausrüstung	Air Berlin/Hapag Lloyd/Thomas Cook/LTU frei

Für **Golftaschen** und **Tauchgepäck** ist in der Regel **keine** besondere **Anmeldung** nötig, bei **Fahrrad** und **Surfbrett Anmeldung** spätestens 48 bis 24 Stunden vor Abflug

2.4.3 Individuell nach Teneriffa fliegen

Wer seine Unterkunft selber organisiert, muß notwendigerweise den Flug gesondert buchen:

Linienflug

Die **Lufthansa** fliegt nicht nach Teneriffa; nichtsdestoweniger kann man bei der Lufthansa Teneriffa buchen, muß dann aber in Madrid umsteigen in eine Maschine des Kooperationspartners **Spanair**. Auch die spanische **Iberia** bedient von europäischen Airports außerhalb Spaniens Teneriffa nicht. Man fliegt mit **Iberia** entweder nach Madrid oder Barcelona und dann weiter. Faktisch spielen im Teneriffa-Flugverkehr ab Deutschland, Österreich oder der Schweiz Linienflüge so gut wie keine Rolle mehr.

Charter

Wie bekannt, starten die Charterflieger heute von zahlreichen, auch kleineren Flughäfen wie Lübeck, Münster, Paderborn oder Erfurt zum Direktflug nach Teneriffa nach festem Flugplan. Normalerweise ist der **südliche Airport *Reina Sofía*** Zielflughafen. Nur wenige Flieger aus Deutschland landen auf dem – kürzlich weiter ausgebauten – Nordflughafen (TFN); indessen ist er für Puerto-Urlauber entschieden günstiger als Teneriffa-Süd (TFS).

Buchung Charter

Charterflüge bucht man individuell genauso wie Pauschalreisen in jedem Reisebüro. Man kann sie aber **im Internet** auch **bei den Fluggesellschaften direkt** buchen. Die wichtigsten sind:

Air Berlin: www.airberlin.de **Hapag Lloyd: www.hlf.de**
LTU: www.ltu. de **Thomas Cook: www.thomascook-reisen.de**

Die Feststellung der Verfügbarkeit von Plätzen und Reservieren ist einfach, letzteres aber nur möglich nach Registrierung und Angabe einer Kreditkartennummer. Wer das nicht möchte; kann sich einen passenden Flug auswählen und das nächste Reisebüro die Sache abwickeln lassen. Als ein dem Büro bekannter Kunde kostet das nur einen kurzen Anruf und geht oft fixer als die Buchung im

Internet – keine Absturzgefahr und kein Zeitverlust bei eventuell nicht 100%ig ausgefüllter Buchungsmaske. Per Charter ab Deutschland kostet Teneriffa je nach Airport, Saison und Wochentag regulär ab ca. €250 bis etwa €450 plus Airport-Gebühren.

Airline Cards

Air Berlin und LTU offerieren zu ähnlichen Bedingungen die ***Air Berlin Card*** bzw. ***LTU Card***, die €32 jährlich kosten und vor allem Mehrfachfliegern eine ganze Reihe von Annehmlichkeiten bieten, insbesondere kostenlose Platzreservierung, erhöhtes Freigepäck und Freiflüge nach soundsoviel bezahlten Flügen. Wer sich dafür interessiert, sollte mal in die Website des club.mallorca gucken (**http://club.mallorca.de**); im Jahresbeitrag von nur €39 ist – neben anderen Leistungen – die *Air Berlin Card* enthalten.

Termine

Da die Flugpläne der Charterer dem erwarteten Buchungsaufkommen angepaßt werden, ist oft selbst in der Nebensaison nicht immer kurzfristig noch Platz in der gewünschten Maschine. Eine **frühzeitige Disposition** sichert den Flug zum Wunschtermin.

Last Minute

Kurzentschlossene können mit ***Last-Minute-Tickets*** Geld sparen. Bei noch freien Plätzen im Flugzeug fallen die Preise »in letzter Minute« durchaus auf unter €250 retour. *Last minute* heißt in vielen Fällen schon 14 Tage oder mehr vor Abflug. Wer flexibel ist und sich auf diese Frist einstellen kann, schafft immer Tarife unter €250. Ein Anruf im Reisebüro oder der Blick ins **Internet** genügt, um festzustellen, welche Airline aktuell die preiswerteste Möglichkeit für einen Flug nach Teneriffa bietet.

Preiswert sind bei kurzfristiger Buchung nicht nur reine Flugtickets, sondern auch und vor allem Pauschalreisen. Heute haben **praktisch alle Reisebüros** Zugriff auf *Last Minute*-Angebote. Aber Achtung, nicht alles, was als *Last Minute* verkauft wird, ist wirklich deutlich billiger als der entsprechende Katalogpreis. **Sonderschalter** der Veranstalter wie auch veranstalterunabhängiger Reisebüros finden sich heute praktisch in allen Flughäfen.

Größter **Restplatzanbieter** für Pauschalreisen und Flüge mit zahlreichen Agenturen in Deutschland, Österreich und der Schweiz ist die Firma l'tur: **www.ltur.de**. Weitere Anbieter sind u.a. **www.traxx.de** und **www.lastminute.de**. Man kann auch **Reiseveranstalter direkt** kontakten. Die **Internetadressen** der wichtigen Anbieter im Teneriffatourismus stehen auf Seite 551.

Rückflug

Üblicherweise wird **mit dem Hinflug** bereits ein bestimmter **Rückflug** reserviert. Bei **Änderungswünschen** bleibt es dem Charterer überlassen, inwieweit er sich im Rahmen von freien Kapazitäten dem Kunden gegenüber flexibel zeigt. Meistens werden **Umbuchungskosten** fällig (€25-€50). Bei einigen Gesellschaften läßt sich das direkt bei der Repräsentanz auf Teneriffa (Thomas Cook, LTU, Hapag Lloyd, Air Berlin, Telefone ➪ im Anhang, Seite 54), bei anderen Airlines über die Vertretung der Reiseunternehmen regeln, bei denen das Ticket gekauft wurde.

Unter dem **Flexibilitätsaspekt** (für den Rückflug) ist die Buchung bei einer der größeren Gesellschaften mit möglichst vielen Starts von Airports in der Umgebung des eigenen Wohnsitzes empfehlenswert. Damit hat man bessere Chancen zur Realisierung von eventuell gewünschten Ticketumschreibungen als mit derselben oder einer kleineren Airline mit geringer Flugfrequenz zu Flughäfen in der Heimatregion.

Verspätungen

Ein Wort noch zu den Verspätungen, die auch im Teneriffa-Flugverkehr dann und wann vorkommen. Die Gründe liegen – neben wetterbedingten Verzögerungen und ggf. Technikproblemen der Maschine – überwiegend im eng besetzten Luftraum über Mitteleuropa und in gelegentlichen Streiks und Dienst nach Vorschrift der Fluglotsen in Frankreich und Spanien. Auch das Personal im Airport auf Teneriffa oder Streiks der Bus- und Taxifahrer sorgen bisweilen indirekt für verspätete Abwicklungen.

Das **Risiko**, von Verspätungen genervt zu werden, ist an Wochenenden mit starkem Verkehrsaufkommen größer als bei Abflügen Montag bis Donnerstag. Grundsätzlich gilt, daß **Flüge am Morgen** weniger verspätungsgefährdet sind als solche am Nachmittag, da Probleme oft erst im Laufe des Tages voll durchschlagen: zunächst kleinere Verzögerungen in den Vormittagsstunden können sich wegen aller möglichen Folgewirkungen bis zum Abend zu stundenlangen Staus in der Luft auswachsen.

Sonstiges

Weitere Einzelheiten zum Charterflug wurden bereits im Zusammenhang mit Pauschalreisen behandelt.

2.4.4 Nach Teneriffa auf dem Land- und Seeweg

Wer unbedingt möchte, kann Teneriffa auch per Schiff erreichen. Einmal wöchentlich fährt die Autofähre *Juan Sisters* ab Cádiz im äußersten Südwesten Spaniens über Gran Canaria und Lanzarote nach Santa Cruz de Tenerife. Die nebenstehende Tabelle zeigt die Abfahrtszeiten und Tarife.

Die Daten ent sprechen dem Stand Anfang 2004.

Cádiz-Teneriffa-Cádiz

ab Cádiz.	Di	18.00 Uhr
an Gran Canaria	Do	8.45 Uhr
an Teneriffa	Do	15.00 Uhr
ab Teneriffa	Sa	10.00 Uhr
Stops in Gran Canaria und Lanzarote		
an Cádiz	Mo	10.45 Uhr

Tarife (einfache Fahrt)

4er-Kabinen €140-€215/Pers (inkl. Vollpens)
2er-Kabinen €242-€252/Pers (inkl. Vollpens.)

Autos bis 6 m Länge und 2 m Höhe	€174
Motorräder	€ 73
Wohnwagen	€352
Haustiere	€ 59
Sparpakete für Autos mit 4 Insassen in 4-Kabine	€590-€821

Information und Buchung (Spanisch/Englisch) © (0034) 902-454645; Internet: www.trasmediterranea.es

Frühzeitige Reservierung ist empfehlenswert

2.5 Reisevorbereitungen

2.5.1 Papiere

Einreise

Die Kontrolle der Personalpapiere ist zwar innerhalb der EU weitgehend entfallen, aber dies bedeutet nicht, daß man den Personalausweis (bzw. ersatzweise einen Reisepass) nicht mehr mitführen müßte. Es kann immer noch aus irgendeinem Grund am Airport bzw. an der Grenze kontrolliert werden; und auch in Spanien muß man sich auf Verlangen ausweisen können. Im Hotel erfolgt die Anmeldung ebenfalls anhand der Personalpapiere. Ein Blick auf das **Ablaufdatum der Ausweise** früh genug vor der Abreise kann daher nicht schaden. Das Papier sollte noch mindestens drei Monate gültig sein.

Auch für den Besuch in einem Spielkasino und für die Einlösung von Reiseschecks benötigt man den Personalausweis.

Führerschein

Wer ein Fahrzeug mieten möchte, muß neben dem Führerschein in der Regel auch seinen Personalausweis oder Pass vorlegen. Die nationale Version des Führerscheins genügt, ein Internationaler Führerschein ist nicht nötig. Umgekehrt reicht der Internationale Führerschein allein nicht aus.

Kopien

Ganz sinnvoll ist es, **Fotokopien von Führerschein und Personalausweis** (Reisepass) mitzunehmen und sicher zu verwahren.

2.5.2 Versicherungen

Reiserücktritt

Die Pauschalreisepreise einiger Veranstalter verstehen sich mitunter inklusive einer **Reiserücktrittskosten-Versicherung**. Alle anderen offerieren sie ihren Kunden zu recht moderaten Tarifen. Da auch bei kurzfristiger Buchung unvorherzusehende Ereignisse wie Erkrankung oder Unfall des Reisenden oder Angehöriger den Reiseantritt in letzter Minute noch unmöglich machen können, sollte man das Angebot wahrnehmen. Bei individuellem Vorgehen – Flugbuchung und Unterkunft getrennt und in Eigeninitiative – kann man sich entsprechend des Wertes bzw. der bei Nichtantritt anfallenden Rücktrittskosten separat versichern lassen.

Krankheit

Schon seit einer Reihe von Jahren gibt es keinen generellen Ersatzanspruch mehr für im Ausland verauslagte Krankheitskosten durch die gesetzlichen Kassen. Die Kassen zahlen nur, wenn man sich genau an die jeweils vorgeschriebenen Regularien hält. **In Spanien** darf man sich **auf Kassenkosten** nur bei Ärzten und Einrichtungen behandeln lassen, die vertraglich mit der ***Seguridad Social*** verbunden sind. Dazu wiederum benötigt man ein spanisches Krankenschein-Scheckheft, das mithilfe des Auslandsscheins der Kassen (E111) – den muß man vor der Reise besorgt haben – im jeweiligen Büro der *Seguridad Social* erhältlich ist.

Grundsätzlich ergibt sich aus der etwas komplizierten Situation die **Empfehlung an alle gesetzlich Versicherten**, eine **Auslands-Reisekrankenversicherung** abzuschließen (ab ca. €6/Person und Jahr bei Reisen bis 42 Tage; Gesamtübersicht in der Zeitschrift

»Finanztest« der Stiftung Warentest vom April 2002). Mit dieser Deckung kann man jeden beliebigen zugelassenen Mediziner aufsuchen, ohne befürchten zu müssen, auf den Kosten sitzenzubleiben. Eine Auswahl deutschsprachiger Ärzte auf Teneriffa findet sich auf Seite 532.

Privatversicherte

Privatversicherte interessiert die Frage meistens weniger (aber doch zur Abdeckung einer Selbstbeteiligung), da die Kosten einer Heilbehandlung im europäischen Ausland im identischen Umfang wie in der Heimat ersetzt werden, solange der Aufenthalt eine bestimmte maximale Dauer nicht überschreitet. Die Einzelheiten sind durch einen Blick in die Versicherungsbedingungen oder Anruf bei der Versicherung rasch zu klären.

Krankenversicherung über die Kreditkarte

Wenig Sorgen brauchen sich in dieser Hinsicht auch die Inhaber bestimmter **Kreditkarten** (meist der Edelklasse) zu machen. Viele **Goldkarten** (von *Eurocard, VISA, American Express*), teilweise auch andere, bieten ihren Inhabern und ggf. Familienangehörigen bei Auslandsreisen bis 6 Wochen automatisch eine Krankenversicherung. Da die Bedingungen solcher Versicherungen von der ausgebenden Institution abhängen, sollte man die Details vor der Reise prüfen, bevor man sich auf den »Kartenschutz« verläßt.

Gepäckversicherung

Die gerne angebotene Gepäckversicherung, die häufig auch in Versicherungspaketen enthalten ist, benötigen viele nicht, da bei Reisen ins europäische Ausland eine bereits bestehende Hausratversicherung ggf. (in Grenzen) Ersatz leistet. Im übrigen sind die Ausschlußklauseln regelmäßig zahlreich. Das Risiko, in Teneriffa – außer durch eigene Unachtsamkeit – Verluste zu erleiden, ist insgesamt eher niedrig.

2.5.3 Die Finanzen

Geldautomaten

Wie zu Hause dienen Geldautomaten dem Bargeldnachschub. Sie sind in den Flughäfen, in allen Touristen- und größeren Orten unübersehbar und zahlreich. Seit Mitte 2002 dürfen Banken beim Zahlen mit EC- und Kreditkarten in EU-Ländern keine Zusatzkosten mehr berechnen (Mitte 2003 entfielen innerhalb der EU auch die erhöhten Gebühren für Auslandsüberweisungen). Bargeldabhebungen an ec-Automaten kosten dagegen €2-€4 pro Transaktion; nur **Filialen der Deutschen Bank** nehmen keine Gebühr. Filialliste: www.europa.eu.int/com (weiter: area/ec01-2560)

Kreditkarten

Kreditkarteninhaber können auf Teneriffa ihre Karte genauso einsetzen wie gewohnt. Die Mehrzahl der Hotels, Restaurants und Geschäfte akzeptieren zumindest Visa und Eurocard.

Apropos Kreditkarten: wenn die verloren gehen, sollte der **Verlust** umgehend gemeldet und (bei längeren Aufenthalten) ggf. Ersatz beschafft werden. Die entsprechenden Telefonnummern sind:

American Express	© 915 720303
Eurocard und Visa	© 915 192100 und © 913 626200
EC-Karte	Anruf in Deutschland: © 0049 1805021021

3. Ankunft auf Teneriffa

Fast alle Ferienflieger landen auf dem großen Südflughafen, dem ***Aeropuerto del Sur*** (TFS, auch *Reina Sofia* genannt); nur relativ wenige fliegen den kleineren ***Aeropuerto del Norte*** (TFN, *Los Rodeos*) an, der für Nordküsten-Urlauber viel günstiger liegt.

Anflug

Je nach Route, Verkehrsdichte und Windrichtung benötigen die Jets aus Mitteleuropa 4-5 Stunden Flugzeit. Ganz interessant ist häufig der Anflug Richtung Südflughafen westlich oder östlich am Teide vorbei. Scheinbar hält die Maschine auf Gomera zu, fliegt dann aber eine weite Schleife und erreicht die Landebahn von Südwesten aus. Über 200 Starts und Landungen werden hier in der Hochsaison am betriebsamsten Tag (Freitag) abgewickelt, die nächtlichen Transportflugzeuge nicht mitgerechnet.

Einreise

Trotz des Schengener Abkommens, das keine Ein- und Ausreisekontrollen zwischen Spanien und Deutschland bzw. Österreich mehr vorsieht, gibt es doch regelmäßig Stichproben. Wie oben bereits ausgeführt, muß man daher einen gültigen **Personalausweis** oder den **Pass** mitnehmen. Bei Einreisen aus der Schweiz und anderen Nicht-EU-Ländern sowieso.

Gepäckausgabe

Kostenlose Gepäckkarren sind auf beiden Teneriffa-Flughäfen in der Regel reichlich vorhanden. Man braucht darum also nicht »zu kämpfen«. Die Wartezeiten am Gepäckband halten sich in einem durchweg erträglichen Rahmen.

Zollkontrolle

Seit die Zollschranken innerhalb der EU entfallen sind, finden nur in Ausnahmefällen Stichproben statt. Faktisch kann man fast alles als persönlichen Bedarf deklarieren. Zigaretten, Alkoholika und Parfüms gibt es – ganz nebenbei – auf den Kanaren in vielen Fällen billiger als im zollfreien Einkauf im Jet. **Offiziell** abgabenfrei sind indessen nur folgende Mengen pro Person:

200 Zigaretten oder 100 Zigarillos oder 50 Zigarren;
1 Liter Spirituosen (über 22%) oder 2 Liter (bis 22%)

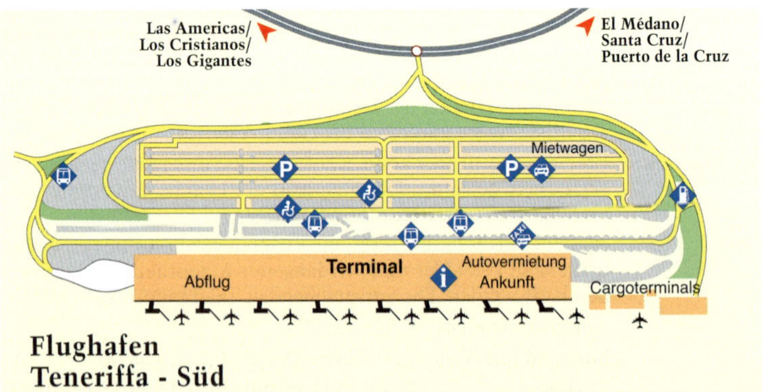

Service Der Service an den beiden Airports (Geldautomaten, Mietwagen, Fund-, Infobüro, Post etc.) entspricht internationalem Standard.

Hoteltransfer Pauschaltouristen, die von einem Repräsentanten »ihrer« Reisegesellschaft abgeholt werden, sind **ab Südflughafen 10-90 min** bis zu ihrem Hotel unterwegs.

Ungefähre **Transferzeiten** für die wichtigsten Orte:

Los Cristianos, Las Américas, Costa Adeje: 25-35 min
El Médano: 10 min; **TenBel**: 15 min
Los Gigantes/Puerto de Santiago: 60 min.
Nordküste (Puerto de la Cruz u.a.): 90 min oder mehr.

Wer auf dem **Nordflughafen *Los Rodeos*** landet, ist per Bus in einer guten halben Stunde in seinem Quartier an der Nordküste, muß aber mit 60-90 Minuten Busfahrt zu den Touristenzentren im Süden bzw. Westen rechnen.

Individualreisende In beiden Airports finden sich neben den bekannten internationalen Anbietern auch nationale (spanische) Vermieter, wie z.B. die preiswerte Firma »Auto Reisen«. Nach Vorlage des Führerscheins und einer gängigen Kreditkarte (Eurocard, AE, Visa) sind die Mietverträge rasch abgewickelt (für mind. 21-jährige Mieter). Kleinwagen kosten bei Miete ab Airport inkl. Versicherung und ohne Kilometerbegrenzung etwa ab € 120/Woche, ➢ genauer Seite 60.

Rent-a-Car ab beiden Airports:

Hertz: ✆ 922-759319	Internet: www.hertz.com
Avis: ✆ 922-392056,	Internet: www.avis.com
Orcar/Auto Reisen: ✆ 922-759364	Internet: www.autoreisen.es www.orcarcanarias.com
Europcar-Betacar: ✆ 922-759313,	Internet: www.betacar.es
Atesa: ✆ 922-759475	Internet: www.atesa.es
Cicar: ✆ 922-759329	Internet: www.cicar.com

Öffentliches Busnetz Das gut ausgebaute Bussystem Teneriffas (TITSA) funktioniert zuverlässig und pünktlich. Abgelegene kleine Orte werden allerdings nur spärlich bedient. Gäste in ***Turismo Rural*-Häusern** benötigen für das letzte Stück vom nächstgelegenen mit dem Bus erreichbaren Ort zu ihrer Unterkunft fast immer zusätzlich ein Taxi, sofern kein Abholdienst organisiert wurde.

Taxis Die kanarischen Taxis sind preisgünstig und ohne Nepp (➢ ausführlicher dazu Seite 58). Mit ein paar spanischen Brocken kann man günstige Fixpreise für Fahrten ohne Taxameter mit dem Fahrer aushandeln. Für längere Fahrten lohnt die spontane Bildung von Fahrgemeinschaften am Taxistand.

Touristeninfo **Nur im *Terminal* des Südflughafens** befindet sich im Ankunftsbereich der Wandelhalle ein – eher schwach sortiertes – Infobüro (Deutsch, Englisch; Mo-Fr 9-21, Sa 9-13 Uhr, ✆ 922-392037). Immerhin gibt es grobe Insel- und Wanderkarten, Unterkunftslisten und ein buntes Allerlei von mehr oder weniger wichtigen Prospekten. Man findet dort aber auch den kostenlosen **Fahrplan aller Buslinien** der Insel (➢ Seite 586f).

Wichtige Telefonnummern auf den Airports

Flughafen Süd - Reina Sofia

		Zentrale:	✆ 922-759000
Taxis:	✆ 922-759009	Information:	✆ 922-759200 und -759510
Touristeninfo.:	✆ 922-392037	Polizei:	✆ 922-759357

Gepäckverlust: ✆ 922-759342 (Iberia Handling); ✆ 922-759054 (Air Europa Handling)

Fluggesellschaften

IBERIA:	✆ 922-759285	AIR EUROPA:	✆ 922-759244
AIR-BERLIN:	✆ 922-759570	LTU:	✆ 922-759146
SPANAIR:	✆ 922-759150	MONARCH:	✆ 922-759398
THOMASCOOK:	✆ 922-759505	NORDICAN:	✆ 922-759379
AIR BELGIUM:	✆ 922-759354	HAPAG LLOYD:	✆ 922-759668 / 922-759494
FUTURA:	✆ 922-759211	BRITANNIA:	✆ 922-759134
CONAIR:	✆ 922-759354	BINTER:	✆ 902-391392 (24 Std.)

Flughafenbusse ab Aeropuerto del Sur (TFS)

Santa Cruz (50 min) Linie 341 (€ 4,20, mit *BonoBus*: € 2,10): 6.50, 7.50, 8.50, 9.30, 10.30, 11.30, 12.10, 13.10, 14.14, 14.50, 15.50, 16.50, 17.30, 18.30, 19.30, 20.10, 21.10, 22.10, 22.50, 1.30; zusätzlich fährt die Linie 111 aus Las Américas täglich um 23.45, 1.45 und 5.00 über den Süd-Flughafen nach Santa Cruz und wartet die Ankunft von Linienflügen ab.

Puerto de la Cruz (85 min) Linie 340 (über den Nordflughafen/TFN, **€ 4,50**, mit Bonobus: € 2,25): 9.45, 14.00, 20.00 und 23.30. Wer dagegen mit dem 341 nach Santa Cruz fährt und dort umsteigt, findet häufiger Anschluß nach Puerto de la Cruz.

Playa de las Américas (45 min) Linie 487 (über Los Cristianos), € 1,65, mit Bonobus: € 0,95: 8.10, 9.10, 10.25, 11.25, 12.10, 13.10. 14.10, 15.10 *), 16.10, 17.10, 18.25, 19,25, 20.10, 21.00, 22.00; *) nicht Sa, So, feiertags

Los Gigantes/ Puerto de Santiago Ob nun im Norden oder Süden gelandet, die Westküste (Los Gigantes) erreicht man im öffentlichen Bus nur durch Umsteigen in Las Américas (➢ TITSA Linie 473 Las Galletas-**Las Américas**-Los Gigantes, Seite 589)

Flughafenbusse ab Aeropuerto del Norte (TFN)

Ohne Umsteigen erreicht man folgende Ferienzentren per Bus:

Linie 102 nach Puerto de la Cruz/Via Botánico/Estación de Guaguas (ca. halbstündlich von Santa Cruz kommend, ➢ Verkehr/TITSA Seite 587, Bus 102 Santa Cruz-Puerto, Abfahrtzeiten Santa Cruz plus 25 min)

Linie 107 nach Buenavista über La Orotava-Icod-Garachico-Los Silos

Linie 108 nach Icod über La Orotava

Linie 109 nach Santa Cruz (8.15-22.15 alle 60 min)

Linie 340 nach Puerto de la Cruz/Via Botánico/Estación de Guaguas (➢ oben Abfahrtzeit ab Südflughafen, plus 40 min)

(**Alles Wichtige zum Busverkehr und weitere Busverbindungen** ➢ Seite 57+586f)

Tarife der Taxis ab Flughafen

SÜD-Flughafen nach • El Médano € 7 • Los Cristianos € 15 • Las Américas € 16 • Los Gigantes € 34 • Santa Cruz € 48 • Flughafen Nord € 52 • Puerto de la Cruz € 70

Für die Abreise

Flughafenbusse zum Aeropuerto del Sur (TFS)

ab Puerto Linie 340: 7.10, 12.00, 17.20, 21.45 Dauer: 85 min

ab LA/LC Linie 487: stündlich von 7.20 bis 21.20; Dauer 45 min

ab Santa Cruz Linie 341: 5.30, 6.30, 7.30, 8.10, 910, 10.10, 10.50, 11.50, 12.50, 13.30, 14.30, 15.30, 16.10, 17.10, 18.10, 18.50, 19.50, 20.50, 21.30, 0.10; Dauer 50 min

Flughafenbusse zum Aeropuerto del Norte (TFN)

ab Puerto Linie 340: 7.10, 12.00, 17.20, 21.45; Dauer: 40 min

ab Puerto Linie 102: ca. halbstündlich, ➪ Seite 587, Dauer 40 min

ab Santa Cruz Linie 109: halbstündlich 6.30-20.30, 21.15, 22.30, 24.00; Dauer: 25 min

Parken am Aeropuerto del Sur (TFS)

Während Busse und Taxis direkt vor dem Süd-Terminal halten, dürfen **Privatwagen** nur auf einem separaten kleinen Parkplatz am Terminalanfang zum Entladen stoppen. Wer länger braucht, fährt auf den großen Parkraum oberhalb (gebührenpflichtig; € 7/Tag). Mietwagen werden am hinteren Ende des langgestreckten Terminal-Parkplatzes abgegeben.

Wer bei **Wartezeiten** auf dem Aeropuerto del Sur noch ein wenig **Sonne tanken** will, findet Parkbänke am rechten (westlichen) Ende des Terminals.

Ankunft mit der Fähre

Schiffsreisende aus dem südspanischen Cádiz (mit Zwischenstopp in Gran Canaria) erreichen den Hafen von Santa Cruz nach 2 Nächten und 1 Tag mit der Autofähre *Juan Sister*. Das Schiff legt etwas östlich vom Fährterminal/*Estación Marítima* an.

Von dort erreicht man den zentralen Platz der Stadt, die Plaza España, rasch zu Fuß. Taxis stehen immer bereit; zum zentralen Omnibusbahnhof/ZOB (*Estación de Guaguas*) ist es nicht weit. Wer mit eigenem Fahrzeug kommt, findet ohne Probleme die beiden Zubringer zur Nord- und Südautobahn. Ein Zollkontrolle findet nicht statt (➢ Seite 52).

Touristeninformation

Südflughafen	im Terminal (Deutsch/Englisch), ✆ 922-392037; Mo-Fr 9-21, Sa 9-13
Costa Adeje	Avenida Rafael Puig 1, ✆ & Fax 922-750633; Mo-Fr 9-17 Uhr
Las Américas	im *City Center* (gegenüber Hotel Santiago II), ✆ 922-797668, Fax 922-757198, Mo-Fr 9-15.30, Sa. 9-13 Uhr
Playa de las Vistas	an der Strandpromenade; ✆ 922-750669, Email: vistas@atlantis.es; Mo 11-15, Di-Sa 11-17.30 Uhr
Los Cristianos	Calle General Franco in *Casa de la Cultura/Centro Cultural* (gegenüber der Mobil-Tankstelle); ✆ 922-757137, Fax 922-752492; Mo-Fr 9-15.30, Sa 9-13 Uhr
Las Galletas	Avenida Marítima, ✆ 922-730133, Mo-Fr 9-15.30, Sa 9-13 Uhr
Candelaria	Avenida del Generalisimo, Las Caletillas, ✆ 922-500415
Puerto de la Cruz	Plaza de Europa, ✆ 922-386000, Fax 922-384769; Mo-Fr 9-15, Sa 9-13 Uhr
La Orotava	Carrera del Escultor Estevez 2, ✆ 922-323041, Fax 922-321142/334512; Mo-Fr 9-18, Sa 10-14 Uhr
Santa Cruz	Plaza España (im *Cabildo*-Eckgebäude/Uhrenturm), ✆ 922-239592/239811/239263, Fax 922-239812; Mo-Fr 9-17.45 Uhr, Sa 9-13 Uhr (Juli-September bis 16.45 Uhr)
La Laguna	Plaza del Adelantado, ✆ 922-631194; Mo-Fr 8-20 Uhr
Puerto de Santiago	Calle Manuel Ravelo 20, Local 35 (gegenüber der *Playa de la Arena* im *Centro Comercial Seguro El Sol*), ✆ & Fax 922-860348; Mo-Fr 9.30-15.30 Uhr, Sa bis 12.30 Uhr.
El Médano	Plaza de El Médano, ✆ 922-176002; Mo-Fr 9-15 Uhr (im Sommer nur bis 14 Uhr), Sa 9-13 Uhr.

3

4. Mobil auf Teneriffa

4.1 Ausflüge: organisiert oder individuell?

Ausflugsziele

Spätestens am ersten wolkenverhangenen Tag stellt sich die Frage, ob man dem Urlaubsort nicht zur Abwechslung 'mal den Rücken kehren sollte. Wie schon eingangs beschrieben, bietet Teneriffa **landschaftlich und kulturell eine Fülle von Zielen** für kleine und ausgedehntere Ausflüge. Hinzu kommen die mit dem Tourismus entstandenen **kommerziell betriebenen Attraktionen**

Eigeninitiative

Ausflüge kann man beim eigenen Veranstalter und bei örtlichen Reiseagenturen buchen oder auf eigene Faust unternehmen.

Die **Eigeninitiative besitzt viele Vorteile**:

- sie erlaubt eine **Gestaltung nach individuellen Wünschen** und Vorstellungen;
- sie ist **zeitlich flexibler**;
- sie vermittelt einen **intensiveren Kontakt** zur Insel Teneriffa als eine Busfahrt in Gesellschaft von 'zig Mitreisenden und Zwischenstopps nur an vorbestimmten Orten
- und sie kommt allein (im Linienbus, ➢ rechts) und bereits ab zwei Personen im Mietwagen in vielen Fällen **preiswerter** als der vorgefertigte Ausflug.

Zwar gibt es in Linienbus und Mietauto sowenig wie am Motorrad- und Fahrradlenker die Erläuterungen eines Reiseleiters, aber alles Wichtige kann man diesem Buch entnehmen oder zusätzlicher, auf die persönlichen Interessen zugeschnittener Lektüre, die man in größeren Buchläden reichlich findet. Und nur der fahrbare Untersatz ermöglicht Urlaubern ohne gebuchte Hotelverpflegung eine Erweiterung des kulinarischen Aktionsradius'. Die lohnt sich bestimmt: denn eine ganze Reihe von empfehlenswerten Restaurants liegt in einiger Distanz zu den Touristenzentren, ➢ Seite 80ff und 296.

Alle TITSA-Busse sind unverkennbar weiß-grün

Vorzüge organisierter Ausflüge

Die **Ausflugsangebote** der Reiseveranstalter und vieler unabhängiger Anbieter sind nichtsdestoweniger für bestimmte Vorhaben eine bedenkenswerte Alternative, zumal sie den Vorzug haben, sich entspannt ganz ohne Streckenplanung und Vorinformation zurücklehnen zu können und dennoch das Wichtigste geboten zu bekommen – bei Fahrten in den Teide Nationalpark sogar von speziell ausgebildeten Experten. Das Fahren eines Mietautos in Puerto oder Santa Cruz oder über enge Gebirgsstraßen ist obendrein auch nicht jedermann's Sache.

Doch zunächst zum unabhängigen Vorgehen und zu den verschiedenen Transportmöglichkeiten:

4.2 Öffentliche Verkehrsmittel

Das Linienbussystem (TITSA) ist sehr gut ausgebaut, zuverlässig und preiswert; auch Taxis sind billiger als bei uns, ➢ Seite 58.

4.2.1 Linienbusse

Komfort

Die TITSA-Busse entsprechen modernen Anforderungen und sind überwiegend mit Klimaanlagen ausgerüstet.

Vorzüge & Bono Bus

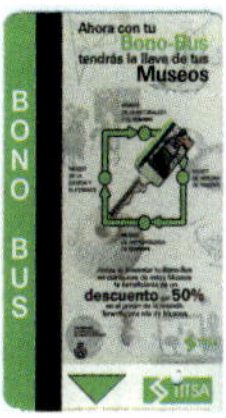

Busse sind auch bei Fahrten quer über die Insel allein oder zu zweit das **billigste Verkehrsmittel**. Ab 2 Personen kann man bei ausgedehnteren Ausflügen dennoch in die Nähe der günstigsten Leihwagentarife geraten. Es sei denn, man hat sich (an einem der Busbahnhöfe oder an Zeitungskiosken) ein ***Bono Bus Ticket*** besorgt. Mit Bono-Bus (ab €12; in Busbahnhöfen auch für €30) spart man bei Strecken über 20 km 50% des Einzelfahrpreises und erhält auch noch 50% Ermäßigung auf den Eintritt in staatlichen Museen. Das Ticket kann von mehreren Personen benutzt werden.

Eine Anreise mit Linienbus hat bei Wanderungen und ggf. Bootsausflügen den Vorzug, daß man kein Fahrzeug am Ausgangspunkt zurückläßt und daher leichter Touren mit abweichenden Endpunkten durchführen kann.

Nachteile

Den positiven Aspekten gegenüber steht zunächst die relative **Unbequemlichkeit** des Linienbusses: Anmarsch zur Haltestelle, Wartezeiten, eventuell Überfüllung, Hitze, unpassende Abfahrtszeiten und ungünstige Anschlüsse beim manchmal unvermeidlichen Umsteigen. Raum für spontane Entschlüsse bleibt kaum.

Fahrpläne

Wichtig zu wissen ist zunächst, daß auf Teneriffa **alle irgendwie nennenswerten Orte mit dem Bus erreichbar** sind. Das gilt bis in die äußersten Ecken des Straßennetzes wie Benijo und Chamorga im Nordosten (Anagagebirge) und Masca/Buenavista im Nordwesten (Bereich Tenogebirge). Auch in den Teide Nationalpark geht es per Linienbus. Man muß selbst dafür durchaus keine teure Ausflugstour buchen.

Die **Fahrpläne** auf den Seiten 587ff im Anhang dieses Buches beziehen sich auf die – aus touristischer Sicht – wichtigsten Routen. Sie entsprechen dem Stand ab Herbst 2003; große Veränderungen bei Frequenzen und Zeiten gibt es erfahrungsgemäß nicht.

Ältere Mercedes Fahrzeuge sind als Taxis beliebt

4.2.2 Taxis

Kosten

Das Taxi ist neben Kurzstrecken u.a. dann eine erwägenswerte Transportalternative, wenn man Einwegausflüge oder -wanderungen plant. Taxis sind billiger als bei uns, sicher und zuverlässig.

Jeder Taxifahrer hat eine Preisliste (*Lista de Precios*) mit aktuellen Tarifen (Grund- und Standgebühr, Nachtzuschläge etc).

Die verschiedenen Gemeinden haben keine einheitlich festgelegten Taxitarife. Die Tarifzonen 1,2 und 3 bedeuten:

1 = Fahrten im Stadtgebiet

2 = Fahrten außerhalb des Stadtgebietes mit Rückfahrt

3 = Fahrten außerhalb des Stadtgebietes ohne Rückfahrt

Diese Zahlen werden grün beleuchtet auch auf den Taxi-Dächern bzw. im Taximeter angezeigt.

Exkursion

Man kann auf Teneriffa **Taxi-Exkursionen auf festgelegter Route** buchen. Standard-Routen dauern (mit Pausen) maximal 9 Stunden. Naturgemäß muß man derartige Trips anmelden, speziell, wenn man Wert auf einen Fahrer legt, der neben Spanisch auch Deutsch oder Englisch spricht. Anmeldungen können unter der jeweiligen Taxi-Rufummer eines Ortes erfolgen bzw. persönlich an den zentralen Taxiständen.

Gute **Beispiele** ganztägiger Standard-Rundfahrten sind die beiden folgenden Routen ab Puerto de la Cruz (✆ 922-38 58 18). Sie sind für 9 Stunden ausgelegt und kosten €85 bei bis zu 4 Teilnehmern. Ab den anderen Touristenzentren gibt es ähnliche Trips.

Beispiele

Exkursion I: Puerto de la Cruz - *Mirador de Humbolt* - La Orotava - *Las Cañadas del Teide* - Vilaflor - Playa de las Américas - Playa San Juan - Los Gigantes- Tamaimo - *Mirador de Garachico* - Icod de los Vinos - San Juan de la Rambla und zurück nach Puerto.

Exkursion II: Puerto de la Cruz - Mirador de Humbolt -Santa Úrsula - La Victoria - La Matanza - Tacoronte - Tejina - Bajamar - Tegueste - Las Mercedes - *Pico del Inglés* - *Bailadero* - Taganana - San Andrés/*Las Teresitas* - Santa Cruz und zurück nach Puerto.

4.3 Mietfahrzeuge

Der Fuhrpark an Mietwagen, Motor- und -Fahrrädern ist riesig. Dank der harten Konkurrenz sind die Tarife moderat.

4.3.1 Autos

Situation

Eine Armada von 45.000 Mietwagen – jedes achte Inselauto – steht auf Teneriffa für die Touristen bereit. Das ist immer noch nicht genug an Spitzentagen der Hochsaison wie Weihnachten, Sylvester oder Ostern. Dann sind alle Fahrzeuge ausgebucht.

Buchung

Wer während des gesamten Urlaubs einen Wagen braucht, reserviert ihn vorzugsweise schon von zu Hause aus bei einem kanarischen Verleiher (viele davon mit deutschsprachigem Personal, ➢ Liste auf Seite 591ff) oder beim eigenen Veranstalter, wenn dessen Tarife konkurrenzfähig erscheinen.

Spontanbucher für Tagesausflüge machen das am besten vor Ort im Hotel oder »um die Ecke«. **Autovermieter** gibt es **wie Sand am Meer**. Sie sind noch im kleinsten Touristenort und oft auch gleich neben der Hotelrezeption vertreten. Etwas teurer wird es für alle, die ohne Vorreservierung am Airport ein Auto mieten wollen. Dort sind auch schon mal die preiswerteren Typen ausgebucht und zu Spitzenzeiten gar keine Wagen mehr vorhanden.

Konditionen

Der Miet-Fuhrpark ist modern, die überwiegend angebotenen Wagen der Kompakt- und Kleinwagenklasse sind preisgünstig, und die Mietabwicklung ist unkompliziert. **Kleinwagen gibt es ab ca. €100/Woche inkl. Versicherung und unbegrenzten Kilometern**. Langzeitmieter erhalten besonders günstige Sondertarife.

Persönliche Voraussetzung der Automiete sind der nationale Führerschein und ein Mindestalter von 21 Jahren (unter 23 Jahren erhöht sich die Selbstbeteiligung bei Unfall) und 1 Jahr Fahrpraxis, d.h., Führerschein mindestens 1 Jahr vorhanden.

Kosten

Die umseitige beispielhafte Tarifübersicht eines preiswerten Vermieters versteht sich inkl. gesetzlicher Haftpflicht, Insassen- und Vollkaskoversicherung (mit einer moderaten Selbstbeteiligung von €100-€300) sowie lokaler Steuern bei unbegrenzten Kilometern. Ferner ist ab einer Woche Mietdauer der Flughafenservice (7-22 Uhr) im Preis eingeschlossen.

Flughafenservice

»Flughafenservice« heißt »Übernahme und Abgabe« des Autos am Airport, auch wenn der betreffende Vermieter dort über kein Büro verfügt. Der Kunde erhält in diesem Fall per Fax oder Email konkrete Angaben über Typ, Farbe, Nummer des Fahrzeugs und dessen genauen Standort. Der Wagen ist nicht verschlossen, und der Schlüssel liegt an vereinbarter Stelle versteckt ebenso wie das Ticket zum Öffnen der Parkschranke. Der Vertrag wird im Büro erledigt, sobald der Mieter Zeit findet vorbeizuschauen. Die komfortablere Variante ist, daß das Personal des Vermieters den Kunden bei dessen Ankunft mit Namensschild erwartet und zum bereitstehenden Wagen geleitet.

Tariftabelle eines günstigen Vermieters Ende 2003

Preise pro Tag in € wie im Text erläutert

Autotyp	Türen	Mietdauer in Tagen 1-2	3-6	7-27	27+
Fiat 600	3	25	20	14	12
VW Polo	3	28	23	16	13
Ford Ka	3	30	24	17	14
Clio	5 Klima	34	27	21	18
Polo	3 Schiebedach	33	26	20	17
Smart	3 Cabrio	49	40	30	25
Golf	4 Cabrio	70	56	42	36
Nissan	3 (4x4)	67	53	43	36
Transit	4 Bus	95	76	57	49

Vergleich

Zur Beurteilung eines konkreten Angebots kann man sich gut an diesen Tarifen orientieren. Vermieter mit ähnlichen Preisen sind prinzipiell als preiswert einzustufen. Ende 2003 lagen von den größeren Vermietern die Firmen **Auto Reisen** und **City Car Europe** in etwa auf diesem Niveau mit Wochentarifen **ab ca. €100 für einen Fiat 600**, sofern im Internet gebucht wurde (**www.autoreisen.es**).

Extrakosten fallen bei den meisten Vermietern an bei mehr als einem Fahrer, Dachgepäckträger, Kindersitz (jeweils €6/Tag) etc.

Hinweis

Man sollte sich nicht nur vom Tarif leiten lassen. Die unterste Preisgruppe wird manchen motormäßig spätestens dann nicht mehr sonderlich begeistern, wenn es zum Teide hinaufgeht. Besonders bei mehr als 2 Personen im Auto sollte man dann lieber auf etwas mehr Platz und Durchzugskraft setzen.

Benzin

Mietwagen sollten bei Übergabe vollgetankt sein und tunlichst auch mit vollem Tank zurückgegeben werden. Alle anderen Betankungsvarianten gehen zu Lasten des Mieters. In Anbetracht der kanarischen Spritpreise ist dies aber das geringste Problem. Der Liter bleifreies Benzin (*Euro Super sin plomo*) kostete Ende 2003 nur ca. €0,55-€0,62.

Tankstellen (*Gasolineras*) sind mit Ausnahme der Gebirgsregionen reichlich vorhanden. Große Tankstellen an den Autobahnen und in den Städten haben teilweise durchgehend geöffnet.

Vermieter

Die Liste der an den Airports vertretenen Autovermieter steht bereits auf Seite 53. Einige tinerfeñische Vermieter, die über deutsch- und englischsprachiges Personal verfügen, sind:

- ***Tenerent***, deutsche Autovermietung, Hotel- und Flughafenservice; **Santa Ursula**, Carretera Vieja 61, Handy 669-705012 und 669-704890, © 922-302031, Fax 922-302857.
- ***Ernst***, deutsche Vermietung, Flughafenservice, Dachgepäckträger und Kindersitz gratis, **Playa de las Américas**, *Hotel Acapulco* 7A, © 922-791309, Fax 922-791309

Parkautomaten stehen - wie bei uns - allerorten

- ***Auto Max***, **Puerto**/La Paz; ab ©120/Woche; © 922-383289, Fax: -385053; Email: automax@grupo-arco.com
- ***Poul's***; **Puerto**, La Cupula, Lokal 63, © 922-368617, Fax: 368537 und *Los Abrigos*, © 922-170266, Fax 922-170419; Email: info@poulsautotenerife.com
- ***Edelweiss***, Calle Castaña 2 (neben Restaurant »Bei Egon«) **Puerto de la Cruz**/La Paz, © 922-386955, Fax 922-372208
- ***Colon***, **Puerto**, Calle Castaña 4, © 619839672, Fax 922-385190, Email: autos-colon@gmx.de; **Internet:** www.autos-colon.de
- ***Schmitty Cars***, Langzeit-Rabatte, ab 7 Tagen Flughafenservice, **La Orotava**, Calle Risco Caido 88, © & Fax: 922-322188, Email: schmittycars@gmx. net; **Internet:** www. schmittycars.com
- ***Hermanns Rent-a-Car***, Avenida General Franco 20, **Los Cristianos**, © 922-791110, Fax -791018; E-mail: rent@hermanns-cars. com; **Internet:** www.hermanns-cars.com
- ***City Car Europe***, © 0034-902-400480, Fax 902-151484; **Internet:** **www.citycareurope.com**; Email: reservas@city careurope.com

Verkehrsregeln/Bußgelder ➢ Seite 532/533

4.3.2 Zweiräder

Vermieter motorisierter Zweiräder sind zwar nicht an jeder Ecke anzutreffen wie die *Car-Rentals*, aber doch in allen großen Orten.

Moped

Die Motorisierung beginnt beim Moped, sofern man **mindestens 16 Jahre** alt ist. Das kostet bei Miete ab 7 Tagen etwa ab €8/Tag. Bei kürzerer Dauer €10 und mehr. Hinzu kommen Benzin- und Versicherungskosten, letztere mindestens €6 pro Tag. Rechnet man auch noch die unvermeidliche Mehrwertsteuer (16%) dazu, leiht man ein Moped selten unter €16 pro Tag plus Benzin.

Scooter/ Motorrad

Wer einen Motorrad-Führerschein besitzt, fährt mit *Scooter* oder Motorrad (meistens Moto-Cross Räder) schneller und teurer: ab €13-€15 täglich plus Versicherung (€7 und mehr) plus Steuern plus Sprit. Einzelne Tage kosten leicht genausoviel wie die preisgünstigsten Mietautos. Aber dafür macht das *Open-Air*-Fahren im Klima Teneriffas und auf manchen Straßen doppelt Spaß.

Papiere

Auch für die Miete von Motorrad oder Scooter benötigt man einen **Führerschein** und den Personalausweis. Es muß eine **Kaution** hinterlegt werden oder eine **Kreditkarte** vorhanden sein.

Adressen

Eine besonders preiswerte Adresse ist

Kit Cars 43 in La Laguna, Ortsteil La Higuerita, Calle Alfonso Garcia Ramos 8, Mo-Fr durchgehend 9-21, Sa bis 13 Uhr, So geschlossen; Scootervermietung ab €18 inklusive Versicherung. Discount bei längerer Miete; © 922-656254

Organisierte **Motorrad-Touren** auf Teneriffa und nach La Gomera bietet ***moto-sol***, Motorrad-Erlebnis-Reisen & Touren: Ein- oder mehrtägige Trips mit Servicewagen für Gepäck, Picknicks etc; Info und Buchung über: www.moto-sol.com, ©/Fax 922-773229; Buchungsbüro in **Hamburg**: © 040-6425794, Fax 040-6412476.

5. Essen und Trinken auf den Kanaren

Ein wichtiger Aspekt des Urlaubs ist das leibliche Wohl. Dieses Kapitel beschreibt die kulinarischen Eigenheiten der Kanaren, wie sie auf Teneriffa erleben kann, wer den zentralen rein touristischen Bereichen an der Süd- und Westküste den Rücken kehrt oder sowieso anderswo logiert. Den Abschluß dieses Kapitels bildet eine Auswahl von – nach Meinung der Autoren – besonders empfehlenswerten Restaurants, die man eigens oder im Verlauf von Ausflügen anfahren sollte, wenn einem der Sinn nach typisch kanarischer und/oder exquisiter Küche steht und auch die Lokalität als solche ein Rolle spielt, ➢ ab Seite 81.

5.1 Die kanarische Gastronomie

Buen provecho! (Guten Appetit!) – das Angebot an Lokalen ist riesig. Würden alle *Canarios* gleichzeitig in ihre Kneipen und Restaurants gehen, bräuchte jeder Wirt keine 100 Stühle. Nur die Balearen haben noch mehr Pinten. Dort reichten 80 Sitze.

Imbiss

Eine spanische **Bar** ist eine Imbiss-Kneipe. Dort bekommt man Kaffee, Bier, Wein und Soft-Dinks sowie belegte Brötchen (*Bocadillos*) und kleine **Tellerhappen (*Tapas*)**. Einfachster kanarischer Standard sind marinierte Krakenstücke mit Zwiebeln und Paprika (***Salpicón de Pulpo***), Eiersalat mit Mayonnaise (***Huevos Rusos***), Fisch- oder Fleisch-Kroketten (***Croquetas***), Hackbällchen (***Albóndigas***), Fleischwürfel mit Kartoffeln (***Carne fiesta***) und marinierte Sardellen (***Boquerones***).

Cafeterías sind größere, preiswerte Bars (oft an Tankstellen) mit derartigen typisch-kanarischen *Tapa*-Gerichten. Sie ersetzen mittags das schnelle Kantinenessen. Heiße Würstchen (*Perros Calientes*) und Hamburger gibt`s in sogenannten ***Hamburguensas***.

Bar Atlántico in Santa Cruz

Typisches »Garagenlokal«, eine sogenannte »Guachinche«

Einfache Restaurants

Die kanarische Küche ist schlicht, wenig abwechslungsreich, aber natürlich und schmackhaft. Wer zu heimischem Fisch oder Fleisch mit Kartoffeln (*Papas*) und einem rustikalen Salatteller offenen Inselwein, Bier oder Wasser bestellt und als Nachtisch kanarische Früchte oder Kaffee ordert, zahlt unter € 15/Person und ist für die nächsten Stunden satt. Diese Art Insel-Gastronomie findet man außerhalb der Touristenzentren vor allem in den zahllosen **Garagenlokalen** (➢ *»Guachinches«*, Seite 377).

Speise-Restaurants

Gehobene spanische Insel-Restaurants verstehen sich nicht nur auf die baskische, asturische, galizische und katalanische Küche, sondern bereiten auch traditionelle kanarische Gerichte in verfeinerter Form. So bedachten Michelin-Tester das klassisch-kanarische ***Mesón El Drago*** bei Tegueste mit 2 Sternen (➢ Seite 82).

International

Auf der Insel ist die komplette internationale Restaurantpalette vertreten, vom Italiener bis zum Libanesen und Thai. Und wer lieber wie zu Hause ißt, braucht in den Touristenzentren auch gute mittel- und nordeuropäische Lokale nicht lange zu suchen.

Fleisch satt

Deutlich spürt man die historische Nähe des Archipels zu Südamerika. Allenthalben stößt man auf ***Areperas*** aus Venezuela (die achte Insel) mit gefüllten Maistaschen (*Arepas*), mexikanische Küche und sogar brasilianische ***Churasquerías*** (bei Los Rodeos und in Las Américas), in denen es Fleisch satt gibt.

5.2 Wie die Einheimischen essen und trinken

5.2.1 Übersicht

Frühstück

Viele *Canarios* nehmen ihr Frühstück (*desayuno*) nicht zu Hause, sondern auf dem Weg zur Arbeit. Zeitungsblätternd stehen sie am Tresen ihrer Stammbar – der Barkeeper weiß schon Bescheid. ***Café solo*** (Espresso) und ein ***bocadillo*** (belegtes Brötchen) mit *jamón* (Schinken, *cocido* oder *serrano* – gekocht oder roh), *pata* (Schweinebraten), *lomo* (Kassler) und/oder *queso* (Käse). Oder das gleiche als Toast (*tostada*, auch *sandwich* genannt) mit einem ***Café con leche*** (Milchkaffee) oder einem ***café cortado*** (Espresso mit einem Schuß Milch). Unter **Milch** versteht man hier meist Kondensmilch. Wer das nicht mag, sagt *con leche natural* und bekommt H-Milch, denn frische Milch gibt es kaum auf den Inseln. Wie in ganz Spanien sind auch hier ***Churros*** beliebt, daumendicke Spritzkuchenstangen, die – *con chocolate* – auch gerne genüßlich in heißen Kakao getaucht werden.

Fruchtsäfte

Aus Südamerika stammen Fruchtsaftbars, die man nicht nur an der Bezeichnung ***Zumería***, sondern oft auch an den kleinen, mit exotischen Früchten gefüllten Netzbeuteln erkennt. Mangos, Papayas, Orangen (*naranjas*) und Bananen (*plátanos*) hängen vor der Tür oder überm Tresen. Die Säfte (***zumos***) werden vor den Augen des Kunden gepreßt oder im Mixer mit Milch oder Wasser und viel Zucker zubereitet; sie **schmecken köstlich** und kosten €1-€2.

Essengehen

Vamos a comer! (Gehen wir Essen: *almuerzo* = kleines Mittagessen, *cena* = großes Essen; außer am Wochenende immer abends). Nach dem Kellner (*camarero*) ruft man im Restaurant **nicht mit *Hola*!** (Hallo), sondern mit ***Oiga, por favor*!** (Hören Sie bitte!). Und »Guten Appetit« heißt »***Buen provecho***«.

An Wochenenden sind große Städte wie Santa Cruz oder La Laguna wie ausgestorben. Dann fahren auch die weniger betuchten **Familien mit Kind und Kegel zum Essen**. Zuvor wird geklärt, ob die Fahrt bergauf oder bergab gehen soll, denn Fisch (*pescado*) gibt es überwiegend an der Küste, Fleisch (*carne*) mehr in den Höhenlagen. Zwischen 14 und 17 Uhr sind alle kanarischen Lokale und anschließend die Autobahnen gerappelt voll.

Vorspeisen

Tapas, die spanischen Antipasti, sind auf den kanarischen Inseln simpler als in Sevilla, Madrid oder Barcelona. Neben der oben aufgezählten *Tapa*-Standard-Palette finden sich noch *Embutidos* (Wurstsorten), z.B. ein Teller mit Oliven, Salami und *Jamón Serrano*, luftgetrockneter Schinken, der als *Jamon Ibérico* oder *Pata Negra* besonders köstlich und teuer ist. Beliebt ist auf Teneriffa ***Morcilla***, gebratene Blutwurst mit Mandeln und Rosinen.

Tapas

Der spanische Alltag kennt nur den Plural *tapas*, denn eine *tapa* ist so lecker, dass es selten bei einem Schälchen bleibt. *Tapa* heißt soviel wie »Korken« oder »Deckel«. Hauchdünne Salamischeiben legte man einst in andalusischen Kellereien über das Weinglas, um das Aroma zu wahren und lästige Fliegen am Nippen zu hindern. Von den *Bodegas* war der Weg der Häppchen nicht weit zu Bars und Restauranttresen. Jede Region kreierte neue Appetizer, mal warm, mal kalt: in Essig eingelegte Sardinen, Schinkenhäppchen mit Käse, frittierte Schalentiere etc. Jedes Jahr wird Neues erfunden und die *Tapa*-Liste länger.

Viele Spanier verzichten am *Tapa*-Tresen stehend oft darauf, nach den vielen Häppchen noch in den daneben liegenden *Comedor* (Speiseraum) zu gehen, um den Hauptgang zu bestellen. Dazu schmecken die kleinen Dinger einfach zu gut und der Resthunger wird mit Wein gestillt.

Das beste Tapa Restaurant Teneriffas ist das ***Arcon*** in Puerto, ➢ Seite 316.

Besondere Tapas

Als *Tapa* zählen auch die ***Lenteja*** (Linsensüppchen) oder gebratene ***Chipirones*** (Tintenfischchen), ***Gueldes*** (frittierte Jungfischchen) oder ***Queso Blanco*** (frischer weicher Käse) und ***Tortilla*** (ein Kartoffel-Gemüse-Omlett). Einmal probieren sollte man ***Pulpo a la Gallega*** (dünne Krakenscheiben mit Cayenne) oder ***Pimientos de Padrón*** (kleine grüne Paprika mit grobem Salz gegrillt), und ***Pan Catalán*** (Toast-Häppchen mit Knoblauch-Tomaten-Sauce und Schinken). Der Übergang zwischen Vorspeise und *Tapa* bzw. halber Portion (*media ración)* eines Hauptgerichts ist fließend.

Mit mehreren Personen kann man ***a picar*** (zum Picken) Essengehen. Dann weiß der Ober, dass er jeden bestellten Hauptgang in Häppchen auf einer großen Platte servieren muß, von der sich jeder nimmt. Das hebt die Geselligkeit.

Salate

Kanarische Salate (***ensaladas***) sind einfach und rustikal. Da es nur wenige Blattsalat-Sorten (***lechugas***) gibt, kommen Tomaten, Zwiebeln, Oliven, Mais, Paprika, Karotten, manchmal auch Kartoffeln, Avocados und Eier oder Ananas mit in die große Schüssel. Alles wird nur grob geschnitten, Olivenöl, Essig, Salz und Pfeffer getrennt gereicht. Eine Portion reicht für zwei, vor allem, wenn`s noch etwas anderes geben soll.

Rustikaler kanarischer Salat, serviert in ortsüblicher Keramik

Suppen

In kanarischen Lokalen bekommt man häufig ***Escaldón de Puchero*** oder *Escaldón de Pescado. Escaldón* wird als klare Brühe separat gereicht und gewöhnlich mit *Gofio* angedickt. Verbreitet sind ***Potaje*** oder ***Sopa de Verdura*** (Gemüsesuppe), *Potaje de Berros* (Brunnenkresse) und die ***Sopa de Pescado*** (Fischsuppe).

Eintöpfe

Eintöpfe, die den Hauptgang ersetzen, sind ***Garbanzas*** bzw. ***Garbanzo compuest***o (Kichererbsen mit Schweinefleisch), ***Rancho Canario*** (eine dicke Suppe aus Nudeln und Gemüse), ***Ropa Vieja*** (altes Zeug, d.h. zusammengekochte Reste) und der ***Puchero***, <u>die</u> kanarische Spezialität. Im *Puchero* werden folgende Gemüsesorten in großen Stücken gegart: mehrere Kürbisarten (*calabaza*),

Bubangos (Zucchiniart), Kichererbsen (*garbanzas*), Maiskolben (*millo*), Porre, Süßkartoffeln (*patatas*) und mehrere Kohlsorten, sowie mindestens zwei Arten Fleisch mit Speck und Würsten.

Auf prunktvollen **Hochzeiten** wurde früher ***Puchero Canario de las Siete Carnes*** kredenzt: neben einem guten Dutzend Gemüsesorten und Speck kamen sieben Fleischarten: Kaninchen, Huhn, Rind, Kalb, Ziege, sowie Taube und Rebhuhn auf den Tisch.

Hauptgang

Zu einfachen Fisch- und Fleischgerichten kommen immer auch ***Mojos*** (Tunken) und ***Papas*** (Pellkartoffeln). Gemüse als Beilage zum Hauptgericht kennt man nur in der gehobenen, nicht aber in der einfachen kanarischen Küche.

Die wichtigsten Gemüsesorten mit ihrer spanischen Übersetzung finden sich im **Speiseglossar**.

Mojos

In zwei Schälchen werden immer *Mojo rojo* und/oder *Mojo verde* (rote/grüne Soße) gereicht und über den Bratfisch oder das Grillfleisch geträufelt.

Die **milde *Mojo verde*** wird mit viel Petersilie, Koriander (*cilantro*) und manchmal auch Kreuzkümmel hergestellt.

Die ***Mojo rojo*** (*picón*) **ist schärfer**, denn außer Knoblauch enthält sie auch rote Paprika und Chili. Ob rot oder grün, die *Mojo*-Zutaten werden erhitzt oder auch kalt ins Olivenöl eingerührt.

Puchero – der kanarische Gemüse-Eintopf

Zutaten (fehlende Gemüse durch andere – z.B. Möhren – ersetzen)

1 kg Suppenfleisch

350 g Schweinefleisch (Rippchen)

1 Paprikawusrt

1 Weißkohlkopf

1 Tomate

1-2 *Bubangos* (große Zuchiniart)

500 g Kürbis

3 Maiskolben

1 Zwiebel

1 rote Paprika

2 kg Kartoffeln

2 grosse Süßkartoffeln (*batatas*)

250 g Kichererbsen (*garbanzas*)

250 g grüne Bohnen

1/2 Knoblauchzwiebel

etwas Safran, Kümmel
und grobes Salz (Meersalz)

Beim Servieren *Gofio*, Olivenöl und Essig reichen, Kichererbsen schon am Vortag einweichen. Den ausgepreßten Knoblauch, die gewürfelte Zwiebel, Paprika und die Tomate mit dem Kümmel und Safran in 4 Liter Wasser geben. Wenn das Suppenfleisch darin halbgar gekocht ist, gibt man das Schweinefleisch und die anderen Ingredienzen ungeschält dazu. Nur der zarte *Bubango* kommt etwas später in den Topf. Bei Bedarf nur heißes Wasser nachgeben.

Das gargekochte Fleisch und Gemüse aus der Brühe heben, trennen und warm halten. Die Brühe servieren; durch Einruhren des *Gofio*-Mehls entsteht ein dünner Brei (escaldón) den man mit einem Teil des Fleisches (mit roter/grüner *Mojo*) als Vorspeise ißt. Anschließend serviert man das Gemüse mit Essig und Olivenöl, sowie den Rest des Fleisches.

Die kanarischen *Mojos*

Die kanarischen *Mojos* sind im Mixer schnell bereitet:

Mojo Verde

1 Tassen Olivenöl (*aceite de oliva*)

3 Tassen Pflanzen- oder Sojaöl (*aceite de mesa*)

1/3 Tasse natürliches Mineralwasser (*agua mineral sin gas*)

1-2 Esslöffel Wein- oder Kräuteressig (*vinagre*)

1 Bund Koriander (*cilantro*), 1 Bund glatte Petersilie (*perejil*)

1 ganze Knolle Knoblauch (*cabeza de ajo*)

Meersalz (*sal gorda*) und weißer Pfeffer (*pimienta blanca*)

Mojo Rojo

4 Tassen Oliven-/Pflanzenöl (Mischung wie oben)

1/3 Tasse natürliches Mineralwasser

1 Esslöffel Wein- oder Kräuteressig

2-5 Schoten scharfe getrocknete rote Pepperoni (*pimientos secos*)

2 gehäufte Teelöffel Rosenpaprika (*polvo de pimentón*)

1 ganze Knolle Knoblauch

1 kleine Dose Tomatenmark (*extracto de tomate*)

Meersalz u. etwas Kümmel (*comino*)

Beide Soßen werden mit den unvermeidlichen ***Papas arrugadas*** (➢ unten) zu jeder Art gebratenem Fisch oder Fleisch gereicht.

Papas arrugadas

Diese walnußgroßen **Runzelkartoffeln** (*arrugas* = Runzeln) sind eine leckere kanarische Spezialität; das Innere ist leuchtend eigelb (»*Papa negra yema de huevo*«). *Papas* gibt es ungeschält als Pellkartoffeln zu Fisch oder Fleisch. Der weiße Belag auf der Schale ist Salz, denn *Papas* wurden ursprünglich in Meerwasser (heute mit sehr viel grobem Salz) gekocht. Sind sie halbgar, wird soviel Flüssigkeit abgegossen, daß nur noch konzentriertes Salzwasser auf dem Boden des ausschließlich zum *Papas*-Kochen verwendeten (nie abgewaschenen) Topfes verbleibt. Anschließend wird der Topf mit einem Tuch bedeckt, abermals aufgekocht und geschwenkt. Der Wasserdampf kann dadurch entweichen, aber das Salz verbleibt im Gefäß, schlägt sich als weiße Kruste auf den Kartoffeln nieder und verrunzelt die Pelle. Ein ovaler grauer *Callao*-Stein (➢ Seite 112) im Topf verhindert das Anbrennen.

Nicht die weiße Salzschicht, sondern die Runzeln verraten also, ob die ***Papas* original-kanarisch** zubereitet wurden. Auf den Märkten (€ 15/kg) findet man über ein Dutzend verschiedene *papas* mit wohlklingenden Namen wie *borralla, azucena, melonera, autodate* (aus dem Englischen: »*out of date*«) oder *chineguas* (= *King Edward*!). Besonders beliebt sind die *negras* (schwarze), speziell teuer die *bonitas* (schöne).

Fisch

Spanier essen traditionell mehr Fisch als Mitteleuropäer, wobei Tiefgefrorenes (*congelados*) in heißen Ländern jahrelang als fortschrittlich galt. Inzwischen steigt die Nachfrage nach frischem Fisch. In Restaurants sollte man nach ***Pescado fresco*** fragen, wenn es nicht ausdrücklich auf der Karte ausgewiesen ist.

5

Fischtafel

Fisch wird auf den Kanaren selten gekocht (*cocido*), sondern meist gegrillt oder auf einer heißen Platte (***a la plancha***) sehr kross gebraten. Wer den Fisch nicht so trocken mag, bestellt ihn ***a la espalda***. Dazu wird er bäuchlings aufgeklappt und auf dem Rücken mit Kräutern und viel Knoblauch in der Pfanne leicht gebraten.

Auf den Speisekarten stehen oft Rotbrasse (*sama*), Goldbrasse (*dorada*), Seehecht (*merluza*), Barsche (*cherne, mero, sardoh*), Kabeljau (*bacalao*) und Seezunge (*lenguado*). Lecker ist ***Cherne a la Naranja***, wobei der Fischsud mit Orangen angereichert wird. Als kleine kanarische Delikatesse gilt die *Vieja* (die Alte), bei uns auch als **Papageifisch** bekannt. Dieser grätenreiche Fisch schillert rötlich-gelb und wird ungeschuppt und meist gekocht serviert.

Nicht zu vergessen ist auch ***Bacalao*** (getrockneter Kabeljau), der als *Tapa* oder Hauptgericht auf den Tisch kommt. Er schmeckt leicht versalzen, wenn er nicht sorgfältig gewässert wird; fein zubereitet (*a la Vasca*) wird er mit *Batatas* (Süßkartoffeln) und mildem roten Paprika serviert. Als **Arme-Leute-Essen** gelten **Sardinen** (*sardinas* oder *chicharro*) und **Makrele** (*macarela*, auch *caballa* genannt).

Wer ***Pescado frito*** (oder *mixto*) bestellt, bekommt einen bunten Teller mit gebratenem Fisch. Auch hier reicht eine Portion oft für 2 Personen, vor allem, wenn *Papas* und Salat dazugehören.

Gebraten wird auch ***Atún*** bzw. ***Bonito*** (Thunfisch) serviert.

Meeresfrüchte

Die Liste weiterer Meeresfrüchte (*mariscos*) ist ziemlich lang: ***Pulpos*** (kleine Kraken), ***Calamares*** (Tintenfische), ***Chocos*** (*Sepia*-Tintenfische), ***Chipirones*** (kleine Tintenfische, frittiert), ***Lapas*** (kleine Meerschnecken), ***Mejillones*** (Miesmuscheln), ***Almejas*** (Venusmuscheln) und – relativ selten – ***Gambas*** oder *Langusten*.

5.2.2 Kanarische Fischgerichte

Sancocho

Besonders in der Osterwoche (*Semana Santa*) wird viel **Trockenfisch** gegessen, z.B. ***Sancocho***, die heilige Suppe. Der getrocknete Stockfisch wird mit Alkohol übergossen und flambiert, dann zehn Stunden eingeweicht, das Wasser dabei mehrmals gewechselt. Den zerteilten Fisch kocht man mit Süßkartoffeln, Koriander und Zwiebeln zu einer Suppe. Dazu gibt es *Mojo rojo* und *Gofio*, der mit gekochten Bananen, Salz und Öl geknetet wurde.

Tollo

Tollos (*cazón*) werden häufig auf den kanarischen Inseln angeboten. Dieser an der Luft getrocknete **Dornhai** ist nicht jedermanns Sache, denn er ist hart, trocken und behält auch nach dem Braten seinen sehr eigenen Geruch. Auf *Romerías* (Wallfahrten, Prozessionen) gibt es oft *Tollo* gegrillt.

Gofio

Gofio nannten die Guanchen das geröstete und dann in kleinen Steinmühlen gemahlene Korn (Gerste, Weizen, Mais). Diese Mehlvariante blieb bis heute ein Grundnahrungsmittel auf dem Archipel. Noch Mitte des 20 Jahrhunderts nutzte man zu seiner Herstellung Wassermühlen, deren Ruinen z.B. oberhalb von La Orotava zu sehen sind.

Lange Zeit galt *Gofio* als Arme-Leute-Essen, denn es ist billig, nahrhaft und mindestens 6 Monate haltbar. Außer dem zugesetzten groben Meersalz enthält es weder Konservierungs- noch Farbstoffe. Dafür ist es reich an Vitaminen (B 1-3 und C), Proteinen und Mineralien (Eisen, Magnesium, Kalzium, Zink). Doppelt geröstet verdaut es sich besser. Durch den Export moderner Mühlen nach Afrika hofft man neuerdings, die Ernährungsprobleme des Kontinents mit *Gofio* mildern zu können.

Viele Inselbewohner bereiten noch heute ihr Frühstück aus *Gofio*. Man ißt es wie Cornflakes, verrührt es mit Wasser oder Milch und Früchten zu Brei und erhält eine Kraftnahrung, die lange vorhält. Mit Palmenhonig, Datteln oder Nüssen in Leder- oder Leinensäckchen (*Zurron*) verknetet, wird Gofio zur Süßspeise. Der kanarische Gemüseeintopf ***Puchero*** wird traditionell mit Gofiomehl angedickt. Selbst in edlen Restaurants wird *Gofio* zu Suppen gereicht.

Kanarische Supermärkte verkaufen heute Mischungen aus mehreren Getreidearten, auch unter Zusatz von Hülsenfrüchten, Kichererbsen, Reis, Soja und Hirse. Unreines *Gofio*-Mehl erkennt man sofort: Es sinkt in einem Glas Milch sofort auf den Boden.

Gofio feiert seit einiger Zeit auf den Kanaren ein regelrechtes Comeback. Es gibt *Gofio*-Eis und *Volcano*-Bier auf der Basis von *Gofio* und Malz unter Zusatz von Hopfen und Hefe. Es ist süffig, wenn auch die in Windeseile gezapfte Blume schnell verwelkt. Es beduselt bei 5,5% Alkoholgehalt schneller als Bier, kann aber nur bei großem Durst einem KöPi das Wasser reichen.

In **Garachico** ist ein ***Gofio*-Museum** im Keller der *Las Trincas*-Mühle in Bau.

Gofio Mühle bei Orotava

5

Salado *Sama, Cherne* oder *Mero* werden zuweilen als *salado* angeboten. Der Fisch ist dann ringsum mit grobem Salz eingerieben und im Ofen (*al horno*) gebacken. Dadurch trocknet er beim Garen nicht aus und sein Fleisch bleibt saftig. Eine prima Zubereitungsart, die jedoch vom Gast Geduld verlangt (mindestens 30 min).

Thunfisch Der *Bonito* (der Schöne) ist eine kleine Thunfischart, die vor allem im Winter gefangen, in Mengen als Dosenfisch verarbeitet und auf das spanische Festland verkauft wird. Nur ein kleiner Teil des Fangs landet gebraten oder gedünstet auf kanarischen Tischen. Schade, denn mit Tomaten, Kräutern und Knoblauch frisch serviert, ist er eine Delikatesse. Kenner bereiten sich aus dem rohen Rückenfilet Tartar, dessen Geschmack kaum an Fisch erinnert.

5.2.3 Fleischgerichte

Kaninchen/ Ziege Fast ein kanarisches Nationalgericht ist ***Conejo en Salmorejo*** (in Kräuter/Weinsoße mariniertes und gedünstetes Kaninchen); so wird auch ***Cabra/Cabrito*** (Ziege/Zicklein) zubereitet.

Parillada Ansonsten ist eine ***Parillada*** beliebt, ein Teller mit gemischtem Grillfleisch: ***Chuletas*** (Kotelett) *de Cerdo* (Schwein) oder ***Cordero*** (Hammel), sowie ***Salchicha*** oder *Chorizo* (Wurst). Auch ***Pollos*** (Huhn) werden meist einfach gebraten oder gegrillt. Das ausgezeichnete ***Solomillo*** (Filetsteak) kommt meist vom Rind (*ternera*) und wird sehr unterschiedlich zubereitet: mal *a la pimienta* (gepfeffert), mal *al queso* (in Käsesauce). Man ordert es *poco hecho* (englisch), *medio hecho* oder *bien hecho* (durchgebraten).

Lamm/Rind ***Asados***, Lamm- oder Rinder-Braten im Ofen gegart kommen an Wochenenden in Ausflugslokalen auf den Tisch. Etwas einfachere Fleischgerichte sind die köstliche ***Ropa Vieja*** (altes Zeug, aus Resten zusammengekochter Eintopf mit Fleischeinlage, ➢ oben) und – hervorragend – der *Estofado*, geschmortes Fleisch/Gulasch. ***Carne Fiesta***, eine bereits oben erwähnte Art Gulasch mit Salzkartoffeln, kann da nicht mithalten.

5.2.4 Getränke

Wasser ***Agua*** (Mineralwasser) wird automatisch als *sin gas* serviert (ohne Kohlensäure, auch ***agua natural*** genannt). Wer ***Agua con gas*** (sprudelndes Mineralwasser) bevorzugt, muß es ausdrücklich ordern. Im Supermarkt findet man es oft nur in den Kühlschränken.

Sekt und Wein ***Cava*** (Sekt) und ***Champán*** (Champagner) wird auf den Kanarischen Inseln sehr viel weniger getrunken als bei uns. Neben ***Vino Blanco*** und ***Tinto*** (Weiß-/Rotwein) sind (kanarische) ***Rosados*** (Rosé) beliebt. Während bei uns liebliche Weine in den letzten Jahren stark zurückgegangen sind, sollte man auf dem Archipel darauf achten, ob der Wein trocken (*seco, brut*), halbtrocken (*semi-dulce*) oder *dulce* (süß) ist. Wer offenen **Insel-/Hauswein** (*vino del país/de la casa*) zum Essen bestellt, bekommt ihn meist in der ***Jarra*** (Krug; sprich: »Harra«). Man bestellt Hauswein als *una cuarta* (1/4 l), *medio litro* (1/2 l) oder *un litro* (1 l).

Bier

Die auf Teneriffa gebrauten Marken **DORADA** und **REINA** schmecken gut. Es gibt sie auch *sin* (ohne) *alcohol*. Gezapftes Bier heißt ***caña*** oder ***cañita*** (0,3l), im Krug ***jarra*** (0,4-0,5 l). In der Flasche oder Dose ordert man es als ***cerveza***. Neuerdings wird auch **VOLCAN**, Bier aus *Gofio*, vertrieben (➢ Kasten Seite 69), das geschmacklich an Dunkelbier erinnert.

Teneriffas Weine

Wie überall im Süden Europas gehört auch auf den Kanaren ein Glas Wein (*vaso* oder *copa de vino*) zu jedem Essen. Dabei wird in den dörflichen *Tapa Bars* oder einfachen Lokalen (*Guachinches*, ➢ Seite 376) der örtliche Tropfen immer noch direkt aus dem Faß (*barril*) ins schlichte Wasserglas gezapft.

Ist man bei uns zu zweit oder dritt, wird aus einem »Gläschen« schnell ein »Fläschchen«. Der Südländer aber bleibt stur bei seinem einen *vasito* (Gläschen). Das gilt auch für die mehr zum Bier tendierende jüngere Generation.

Auf Speisekarten mit Ledereinband und Büttenpapier suchte man bis vor zehn, zwanzig Jahren vergebens nach kanarischen Weinen. Bekannte spanische Festlandsmarken beherrschten die heimische Gastronomie. Die kleinen dörflichen Weinbauern produzierten in ihrer *Bodega* (Weinkeller) nach Gutdünken nur kräftige Tropfen zu deftigen Gerichten. Heute sind Inselweine auch in den feinsten kanarischen Restaurants selbstverständlich. Einige Marken erhielten sogar spanische Auszeichnungen.

Sie kommen in fein etikettierten Flaschen mit Gütesiegeln (*Denominación de Origen Calificada/DOC*) auf den Tisch und peu à peu entwickelt sich Teneriffa, wo der meiste kanarische Wein angebaut und gekeltert wird, zu einer nicht unbeachtlichen Weinregion. Im ***Museo del Vino*** (El Sauzal, ➢ Seite 371) oder in ***Las Gangarras***/Buzanaga (➢ Seite 255) können Besucher bei einer Weinprobe die kanarischen Spitzenweise kosten, ob nun rot (*tinto*), rosé (*rosado*) oder weiß (*blanco*). Dabei hat es die tinerfenische Weinwirtschaft trotz des an sich günstigen vulkanischen Bodens und idealen Klimas selbst im wasserreicheren Inselnorden schwer, verlorenes Terrain zurückzugewinnen.

Vor 350 Jahren fehlte der kanarische **Malvasier** auf keiner Tafel der europäischen High Society. Anders als etwa in der Toskana, Provence oder auf dem spanischen Festland hat der dann folgende fast 300-jährige Weinboom aber keine verwurzelte Weinkultur auf dem Archipel begründet. Wie alle kanarischen Monokulturen (Zuckerrohr, Kochenille, Tomate, Banane) wurde auch der Weinhandel von Großgrundbesitzern und ausländischen Handelsgesellschaften initiiert, aufgebaut und kontrolliert. Dieselben wirtschaftlichen Kräfte waren es wieder, die beim Zusammenbruch des Zuckerrohrmarktes auf den Rebensaft als neuen Exportschlager setzten.

Weinfässer in Las Gangarras (➢ Seite 255)

5

Schon **1496**, gleich nach der Eroberung Teneriffas, kam die süße **Malvasia-Rebe** aus Kreta auf die Inseln. Getreu der Devise »keine Taufe eines Wilden ohne Meßwein« wurde der **12-15%ige *Malvasia*** dann beim letzten Stopp auf dem Weg zu den südamerikanischen Missionen geladen. Auch die dort stationierten spanischen Herrschaften fanden an dem schweren Tropfen Gefallen. Dies paßte den andalusischen Weinhändlern nicht ins Geschäft. Neidvoll beäugten sie die dicken Gewinne der von ihnen als Kolonien betrachteten kanarischen Inseln. Die *Casa de Contracción y el Consejo de Indias* in Sevilla kontingentierte daraufhin die kanarischen Fässer, die ab sofort nur noch über den Hafen von Sevilla gehandelt werden durften.

Das wiederum öffnete den Schmugglern Tür und Tor. Das Mutterland war weit und die Beute leicht gemacht. Sie ging nicht nur über den Atlantik nach Amerika, sondern auch über die Biskaya nach Großbritannien, wo man just unter Malvasier-Entzugserscheinungen litt. Schon im Mittelalter hatten die Engländer den süffigen Wein schätzen gelernt. Aber seit das mediterrane Herkunftsland zur Mitte des 17. Jahrhunderts in türkische Hände gefallen war, darbten die Briten mit trockenen Kehlen.

Ein großer Malvasier-Markt waren auch Englands Besitzungen in Nordamerika und in der Karibik. Dem Bostoner Geldadel des späten 17. Jahrhunderts waren die Kanaren als »Wein-Inseln« wohlbekannt. Und so entwickelte sich ein reger Dreiecks-Handel zwischen England, Amerika und dem kleinen Archipel, bei dem zwar nicht alles mit rechten Dingen zuging, aber vieles unter Mithilfe der spanischen Handelsflotte. Kanarische Schiffe fuhren Schmuggelware nach Südamerika und bekamen dafür begehrtes Silber und exotische Waren. Die tauschten sie mit ihrem Wein gegen Luxusgüter wie beispielsweise feine englische Tuche. Und die Briten machten mit Wein, Silber und dem südamerikanischen Exotengut zu Hause Kasse. Ein ***cambuyonero*** (auch: *cambullón*) ist seit dieser Zeit auf den Inseln das kanarisierte Wort für »*come buy on*« (Los, zugreifen!), was man sich hinter vorgehaltener Hand zuraunte, wenn Schmuggelware eingetroffen war. Seitdem nennt man auch fliegende Händler und kleine Kaufleute *cambullones*.

Viel politisches Hin und Her innerhalb der europäischen Königshäuser machte diesem erfolgreichen Treiben ein Ende. Charles II. legte mit seinen Navigationsakten (1662 und 1663) den merkantilistischen Grundstein für strikte Regulierungen beim Handel mit England und seinen Kolonien. Der Export kanarischer Weine nach Amerika wurde zollpflichtig und durfte nur von englischen Häfen und unter britischer Flagge erfolgen. Den Portugiesen war weiterhin der direkte Weinhandel erlaubt; Charles war schließlich mit einer portugiesischen Prinzessin verheiratet. Und da damals die Adelshäuser noch zu den Trendsettern zählten, wurde bei Königs und Gefolge alsbald Madeira aus Portugal statt des Malvasier aus Spanien kredenzt.

1665 hatten englische Kaufleute zur Rettung der festgefahreren Geschäfte die *Compañía de Canarias* gegründet. Sie erlaubte es, die tinerfeñischen Preise und Transportkonditionen festzulegen. Der Protest der kanarischen Weinbauern gegen die ausländischen Handelsherren ließ nicht lange auf sich warten. Die **Weinauschüttung von Garachico** (1666), eine Art kanarische »*Boston Teaparty*« führte ein Jahr später zur Auflösung der britischen *Compañía*.

Doch die goldenen Zeiten, in denen der *Malvasia* bare Münze war, mit der sogar ein Shakespeare entlohnt wurde und den er auch in seinen Dramen gebührend würdigte, waren endgültig vorbei. Die Konkurrenz von Madeira und Sherry machte dem Malvasier schwer zu schaffen. Durch Überproduktion ausgelaugte Böden erbrachten zudem nur minderwertige Weinlesen. 1675 wurden die Anbauflächen beschränkt, da die Produzenten inzwischen auch ungeeignete Böden für ihre Rebstöcke nutzten. Dazu kam eine Reblaus- und Mehltau-Plage, die dem flauen Handel spätestens Mitte des 19. Jahrhunderts den endgültigen Garaus machte.

Da die *Canarios*, wie eingangs erwähnt, keine eigene Weinkultur entwickelt hatten, verlor der Anbau mit dem Ende des Exporthandels an Bedeutung.

Erst Mitte der 1980er-Jahre wagte Tacoronte im Norden Teneriffas einen Neuanfang. Die regionalen Weinbauern garantierten unter der gemeinsamen Herkunftsbezeichnung »***Tacoronte-Acentejo***« eine DOC (➤ oben) vergleichbare Güteklasse. Andere traditionelle Anbaugebiete zogen nach. Inzwischen stellen sich Jahr für Jahr im Mai alle kanarischen DOC-Weinhersteller auf der Tacoronter ***Alhondiga*** (ursprünglich ein Kornmarkt) einer Qualitätsprüfung.

Während *Tacoronte-Acentejo* und *Valle de la Orotava* auch für ihre Rotweine (*Tintos*) Anerkennung finden (z.B. *La Isleta, La Palmera, Viña Norte, Eras de Marques, Gran Theyda*), kommen unter der Bezeichnung *Ycode-Daute-Isora* meist Weißweine auf den Markt (z.B. *Cueva del Rey*). Die Gegend im Nordwesten Teneriffas umfaßt neun Gemeinden um das Städtchen Icod de los Vinos herum, die früher zum Herrschaftsgebiet der *Menceys Ycode* und *Daute* gehörten. Auch zwei Anbaugebiete im Süden – Valle de Güímar und Abona – machen mit *Rosados* und *Blancos* von sich reden (*Brumas de Ayosa, Cumbres de Abona, Flor de Chasna*).

Die am häufigsten angebauten Trauben sind *Listan negro* (oft mit *negramoll* verfeinert) und *Listan blanco*. Während auf Lanzarote noch größere Mengen *Malvasia* vorzugsweise in einer trockenen Variante gezogen werden, findet man ihn auf Teneriffa nur noch im Anagagebirge vereinzelt.

Die meisten tiñerfenischen Weine sind leicht bis frisch und gute Tafelweine. Das gilt auch für Rotweine, die in den ersten beiden Jahren getrunken werden sollten. *Canarios* schätzen ihren ***Rosado***. Obwohl heute die Anbaufläche für Wein größer als die für Bananen ist, deckt die Produktion den Bedarf nicht.

Zwar sind Inselweine in jedem Supermarkt gut vertreten, spanische Festlandweine füllen jedoch die meisten Regale. Der hohe Weinkonsum geht auch auf das Konto der jährlich fast 5 Millionen Touristen. Umgekehrt werden aber im spanischen Mutterland keine kanarischen Weine vertrieben. Vor allem beim

Rotwein – so sagen Kenner – reicht keiner der Inselweine an die gängigen iberischen Qualitätsweine heran. Zudem haben kanarische Weine wegen der vergleichsweise kleinterrassierten Anbaufläche hohe Produktionskosten, die sich auf den Preis niederschlagen. Für durchschnittlich guten Inselwein zahlt man im Laden mit €5 mehr als für einen vergleichbaren Festlandwein.

Die Zeiten, als kanarischer Wein in aller Munde war, haben also bislang kein Comeback feiern können. Aber es entwickelt sich auf Teneriffa zur Zeit eine von fremdem Kapital unabhängige, eigenständige Weinkultur.

Einen Überblick über das mannigfaltige Weinangebot Teneriffas bekommt man, wie gesagt, im ***Museo del Vino*** in El Sauzal, in der ***Bodega Alvaro*** (Autobahn- Salida 17, etwas abseits der meerseitigen Parallelstrasse/TF 152 Richtung Tacoronte, ✆ 922-560359, tägl. 9-17.30, So zu), in der ***Bodega Comarca*** an der TF 532, km 4,2 (oberhalb Arafo, ➢ Seite 376), und in der gut sortierten ***Bodega San Sebastian*** in Santa Cruz, Calle San Sebastian 55, ✆ 922-216853, schräg gegenüber des Haupteingangs zum *Mercado de Nuestra Señora de Africa.*

10 prämierte Teneriffa-Weine:

- ***Viña Norte,*** rot, 15 Monate im Fass, Auslese 2000, D.O. Tacoronte
- ***La Isleta,*** Muskateller, 2001 Tacoronte
- ***Humboldt,*** lieblich weiß, 1997, Tacoronte
- ***Humboldt,*** lieblich rot, 2000, Tacoronte
- ***Cráter,*** im Fass gereift weiß, 2001 Tacoronte
- ***Viña Norte,*** rot, 6 Monate im Fass gereift, 2000, Tacoronte
- ***Viña Norte,*** Rosado, 2001, Tacoronte
- ***Brumas de Ayosa,*** fruchtiger weiß, 2001 Güímar
- ***Tajinaste,*** rot, Valle Orotava
- ***Pico Cho Marcial,*** weiß, trocken 2001 Güímar

Eine Liste aller Bodegas findet man im Internet: **www.cabtfe.es/casa-vino**

5.2.5 Nachtisch - Postre

Verbreitet ist *Flan* (Vanille-Pudding mit Karamel-Soße); hergestellt aus *Queso Fresco* (frischem weißen Käse) heißt er auf den Kanaren ***Quesillo*** bzw. *Leche asada* (gebackene Milch). Als Nachtisch üblich ist auch Maispudding (*frangollo*). Zugreifen sollte man, wenn ***Príncipe de Alberto*** (leichte Schokocreme mit Mandelsplittern) oder ***Bienmesabe*** (Mandelcreme mit Honig und Eigelb) auf der Karte stehen. Überhaupt werden die heimischen Mandeln (*almendras*) viel in zuckersüßem Gebäck und Torten (*tarta de almendra*) verarbeitet.

Canarios lieben es zum Abschluß süß; der Spruch »Käse schließt den Magen zu«, ist ihnen fremd. Nur feine Lokale bieten eine Käseplatte mit meist exzellenten Festlandsorten.

Wem das *Postre*-Angebot im Restaurant nicht reicht oder zusagt, der wechselt in das nächste ***Postre*-Restaurant**, eine Mischung aus Eisdiele und Café. Dort gibt es neben den genannten Desserts verlockend süße Kalorienbomben, Obst und Eisbecher mit exotischen Namen und Früchten.

5.2.6 Hochprozentiges

Ein opulentes Mahl endet mit Hochprozentigem. Was Whisky in Schottland und Obstler in den Alpen, ist in Spanien der ***Brandy*** (Cognac). Aber unsere kleinen Schwenker-Pfützen zum Nippen sind verpönt (damit der Barkeeper nicht die ganze Nacht durcharbeiten muß). Als Kenner erweist sich, wer gleich die Marke nennt, wie den edlen ***Duque de Alba*** oder ***Carlos I*** (*primero*); ein *Carlos III* (*terzero*), *Magno* oder *103* (*ciento-tres*) tut`s auch, bringt sich aber am nächsten Tag eher in Erinnerung.

Liköre werden aus allen Fruchtarten destilliert, insbesondere aus *Manzana* (Apfel), *Plátano* (Banane), *Melocotón* (Pfirsich – bei Damen als *Melocotón a la Crema* beliebt).

Der gewichtige Herr des Hauses verpaßt sich dann nach altem Brauch auch noch eine ***Puro*** (Zigarre) ***rubio***, mit hellem Tabak von der Nachbarinsel La Palma (➢ Seite 139).

Last not least kommt der ***Café solo*** (Espresso); mit einem Schuß Cognac heißt er ***Caragillo***.

5.2.7 Trinkgeld-Propina

Während der Kellner bei uns bisweilen neben einem wartet, bis er den Rechnungsbetrag (und Trinkgeld) erhalten hat, kann der Gast in Spanien in aller Ruhe kalkulieren. Hat der ***Camarero*** auf den Ruf »***La cuenta, por favor!***« die Rechnung gebracht, geht er erst einmal wieder. Unbesehen holt er den vom Gast gezahlten Betrag, bringt das komplette Wechselgeld und erwartet, daß der Kunde ca. 10% Trinkgeld vor dem Aufbrechen zurückläßt.

Kanarischer Käse

Verbreitet ist weißer ***Queso fresco***, frischer, feuchter, leicht gesalzener Käse. Meist von der Ziege, aber auch aus Kuhmilch oder als Mix aus beiden. In Restaurants gibt es ihn als Vorspeise. Er schmeckt am besten, wenn er nicht älter als eine Woche ist.

Der ***semicurado*** (halbgereift, weich) sollte nicht älter als 2-8 Wochen sein, wohingegen ***curado*** (gereift, fester) über zwei Monate alt sein sollte. Leicht angeräuchert (***ahumado***) bekommt der leichte Frischkäse einen etwas herberen Akzent. Auch ihn gibt es in den erwähnten drei Reifegraden.

***Ahumado*-Süchtige** verzehren das frische Produkt gleich stante pede am Bauernmarkt-Stand, um ihn gleich wieder nachkaufen zu können.

Guten Käse in Teneriffa stellt die ***Queseria de Arico***, die ***Granja Teisol*** in Benijos (an der Höhenstraße von Orotava nach Realejos) und ***Plantasol*** in El Sauzal her (letztere aber nur Ziegenkäse).

Etwas vielfältiger sind die Käsesorten der Nachbarinseln – insbesondere von Lanzarote, El Hierro und La Palma. Nur sehr feine eingeborene Zungen und Nasen können unterscheiden, von welcher dieser Inseln ein Käse stammt.

5.3 Kleines kulinarisch-gastronomisches Lexikon

Spanisch-kanarische Begriffe aus dem Bereich Essen & Trinken

Auf dem Markt

Kanarische Bauernmärkte führen auf einer großen Tafel die Kilopreise aller Obst- und Gemüsesorten auf.

Obst (*Fruta)*

Albaricoque – Aprikose
Almendra – Mandel
Cereza – Kirsche
Ciruela – Pflaume
Dátil – Dattel
Durazno – ähnelt einem flachen Pfirsich und schmeckt wie Birne
Fresa – Erdbeere
Guayaba – kleine gelbe Frucht, die sich fast wie eine Apfelsine schälen lässt. Orangefarbenes Fleisch, mit Kern eßbar.
Higo de Leche – Feigen
Higo Pico – die gefährlich stachelige Frucht der Feigenkakteen (Opuntien, ➢ *Cochenilla*, Seite 546). Das Fruchtfleisch ist grünlich oder hell orangerot. Man kann es mit den Kernen essen. Man schält sie so: erst Kappe und Boden abschneiden und nach einem Längsschnitt die Stachelschale mit dem Messer ablösen
Limón – Zitrone
Mango – Mango
Manzana – Apfel
Melocotón – Pfirsich
Mora – Maul-/Brombeere
Naranja – Apfelsine
Níspero – Nispel
Nueces – Walnüsse
Papaya – Papaya
Pera – Birne
Piña – Ananas
Plátano – Banane
Uva – (Wein-) Traube

Gemüse (*Verdura/Legumbres)*

Aguacate – Avocado (*para hoy* = reif)
Ajo – Knoblauch
Alcachofas – Artischocken
Batata – Süßkartoffel
Berenjena – Aubergine
Berro – Kresse
Brécoles – Brokoli
Bubango – eine große Zucchini-Art
Calabaza – Kürbis
Cebolla – Zwiebel
Cilantro – Koriander
Cól – Kohl
Cól de Brusela – Rosenkohl
Espárrago – Spargel
Garbanzas – Kichererbsen
Guisantes – grüne Erbsen
Hierbas – Kräuter
Judías – Bohnen
Kinegua (auch: *Chineguas*) – Kartoffelsorte (Verballhornung des englischen King Edward)
Lechuga – grüner Salat
Lentejas – Linsen
Millo – Mais
(*Piña de millo*: Maiskolben)
Papas – Kartoffeln
Pepino – Gurke
Perejil – Petersilie
Pimiento – Paprika
Pimienta – Pfeffer
Rabanitos – Radieschen
Remolacha – rote Beete

Seta – Pilz

Trigo – Weizen

Zanahoria – Möhre

Puerro – Porree

Frühstück *(Desayuno)*

Kaffee

Café Solo – Espresso

Café con Leche – Milchkaffee (*con/sin azúcar* = mit/ohne Zucker)

Cortado natural – Espresso mit aufgeschäumter Milch

leche y leche = *Cortado* plus gesüßte Kondensmilch

Barraquito = Espresso mit Likör und Zitronenschale

Caragillo = Espresso mit Cognac

Säfte

Batido – Milchshake (mit Früchten)

Jugo oder *Zumo* – Fruchtsaft

Zu essen

Bocadillo – belegtes Brötchen (*con Pata, Lomo, Queso, Jamon serrano/cocido,* = Braten, Kassler, Käse, Schinken roh/gekocht)

Sandwich (*Tostada*) = belegtes Toastbrot

Churros con Chocolate = salzige Schmalzgebäck-Stangen, die man in eine herbe Kakaotunke taucht

Snacks

Tapas – einfache, auch als *media ración* (halbe Porion) bezeichnet, oder als Hauptgang serviert, ➢ Kasten, Seite 64

Aceitunas – Oliven

Albóndiga de Pescado – Fischbällchen

Albóndiga de Carne – Fleischbällchen

Boquerones – eingelegte Sardellenfilets

Camarones – Krabben

Churros de Pescado – frittierte Fischstückchen

Croquetas de Pescado – Fischkroketten

Croquetas de Jamón – Schinkenbällchen

Embutido – aufgeschnittene Wurst

Ensaladilla Russa – Kartoffelsalat mit Ei und Mayonnaise

Pan Catalán – geröstete Toasthäppchen mit Tomate, Knofi und Schinken

Pimientos de Padrón – gegrillte kleine grüne Paprika mit grobem Salz

Pulpo a la Gallega – gekochte Krakenscheiben mit Cayenne-Pfeffer

Salpicón – eingelegte Krakenstücke
de Pulpo mit Zwiebeln und Paprika
de Atún – Thunfischsalat

Suppen (*Sopas*) und Eintöpfe

Caldo – klare Brühe

Cazuela de Pescado – Fischsuppe mit großen Fischstücken in der Kasserolle

Escaldrón – mit *Gofio* angedickter *Puchero* oder Fischbrühe

Fabada – Bohneneintopf (meist mit *Judías* – dicke Bohnen)

Garbanzas – Kichererbsen (*compuestas*) mit Schweinepfoten)

Lenteja – Linsensuppe

Potaje – gehaltvolle Gemüsesuppe/Eintopf

Potaje de berros – Kressesuppe

5

Puchero – kanarisches Nationalgericht: Gemüse-Eintopf aus Kürbis, Gurke, Möhre, Mais und Porree mit Fleischeinlage; *Gofio* zum Andicken (➢ Seite 65f)

Rancho Canario – dicke Suppe mit Nudeln und Fleisch

Ropa Vieja – altes Zeug – aus Fleisch, Gemüse und Kartoffeln zusammengekochte Reste

Sancocho – Trockenfisch mit Süßkartoffeln zusammen gegart; dazu: *Gofio* u./o. *Mojo*.

Aus dem Meer (*Fruta del Mar*)

Fisch (*Pescado fresco*)

* auf den Kanaren empfehlenswerte Speisefischarten

*Abadejo** – Zackenbarsch
Alacha – Sardine
Anchoa – Sardelle, Anchovis
Atún – Tunfisch
Bacalao – Kabeljau, Dorsch/Stockfisch
*Bocinegro** – Meeresbrasse
*Bonito** – kleiner Thunfisch
Breca – Rotbrasse
Caballa – Makrele
*Cherne** – Wrackbarsch
Chicharro – Sardinenart (*Chicharrero* = Teneriffas Bewohner)
Chipirón – junger Tintenfisch
Choco – Tintenfischart
Congrio – Seeaal
*Dorada** – Dorade (Goldbrasse)
*Espada** – Schwertfisch
Lenguado – Seezunge
Longorón – Sardelle
Merluza – Seehecht
*Mero** – Zackenbarsch
Morena – Muräne
*Pez espada** – Schwertfisch
Potas – Tintenfische
Pulpo – Krake
Rape – Seeteufel
Rodaballo – Steinbutt
Salmoneta – kleiner Rotbarsch
Sardinas – Sardinen
Sepia – Tintenfischart wie *choco*
Tollo – Dornhai
Trucha – Forelle
*Vieja** – Papageifisch
Gueldes – frittierte Winzfische

Kopffüßer

Calamar – Tintenfisch
Chipirón – junger Tintenfisch
Choco (ital: *Sepia*) – Tintenfischart
Pulpo – Krake, Oktopus

Krustentiere/Muscheln

Cangrejos – Krebse
Carabinieros – (*Gamberones*) große, rote, teure *Gambas*
Almejas – Venusmuscheln
Mejillones – Miesmuscheln
Lapas – Meer-Napfschnecken
Gambas – Gambas
Langostaros – Langusten

Fleischgerichte (*Carnes*)

Fleisch

Cabra/cabrita – Ziege/Zicklein
Cerdo – Schwein
Chorizo – Paprikawurst
Chuleta – Kotelett
Cochinillo – Spanferkel
Conejo – Kaninchen
Cordero (lechal)- Lamm/Hammel (Milchlamm)
Cordonices – Wachteln
Estofado – geschmortes Fleisch (Gulasch)

Hígado – Leber

Lomo – Schweinerücken

Morcilla – Blutwurst mit Rosinen und Mandeln

Perdices – Rebhühner

Pollo – Huhn

Salchicha – gebratene/gegrillte Wurst

Solomillo – Rinderfilet

Ternera – Rind

Zubereitungsarten

al aceite – mit Olivenöl

ahumado – geräuchert

al ajo – mit Knoblauch

a la plancha – auf heißer Eisenplatte gebraten (a la *parilla*)

a la espalda – Fisch bäuchlings geöffnet und auf dem Rücken gebraten

al horno – im Ofen gebacken

asado – gebraten

cocido – gekocht

escabeche – mariniert

frito – frittiert

guisado – gekocht

rebozada – paniert

relleno – mit Füllung, gefüllt

revuelto – vermischt (= Rührei)

sal, saltado – gesalzen/Fisch im Salzmantel gebacken

salmorejo – in Kräuterbeize geschmort

poco hecho – englisch (schwach) (durch-) gebraten

bien hecho – durchgebraten

vinagre – Essig

Beilagen

Mojo verde/rojo – grüner/roter Dip

Alioli – Mayonnaise mit viel Knoblauch

Papas arrugadas – Runzelkartoffeln

Legumbres – Gemüse, ➢ oben »Auf dem Markt«

Süßes

Nachtisch (*Postre*)

Bienmesabe – (»es schmeckt mir gut«) Eigelb, Honig, Mandelcreme

Flan – Vanillepudding mit Karamelsoße

Frangollo – Gofiospeise, meist auf Maisbasis mit Rosinen und Honig

Helado – Eis

Leche asada – gebackene Milch (*Quesillo*-Art)

Príncipe Alberto – eine Art *Mousse au chocolat* mit viel Mandeln

Quesillo – wie ein *Flan*, aber mit Frischkäse (*Queso fresco*)

Quesadillas – goldgelbe bierdeckelgroße Käse/Zitronenkuchen

Tarta Andalucía – Sahne-Obstgelee auf dünnem Mürbeteig (auch *Tarta Arándanos*)

Gebäck

Galletas – Kekse

Tartas – Torten/Gebäck

Polverones – mürbes Weihnachtsgebäck mit Puderzucker bestreut, in verschiedenen Geschmacksrichtungen: z.B. »mit Nüssen«, «ohne Nüsse« etc.

Truchas – Forellen, aber auch Weihnachtsgebäck: Teigtaschen in Halbmondform, gefüllt mit einer Paste aus Süßkartoffeln, gemahlenen Mandeln, Zimt und Zucker

5.4 Restaurantempfehlungen der Autoren – eine subjektive Auswahl besonderer Lokale

Wer gern essen geht, schätzt neben den kreativ-feinen auch die traditionell-einfachen regionalen Gerichte. Für beide ist auf Teneriffa die Auswahl immens groß. Dazu kommt ein breites Restaurant-Angebot an internationalen Küchen aller Kontinente.

Bewertung

Da bei der Bewertung von Restaurants viele Aspekte eine Rolle spielen, kann bei offiziell über 2000 tinerfeñischen Lokalen eine »**Chart der 30 Besten**« nur selektiv-subjektiv ausfallen. Ein anderer »Tester« käme sicherlich zu einer abweichenden Liste.

Hier nun die stark individuell geprägten Empfehlungen für eine Einkehr unterwegs oder auch für den eigens eingeplanten kulinarisch-kulturellen Ausflug. Es sei angemerkt, daß neben Küchenqualität – und ggf. dem guten Preis-Leistungsverhältnis bei den Empfehlungen mit eher deftiger Küche – auch das Ambiente des Lokals (sei es nun zünftig-schlicht, stimulierend-locker, exklusiv-elegant, mit oder ohne »Blick«) gebührend in die Empfehlungen einbezogen wurde.

Preisniveau

Die jeweils genannten **Ca.-Kosten (pro Person)** beziehen sich auf ein – für das jeweilige Haus – **typisches Hauptgericht mit Fisch oder Fleisch samt Salatteller, ein Glas *Vino de la Casa*, Bier oder Wasser und Nachtisch oder kanarische Früchte oder Kaffee.**

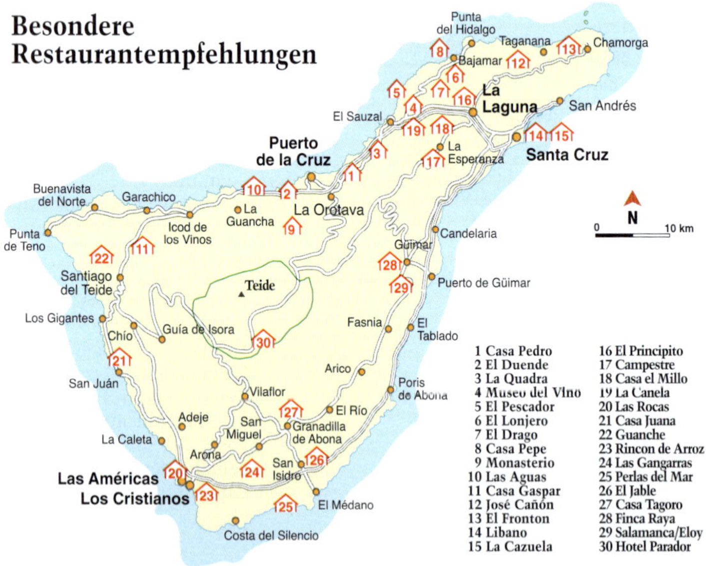

Auszeichnungen 2001 für die Besten

Es wurden prämiert als

bester Küchenchef: *Carlos Gamonal Junior* (*El Drago* in Tegueste)

beste Hotelküche: *Hotel Sir Anthony* in Las Américas

beste kanarische Küche: *Casa Pedro el Cruzantero* in Santa Ursula

beste volkstümliche Küche: *Cocina Popular Augustín y Rosa* in Icod

beste Konditorei: *Dulcería Gregoria* in San Miguel

beste ausländische Küche: *El Faisán de Lucas* in La Matanza

5.4.1 Nordküste östlich von Puerto de la Cruz

Santa Ursula

1) ***Casa Pedro***

Einfache, aber ausgezeichnete klassisch kanarische Küche

Santa Ursula, Calle Magallanes 38, ✆ 922-300082 (So Abend und Mo geschlossen). Zufahrt: von Puerto kommend Autobahnausfahrt Santa Ursula, auf der TF 21 Richtung Orotava fahren; unmittelbar vor der bergseitigen Bar *Donde Mario* (vormals *El Lagar*) links hoch, sofort wieder links, gleich wieder rechts (San Patpicio) und dann die zweite rechts (Calle El Clavel). In der ersten Linkskurve liegt die *Casa Pedro* (mit Parkplatz).

La Higuerita

2) ***El Duende*** (oberhalb von Puerto, fast in Los Realejos)

Kleines altkanarisches Haus, moderne, kreativ-feine Küche, die sich ausschließlich nach dem saisonalen Angebot richtet; bürgerlich-ländliches Ambiente.

Calle La Higuerita 41; Zufahrt: Autobahnabfahrt 38 (La Higuerita), sofort rechts und 1. links und wieder links auf TF 320 Richtung La Vera, links oberhalb der Straße; **€18-25**, Di-Do 18.30-23, Fr+Sa: 12.30-15.30 und 18.30-23, So nur mittags; ✆ 922-374517

La Mantanza

3) ***La Quadra de San Diego***

In diesem Lokal – ein alter Kuhstall (*Quadra*) mit Drachenbaum im Garten – stimmt alles: das Ambiente, der Service und die abwechslungsreiche kanarische *Tapa*-Küche.

Camino Botello, La Matanza; Zufahrt: *Autopista Norte, Salida* 13 Richtung La Matanza und immer rechts halten. Versteckt gelegen gleich rechts hinter der Kapelle, unterhalb der Landstraße. Eine kurze Suche lohnt. **€18**; ✆ 922-578385; So nachmittags und Mo geschlossen, am Wochenende reservieren!

El Sauzal

4) ***Casa Museo del Vino la Baranda*** (Weinmuseum)

Über die Nordautobahn-Ausfahrt *12/El Sauzal* erreicht man nach kurzer Strecke das gut ausgeschilderte *Museo del Vino* in einem perfekt renovierten Finca-Komplex aus dem 17. Jahrhundert. Auf der Panorama-Terrasse mit Meer- und Teideblick gibt`s nur *Tapas* aus der Bar. Im rustikalen Speiseraum (ohne Blick) wird kanarisch feine Küche serviert. **€18-25**, Di-Sa 11-20, So 11-18, Weinprobe bis 22 Uhr; ✆ 922-563388

El Pris

5) ***El Pescador***

Wer sonntags zum Bauernmarkt nach Tacoronte (bis 15 Uhr) fährt, könnte danach zum Essen einen Abstecher nach El Pris erwägen. An der kurzen Meerpromenade beherrscht das kleine Restaurant *El Pescador* die kanarische Szene. Wer den Ober bezirzt, wird bei gutem Wetter auch draußen am Wasser bedient. Man versteht sich auf Meerestiere. Mittags (vor allem an Wochenenden) lebendige kanarische Atmosphäre. Nach dem Essen bietet sich ein Küsten-Spaziergang Richtung Südwesten hinüber nach Mesa del Mar an. **€15**, ✆ 922-562806; Mo geschlossen.

Tejina

6) ***El Lonjero***

Hier handelt es sich um ein großes Familien-Ausflugslokal (ohne Blick) mit prima kanarischer Küche – insbesondere Fischgerichte und leckere Desserts.

In Tejina an der TF 16 (Hidalgo-Tacoronte) bei der Toyota-Vertretung in den Camino Barrio Nuevo einbiegen; nach ein paar Metern rechterhand. **€15**; ✆ 922-150555, So abends und Mo geschlossen.

El Socorro

7) ***Mesón El Drago***

Das *Mesón El Drago* ist ein stilvoll restauriertes Landrestaurant in einer weißen altspanischen *Finca* in El Socorro, etwas abseits der Straße TF 154 (Nordautobahn El Portezuelo-Tegueste). Man erreicht es über eine kleine Brücke. Das Ambiente, der Service und die fein zubereiteten kanarischen Speisen waren sogar dem **Michelin-Führer zwei Sterne** wert. Hier trifft sich eine betuchtere Klientel aus Santa Cruz und La Laguna am Wochenende (vorbestellen!). Spezialität sind Schmortopf »Die sieben Inseln« und der klassische *Puchero* (mit *Gofio*); **€25**.

El Socorro, *Urbanizacón* San Gonzalo 1/Tegueste, ✆ 922-543001; täglich:13-16, Fr und Sa auch 20-22.30, Mo geschlossen.

Bajamar

8) ***Casa Pepe***

Ohren- und Augenschmaus zu Gaumenfreuden! Man sitzt wie in einer Loge über der Promenade, hört die Brandung und sieht die Gischt über die Mole donnern. Das Ambiente (10 Tische) ist sympathisch schlicht. Andalusische Küche; alle Gerichte werden

Restaurant Las Aguas bei San Juan de la Rambla

frisch zubereitet. Freundliche Bedienung. Fleisch und Fisch. Spezialität: *Montaditos* (Toasthäppchen), *Beberechos* (Herzmuscheln). November bis April jeden Dienstag ***Puchero Canario***. Hausgemachte Desserts.

Paseo Werner Raugtember ohne Nummer. Geöffnet 13-16, abends bis 23.30 Uhr; © 922-540958. So Abend und Mo geschlossen.

5.4.2 Nordküste westlich von Puerto de la Cruz

Los Realejos

9) ***Mesón El Monasterio***

Nimmt man die Autobahnausfahrt 36 (Los Realejos/La Vera), liegt nach ca. 3 km an der Kreuzung TF 333 mit der TF 322 rechterhand das *Mesón El Monasterio*, ein ehemaliges Kloster (1646), dessen Gebäudekomplex zum Restaurant umgebaut wurde.

Im Garten viel freilaufendes Federvieh, innen geschmackvolles Ambiente mit verschiedenen Terrassen, Gärten und Räumen (*Bodega, Tasca*); die Küche erfreut deutsche wie auch spanische Gaumen. Griebenschmalztöpfe, krustiges Schwarzbrot und Würste vom Meter. Spezialität Ente. Gutes Kuchenbüfett.

Das *Monasterio* liegt am Fuße des kleinen Vulkankegels *El Fraile* (der Mönch). Die winzige *Ermita* auf dem Gipfel ist vom oberen Ende des Restaurantgartens über einen Pfad zu erreichen; **ab €10**.

Reservierung unter © 922-340707, täglich geöffnet. Ab Puerto-ZOB geht' s dorthin mit Bus 352 (stündlich)

Las Aguas (bei San Juan de la Rambla)

10) ***Las Aguas***

Ein Restaurant zum Verlieben oberhalb des Schimmbads mit Panorama-Terrasse und kleinem Speiseraum; Spezialität sind Reisgerichte: *Paella* und *Cazuelas* (Fischeintöpfe). Über den Küstenweg (➢ Los Realejos, Seite 338) kann man auch dorthin wandern (ca. 30 Minuten), dann in den Meerespool steigen und nach dem Essen zum Wagen zurückgehen.

Calle La Destila 20, Las Aguas/San Juan de la Rambla; **€18**; © 922 -360428; 13-15 Uhr und 20-23 Uhr, Sonntagabend geschlossen; an Wochenenden unbedingt reservieren.

Garachico

11) ***Casa Gaspar***

Im Restaurant *Gaspar*, versteckt in einer etwas erhöhten Bypass-Straße zur Meeresavenida (Höhe Parkplatz vor der Bananenpack-Halle), ißt man prächtig frische Meeresfrüchte; Tipp: *Calamares Rellenos* (gefüllt); Av República de Venezuela 2, Edificio Galeón, €25; © 922-830040; tägl. ab 13 Uhr, So Abend und Mo geschlossen.

5.4.3 Bereich Anagagebirge

Afur

12) ***José Cañón***

Uriger geht`s nicht. Hinter dem Krämerladen wird in riesigen Töpfen gekocht und an schlichten Tischen serviert: Karnickel und Ziege in Soße (*al salmorejo*) sowie Kichererbsen (*garbanzas*), Käse und Hauswein. **€12**; © 922-690141, Mo geschlossen.

Benijo

13) ***Bar La Caseta de Pastora El Frontón***

Anaga-Wandergruppen kehren hier am späten Nachmittag gerne Ermattet ein. Von den Terrassen hat man herrliche Küstenblicke. Die Küche ist einfach und gut, aber fangabhängig.

Mojo verde, papas arrugadas und ein zünftiger Salat fehlen zu keinem Fischgericht. Hervorragend ist der ***Abadejo***! Der *Quesillo* schmeckt immer, der offene *Rosado* manchem erst nach dem fünften Glas. Für Beduselte gibt`s auch (3) **Zimmer**.

Almáciga rechts liegen lassen und bis ans Ende der Asphaltstraße; **€12**; ✆ 922-590107, Mo geschlossen.

5.4.4 Metrobereich Santa Cruz/La Laguna

Santa Cruz

14) ***Líbano***

Bei der Plaza de la Paz, oberhalb (nicht an!) der Rambla General Franco befindet sich der führende Libanese der Inselhauptstadt. Bei zuvorkommender Bedienung, arabischem Ambiente und moderaten Preisen wird diese hervorragende »andere Küche« auch von *Tinerfeños* angenommen; Vorbestellung empfohlen.

Calle Santiago Cuadrado 36, **€18**; ✆ 922-285914, immer geöffnet.

15) ***La Cazuela***

Im »Fischeintopf« (*Cazuela*) treffen sich gut verdienende ***Chicharreros***. Die Atmosphäre im kleinen Restaurant ist gepflegt, aber locker. Die Küche weiß, mit Raffinesse und Phantasie baskisch-galizisch zu kochen. Einige Tisch stehen draußen auf der überdachten Terrasse. **€25**.

Zwischen Plaza de Toros und Plaza de los Patos in der Calle Robayna 34, ✆ 922-272300, So geschl. (Fr/Sa unbedingt reservieren!).

La Laguna

16) ***El Principito***

Kleines, stilvoll eingerichtetes französisches Restaurant, elegant-gemütliche Atmosphäre in altkanarischem Haus mit modernen Akzenten, exquisite französische Küche für besondere Abende; **€30**; Calle Santo Domingo, ✆ 922-633916, So+ Mo geschlossen

La Esperanza

17) ***Bodegón Campestre***

Dieses beliebte Ausflugslokal liegt an der östlichen Teide-Auffahrt (über La Laguna). Im *Campestre* gehts deftig kanarisch zu. Man sitzt auf Bänken und Hockern an rustikalen langen Tischen wie in einer Jause. Dazu passen Wurst und Fleisch in dampfenden Holzschalen mit züngelnden Flambierflammen und Landwein aus dem Tonkrug.

Carretera General de las Cañadas (TF 24), El Rosario/La Esperanza, **€15**; ✆ 922-548057, an Wochenenden oft voll, daher reservieren. 12-24 Uhr, Mo geschlossen (außer feiertags).

Bei Los Rodeos

18) ***Casa el Millo***

Sehr gute Küche aus spanischen Provinzen in elegant-lockerem Ambiente mit freundlicher Bedienung – kein Wunder, daß das *Millo* zum beliebten Treffpunkt wurde.

Carretera General del Norte – Cruz Chica/Guamasa; Zufahrt über Nordautobahn *Salida Los Rodeos* (Flughafen Nord) und dann an der bergseitigen Parallelstrasse zur Autobahn in Richtung Agua García. Nach etwa 3 km links; **€25**, © 922-637691. So Abend und Mo geschlossen.

Tacoronte

19) ***El Tablón de la Canela***

Abwechslungsreich-kreative Küche auf hohem Niveau, tolles Ambiente. An der Carretera General del Norte 457 (meerseitige Parallelstraße zur Autobahn, ➢ Restaurantstraße, Seite 161), Ausfahrt Guamasa oder Los Naranjeros; **€22**; © 922-637889.

5.4.5 Bereich Ostküste

Güímar

28) ***Finca Raya – Sunny Side***

In dem geschmackvoll restaurierten Herrenhaus kocht die Hausherrin nach alten Rezepten – für Nicht-Hotelgäste aber nur auf Bestellung. Rustikal-eleganter Speiseraum, eigener Weinanbau.

Das Restaurant zu finden, ist nicht leicht: Es liegt oberhalb von Güímar im *Barranco La Hoya*, Calle La Raya (ohne Nummer). An Güímars Rathausplatz (*ayuntamiento*) immer geradeaus bergauf zum *Hotel-Rural*-Schild. Nach der Brücke über den *Barranco* auf dem nächsten Kirchplatz wenden und nach 300 m links hinauf in die eben passierte, steile schmale Gasse, dann ca. 800 m linkerhand. Viel Glück – ansonsten offeriert Hausherr *Francisco* Auto-Lotsen-Dienste (nur Spanisch); **€24**; © 922-513838

29) ***Finca Salamanca***

Ein stilvolles Restaurant mit kreativer Küche im Landhotel gleichen Namens. Autobahnausfahrt #11 Richtung Güímar, nach ca 1,5 km links auf großes Portal der Hotel-Finca achten; © 922-513556, täglich geöffnet.

Typisch rustikaler Tisch, eingedeckt in einem einfachen Restaurant

5.4.6 Der Süden und die Westküste

Las Américas

20) *Las Rocas*

In der eleganten Meerwasser-Schwimmlandschaft *Las Rocas* am Steilufer unterhalb der Promenade liegt das gleichnamige Restaurant auf einer Felsnase. Es gehört zum ***Hotel Tropical Jardín*** und ist – in erster Linie wegen seiner Lage – besonders am Abend beliebt, wenn sich das Las Américas-Lichtermeer im Atlantik spiegelt. Die internationale Küche befriedigt zumindest.

Las Américas/San Eugenio, **€22**, ✆ 922-746064, immer geöffnet.

Alcalá

21) *Casa Juana*

Hier wird echt frischer Fisch einfach und gut zubereitet. Deshalb kommen auch einheimische Geschäftsleute gerne zum Mittagessen; etwas versteckt am Meer, aber ohne Terrasse und Blick.

Calle Candelaria 13, **€18**, ✆ 922-867745, Mo geschlossen.

Masca

22) *Alte Schule/El Guanche*

Weithin sichtbar verblüfft das Schild »Alte Schule« in Masca. In der ollen Penne hat sich das Restaurant *El Guanche* etabliert (täglich 11-18). Man sitzt verwunschen im Terrassengarten und wird mit viel Gemüse abwechslungsreich und gesund beköstigt; ✆/Fax: 922-861405, deutschsprachig, oder 922- 863424 spanisch.

Vom Parkplatz Masca-Mitte bei der Telefonzelle – vorbei an den Restaurants – hinabgehen, und am Ende des steilen Pflasterwegs rechts abbiegen (ausgeschildert).

Los Christianos

23) *El Rincón del Arroz*

Direkt an der oberen Verbindungsschnellstraße zwischen Los Cristianos und Las Américas liegt das *El Rincón del Arroz* (»Die Reisecke«) im Erdgeschoß eines Wohnhochhauses. Der freundlich gekachelte Speiseraum ist mittags mehr noch als abends gut besucht. *Canarios* schätzen die Reisgerichte.

Calle Los Sabandeños, Edificio Soledad, **€21**; ✆ 922-797370, So Abend und Mo geschlossen.

Buzanada (bei Valle San Lorenzo)

24) *Las Gangarras*

Das Restaurant *Las Gangarras* besteht aus mehreren restaurierten Landarbeiterhäuschen mit typischen altkanarischen Relikten, wie einer alten Weinpresse, Wasserkanälen aus Toscastein und einem Lucha Canaria-Ringplatz.

Gute Küche am Picknicktisch

Den Besucher erwartet prima originale kanarische Küche ohne Schnörkel. Gemüse und Obst (Salate, Papayas, Avocados usw.) kommen aus dem ökologischen Anbau der Finca frisch auf den Tisch. Man sitzt in den kleinen Häuschen oder im Garten unter schattenspendenden Bäumen. Vor allem tagsüber ist es ein Genuss, im Gelände von *Las Gangarras* zu essen.

Anfahrt über die Süd-Autobahn, *Salida* 26, Richtung Valle de San Lorenzo; beim ersten Kreisverkehr rechts in TF 657 (Richtung Aldea Blanca/San Miguel) und nach 50 m wieder links); **€18**, ✆ 922-766423, 13-23 Uhr geöffnet, Mo geschlossen.

Los Abrigos

25) ***Perlas del Mar***

In der kleinen Hafenbucht von Los Abrigos reiht sich ein Fisch-Restaurant an das andere. Im *Perlas del Mar* auf der Felsspitze hat man – von Speisesaal oder Terrasse – zum frischen Fisch (gute Seezunge = *Lenguado*) den besten Meerblick. Man bestellt am Glastresen den Fisch seiner Wahl; **€15**; ✆ 922-170014, Do geschl.

San Isidro

26) ***El Jable***

Fensterlos, von außen schmucklos, versteckt in einer häßlichen Nebenstraße im unattraktiven Versorgungsort San Isidro an der Autobahn, das ist das *El Jable*. Aber innen hat es Stil. Toscasteine, lange Tischbänke aus Holz mit karierten Decken. Die Küche ist nicht so schlicht, denn es wird sehr fein-kanarisch aufgefahren. Freundlicher Service und gute Stimmung.

Südautobahn, *Salida* 22, TF 64 nach San Isidro bergauf, unmittelbar vor der CEPSA-Tankstelle (links) nach rechts in die Calle Bentejui einbiegen; dort nach 150 m links; **€24**, ✆ 922-390698; täglich 13-16 und 19.30-23, So und Mo mittags geschlossen.

Granadilla

27) ***Casa Tagoro***

Das Restaurant liegt in einer 300 Jahre alten, aufwendig restaurierten Finca am oberen Ortsrand von Granadilla. Bürgerlich-elegantes Ambiente, exquisite deutsch/österreichische und internationale Küche. Kulinarische Wochen – manchmal Wildgerichte.

Von der Autobahn über San Isidro (*Salida* 22) bei der Ortsdurchfahrt durch Granadilla (TF 82) linker Hand auf das Geschäft von *Doña Teodora* achten. Davor die schmale Calle Tagoro links immer bergauf vorbei an einem kleinen begrünten Platz. **€25**; ✆ 922-772240, Di-Sa ab 18.30, So ab 13, Mo geschlossen.

5.4.7 Teide Nationalpark

Cañadas

31) ***Hotel Parador del Teide***

Rustikal-elegant präsentiert sich der ***Parador de Turismo de las Cañadas del Teide*** am Fuße des Vulkankegels von außen wie innen: man sitzt am mannshohen Kamin und speist kanarisch gediegen. Spezialitäten wie Eintopfgerichte (*Potajes*), *Puchero* oder *Cabrito* (Zicklein) serviert die Bedienung in tinerfeñischen Trachten. Die Preislage ist o.k. (**€18-25**). Wer Zimmer 101 oder die Suite 201 vorbestellte, hat's nicht weit ins Bett und morgens einen traumhaften Blick: rechts der rote *Teide*, links die *Roques*. ✆ 922-386415, täglich 13-16 und 20-22.30 Uhr.

TENERIFFA SELBST
ENTDECKEN
1
Regionen
und Küsten

1.1 Konzeption des Reiseteils

1.1.1 Teneriffas Regionen

Nord, Ost, Süd oder West?

Mit dem spitzen Winkel Richtung Nordosten liegt Teneriffa wie ein gleichschenkliges Dreieck im Atlantik. Manche erkennen in den Inselkonturen gar ein Huhn, das seinen Kopf nach Nordosten (Anaga) reckt. Ob nun Triangel oder Henne, bei der Frage nach der Himmelsrichtung kommt man leicht ins Schleudern. Selbst unter Teneriffa-Kennern kann es darüber nach dem zweiten Glas Wein Streit geben. Las Américas, Teneriffas Reiseziel Nr. 1, liegt eindeutig im Süden, aber eigentlich schon an der Westküste; Santa Cruz befindet sich an der Ostküste, aber irgendwie doch im Insel-Norden. Und Puerto de la Cruz, das etwas südlicher als die Hauptstadt liegt, gilt als »der« Touristenort im Norden.

Wetterscheide

Tinerfeños unter sich lösen diese Orientierungsprobleme so: sie nehmen die Wetterscheide entlang Teneriffas Kammstraße (Anaga-La Laguna-Teide) und nennen alles unterhalb davon »den Süden«, alles darüber »den Norden«. Ost oder West sind unbedeutend, was ja klimatisch auch weitgehend stimmt, ➢ Klima, Seiten 21f+ 444f. Wichtiger auf der gebirgigen Insel sind da schon oben und unten, was weniger Unklarheiten verursacht.

Aufteilung der Insel in diesem Buch

In diesem Buch wurden für Teneriffa **sieben Regionen** wie folgt definiert (➢ auch nebenstehende Karte):

Das Dreieck zwischen Vilaflor, Santiago del Teide und La Esperanza bildet den **zentralen Teil** der Insel: **Teide Nationalpark/ *Cañadas*** und ***Cumbre Dorsal*** (= Strecke Teide-La Esperanza).

Abgrenzung der Regionen

Von diesen drei Städten wurden Linien zu folgenden Küstenorten gezogen: von La Esperanza nach Punta del Hidalgo und von Santiago del Teide nach Punta de Teno (ergibt die **Nordküsten-Region**); von Vilaflor über Granadilla nach El Médano und über Adeje nach La Caleta (ergibt den **Süden**). Die Region **Westküste** ergibt sich gleichzeitig damit zwischen den Linien Punta de Teno über Santiago del Teide nach Vilaflor und von dort nach La Caleta. Die Region **Ostküste** erstreckt sich zwischen Vilaflor/El Médano und La Esperanza/Santa Cruz.

Eine letzte Verbindungslinie zwischen San Andrés und Punta del Hidalgo markiert zwei weitere Regionen:

- oberhalb/rechts der Linie der Bereich **Anagagebirge**,
- unterhalb dieser Linie das Ballungsgebiet La Laguna/Santa Cruz bis La Esperanza im Westen, das hier **Metro Santa Cruz** heißt.

Bedeutung

Diese Aufteilung zieht sich durch den gesamten Reiseteil; sie wird einer ganzen Reihe von geologischen, klimatischen und geographischen Aspekten gerecht. **Der überwiegende Teil der Urlauber wohnt im Süden und an der Nord- oder Westküste**:

Die Nordküste

Drei Regionen bieten an der Nordküste unterschiedliches Urlaubsambiente: im zentralen Abschnitt ist das die Tourismus-Hochburg **Puerto de la Cruz** mit **La Orotava** und **Los Realejos**.

Beiderseits davon schließen sich zwei weniger touristisch entwickelte Küstenabschnitte an: im Westen die Region um **Garachico** und **Buenavista** mit einem weitgehend kleinstädtischen Charakter, das stark besiedelte Gebiet östlich von Puerto um **Tacoronte** und der ablegenere Bereich um **Punta del Hidalgo** und **Bajamar** mit älteren, vereinzelt stehenden Aparthotels.

Daraus ergibt sich die Dreiteilung der Nordküste in

- **Puerto de la Cruz** mit La Orotava und Los Realejos
- **Östliche Nordküste** mit Tacoronte bis Bajamar und Hidalgo
- **Westliche Nordküste** mit Garachico und Buenavista

Der Süden

Im Süden gibt es ebenfalls drei touristische Zentren: allen voran ist der Ende der 1960er-Jahre entstandene und immer noch wachsende großstädische **Touristenkomplex Los Cristianos/Las Américas** zu nennen. Er dehnt sich an der ***Costa Adeje*** immer weiter in Richtung Nordwesten aus (zur Zeit bis La Caleta).

Unweit des Süd-Flughafens *Reina Sofia* liegen zwei schon in den 1970er-Jahren entstandene, zeitweise touristisch ausgebremste Gebiete: die ***Costa del Silencio*** mit der Ferienanlage ***TenBel*** und neuen Hotel-Großbauten wie modernen Chalet-Urbanisationen, an die mehrere Golfplätze grenzen; ferner der **Surfer-Treffpunkt El Médano**, den jüngere Urlauber bevorzugen.

Dieser touristische Süden ist daher in drei Kapitel aufgeteilt:

- **Los Cristianos-Las Américas-Costa Adeje**
- ***Costa del Silencio***
- **El Médano**

Die Westküste

An der touristisch weniger entwickelten Westküste konzentriert sich der Fremdenverkehr auf die Retortenstädte **Los Gigantes** und **Playa de la Arena**, sowie **Puerto de Santiago**, dessen alten Ortskern man nur noch mit Mühe ausmachen kann. Alle drei Bereiche sind inzwischen **übergangslos** miteinander verwachsen.

1.1.2 Gliederung und Inhalt des Reiseteils

Reihenfolge der Kapitel

Ausgehend von dieser regionalen Aufteilung wird nach einer Übersicht über die besten **Strände, Buchten und Pools** zunächst

- der **Metrobereich Santa Cruz** mit der alten Hauptstadt La Laguna vorgestellt. Da das Anagagebirge an Metro Santa Cruz grenzt und bei Ausflügen in dieses Gebiet die meisten Besucher – außer bei Ausgangsorten der Nordostküste (Punta del Hidalgo/Bajamar) – den Metrobereich durchfahren müssen, erscheint es konsequent,
- den **Bereich Anaga** unmittelbar zusammenhängend mit Santa Cruz und La Laguna zu behandeln.

Danach geht es im **Uhrzeigersinn** rund um die Insel:

- Dem kurzen Kapitel zum **Ostküstenbereich** folgt die ausführliche **Darstellung des touristischen Südens** und der sich daran anschließenden **Westküste** samt **Abstecher nach La Gomera**.
- Dann werden – ausgehend von **Puerto de la Cruz** – zunächst der **zentrale Teil** der Nordküste, anschließend die **westliche** und die **östliche Nordküste** beschrieben.

Den Abschluß des Reiseteils bilden die verschiedenen

- **Auffahrten in den Teide-Nationalpark** und ein detailliertes Kapitel zur Erkundung der ***Cañadas***.

Inhaltliche Konzeption

Alle Kapitel wurden nach der Vorgabe »**Teneriffa individuell entdecken**« konzipiert und sind sehr ausführlich. Der Leser findet genaue und – wo nötig – kritische Darstellungen aller nennenswerten Urlaubsorte und aller gängigen Ausflugsrouten und -ziele. Außerdem werden auch weniger frequentierte Strecken und Abstecher in abgelegene Inselecken beschrieben. In erster Linie wenden sich die Autoren damit an Leser, die Teneriffa **per Miet-Auto** kennenlernen wollen, zeigen aber auch Möglichkeiten auf, sich die Insel **per Linienbus** zu erschließen.

Kästen, Essays und Informationen Im Rahmen der Orts-, Strecken- und Landschaftsbeschreibungen ist den Besonderheiten der jeweiligen Region und den mit ihr verbundenen historischen, kulturellen und natürlichen Ereignissen und Gegebenheiten viel Raum gewidmet. Bedeutsame lokale und regionale Phänome sind in zahlreichen Themenkästen und Essays abgehandelt. Für alle größeren Ortschaften finden sich im Anschluß an die allgemeinen Ausführungen in kompakter Form alle wichtigen praktischen Informationen einschließlich Restaurant- und Shoppingempfehlungen.

Orientierung für Autofahrer

Verkehrsdichte Den Autofahrer erwartet auf durchweg gut ausgebauten Straßen eine oft erhebliche Verkehrsdichte. Auf Teneriffa waren im Jahr 2001 – inklusive 45.000 Mietwagen – 530.000 Autos zugelassen bei weiter steigender Tendenz.

Straßennetz Im Metrobereich und im Inselnorden ist das Straßennetz sehr engmaschig, aber auch unübersichtlich. Unkonventionelle Ortsdurchfahrten und irritierende Streckenführungen machen selbst Ortskundigen das Leben schwer. Dazu gibt es extrem kurze Autobahnaus- und -auffahrten mit teilweise unklaren Angaben.

Nummernsalat Wiederholt wurden Teneriffas **Straßennummerierung** und die Nummerierung der **Autobahnausfahrten** geändert. Die heute gültigen Kennzeichnungen sind bislang auf vielen gängigen Karten – wenn überhaupt – nur unzulänglich nachvollzogen worden. Die **beiliegende Teneriffa-Karte** und die gesondert zu erwerbende Karte von **Reise Know-How/*Map Alliance*** zeigen durchgehend die neuen Nummen; auch die Karte 222 von Michelin ist weitgehend up-to-date, weicht in einigen Fällen aber noch von der offiziellen Nummerierung ab (➢ Verzeichnis Seite 603).

Gewichtung Zudem sind Ortschaften, Strände, Kaps und andere Punkte auf den Kartenwerken ausgesprochen unterschiedlich gewichtet, so kommt etwa Puertos bekannte *Playa Jardín* in manchen Karten gar nicht oder in kaum zu identifizierender Form vor.

Wander- und Spazierwege

Einige der schönsten **Rund- und Streckenwanderungen** – vornehmlich im Inselnorden – ergänzen die Reisekapitel an passender Stelle mit detaillierter Beschreibung. Darüber hinaus werden **weitere Ziel- und Rundwanderungen**, deren Startpunkte im Bereich der Routenbeschreibungen dieses Buches liegen, kurz erläutert. Wer sich dadurch animieren läßt, kann manchen einfachen Weg bei guter Ausschilderung ohne große Vorbereitung gehen. Für intensives Wandern sollte man aber auf einen der speziellen Wanderführer für Teneriffa zurückgreifen, ➢ Seite 603.

Auch auf schöne **Spazierwege**, die man leicht ohne Vorbereitung und Wanderführer in der Hand bei Gelegenheit und gutem Wetter einschieben kann, finden sich viele Hinweise. Manche dieser Wege sind die ersten Abschnitte längerer Wanderrouten.

Gastronomie

Restaurantempfehlungen

Dem Thema »Essen & Trinken« wurde bereits ein besonders umfangreiches Kapitel gewidmet. Die darin herausgehobenen Restaurantempfehlungen (Seiten 81-87) finden sich am passender Stelle auch noch einmal im Reiseteil, darüberhinaus zahlreiche weitere Hinweise auf Einkehrmöglichkeiten, sowohl in allen größeren Orten als auch entlang der beschriebenen Routen.

Weitere' Thematisierung

Über regionale und sonstige Besonderheiten der Gastronomie und Speisen auf Teneriffa gibt es weitere **Themenkästen** und **Essays** in den folgenden Kapiteln, etwa zu den »**Restaurantstraßen**« zwischen der Nordostküste und La Laguna, ➢ Seite 161.

Öffnungszeiten/Telefonnummern

Die Öffnungszeiten und Telefonnummern von Informationsbüros, Restaurants, Museen etc. wurden gründlich recherchiert; **Veränderungen sind jedoch an der Tagesordnung**.

Restaurants

Generell kann man davon ausgehen, daß kanarische **Restaurants** 13-16 Uhr und 20-23/24 Uhr geöffnet sind. Ruhetage sind wie bei uns üblich, wechseln aber stark. In den Touristenzentren gelten oft durchgehende Zeiten.

Touristeninformation

Die Öffnungszeiten von **Touristenbüros** weichen – je nach Ort – mehr oder weniger voneinander ab. Wird keine Siesta eingelegt, sind sie meist nur bis 17 Uhr geöffnet, sonst auch länger. Samstags sind Infobüros in vielen Fällen erst ab Mittag besetzt, sonntags durchweg ganz geschlossen.

Museen und Kirchen

Kirchen sind geöffnet, kurz bevor Messen stattfinden bis kurz nach der Messe; ansonsten existieren keine verbindlichen Zeiten, selbst wenn sie am Eingangsportal angeschlagen sein sollten.

Bei **Museen** treten seltener Unregelmäßigkeiten auf; die angegebenen Zeiten werden im allgemeinen eingehalten. Im Fall kleinerer Häuser sollte man auf eventuelle Mittagspausen achten.

Meerwasserpools, die bei hoher See überspült werden und Schwimmen in der Brandung ermöglichen, findet man in vielen kleinen Orten entlang der Nordküste

1.2 An Teneriffas Küsten

Extreme Unterschiede

Ein wichtiger Aspekt fast jeder Urlaubsreise auf eine Insel wie Teneriffa ist das von Luft- und Wassertemperaturen her ganzjährig mögliche Schwimmen im Freien, sei es im Meer, im Hotelpool oder auch in öffentlichen Badeanlagen, die auf Teneriffa eine wesentliche Rolle spielen. In Anbetracht der extrem unterschiedlichen lokalen Bedingungen an Teneriffas Küsten wird diesem Punkt vorab ein eigenes Kapitel gewidmet.

Baden unterwegs

Das auch deshalb, weil sich unterwegs auf Teneriffa an heißen Tagen durchaus die Frage stellt: »**Wo kann man denn hier mal schnell ins Wasser springen?**« Darüberhinaus bilden manche, wenn auch nicht alle Strände, Badebuchten und öffentliche Poolanlagen schon für sich ein gutes Motiv für einen Ausflug.

1.2.1 Strände, Buchten und Pools

Natürliche Sandstrände und Felsbuchten

Freizeitkarten von Teneriffa verzeichnen ringsum zahllose Playas und Badestellen. Dabei hat die Insel **nur wenige natürliche Sandstrände**, die man ohne Probleme erreichen kann und an denen sich gut baden läßt. An der Nordküste sind einige zudem nur bei Ebbe vorhanden. Die Badestrände der Ostküste liegen oft unterhalb relativ unattraktiver Fischerdörfer. Sie werden zwar teilweise in den Sommermonaten von Einheimischen zu buntem Badeleben erweckt, bieten aber touristischen Besuchern wenig. Es gibt andererseits viele prima Badestellen an felsigen Buchten mit und ohne steinige Sandstrandabschnitte.

Künstliche Strände

In den letzten Jahren wurden etliche Strände aus hochgepumptem Meeresboden bzw. geschredderten Steinen künstlich angelegt. Sie sind hellgrau-beige und feinkörnig (z.B. *Las Vistas* in Los Cristianos oder *Playa Bahía del Duque* an der Costa Adeje). Der einzige gelbe Sandstrand befindet sich 6 km nordöstlich von Santa Cruz bei San Andrés (*Playa de Las Teresitas*); er wurde vor 30 Jahren mit Sand aus der Sahara aufgeschüttet.

Meerwasserpools

Vor allem entlang der Nordküste ist eine Reihe von Meerwasser-Schwimmbecken eine Attraktion, die sich großer Beliebtheit erfreut: entweder als aufwendige türkisblaue **Badelandschaft** mit Palmen und Inseln (z.B. *Lago de Martiánez* in Puerto de la Cruz) oder als ***Piscinas Municipales***, traditionellen Badeanstalten direkt am Meer (z.B. in Los Silos oder Las Aguas) oder einfach als ***Piscinas Naturales*** (natürliche Pools), wo im Brandungsbereich hochgezogene Betonmauern selbst bei nur leichtem Seegang schon die Wellen abhalten und lediglich erfrischende Spritzer durchlassen (in Punta del Hidalgo, El Pris, Bajamar und die gelungene Anlage *El Caletón* in Garachico).

Gefahren

Rund um die Insel ist Baden nicht ungefährlich, es sei denn man schwimmt in Buchten, die durch künstliche Riffs geschützt sind (z.B. *Las Teresitas*, *Fañabé*/Las Américas, *Playa Jardín*/Puerto). An der Nordküste gibt es recht gefährliche Unterströmungen, die selbst guten Schwimmern schon zum Verhängnis wurden (z.B. an der Nordostspitze San Roque bei Taganana/Benijo).

Ernst nehmen sollte man die bunten Signalflaggen:

Grün = Baden frei;
Gelb = frei nur für gute Schwimmer;
Rot = Lebensgefahr, Badeverbot.

Oben ohne/ FKK

«Oben ohne« ist auf Teneriffa kein Problem, aber der überwiegenden Mehrheit der Spanierinnen ist es fremd, sich unbekleidet in der Öffentlichkeit zu zeigen.

Es gibt keine offiziellen FKK-Buchten, aber an folgenden Stränden baden auch Spanier(innen) nackt: ***Benijo*** (Taganana), ***Las Gaviotas*** (zwischen San Andrés und Igueste), ***La Tejita*** (El Médano).

Hinweis

Für felsige und/oder steinige Strände sollte man stets Badeschuhe und Isomatte im Auto haben.

Abgrenzung

Im Folgenden genauer aufgeführt sind alle gut erreichbaren, zumindest annehmbaren Strände, felsigen Badestellen und Meerwasserbecken mit Anfahrtbeschreibung und praktischen Hinweisen (Läden/Restaurants). Wenn Duschen, Umkleidekabinen und vor allem Toiletten fehlen, ist »ohne Service« vermerkt.

Offizielle Einstufung

Von 34 erfassten Stränden wurden 2003 nur folgende lediglich als »befriedigend« qualifiziert; Las Galletas, Los Cristianos/Hafen, Candelaria, El Medano und Paseo de las Palmeras (Güímar)

Systematik

Die Beschreibung erfolgt im Uhrzeigersinn rund um die Insel und beginnt im hohen Nordosten. Die Nummerierung entspricht der in der **Karte auf Seite 103**; auf der Doppelseite 102/03 befindet sich außerdem eine tabellarische Kurzkennzeichnung.

1.2.2 Teneriffas beste Strände und Badestellen im Bereich Anaga und Metro Santa Cruz

Taganana (1)

San Roque, Almáciga, Benijo (Bus 246, ➢ Seite 588)

Östlich von Taganana liegen drei Strände ohne Service bei Roque de las Bodegas unterhalb von Almáciga und Benijo.

Sie verfügen über schwarzen Lavasand (z.T. steinig) und gefährliche Unterströmungen. Zum Eintauchen sind alle drei o.k., aber Rausschwimmen ist riskant.

San Roque

Hinter dem ersten Strand, der ***Playa San Roque***, liegen beliebte **Fischlokale**, die an Wochenenden gut besucht werden.

Dem Strand vorgelagert sind kleine und große Felsen. Auf dem größten von ihnen gibt es eine von Land aus trockenen Fußes erreichbare Plattform mit Leitereinstieg ins Meer.

Almáciga

Etwas weiter östlich befindet sich die bei *Canarios* beliebte Surfbucht mit der teilweise steinigen *Playa de Almáciga*. Im Sommer stehen dort viele Zelte und Kioske zwischen Straße und Strand; im Winter nur bei gutem Wetter und an Wochenenden.

Typischer schwarzer Sandstrand der Nordküste; hier unterhalb von Almáciga (Anagabereich)

Benijo

Der einsame *Benijo-Strand* ist am schönsten. Er liegt etwas unterhalb des gleichnamigen 20-Seelen-Weilers. Man erreicht ihn bequem über eine Treppe ab dem Restaurant *Mirador* (mit offener Terrasse). Oberhalb davon steht das größere Restaurant *El Frontón* mit windgeschützter Terrasse und verglastem Speiseraum.

Antequera (2)

Nur per Boot oder nach beschwerlicher Wanderung ab Igueste (➢ Seite 146) erreicht man die ***Playa Antequera***, einen der schönsten Lavastrände der Insel an der äußersten felsigen Spitze Teneriffas (Proviant und Trinkwasser mitnehmen!). In San Andrés kann man im Restaurant der *Cofradía* (Beginn des Strandes *Las Teresitas*) nach einem Boot fragen.

San Andrés (bei Santa Cruz)

Playa de las Gaviotas (3)

Eine steile und kurvige, aber asphaltierte Anfahrt (2 km) ohne Leitplanke führt zum **Lavastrand *Las Gaviotas*** (kein Service). Unten am Wasser gibt es überraschend viel Parkraum. Auch ein Kiosk-Restaurant ist vorhanden, in dem *Charley* köstliche Salate und Sardinen serviert und Touristen gern neppt. Oft ist dieser bei Santa Cruzern beliebte (FKK-)Strand voll, insbesondere bei Flut, wenn der Strand schmaler wird..

Wer am Ende des Parkplatzes um die Ecke schaut, blickt auf die kleinere ***Playa Chica*** unterhalb des gleichnamigen Hochhauses.

Man erreicht beide Strände über die Küstenstraße von San Andrés nach **Igueste de San Andrés** (TF 121). Ca. 3 km nach dem Aussichtspunkt über dem *Las Teresitas*-Strand zweigt die Anfahrt nach rechts ab (hier oben Busstop der Linie 245).

Igueste de San Andrés

Nur bei allertiefster Ebbe gibt der Atlantik vor einer Felswand mit kleinen Höhlen ein schmales feinsandiges **Lavastrandstück** frei. Wochentags hat man dieses schöne Eckchen oft ziemlich für sich allein; an Wochenenden zelten dort gerne junge *Canarios*.

Playa Chica bei Igueste de San Andrés

Gleich am Ortseingang hinter dem Kneipenrestaurant ***Rincón de Anaga*** (toller Blick und frischer Fisch) kann man parken und den kleinen Treppenweg (rechts halten) in Richtung San Andrés hinuntergehen. Keine Serviceeinrichtungen.

Playa de las Teresitas (4)

Teneriffas Vorzeige- und Hausstrand der Santa Cruzer liegt 7 km nordöstlich der Hauptstadt gleich im Anschluß an das Fischerdorf San Andrés (ab Santa Cruz gut ausgeschildert). Vor 30 Jahren wurde die Halbmondbucht mit gelbem Saharasand aufgeschüttet und Palmen gepflanzt, ➢ Foto Seite 145.

Außer im Hochsommer ist der breite 1,6 km lange Strand angenehm leer. An den vielen Parkplätzen kann man ermessen, was im Juli/August hier los ist. Dann leidet auch die Wasserqualität. Eine begehbare Mole am Strandende (mit Blick hinüber nach Santa Cruz und auf die Teidespitze im Hintergrund) und eine Brandungsbarriere machen das Baden ungefährlich und kinderfreundlich, zumal der Strand nur langsam abfällt. Mit Kiosken und Bars, nahen Restaurants (beliebt ist die *Cofradía*/Fischereigenossenschaft, täglich geöffnet). Duschen, Umkleide-Kabinen, Toiletten und Telefon. Aber Vorsicht, dort lauern gern Autoknacker und Taschendiebe! Wem die Strandkulisse bekannt vorkommt: Ronaldo kickte hier zur WM 1998 für NIKE-Werbespots. Bus 910 pendelt bis 23 Uhr alle 15 min von/nach Santa Cruz.

Santa Cruz

Parque Marítimo (5), Karte auf Seite127

Erst vor wenigen Jahren wurde diese große Badelandschaft mit drei Pools und schwarzem Strand neben dem Auditorium, gegenüber der *Estación de Guaguas*, dem ZOB, eröffnet. Das Bad ist der letzte Entwurf des Lanzaroter Architekten *César Manrique* und nüchterner als sein erstes Schwimmbad, der *Lago Martiánez* in Puerto de la Cruz. Das Umfeld wirkt fremd: Messehalle, Auditorium, Raffinierie und Hafenanlagen. **Avenida de la Constitución**, täglich 10-18 Uhr, Eintritt €2, Kinder/Senioren die Hälfte.

Das ***Palmetum***, ein Garten für zahlreiche Palmenarten, befindet sich in Nachbarschaft der Anlage auf einem künstlichen Hügel.

1.2.3 Bereich Ostküste

Las Caletillas (6)

Das große Neubauviertel Las Caletillas, wurde bereichert durch ein kleineres, sehr ansprechend gestaltetes öffentliches Meerwasser-Schwimmbad mit Restaurant (Calle Piscina etwas nordöstlich des kleinen Hafens von Candelaria). Eintritt.

Candelaria (7)

Der schwarze Sandstrand unterhalb des großen Platzes vor der Basilika in Candelaria (ohne Service, im Winter bei Flut schmal) erstreckt sich bis zu Candelarias kleinem Hafen und bietet auch bei Wellen noch ungefährlichen Badespaß. Auf der Plaza hat man die Auswahl zwischen mehrereTerrassen-Cafés.

Anfahrt Autobahn ***Salida*** **17**, dann nicht den Schildern »Basilika« folgen, sondern besser links halten und unten am Wasser gegenüber dem Rathaus (*Ayuntamiento*) auf dem großen Parkplatz am Meer das Auto abstellen.

Wochenend-Trubel am schmalen Strand von Candelaria direkt am Ort

Puertito de Guimar (8)

Der große steinige Strand hat nur ganz am Ortsende (beim *Club Náutico*) ein paar Meter schwarzen Lavasand. Besser badet man im Hafenbereich; mehrere Leitern und Treppen erleichtern den Einstieg ins hier kristallklare Wasser. Sonnenbaden kann man auf hölzernen Plattformen.

Die autofreie Plaza Las Indias verfügt über mehrere Bars und Cafés, zwei prima Fischrestaurants (*Parilla* und insbesondere das beliebte ELOY, ➢ Restaurantempfehlungen auf Seite 202 unter *Finca Salamanca*)

Anfahrt Autobahn ***Salida 11*** »Puertito de Güímar«

Los Roques (9)

Die winzige **Fischersiedlung** Los Roques bei Fasnia liegt eingeklemmt zwischen hohen Felsen, die eine gut geschützte natürliche Bucht bilden. Der kleine steinige Strand ist nichts zum Liegen und Sonnenbaden; von einer betonierten Plattform geht es über eine Leiter ins klare Wasser.

Anfahrt Autobahn ***Salida 14***, dann Richtung Meer und bei der Gabelung rechts abbiegen; am Straßenende befindet sich ein Parkplatz. Eine lange Treppe führt zum Wasser hinunter.

Poris de Abona (10)

Der breite helle Sandstrand ***Playa Grande*** beim gesichtslosen Ort Poris de Abona ist oft windig und manchmal durch Treibgut zu ungepflegt, um sich wohl zu fühlen (ohne Service); auch über eine Leiter an der Mole kommt man ins Meer. Einstiege über Leitern finden sich auch um den alten Hafenbereich herum. Guter Platz für **Schnorchler**. Einfache Fischrestaurants im Dorf.

Anfahrt Von der Autobahn ***Salida 17*** (Poris de Abona), dann (für die *Playa Grande*) im Ort rechts halten und am Leuchtturm orientieren.

Abades (11)

Bei der recht gelungenen Bungalowsiedlung Abades liegt östlich der Felsnase die ***Playa Los Abrigos***; ein kleiner Fußweg führt zu einer weiteren kleinen sandigen Bucht (ohne Service). Kleine Terrassenrestaurants mit Meerblick am Parkplatz. Wer bei Hitze Abkühlung braucht, ist hier richtig. Gut auch für Kinder.

Anfahrt Von der Autobahn ***Salida 18*** (Abades).

1.2.4 Der Süden

El Médano (12)

Playa de El Médano Der natürliche Strand von El Médano ist der beste seiner Art auf Teneriffa: 2 km recht heller Sand, flaches Wasser, Duschen, Toiletten, Umkleidekabinen, Kioske sowie Bars und Restaurants entlang einer Promenade aus Holzbohlen. Niedrige Felshänge bilden beliebte Höhlen, in denen man vorm Wind geschützt ist. Der weht oft und kräftig im **Windsurfer-Paradies** El Médano.

Richtung Südwesten erstreckt sich das ***Montaña Roja*-Naturreservat** um einen roten Vulkan-Ascheberg (172 m). Unterhalb davon gibt's Minidünen (*Médanos*), die sich wie natürliche Strandburgen zum Sonnenbaden anbieten.

Anfahrt Von der Autobahn ***Salida 22*** geht's zur zentralen Plaza. Dort kann man parken. Oder man hält sich kurz vor El Médano rechts Richtung Los Abrigos (TF 643) und fährt zum Hotel *Playa Sur Tenerife*.

Playa de El Cabezo Die relativ hellsandige *Playa de El Cabezo* erreicht man von Médanos Zentrum zu Fuß in 20 Minuten am Meer entlang Richtung Nordosten. Sie liegt offen vor dem flachem Hinterland und ist ein reiner Surferstrand. Meistens stehen dort einige Surfer mit ihren Wohnwagen: vom Bett sind es zu den bunten Brettern nur ein paar Meter. Das Strandumfeld ist hier weit weniger attraktiv als an Médanos Hauptstrand.

Östlich des Sporthotels *Calimera Atlantic Playa* schließen sich noch mehrere Felsbuchten an (alle ohne Service).

Anfahrt

Von der Autobahn ***Salida 22***, dann ca. 4 km Richtung El Médano und im Ort links halten.

Playa de El Médano mit Promenade; im Hintergrund sieht man die Montaña Roja

Playa de la Tejita (13)

Der 1,2 km lange helle Sandstrand *Playa de La Tejita* ist das Pendant zum *Playa de El Médano* am westlichen Fuß der *Montaña Roja*. Ein ruhiges und empfehlenswertes Plätzchen, denn der Wind verweht den Jetlärm des nahen Südflughafens. Kurios: ein alter Gefechtsstand dient als Kiosk. Wer um die *Montaña Roja* herumgeht, findet kleine FKK-Buchten. Die Wasserqualität ist blendend.

Anfahrt

Autobahn ***Salida 22*** (TF 64/643) **oder 24** (TF 643). Drei ausgeschilderte Parkplätze liegen unterhalb der *Montaña Roja* direkt an der TF 643 (El Médano-Los Abrigos); von dort sind es nur noch ein paar Minuten zu Fuß an den Strand.

Golf del Sur (14)

Punta del Guincho

Unterhalb des Golfplatzes *Golf del Sur* an der *Punta del Guincho* liegt direkt vor der Bungalow-Siedlung San Miguel ein wunderbar in die Felsküste eingepaßtes Meerwasser-Schwimmbad; wenige Meter weiter westlich gelangt man außerdem über Leitern in das kristallklare Atlantikwasser.

Anfahrt und Zugang

Von der Autobahn ***Salida 24*** (Los Abrigos) Richtung *Golf del Sur* fahren; nach 3/4 der Straßenschleife rechts in die Calle Robert Schumann zum *El Guincho* bzw. *Tenerife Golf Hotel* (*Occidental*) abbiegen und dort parken. Zwischen Hotel und der San-Miguel-Siedlung zum Meer hinabgehen (rechts halten).

Strände und Badestellen auf einen Blick:
(* 2003 mit blauer Flagge)

Strand/Bucht/Pool (ab Anagagebirge im Uhrzeigersinn)

Nähe von/bei	Name/Playa	Bemerkung
1 Taganana	*San Roque, Almáciga, Benijo*	Lava, natürlich, Surfen, gefährlich
2 San Andrés	*Las Gaviotas, Playa Chica*	Lava, natürlich, Kiosk, steile Zufahrt, FKK
3 San Andrés	*Las Teresitas*	1,6 km Saharasand, seicht, gut für Kinder, Palmen,Kioske
5 Santa Cruz Hafennähe	*Parque Marítimo*	3 Pools, kleiner Lavastrand
6 Caletillas	*Piscina Municipal*	kleiner Pool, modernes Restaurant
7 Candelaria	*Candelaria*	Lavastrand, schmal, mit Brandung
8 unterhalb Guimar	*El Puertito*	Leitern ins Meer
9 unterhalb Fasnia	*Los Roques*	Leitern ins Meer
10 Poris de Abona	*Playa Grande*	Lavasandstrand
11 Abades	*Playa Los Abrigos*	Lavasandstrand
12 El Médano	*El Médano*	relativ heller Sand, seicht, Surfen; lange Promenade
	El Cabezo	bester Surfstrand
13 El Médano	*Tejita*	relativ heller Sand, seicht, Kiosk, FKK, Felsbuchten
14 Golf del Sur	*Punta del Guincho*	Meerwasserpool und Leitern ins Meer
15 Costa de Silencio	*Montaña Amarilla*	tolle Felskulisse, Leitern ins Meer
TenBel	*Bellavista*	Pontons im Meer
16 Los Cristianos	*Los Cristianos*	relativ hell, seicht, touristisch, am Hafenbecken
	de las Vistas	hell, seicht, touristisch, Promenade
17 Las Américas	*Camisón*	relativ hell, geschützt, gepflegt
	Troja, Torviscas	eng, viel Trubel
	La Roca	Pool-Landschaft am Meer
18 Costa Adeje	*de la Fañabe*	recht heller Sand, seicht, touristisch, Promenade
	Duque, de Alcalá	heller Sand, seicht, edel, gepflegt
19 La Caleta	*Caleta*	Felsplateaus, Leitern ins Meer
20 Callao Salvaje	*El Puertito*	Lavasandstrand
Alcalá	*Alcalá*	steiniger Strand im Fischerhafen
21 Santiago de Teide	*de la Arena Guios*	Lavasandstrand, touristisch, kleine Gartenpromenade
22 Los Gigantes	*los Guios*	winziger Lavastrand
	Laguillo, Oasis,Crab Island	attraktive Pools, spez. *Crab Island*
23 Faro de Teno		felsige Fischerbucht
24 Buenavista	*Las Arenas + Piscina Naturál*	Strand und Meerwasserpool

Strand/Bucht/Pool (im Uhrzeigersinn) **Nähe von/bei**	**Name/Playa**	**Bemerkung**
25 Los Silos	*Piscina Municipal*	Meerwasserpool, wenig besucht
26 Garachico	*El Caletón + Pisc. Municipál*	Pools in Lavabuchten + großer Pool
27 Icod de los Vinos	*San Marcos*	Kleiner Lavastrand; Restaurants
28 Las Aguas	*Piscina Municipal*	guter Meerwasserpool; Kiosk
29 Los Realejos	*del Socorro*	200 m Lavastrand, Surfer
30 Puerto de la Cruz	*Playa Jardín*	großer künstlicher Lavasandstrand, Palmen, Gartenpromenade
	Lago Martiánez	tolle Meerwasser-Poollandschaft
	Playa Martiánez	grauer Sand, Surfer, touristisch
31	*Bollullo*	versteckter Strand, Lavasand, Kiosk
32 Mesa del Mar	*del Carmello*	steiniger Strand, Surfen, abgelegen
	Piscina Municipal	groß, relativ ungepflegt
33 El Pris	*del Pris*	Meerwasserpool und Lavastrand
34 Tejina	*La Barrancera*	felsige Fischerbucht, urig, Leiter
	Jover	Meerwasserpool
35 Bajamar	*Piscina Natural*	großer Meerwasserpool, Hauptspaß bei Brandung
36 Punta del Hildago	*Pools Altagay*	mehrere gestaltete Pools
	Piscinas Naturales	Naturbecken
FKK-Strände	*Benijo, Antequera (4), Gaviotas, Tejita, Bollullo*-Nebenstrände	

Costa del Silencio (15)

Am östlichen Ende der *Costa del Silencio* (östlich von Las Galletas) liegen zwei tolle Einstiege in den Atlantik (zum Teil über Leitern), die für Schnochler ideal sind. Badeschuhe/leichte Sandalen und Isomatten nicht vergessen!

Montaña Amarilla

Die bizarr gelben Felsen der *Montaña Amarilla* bilden eine atemberaubende Kulisse, die die unattraktive Bebauung dahinter vergessen läßt. Über Treppen und eine Eisenleiter gelangt man am Ende der Stichstraße hinter dem kleinen Parkplatz ans Wasser.

Auf halber Höhe der *Montaña Amarilla* oder – bei ruhigem Seegang – auch unten direkt am Ufer gelangt man zu einem weiteren glatten Felsbuckel, über den man gut ans Wasser kommt. Neugierige schauen um die Ecken und finden verschwiegene, ganz private Plätzchen zum Sonnenbaden; ➢ Seiten 88/89.

Geschützter Felspool an der Costa del Silencio

Anfahrt

Von der Autobahn ***Salida 24*** (Los Abrigos) in Richtung Meer; beim ersten Kreisel gleich unterhalb der Ausfahrt auf die TF 655 Richtung Las Galletas (parallel zur Autobahn); dann auf der TF 652. Bei Kilometerstein 2,5 links ab zur Costa del Silencio. Man passiert das *Shopping Center Coral* und biegt dann – zwischen dem *Hotel Alondras Park* und der *Residencia Costa Sol* – links ab in die Stichstraße zum Meer.

Atlantic View

Versteckt hinter der Apartmentanlage *Atlantic View* liegt, eingerahmt von Lavafelsen, eine kleine betonierte Plattform direkt unterhalb der verglasten Poolumrandung des Komplexes. Der Einstieg ist dort nur bei ruhiger See möglich.

Anfahrt

Wie zur *Montana Amarilla*, dann weiter auf der Calle Hersperides durch die Bungalow-Siedlung und links ab in die Calle Zeus zum *Atlantic View*.

Bellavista

Von der **TenBel-Meerespromenade** führen zwischen der zentralen Poolanlage und dem Komplex ***Maravilla*** steile Treppen über die Klippen ans Meer. Bei ruhiger See ist dies ebenfalls ein prima Platz (mit Pontons) für ein Erfrischungsbad. **Anfahrt** wie oben.

Los Cristianos (16)

Playa de Los Cristianos

Der natürliche, relativ helle Strandabschnitt entlang der quirligen Promenade mit vielen Terrassen-Restaurants und Cafés eröffnet die Folge einer Reihe von Touristenstränden, die sich von hier bis zum 10 km entfernten *Grand Hotel Bahía del Duque* ziehen.

Der Strand grenzt ans Hafenbecken mit Fischerbooten, Yachten, Ausflugsbooten und den Gomera-Fähren. Bei so viel Trubel steht es um die Wasserqualität nicht immer zum Besten.

Die sich ans Hafenbecken südöstlich anschließende Küstenlinie bis zum *Arona Grand Hotel* ist nicht sonderlich einladend.

Anfahrt

Nach der **Autobahnausfahrt Nr. 27** (Los Cristianos) folgt man ganz einfach den Schildern »*Puerto*«.

Playa de las Vistas

Ein Tunnel führt vom Los Cristianos-Strand durch eine gewaltige Betonmauer zur hellen 800 m langen *Playa de las Vistas*. Neben den Stränden *Camisón, Fañabé* und *Duque* zählt er zu den besten Stränden im Süden. Er ist immer gut besucht, dennoch ruhiger als die *Playa de Los Cristianos*. Eine Häuserzeile und die Promenade mit vielen Restaurants und Läden schirmen ihn vom Verkehr ab.

Anfahrt

Autobahnausfahrt Nr. 27 (Los Cristianos) und dann den Schildern »*Puerto/Playa Las Vistas*« folgen.

Las Américas (17)

Playa del Camisón

Die *Playa del Camisón* ist ein heller und gepflegter Touristenstrand vor den Hotels *Santiago III* und *Sir Anthony*. Da hier »Buchungsbuden«, Kioske und Läden an der breiten Promenade fehlen, kommt trotz der Hotelfassaden im Hintergrund kein beengtes Gefühl auf, ein gelungen gestalteter Strandabschnitt.

Anfahrt

Autobahn ***Salida 27***, dann den Schildern »Las Américas« folgen; Der Strand liegt in der Nähe der *Pyramide de Arona*.

Playa de Troya/ las Américas/ Las Cuevitas

Direkt neben der verkehrsreichen Meeresavenida und Promenade liegt ein kleiner grau-beiger Sandstrand mit 2 Buchten, die *Playa de Troya*. Hier ist jede Menge los. Gleiches gilt für die Strände *Playa de las Américas* und *Las Cuevitas*. Dahinter stehen Hotel-Großbauten aus den 1970er-Jahren wie das *Park Hotel Troya, Palm Beach* und *Gran Tinerfe*.

Anfahrt

Autobahn ***Salida 27*** (➢ oben) und der Küstenstraße weiter folgen.

Club La Roca/ Jardín Tropical

Wem der eigene Hotelpool nicht genügt, kann hier »fremdgehen«. Die elegante **Meerwasser-Schwimmlandschaft *La Roca*** gehört zum dahinterliegenden *Hotel Jardín Tropical*, ist aber öffentlich. Das Becken liegt direkt am Steilufer unterhalb der Promenade und zieht sich schmal und gestreckt wie eine Flußlandschaft durch die schön gestalteten Gärten. Den Drink nimmt man an der Restaurantbar *La Roca* auf einer Felsnase.

Eintritt, Liege €3, Sonnenschirm €1,50.

Anfahrt

Autobahn ***Salida 30*** (San Eugenio), beim *Centro Comercial San Eugenio* parken und zum *Hotel Jardín Tropical* gehen.

Schwimmlandschaft La Roca des Hotels Jardin Tropical, ➢ *vorige Seite unten*

Costa Adeje (18)

Playa Torviscas

Die beige-graue Sandbucht direkt im Anschluß an den Yachthafen Puerto Colón ist meist mehr als gut besucht: ein typischer Touristenstrand mit allem, was dazu gehört: Geschäfte, Restaurants, Cafes etc. – und dicken Hotelklötzen dahinter.

Anfahrt

Autobahn ***Salida 30***, dann Ausschilderung »Puerto Colón«.

Playa de Fañabé

Die *Playa de Fañabé* (700 m) zählt zu den schönsten zwischen Los Cristianos und Las Galetas. Der beigefarbene Sand wurde vom Meeresboden hochgepumpt und wird durch ein künstliches Unterwasser-Riff geschützt. Der Strandabschnitt verliert leider sehr durch eine doppelstöckige Promenade mit Strandläden und Gastronomie aus massivem Beton und Stein mit riesigen aufgesetzten Lüftungsschloten. Am besten schaut man aufs Wasser, denn an dessen Qualität gibt es hier nichts zu deuteln.

Anfahrt

Autobahn ***Salida 31*** (Fañabé), dann zum Hotel *Jardines de Nivaria*.

Playa del Duque

Der hellgraue Strand vor dem Luxushotel *Bahía del Duque* beginnt mit einem eleganten Schwung am kastellartigen Komplex auf einer Felsnase, die ihn gut gegen die Wellen abschirmt. Hier finden sich Cafés und Bistros unter Palmen und Stroh-Sonnenschirmen, als sei man in der Karibik. Alles ist sehr gepflegt, der Strand exklusiver als die *Playa Fañabé* und das Wasser prima. Alle Strandutensilien (Schirm, Liege etc) lassen sich vor Ort mieten. In einer nahen Tiefgarage kann man parken.

Anfahrt

Ab Autobahn ***Salida 30*** den Schildern *Playa del Duque* folgen.

La Caleta (19)

Bei La Caleta führen Treppen und Leitern von kleinen glatten Felsplateaus hinunter zum Meer. Aus den erhöht liegenden Fischrestaurants (mit Terrassen) schauen die Gäste weit über die Bucht. Wer oberhalb der Lokale den kurzen Fußweg über den Hügel nicht scheut, erreicht beim Golfplatz wunderbare Felsbuchten mit glasklarem Wasser.

Anfahrt

Autobahn ***Salida 31***, dann Richtung La Caleta.

1.2.5 Bereich Westküste

El Puertito (20)

Unmittelbar vor der kleinen Fischersiedlung El Puertito liegt auf einer Felsnase die Halle einer stillgelegten Bananen-Packanlage, dahinter ein 500 m langer Strand (ohne Service). Im Sommer wird dort viel wild gecampt, aber im Winter ist es unter der Woche ruhig und angenehm. Die kleine Bar am Ortseingang ist nur bei gutem Wetter geöffnet.

Die Küste zwischen La Caleta und El Puertito (2 km Luftlinie) ist ein Geheimtip für ankernde Segler. Hier fehlt noch jede Bebauung. Wer einsame Buchten sucht, durchquert El Puertito zu Fuß und findet glatte Felsen am Meer. Wunderbares Wasser.

Fußfaule mieten sich am Strand von El Puertito ein gelbes Seekajak und paddeln um die Ecke; täglich 10-18 Uhr.

Anfahrt Von der Südautobahn-Verlängerung (TF 82, Richtung Guía de Isora) nach links auf die TF 47 Richtung Playa San Juan abbiegen. Am Ortseingang von Armeñime geht es in einer scharfen Rechtskurve links ab in Richtung Meer nach El Puertito.

Alcalá

Die Bucht von Alcalá ist keine 150 m breit, aber dank des tiefen Einschnitts gut geschützt. Kleine Häuschen und das Fischrestaurant *Pescador* mit Terrasse und Panoramafenstern zum Wasser hin begrenzen die Bucht. Der winzige schwarze Steinstrand wird unterbrochen von einer breiten Slipanlage für die Fischerboote. Der Strand eignet sich weniger zum Sonnen, ist aber immer gut für ein Erfrischungsbad.

Anfahrt Alcalá liegt 5 km südlich von Puerto de Santiago an der **TF 47**.

Playa de Alcalá

Puerto de Santiago

Playa de la Arena (21)

Ein 400 m schwarzer, feiner Sandstrand in einer geschwungenen Bucht – das hat Investoren nicht ruhen lassen. Oberhalb der gartenähnlichen Promenade wurde viel zu masssiv und eng gebaut. An der dahinter verlaufenden Durchgangsstraße reihen sich Shops und Restaurants dicht an dicht. Für die vielen Gäste der Hotels und Apartmentanlagen ist der an sich schöne Strand ab mittlerer Auslastung der Ortskapazitäten zu klein.

Anfahrt Von der **TF 47** auf die Küstenstraße Richtung Puerto de Santiago.

Tipp Dem Trubel der *Playa de la Arena* entkommt, wer die verschwiegene Bucht an der Felsnase ***Punta Negra*** findet (unmittelbar südlich der *Playa de la Arena*): von der Calle Punta Negra biegt die Calle El Drago links ab, von der wiederum eine Schleife nach rechts abzweigt. Ein paar Stufen führen dort hinab ans Wasser.

Los Gigantes (22)

Das eng bebaute Los Gigantes bietet **drei Badestellen** am Meer: Der kleine graue Sandstrand ***Playa los Guios*** liegt etwas versteckt hinter dem Sporthafen mit tollem Blick auf die namensgebenden gigantischen Felswände. Tretboote, Liegen und Sonnenschirme.

Außerdem gibt es zwei Meerwasserpools (***El Laguillo*** und ***Club Oasis***, beide Eintritt); sie liegen links der Hafenmauer.

Äußerst reizvoll ist die Lage eines ins Meer gebauten **Naturpools** auf der Landzunge *Isla Cangrejos*, auch ***Crab Island*** genannt.

Anfahrt Auf der **TF 47** bzw. **TF 454** nach Los Gigantes hinein und dort auf die Ausschilderung achten.

1.2.6 Nordküste

Faro de Teno (23)

Wer an der äußersten Nordwestecke beim Faro de Teno baden möchte, findet den Weg ins Wasser bei den Fischerbooten über die Bootsrampe oder (noch schöner!) hinter dem Leuchtturm über Treppen und Leitern. Ein lauschiges Fleckchen besonders bei Sonnenuntergang. Keinerlei Service.

Anfahrt Die **TF 445** westlich von Buenavista bis zum Kap fahren. Viele Verkehrsschilder unterwegs warnen zwar vor Steinschlag, bedeuten aber kein Durchfahrtsverbot. Bei akuter Steinschlag-Gefahr (nach Regenfällen) wird die Straße gesperrt.

Buenavista (24)

Playa las Arenas

Ein grandioser, versteckter Küstenabschnitt liegt unterhalb des ***Mirador Don Pompeyo***: Die Straße **TF 445** zum *Punta/Faro de Teno* hat nach ca. 2,5 km beim großen Restaurant *Brisas del Teide* einen Abzweig ans Meer zur ***Playa las Arenas*** und weiteren Stränden: ca. 1.000 m dahinter geht es links ab nach *Playa del Fraile, Charco Roque* und *Playa de las Mujeres*.

Von der Playa los Guios in Los Gigantes hat man einen tollen Blick hinüber zu den namensgebenden gigantischen Felswände

Dort befindet sich neben dem – etwas steinigen – schwarzen Sandstrand auch noch ein prima kleiner Meerwasserpool ➢ Seite 360.

Außer, daß man bei Buenavista ausgezeichnet schwimmen kann, lohnen der Besuch im ***Restaurant Burgado*** (weniger wegen der Küche, aber wunderbare Terrasse mit herrlicher Aussicht über Küste und Meer) und ein Spaziergang auf der 2,5 km langen Küstenpromenade. Sie führt zu den beiden oben genannten steinigen Stränden und den natürlichen Pools ***Charco Roque*** in wellenumspülten Lavaformationen.

Los Silos (25)

Die große *Piscina Municipal* von Los Silos ist einen kleinen Abstecher von der Küstenstraße wert. Man schwimmt mit Meerblick im Atlantikwasser, aber geschützt vor dessen Brandung. Es liegt zwar am Rande eines wenig animierenden Neubaugebietes, ist aber im Winter wenig besucht. Mit Restaurant. Eintritt.

Anfahrt

Küstenstraße **TF 42** bis Los Silos und an der küstenseitigen Tankstelle zum Meer abbiegen (ausgeschildert »***Playa del Puertito***«).

Garachico (26)

El Caletón

Die tief eingeschnittene Lavafelsküste (ein eingestürzter Lavatunnel, ➢ Kasten Seite 356) wurde mit geschickten Eingriffen zu einer einmaligen **Badelandschaft** gestaltet: Die offenen Becken (*charcos*) wurden mit schwarzem Vulkangestein unauffällig ergänzt, um vor der Brandung zu schützen. Dazwischen befinden sich Liegeflächen, Verbindungspfade und Treppchen. Sehr weit schwimmen kann man nicht, aber es macht Spaß, bei nicht allzu heftiger Brandung in diesen »Sprudelbecken« zu spaddeln. Kostenlos; Toiletten; Restauration.

Piscina

Für ehrgeiziges Streckenschwimmen eignet sich das benachbarte städtische **Schwimmbad olympischer Ausmaße** besser. Eintritt.

Beide Bäder liegen in Garachico direkt an der Küstenstraße.

Playa de San Marcos (27)

Der sehr geschützt liegende Lavasandstrand (150 m) unterhalb von Icod im Fischerdorf San Marcos ist nicht nur bei *Canarios* ein beliebtes Wochenendziel. Eine kurze Promenade läuft entlang der teilweise zu Restaurants umgebauten ehemaligen Fischerhäuser. Duschen, Kabinen, Toiletten und Läden.

Anfahrt Von der großen **Küstenstraße TF 5** auf die **TF 414** Richtung Meer nach San Marcos einbiegen (ca. 3 km).

Las Aguas (28)

Das Meerwasser-Schwimmbad (Eintritt) in Las Aguas, einem Vorort von San Juan de la Rambla, liegt exponiert auf Felsen am Meer. Der Blick fällt weit über die spektakuläre Küste. Auch das Dorf Las Aguas bietet eine hübsche Kulisse.

Anfahrt Von der **Küstenstraße TF 5** in San Juan de la Rambla auf die Ausschilderung »Las Aguas« achten. Ca. 1 km Zufahrt.

Playa del Socorro (29)

200 m schwarzer feiner Sand an der nicht besonders geschützten Küste locken an Sommerwochenenden Besuchermassen, die Brandung und »*Bodyboarding*« genießen wollen. Großer Parkplatz. Im Winter spülen große Steine an und der dann noch stärkere Wellengang macht Baden unmöglich. Die Bucht ist unbebaut, hat aber ein paar Buden, Duschen, Toiletten und ein kleines Café (im Winter geschlossen).

Wer bei Ebbe an der Küste Richtung Westen geht, erreicht eine weitere kleine Bucht.

Anfahrt An der **Küstenstraße TF 5** zwischen San Juan de la Rambla und Los Realejos auf die Ausschilderung achten.

Puerto de la Cruz

Playa Jardin (30) 200.000 m³ Sand wurden eigens für diesen 1.000 m langen und sehr breiten Strand aus dem Atlantik gepumpt. Die *Playa Jardín* ist nicht nur eine Meisterleistung der Strand-, sondern auch der Gartenarchitektur; denn die Strandpromenade erhielt zwei Ebenen und wurde mit Pflanzen, Pergolas, Ruhezonen, Sitzbänken und Cafeterias ansehnlich gestaltet. Eine Brandungsmauer liegt unterhalb der Wasserlinie und ist so konstruiert, daß Abschnitte mit und ohne Brandung entstanden. Sichtbar im Wasser sind nur einige schwarze Felsbrocken, die attraktiv positioniert wurden.

Die ideale Lage des Strandes zwischen dem *Castillo de San Felipe* und dem weißen Fischerdorf Punta Brava auf einer Landzunge wird nur durch die übermäßige Bebauung im Hintergrund gestört – ein postmortaler Schock für den Strandarchitekten *César Manrique*, der auch den *Lago de Martiánez* schuf.

Anfahrt Autobahn, **Ausfahrt Puerto de la Cruz »*por las Arenas*«**, und den Schildern hinab Richtung Meer folgen.

Lago de Martianez (und) Playa Martiánez

Die Badelandschaft ***Lago de Martiánez*** auf einer aufgeschütteten Landzunge ist das Vorzeigeobjekt von Puerto de la Cruz. Vier kleine (eins für Kinder) und ein riesiges Becken (27.000 m³ Salzwasser) gehören zu diesem typischen *Cesar Manrique*-Komplex: Schneeweiße Beckenränder mit pechschwarzen Lavafelsen, hellblaues Wasser und viel Grün, Treppchen und kleine Brücken, die zu künstlichen Inseln mit Bambus-Kiosken führen. Spiele, Bars und Restaurants.

Gleich westlich schließt sich der 200 m lange Lavasandstrand ***Playa Martiánez*** an, der trotz wiederholter Umgestaltungen (Holzbohlen-Promenade, Kioske) kein rechtes Image hat, aber bei Surfern beliebt ist.

Anfahrt Autobahn ***Salida 33*** »*Puerto por El Botánico*«, dann den Hinweisen »*Lago Martiánez*« folgen.

Badelandschaft des Lago Martiánez

Playa Bollullo (31)

Dieser feinsandige schwarze Strand (250 m) liegt in einer schön geschwungenen, nicht besonders wellengeschützten Bucht, zu der Treppen hinunterführen.

Vom Puerto-Vorort La Paz kommen die Besucher in 30 min zu Fuß über einen kleinen Pfad durch ausgedehnte Bananenplantagen (genauere Wegbeschreibung ➢ Puerto/La Paz, Seite 312). Dieser einzige von Puerto leicht erreichbare Naturstrand in ländlicher Umgebung wird an Wochenenden schnell voll. Oberhalb liegt das *Restaurant Bollullo* (tägl. ab 12 Uhr), unten ein Kiosk.

Anfahrt Der **Abzweig** nach ***El Rincón/Bollullo*** liegt in der **Autobahnausfahrt 33** (*Puerto por El Botánico*). Eine sehr schmale asphaltierte Straße führt in vielen Kurven durch die Bananenplantagen zum bereits erwähnten *Restaurant Bollullo.*

Playas del Pozo und de los Patos

Diese schmalen, nur bei Ebbe zugänglichen Lavasandstrände sind in den sich östlich anschließenden Buchten faktisch Fortsetzungen der *Playa Bollullo*. Sie sind nur durch Kliffkletterei oder über einen steilen Abstieg erreichbar. Vor allem jüngere *Canarios* nutzen diese abgelegenen (FKK-) Stellen. Kein Service.

Mesa del Mar (32)

Playa del Carmello

Auch dieser steinige Strand (ca. 350 m) in einer (fast) unbebauten Bucht ist im Sommer bei *Canarios* und Surfern beliebt. Nur bei Ebbe sind größere Sandstücke frei von Wasser, sonst überwiegen hühnereigroße, graue *Callao*-Steine, was Sonnenbaden erschwert. Ein schöner Fußweg führt hinter dem Strand entlang (mit Terrassen-Restaurant, hinter dem es auch einfachste Bungalows zu mieten gibt, ➢ Unterkünfte/Camping, Seite 584). Autos kann man beim Hochhaus *Mesa del Mar* parken und die paar Schritte zur Bucht durch einen wenig einladenden Tunnel gehen. Kein Service

Naturbecken

Vor besagtem Hochhaus befindet sich ein hervorragend angelegtes Meereswasserbecken, das bei stärkerer Brandung genau die richtige Menge schäumender Gischt in das geschützte Becken pülschen läßt, um das Badevergnügen perfekt zu machen. Leider ist die Poolanlage nicht gerade gepflegt und das Ambiente mit Hochhaus und Parkplatz etwas störend. Kostenlos, kein Service.

Ein Küstenweg läuft von Mesa del Mar nach El Pris (ca. 25 min).

Anfahrt

Von der Autobahn ***Salida 11*** (Tacoronte), dann Richtung Valle de Guerra und nach ca. 5 km links nach Mesa del Mar abbiegen; sehr steile Abfahrt.

El Pris (33)

Piscina/ Playa del Pris

Die Badestellen in El Pris sind besonders erwähnenswert, weil sich dieses Fischerdorf (außer einem störenden, viel zu großen Apartmentkomplex) noch einen Rest ursprünglichen Charme bewahren konnte. Das kleine **Meerwasserbecken** ist zwar renovierungsbedürftig und nur zum erfrischenden Eintauchen gut, aber bei mittlerem Wellengang bietet es in der Gischt dennoch Badespaß, zudem kostenlos. Ein kleiner **steiniger Strand** ist durch die Hafenmole vom Becken getrennt. Im *Restaurant Pescador* gibt es täglich frischen Fisch.

Anfahrt

Von der Autobahn ***Salida 11*** (Tacoronte), dann Richtung Valle de Guerra und nach ca. 5 km links nach Mesa del Mar abbiegen; kurz vorher nach rechts Richtung El Pris, oder **TF 163** von Osten.

Tejina (34)

La Barranquera

In Tejina zweigt von der **TF 16** (Tacoronte-Hidalgo) die **TF 161** Richtung La Barranquera/Jover zum Meer ab. Dieser asphaltierte Feldweg führt durch Bananenplantagen, Gärtnereien, passiert Gewächshäuser und Fincas (*Hotel Rural Salada*, ➢ Seiten 41+581) und endet auf einer kleinen Landzunge mit einer Handvoll Häuschen. La Barranquera lebt noch vom Fischfang; das Ambiente ist kanarisch-herb mit zwei Dorfkneipen und Teideblick. Über Leitern gelangt man bei ruhiger See in die kleinen lavafelsigen Atlantikbuchten. Auf einer hölzernen Liegeplattform riecht es nach Meer und nicht nach Sonnenmilch. Ein Super-Eckchen, aber nichts für Stöckel- und Lackschuhe. Dusch- und Umkleideräume befinden sich im gelblichen Haus oberhalb (*servicio público*).

Jover

Fährt man auf der **TF 161** in einer Linkskurve nicht nach La Barranquera, sondern geradeaus nach Jover, trifft man am Meer auf eine tolle Badestelle mit kleinem **Meeresschwimmbecken**. Im Sommer ist auch Schwimmen in der Bucht an der Slipanlage für Boot möglich. Nebenan verfügt das sturm- und salzwassergeschundene Minidorf Jover über zwei zünftige Kneipenrestaurants (*Casa Marina* und – mit Aussicht – die *Bar San Andrés*).

Bajamar (35)

Piscina de Bajamar

Zwei riesige **Meerwasserpools**, in denen auch Streckenschwimmer auf ihre Kosten kommen, vermitteln schon bei normaler Brandung einen Hauch von Abenteuer, weil die Wellen kräftig überschwappen. Bei starker Brandung (im Winter oft) kann es in diesen Pools schon mal gefährlich werden. Die Anlage ist wegen Bauarbeiten z.T. geschlossen und 2003/04 wenig attraktiv. Duschen, Umkleidekabinen und Toiletten sind vorhanden.

Anfahrt

Nach Bajamar geht`s auf der **TF 16**; die *Piscinas* sind ausgeschildert.

Punta del Hidalgo (36)

Wie Bajamar ist auch Punta del Hidalgo starken Wellen ausgesetzt. Zwei sehr schöne **Meerwasserbecken** machen Baden und Schwimmen dort trotzdem möglich.

Pools Altagay

Die ins Wasser gebaute Poolanlage des **Hochhauses *Altagay*** (eine Bausünde direkt am Meer) ist gut gepflegt und bietet auch bei stärkstem Seegang totalen Schutz. Bei ruhiger See steigt man über Leitern ins Meer. Liegen und Schirme zur Miete; hoher Eintritt.

Pool an der Promenade

Ein zweites kleineres Meerewasserbecken liegt an der autofreien **Promenade** unterhalb des ***Hotel Oceano***. Der Pool ist natürlicher gestaltet, ziemlich gepflegt und bietet guten Schutz vor den Wellen. Zum Sonnenbaden gibt es keine Einrichtungen. Gratis.

Anfahrt

TF 16, dann **durch den Ort** bis zum unübersehbaren *Edificio Altagay* fahren. Von dort zu Fuß zur Promenade hinübergehen.

Blick auf Punta del Hidalgo vom Pool des Edificio Altagay

2
Metro Santa Cruz, Anagagebirge und Ostküste

2.1 Santa Cruz

2.1.1 Teneriffas Hauptstadt heute

Kennzeichung

Die Hauptstädte von Teneriffa und Gran Canaria haben sich zu miteinander konkurrierenden Metropolen entwickelt. Las Palmas (320.000 Einwohner) ist dabei unstrittig das Handelszentrum der Kanaren, während sich Santa Cruz de Tenerife als **kanarische Kulturhauptstadt** bezeichnet. Da Santa Cruz (220.000 Einwohner) im Laufe der Jahre mit La Laguna (130.000 Einwohner), der ehemaligen nur 7 km entfernten Hauptstadt auf 600 m Höhe, zusammenwuchs, entwickelte sich in Teneriffas Nordosten ein großräumiges Ballungsgebiet, in dem die Hälfte aller *Tinerfeños* lebt.

Spanier unter sich

Anders als Gran Canarias Kapitale Las Palmas ist Santa Cruz de Tenerife vom großen Hotel-Tourismus nicht berührt. Ausländische Residenten wohnen oder überwintern im Inselsüden bzw. im Orotavatal im Norden. Fremde trifft man in Santa Cruz fast nur als Tagesbesucher, die sich auf Sehenswürdigkeiten im Zentrum konzentrieren und nach ein paar Stunden wieder auf ihre Kreuzfahrtschiffe oder in die Touristenorte zurückkehren. So sind die ***Chicharreros***, wie sich die Santa Cruzer nach einer Makrelenart »bekosenamen«, abends wieder ganz unter sich.

Stadtbild

Da Santa Cruz erst **1823 die Hauptstadtfunktion** von La Laguna übernahm, finden sich nur wenige repräsentative Kolonialbauten. Die Hauptstadtepoche wurde eingeleitet durch den Bau von klassizistischen Regierungs- und Verwaltungsgebäuden (2. Hälfte des 19. Jahrhunderts), die sich in der Stadt bunt vermischen mit jeder Art Baustil bis hin zu einigen üblen Bausünden der 1960er- und 1970er-Jahre. Die südwestliche Stadteinfahrt wird durch eine riesige Raffinerie (CEPSA) verunstaltet. Hier befinden sich auch die architektonischen Grossprojekte der 1990er-Jahre: Messehalle, Shopping Center, Auditorium (Oper), Vertunnelung der Stadtautobahn, moderne hohe Wohnblocks und ein Zwillings-Hochhaus. Daran schließen sich kilometerlange Hafenanlagen an.

Stadtentwicklung

Die Stadtväter bemühen sich seit etwa Mitte der 1990er-Jahre erfolgreich, das Hauptstadt-Image mit gezielten Konservierungsarbeiten, imposanten Bauwerken und vielen Freizeitangeboten neu zu prägen. Weitgehend restauriert ist bereits der älteste Stadtteil um die *Iglesia de la Concepción* mit einem Karree altkanarischer Häuser. Hier befindet sich auch das klassizistische *Museo de la Naturaleza y del Hombre*. Neu ist das *Oscar Dominguez Center* (➢ Seite 500) der Schweizer Architekten *Herzog* und *De Meuron*.

Im verkehrsberuhigten Zentrum östlich der Calle Castillo bietet sich heute eine ganze Reihe von sehenswerten Blickwinkeln auf Häuserfassaden, immergrüne Alleen (*Ramblas*), und auf wunderschöne Plätze und Parks, die den Charme der Stadt ausmachen.

Nach einer internationalen Ausschreibung – einem kanarischen Novum – sollen ein Teil des Hafens stärker in die Stadt eingebunden, das Gewerbegebiet an der östlichen Küste umstrukturiert und die anschließende Region um den »Hausstrand« *Las Teresitas* und das Fischerdorf San Andrés urbanisiert werden.

Situation heute

Nach dem *Facelifting* besitzt Santa Cruz heute drei Gesichter: Zum Meer hin eine aufgelockerte **Hafenfront** mit Promenade und signifikanter Architektur (Messehalle, Auditorium, Badeanlagen), im **Zentrum** typisch spanisch-kanarische Winkel, lebendige Fußgängerzonen, schöne Wohnstraßen und Villenviertel, aber auch – hauptsächlich an der Verbindungsautobahn nach La Laguna – verbaute, **slumartige Vororte** (*barrios*) mit Gewerbegebieten.

Kultur, Feste

Der Santa Cruzer **Karneval** ist weltberühmt. Das öffentliche Leben ruht, die Schulen bleiben eine Woche lang geschlossen, und auch nach Aschermittwoch wird auf den Straßen nächtelang zu lateinamerikanischen Klängen gefeiert. So mancher *Chicharrero* kann sich dann selbst tagsüber nicht von seiner Pappnase trennen.

Außerhalb der Narrenzeit besitzt die Stadt ein **bemerkenswertes kulturelles Angebot** mit Galerien, Kinos, Messen und Open-air-Konzerten. Für das klassische Musikleben sorgen ausländische Gastspiele (im Januar im Rahmen eines Festivals) und vor allem ein über die Kanaren hinaus bekanntes Symphonieorchester.

Karneval - *Carnaval*

Auf Teneriffa beginnt das närrische Treiben mit einem lauten Knall. Doch der Startschuß gilt nicht einem kurzen 3-Tages-Treiben wie an Rhein und Main. Auf den Kanaren treten die Jecken zu einem Faschings-Marathon an. Über Wochen flackern inselweit immer wieder neue Feiern auf und Nimmermüde können bis April mit Pappnase tanzen.

Los geht`s schon eine Woche vor Rosenmontag zur Eröffnung der Faschings-Gala in Santa Cruz, das sich dann als Rio Europas fühlt mit der Plaza España als Epizentrum. Es folgen die Wahl der Königin, die Inthronisation der Kinder- und der Alterskönigin (*Reina de la Tercera Edad,* des 3. Lebensabschnitts).

Gekürt wird nicht die Schönste, sondern das schönste Kostüm. Kein Prinzess-Kleidchen wie am Rhein aus weißer Seide mit Rüschen, Goldborte und Bommeln, auch kein luftiges Federgesteck wie unterm Zuckerhut, das lange Beine für die Männeraugen und lockere Samba-Schwünge freiläßt. Auf den Kanaren erscheinen die konkurrierenden Damen in unglaublich fantasievollen Textilkreationen, z.B. als »Kandelaber« (mit geschwungenen Arnleuchtern) oder als »Meeresfee« (umringt von einem Fischschwarm). Wochenlang haben fleissige Näherinnen die bunte Pracht für den Gala-Auftritt perfektioniert, und flinke Hände sind zur Stelle, um der endlosen Schleppe zu einem majestätischen Bühnenabgang zu verhelfen.

Die Prämierung der *Murgas* (Chöre) findet im Saal statt. In uniformen Clownskostümen tragen die *Murga*-Gruppen polit-sarkastische Karnevalslieder vor, gesungene Büttenreden. Einige *Murgas* wie NIFU-NIFA sind so berühmt, daß sie vorweg disqualifiziert werden, weil sie sonst immer gewönnen. Närrische Begleiter sind *Comparsas* in Phantasie-Kostümen, die im Trommelwirbel wie Häschen hoppeln oder US-Football-Teams verulken.

Populärer Murga Chor NiFú-NiFá, *➢übernächste Seite am Textende*

Die eigentlich tollen Tage beginnen am Freitagabend vor Rosenmontag mit einem Umzug, der feierlichen Präsentation der Königinnen und den *Murgas* auf geschmückten Lastwagen, begleitet von möglichst verrückt umgebauten Vehikeln, die alljährlich auf tinerfeñischen Hinterhöfen flottgemacht werden.

Jedes Jahr steht unter einem anderen Motto: »Piraten«, »Ägypten«, »Mexiko«, »1001 Nacht« oder eine »Komik-Figur«. Aber auch jede vom offiziellen Jahresthema abweichende Verkleidung ist gern gesehen. Hauptsache, man kommt nicht ohne – ein buntes Hütchen tut's auch. Traditionell mit von der Partie sind drei *Look-a-likes*: *Charly Chaplin, Fidel Castro* und *Groucho Marx. Miss Gran Canaria* von der rivalisierenden Nachbarinsel wird mit Vorliebe dargestellt als fette Sau im engen Ballett-Kleidchen. Beliebt bei Paaren ist der Partnerlook. Auch Freundesgruppen oder Schulklassen kommen gern im gleichen Fummel. Kids lieben Katzen in Teddyfell-Overalls; halbgeöffnet läßt man das Oberteil zum Tanzen 'runterhängen. Später zieht man es per Zip hoch und fertig ist ein Schlafsack zum Pennen auf der nächsten Kühlerhaube.

Die City ist an den folgenden Tagen autofrei. An der Plaza España reiht sich eine Bude an die andere. Sie sorgen für Dauer-Berieselung mit Bier, Soft- und Longdrinks sowie megawattweise *Samba, Salsa* und noch mehr *Merengue.* Schließlich sind die »achte Insel« (Venezuela) und Karibik näher als Brasilien.

Am Wochenende tanzt man sich langsam ein, um für die Rosenmontagsnacht fit zu sein. Jeder dritte *Tinerfeño* kommt dann in seine Hauptstadt zu einer der größten euopäischen Feten. Touristen sieht man kaum, da es immer erst nach Mitternacht losgeht. Dafür wird bis zum Morgengrauen durchgefeiert. Zahllose Hartgesottene hängen ihr Katerfrühstück gleich hintendran und irren dann verkleidet, verarmt und verstört durch die Straßen. Oft genug auch frisch verliebt.

Als enthemmtes heidnisches Relikt und Kontrapunkt zur christlichen Fastenzeit wurde der Teneriffa-Karneval früher von der römischen Kirche verfolgt, vor allem wegen der (männlichen) Vorliebe zur Geschlechtsverdrehung in provokanten Kostümen, was bis heute Tradtition blieb. Jedes Jahr sieht man mehr Männer in Frauenkleidern. Nicht als Transvestiten, sondern als Charleys Tante lebt man sich tuntig aus. Weniger erotisch, aber mit deftigem Männerhumor: Röckchen heben, Dildos zeigen, Riesenbusen schütteln.

»In« sind männliche Stubenmädchen mit zweideutigem Staubwedel und weibliche Polizisten mit eindeutigen Gummiknüppeln. Jeden Tag rücken Spezialfahrzeug mit rotierenden Bürsten an. Sie desinfizieren die Häuserwände der Hauptstadt bis zur Pinkelhöhe und bis zum nächsten Morgen.

Dienstag-Nachmittag ist großer Faschingsumzug auf der Meeres-Avenida. Dazu kommen busweise Touristen aus Nord und Süd, die aber abends wieder heimfahren – die *Canarios* bleiben unter sich.

Die Beerdigung der Sardine (*chicharro*) am Aschermittwoch ab 17 Uhr ist das Originellste am Karneval von Santa Cruz. Man trägt sich selbst zu Grabe, denn *Chicharrero* ist der gern-erlittene Spitzname für die Hauptstadtbewohner.

Eine riesige Pappmaché-Sardine wird der *puro* rauchenden Trauerkolonne – überwiegend Männer als trauernde Witwen – vorausgetragen. Man heult, tanzt, trinkt und krümmt sich schluchzend zu Boden im ersterbenden Trommelwirbel, der sogleich wieder zum Weitertanzen erwacht. Die Sardine endet am Hafen auf dem Scheiterhaufen – Teneriffas Karneval aber feiert schon in der nächsten Nacht für weitere Wochen Auferstehung.

Feste Karnevalsveranstaltungen (Höhepunkte)

Santa Cruz

1) Mittwoch vor Rosenmontag: 12 Uhr Wahl der Königin (Plaza España)
2) Freitag vor Rosenmontag: 19 Uhr großer Umzug mit Karnevalswagen in der Calle Méndez Nuñez (unterhalb des Parks Garcia Sanabria)
3) Samstag vor Rosenmontag: ab 23 Uhr Tanz in allen Straßen zwischen Plaza España und Plaza Príncipe. Nimmermüde sieht man noch am nächsten Mittag am Kiosk an der Parkecke Ramblas Franco/Calle de Numancia
4) Rosenmontag: ab 23 Uhr Riesentanz (wie 2 Tage zuvor)
5) Fastnacht: Feiertag, d.h., alle Geschäfte und Büros haben geschlossen. Ab 16 Uhr großer Umzug mit den Karnevalsgruppen auf der Avenida Marítima/ Avenida Anaga (Plaza España)
6) Aschermittwoch: ab 20 Uhr Beerdingung der Sardine, trauernder Umzug mit Verbrennung der Sardine am Hafen (Rambla Pulido bergab-Plaza Weyler-Teatro Guimerá-Hafen). Anschließend großes Feuerwerk und Tanz.
7) Samstag nach Aschermittwoch: 18 Uhr Umzug der Kinder/Plaza España. Letzter Tanzabend mit Live Musik

Puerto de la Cruz (Plaza de Europa/Plaza del Charco)

1) Donnerstag vor Rosenmontag: 21 Uhr Wahl der Königin Plaza de Europa
2) Samstag vor Rosenmontag: 20.30 Uhr Karnevalsumzug Calle San Felipe-Plaza Charco-Calle La Marina-Calle Zamora-Avda Colón
3) Sonntag vor Rosenmontag: 12.30 Uhr großer Umzug der Karnevalsgruppen; 18 Uhr Kostümwettbewerb für Kinder und Erwachsene; ab 22 Uhr Tanz
4) Rosenmontag: 18 Uhr Auftritt der Karnevalsgruppen, anschließend Tanz
5) Fastnacht: 13 Uhr Oldtimertreffen zur Ralley durchs Orotavatal; 22 Uhr Tanz
6) Aschermittwoch: 21 Uhr Beerdigung der Sardine, Feuerwerk, Tanz
7) Donnerstag nach Aschermittwoch: 21 Uhr Sing- und Tanzgruppen
8) Freitag: 21 Uhr *Mascarita ponte tacón* – Männer-Wettlauf in Stöckelschuhen
9) Samstag nach Aschermittwoch: 16 Uhr Karnevalsumzug und Tanz

Los Cristianos (Kulturzentrum)

1) Freitag nach Aschermittwoch: 21 Uhr Wahl der Königin
2) Samstag nach Aschermittwoch: 19 Uhr Wahl der Kinderkönigin
3) Sonntag nach Aschermittwoch: 16 Uhr Karnevalsumzug
4) Montag nach Aschermittwoch: 21 Uhr Beerdigung der Sardine.

An den genannten Tagen jeweils ab 23 Uhr Tanz im Messezentrum.

In der ganzen Zeit finden begleitend Theaterversantaltungen und Auftritte der Karnevalsgesellschaften statt (*NiFú-NiFá, Los Fregolinos*).

Offizielles Karnevalsplakat Teneriffas 2002

2.1.2 Generelles zur Stadtbesichtigung

Systematik und Geographie

Als Tourist in Santa Cruz

Santa Cruz ist einen Tagesausflug wert, mindestens aber einen Stopp auf dem Weg zum »Hausstrand« *Las Teresitas*. Englisch und mehr noch Deutsch hört man vormittags auf dem bunten Lebensmittel- und Blumenmarkt mit dem melodischen Namen ***Mercado de Nuestra Señora de Africa*** und sonntagmorgens auf dem angrenzenden Flohmarkt. Auch in der Fußgängerstraße Castillo, die von der zentralen Plaza de España bergauf verläuft, erkennt man die Touristen zwischen den sommerlich, aber immer korrekt gekleideten Spaniern auf Anhieb.

Rundwege

Im folgenden werden zunächst die Lage des Stadtkerns, die **optimale Stadtzufahrt**, sowie gute Park- und Ausgangspunkte für eine Stadtbesichtigung beschrieben, danach **drei Rundwege** durch Santa Cruz mit Tipps zum Shoppen und Pausieren. Zum Schluß folgt eine **Abstecher-Empfehlung** zur 7 km nordöstlich gelegenen *Playa de Las Teresitas*, weiter zum Strand *Las Gaviotas* und eventuell nach Igueste de San Andrés.

Stadtzentrum

Santa Cruz` verkehrsberuhigte Innenstadt liegt nördlich des *Barranco de Santos*. Der trotz Renovierung immer noch verlassen wirkende **Altstadtkern** findet sich bei der *Iglesia de la Concepción*; das für Touristen attraktivere **Zentrum** zum Flanieren, Kaffeetrinken auf Plazas und Einkaufen wird im Norden von der *Rambla del General Franco* und im Osten von den Parks *García Sanabria* und *Plaza del Príncipe* begrenzt. Eine neue *Downtown* entsteht unterhalb der Avenida 3 de Mayo.

Wichtigste **Fußgänger-Ader** ist die autofreie **Calle Castillo**. Sie verläuft von der zentralen Plaza de España sanft aufwärts zur Plaza General Weyler und geht dann über in die Hauptgeschäftsstraße Rambla de Pulido, die an der Plaza de la Paz auf die Prachtallee Rambla del General Franco stößt.

Santa Cruz expandiert mit seiner neuen *Downtown* nach Südwesten. Seit den 1990er-Jahren wird deswegen mit viel baulichem Aufwand versucht, auch das bisherige Gewerbegebiet südlich des *Mercado* attraktiv zu gestalten: Kongresshalle, *Parque Marítimo* mit *Palmetum* und *Auditorium*.

Anfahrt per Auto

Von Norden/ Südwesten

Nur Abenteurer wagen sich mit dem Auto in die enge, immer zugeparkte Innenstadt. Sowohl von der Süd- als auch von der Nordautobahn kommend sollte man unbedingt den Abzweig bzw. die Spur »**Avenida Marítima**« wählen, denn auf der Marítima gelangt man zum idealen (unterirdischen) **Parkhaus *Plaza de España***.

Angesichts der kanarischen Autobahnhektik im Bereich von Metro Santa Cruz sind folgende Hinweise zur Streckenführung der Avenida Marítima angebracht:

Nordautobahn Auf der abschüssigen Nordautobahn führen nach der Ausfahrt/ *Salida* 3 (Somosierra/Los Cristianos) die linken beiden Spuren zur Avda. Marítima (später: *Puerto*).

Südautobahn Auf der Südautobahn zweigt die Avda Marítima hinter der Ausfahrt *Hoya Fria* nach rechts ab. Am Hafen vereinen sich die beiden »Marítima-Strecken« und führen unten am Meer als Avenida Anaga bis San Andrés/*Playa de las Teresitas*.

Parken Von der Marítima geht es unten am Hafen 400 m hinter dem von einem gewaltigen 3/4-Bogen überspannten, schneeweißen Auditorium rechts auf einen **Parkplatz unterhalb der Marítima** und nach weiteren 400 m an der **Plaza de España** ohne Vorankündigung rechts in eine **Tiefgarage**.

Weitere **Tiefgaragen** befinden sich am Mercado und in den Kaufhäusern *El Corte Inglés/Carrefour (CC Meridiano)*.

Anfahrt von Osten Wer von San Andrés/Anagagebirge kommt, folgt der *Autovía* am Meer entlang bis kurz vor die Plaza de España, wo es ohne Vorankündigung beim blauen P-Schild rechts in eine Tiefgarage geht.

Anreise per Bus

Bei Anfahrt per TITSA-Bus aus Norden oder Süden steigt man an der Endstation *Estación de Guaguas* aus (am zentralen Busbahnhof also), geht zur Avenida Tres de Mayo und gelangt über die Straße José Hernandéz Afonso zum bereits erwähnten *Mercado* oder am Hafen entlang zur Plaza España.

Information/Touristenbüros

1) Plaza España im ***Edificio Cabildo*** (Gebäude mit Turmuhr)
2) Info-Kiosk auf der Plaza España vor der Post (*Correos*)
3) Info-Kiosk im unteren Drittel der Calle Casillo

Öffnungszeiten in allen Fällen
Mo-Fr 9-16, Sa 9-13, So geschlossen

Markantes Edificio Cabildo an der Plaza España. Darin befindet sich eines der Büros der Touristeninformation

Stadtgeschichte

Santa Cruz de Tenerife.TENERIFE

Einige Straßen und Plätze in Santa Cruz wurden nach Tagen wichtiger Ereignisse benannt, dem 3. Mai, dem 18. Juli und 25. Juli. Der folgende historische Abriss orientiert sich an diesen drei historischen Daten (➢ auch Geschichte Teneriffas auf Seite 478).

Die kürzlich untertunnelte Allee Tres de mayo (neben ZOB undKaufhaus Corte Ingles) erinnert an den **3. Mai 1494**, an dem *Alonso Fernández de Lugo* in der Bucht des heutigen Santa Cruz landete, um zwei Jahre nach Eroberung von La Palma auch noch die letzte kanarische Insel für die spanische Krone zu unterwerfen.

Nach zwei Niederlagen rang *Fernández de Lugo* 1496 endlich den erbitterten Widerstand der originären Inselbewohner, der Guanchen, nieder und rammte dort, wo er die Insel betreten hatte, ein hölzernes Kreuz – das »***Santa Cruz de Tenerife***« – in die Erde. Dort wurde ab 1500 die Kirche *Iglesia de Nuestra Señora de la Concepción* errichtet, in der *Lugos* Kreuz heute in einem Seitenschiff zu sehen ist.

Da der Handel über die Nordküsten-Häfen Garachico (und Puerto) abgewikkelt wurde, führte Santa Cruz als Hafen der damaligen Hauptstadt La Laguna zunächst ein Schattendasein. Doch die günstige Lage des Archipels zwischen drei Kontinenten verschafft der Stadt später einen kontinuierlichen Aufstieg als Drehscheibe zwischen der Alten und Neuen Welt.

Den Durchbruch zur Inselmetropole verdankt Santa Cruz einer Katastrophe. Zwei Ausbrüche des Vulkans *Arenas Negras* verschütteten 1706 den Hafen von Garachico an der gegenüberliegenden Inselseite. Santa Cruz arrivierte dadurch zum konkurrenzlosen Umschlagplatz für Importe und Exporte Teneriffas.

1723 macht es sich mit eigenen Stadtrechten von La Laguna unabhängig und erhält 1778 als einziger Hafen Spaniens das Plazet, mit Amerika selbständig Handel zu treiben. 1823 löst Santa Cruz auch offiziell La Laguna als Inselkapitale ab und wird noch im gleichen Jahr Provinzhauptstadt des gesamten Archipels, das 30 Jahre später zur Freihandelszone erklärt wird.

1927 werden die sieben Inseln in zwei Provinzen geteilt. Santa Cruz tritt die Hauptstadtrechte über die drei östlichen Inseln (Lanzarote, Fuerteventura, Gran Canaria) an Las Palmas ab, bleibt aber noch Provinzhauptstadt der westlichen Kanaren (Teneriffa, Gomera, El Hierro, La Palma). Dafür behält Santa Cruz das Kanarische Parlament als ständige Einrichtung, während der Sitz des Präsidenten alle vier Jahre zwischen Teneriffa und Gran Canaria alterniert.

Das gelbe Oval in der Mitte des Wappens von Santa Cruz (➢ oben) faßt weitere wichtige Meilensteine der Stadtgeschichte zusammen: Die drei Löwenköpfe unter *Lugos* heiligem Kreuz stehen für die drei erfolglosen englischen

Eroberungsversuche: 1667 durch *Robert Blake*, 1706 durch *John Jennings* und schließlich durch *Horacio Nelson* am **25. Juli 1797**. Dieser Tag gab einem der schönsten Plätze der Stadt (im Volksmund: *Plaza de Los Patos*, ➢ Seite 133) und der Avenida 25 de Julio an der nordöstlichen Ecke des *Parque García Sanabria* ihre Namen. Nelsons Angriff ging in die Schulbücher ein, weil er dabei durch einen Schuß aus der Kanone *El Tigre* seinen rechten Arm verlor. Sie steht heute im städtischen Militärmuseum.

Unterzeichnung des Kapitulationdokumentes durch die Briten im Juli 1797

An diesen bedeutungsvollen Sieg erinnert auch das 1998 enthüllte Denkmal ***Monumento a los Héroes del 25 de Julio***, eine den Himmel um Erbarmen anflehende Mutter. Wer von der Plaza de España zum Hafen schaut, sieht die Skulptur auf der anderen Seite der Meeres-Avenida. Auf den Schrifttafeln (eine Etage tiefer) zollen sich *Nelson* und sein kanarischer Gegner *Gutiérrez* gegenseitig Respekt, denn nach geschlagener Schlacht versorgten die Spanier *Nelson* und die feindlichen Matrosen medizinisch und tauschten englisches Bier gegen kanarischen Wein.

Die Calle del Dieciocho de Julio, die Straße des 18. Juli, wurde mit militärhistorischem Bedacht plaziert. Sie bildet die Verbindung zwischen *Gobierno Militár, Capitania Generál* nördlich der Plaza del General Weyler und der Rambla del General Franco. Letzterer startete an eben diesem **18. Juli 1936** auf Teneriffa seinen zum Bürgerkrieg führenden und letztlich erfolgreichen Putsch gegen Madrid.

Büste des Nelson-Bezwingers Admiral Gutiérrez in Santa Cruz

2.1.3 Sightseeing

Ausgangspunkte und Bummelstrecken

Rundgang Die Plaza de España (1) ist der günstigste Ausgangspunkt für eine Stadtbesichtigung. Alle drei folgenden **Rundwege** (die historische Altstadt-Schleife, ein kleiner und ein großer Rundweg) werden deswegen von der Plaza España aus beschrieben.

Wer mit dem Bus an der *Estación de Guaguas* (25) ankam oder sein Auto am *Mercado* (13) parkte, muß zunächst den *Barranco de Santos* überqueren. Am Ende der Barrancobrücke hat er zwei Möglichkeiten: entweder geht er weiter geradeaus und steigt bei der Calle de Castillo (3) in die kleine bzw. große Runde ein, oder er geht am Brückenende gleich rechts die Treppe hinab und besucht zunächst die Punkte 11, 12 und 10 der Altstadtschleife (mit Touristenbüro), um danach zur Plaza de España, dem Ausgangspunkt der kleinen und großen Runde, zu gelangen.

Zentralgebiet Wer seine Stadtbesichtigung auf eigene Faust gestalten möchte, kann sich auf das Gebiet zwischen Plaza España (1), Mercado (13), Plaza de Toros (18) und den *Parque García Sanabria* (21) beschränken. Innerhalb dieses ca. 600 m x 1000 m großen Rechtecks befinden sich fast alle Sehenswürdigkeiten.

Shopping-Bummel Für eine reine Shopping-Stippvisite findet man die meisten Geschäfte entlang der Calle de Castillo (3) mit ihrer Verlängerung, der Rambla Pulido. Die meisten kleinen Spezialgeschäfte und Cafés liegen in der Fußgängerzone zwischen der Plaza del Príncipe und dem *Parque García Sanabria*. Warenhäuser und Supermärkte ➢ Seite 138.

Abendbummel Vor der abendlichen »Heimfahrt« reizt vielleicht ein Bummel entlang der Avenida Marítima (auch Avenida Anaga).

Plaza de España (1)

Bimmelbahn Wer sich zunächst einen Überblick verschaffen will, steigt an der Plaza España in die weiße Bimmelbahn mit offenen Waggons.Sie fährt im Uhrzeigersinn durch Santa Cruz' Innenstadt: vorbei am *Teatro Guimerá* (14), dem *Mercado* (13), Plaza Weyler (15), Plaza de Los Patos/del Venticinco del Julio (17) und – nach einem Schlenker durch den *Parque García Sanabria* (21) zurück über die Rambla del General Franco (19) und die Meeres-Avenida de Francisco zur Plaza España

Verkehrszeiten der Bahn: 10-20 Uhr immer zur vollen Stunde (€ 5, Kinder bis 10 Jahre € 3, unter 5 gratis, Dauer 45 min).

Die Plaza (1) 350 Jahre lang stand hier das Kastell *San Cristóbal*, die älteste Festung der Stadt (erbaut 1575). Sie war Glied einer fast 10 km langen Festungskette vom *Castillo de San Juan* (heute Teil des *Parque Marítimo*, 23) nach Nordosten, welche die Küste bis San Andrés schützen sollte. Um den Meerblick freizugeben, wurde sie 1929 abgetragen. Dafür entstand 1944 das obeliskartige Kreuz

»***Monumento de los Caídos***«, ein Mahnmal für die im spanischen Bürgerkrieg 1936-39 gefallenen Franco-Soldaten, eingefaßt von Blumenrabatten und Säulen. **Mehr Charme** hat der nordöstlich angren-zende **Platz Alameda del Duque de Santa Elena** mit Cafés und Kiosken unter Bäumen.

Seitdem die Plaza de España für Autos gesperrt wurde, ist sie ein lebendiger Mittelpunkt der Stadt, auf der viele Veranstaltungen stattfinden – nicht nur zur Karnevalszeit im Februar.

Cabildo Insular

Die nach Süden den Platz begrenzenden Monumentalgebäude aus den 1930er-Jahren beherbergen die insulare Selbstverwaltung (*Cabildo*) im *Palacio Insular* mit einem großen Teneriffa-Modell im Foyer und daneben die Hauptpost (*Correos*).

Altstadtschleife

Rundgang mit Kartenpunkten 1-10-11-12-13-14-3-1

Plaza de la Iglesia (10)

Verläßt man die Plaza España zwischen *Correos* und *Cabildo*, erweitert sich die Avenida Bravo Murillo gleich darauf nach rechts zur Plaza de la Iglesia. Dieser Platz mit der umzäunten Grünanlage gehört zum ältesten Teil der Stadt. Rechts oben an einer Hausfassade kündet eine Inschrift von der Vergangenheit als Tabakfabrik. Jetzt sind darin Bingo-Spielsäle untergebracht.

Iglesia Nuestra Señora de la Concepción 10)

Die Kirche *Iglesia Nuestra Señora de la Concepción* ist weithin an ihrem markanten Turm, dem Wahrzeichen von Santa Cruz zu erkennen. Manchen Urlaubern aus Las Américas wird er bekannt vorkommen, denn eine Replik krönt das Edel-Hotel *Bahóa del Duque*. Vom achteckigen Turmaufsatz wurden früher Brände und Piraten ausgespäht. Die Kirche ist das einzige in Santa Cruz noch erhaltene Beispiel für die kanarische Ausformung des barocken Baustils (hölzerne Balkone, Walmdächer mit Mönch-Nonne-Dachpfannen, ➢ Architektur, Seite 506).

1502 stand an dieser Stelle eine kleine Pfarrkirche, die150 Jahre darauf ausbrannte. Die neue *Concepción* von 1653 wurde erst nach und nach auf fünf Kirchenschiffe erweitert, die wie Bauklötze etwas versetzt aneinander stehen.

Innenraum

Die unbemalte Kassettendecke aus dunklem Holz, der braunrote Stein der Säulen und Mauerecken und das gedämpfe Licht, das durch die bunten Glasfenster einfällt, geben dem Hauptschiff eine warme Atmosphäre. In einigen Kapellen sind die Decken kunstvoll bearbeitet und bunt bemalt. Neben kleineren Silber- oder Gold-Altären sind die Silberarbeiten des barocken Hochaltars bemerkenswert. In einer Seitenkapelle steht das mit Silber beschlagene Kreuz des Teneriffa-Eroberers ***Alonso de Lugo***.

Messen werktags 9.00 und 19.30 Uhr, sonntags/feiertags 9, 11, 12, 13, 18, 20 Uhr; 30 min vorher Einlaß.

Altkanarisches Viertel (11)

Dem Hauptportal der Kirche gegenüber liegt ein langgestrecktes altkanarisches Carree, das 1998 restauriert wurde. Die meisten pastellfarbenen Häuschen sind bisher jedoch nur Fassade. Die

Playa de las Teresitas
31 Jetfoil-Hafen, Tragflächenboot nach Gran Canaria
Hospital Rambla
27 Museo Militar Regional
Hotel Mencey
20
N
0
250 m
Rambla de General Franco
Calle de Méndez Núñez
Calle de la Rosa
Avenida de Anaga
Muelle de Ribera
Fährhafen
Parque García Sanabria
21
Calle San Francisco Javier
Centro Medico
19
Clinico Capote
Plaza de Toros
18
Calle de Pilar
Plaza Los Platos/ Veinticinco de Julio
17
16
Clínica Parque
Internetcafé
5
Caja Canaria
Circulo de Amistad 12. de Enero
Estación Marítima (Fährterminal)
30
C. Emilio Calzadilla
7
Museo Bellas Artes
Muelle Sur
Calle de Robayna
C. Jesus y Maria
Plaza de la Paz
C. Dieciocho de Julio
6
8
9 Iglesia San Francisco
Plaza del Príncipe de Asturias
Rambla de Pulido
Calle de Benavides
15
Plaza del General Weyler
4
Parlamento de Canaria
Calle Castillo
3
2
1
Plaza de España
Plaza Candelaria
Calle Ramón y Cajal
Yacht-Hafen
Galerie la Revoca
Teatro Guimera
14
Plaza / Iglesia Concepcion
Parque Cultural Viera y Clavijo (Veranstaltungszentrum)
28
Barranco de Santos
10
altkanarisches Viertel (La Noria)
11
Avenida Marítima
12
Tiefgarage
Calle San Sebastián
Museo de la Naturaleza y el Hombre
Fußball-Stadion
13
Mercado Nuestra Señora de Africa
José Manuel Guimera
José Antonio Primo de Rivera
Avenida de la Salle
Parque de la Granja mit der Casa de Cultura
29
Avenida de Buenos Aires
Parque Don Quijote
Container-Hafen
Amb. Seguridad Social
Policía Lokal
Estación de Guagua (ZOB)
25
26
Kaufhaus "El Corte Ingles"
Avenida del Tres de Mayo
Autopista del Norte
Fuente de Santa Cruz
Einkaufszentrum Meridiano mit Supermarkt "Carrefour"
24
Auditorium
Avda. de la Constitución
C. E. P. S. A.
C. E. P. S. A.
Recinto Ferial de Tenerife (Messehalle)
22
Castillo de San Juan
Barranco del Hierro
23
Parque Marítimo
Palmetum
Autopista del Sur
Infobüro
Klinik
Internetcafe
Postamt (Correros mit @)
Santa Cruz

Turm der Iglesia de la Concepción im altkanarischen Viertel

Karneval-Musikbands (*Murgas*) sind hier seit eh und je ansässig. In einigen sind Kneipen oder Tapabars untergebracht. Für Biertrinker gibt es das irische ***Pub Murphy*** (nur abends). Hier kann man neben der Kirche unter Bäumen sitzen. Gute *Tapas* serviert das ***Tapas Antigua*** (Calle Dominguez Alfonso 4, 13.30-16.30 und 20.30-24 Uhr; So Abend und Mo geschlossen). Gleich um die Ecke (Calle Ismeldo Seris/Calle Candelaria) liegt das Restaurant ***Noria*** mit guter kanarischer Küche; €20; ✆ 922-292042, täglich 12-16 und ab 20 Uhr.

Am Ende der Häuserzeile geht es entweder über die Brückentreppe hinauf und dann links zum *Mercado* (13) oder rechts zum *Teatro Guimerá* (14, ➢ unten). Alternativ dazu bietet sich ein Museumsbesuch an. Das ***Museo de la Naturaleza y el Hombre*** (12) liegt auf der anderen *Barranco*-Seite in der Calle Fuente Morales.

Museo de la Naturaleza y el Hombre (12)

Das klassizistische, ehemalige Militärhospital vis-à-vis der *Concepción* beherbergt heute das Museum für Natur und Anthropologie. Es informiert hauptsächlich über **Teneriffas Ureinwohner**, die rätselhaften Guanchen, über deren Kultur, Sitten und Gebräuche, aber vornehmlich ihre Medizin.

Neben ihren primitiven Werkzeugen und Mumien wird auch der berühmte Zanata-Stein (Fundort Lanzarote) ausgestellt, dessen Gravuren vom Berberstamm Zanata stammen sollen. Er soll als Beweis für die früher umstrittene Theorie dienen, wonach die Guanchen aus Nordafrika kommen. Seine Echtheit bezweifeln viele Wissenschaftler. Die naturwissenschaftliche Abteilung ist vor allem wegen der umfangreichen Fels- und Fossiliensammlung und der Ausstellung zur Meeresfauna sehenswert.

Di-So 9-19, Mo und feiertags geschlossen, €1,50, So frei.

Mercado de Nuestra Señora de Africa (13)

Nicht nur von außen wirkt das terracottafarbene maurische Gebäude des ***Mercado de Nuestra Señora de Africa*** wie aus **1001 Nacht**. Auch das Treiben an den bunten Marktständen innen – vor der Sonne geschützt hinter umlaufenden Arkaden – erinnert an einen orientalischen Basar. Der Markt offenbart einmal mehr, wie sehr die Kanaren mit einem Bein in tropischen Breiten zu Hause sind. Exotische Früchte, mediterrane Pflanzen und seltene Gewürze ferner Länder liegen liebevoll sortiert neben Birnen,

Bohnen und Speck. **Käsefans** sollten die kanarischen Schafs- und Ziegensorten beachten, so im **Laden 9**. Besonders empfehlenswert sind die Sorten von den Nachbarinseln La Palma und El Hierro.

Obst

Der besondere, herzhaftere Geschmack der lokalen (= *del pais*) gelb-grünen Orangen, Papas und Bananen wurde schon im Kapitel »Essen und Trinken« erwähnt.

Die Fischstände (und ein Supermarkt) befinden sich im Souterrain. Die *Tinerfeños* kaufen uns »spanisch« anmutende Meerestiere: Muränen, meterlange silbrige Plattaale (*Tollos* = Dornhai), Kraken (*Pulpos*), unbekannte Krebs- und Langustenarten. Speziell bei Tiefgefrorenem ist Vorsicht geboten. An unkundigen Touristen verdienen die Händler besonders gern und gut.

Churros

Wer auf den Kanaren noch keine kakaogetunkte ***Churro*-Spritzkuchenstange** gekostet hat, hat in der ***Bar Mi Hamburguensia*** in der Frontfassade des Marktgebäudes eine gute Gelegenheit. Auch die getoasteten Brötchen, wie *Bocadillo con Lomo* (mit Kasslераufschnitt), schmecken dort ausgezeichnet.

Täglich geöffnet bis 13 Uhr (Mo nur wenig Stände).

Sonntäglicher Flohmarkt (13)

An der Südseite des *Mercado* bauen die Tinerfeños jeden Sonntag bis 13 Uhr endlose Flohmarkstände auf. Am Boden ausgestellte exotische Holzschnitzwerke, afrikanische Lederwaren und Trommeln erinnern wiederum an die Nähe der Inseln zum schwarzen Kontinent. Wer Erlesenes erwartet, wird enttäuscht. Seltener Schmuck, Kunstgewerbliches oder gar Antiquitäten finden sich kaum. Die feilgebotenen Waren spiegeln letztlich die bescheidenen Möglichkeiten der Händler wider. Nur Trödlerfans kommen auf ihre Kosten. Ab 11 Uhr wird es meist unangenehm voll.

Eingangsportal zum Mercado de Nuestra Señora de Africa

La Revoca (14)

Wer dem *Mercado*-Portal den Rücken kehrt, gelangt über die *Puente del General Serrador* gleich rechts hinter der Brücke (Calle Miraflores) zum ***Centro de Arte la Recova*** und zum dahinterliegenden ***Teatro Guimerá*** – beide mit strengen klassizistischen Fassaden. Das *Centro*, eine frühere Markthalle, ist heute Galerie für Malerei und Fotografie; ✆ 290735, Di-Sa 10-13 Uhr, 17-20 Uhr, So 11-13 Uhr.

Teatro Guimerá (14)

Die sieben Musen oberhalb der Portale weisen auf die Bedeutung des Gebäudes für Teneriffa hin. Benannt nach dem in Santa Cruz geborenen Schriftsteller und Poeten ***Angel Guimerá*** (1845-1924) ist es heute kultureller Mittelpunkt der Insel – weniger für Theateraufführungen, die Stadt unterhält kein eigenes Ensemble – als für seine klassischen Konzerte. Berühmt ist das Klassik-Festival zu Jahresbeginn, wenn Orchester aus aller Welt auftreten.

Nach der Umrundung von *Revoca* und Theater trifft man auf die Calle Valentin, von der man über die *Puente del General Serrador* nach links in Richtung *Mercado* blickt, und die nach rechts hinauf zur zentralen Calle del Castillo führt. Folgt man der Castillo bergan nach links, findet man Anschluß an die kleine oder große Runde. Bergab führt sie wieder auf die Plaza España.

Kleine Runde

Rundgang mit Kartenpunkten 1-2-3-4-5-6-7-8-9-1

Plaza de Candelaria (2)

Oberhalb der Plaza España steigt die Plaza de Candelaria sanft an. Sie ist der ehemalige Exerzierplatz der Festung San Cristóbal. Der Platz wird begrenzt vom klotzigen Hochhaus der *Banco de Santander*. Die Statue »***Triunfo de la Candelaria***« in der unteren Mitte des Candelaria-Platzes symbolisiert die Bekehrung der Guanchen zum Christentum: *Candelaria*, die Schutzpatronin der Kanaren (Carrara-Marmor, 1778) steht lichtbringend mit Kerze und Kind erhöht auf einer steinernen Wolke und blickt herab – auf ihr zu Füßen huldigende Guanchen.

Casino

Das rechte vordere Eckgebäude des Candelaria-Platzes ist das ***Casino de Tenerife***, heute der älteste Privatclub der Insel. Früher haben hier reiche Santa Cruzer ihr Geld nicht verspielt, sondern für wohltätige Zwecke gespendet und über Kunst und Kultur philosophiert. Im gleichen Gebäude um die Ecke ist der Jugendstil-Innenraum der ***Bar Atlántico*** einen Blick wert (➢ Foto Seite 62).

Palacio Carta

Einen Blick zu werfen lohnt sich auch auf den rechterhand gleich oberhalb des *Hotel Plaza* liegenden *Palacio del Rodríguez Carta* von 1752 (visa-a-vis von *McDonalds*). Vor allem sein Patio beeindruckt wegen der klassischen umlaufenden Holzbalkone (in 2003 Renovierungsarbeiten, Fertigstellung im Laufe 2004?).

Die Plaza de Candelaria ist umringt von Foto-, Uhren-, und HiFi-Geschäften. Alle sind fest in indischer Hand. Als ehemalige Freihandelszone gelten die Kanaren gerade für elektronische Geräte immer noch als billig. Wer »zuschlägt«, sollte die heimischen Preise gut kennen; nicht jedes Angebot ist ein Schnäppchen.

Casino de Tenerife

Calle de Castillo (3)

Dieses Fußgänger-Nadelöhr ist eine der Haupteinkaufstraßen für Touristen, auf die viele der Läden bestens eingestellt sind. Neben T-Shirts und Postkarten gibt`s – in besseren Geschäften – auch Lederwaren, Kleidung und Schmuck. Musik- und Kosmetikläden, Eisdielen und zahlreiche Straßencafés wechseln sich ab. Nur Lebensmittel und gute Restaurants findet man hier kaum.

Karnevalsartikel

Vor allem zu Jahresbeginn sollte man in halber Höhe auf zwei Läden mit ungewöhnlichen Karnevalsartikeln und -kostümen achten sowie auf »***El Kilo***«, dessen Stoffauswahl jeden noch so ausgefallenen Traum vom selbstgeschneiderten Kostüm erfüllt. Ballenweise werden Teddystoffe mit Katzenfellmustern angeboten – besonders bei Jugendlichen ist das Zeug ein beliebtes Outfit zur Narrenzeit.

Feierabend

Nach Geschäftsschluß ist die Calle Castillo ausgestorben. Dann sind die *Chicharreros* unten an der Avenida de Anaga oder oben im weiteren Kreuzungsbereich der Ramblas General Franco/ Pulido (Plaza de Toros) unter sich.

Parlamento de Canarias (4)

Die Calle de Teobaldo Power biegt als 4. Straße von der Castillo rechts ab und führt am ***Parlamento de Canarias*** vorbei. Dieser wegen seiner Säulen wie ein kleiner antiker Tempel anmutende Bau aus dem Ende des 19. Jahrhunderts ist ständiger parlamentarischer Sitz der kanarischen Region. Er wurde ursprünglich als Konservatorium entworfen. Von seinem Architekten *Manuel de Ora* stammen auch viele andere klassizistische Gebäude aus der Mitte des 19. Jahrhunderts wie z.B. die *Revoca*, das Theater, das Museum und die Plaza del Príncipe. Die moderne Erweiterung macht das Parlamentsgebäude noch attraktiver.

Caja Canaria (5)

Nach Überqueren der Calle Pilar sind es nur noch wenige Schritte zur Plaza del Patriotismo mit dem postmodernen Gebäude der *Caja Canaria*, die sich wie ein überdimensionaler Schiffsbug auf den Platz schiebt.

Hinter dem Bankgebäude gibt`s die ***Cervecería Central***. Ob zum Frühstück, zu Mittag, zum Kaffeetrinken oder Abendessen, ob drinnen oder draußen: die *Cervecería* ist eine geglückte Mischung aus Bar, Kneipenrestaurant und Café und bietet zu jeder Tageszeit das Richtige. Ecke Calle San Clemente/La Luna, täglich von 8 Uhr morgens bis 2 Uhr nachts. Gleich nebenan liegt der **Supermarkt *Hiper Dino*** in einem Einkaufszentrum mit Tiefgarage.

Plaza Príncipe de Asturias (6)

Als Alternative zur eben genannten *Cervecería* kommt für eine Pause der charakteristische eiserne Pavillon gleich an der Ecke der etwas erhöht liegenden Plaza Príncipe de Asturias in Frage: *Tapas* und kleine Menüs drinnen oder draußen. Die Kronen der gewaltigen **Lorbeerbäume** sind so dicht, daß kein Sonnenstrahl den Boden erreicht. Die eingemauerte quadratische Plaza war früher der Garten des unterhalb angrenzenden ehemaligen Franziskaner-Klosters ***San Pedro Alcántara***. Im Karneval ist der Platz über und über mit Girlanden geschmückt und dient den kanarischen *Murga*-Männerchören als Bühne. Anschließend ist dort der Teufel los. Seit der Verkehrsberuhigung hat der Platz und die nahe beliebte ***Cafetería El Aguila*** unwahrscheinlich gewonnen. Die von dort bergan zum Park *García Sanabría* (21) führende Calle Pilar bietet gute Shoppingmöglickeiten.

Círculo de Amistad XII de Enero (7)

An der südöstlichen Ecke der Plaza Príncipe befindet sich der Sitz des renommiertesten privaten Kunstvereins der Insel. Die prachtvollen Räume sind nur zu besichtigen, wenn eine Kunstausstellung läuft. Die kitschig-überladene Gebäudefassade (Anfang 20. Jahrhundert) ist ein typisches Beispiel für den hier *Modernismo* genannten eklektizistischen Baustil, der den strengen Klassizismus ablöste und ebenfalls in vielen Stadtvillen Ausdruck findet (➢ Architektur, Seite 508f).

Sein Architekt *Mariano Estanga* hat 1904 auch das Kurhotel *Quisisana* (= *aqui si sana*, hier gesundet man) oberhalb der Ramblas Ge-neral Franco, Höhe Plaza Los Patos (16), im Auftrag des russobritischen Kaufmanns *Enrique Wolfson* gebaut; es ist heute eine Schule (*Colegio San Pedro*).

Museo de las Bellas Artes (8)

Das 1929 auf den Grundmauern des Franziskaner-Klosters (➢ Seite 131) errichtete Gebäude an der Südseite der Plaza del Príncipe beherbergt heute die **Stadtbibliothek**, sowie das *Museo de las Bellas Artes* mit den Werken kanarischer Maler (*Fernández de la Torre, José Aguiar Garcia, Pedro de Guezala* und *Oscar Dominguez*), dazu Werke spanischer, italienischer und holländischer Meister (*Guido Reni, Jordaens, van Loo, Brueghel, Madrazo* und *Ribera*).

Calle José Murphy 4, ✆ 244358, Mo-Fr 10-19 Uhr. Im Sommer Mittagspause 13.30-14.30 Uhr, Eintritt frei.

Iglesia de San Francisco (9)

An den rückwärtigen Teil des Museumgebäudes schließt das ***Tribunal Superior de Justicia de Canarias*** (Oberster Gerichtshof) an sowie die ehemalige Klosterkirche *Iglesia de San Francisco*. Sie wurde 1620 zunächst als Kapelle erbaut. Man betritt sie durch das säuleneingefaßte Portal im spanischen Kolonialbarock vom unterhalb gelegenen gleichnamigen Platz. Blickfänge im dreischiffigen Inneren mit rötlichen Basaltsäulen und Marmorfußböden sind die in vielen Farben bemalten (polychromen) Holzaltäre und die Kanzel sowie die dunkle Mudejar-Holzdecke, die nur noch in den Seitenschiffen kunstvoll coloriert ist (*Artesonado*-Stil). Wegen der guten Akkustik finden hier häufig Orgelkonzerte statt.

Den Weg zurück zur Plaza de España sollte man auf der schönen, mit vielen Flamboyant-Bäumen bestandenen **Fußgängerstraße Bethencourt Alfonso** gehen.

Große Runde

Rundgang mit Kartenpunkten 1-2-3-15-17-16-18-19-20-21-5-6-7-8-9-1

(2) und (3) ➢ »Kleine Runde«, Seite 130.

Plaza Weyler (15)

Am oberen Ende der autofreien Calle Castillo (3) gelangt man zur Plaza Weyler. Dieser Platz wurde Ende des 19. Jahrhunderts im Zuge der großen klassizistischen Stadterneuerung gestaltet und ist seitdem fest in militärischer Hand, wie die stattlichen Gebäude an der oberen Seite des Platzes belegen: *Gobierno Militar* (Militärverwaltung), *Capitanía Generál* (Hauptquartier) und *Parque de Artillería* (jenseits der Rambla de Pulido) stehen dort in Reih und Glied. *Generalissimo Franco* residierte hier bis zum Ausbruch des spanischen Bürgerkriegs 1936. Trotz der lärmenden Autos rundum ist die Plaza Weyler mit dem Marmorbrunnen »***Fuente del Amor***« (1897) eine kleine grüne Oase – **mit Café**.

Restaurants

Wer richtig Hunger hat, geht ins ***Mesón Castellano*** in der Calle de Callao de Lima, die in nordöstliche Richtung vom Plaza Weyler abzweigt. **Tipp**: Sonntags um 13 Uhr, also nach dem Flohmarkt, wenn viele Lokale geschlossen haben, öffnet das *Castellano*. Prima ist dort die Linsensuppe (*lenteja*) und die Lammkeule (*cordero*) – auch am Tresen.

»Kachelbank« an der Plaza de los Patos

Plaza de los Patos/ Plaza del 25 de Julio (17)

Man verläßt die Plaza Weyler an der oberen Ecke über die breite Avenida del Vienticinco de Julio und gelangt zum gleichnamigen Platz. Das Datum erinnert an die Nelson-Niederlage 1797; aber alle *Tinerfeños* nennen ihn *Plaza de los Patos*, **Entenplatz**, weil in der Mitte des Brunnens aus Sevilla-Kacheln eine Ente hockt, die von ringsum sitzenden Fröschen mit Wasser besprüht wird.

Der andalusisch anmutende Platz verzaubert mit seinen Sitzbänken. Bunte Kacheln verleihen den robusten Bankformen Leichtigkeit. Die reich ornamentierten Werbekacheln mit Firmennamen und -emblemen der Spender Anfang des 20. Jahrhunderts geben einen nostalgischen Touch dazu.

Die urbane Idylle wird eingerahmt von prächtigen Stadtvillen. Wer die abzweigende Calle Viera y Clavijo hochschaut, erkennt das ehemalige ***Hotel Quisisana***, das unter Punkt 7 (*Círculo de Amistad XII de Enero*) schon erwähnt wurde.

Villenviertel (16), (18)

Wer noch Zeit, Lust und Kraft in den Beinen hat, sollte von der Plaza de los Patos einen Abstecher durch Santa Cruz' Villenviertel machen. Es liegt zwischen der Plaza de Toros (18) und dem *Hotel Mencey* (20) links und rechts der Rambla del General Franco (19).

In der Calle de Robayna und im oberen Teil der **Calle Jesus y Maria** (16) stehen kleine, aber **prächtige Stadtvillen** – viele im **Bauhausstil** – in blühenden Gärten.

Plaza de Toros (18)

Die kreisrunde Plaza de Toros (18) faßt 6000 Personen. Doch seit der Stierkampf (*Corrida*) auf den Kanarischen Inseln verboten ist, wird die Arena nur noch für Rockkonzerte, Benefizabende oder Kinderfeste genutzt.

Kanarische Stadthäuser in der Nobelstraße Enrique Wolfson

Nobelviertel

Hinter den Häuserfronten der **Calle de Enrique Wolfson** (parallel zur Rambla) verbergen sich großbürgerliche Wohnungen mit üppig begrünten Patios. Oberhalb liegen die steil ansteigenden Wohlstandsviertel ***Finca Salamanca*** und **La Mimosa**. An grünen Hängen stehen dort hochherrschaftliche Villen, von deren Terrassen man Panoramablicke über die ganze Stadt aufs Meer genießt.

Rambla del General Franco (19)

Man verläßt die Plaza de los Patos wieder über die Avenida del Veinticinco de Julio Richtung Rambla del General Franco, die an *Henry Moores* **Bronze-Skulptur »Der Krieger von Goslar«** (*El guerrero de Goslar*) vorbei, zum ***Hotel Mencey*** (20) führt. Diese 2 km (mit ihrer Verlängerung bis zur Autobahn fast 3 km) lange Prachtallee ist die Visitenkarte der Stadt. Der von alten Lorbeerbäumen und Blumenbeeten gesäumte Mittelstreifen vermittelt nach den engen Straßen im Stadtzentrum wohltuende Weite. Seit einem internationalen Bildhauerwettbewerb Anfang der 1970er-Jahre wurden hier zahlreiche Skulpturen aufgestellt. Neben dem erwähnten *Henry Moore* erfreut sich 2 Blocks unterhalb des Hotel *Mencey* auf der Plaza del Arquitecto die ***Rote Lady Teneriffa*** von *Martín Chirino* aus Gran Canaria besonderer Popularität.

Grand Hotel Mencey: Nostalgisch, teuer und eindrucksvoll

Hotel/Casino Mencey (20)

Das *Mencey* ist Teneriffas *Ritz*. Erbaut wurde es in dezent kanarischem Stil vor einem halben Jahrhundert, um *General Franco* gebührend Logis zu bieten. Abgeschirmt vom Rambla-Lärm kann man sich im Hotelgarten mit Pool und Tennisplatz einen *Café con Leche* oder abends an der Bar einen *Carlos I* genehmigen. Die Restauration gilt als eine der besten der Stadt. Wer nicht genug Bares dabei hat, muß nebenan im Kasino nur auf die richtige Zahl oder Karte setzen.

Parque Municipal García Sanabría (21)

Diese nach einem Santa Cruzer Bürgermeister benannte grüne Lunge der Stadt atmet seit 1920 und ist eigentlich ein botanischer Garten. Die Artenvielfalt der 200 Pflanzen aus aller Welt auf kleinstem Raum ist überwältigend. Endemische Pflanzen aus tropischen und subtropischen Regionen säumen die sternförmig auf einen Brunnen zulaufenden Wege. Die von seinen Wassern umspülte **Frauenskulptur *Fecundidad*** (Fruchtbarkeit) des Expressionisten *Francisco Borges Sale* (1926) ist ein bekanntes Postkarten- und Fotomotiv, aber nicht jedermanns Geschmack.

Skulpturen

Viele Skulpturen (u.a. *Oscar Dominguez*) stehen unter den herrlichen Bäumen. Eine Touristenattraktion ist die am unteren Parkrand in ein Blumenbeet eingelassene große Uhr. Im nahen **Gartencafé** – mit angrenzendem Kinderspiel- und Minigolfplatz – werden auch *Tapas* serviert.

Von der **Blumenuhr** führt die Calle Pilar, bergab und man findet bei der *Caja Canaria* (5) oder bei der Plaza del Príncipe (6) wieder **Anschluß an die kleine Runde**, ➢ Seite 131.

Blumenuhr im Park García Sanabría

Sehenswürdigkeiten außerhalb der Rundgänge

Tickets für Veranstaltungen im Auditorium im **Internet** ➢ Seite 595

Seit 2003 werden die markanten Punkte einer neuen *Downtown* mit Geschäften, zahlreichen Wohnblocks und Freizeitanlagen unterhalb der Avenida Tres de Mayo sichtbar. Dazu gehören: ***Auditorium*** und **Messehalle** (24/22) am Parque Marítimo und das ***Palmetum***; die beiden ***Torres***, d.h. Zwillings-Wolkenkratzer (Ende 2003 stand nur der erste); die beiden Kaufhäuser ***Corte Inglés*** und ***Carrefour*** oberhalb des modernen **ZOB** (25); ferner einige Regierungsgebäude zwischen ZOB und *Mercado* (13), wie dem spitz zulaufenden Justizpalast und Sitz des Regierungspräsidenten, einem Betonklotz mit einer tiefgrauen Lavaplatten-Fassade.

Messehalle und Auditorium (22, 24)

Die auffälligsten Gebäude am unteren Rand der neuen *Downtown* sind die **Messehalle** und das schneeweiße ***Auditorium*** – getrennt durch die breite Avenida de la Constitución; auf ihrem meerseitigen Bürgersteig wurden **alle bisherigen Karnevalsplakate der Stadt eingefliest**.

Beide Prestige-Objekte, Messehalle wie *Auditorium*, stammen vom namhaften spanischen Architekten *Santiago Calatrava*. Das *Auditorium* dient als Opern- und Konzerthaus.

Parque Marítimo (23)

Diese **Badelandschaft** unterhalb der Messehalle wurde nach Plänen von *Csar Manrique* gestaltet, von dem auch das 15 m hohe rombenartige Monument ***Hommage à Santa Cruz*** mit im Wind rotierenden Ringen stammt. Das Schwimmbad erinnert an seinen *Lago Martiánez* in Puerto de la Cruz.

Täglich 10-19 Uhr, €2,50, bis 10 Jahre €1,50, Liege €2.

Castillo/ Palmetum
Zu dem gelungenen Ensemble von Alt und Neu an der Küste gehört auch das ***Castillo de San Juan***, ein Pulverhaus von 1641, und daneben das alte **Lazarett** (1765) sowie das zukünftige ***Palmetum***, ein Hügel, auf dem möglichst viele der weltweit 1000 Palmenarten gepflanzt werden sollen (bisher sind es 50). In diesem Palmenwald finden sich kleine Wasserfälle und das gläserne Restaurant ***La Cascade*** (nur Gruppen) mit ***Disco SAT***. Geplant ist ein ***Umbráculo*** (Sonnendach), ein achteckiger Kuppelbau, wo im Feuchtklima Wasserpalmen in Teichen gedeihen.

Militärmuseum (27)
Bei Interesse an Militaria lohnt ein Besuch des ***Museo Militar Regional***. Auf zwei Etagen sind Waffen, Fahnen, Uniformen und Dokumente der letzten Jahrhunderte ausgestellt. Prunkstück ist die **Kanone *El Tigre***, die Admiral *Nelson* 1797 den rechten Arm wegschoß. Modelle der Küste zeigen anschaulich Santa Cruz' Entwicklung seit der Gründung vor über 500 Jahren.

Calle San Isidro (Ende der Rambla Franco), Di-So 10-14 Uhr, frei.

2.1.4 Praktisches

Allgemein

Post/Postbank
Correos y Telégrafos (1) Plaza de España (Calle General Gutiérrez Mo-Fr 9-14 Uhr, Sa nur bis 13 Uhr).

Polizei
Notruf 112 (auch Deutsch/Englisch)

Strafanzeigen
(Übersetzer erforderlich) *Cuartel de la Policia Nacionál*, Calle Lepanto oberhalb Kreuzung Avenidas Tres de Mayo und La Salle.

Kliniken
- ***Clinica Parque***, Calle Méndez Núñez, 40 (am unteren Ende des Parks *Garcia Sanabria*), © 922-274400 und 274450.
- ***Hospital Rambla***, Rambla General Franco115, © 922-276200

Fundbüro
Oficina de Objetos Perdidos de la Policía Local, Avenida Tres de Mayo 7; © 922-606092.

Zentraler Busbahnhof
Estación de Guaguas (25), unterhalb Kaufhaus ***Corte Ingles*** (26) gegenüber *Parque Marítimo* an der Via de Penetración.

Taxis
© 922-210059, -210200, -623193, -223520, -685490

Badeanlage »Parque Marítimo«. Dahinter liegt das 2003 fertiggestellte, physikalischen Gesetzen scheinbar trotzende Auditorium ➢ *Foto Seiten 114/115*

Fähren

- **Jet-Foil-Hafen** (31) der *Transmediterránea* (nur Tragflächenboote) nach Gran Canaria/Fuerteventura; *Muelle Norte* an der nordöstlichen Stadtausfahrt (Ende Rambla Franco/Av Marítima).
- **Autofährhafen** der *Transmediterránea, Fred Olsen-* und *Armas-*Linien: ***Estación Marítima*** (30), Fußgängerzugang gegenüber der Plaza España. Mit Auto gelangt man zum Fährhafen am besten von der westlichen Zufahrt (am *Auditorium*).

Kasino

im ***Hotel Mencey***, Rambla General Franco. Amerikanisches Roulette, Black Jack, Poker; täglich 21-05 Uhr, Automaten 18-03 Uhr, Eintritt frei; Personalausweis erforderlich; ✆ 922-290740.

Einkaufen

Haupt-Einkaufstraßen: Castillo, Rambla Pulido, Calle Pilar

Supermärkte

- ***Mercadona***, sehr gut, frischer Fisch, freie Tiefgarage (Zufahrt vom Meer: von Rambla Pulido vorm blauen Eckhaus rechts in die Calle Benavides); Mo-Sa durchgehend bis 22 Uhr geöffnet.
- ***Hiper Dino*** (mit Tiefgarage); Plaza del Patriotismo (in der Nähe der Plaza Principe); von der Calle Mendez Núñez rechts in die Calle Pilar, dann nach links der Ausschilderung folgen. Mo-Sa 10-22 Uhr durchgehend geöffnet
- Kleiner Supermarkt ***Bazar Marina*** mit dem Wichtigsten in der Calle Marina gegenüber Brücke zur *Estación Marítima*, ➢ oben.

Kaufhäuser

- ***Maya***, klein und teuer, Calle Candelaria, nahe Plaza Candelaria
- ***Wehbe***, klein, modern, elegant, Calle Castillo auf halber Höhe
- ***El Corte Inglés***, das spanische Karstadt, Avenida Tres de Mayo (Nachbarschaft zum Busbahnhof); Tiefgarage, Supermarkt und Café. Super, aber sehr teuer das Restaurant im 8. Stock mit tollem Hafenblick; Mo-Fr 10-22 Uhr geöffnet; ferner eine kleinere **Filiale** am unteren Ende der Calle Pilar (bei der Plaza Principe).

Märkte

➢ Seite 537.

Buchhandlung

- ***Librería Isla***, Calle Robayna, 2 (oberes Drittel Calle de Castillo), ✆ 922-28548, und Calle Imeldo Serís 79, ✆ 922-285615 und Calle San Lucas 19, ✆ 922-240923.

Internetcafés

- ***Anagacafe***, Av de Anaga, gegenüber der Estación Marítima
- ***CIBER WAY***, Calle Luna (neben der *Caja Canaria*), tägl. 10.30-20 Uhr, So ab 16.30 Uhr, 1 Stunde €2,50,

Naturkost

- ***Herbolica***, Calle Candelaria, Ecke Santo Domingo (zwischen Plaza Candelaria und Kirche *Concepción*) und zwei Geschäfte an der Plaza Pedro Schwartz westlich der Plaza Weyler.

Zigarren

➢ unter Restaurants: ***Condal y Peñamil***, Cafe und Tabakwaren, oder unterhalb *Teatro Guimera* in Calle Imeldo Seris ➢ Seite 140

Wein

Bodega San Sebastián, Avenida San Sebastián 55, einige Schritte westlich des *Mercado*-Eingangs (13).

Nightlife

Freitag und Samstag ab 24 Uhr ist an der Meeresavenida (Anaga) der Teufel los. Zahlreiche Bars und Discos quellen mit Santa Cruzer Yuppies förmlich über.

Puros - Blauer Dunst

Fidel Castro hat aufgehört, Gerhard Schröder macht's nur noch heimlich, aber auf den Kanaren gehört sich das Rauchen noch. Zigaretten sind billig, kanarische spottbillig, und rauchfreie Zonen sind selten: Busse, Kinos und interinsulare Flüge – ansonsten stehen Aschenbecher allerorten. Und wenn nicht, nimmt man den großen Ascher unter oder neben sich – je nachdem, ob man gerade am Tresen lehnt oder am Lenkrad sitzt.

Im Automaten kosten US-Marken €2. Günstiger bekommt man sie stangenweise im Supermarkt, und noch billiger sind spanische Sorten, wie *Coronas* und *Fortuna*: €0,80 die Packung. Bei den kanarischen *Krüger* (sprich: krucher) geht die Ersparnis jedoch gleich wieder für Streichhölzer drauf, weil die groben Dinger kaum glimmen. Günstig im Supermarkt: LENNOX für €5/Stange!.

Eine Zigarette heißt *Cigarro*, aber eine Zigarre *Puro*, was für *puro tabacco* steht, reinen Tabak also. Der kanarische Tobak – überwiegend von der Nachbarinsel La Palma (*El Paso*) – ist eine Spezies für sich; nicht unbedingt zu vergleichen mit einer *Sumatra*, *Virginia* oder gar einer *Cohiba Torpedo* aus Havanna, sondern milder und heller – eher wie eine *Brasil*. Aber sie hat die gleichen Formate: *Corona*, *Lonsdale*, *Panetela* und *Flor de Punto*. Die dickst heißt *Churchill*, denn der Dauerpaffer bevorzugte *Puros* aus La Palma.

Auf dem Archipel gibt es noch eine Handvoll Zigarrenwickler (*torcedores*), einsame alte Männer, die *puro* für *puro* mit den Händen rollen. Bis zu 100 Stück am Tag. Dabei ist das wichtige erste Blatt (*tripo*) quasi die Seele des Stengels. Es sorgt dafür, daß sich beim Rauchen die Asche lange hält. Deswegen wird es kunstvoll gebrochen und gelegt, so daß sich feine Luftkanäle gleichmäßig über die volle Länge und den gesamten Querschnitt der *puro* verteilen.

Dieser Rohling wird dann Lage für Lage, Blatt für Blatt weiter umwickelt, indem man ihn zwischen Oberschenkel und Handfläche ausrollt. Halbfertig kommt das gesamte Tageswerk über Nacht in eine hölzerne Presse. Krönender Abschluß ist das Deckblatt (capo), das nur geschickte Finger mit meisterhaftem Schwung hinkriegen. Es bestimmt Design und den Geschmack. Geschmacksneutral dagegen ist der natürliche Gummileim des Tragacántha-Baums, der das präzis zugeschnittene Blatt für das Mundstück (*perilla*) hält.

La Palma-Bewohner gehörten zu den ersten Tabakpflanzern auf dem spanischen Kuba. Doch als die Antilleninsel im Krieg 1898 an die USA fiel, kamen sie mit viel Know-how in ihre Heimat zurück. Das traf sich gut, denn dort war gerade wieder einmal ein anderer Wirt-

Schaufenster mit alter »Puro-Presse«

2.1

schaftszweig zusammengebrochen: die Zucht der *Cochenille*-Laus (➢ Seite 546) war von den künstlichen Anilin-Farben verdrängt worden.

Die kleinen Setzlinge wachsen in drei Monaten mannshoch und werden von den *Vegueros* (Pflanzern) nach sechs verschiedenen Etagen eingeteilt. Die oberen aromatischen Blätter werden von den unteren geschmacklich leichteren Blättern getrennt von Hand geerntet und wochenlang an langen Stangen getrocknet, danach für einen Monat in Holzfässern gelagert oder zu Bündeln verpackt. Wieder an der Luft, verlieren sie durch selbst erzeugte Hitze Nikotin, verändern ihre Farbe und erhalten ihren milderen Geschmack. Dieser Prozess der Fermentierung – um dem Blatt die grüne Farbe (das Chlorophyll) zu entziehen – kann bis zu drei Jahre dauern.

Als Kolumbus 1492 in der Karibik landete, sandte er Botschafter aus, das Land zu erkunden. Einer von ihnen, *Rodrigo de Jérez*, berichtete anschließend, die Eingeborenen würden glimmende Kohlen in ihren Händen halten; Taino-Indianer rauchten die Blätter einer Pflanze namens *cohiba* und die Medizinmänner inhalierten den Rauch gar durch die Nase, um mit den Göttern Konakt zu bekommen. Die katholische Kirche verteufelte daher den Tabakgenuß als unnatürlich und anrüchig. Deswegen schickte die Inquisition den inzwischen nikotinsüchtigen *Rodrigo* als vom Teufel besessen in den Kerker – seine Frau hatte ihn denunziert.

Ein imposanter Zeuge der damals im wahrsten Sinne des Wortes qualmenden Rauchwarenindustrie ist in Santa Cruz das rötliche *La Lucha*-Gebäude, auf das man (von der Plaza del Príncipe kommend) durch die bergaufführende Calle Adelentado stößt.

Heute findet man die *puros artesanos elaborados* (kunstvoll gefertigte *Puros*) z.B. in ***La Galeria del Tabaco*** in Puerto/Columbus Plaza und Santa Cruz/Calle Bethencourt 8, nahe Plaza España neben dem Hotel *Pelinor*; www.galeriatabaco.com (✆ 902-103410).

Der Rauch-Adel ordert seine persönliche Mischung mit eigener Banderole, feine Restaurants kredenzen dem Gast ihre Kollektion mit *Cubanitos, Candela, Vargas* oder *Marques* aus dem Zedernholz-Kasten oder einer eleganten Schatulle (*Humidor*), die für ideale Luftfeuchtigkeit sorgt. Der gemeine *Canario* kauft *Señoritas, Armas* und *Palmeros* – um die Ecke – oder *Petit Cetros* aus Breña Alta/Las Palmas – gleich in der nächsten Bar stückweise aus offenen Papiertüten.

Ehemalige Tabakfabrik La Lucha

- ***Disco SAT***, die Nr. 1 mit Meeresterrasse am Parque Marítima (unter *La Cascade*) ab 0.30 Uhr ✆ 922-236240 und 630946458
- ***Disco KU***, Avda de Madrid (*Parque La Granja*) ✆ 922-203636
- ***Disco Nooctua*** in der Avenida Anaga

Unterkunft

Die Hauptstadt Teneriffas verfügt über jede Art von Stadt-Hotels und Pensionen, aber nur über ein Aparthotel, ➢ Hotels, Seite 552.

Restaurants, Cafés, Cafeterías, Bars und Tapas-Bars

Lokale mit Tapa-Tresen und Speiseraum werden als ***Tapa*-Restaurants** bezeichnet; fehlt ein solcher Raum, sind sie »nur« ***Tapa*-Bars**. Die meisten Restaurants haben sonntags geschlossen.

Jede Art von Lokalen gibt es an der Avenida Marítima (Anaga) östlich der Plaza España. Erwähnenswert sind: ***Pizzeria Da Gigi*** (täglich) und vor allem ***Taberna del Puerto***, ➢ unten

Im Bereich der Plaza España

- ***La Mariscera***, Fischrestaurant, frisch eingeflogene Meeresfrüchte aus Galizien; gute *Tapa*-Bar, aber teuer; gleich am Beginn der Avenida Anaga (gegenüber *Estación Marítima*) in der Seitenstraße Calle Emilio Calzadilla 3, ✆ 922-241517.
- ***Los 4 Postes*** direkt neben dem *La Mariscera*; kleines feines Restaurant, kastilisch-galizische Küche (*Bacalao a la Pil*), €21; Calle Emilio Calzadilla 5, ✆ 922-247648, So abends geschlossen.
- ***La Taberna del Puerto***, einfache kanarische Küche, preiswert und gut, etwas versteckt im 1. Stock des ockerfarbenen Jugendstilhauses am Anfang der Calle La Marina (dort befindet sich auch der Eingang), die im spitzen Winkel auf die Meeresavenide (Höhe *Estación Marítima*) zuläuft; toller Blick über den Hafen; ✆ 922-276995.

Zentral (Bereich Plaza Príncipe-Plaza Weyler)

- das große Straßencafé ***El Aguila*** bei der Plaza Principe am oberen Ende der autofreien Calle Bethencourt Alfonso ist ein beliebter Treffpunkt der *Chicharreros*. Vom Eisbecher über Torten zu Fleischgerichten und Tintenfischen gibt es fast alles.
- ***Cafe del Príncipe***, stilvoller gußeiserner Pavillon auf der schattigen Plaza Príncipe; draußen nur Cafeteria, innen eleganter mit weißgedeckten Tischen.
- ***Café Roma***, gute Capucchinos, Kuchen und Panini, hübsches Ambiente, Calle Pilar.
- ***Ecológico***, Bio-Restaurant in altkanarischem Ambiente mit kleinem Ökomarkt, Ecke Calle Teobaldo Power/Calle Castillo (im 1.Stock); Mo-Mi 13-17 und 20-22 Uhr, Do-Sa 13-17 und 20-24 Uhr; ✆/Fax: 922-247064.
- ***Café Melita***, deutsches Schwarzbrot, Gebäck, Torten und Konfitüre, Calle Costa y Grijalba, nahe Plaza Patos (17)

- ***Mesón Castellano***; prima *Tapas*, z.B. kleine Linsen (*lentejas*) und Lammkeule (*cordero*), berühmt: Stierschwanz (*rabo de toro*); an der unteren Ecke des Plaza Weyler: Calle Lima 4, © 922-271074, täglich (auch So) 13-16 und 20-24 geöffnet.
- ***Condal y Peñamil***, Café und Tabakwaren, ein sehr gemütliches Straßencafé in der winzigen Fußgängerpassage *Callejon del Combate* (Nebenstraße der Calle Pilar); für *Tapas* okay.
- ***Rincón de la Piedra***, ein Kneipenrestaurant in einem scheunenartig großen, aber gemütlichen Raum mit Empore; sehr feine, teure Küche; neben dem *Don Pelayo*, Calle Benavides 30, © 922-249778, So geschlossen, Mo nur abends.
- ***Don Pelayo***, gediegene spanische Einrichtung, gute *Tapas*, asturische Küche, mittlere Preise, Calle Benavides 30, © 922-271159, täglich geöffnet.
- ***Toscano***, lebendige, gute Pizzeria, Calle 18 de Julio 3.
- ***La Cazuela***, Calle Robayna 34, feine spanische Küche, gemütlich, mit Wintergarten, einfach top! Unbedingt reservieren: © 922- 272300, So geschlossen
- ***Mesón El Portón***, Calle San Antonio, unterhalb *Hotel Mencey*, spanisches Ambiente, gute kanarische Küche, © 922- 248564

Angenehme **Straßen-Restaurants** (fast autofrei) in der Calle La Luna (oberhalb der Plaza Príncipe, hinter der Zentrale der *Caja Canaria*) sind die folgenden in unmittelbarer Nachbarschaft:

- ***Cervecería Central***, täglich 8-02 Uhr wird hier jeder Gaumenwunsch erfüllt
- ***Ainara***, kleines, gemütliches Restaurant mit baskischer Küche, © 922-277660; täglich 13-16 und 20-23.30 Uhr.
- ***Bar Tapa La Luna***, nur winziger Innenraum, gute *Tapas*, lebendiges Ambiente.

Oberhalb der Rambla Franco zwischen Plaza Paz und Mencey

- ***El Líbano***, gute libanesische Küche, freundliches Ambiente, mittlere Preise; Calle Santiago Quadrado 36 (Nähe Plaza de la Paz), © 922-285914, täglich geöffnet, abends ab 20.30 Uhr.
- ***El Pescador***, Calle Santiago Quadrado 24, Nähe Plaza de la Paz, modernes Ambiente, © 922-277173.
- ***Bacalao de la Cazuela***, feine baskische Küche, gehobenes Ambiente, €24-30, Calle General Godet 11, © 922-293249, So geschlossen.
- ***El Coto de Antonio***, eine der besten baskischen Küchen in der Stadt, klein aber sehr fein. Calle General Godet 13 (nähe Plaza de la Paz), teurer: ab € 30, © 922-272105, So und im August geschlossen.

2.1.5 Abstecher von Santa Cruz

Zum Pico de la Meseta

Wer einen Picknick-Korb im Kofferraum hat, findet Tischbänke, Feuerstellen und einen grandiosen Blick über Santa Cruz bis nach La Laguna vom *Pico de la Meseta* mit einer ***Zona Recreativa*** (Picknickplatz).

Zufahrt

Von der Rambla Franco biegt man an der Ampel vor dem Hotel Mencey in die Calle José Naveira, dann rechts Calle Francisco Guerrero, und fährt die Serpentinen durch den Stadtteil Ifara immer weiter bergauf; oben folgt man den Schildern »*La Cuesta*« bis zum Linksabbieger auf die ***Zona Recreativa La Meseta***.

Von Santa Cruz nach San Andrés

Anfahrt

Nur 7 km sind es auf der Schnellstraße von Santa Cruz nach San Andrés. Sie führt am Hafen entlang durch Gewerbegebiete, d.h. Öltanks, Containern, einer Zementfabrik und dann am Fischereihafen *Darsena Pesquera*, an dessen Ende links das Meeresinstitut liegt, mit Fischzuchtbecken gegenüber am Wasser. Hinter einer Felsnase öffnet sich der Blick auf San Andrés und einen der schönsten Inselstrände *Playa Las Teresitas*.

Wer zügig ins Anaga-Gebirge weiterfahren will, biegt unmittelbar vor dem Ort Richtung Taganana links ab, durchquert San Andrés und nimmt auf der kurvenreichen TF 12 nach 8 km entweder den Rechtsabbieger Richtung Taganana/Benijo oder fährt weiter und erreicht kurz danach die La Laguna und Chamorga verbindende Kammstraße des Anagagebirges, ➢ Seite 172ff.

San Andrés

San Andrés war bis zum 2. Weltkrieg nur auf einem hoch in den Fels gehauenen Trampelpfad zu erreichen. Durch den Bau der Schnellstraße wurde das Dorf zwar zum Vorort, doch die Bewohner fühlen sich bis heute von Santa Cruz vernachlässigt. Nur die Restaurants am Meer profitieren von den *Las Teresitas* Strandbesuchern. Denn ein Blick hinter die Kulissen zeigt, daß San Andrés ein armes Fischerdorf von 3.500 Seelen geblieben ist. Enge Gassen, einfache Läden, schlichte Häuschen – eine immer noch typische kanarische »Idylle«.

Alter Treppenzug des Trampelpfades nach San Andrés

Auf dem Weg zum Strand auf der Straße am Meer entlang passiert man links einen durch Unwetter 1740, 1769 und1896 zerborstenen Festungsturm (*Castillo, 1706*). An einer Ampel gabelt sich die Straße: bergauf geht es nach Igueste und rechts zum Strand.

Playa de las Teresitas

Die *Playa de las Teresitas* ist der **Hausstrand** der Santa Cruzer. Bis vor 30 Jahren war hier nur eine einsame Bucht mit schwarzem Sand. Vier Millionen Sack Saharasand, Parkplätze, Kioske, Duschen und Chemie-Toiletten verwandelten 1973 diesen 1,6 km langen Küstenstrich in Teneriffas Vorzeigestrand. Hier stimmt das Panorama: blaues Meer, gelber Strand und grüne Palmen vor steil aufsteigenden rotbraunen Felsen. Jeder Fußballfan kennt dieses Bild, ohne es vermutlich zu wissen. Hier kickte im Sommer 1998 Brasiliens Superstar *Ronaldo* für die NIKE-Werbespots zur Fußballweltmeisterschaft.

Das ganze Jahr über kommen die Santa Cruzer schon frühmorgens zum Joggen, Schwimmen und Sonnenbaden. Im Hochsommer sind Parkplätze, Imbissbuden und Strand proppenvoll. Eine vorgelagerte Barriere fängt die Brandung ab. Die Bucht ist nicht zuletzt deshalb sehr kinderfreundlich.

Einen Hafen oder Bootssteg hat San Andrés nicht. Fischer- und Freizeitboote machen in einer Ecke der Bucht an Bojen fest.

Seit Jahren gibt es Spekulanten, die das Insel-Kleinod für den Tourismus vermarkten wollen. Der letzte Anlauf vor 20 Jahren wurde von den Gerichten gestoppt. Doch seit der Strand 1998 mit neuem Saharasand aufgeschüttet wurde, ist die Urbanisierung der Region nicht mehr aufzuhalten.

Restaurants

- ***Mesón Rincón del Duque***, klein, gemütlich und okay; an der Meeresavenida, der Calle Dique. ✆ 922-591321; Mo und im November geschlossen.
- ***Bar Churritos/Casa Fernando*** serviert nur als Ganzes gekochte *Pulpos* und Fisch-*Churros*, dafür aber die besten weit und breit; die drei wackeligen Tische reichen nie – man ißt am Tresen im Stehen; gleich eingangs des Ortes an der Straße am Meer, Sa und So geschlossen.

- ***Cofradía***, das einfache Restaurant der Fischerei-Genossenschaft direkt am Meer vor dem Strand; einfache *Tapas* am Tresen schnell und preiswert. Von den meisten Tischen hat man Meer-/Kliffblick. 3 wacklige Tische stehen draußen. Die Fischqualität hängt stark von den jeweiligen Fangergebnissen ab. €18, täglich 12-23.30 Uhr, ✆ 922-549024.
- ***Calamares***, Restaurant gleich am Ortseingang, einziges Lokal in San Andrés mit Terrasse; ✆ 922-549253.

Unterkunft

In San Andres gibt es kein Hotel keine Pension, nur einige privat vermietete Apartments, ➢ Seite 576

Mit Saharasand aufgespülter Hausstrand der Cruzeños: »Las Teresitas«

Erweiterung des Abstechers von San Andrés nach Igueste

Auf dem Weg von San Andrés nach Igueste liegt auf dem höchsten Punkt rechts ein Aussichtspunkt mit sagenhaftem Blick über den Palmenstrand *Las Teresitas*, San Andrés, Santa Cruz und – bei guter Sicht – den obersten Teidegipfel. Oft ankern vor der Küste Frachter, da die Schiffe hier Ankergrund (200 m) haben. Geht man ein paar Schritte weiter nach Nordosten, sieht man unter sich den schwarzen **Strand *Las Gaviotas***.

Playa de las Gaviotas

Auf dem Weg nach Igueste passiert man bei Kilometerstein 3,3 in einer Rechtskurve den Abzweig zu diesem Strand. Vorsicht! Die Abfahrt ist zwar asphaltiert, aber eng, steil, kurvig und ohne Leitplanke. Unten am Meer findet man aber viel Parkraum.

Santa Cruzer lieben diesen 200 m langen schwarzen Strand. Bei Flut ist er recht schmal und an Wochenenden oft sehr voll, selbst bei Ebbe. Die mittlere Generation badet und sonnt hier vielfach nackt, die jüngeren kommen zum Surfen. Zwar fehlen Toiletten und Duschen, aber das Wasser ist spritziger als am *Teresitas*-Strand. *Sunnyboy Charley*, der Kioskbesitzer, bereitet köstliche Salatportionen und Sardinen, langt aber bei Ausländern gerne zu. Die Frage vorweg: »*Cuánto cuesta*?« ist angebracht.

Von der Las Gaviotas-Zufahrt schlängelt sich die Panoramastraße noch weiter bis Igueste, immer hoch über dem Meer und vorbei an besonders intensiv rot-braun-gelblichen Felsen.

Igueste de San Andrés

Der kleine vom Tourismus unberührte Ort ist einer der schönsten Teneriffas. Er liegt fast am Ende der Insel langgestreckt an einem *Barranco*. Am besten verläßt man den Wagen bzw. Bus (Linie 245 aus Santa Cruz) gleich am ersten Haus des Ortes, dem winzigen (einzigen) Restaurant ***Rincón de Anaga*** (©922-599000, Di geschlossen) mit gutem frischen Fisch und wunderbarem Blick. Von dort schlendert man bequem über Dorfpfade zum Meer. Das Tal ist immer grün, denn der *Barranco* trocknet selbst im Sommer nicht aus. Im Winter hört man ihn nach Regenfällen sogar rauschen. In diesem Feuchtgebiet fühlt sich (an der Fußgängerbrücke) eine kleine Entenkolonie wohl – eine Besonderheit auf den Kanaren.

Von der Bus-Endstation auf der anderen Seite der Schlucht führen schmale Wege über den Kirchplatz – erst umsäumt von Häuschen, später von Bananen, Papayas, Avocados und Mangos – bis an den grobsteinigen (Surf-) **Strand**. Baden ist hier praktisch unmöglich. Die kleine bunte Strandkneipe (Sardinen!) ist leider oft geschlossen. Iguestes Bewohner verzichten offensichtlich gerne auf Tourismus. Wanderer sind willkommen.

Wandern

In Igueste beginnen anstrengende Wanderwege. Vom Kirchplatz geht es sehr steil – erst hinauf, dann hinab – zum **Strand von Antequera** (➢ Seite 97, keine Rundwanderung) und nach **Lomo Bermejo**, ➢ Wanderwegbeschreibung auf Seite 187.

Igueste de San Andrés am Fuße des Anagagebirges

2.2 (San Cristóbal de) La Laguna

2.2.1 Koloniale Kapitale und Universitätsstadt

Kennzeichnung

Eine Lagune ist für gewöhnlich ein Gewässer, das durch seine Verbindung zum Meer salzhaltig ist (Brackwasser). Im Spanischen versteht man unter *la laguna* auch ein stehendes Süßwasser. An solch einem 900 m breiten See gründete Teneriffas Eroberer *Lugo* 1496 die erste spanische Kolonialstadt **La Laguna**. Ihr Wahrzeichen, die *Iglesia de la Concepción*, stand damals nur einen Steinwurf vom südlichen Schilfufer der Lagune entfernt in der bukolischen Landschaft.

Der Ort war mit Bedacht gewählt. Weitab vom Meer lag die Stadt in 600 m Höhe geschützt vor Angriffen von See her und mitten in einer landwirtschaftlichen Schatzkammer, der fruchtbaren Hochebene von Aguere. Die Lagune ist längst ausgetrocknet und bebaut, doch günstig liegt die Stadt immer noch. Die Autobahn Santa Cruz-Orotavatal verläuft hier als nahe Stadttangente, an der auch der internationale Nord-Flughafen *Los Rodeos* liegt. Die frische Bergluft tut vor allem im Sommer gut. Im Winter sind die häufigen Passat-Nebelschwaden nicht jedermanns Sache.

Universitäts- und Bischofsstadt

Steht Santa Cruz, das La Laguna 1823 den Rang als Hauptstadt ablief, mehr für das handeltreibende Bürgertum, so ist La Laguna mit 130.000 Einwohnern das altehrwürdige **intellektuelle und religöse Zentrum der Insel** geblieben mit der größten Universität (25.000 Studenten) und dem einzigen Bischofssitz des Archipels. Die Stadt wetteifert nicht mit den Santa Cruzer Ambitionen, durch städtebauliche Kraftakte Touristen anzulocken, sondern die Stadtväter konzentrieren sich geschichtsbewußt auf die sorgfältige Restaurierung ihres Zentrums, das 1999 (zur 500-Jahrfeier) zum Weltkulturerbe ernannt wurde. Die UNESCO würdigt damit das Siedlungskonzept als Anknüpfung an den platonischen Polis-Gedanken, wonach die Bewohner ohne Stadtmauern im harmonischen Raum friedlich zusammenleben. Der schachbrettartige Stadtkern von La Laguna wurde Vorbild für alle spanischen Kolonialstädte in Südamerika.

Ballungsraum

Alte und neue Hauptstadt sind mittlerweile zu einem Ballungszentrum mit 350.000 Einwohnern verwachsen, das in seinen Übergangszonen mit häßlichen Slums und Gewerbegebieten die »Bronx Teneriffas« bildet. EU-Gelder sollen hier nun helfen, die dringende Sanierung voranzutreiben.

Villenviertel

Doch gibt es in La Lagunas Norden auch angenehme, einfache wie reiche Vororte mit herrlichen Alleen, in denen kleine Stadthäuser und große Villen in blühenden Gärten auf ein gutes Leben der hier wohnenden Tinerfeños schließen lassen.

Karwoche

Wie überall in Spanien wird die ***Semana Santa***, die Vor-Osterwoche, auch in Teneriffa mit großen Prozessionen begangen. Christus und die jeweiligen Heiligen werden unter düsterem Trommelwirbel und schneidenden Klängen der Kornette durch die Stadt getragen. Sogenannte »Bruderschaften« (*Hermandades*, auch *Cofradías*), deren Herkunft man an den Farben der langen Pilgerkutten erkennt, begleiten den Zug. Sie bedecken ihr Gesicht mit unheimlich wirkenden spitzen, schwarzen Kapuzen.

Die berühmteste *Semana Santa* der Insel wird in La Laguna begangen. Ein Höhepunkt ist Gründonnerstag die Zurschaustellung der Heiligen, der Grabmäler und Retabeln aus feinstem Silber, die vom Reichtum der Stadt zeugen. Eindrucksvoller Höhepunkt ist am (Kar-) Freitagabend die – die Bezeichnung sagt es – schweigende ***Procesión de Silencio***.

Anfahrt per Auto

Zufahrt nach La Laguna von Süden

Von Süden bzw. von Santa Cruz kommend sollte man die Ausfahrten 8a »La Laguna/Tegueste« und 8b »La Laguna/Avenida Trinidad« wählen. Von beiden geht es in die unmittelbare Nähe des günstigsten Park- und Ausgangspunktes für eine Stadtbesichtigung, der **Plaza del Adelantado**. In die enge Altstadt hineinzufahren, macht wenig Sinn; sie ist chronisch verstopft.

Wer die **Ausfahrt 8a** (zugleich beste Anfahrt für den Mercedeswald und das Anagagebirge, ➢ Seite 170) gewählt hat, erreicht über das La Laguna-Schild mit dem Piktogramm »Zentrum« unmittelbar den **Parkplatz** des ***Mercado de San Miguel***, der an die Plaza del Adelantado angrenzt.

Über die **Ausfahrt 8b** wird man hinter der Plaza Cruz de Piedra immer geradeaus automatisch zur **Tiefgarage** unter der Avenida Calvo Sotelo an der **Plaza San Cristobal** geleitet. Von dort geht es dann über die nach rechts abzweigende Calle Santo Domingo (vorbei an der Kirche *Santo Domingo*, ➢ weiter unten) zu Fuß zur Plaza del Adelantado.

Von Norden

Von Norden bzw. Puerto kommend nimmt man am besten die **Ausfahrt 8b** »Guajara Tegueste«, überquert die Autobahn Richtung Cruz de Piedra und parkt in der **Tiefgarage** unter der Avenida Calvo Sotelo an der **Plaza San Cristobal**.

Anfahrt per Bus

Der Busbahnhof von La Laguna (***Estación de Guaguas***) liegt unweit der Autobahn, 500 m von der *Iglesia de la Concepción* entfernt. Man erreicht die Kirche über die Calle San Antonio in nordöstlicher Richtung und findet damit Anschluß an den Stadtrundgang, der auf den folgenden Seiten beschrieben wird.

Ermita de San Miguel, eine alte Kapelle im Kolonialstil. Sie wird heute nur noch für Ausstellungen genutzt

2.2

Blick über La Laguna vom Anagagebirge aus

2.2.2 Stadtbesichtigung

Zeitplanung und Orientierung

Siesta

Die Mittagspause (*Siesta* 13-17 Uhr) ist werktags die beste Zeit für einen Stadtbummel. Dann werden Geschäfte und Markt zwar geschlossen, aber der Verkehr flaut ab, und man kann die alten Kolonialbauten in Ruhe betrachten. Noch besser eignet sich ein Sonntagvormittag, wenn der *Mercado* und die sonst meist verschlossenen Kirchen geöffnet sind.

Osterwoche

Eine **optimale Besichtigungszeit** ist die *Semana Santa*, die Osterwoche, wenn nachmittags große Prozessionen anstehen. Dann bleibt die Stadt autofrei, und man kann den kolonialen Charme der Stadt ohne Fahrzeuge, Lärm und Gestank genießen.

Shopping

Wer mehr von Stadtleben und Shopping-Möglichkeiten (in den Straßen General Franco, Herradores, Heráclio Sánchez und Avenida Trinidad) mitbekommen möchte, muß sich während der Geschäftszeiten auf engen Bürgersteigen an endlosen Autokolonnen vorbeischieben.

Abends

Für junge Leute lohnt ein spätabendlicher Besuch an Wochenenden. Die Studenten amüsieren sich gern in der Nähe der alten Uni (➢ unten). Rund um die Calle Heráclio Sánchez herrscht ein reges Nachtleben in Musikkneipen, Cafés, Restaurants und Discos. Spät heißt bei der spanischen Jugend sehr spät – keinesfalls vor Mitternacht.

Straßen und Plätze

La Lagunas traditionelle **Hauptschlagader** ist die **Calle Obispo Rey Redondo**. Sie verbindet die drei wichtigsten Plätze miteinander: die fast quadratische **Plaza del Adelantado** im Osten (mit dem *Mercado*), die zentrale **Plaza de la Catedral** und die dreieckige **Plaza de la Concepción** im Westen. Nur die drei nördlich zur Obispo Rey verlaufenden Parallelstraßen (Calle Bronton/Becomo, Calle San Augustín und Calle Anchieta) zählen noch zum eigentlichen Altstadtkern; in diesem 500 m x 200 m großen Rechteck liegen alle historischen Gebäude.

Touristenbahn

2001 wurde probeweise eine »Touristen-Bimmelbahn« eingeführt, die um 10, 11, 12, 13 sowie 17, 18, 19 Uhr die wichtigsten Punkte der Stadt in 30 min abfährt (€2,–). Sie startet am Info-Pavillon (➢ unten) an der Calle Consistorio/Plaza Adelentado.

Rundgang

Plaza de Adelantado

Dieser nach dem Stadtgründer *Adelantado* (Pionier) *Alonso Fernández de Lugo* benannte Platz ist La Lagunas gute Stube. Ein Drago, Palmen, Laub- und viele Lorbeerbäume stehen so dicht, daß kaum ein Sonnenstrahl auf Beete und die charakteristischen steinernen Bänke mit ihren ausladend geschwungenen Armlehnen fällt. In einem kleinen **Info-Pavillon** auf der Plaza erhält man einen Altstadt-Plan und anderes Touristenmaterial.

Mercado de San Miguel

Täglich (auch sonntags) bis 13 Uhr geht es hoch her auf diesem *Mercado Municipal*. Hoch aufgetürmt sind die Stände mit wunderbarem Obst und Gemüse einheimischer Bauern. Auch die Fisch- und Fleischstände sind so vollgeladen und -gehängt, daß die Verkäufer/innen kaum zu sehen sind. Schnittblumen und Pflanzen quellen einem nur so entgegen. Und wer sich mit den Käsesorten des Archipels vertraut machen möchte, erhält mit freundlichem Lächeln Probierhäppchen von der Messerspitze.

Das Lebensmittel-Angebot in der – unschönen – neuen Halle nebenan ist nicht weniger gut. Die Schlangen gleich vorm gläsernen **Imbiss *Miguel Angel*** verraten, dass es hier die besten ***Churritos con Chocolate*** der Stadt gibt (Mo zu) wie auch viele Stände.

Direkt gegenüber dem Marktgebäude befindet sich der gelbe Bau des ***Convento Santa Catalina***. Von dort sind die Gebäude rund um den Platz im Uhrzeigersinn beschrieben. Dann wird die Plaza nach Nordosten über die Calle Obispo Rey Redondo verlassen.

Convento Santa Catalina

Schwere dunkle Holzportale schmücken das *Convento*, auch ein hölzerner Turmaufsatz (*Aljimez*, ➢ Seite 508), wie man ihn des öfteren in der Stadt sieht. Sein Gitterwerk aus Leisten gewährte den Nonnen freien Ausblick von oben, ohne sich selbst den weltlichen Blicken von unten aussetzen zu müssen; eine Einrichtung, die auf den starken arabischen Einfluß in Spanien zurückgeht. Das *Convento* ist heute stillgelegt. Nur sein Patio ist vom engen Durchgang der Calle Dean Palahi aus zugänglich.

Die tote Madonna

Am 15. August 1994 wurde in La Laguna erstmalig nach zwei Jahrzehnten das 5-Jahres-Fest der »toten Madonna« wieder gefeiert. Die im Sarg aufgebahrte **Marienfigur** wird aus der Klosterkirche *Santa Catalina de Siena* getragen. Sie trägt ein goldbesticktes Kleid, das von einem jungen Mädchen aus bester Familie stammt. Auf der Flucht vor ihrem ungeliebten Bräutigam fand es im Kloster Zuflucht und spendete zum Dank ihr Hochzeitskleid nebst einer Edelsteinkette. Die flehenden Rufe des verlassenen Ehemanns glauben manche noch heute des Nachts in La Laguna zu hören.

Palacio de Nava

Dieser Palast aus schwerem grauen Stein (1585) rechts neben dem *Convento* soll zu einem Hotel umgebaut werden. Die ursprüngliche Renaissance-Fassade ist im Laufe der Jahrhunderte durch etliche manieristische, barocke und klassizistische Stilelemente verändert worden. Eine Besichtigung ist zur Zeit nicht möglich.

Bars

Die rechte Seite des Adelantado-Platzes wird von zwei Bars unter Arkaden eingenommen. Die ***Casa Santos*** und die ***Perla de la Caribe*** stehen mit einem Bein in Südamerika, denn wer hier nicht die typischen in Kakao getunkten ***Churros*** zum Frühstück ißt, greift zumindest gern zu den ***Arepas***, gefüllten Maistaschen aus Venezuela. Aus der Musikbox oder vom Markt her erklingen oft Merengue-Klänge.

Ermita San Miguel

Gleich links neben dem *Mercado Municipal* steht die kleine *Ermita San Miguel* (➢ Seite 140). Sie bietet heute als *Sala de Exposiciones* wechselnde Ausstellungen. Der benachbarte neue ***Palacio de Justicia*** fügt sich harmonisch in die alten Gebäude. Er bildet den Abschluß der unteren Platzseite.

Casa de Padre Anchieta

Die Hausnummer 10 neben dem *Hotel Nivaria* trägt den Namen des Jesuitenpaters *Anchieta*, dem Gründer Sao Paulos, der durch die Christianisierung Brasiliens in die Kirchengeschichte einging (➢ »Persönlichkeiten«, Seite 500). Das ursprünglich schlichtere Haus wurde vor kurzem erweitert. *Padre Anchietas* Statue als Mönch steht neben der *Autopista del Norte* etwas oberhalb der Ausfahrt zu den *Cañadas*/Teide Nationalpark.

Hotel Nivaria

La Lagunas bestes Hotel bezieht seinen Namen aus der kirchlichen Bezeichnung des Archipels, *Obispado Nivariense* (Bistum Nivaria). Beim *Nivaria* handelt es sich um ein angenehmes Stadthotel mit Cafeteria, dessen Apartments alle über eine kleine Küche verfügen.

Das graue Gebäude nebenan gehört der spanischen *Telefónica*.

Iglesia de Santo Domingo

Wer neben dem *Hotel Nivaria* in die Calle Santo Domingo einbiegt, sieht nach wenigen Schritten die *Iglesia Santo Domingo*. Die Anbauten der ursprünglichen Kapelle wurden im 17. Jahrhundert durchbrochen und erweiterten als Seitenschiffe diese einfache Kreuzkirche.

Die Prozessionsmonstranz ***Custodia*** aus dem 18. Jahrhundert (*Ildefonso de Sosa*) gilt als die kunstvollste der Kanaren. Die expressionistischen Fresken in Hauptschiff und Presbyterium stammen von Kastilianer *Mariano de Cossio*.

Die hohen Mauern an der Kirche gehören zum Dominikanerkloster, dessen Lehrstuhl für Grammatik, Logik und Philosophie (seit 1532) die erste höhere Bildungsanstalt in La Laguna war.

Ayuntamiento und Casas Consistoriales

Das graue klassizistische Eckgebäude in der Calle Consistorio, Ecke Calle Obispo Rey Redondo am Plaza Adelentano ist La Lagunas **Rathaus** (*Ayuntamiento*) und gehört zum Gebäudekomplex der *Casas Consistoriales* (Stadtverwaltung), der sich in der Calle Obispo Rey Redondo bis zur nächsten Querstraße zieht.

Das rötliche Haus mit neogotischen Fensterornamenten links vom *Ayuntamiento* (Anfang 20. Jahrhundert) war das *Antiguo Colegio de Las Domenicas* und beherbergt heute das **Stadtarchiv**.

Im Treppenaufgang des *Ayuntamiento* befinden sich **drei Fresken**. Sie zeigen die Unterwerfung der Guanchen unter *Lugo*, die Erscheinung der Jungfrau von Candelaria und die Aufwartung der *Menceys*, der Guanchenkönige, am Hofe der *Reyes Católicos*.

Zugang zu den Fresken findet man über den Eingang zu den *Casas Consistoriales* in der Calle Obispo Rey Redondo. Dort fragt man nach den *murales históricos*.

Amaro Pargos Schatz

Der aus La Laguna stammende *Amaro Rodriguez Felipe Tejera Machado* ging als ***Amaro Pargo*** in die Inselgeschichte ein. Nach einem Streit mit seinem Vater heuerte er als Pirat an. Er beraubte nur reiche Leute und kaufte viele Grundstücke bei Punta del Hidalgo. Seine Freundin, die Nonne *Sor Maria de Jesús* aus dem Kloster *Santa Catalina*, beschenkte er regelmäßig. Drei Jahre nach *Sors* Tod wollte er sie exhumieren und in einem Sarg beerdigen. Unverwest fand er ihren Leichnam vor, der daher bis heute alljährlich am 15. Februar in der Klosterkirche besichtigt werden kann.

Amaro Pargo starb am 4. Oktober 1747 und liegt im rechten Teil des Kirchenschiffs der ***Santo Domingo***. Sein Haus, das wegen eines angeblichen Schatzes einst von Besuchermassen heimgesuchte *Casa Pirata*, ist zerfallen.

Casa del Corregidor

In der sienafarbenen *Casa del Corregidor* (Haus des Vogts, Calle Obispo Rey Redondo) residiert heute der ***Alcalde***, der Bürgermeister. Das Portal der *Casa Corregidor* (1545) ist durch seinen kunstvoll-plataresken Steinaufsatz besonders prächtig (➢ »Architektur«, Seite 507).

Casa del Alhóndiga

Alhóndiga bedeutet Kornmarkt. Dieses blaue Gebäude aus dem 18. Jahrhundert war früher einmal der Speicher des Rathauses für Weizen und Wein.

Casa del los Capitanes Generales

Dieser klassische Palast aus der ersten Hälfte des 17. Jahrhunderts (auch *Casa Alvarado Bracamonte* genannt) war offizielle Residenz des Feldmarschalls von Teneriffa bis zum Jahre 1723. Besonders schön ist der Patio mit Säulen aus rötlichem Stein. Dort befindet sich in der *Sala de Exposiciones* eine Gemäldegalerie mit wechselnden Ausstellungen. (Bei solchen *Exposiciones* befindet sich der Eingang um die Ecke in der Calle Viana.)

Calle Obispo Rey Redondo

An dieser engen Einkaufstraße befinden sich viele gute Bekleidungs- und Schuhgeschäfte. Typisch kanarisch ist die bedenkenlose Mischung von alten und neuen Gebäuden.

Leider stört der meist immense Verkehr beim Bummel.

Plaza de la Catedral

Schier endlose schlanke Palmen, große ***Araucarcias*** (Schirmtannen) und urige Drachenbäume prägen die Plaza de la Catedral, die begrenzt wird von einem kleinen Ententümpel. Schon 1511 stand hier eine kleine Ordenskapelle. 1820 erhielt die ***Santa Iglesia Catedral*** ihre heutige klassizistische Fassade.

Die massiven Innensäulen sind aus grauem Basalt. Rechts in der Seitenkapelle findet man ein barockes *Retablo* mit flämischen Gemälden, das der im Zentrum stehenden *Virgin de los Remedios* geweiht ist, etwas abseits den Grabstein des spanischen Conquistadors *Lugo*.

Von außerordentlichem Reichtum zeugt auch die **Marmorkanzel**. Nur die Treppe ist aus dem hier sonst üblichen Baustoff Holz. Die vielen feinen Silberschmiede-Arbeiten stammen aus Córdoba und Südamerika.

Teatro Leal

Auffällig ist danach rechterhand die elaborierte Jugendstil-Fassade (*Modernismo*, ➢ Seite 509) des ***Teatro Leal*** von 1915. Im Eingangsbereich befindet sich eine Galerie.

Hotel Aguere

Schräg gegenüber in der alten Bischofs-Residenz (ursprünglich: *Casa de Torre Hermosa*) befindet sich heute das ***Hotel Aguere***. Sehenswert sind der lichtdurchflutete, verglaste Patio und die schönen Mamorfußböden. Hier traf sich in der ersten Hälfte des 18. Jahrhunderts einer der inselweiten ***Tertulias***, Diskutierzirkel, die für die aufklärerischen Ideen aus Europa offen waren. Ihre Mitglieder reichten indizierte Bücher weiter, verfaßten politisch-satirische Flugschriften und förderten Schulwesen und Handwerk. Heute befindet sich im Innenhof das beliebte ***Café Olala***. (➢ Seite 499).

Plaza de la Concepción

Im spitzen Winkel trifft hier die Calle Obispo Rey Redondo auf die Calle Capitán Broton und gibt der kleinen Plaza de la Concepción ihre dreieckige Form. Den Platz beherrscht eine riesige Schirmtanne, die alljährlich zur Weihnachtszeit über und über mit bunten Paketen geschmückt wird.

Gourmets kommen im Bereich dieser Plaza gleich dreifach auf ihre Kosten: Der ***Campos de Fresca*** ist eine reichsortierte Vinothek, in der ***Casa de Dario*** gibt's prima *Tapas* zum Mitnehmen und gleich nebenan bietet die ***Pasteleria La Princesa*** so leckeres Gebäck, daß man am Wochenende Schlange stehen muß.

Iglesia de la Concepción

Schon von der Plaza sieht man das Wahrzeichen von La Laguna, den fast freistehenden Turm der ***Iglesia de la Concepción***, der ältesten Kirche La Lagunas (1496). Sie wurde fortwährend baulich verändert. So finden sich neben Merkmalen der Renaissance auch gotische und barocke Stilelemente. Der Glockenturm wurde 1697 aus *piedras molinos* hochgezogen, besonders hartem Basalt, der an sich für Mühlsteine verwendet wurde. Seine Kanten bestehen aus dem üblichen dunkelgrauen Basalt.

Das Hauptschiff ist durch Torbögen mit gelblichen und rosafarbenen Tuffstein-Säulen von den beiden Seitenschiffen getrennt. In den zum Turm aufschließenden Seitenkapellen sind kunstvoll geschnitzte Holzaltäre zu sehen. 1972 brach ein großer Teil des *Mudejar*-Daches ein und wurde durch eine unbemalte Kassettendecke ersetzt.

Besonders fein gearbeitet ist die barocke **Kanzel** aus Kiefernholz. Beeindruckend sind auch die **Silberarbeiten**, vor allem am wunderbaren Altar für die *Señora de la Concepción*. Keramik aus Sevilla schmückt das Becken, über dem auch schon Guanchen getauft wurden.

Seit 1947 hat die *Concepción* den Status eines nationalen Kulturdenkmals. Besuchszeit Mo-Fr 10.30-12.30 Uhr.

Plaza Junta Suprema

Dem Kirchturm gegenüber zweigt die kurze Calle Belén vom Ende der Calle Obispo Rey Redondo ab. Sie führt auf die Plaza Junta Suprema, einen mit herrlichen ***Araucarias*** bestandenen Platz.

Iglesia de la Concepción

Paseo Camino Largo

Von der Plaza Suprema ist es nicht weit zu einem schönen **Wohnviertel** La Lagunas. Die von dort nach Nordosten abzweigende Avenida Silverio Alonso bringt einen über den ***Parque de la Constitución*** zum Paseo Camino Largo. Diese autofreie, dicht mit Palmen bepflanzte Allee führt vorbei an alten Villen in üppigen Gärten: Wohnen in einer stillen Oase mitten in der Stadt.

Anschluß an den Stadtrundgang findet man über die Calle Rodríguez Moure, die auf die Calle San Augustin stößt.

Convento de San Augustín

Der spitze Winkel der Plaza Junta Suprema zeigt in die Calle San Augustín, über die man an der Ecke Calle Rodríguez Moure zum *Convento de San Augustín* gelangt. Dieser weitläufige Gebäudekomplex mit baumbestandenem Eingangsbereich war bis zur Säkularisierung im 19. Jahrhundert Augustinerkloster und 1742-1747 Sitz der ersten kanarischen Universität. Bis ins 20. Jahrhundert hinein wurde hier ganz weltlich studiert. Heute ist im erhaltenen Gebäudeteil die angesehene Privatschule *Cabrero Pinto* untergebracht.

Links um die Ecke, in der Calle Juan de Vera schließt sich das (geschlossene) *Hospital Dolores* an.

Convento de San Augustin, heute Privatschule Cabrero Pinto

Casa Salazar

Auf der gleichen Straßenseite der Calle San Augustín folgt die *Casa Salazar*, ein Palast reicher Kaufleute aus dem 17. Jahrhundert, mit einer imposanten grauen, verschlossen wirkenden Steinfassade aus der Übergangszeit von der Renaissance zum Barock (1664-81). Erst ein Blick in den Patio offenbart, daß dies die Residenz des Bistums Nivaria ist.

Lange Zeit war das Gebäude als Casino ein gesellschaftlicher Treffpunkt, wo auch kulturelle Veranstaltungen stattfanden. *Teobaldo Power*, bekannter kanarischer Musiker, komponierte hier Teile der *Cantos Canarios*, ➢«Personen«, Seite 500.

Geschichtsmuseum

In der Calle San Augustín 22 (Ecke Calle Tabares de Cala) liegt die herrlich restaurierte *Casa Lercaro* (1593) der gleichnamigen genuesischen Kaufmannsfamilie. Es ist – weil es das ***Museo de Historia de Tenerife*** beherbergt – das einzige zu besichtigende Patrizierhaus. Allein deswegen lohnt ein Besuch.

Die Museumsabteilungen wurden mit viel Liebe informativ gestaltet. Thematisiert sind die Geologie der Insel, die *Conquista* (Eroberung), die Christianisierung, Sozialgeschichte als spanische Kolonie, Kartographie, Entwicklung von Handwerk wie Landwirtschaft, Emigrationswellen und ökonomische Umbrüche.

Zwar erfolgen alle Erklärungen auf Spanisch, aber an der Kasse gibt es leihweise eine deutsche Übersetzung.

Di-So 9-20.30 Uhr, Mo (und am 24./25. sowie 31.12. und 06.01.) geschlossen; €2,50; Mi freier Eintritt.

Zurück zum Ausgangspunkt

Am Ende der Calle San Augustín passiert man das erwähnte **Casino** und erreicht über die Calle de Nava y Grimón wieder den Ausgangspunkt Plaza del Adelantado.

Zwei Abstecher

Santuario de La Laguna

Die auf den Kanaren meistverehrte Darstellung der Kreuzigung Jesu, das ***Santuario del Santisimo Cristo de la Laguna***, befindet sich in der Kapelle des Franziskanerklosters an der Plaza San Francisco. In der Klosterkapelle wird alljährlich am 14. September La Lagunas höchstes Fest gefeiert. Dann wird der ***Cristo de La Laguna*** verehrt, eine kunstvoll geschnitzte Holzskulptur Jesu in einem silbernen Retabel. Das Kruzifix ist ein Geschenk an *Lugo*, der es 1520 auf die Insel brachte. Die Herkunft ist nicht erwiesen. Manche Experten halten es für das Werk eines Brabanter Künstlers, andere ordnen es der Sevillaner Gotik zu.

Man erreicht den Platz (mit Tiefgarage) über die Calle de Nava y Grimón (vom *Casino* nach links) nach ca. 300 Metern. Auf dem Weg dorthin passiert man das *Convento de Santa Clara*, ein ehemaliges Nonnenkloster.

Plaza San Francisco mit dem Santuario de La Laguna

Museo de la Ciencia y del Cosmos

Eine gewaltige Parabolantenne, über die man extraterrestrische Wesen ausmachen könnte, macht das hypermoderne Gebäude unübersehbar. Nach amerikanischem *hands-on*-Vorbild werden jung und alt 60 physikalische Gesetze nahegebracht. Kinderleicht erkennt man auf Knopfdruck naturwissenschaftliche Phänomene und Zusammenhänge. Ein gutes Ziel für Eltern mit Kindern.

Via Láctea, Di-So 9-19, € 2,50 (Ermäßigung mit TITSA-Bonobus-Karte), sonntags frei, feiertags geschlossen.

Zufahrt zum Museum: Autopista del Norte, Ausfahrt »Avda. Trinidad«; diese (grüner Mittelstreifen) ganz bis ans Ende fahren, dort rechts bergab vorbei an der Tiefgarage *La Milagros* und beim grauen Steinkreuz (*Cruz de Piedra*) schräg links halten. Der **Bus 014** (ZOB Santa Cruz - ZOB La Laguna) hält vor dem Museum.

Radioteleskop auf dem Gelände des Wissenschafts-museums

2.2.3 Praktisches

Unterkunft

Je mehr La Laguna seine Restaurationsarbeiten als UNESCO-Weltkulturstätte vollendet, desto attraktiver wird die (demnächst ganz autofreie) Innenstadt auch als Standort für individuell reisende Touristen werden. Bislang besitzt die Stadt allerdings **nur zwei empfehlenswerte Hotels** (*Nivaria* und *Aguere*, ➢ Seite 552).

Allgemein

Information – **Info-Kiosk** auf der Plaza de Adelantado beim *Mercado*.

Post – Postamt bei der Kirche *Santo Domingo* in gleichnamiger Calle.

Polizei – Polizeiwachen neben dem *Ayuntamiento* in den Calles Consistorio und de Nava y Grimón (kurz vor der Plaza San Francisco)

Kliniken – ***Hospital Universitario de Canarias*** (H.U.C.) direkt an der Autobahn; ✆ 922-678000 (Zentrale), Info unter ✆ 922-678283.

Notfall-Info – ✆ 922-678284 ***Hospital Nuestra Señora de los Dolores***, Calle Juan de Vera 9, ✆ 922-259741

Fundbüro *Objetos Perdidos* (*policía*), Calle del Rosario 4; ✆ 922-251080

Busstation **Zentrale Haltestelle** Calle San Augustin unweit der Autobahn

Einkaufen

Märkte Märkte täglich bis 13 Uhr Lebensmittelmarkt mit Fisch und hervorragendem Gemüse im ***Mercado*** an der Plaza del Adelantado. ➢ Seite 151

Einkaufscenter ***Shopping Mall*** direkt an der Nordautobahn, Ausfahrt als **Centro Comercial** ausgeschildert. Komplex mit *Al Campo* (Lebensmittel und Kaufhaus), C&A, IKEA, Leroy Merlin (Baumarkt), Spielwaren *Toys-R-us* und ein großes Sportkaufhaus (Decathlon); **MULTICINE** mit 20 Kleinkinos.

Naturkost ***Herbolario La Campesina***, Calle San Augustin 24.

Tabakwaren ***Candela***, ein eleganter Tabakwarenladen und Hand-Herstellung; Calle Bencomo 23, ✆ & Fax 922-314083.

Buchläden ***Librería Lemus***, größte (Uni-) Inselbuchhandlung, Calle Heraclio Sánchez 64, ✆ 922-251145 und Calle Catedrál 29, ✆ 922 251 461.

El Águila, Calle Obispo Rey Redondo 43, ✆ 922-259732.

Das umfangreichste Angebot an spanischer Literatur über die kanarischen Inseln findet man in der ***Libreria Identidad***, verbunden mit der ***Casa Cultura de Canarias*** in Sichtweite des Busbahnhofs; C/Daute, Ecke Cruz de Candelaria, ✆ 922-827800.

2.2

Restaurants

Nur in den Touristenzentren im Süden gibt es mehr Restaurants als in La Lagunas Umgebung (➢ Kasten »Restaurantstraßen«, Seite 161, und Kasten »*Guachinches*«, Seite 377). Im Zentrum findet man dagegen auf den ersten Blick kaum einladende Lokale.

Im Bereich des Stadtrundgangs zu empfehlen sind:

- ***Casa Maquila***, einfache, klassische kanarische Küche in einem schlichten spanischen Ambiente in der kleinen Gasse Callejón Maquila (rückwärtiger Häuserblock des *Hotel Aguere*): ✆ 922-257020, preiswert: €15, Di geschlossen.
- ***El Maestro***, freundliche *Tasca*, Calle Viana 45 (Querstraße zur Obispo Rey zwischen Kathedrale und Plaza Adelantado). €18; täglich 13-16 und ab 20.30 Uhr, So Abend und Mo geschlossen.
- ***Patio Canario***, netter einfacher Patio, abends manchmal Folklore, Calle Manuel de Osuna 8 nahe der Kathedrale. €20; täglich 11-16.30 und 20-23.30 Uhr, Mo geschlossen
- ***Osteria de la Andrea***, modern-gemütliche Räume, feine Italoküche, hausgemachte Pasta, Produkte aus biologischem Anbau. Calle Dean Palahi 26 (kleiner Weg von der Plaza de Adelantado Richtung Kathedrale), €25; ✆ 922-260501; So geschlossen
- ***Las Cazuelitas del Marques;*** kreative, leichte Küche, freundliche Atmosphäre. C. Herradores 105 (Nähe *Iglesia de la Concepción*); €20; ✆ 922 251 975, 12-16 und 20-24 Uhr, So geschlossen.

Einladendes Schild vorm Tapa-Restaurant La Carpinteria

- ***El Secreto*** in einem stivoll restauriertem altkanarischen Haus mit Patio bietet feine französische Küche für den besonderen Abend. Moderate Preise bei guter Qualität; €25; Calle Ascanio y Nieves 6; Mo 20-24, Di-Sa 13-16 und 20-24 Uhr; So und Mo mittag geschlossen; ✆ 922-259226
- ***La Carpintería***, mittags recht lebhafte *Tasca* mit guten *Tapas*, Calle Nuñez y la Pena, Ecke Calle Capitano Brotons, So geschlossen.

Universitätsviertel

Das altkanarisch gehaltene Hauptgebäude der Universität aus den 1950er-Jahren grenzt an weitläufige Campus-Grünanlagen südlich der Altstadt. In den 1980er-Jahren begann die Universität, aus allen Nähten zu platzen, und man erweiterte den Komplex nach Süden (*Campus de Guajara* entlang der Autobahn).

Studentenkneipen

Das studentische Leben spielt sich nahe des alten Hauptgebäudes ab, beiderseits der **Calle de Heráclio Sánchez**.

Während in dieser Straße selbst eher studentische Billigkneipen und einfache Lokale zu finden sind, stößt man in den **Nebenstraßen** – Calle de la Catedral, Calle Dr Antonio Gonzalez, Plaza Dr. Juan Regulo, Calle Dr. Zamenhof (Erfinder des Esperanto) – auf diverse attraktive (Musik-) Kneipen und Discos. Nicht nur an Wochenenden ist es brechend voll, jedoch immer erst sehr spät abends ab ca. 23 Uhr.

(Musik-)Kneipen und Restaurants

- ***La Tahona***, *Cerveceria/Bodega/Cocina*, Calle Catedral 3.
- ***Cerveceria Catedrál***, Calle Catedral
- ***El Buho***, *Jazz-Bar* an der Stirnseite des Plaza Dr. Juan Regulo

Besonders beliebt sind das ***Sokrates***, das kubanische ***Azúcar***, der ***Rincón Arabe*** (Calle Dr. Zamenhof 16), das vegetarische ***Suribachi*** im Gebäude *Edificio Galaxia* (Calle Heraclio Sanchez) und ***Tex-Mex*** in der Calle María de Christo Ossuna 12

Discotheken

Die großen Discos liegen außerhalb der Stadt:

- ***Rick's Cafe,*** an der Autobahnausfahrt *Los Rodeos*
- ***Nooctua*** (Dependance der gleichnamigen Discos in Las Américas und Santa Cruz) an der TF 236 vom Flughafen nach Westen.

Internetcafé

Cyber La Laguna, Calle Catedral 33, ✆ 922-825120

Hacker & Co, Calle Catedral 18

Internetcaf.es, Avenida de Los Menceyes 7, Ecke Avda de Carlo Sotelo; täglich 7.30-24 Uhr; ✆ 922-26404

Restaurantstraßen um La Laguna

Der familiäre Exodus aus den Städten am Samstag- und Sonntagmittag gilt nicht nur den *Guanchinches* (➢ Kasten Seite 377), sondern auch den unglaublich vielen feinen oder rustikalen und einfachen Restaurants, wie man sie insbesondere nordöstlich der Linie La Laguna–La Esperanza an den Hängen findet. Im Sommer entfliehen viele *Tinerfeños* gern der sommerlichen Küstenhitze. Aber auch in den Wintermonaten wundert sich der Fremde über Autobahnstaus um 17-19 Uhr. Dann fahren die *Canarios* mit Kind und Kegel wieder nach Hause zurück – gut gelaunt und noch besser genährt.

Inselweit gilt die **Faustregel**: **am Meer Fisch, am Berg Fleisch**. Und da man eher in Küstennähe wohnt, müssen es Meeresfrüche nicht auch noch am Wochenende sein. Kurz, beim Bergausflug sind Kaninchen, Huhn, Schwein und Ziege die Favoriten, denn »wo koa Alm, da gibt`s koa Rind«. Die *Barrancos* sind für saftiges Weideland zu steil und trocken. Das *Solomillo* (Rinderfilet) steht zwar auf den Karten, aber es kommt oft von der achten Insel des Archipels, Südamerika, und ist deshalb ein ganz besonderer Leckerbissen.

Die Bestellung ist nicht selten kurz und bündig. In Kenntnis der durchschnittlichen Vertilgungsmenge seiner vielköpfigen Lieben ordert der Familienvater beispielsweise »***tres***« und prompt kommt eine 3 kg-*Parillada* (gemischte Grillplatte) auf den Tisch und dazu das kanarische Beiwerk Wasser, Wein, ein gemischter Salatberg, *papas arrugadas con mojo*, *postres* und *café*. Für den autofahrenden Papa gibt's zum Schluß noch eine Zigarre (*puro)* und einen doppelten Brandy, damit er auf der Heimfahrt die Kurven schwungvoll nehmen kann.

Beispiele für Restaurantstraßen:

Von Los Rodeos nach Tacoronte

Die küstenseitige Parallelstraße zur Autobahn (*Carretera General*, TF 152) zwischen den Ausfahrten Los Rodeos und Tacoronte hat – so scheint es – weit mehr Lokale als Chausseebäume.

Da in der Region die betuchtere Klientel wohnt, denen weniger der Sinn nach Landarbeiterportionen an Plankentischen mit Holzhockern steht, haben sich zwischen Los Rodeos und Tacoronte an der alten Landstraße die vornehmeren Restaurants angesiedelt. Sie bieten verfeinerte kanarische Küche, aber auch kontinentale Gastronomie. Da darf der französische und italienische Einschlag nicht fehlen. Auch Brasilien ist mit einer *Churrasquería* vertreten.

Empfehlungen im einzelnen:

Akaimo, rustikale Eleganz in Guamasa (km 14,8); prima spanische Küche verhältnismäßig preiswert: €15-22; Di-Sa 13-24, So 12.30-17, ✆ 922-637840.

El Tablón de la Canela, Tacoronte (#457), abwechslungsreiche Küche auf sehr gutem Niveau, tolles Ambiente; € 21; täglich 13-24, ✆ 922-637889.

Los Arcos, Tacoronte (#254), klein und intim, internationale Küche mit Fondue und Chateaubriand, € 21, täglich 12-24, ✆ 922-560965.

Los Limoneros, Tacoronte (km 15,5), Top-Restaurant, beliebt für Geschäftsessen, elegant und teuer, internationale Küche; etwas *overstyled*, €42, Mo-Sa 13-24, So geschlossen, ✆ 922-922-636637.

Churrasquería Rodeo, Carretera General des Norte 441, Tacoronte (neben dem *Los Limoneros*); typisch brasilianisch: in einer riesigen Halle gibt es für € 12 perfekt gegrilltes Fleisch jeder Art und Salatberge bis zum Abwinken; täglich 13-16 und 20-00, abends ab 21 Uhr Live-Musik. So abend und Mo geschlossen; Kinderspielplatz; © 922-719236 und 637020

El Campo, Tacoronte, einfaches Grillrestaurant, rustikal, € 18, täglich 13-23, So 13-17 Uhr, Sept. geschlossen, © 922-561761.

Von Los Rodeos nach Agua García

Man nimmt die Autobahnausfahrt *Los Rodeos*, fährt auf das Flughafenterminal zu und biegt rechts auf die Landstraße Richtung Agua García ab. Von dieser bergseitigen Parallelstraße zur Autobahn Richtung Puerto zweigt dann links (bergauf) die **TF 237 nach Agua García** (6 km) ab.

Sie ist beidseitig gesäumt mit besagten ***Guachinches***, kleineren und größeren Restaurants, wie dem *Los Junquitos* und *Mi Abuela II*. Auf 700 m Höhe in Agua García liegt Richtung Ravelo das volkstümliche *Taburiente* und gleich daneben das altrosafarbene, feinere *Taburiente II*, beide mit weitem Blick über das Meer, die Berge und das bebaute Tal.

Mi Abuela II, gute Fleischgerichte, Würste und argentinische Steaks, beliebt; € 15, Di-So 13-16.30 und 20-24 Uhr, Mi und So abend zu, © 922-567359.

El Balcón de Tacoronte/Bar-Restaurante Taburiente; Ausflugslokal mit Terrasse und tollem Küstenblick; typische kanarische Küche; Carretera Agua García (TF 237), 500 m hinter der TEXACO-Tankstelle; © 922-584428

Für leckere Desserts fahren Canarios an den östlichen Ortsausgang von Agua García (TF 237, km 4,1); dort gibt's in ***El Gato Goloso*** (Naschkatze) Torten und Eis, aber auch Pizzas und Tapa-Gerichte.

Abstecher

Wer nicht nach Agua García abzweigt, sondern weiter parallel zur Autobahn Richtung Puerto de la Cruz fährt, passiert links die von Küche und Ambiente sehr empfehlenswerte ***Casa del Millo***, ein Lokal in einer liebevoll restaurierten *Finca* mit Garten. Zum Ambiente paßt die hervorragend verfeinerte spanische Küche mit kanarischen Spezialitäten; angenehmer *Tapa*-Raum, € 25, täglich 13-16 und 20-23.30 Uhr, So Abend geschlossen; © 922-637073.

Von El Portezuelo über El Soccorro nach Tegueste

Zufahrt über die *Autopista del Norte*, Ausfahrt *Los Rodeos*. Dann folgt man der meerseitig parallel zur Autobahn Richtung Puerto verlaufenden Landstraße, von der man nach wenigen hundert Metern rechts bergab nach El Portezuelo/Tegueste abzweigt.
Einzelempfehlungen unter Tegueste, ➢ Seite 388.

Von La Laguna nach Esperanza

Zufahrt über die Autobahn, Ausfahrt *Parque Nacional del Teide/Cañadas*.

Auf der Strecke beginnt in etwa 900 m Höhe der Kiefernwald. Auf dem Weg dorthin liegen ebenfalls einige rustikale Restaurants, ➢ Teide-Auffahrten von der Ostseite bzw. ab La Laguna, Seite 397f.

2.3
Bereich
Anagagebirge

2.3 Bereich Anagagebirge

2.3.1 Das »andere« Teneriffa

Landschaftsbild

»Besuchen Sie das andere Teneriffa!« – so werben Bus-Unternehmen für ihre Tagesausflüge ins Anagagebirge. Der Slogan stimmt, denn der Nordosten der Insel ist der Kontrapunkt zu den Urlaubszentren im Süden: abgeschieden und untouristisch in wildromantischer, spektakulärer Natur. Die Berge sind kantiger und grüner, die Gipfel schroffer und zackiger, die Schluchten tief und schmal, die Küsten zerklüftet und die wenigen Strände klein und unzugänglich. Ein Anaga-Ausflug an einem schönen Tag mit klarer Sicht bleibt ein unvergessliches Erlebnis.

Der Grund für diesen abrupten Landschaftswechsel ist geologischer Natur. Die beiden äußeren Inselzipfel im Norden, das Teno- und das Anagagebirge, sind die ältesten Teile Teneriffas und waren zwei separate Eilande, bevor sich Millionen Jahre später das Teidemassiv aus dem Atlantik erhob und alles überragend dazwischenschob (➢ »Entstehung Teneriffas«, Seite 14).

Enge Straßen, viele Kurven

Die geologischen Bedingungen haben die Menschen jahrhundertelang extrem gefordert – und tun es auch heute noch: zwar gibt es schon seit 50 Jahren eine asphaltierte Kammstraße, aber so mancher abgeschiedene Weiler wurde erst in den 1960er-Jahren für Pkws erschlossen. Das Fahren auf den engen Straßen erfordert volle Konzentration, denn in den unzähligen Serpentinen kommt das Lenkrad – und oft auch der Magen – nicht zur Ruhe. Ein Bus von vorn heißt immer: vorsichtig manövrieren, zur Not auch zurücksetzen zur nächsten Ausweichstelle.

Wichtig!

Im Anaga gibt es **keine Tankstellen**, und fast alle **Restaurants** bleiben **montags geschlossen**.

Beste Ausblicke Auf den Aussichtspunkten, den ***miradores*** an der Kammstraße, wird man für alle Anstrengung reich belohnt. Wie aus dem Flugzeug schaut man aus 1.000 m Höhe über Berge und Täler, mal zur einen, mal zur anderen Inselseite, auf kleine weiße Dörfer, die Hafenanlagen von Santa Cruz oder Puerto de la Cruz, mal auf den Teide-Kegel, mal übers Meer bis Gran Canaria. Mit einer einzigen Körperdrehung sieht man alles zugleich.

Monteverde Wie ein Wall stellen sich diese Berge dem feuchten **Nordostpassat** in den Weg und zwingen ihn aufzusteigen. Dabei kühlt er ab und kondensiert zu **Wolken**, die die Nordhänge einhüllen oder fetzenweise in Schwaden über den Kamm jagen. Dies ist die Welt der *Monteverde*, der immergrünen Berge, mit feucht-kühlem Klima, wo im Schutze des dichten Lorbeerwaldes viele Farnarten und Moose gedeihen. Auch auf die südlichen Berghänge schwappen die Wolken noch ein wenig über. Diese Nebel erwärmen sich auf der südlichen Anagaseite schnell wieder und erreichen die Küste als warmer Fallwind. Entsprechend karg sind die Südhänge,die nur nach den ersten Winterregen von sprießenden *Tabaibas* (Wolfsmilch) mit einem grünen Schimmer überzogen werden.

Anagagebirge

Infrastruktur

Ein halbes Dutzend kleiner Weiler liegt im Anagagebirge. Es sind keine Fischer- sondern **Bergdörfer**, alle auf der grünen Nordseite, eingebettet in fruchtbare, aber winzige **terrassierte Felder**, die durch mühsames Aufschichten von Lavageröll entstanden sind. Viele ihrer Mauern sind zerfallen, die Felder liegen brach, denn die Anaga-Jugend hackt lieber am Computer als in der Scholle. Man sieht hier überwiegend ältere Menschen, die dem gewohnten Leben treu geblieben sind. Davon profitieren die relativ wenigen Touristen. Sie finden in jeder Ortschaft zumindest einen Laden, ein einfaches Restaurant oder eine *Tapa*-Kneipe. Allerdings **keine einzige Tankstelle** und selten eine Telefonzelle. Zumindest zwei, drei Busse pro Tag verbinden selbst noch das kleinste Kaff mit dem Rest der Welt.

Terrassierte Felder an Steilhängen, typisch fürs Anaga

Frisch und kühl

Selbst im Sommer sollte man besser eine wärmende **Windjacke** oder einen **Pullover** dabei haben. Auch wenn die Sonne scheint, kann es hier oben merklich kälter sein (bis ca 10°C), als unten an der Küste. Abends im Frühjahr und Herbst wissen die Bergbewohner ein wärmendes Kaminfeuer zu schätzen – im Winter sowieso.

Für einen Anaga-Ausflug sollte man früh aufstehen, denn meist setzt die Passat-Wolkenbildung schon mittags ein.

Wandern

Unter Wanderern ist das Anagamassiv populär. Doch muß schon recht gut zu Fuß sein, wer sich die landschaftlichen Schönheiten erwandern will. Die Wege sind schmal und steil, die Höhenunterschiede gewaltig und die Ausschilderungen nur sporadisch und mäßig bis schlecht. Außer einer vernünftigen Ausrüstung sollte man die Wetteraussichten im Kopf und die Bus-Fahrpläne in der Tasche haben, wenn man keinen Rundweg, sondern von A nach B gehen will.

Wer auf eigene Faust aufbricht, muß sich also schon etwas vorbereiten und mit An- und Rückfahrt einen ganzen Tag einplanen, denn außer in Benijo (3 Zimmer, ➢ Rundreise-Unterkünfte, Seite 573 und dem Wanderhotel ›Albergue‹ ➢ Seite 553) gibt es keine Übernachtungsmöglichkeiten. Wer sicher gehen will, schließt sich einer geführten Wanderung an, wie sie in den Touristenhotels angeboten werden.

Einige **leichte Wanderungen** werden im Folgenden jeweils am entsprechenden Ort empfohlen. **Zwei längere Wanderungen** sind am Kapitelende beschrieben. Auch auf die an der Straße aufgestellten Wegweiser der Naturschutzbehörde ICONA wird hingewiesen.

Geologie

Entstehung des Anagagebirges

Die bizarren Felsformationen im Anagagebirge wecken spontane Assoziationen an Urgestein und Dinosaurier, aber mit den ersten Ausbrüchen oberhalb des Meeresspiegels vor 7 Mio Jahren sind sie – erdgeschichtlich gesehen – jung. Dieses Gebirge ist geradezu ein geologisches Küken, wenn man bedenkt, daß es erst vor 3-4 Mio. Jahren seine heutige Form ausbildete. Das Zentrum der Lava-Emissionen lag entlang des Bergrückens, auf dem heute wie auf einem Spitzdach die Kammstraße entlangläuft.

Die Eruptionen ergossen sich nach beiden Kammseiten, phasenweise mal als leichtflüssiger, mal als zähflüssiger Lavastrom. Die auffällig hellgelbliche Farbe vieler Bergkuppen geht auf die letztgenannten Laven zurück. Dazu kamen immer wieder explosionsartige Ausbrüche, vor allem im Gebiet zwischen Taganana und dem verlasssenen Dorf Las Palmas, bei denen große Mengen Gestein und Gas herausgeschleudert wurden. Den Rest erledigten über Jahrmillionen Wind, (Regen-) Wasser und die wechselnden klimatischen Bedingungen. Denn die vielen skurrilen Zacken, Felsfinger und Höhlen sind das Ergebnis zäher, aber beständiger Verwitterung.

Roques

Charakteristisch sind die *Roques* (»Turm« beim Schachspiel, ➢ »Lexikon Geologie«, Seite 439), mächtige Felsen, die bei späteren Ausbrüchen wie Raketen aus der Tiefe in die oberen weicheren Basaltschichten geschossen wurden und dort wie Propfen steckenblieben. Freigelegt wurden sie erst, als der Basalt erodierte, während sie als jüngeres und härteres Gestein Wind und Wetter widerstanden. Jetzt ragen sie wie Monolithe aus den Abhängen der Schluchten heraus. Manchmal erinnern sie an Zuckerhüte, z.B. der ***Roque de Taborno*** (das Matterhorn Teneriffas) und der ***Roque de Animas*** bei Taganana. Einige *Roques* stehen im Meer, und im Fall ***Roques de Bodega*** gegenüber großer Fischrestaurants.

Drachenbaum und Roque Bermejo

Gänge

Ein sogenannter Gang (span: dique, engl: *dike*) ist ähnlich wie die *Roques* entstanden, hat aber nicht die Form eines hochgeschossenen Felsklotzes, sondern erscheint als langgestreckte, **aufrechtstehende Schicht**: junges, hartes **Tiefengestein**, das bei späteren Ausbrüchen in den Spalten weicherer Erdschichten hochstieg, blieb wie eine Wand stehen, während das umgebende Gestein langsam verwitterte. Im Anagagebirge lassen sich solche Gänge gut ausmachen. Sie erinnern an eine mal mehr, mal weniger freigelegte chinesische Mauer.(➢ Seite 281)

Barrancos (Schluchten)

Ein weiteres Charakteristikum im (Teno- und) Anagagebirge sind die vielen steilen ***Barrancos***, weil es auf kleinem Raum viele Bruchspalten gab, durch welche Magma aufstieg. Wie tiefe Scharten liegen sie eng nebeneinander. Der Wechsel von Trocken- und Nassperioden führt bei tropischen Platzregen zu gewaltiger Abtragung. Gesteinsmassen, die durch die Schluchten hinuntergespült werden, schneiden sie immer tiefer ein. Am Ausgang der Schluchten lagern sich die Gesteinsmassen ab.

Auch die **Eiszeiten** wirkten sich aus. Durch das Sinken des Wasserspiegels in den Kälteperioden verlagerten sich die Mündungen der *Barrancos* deltaartig nach außen und wurden beim späteren Wiederanstieg des Wasserspiegels überschwemmt – Steilküsten waren die Folge.

Bevölkerung und Wirtschaft

Zuckerrohr und Kohle

Bereits Anfang des 16. Jahrhunderts errichteten die Spanier auf der Insel große Zuckerrohrplantagen – so auch im äußersten Nordosten. Das kleine abgelegene Bergdorf **Taganana** erlebte damals eine Blütezeit. Dort gab es Wälder und sprudelnde Bergbäche und damit die entscheidenden Rohstoffe für die Zuckerrohr-Verarbeitung, Holz und Wasser.

Mit Wasser wurden die Zuckermühlen betrieben und mit Holz der Zuckersirup (Melasse) verkocht. Zudem eigneten sich die harz-

Zeitgenössische Darstellung der Sklavenarbeit in den sog. Zuckermühlen

haltigen Baumstämme zum Bau und Abdichten von Wasserleitungen. Darüberhinaus gab es billige Arbeitskräfte ganz in der Nähe: alte Stiche zeigen, wie Negersklaven (aus Westafrika) die harte Arbeit in den Plantagen verrichten, ➢ Abbildung links.

Holzkohle

Doch schon nach wenigen Jahren intensiver Zuckerproduktion waren Anagas Holzreichtümer erschöpft und die Wälder kahlgeschlagen, zumal man sie obendrein nutzte, um Holzkohle für die Küchenherde der Insel herzustellen. Die Köhler-Wirtschaft gab Tagananas Nachbardorf **Las Carboneras** (Kohlenmeiler) seinen Namen.

Weinbau/ Malvasia

Die Konkurrenz aus Amerika beschleunigte Teneriffas Niedergang als Zuckerproduzent. Tagananas Plantagenbesitzer sattelten um auf Rebstöcke. Ihr roter, schwerer **Malvasier** – eine aus Kreta eingeführte Rebensorte – war bald vor allem an den europäischen Höfen und in England begehrt. Ein kanarisches Faß Wein kommt in Shakespeares »Fallstaff« vor, und Sir Walter Scott erwähnt den Tropfen in »Ivanhoe«.

Doch Geschmäcker ändern sich, und als die adligen Kehlen jählings andere Sorten bevorzugten, war Tagananas ökonomisches Schicksal besiegelt. Es fiel in einen 300-jährigen Dornröschenschlaf, als die Anbindung an den Rest der Insel und die internationalen Märkte nicht mehr von Bedeutung war.

300 Jahre Stillstand

Die Bauern ackerten nur noch für den Eigenbedarf auf den fruchtbaren, aber schweißtreibenden Terrassenfeldern (Mais, Weizen, Gerste, Kartoffeln). Viele wanderten ab, teils bis nach Südamerika. Die alte, einfache Infrastruktur verfiel, aber für die wenigen, die in der Abgeschiedenheit blieben, reichte es zum Überleben. Erst nach dem II. Weltkrieg wurden Anagas Bergdörfer mit Bulldozern und Asphalt aus ihrem Schlaf geweckt. Heute pendeln die Enkel der Berg- und Ziegenbauern zu ihren Arbeitsplätzen in den Städten und betreiben in ihren Gemüsegärten Weekend-Landwirtschaft.

Nur wenige Menschen verharren in ihren alten Traditionen. Man erkennt sie an hellen, schweren Filzumhängen (*mantas*). Ärmellos und knöchellang schützen sie vor kühlen Winden und kriechender Kälte. Ein Blick unter das Cape lüftet das Geheimnis: ihr wärmender Erfolg beruht auf der Doppellage des Stoffs.

Parque Rural de Ananga

Die Verlockung, auch das Anagagebiet für den Tourismus zu öffnen, war groß. Doch der Bau von Ferienhäusern und Hotels hätte die Schönheiten der Gebirgswelt zerstört. 1987 wurde Anaga zur geschützten Zone erklärt, und 7 Jahre später der *Parque Rural de Anaga* ins Leben gerufen.

Entwicklungsprogramme unterstützen die Wiederansiedlung von Landwirtschaft und die Erneuerung der Terrassenfelder. Eine bessere Infrastruktur soll die Agrarprodukte bequemer und schneller zum Markt gelangen lassen. Auch Aufforstung und Fischfang werden gefördert. Der **Tourismus** beschränkt sich hier weitgehend auf Ausflügler, die mit Bussen und Leihwagen kommen.

Flora und Fauna im Mercedeswald

Monteverde, die grünen Berge verdanken ihren Namen der sehr speziellen Vegetation in den Höhenlagen des Anagagebirges. Besonders auf Wanderungen vom Kamm die Nordseite hinunter erlebt man herrlich intakte Gebiete dieser immergrünen Pflanzenwelt (vor allem um Vueltas de Taganana und um die kleine Enklave Pijaral herum).

Laurisilva

Die Flora des *Monteverde* besteht hauptsächlich aus dem ***Fayal-Brezal*** und der ***Laurisilva***, von der nur noch 15% der einstigen Bestände erhalten sind. Zum *Laurisilva* zählen 15-20 Lorbeer-Baumarten, die durchschnittlich 8-10 m hoch sind, vereinzelt aber auch bis zu 20 m hoch werden können. Ihre Blätter sehen aus wie die von Gewürzlorbeer, sind aber für Wildbraten ungeeignet. Sein entfernter Verwandter, der *Fikus Benjamin*, steht bei uns in jedem größeren Hotel- und Bankfoyer. Dort muß man ihn im Winter hegen und pflegen, denn die trockene Zentralheizungswärme bekommt ihm nicht.

Kondensation

Die *Laurisilva*-Blätter brauchen viel Feuchtigkeit, die sie auf den Kanaren aus den Passatwolken ziehen. Da ihre elliptische Blattform einer flachen Sauciere ähnelt und ihre Oberfläche lederartig-wasserabweisend ist, kann das Kondenswasser gut über die kleine Tülle in der Blattspitze in den Boden abtropfen. Dort versickert es, bis es ein natürliches Reservoir erreicht hat. Folglich hat der Lorbeerwald für die Insel eine ähnliche Funktion wie die kanarische Kiefer (➢ Seite 415). Früher war dieses Hartlaubgewächs im ganzen Mittelmeerraum heimisch, bis es in der Eiszeit in wärmere Gefielde, nämlich auf die makaronesischen Inseln im Atlantik (Azoren, Madeira, Kanaren, Kapverden) vertrieben wurde – und in so manche deutsche Wohnstube.

Wandern zwischen bemoosten Bäumen und Farnen in der immergrünen Welt des Monteverde

Frucht des Lorbeerbaums
(Laurus azorica)

Riesenfarne Der **Lorbeerwald** wirkt auf den ersten Blick monoton, die verschiedenen Arten ähneln einander sehr und sind für den Laien oft nur an den Blüten oder Früchten zu unterscheiden.

Beim Durchwandern richtet sich der Blick in erster Linie auf die ungeheure Pflanzenvielfalt, die unter dem Blätter-Baldachin der Lorbeerbäume in Schatten und Feuchtigkeit prächtig gedeihen: **Farne**, **Moose**, **Flechten**, **Sträucher**, **Kletter-** bzw. **Rankpflanzen** und **Pilze**. Besonders eindrucksvoll ist ein Riesenfarn (***Pijaral***), dessen Wedel 2,50 m lang und 50 cm breit werden Die durch Verwesung der Pflanzen entstehende Biomasse führt zu stärkerem Wachstum der vielfältigen Flora, bremst die Erosion und reguliert den Wasserhaushalt der gesamten Region perfekt.

Blütenpracht Die meisten der *Laurisilva*-Bäume blühen zwischen Januar und März weiß. Besonders schön sind die weißen, traubenförmig angeordneten, duftenden Blüten der ***Hija*** (rote Beeren) und des ***Tejio*** (rosarot); beliebt ist die ***Reina del Monte***, ein Strauch mit intensiven gelben Blüten, ebenso die **Kanarenglockenblume**, ein leuchtend rotes Kriechgewächs. Besonders giftig ist der im Frühjahr orange-rot blühende **Kanarenfingerhut**.

Fayal-Brezal Oberhalb des Nebelwolkenfeldes oder auch unterhalb, auf der nicht so stark eingenebelten Südseite, schließt die ***Fayal-Brezal***, auch (Gagelbaum-) Baumheide genannte **Vegetationszone** an. Sie ist weniger artenreich als die *Laurisilva*. Dafür ist sie nicht so empfindlich, kann größere Temperaturschwankungen, mehr Sonne und Trockenheit ertragen. In weiten Teilen des Monteverde ist sie zur bestimmenden Vegetation geworden. Weil die edleren zur *Laurisilva* gehörenden Hölzer (z.B. *Naranjero Salvaje, Hija, Vinatigo, Tejo, Palo Blanco*) abgeholzt wurden oder der Landwirtschaft wichen, haben die robusten **Gagel**- und **Heidebäume** als Pionierspezies das Bergterrain erobert.

Riesen-Löwenzahn Am Wegrand des Monteverde sieht man viele Arten von rosettenförmigen **Dickblatt-Gewächsen** (*Aeonium*) und Pflanzen, die zwar viel Feuchtigkeit brauchen, aber nicht unbedingt typisch für Teneriffa sind. Beispielsweise die leuchtend gelbblühende ***Gänsedistel***, die wie ein Riesen-Löwenzahn aussieht. Sie ist zwar auch ein Korbblütler, hat aber mit dem uns vertrauten (und auch auf den Kanaren in 250 Arten vertretenen Löwenzahn,

2.3

Taraxacum officiale) wenig gemein. Bei den überdimensionierten gelben Gänseblümchen (bis zu 2 m) handelt es sich um eine der 27 endemischen **Gänsedistel-Arten**, deren Ahnen sich vor allem auf den Nachbarinseln El Hierro und La Gomera wohlfühlen.

Gänsedistel

Fauna

Da die Tierwelt auf den kanarischen Inseln bei weitem nicht so artenreich ist wie die Flora, findet sie weniger Erwähnung.

Neben einer Vielzahl von Schmetterlingen und Käfern auf den weichen Waldböden fühlen sich in der *Laurisilva* vor allem zwei grau-grün-rötlich gefärbte endemische **Taubenarten** wohl, die ***Paloma Turque*** und die ***Paloma Rabiche***. Bei den Raubvögeln ist es der ***Gavilan***, ein kleiner Falke. Selbst **Reiher** kann man bisweilen sehen; sie schnappen sich ihr Futter gerne an offenen Zisternen (*embalses*) an den unteren Hängen.

Einen guten Überblick über Flora und Fauna geben auch die Abbildungen im ***Centro Visitantes*** beim *Mirador Cruz del Carmen*, ➢ Seite 174.

2.3.2 Routen durchs Anagagebirge

Bei Las Mercedes, 5 km nördlich von La Laguna, beginnt die Auffahrt durch den Mercedeswald auf den Kamm des Anaga-Massivs. Diese atemberaubende Kammstraße, die TF 12 (ab Bailadero TF 123), windet sich knapp unter 1.000 m Höhe bis nach Chamorga, dem letzten Dorf am äußersten Inselzipfel. Von der Kammstraße zweigen vier Stichstraßen nach Norden ab, aber nur eine (nach Taganana/Almáciga/Benijo) führt bis hinunter ans Meer. Für den Heimweg gibt es also nur zwei Möglichkeiten: entweder man fährt den gleichen Weg über Las Mercedes wieder zurück oder nimmt ab dem Abzweigpunkt *El Bailadero* die Fortsetzung der TF 12 nach San Andrés/ Las Teresitas hinunter zur Südküste und gelangt über Santa Cruz wieder auf die Autobahn.

Empfehlung:

Rundfahrt im Uhrzeigersinn

Eine solche Anaga-Rundfahrt im Uhrzeigersinn ist aus zwei Gründen empfehlenswert. Erstens bilden sich in diesem Gebirge – wie erwähnt – oft schon mittags Passatwolken und behindern die herrlichen Aussichten. Man sollte also die schnellere Zufahrt über La Laguna wählen. Zweitens ist der schöne *Las Teresitas*-Strand im Anschluß an die Bergtour ideal fürs nachmittägliche (Sonnen-) Bad. Danach ist noch Zeit – da die Geschäfte erst um 20 Uhr schließen – zum Bummeln in Santa Cruz oder Essengehen.

Die Strecke La Laguna–Cruz del Carmen–(kurz vorm) *El Bailadero*–San Andrés–Santa Cruz mißt 40 km auf zwar guten, aber engen und kurvenreichen Straßen. Wer im Anagagebirge dann noch eine der Stichstraßen (nach Las Carboneras, Afur, Taganana oder Chamorga) einplant, um einzukehren, zu baden (nur Taganana) oder einen Spaziergang zu machen, muß sich sputen, denn spätestens um 17 Uhr (im Sommer 19 Uhr) ist die Sonne am Strand von *Las Teresitas* hinter den ersten Bergen verschwunden.

Von La Laguna in den Mercedeswald

Anfahrt
(Karte Seite 148)

Von Puerto kommend verläßt man die Autobahn bei **Ausfahrt 10, »La Laguna/San Benito«**, um das unübersichtliche und chronisch verstopfte Zentrum von La Laguna zu meiden. Nur über diese Abfahrt und die Stadttangente leiten kleine, aber gut plazierte Schilder »Punta del Hidalgo« zum Mercedeswald/Anagagebirge.

Nach 5 km durch La Lagunas grünes Villenviertel gelangt man nach Las Canteras. **Von Süden kommend** nimmt man hinter der Ausfahrt ***Barranco Hondo*** die ***Conexión*** (=Verbindungsautobahn) zur ***Autopista del Norte***. Deren **Ausfahrt 8a** (Via de Ronda/*Cruz de Piedra*) führt über die **Stadttangente Via de Ronda** auf die Landstraße nach Las Canteras (ein günstiger Abstecher ins La Laguna-Zentrum ist ausgeschildert).

Las Canteras

In Las Canteras teilt sich die Straße: links geht es nach Punta del Hidalgo, rechts in den Mercedeswald, den *Monteverde*, ➢ vorstehenden Kasten. Kurz bevor man den Wald erreicht, liegt rechts das **Restaurant *Casa Domingo***. Von der großen Terrasse hat man bei gutem kanarischen Essen einen wunderbaren Blick auf die Hochebene Valle de Aguere.

1. Mirador:

Valle de Aguere

Die Straße (TF 12) verläuft zunächst in relativ weiten Kurven durch dichten Wald bergauf. Rechterhand, in einer Linkskurve mit großer Parkfläche, erlaubt der *Mirador* einen ersten Blick über die sanft hügelige, intensiv kultivierte Landschaft um La Laguna. Wenn sie im Frühjahr mit frischen Pflanzentrieben bedeckt ist, erinnert diese Hochebene von Aguere mehr an Irland als an ein südliches Archipel. Der Augenschmaus ist perfekt, wenn sich der Teide auch noch schneebedeckt gegen das leuchtende Frühlingsgrün und das himmlische Blau abhebt.

Wandern

Der Lorbeerwald entlang der Straße geht nun langsam in dichter werdende Baumheide über. Kurz darauf liegt links ein Picknickplatz, die ***Zona Recreativa Llano de los Viejos***. Von hier starten zwei kurze **Spaziergänge**, einer davon zum *Mirador Cruz del Carmen* (30 min).

Kammstraße durch den Laurisilva Wald

Stichstraße A: **Batán de Abajo**

Wer plant, nicht über San Andrés/Santa Cruz, sondern über dieselbe Kammstraße zurückzufahren, sollte sich diese Stelle merken: von hier windet sich – vorbei an Höhlenwohnungen – eine untouristische Stichstraße (TF 143) durch den Wald hinunter nach Batan de Abajo, einem völlig abgelegenen Weiler (600 m) mit nur einer Bar. Noch vor dem Ort zweigt nach links eine Nebenstrecke ab; sie führt über Pedro Alvarez nach Tegueste vorbei am lauschigen **Picknickplatz** »*Zona Recreativa Pedro Alvarez*« mit Superblick auf den Teide.

2. Mirador: **Cruz del Carmen und Centro Visitantes**

Von der kurparkartigen Aussichtsplattform Cruz del Carmen (920 m) hat man einen wunderschönen Ausblick auf den Teide und das Meer beiderseits der Insel. Gleich vorn am Parkplatz befindet sich die kleine ***Ermita Cruz del Carmen***, schräg gegenüber das neue, gut gemachte **Informationszentrum** tägl. 9.30-16 Uhr, im Sommer bis 15 Uhr) über den *Parque Rural de Anaga*. Die klimatischen, geologischen und biologischen Besonderheiten des Parks werden anschaulich dargestellt (Infomaterial auch auf Englisch). Am Eingang kennzeichnen kleine Schilder die wichtigsten Bäume der *Laurisilva*. Gegenüber finden sich Sa und So, 10-14 Uhr, einige Verkaufstände (*Mercadillo de Anaga*) mit frischen Agrarprodukten (prima Ware; So nur wenige Stände).

Das auch von *Tinerfeños* gern besuchte rustikale ***Ausflugsrestaurant Cruz del Carmen*** nebenan hat besonders schmackhafte kanarische Eintöpfe (z.B. *Garbanzas, Puchero*).

Wandern

Am Restaurant beginnen steile Wanderwege bergab zu folgenden Endpunkten: nach **El Batán** (70 min), nach **Punta del Hidalgo** (135 min) und nach **Tegueste** (100 Min). Rechts hinter dem Lokal geht es nach **Las Carboneras** (45 min) und **Taborno** (90 min).

3. Mirador: Pico del Inglés

Gut zwei Kilometer weiter, vom berühmtesten und spektakulärsten ***Mirador***, dem ***Pico del Inglés***, 1 km abseits der Kammstraße, hat man einen atemberaubenden Blick aus 992 m Höhe auf die tief eingeschnittenen Anagatäler, den kurvigen Straßenverlauf und das Meer. Nur der höchste Anagaberg, der 1.024 m hohe ***Taborno***, verstellt einen 360°-Panoramablick: Bei guter Sicht erkennt man hinter La Laguna den aufsteigenden Wald von La Esperanza und den *Teide*, die hohen Hotels von Puerto de la Cruz, das Afur-Tal, den *Roque de Taborno* (707 m) im Norden, die Anagaspitze und über dem Hafen von Santa Cruz am Horizont sogar Gran Canaria.

Stichstraße B: Las Carboneras (4 km)

Die zweite Stichstraße ist besonders empfehlenswert; sie führt links nach Las Carboneras (Köhlerei), einem hübschen kleinen Ort (zwei einfache Garagenrestaurants) mit vielen terrassierten, aber brachliegenden Feldern drumherum. Der *Parque-Rural*-Plan soll für ihre Wiederbewirtschaftung sorgen.

Reizvoll ist der kleine Kirchplatz, von dem aus ein 5-min-Rundweg durchs Dorf führt. In der Kapelle haben Gläubige Wachsmodelle aufgehängt mit denen sie für die Heilung von Krankheiten und Verletzungen danken (Beine, Arme etc).

Höhlendorf Chimanada

Von Las Carboneras kann man noch weiter zum Höhlendorf Chimanada fahren. Man erreicht die Höhlen nach 4 km auf einem Bergsattel. Dort wohnen immer noch einige Bauernfamilien wie einst ihre Guanchen-Vorfahren in den Felsen – inzwischen allerdings mit gemauerten weißen Fassaden, Alufenstern und Solarzellen auf dem »Dach«.

Mirador Cruz del Carmen. Bei guter Sicht scheint der Teide ganz nah zu sein

Chimanada-Hidalgo

Abstieg nach Punta del Hidalgo

Von Chimanada führt ein beliebter, steiler **Wanderpfad** an die Küste nach **Punta del Hidalgo**. Der Abstieg ist aber nur für Wanderer, die mit dem Bus ankamen (Linie 75 um 13.05 ab La Laguna) sinnvoll, da sonst der in Las Carboneras abgestellte eigene Wagen am gleichen Tag unerreichbar bleibt.

Restaurant

Wieder an der Kammstraße (TF 12), kurz hinter der Abfahrt nach Las Carboneras, liegt links das einfache **Restaurant *Casa Carlos***. Dort werden schmackhaft zubereitetes Ziegenfleisch und andere einfache kanarische Gerichte serviert. Bei gutem Wetter stehen auch ein paar wackelige Tische und Stühle draußen.

Wanderwege

Hinter dem Restaurant beginnen **Wanderwege**: nach **Taborno** (40 min), nach **Afur** (60 min) und nach **Taganana** (2 Std 30 min). Alle Orte werden von Bussen bedient (Linien 75, 76, 246).

Stichstraße C: Afur (6 km)

Die nächste Abzweigung von der Kammstraße endet in Afur, klein und verträumt, wie alle Ortschaften im Anagagebirge. Ein winziges Kirchlein, eine Zwergschule und ein Dutzend Häuser bilden den Ortskern. Wer Kontakt zu seinem Dorfnachbarn im Vorort will, kann ihm zwar winken und zurufen, braucht aber wegen der tiefen Schlucht dazwischen zu Fuß eine halbe Stunde, um ihm die Hand zu schütteln.

Restaurant José Cañon

Der weite Weg nach Afur lohnt fast schon allein wegen eines verstaubten Krämerladens, hinter dessen Verkaufsraum sich ein **schlichtes Lokal** versteckt. Dort serviert *Josés* Familie ***Garbanzos*** (Kichererbsen-Eintopf), wunderbares *Conejo al salmorejo* (Kaninchen) aus riesigen Töpfen, und manchmal auch Ziege; ✆ 922-690141, Mo geschlossen. Auch einfachste **Pensionzimmer** sind verfügbar, ➢ Unterkunft, Seite 553.

Wandern

Die Dörfer Afur und Taganana sind durch 2 Wanderwege – einer unten an der Küste, der andere weit oberhalb – miteinander verbunden. Beide Wege (eine Richtung 2 bzw. 3 Stunden) bieten herrliche Ausblicke entlang der Nordküste Teneriffas, ➢ Seite 187f.

Jugendliche *Canarios* gehen von Afur gern hinab zum steinigen Strand ***Playa de Tamadite*** (60 min) zum wilden Zelten, wo im Sommer zwei kleine Buden das Überleben sichern.

Casas de la Cumbre

Weg nach Taganana

Die Kammstraße führt weiter vorbei an den verstreut liegenden Häusern von Casas de la Cumbre und passiert nach 1.000 m links ein rotes Haus mit grünem Zaun, das ehemalige Forsthaus *Casa Forestal*. Hinter dem Haus beginnt der reizvollste **Abstieg nach Taganana**, der wegen seiner vielfältigen Vegetation (Farne, Moose) vor allem Biologen begeistert. Statt der angegebenen Stunde sollte man eher gut 90 min veranschlagen. Bei der Weggabelung den kleineren rechten Pfad nehmen, denn links geht es nach Afur. Vorsicht, bei Nässe ist der Pfad rutschig!

Weggabelung

Schließlich gelangt man auf der Kammstraße nach vielen Kurven an eine Gabelung: **links** geht es auf dem Kamm weiter über El Bailadero **nach Chamorga** (12 km, TF 123), **geradeaus** verläuft die Straße TF 12 nach **San Andrés**/Las Teresitas an die Ostküste; von der TF 12 biegt nach 1,5 km **links** die Straße **nach Taganana** (ca. 4 km) ab, die anschließend noch 3,5 km an der Nordküste entlang nach Benijo führt (➢ unten). Über einen ungesicherten Feldweg kommt man von Benijo zwar mit dem Auto zur Not noch bis El Draguillo, doch danach geht es nur noch per pedes weiter (zum Kap und Chamorga, ggf. sogar bis Igueste), ➢ Seite 189f.

Typische Felsfärbung im Anagagebirge; hier bei El Bailadero

Vom Bailadero nach Chamorga (12 km)

4. Mirador:

El Bailadero

Die Kammstraße Richtung Chamorga erreicht kurz vor einem malvengrünen Haus den ***Mirador El Bailadero***. Von dort schaut man aus 735 m Höhe auf beiden Seiten übers Meer. Kein Wunder, daß die Guanchen hier ihre Rituale pflegten. Sie trennten die Lämmer von ihren Müttern, fasteten drei Tage zusammen mit den blökenden Tieren, um dann tanzend (***bailar***) die Götter anzuflehen. Daher die Bezeichnung dieser Stelle.

Restaurants

Heute gibt es hier **zwei einfache Restaurants**: links das grüne ***El Balcón de Anaga***, rechts gegenüber die kleine ***Casa de Domingo***, von der man an klaren Tagen Gran Canaria erkennen kann; vor allem an Wochenende kehren hier gern junge *Canarios* nach einer Wanderung ein. In der *Casa de Domingo* gibt *Gofio, Puchero, Garbanzas, Conejo* (Kaninchen) oder *Cabra* (Ziege), vis-a-vis hervorragenden Honig und den besagten Doppelblick.

Tolle Wanderung

Bailadero-Almáciga

Nur wenige Meter hinter (östlich) den grünen *Bailadero*-Restaurants kreuzt ein Wanderweg die Straße nach Chamorga (TF 123), der schon beim Picknickplatz unmittelbar vor dem Tagananatunnel durch den Anagakamm (TF 134) mit einem 30 min steilen Aufstieg begonnen hat (➢ Strecke nach Taganana, Seite 180). Die Wanderung bereits dort zu beginnen, macht entschieden mehr Sinn, weil die Busse nach Taganana 8 mal, nach Chamorga nur dreimal am Tag verkehren.

Abstieg nach Almáciga

Der **Wander(wieder)einstieg beim *Bailadero* liegt versteckt** und zugewachsen am linken Straßenrand. Ein dicker Holzpfahl und Pflaster auf den ersten Metern markieren den 90 min-Abstieg nach Almáciga. Man geht durch Lorbeerwald und stößt nach 30 Minuten auf die kurvenreiche Strasse nach Taganana (TF 134), geht ca. 250 m zur nächsten Parkausbuchtung, von der der Wanderweg weiter nach Almáciga verläuft. Links unten erkennt man die verstreut liegenden Häuser von Taganana. Rechts halten! Wer eine Finca mit hoch aufgestapelten Felsbrocken sieht, ist auf dem richtigen, breiter werdenden Weg.

Blick vom Aussichtspunkt El Bailadero hinunter auf Taganana

Baden, Einkehr, Rückfahrt

Wer vor der Busrückfahrt von Almáciga noch Zeit hat, findet ein wenig links unterhalb in **Roque de las Bodegas** (➢ Seite 181) einen kleinen **Strand** (Unterströmung) und mehrere Lokale, die von Buslinie 246 passiert werden (Achtung: Bus 246 verläßt Almáciga ca. 10 min vor Abfahrt aus Taganana).

Nach Chamorga

Es ist empfehlenswert, gerade diesen viel weniger frequentierten Kammstraßen-Abschnitt bis Chamorga zu fahren, auch wenn die Straße noch enger wird und es keine weiteren Ausblicke auf den Atlantik gibt. Am Ende der Straße wartet das **verschlafene Dorf Chamorga**. Auf den 12 km dorthin wird die *Laurisilva*-Vegetation niedriger, buschartiger und dichter, durchwachsen mit Wurzeln, Riesenlöwenzahn und vielen Farnen.

Wanderungen

Zum Cabezo del Tejo

Zwischen Kilometerstein 4 und 5 befinden sich rechts unter Loorbeerbäumen versteckt der **Picknickplatz *La Ensillada***, der Startpunkt mehrerer Wanderwege, und – vis-a-vis – ein einfacher **Zeltplatz**. Empfehlenswert ist der bergseitige Weg (zunächst parallel zur Straße, beim Abzweig nach rechts geradeaus halten) zum ***Cabezo del Tejo*** (45 min), einem der schönsten Panoramapunkte des Anaga. Von dort überblickt man einen langen Küstenstrich mit bizarren Felsformationen und erkennt tief unten Almáciga. Der Weg ist dank dichter Vegetation sehr schattig (➢ Seite 189).

Vom *Cabezo del Tejo* geht man entweder den gleichen Weg zurück oder einen breiten, ebenen Forstweg zur Kammstraße (40 min, ➢ anschließenden Spazierweg), auf der man dann noch 30 min weiter zum parkenden Auto am Picknickplatz laufen muß. **Diese Rundwanderung dauert 2 Stunden**. Sie ist 30 min kürzer und schöner, wenn man den gleichen Weg zurückgeht.

Spazierweg

Kurz nach **Kilometerstein 6** zweigt in einer Rechtskurve im spitzen Winkel nach links ein (nicht beschilderter) bequemer, breiter und schattiger Feldweg ab, der in 45 min zum ***Cabezo del Tejo*** führt. Zum Aussichtspunkt auf dem *Chinobre* sind es 25 min. Am Wegesrand sieht man im Februar viele Bestände der prachtvollen roten **Kanaren-Glockenblume** (*canarina canariensis*).

Nach Igueste

Kurz nach **Kilometerstein 9** startet rechts ein anderer schöner Wanderweg am asphaltierten Abzweig zum 1 km entfernten Friedhof (***Cementerio de las Bodegas***). Der Abstieg führt in 90 min hinab nach Igueste de San Andrés (an der Gabelung rechts halten). Von dort verkehrt Bus 245 über San Andrés nach Santa Cruz. Wer auf dem Weg nach Santa Cruz am *Las Teresitas*-Strand baden oder einkehren möchte, kommt anschließend von dort alle 15 Minuten mit der Linie 910 ebenfalls zurück nach San Andrés (letzter Bus 23.30 Uhr)

Den Wander-Startpunkt erreicht man ab Santa Cruz mit der Linie 247 (täglich 15 Uhr, Fahrzeit ca. 70 min). Der Busfahrer hält auf Wunsch 3 km vor Chamorga am Kilometerstein 9 (*Cementerio*).

Chamorga

Chamorga

Hat man den Abzweig zum kleinen Weiler **Lomo de Las Bodegas** passiert, erreicht man – nach einem kurzen Tunnel – **Chamorga, das Ende dieser Inselwelt** mit schönen Palmen und Drachenbäumen. Der Ort ist ein beliebter Ausgangs- bzw. Endpunkt für mehrere **Wanderwege** nördlich von Chamorga. Die ***Casa Alvero*** hat keine Speisekarte; man muß nach dem Tagesgericht fragen. Ansonsten befindet sich neben der Kneipe ein kleiner uriger Dorfladen mit dem Nötigsten.

An die Küste nach Roque Bermejo

Wer zum Meer hinuntergeht, braucht 90 Minuten und findet unten ein paar Fischerhäuschen auf den Klippen (Roque Bermejo). Im Winter sind sie unbewohnt. Wenn die Wellen nicht zu hoch schlagen, kann man am schwarzen Strandstückchen ins Wasser springen. Geschützter schwimmt man hinter der Mole. An der Bude erfrischt – nur im Sommer – ein kühles Bier den Wanderer. Leider stören oft Abfälle diesen romantischen Ort. Für den Rückweg sollte man mindestens 120 min rechnen.

Nur zu Fuß erreichbar: Roque Bermejo an der äußersten Nordostecke Teneriffas

Von der Kammstraße nach Taganana (4 km)

Nach einer Tunneldurchfahrt unterhalb des *El Bailadero* erkennt man die kurvenreiche, erst Ende der 1960er-Jahre in die Berge gefräste Abfahrt nach Taganana. Das Dorf liegt einige 'zig Meter über dem Meer. Seine Häuser muten aus der Ferne an wie ausgestreute weiße Bauklötze, ➢ Fotos Seite 163+178.

Nach Almáciga

Wandern

Gegenüber vom Picknickplatz (Bus 246 hält auf Wunsch) unmittelbar vor dem Tagananatunnel durch den Anagakamm beginnt eine schöne 2-stündige Wanderung nach Almáciga. Nach 30 Minuten steilem, aber schattigem Aufstieg zum *Bailadero* geht es 700 m bergab zur Nordküste (➢ oben Abstieg vom Bailadero nach Almáciga, Seite 177f)

Taganana

Ein Bergrücken, der wie ein Schiffsbug in Richtung Meer weist, trägt die Siedlung Taganana. Beim verglasten ***Ausflugsrestaurant Xiomara*** biegt man nach links ab, parkt aber den Wagen tunlichst, bevor es eng wird. Nach wenigen Schritten steht man am Marktplatz mit der dreischiffigen **Kirche *Nuestra Señora de las Nieves*** mit charakteristischer *Mudejar*-Decke aus dem 17. Jahrhundert. Sehenswert ist dort ein flämisches Triptichon.

Zucker und Malvasia

Die auch sonst reiche Ausstattung geht auf den früheren Wohlstand Tagananas zurück. Sie begann im 16. Jahrhundert, als portugiesische Investoren Zuckerrohr-Mühlen einführten (➢ oben, »Bevölkerung und Wirtschaft«). Als später Rebstöcke den Zucker ablösten, fielen sie in diesem abgeschiedenen Winkel nicht – wie sonst auf der Insel – dem Mehltau zum Opfer. So überlebte hier der berühmte hochprozentige **Malvasia-Wein**.

Tagananas Bewohner sind das Treppensteigen gewohnt, denn die Häuser sind durch tiefe, grüne ***Barrancos*** getrennt: hier wachsen auf kleinen, fruchtbaren Terrassenfeldern nicht nur Rebstöcke, sondern auch Avocados, Apfelsinen, Nisperos und Bananen.

Wanderweg Taganana-Afur

Das Ende des Afur-Pfades via Playa Tamadite, der ab Seite 184 detailliert beschrieben ist, kann man ab Taganana auch in Gegenrichtung (ab Friedhof) machen oder ihm nur ein Stück folgen und zurückgehen, wenn die Zeit knapp wird. Dies ist ein schöner, leichter Spaziergang mit weiten Meerblicken (jedoch schattenlos).

Roque de las Bodegas

Läßt man bei der Fahrt hinunter nach Taganana den Ort links liegen, erreicht man nach 3 km einen ersten schwarzer **Sandstrand**, Roque de las Bodegas, mit vorgelagerten Felsen. Meist surfen jugendliche *Canarios* in der Bucht. Beim Baden ist wegen der starken Unterströmung äußerste Vorsicht geboten, wie auch an den noch folgenden Stränden. Große und kleine **Fischrestaurants** (beliebt »***Casa Pepe***« und »***Bar Playa***«, ➢ Foto Seite 182) säumen die andere Straßenseite. Man sitzt unter Pergolas, Gummibäumen oder windgeschützt hinter Glas mit Blick über die Straße aufs Wasser und einen wellenumspülten Felsbrocken mit Aussichtsplattform.

Hinter der Straßenkurve finden sich weitere große, über Mittag oft proppenvolle Busausflugs-Restaurants: »***Casa Olga***«, »***Casa Africa***« und »***Casa Mecha***«. Die Reis- und Fischgerichte sind reichlich, gut und günstig. Wer hier später kommt oder weiter nach Benijo fährt, findet wieder leere Tische.

Almáciga

Die Buslinie 246 von Santa Cruz endet kurz hinter Roque de las Bodegas etwas oberhalb der Küstenstraße. Bei einem 10 Minuten-Rundweg durch Almáciga erhält man einen Eindruck von diesem schlichten Ort fast am Ende der Stichstraße in die Nordostecke.

Am Meer liegt ein weiterer schwarzer Surf- und Bade-Strand mit Imbiss-Bude aus Holz und Bambus. Im Sommer campen hier viele *Canarios* wild. In **Benijo**, dem nächsten Dorf, endet die Straße.

Teneriffas Nordküste nordöstlich von Taganana bei El Draguillo

Benijo

Unterhalb von Benijo liegt ein wildromantisches Stückchen Strand, den man über eine steile Treppe ab dem kleinen **Terrassenrestaurant *El Mirador*** (Di geschlossen) gleich am Ortsanfang erreicht. Im Wasser stehen kleine Felsen und hinter dem schwarzen Strand steile Kliffs. Bei Flut findet man nur wenige trockene Fleckchen. Aber nochmals: auch wenn die Gischt ins Wasser lockt, ist wegen der Unterströmung äußerste Vorsicht geboten.

Hoch über dem Strand befindet sich das Restaurant »***Bar La Caseta - El Frontón***« (✆ 922-590107, Mo geschlossen). Die verglaste Terrasse bietet einen der schönsten Küstenblicke im Nordosten Teneriffas. Vor allem, wenn die Abendsonne hinter den bizarren Felsen steht. Zum herrlichen Blick gesellt sich eine einfache, aber schmackhafte Küche: ***Pulpo*-Salat**, frischer Fisch (***Abadejo***!), ***papas arrugadas***, ***mojo verde*** und gemischter **Salat**.

In der Bar Playa in Roque de las Bodegas

Übernachten

Wer den Sonnenuntergang bis zu Ende genießen möchte und die kurvenreiche Rückfahrt scheut, kann hier sogar übernachten (nur drei einfache Zimmer; €30, ✆ 922-590107).

Auch das ***Mirador*** (➢ oben) vermietet ein Studio (2 Personen, €35, ✆ 922-590181). Im Haus zwischen den Lokalen *Fronton* und *Mirador* (✆ 922-222796) gibt es ein Apartment (€30) und ein kleineres Zimmer (€18), aber nur nach Voranmeldung, nur spanisch.

Bei Appetit auf Ziegenfleisch, geht man etwas oberhalb in die *Casa Paca*, ✆ 922-590244, Di geschlossen, aber ohne Meerblick.

Wanderung

Benijo ist einer der Ausgangs- bzw. Endpunkte für Wanderwege in Teneriffas äußerstem Nordosten. Sie verbinden Benijo, El Draguillo, den *Cabezo del Tejo* und den *Faro de Anaga* mit dem nordöstlichsten Dorf Chamorga, ➢ auch Seite 189.

Wer nur einen **Spaziergang** machen möchte, geht vom Restaurant *El Frontón* auf dem Feldweg (30 min) bis zum kleinen Weiler El Draguillo, und wieder zurück – immer hoch über dem Wasser

Roque Benijo beim gleichnamigen Weiler, ➢ *Geologie des Anagagebirges auf Seite 167*

und mit unverstelltem Meerblick. Die letzte Ortschaft vor dem ***Faro de Anaga*** ist Las Palmas, ein – bis auf ein Haus – verlassenes Nest. Die abermals ca. 30 min-Strecke ist etwas anstrengend. Sie führt durch einen *Barranco* und über Geröll-Felder.

Vom Bailadero nach San Andrés (12 km)

Über unzählige enge Kurven schraubt sich die Straße aus 1.000 m Höhe hinab zum Meer. Ab 300 m hört die Laurisilva-Vegetation auf, denn die feucht-kühlen Nordostpassat-Nebelwolken verwandeln sich hinter dem Gebirgskamm in warme Fallwinde. Dadurch halten sich auf dieser Seite zunehmend nur noch **Kandelaber-Kakteen** und andere Sukkulenten auf dem braun-schwarzen Lavagestein, das die Sonne an diesen Südhängen enorm aufhitzt. Die zahlreichen ***Tabaibas*** (Wolfsmilchgewächse) sehen im Sommer und Herbst staubig-grau und vertrocknet aus; aber nach den ersten Regenfällen ab Oktober erwachen sie wieder aus ihrem Sommerschlaf und bekommen grüne Blätter. Dann überzieht ein saftig-grüner Schleier die südlichen Anagaberge.

Für die Abfahrt nach San Andrés/*Playa de Las Teresitas* benötigt man ca. 20 min (➢ auch »Abstecher von Santa Cruz«, Seite 147f).

Straße vom El Bailadero hinunter nach San Andrés

Rundwanderung Taganana-Afur-Playa Tamadiste-Taganana

Route	Taganana (200 m) – Pass (607 m) – Afur (250 m) – *Playa del Tamadite* – Taganana (200 m); der gesamte kumulierte Höhenunterschied beträgt 1.207 m.
Gehzeit	5 Stunden (davon 2 Stunden Taganana–Afur)
Anfahrt Auto	Hinfahrt auf der TF 12, ab *El Bailadero* TF 134. Bei Beginn in Afur ab *Mirador del Pico del Inglés* TF 136. Parken in Taganana am Friedhof, in Afur am Wendeplatz am Straßenende.
Anfahrt Bus	Buslinie 246 von Santa Cruz nach Taganana.
Einkehr	In **Afur** Restaurant *José Cañón* (Mo zu), in **Taganana** *Casa Picar* im Ortszentrum; 3 km unterhalb von Taganana am Meer in **Bodega de los Roques** gibt es mehrere Fischrestaurants.
Unterkunft	Urig und abgeschieden wohnt man ebenfalls bei *José Cañón* in **Afur** (sehr einfach, € 12/Person, ✆ 922-690141) oder in **Benijo** (➢ Seite 553). Taganana hat keine Unterkünfte.
Charakteristik	Abwechslungsreiche Wanderung durch mehrere Vegetationszonen des Anagagebirges: beim Aufstieg geht es über Terrassenfelder und durch typische Baumheide-Lorbeerlandschaft. Beim Abstieg nach Afur passiert man eine wilde Kakteenlandschaft und überquert einen fast ganzjährig wasserführenden *Barranco*. Weite Blicke aufs Meer hat man immer wieder; und am Ende geht's durch Malvasia-Weingärten.
Schwierigkeit	Die Wanderung ist insgesamt nicht schwierig, hat aber einige längere Anstiege; speziell bei Nässe benötigt man Trittsicherheit; schwindelfrei muß man hier nicht sein.

Verlauf der Wanderung

Schon auf der Hinfahrt sind nach der Tunneldurchfahrt von der Landstraße (TF 134) aus im Nordwesten drei wichtige **Orientierungspunkte** für diese Wanderung deutlich zu erkennen:

- Tagananas Friedhof im oberen Ortsteil mit Zypressen und einer hohen weißen Mauer (Anfangs- und ggf. auch Endpunkt der Wanderung).
- Zwei Strom-Masten, welche die Passhöhe markieren.
- Der Küstenstreifen unterhalb von Taganana (Rückweg)

Für Wanderer, die mit dem **Bus** ankommen, beginnt der Weg praktiasch bei der Haltestelle vor dem Ausflugslokal ***Xiomara*** an der TF 134 unterhalb des Ortskerns von Taganana. Gegenüber zweigt die schmale Dorfzufahrt nach links oben ab (Asphalt). Sie passiert das Restaurant *Casa Picar*. Von dort geht es in enger Durchfahrt im Links-Rechts-Schwenk bergab (Autofahrer brauchen etwas Mut). Rechts liegt dann der Kirchplatz, während unser Weg nach links über eine kleine Brücke führt. Nach einem sehr steilen Anstieg hält man sich bei der nächsten Möglichkeit links (geradeaus Schild »Sackgasse«). Nach maximal 15 Gehminuten ist der Friedhof erreicht (Autofahrer parken spätestens hier). Ihn und drei nach rechts abzweigende Straßen (El Chorro, Llomo La Chanca und Cruz Vieja) läßt man rechts liegen.

Zum eigentlichen Wanderweg gelangt man wenige Minuten später. Auf der rechten Seite weist ein Schild mit Bus- und Restaurant-Symbol auf die Gehzeit bis Afur hin (1 Stunde 30 min). Der Weg (*Los Naranjos*) ist zunächst gepflastert. Mäßig steil läuft er in Kehren aufwärts. Wie oben erwähnt, sieht man Leitungsmasten, von denen die beiden höchststehenden eine zu überquerende Passhöhe markieren. Bis dorthin muß man ab Bushaltestelle ungefähr 50-60 min kalkulieren. Ab Friedhof 10-15 min weniger.

Dem ersten Abzweig folgt man nach rechts; kleinere Pfade, die erst nach links, dann nach rechts führen, bleiben unberücksichtigt. Des weiteren hält man sich links in Richtung Pass. Kurz darauf mündet der Wanderweg auf eine gepflasterte Fahrstraße. Nach weiteren ca. 300 m geht es rechts ab über eine fünfstufige Treppe auf die Passhöhe zu.

Man läuft nun durch terrassierte Felder, später durch Farne und Brombeersträucher, danach durch Baumheide und Lorbeerbäumchen. Beim Aufstieg sieht man hinter sich den mächtigen Höhenzug des Anagagebirges mit dem ***Roque de Anambro***, der wie ein Finger aufragt.

Vom Pass führt der Weg nach rechts abwärts durch eine Allee aus Baumheide. Nach weiteren 20 Minuten, unmittelbar nach Überquerung eines Gehöfts, geht der bisher zum Laufen angenehme Weg in eine steil abwärts führende Betonstraße über. Dabei erweitert sich der Blick ins Afurtal.

Rechts ist der ***Roque de Taborno*** zu sehen, eine Miniaturausgabe des Matterhorns, links davon bereits die weißen Häuser von Taborno, noch weiter links die Kammstraße. Die Betonstraße mündet auf die TF 136 und es geht links bergab in Richtung Afur.

Ca. 15 min später, 200 m hinter dem Straßenschild TF 136 (Kilometerstein 6), zweigt auf der linken Seite nach rechts eine Treppe ab und führt auf einen zur Straße parallel verlaufenden Weg. Bis Afur läuft man jetzt nur noch ein paar Minuten. Nach insgesamt etwa 2 Stunden Gehzeit schmeckt die **kanarische Küche** in der Bar ***Casa José Cañón*** auf der Terrasse wie in den hinteren urigen Gasträumen vorzüglich (Mo geschlossen).

Für die **Fortsetzung des Wanderung bzw. einen Beginn in Afur** folgen wir der Straße TF 136 bis zum Ende (Wendekreis/Parkplatz und Bushaltestelle).

Unübersehbar steht dort ein Schild mit den Hinweisen ***»Playa de Tamadiste«*** 45 min, Taganana 1 hora 30 min (faktisch braucht man leicht 2,5 Stunden!). Der Wegweisung folgend wandert man nach links auf einem breiten Weg (der Verlängerung der Straße) weiter. Rechts vor uns ist talwärts ein markanter dunkler Felsen zu sehen, der das nächste Teilziel markiert. Man erreicht ihn, wenn man nach 200 m auf einen Trampelpfad scharf nach rechts abbiegt. Nach nur 10 m geht es wieder nach links direkt in Richtung Felsen, an dem man dann rechts vorbeigeht, ihn also links liegen läßt.

Nur 5 min später gilt es aufzupassen: Der Weg läuft auf einen weiteren (nun hellen) Felsblock zu. Jetzt nicht geradeaus weiter, sondern kurz vor dem Felsen einige Meter nach rechts bergauf gehen und schon ist die dann wieder abwärts verlaufende Fortsetzung des steinigen Pfades gefunden! Ein Schild ***»Playa Tamadiste«*** erleichtert bei diesem Richtungswechsel die Orientierung.

Mehrere Felsrücken sind noch zu überqueren: auf dem ersten Grat hält man sich rechts, den zweiten und dritten erreicht man danach jeweils innerhalb einer Viertelstunde. Bald ist zum ersten Mal die *Playa Tamadiste* zu sehen; auf den Berghängen davor stehen mehrere kleine Bauern- und Fischerhäuschen. Auf der rechten Seite des *Barranco Afur* ist am Meer eine alte Scheune zu erkennen, vor ihr eine Steinmauer. Der wasserführende Teil der Schlucht kommt beim Abstieg immer näher; nach ca. 20 min gelangt man an einen kleinen Wasserfall. Ein paar Meter weiter überquert man den *Barranco* und geht weiter bergab. Kurz vor der *Playa Tamadiste* (Strand mit groben Kieseln, an dem *Canarios* an Sommer-Wochenenden gern zelten), stößt man auf eine Steinhütte.

Unmittelbar davor führt auf der östlichen Seite des *Barrrancos* ein Pfad steil nach oben in Richtung auf einen Bergsattel, der nach kurzem Anstieg bereits zu sehen ist und den man binnen 15 min erreicht. Oben angekommen liegt vor einem das eindrucksvolle Anaga-Gebirgspanorama. Nach unten erkennt man steile Felsformationen, die dieser Küste einen besonderen Charakter verleihen. Es folgt ein 45-minütiges, unvergeßliches Wandererlebnis.

Der Wanderweg verläuft nun mehrere 100 m oberhalb der Küste, ist mindestens einen Meter breit und gut ausgebaut. Wellenförmig führt der Pfad um einige *Barrancos* herum und bietet dabei immer wieder spektakuläre Ausblicke. Nach einer guten Viertelstunde ist in der Ferne bereits wieder der Friedhof von Taganana zu sehen.

Das Ende dieses langen Teilstückes bildet links ein großer Felsen.

Der Weg geht nun über in eine breite, zunächst nicht asphaltierte Straße, die durch viele Weingärten führt, in denen Tagananas früher berühmter Malvasia-Wein angebaut wird. Nach weiteren 45 min erreicht man den asphaltierten Teil des Weges, dem man geradeaus folgt und Abzweigungen nicht beachtet. Bald sind der Friedhof und 15 min später die Bushaltestelle der Linie 246 an der TF 134 erreicht.

Wandern im Anagagebirge

Rundwanderung Igueste/Lomo Bermejo-Cumbre de Anaga

Route Igueste de San Andrés (50 m) – Lomo Bermejo (150 m) – Las Casillas (600 m) – *La Cumbrilla* (640 m) – möglicher Abstecher nach Chamorga mit Bar bzw. Busstation (550 m) – *Cabezo del Tejo* (798 m) – *Chinobre* (910 m) – *Pijaral* (854 m) – *El Bailadero* (735 m) – Igueste (50 m). Gesamter kumulierter Höhenunterschied 1.900 m. Bei Teilwanderung Chamorga–El Bailadero, eine auch für sich sehr schöne Route, nur 533 m.

Gehzeit 7,5 Stunden (Teilwanderung Chamorga–Bailadero 3 Stunden)

Anfahrt Auto Hinfahrt über San Andrés nach Igueste (TF 11 und TF 121). Im Ort biegt man ab in Richtung Lomo Bermejo. Nach 1,5 km (ab Igueste) erreicht man den Parkplatz in Lomo Bermejo.

Nach El Bailadero fährt man von Süden oder Nordwesten auf der TF 12, nach Chamorga vom Bailadero weiter auf TF 123.

Anfahrt Bus

- **Bus 245** verkehrt etwa alle 2 Stunden von **Santa Cruz nach Igueste**. Man steigt an der zweiten Haltestelle mitten in Igueste an einer scharfen Rechtskurve über eine Brücke aus und geht von dort auf schmaler Straße am *Barranco* entlang nach Lomo Bermejo hinauf.

  Der letzte Bus der Linie 245 von Igueste nach Santa Cruz fährt täglich kurz nach 21.00 Uhr.
- **Bus 247** von **Santa Cruz über El Bailadero nach Chamorga**, ➢ Seite 588. Die kleinen Busse halten zwar auf Zuwinken und stoppen nach Fahrgastwunsch, fahren aber sehr selten; sonn- und feiertags gar nicht! Wer mit Auto nach Chamorga fährt, erreicht für die Rückfahrt die letzten von Santa Cruz kommenden Busse der Linie 247 am *Bailadero* um 15.40 Uhr bzw. 18.40 Uhr, um das Auto in Chamorga wieder abzuholen. Wer die Strecke umgekehrt als hier beschrieben (also vom *Bailadero* nach Chamorga) wandern will, muß die letzten beiden Busse ab Chamorga um 16.30 bzw. 18.30 Uhr erreichen, um zu dem am *Bailadero* geparkten Wagen zurückzukehren.

Einkehr **Igueste** an der Dorfeinfahrt (kleines Fischrestaurant mit Meerblick; *Rincón de Anaga*); **Chamorga** (einfaches Lokal mit Tellergerichten) und beim **El Bailadero** (Restaurants *Bailadero* und *Casa de Domingo*). Alle Lokale sind montags geschlossen.

Unterkunft Keine Quartiere in den hier betroffenen Orten.

Charakteristik Die Wanderung erfaßt die ganze Vielseitigkeit des Anagagebirges. Schmale Maultierpfade über abschüssige Felsen kennzeichnen den Auf- und Abstieg, mittelschwere und waldreiche Wege den eigentlichen Kammweg.

Schwierigkeit Die Wanderung ist mittelschwer; sie hat in der langen Version ab Igueste erhebliche Anstiege; dafür benötigt man Kondition, vor allem bei Nässe außerdem Trittsicherheit.

Verlauf der Wanderung

Rechts und links türmen sich die Kandelaber-Kakteen an den Anaga-Hängen. Im Tal wachsen Avocados, Apfelsinen und Bananen; fast ganzjährig plätschert sogar ein Bach.

Wer im Ort Igueste losläuft, erreicht nach ca. 30 min (1,5 km) den Parkplatz in **Lomo Bermejo** und damit eine Felsmauer (Treppe), wo der eigentliche Wanderweg beginnt (Schild »***Las Casillas***«). Für das erste Teilstück von Lomo Bermejo bis zur Kammstraße TF 123 sollte man ca. 2,5 Stunden Zeit veranschlagen.

Nach dem Einstieg weist nach 15 min steilen Aufstiegs durch riesige Agaven und Kakteen in einer Linkskurve ein weiteres Schild wieder auf die kleinen Häuser des verlassenen Las Casillas hin. In vielen Kehren schraubt sich der Maultierpfad aufwärts bis zu einem kleinen Höhenrücken.

Rechts unten liegt das Tal, durch das der Aufstieg gerade begonnen wurde; links oben auf dem Berggipfel ist auf dem Kamm ein Leitungsmast zu sehen, rechts neben ihm ein verfallenes Häuschen, das schon zu Las Casillas gehört. Der Weg führt auf der linken Seite des Rückens geradeaus weiter.

Nach ungefähr 25-minütigem Aufstieg heißt es aufgepaßt. Hier gabelt sich der Weg. Rechts (➢ Hinweisschild) geht es nach Antequera am Meer, links weiter nach Las Casillas. 10 min später erreicht man die nächst höher gelegenen Plattform mit Panoramablick aufs Anagagebirge.

Ein Schild zeigt nach rechts einen weiteren Weg zum Antequera-Strand. Wir gehen nach links weiter bei mäßigem Anstieg. Nach abermals 10 min ist die andere Seite des Felsrückens und 5 min später der Weiler Las Casillas erreicht. Nur im Sommer trifft man hier am Wochenende auf Bewohner.

Der Wanderweg bleibt zunächst weiter auf dem Grat, führt dann leicht abwärts und verläuft anschließend in ständigem Auf und Ab auf der rechten Seite des Grats. Er führt zunächst durch Baumheide, steigt aber später in steilen Kehren an. Von Las Casillas bis zur **Anaga-Kammstraße** (TF 123) geht man bei guter Kondition ca. 40 min.

Nächstes Teilziel ist der **Straßentunnel** bei Las Bodegas, den man auf zwei Routen erreicht: Wer 1.100 m Asphalt nicht scheut, folgt der TF 123 Richtung Osten (Chamorga), um sie unmittelbar vor dem Tunnel links über eine Treppe wieder zu verlassen (der Straßen-Abzweig nach rechts führt ins Dorf Las Bodegas etwas tiefer auf einer Felsnase, keine Gastronomie). Alternativ erreicht man den Tunnel über eine kleine Schlucht auf einem Pfad, der 15 m hinter einer Straßenabzweigung zum Friedhof (dort befindet sich eine Schutzhütte ca. 400 m von der Straße entfernt) rechts an der TF 123 beginnt: steil bergab, dann bergauf, wieder zurück zur TF 123, auf der es dann noch 600 m zur erwähnten Treppe links am Straßentunnel sind.

Dieser Treppenaufstieg (Schild »*Camino Cumbrilla*«), vorbei am **Dorf Cumbrilla**, setzt den Weg nach ***Cabezo del Tejo*** fort (➢ nächste Absätze). Nur wer zum Bus 247 bzw. in eine Chamorga-Kneipe will, geht durch den Tunnel in Richtung **Chamorga** (200 Höhenmeter unterhalb) oder folgt noch ein Stück der Hauptwanderung bis zum ausgeschilderten Abstieg nach Chamorga.

Teilwanderung Chamorga-Bailadero; Einstieg:

Direkt gegenüber dem kleinen Kirchlein am Ortseingang Chamorga steht an einer gepflasterten Rampe (Parkplatz links) das Schild ***»Cabezo del Tejo 0 h 35 min«*** (45 min sind realistischer). Man folgt dieser Richtung und an einer Gabelung (nach ca. 50 m) dem unteren Pfad, dann geradeaus weiter auf ein verfallenes Haus zu, das man links liegen läßt. Der Weg führt nun in steilen Kehren durch Baumheide und Lorbeerbäume aufwärts. Beim Abzweig nach *La Cumbrilla* wandern wir weiter geradeaus und erreichen damit den hier beschriebenen Rundwanderweg:

Fortsetzung der Rundwanderung

Die Haupt- (und Teil-) Wanderung folgt nun weiter dem Schild ***»Cabezo del Tejo«*** vorbei am Abzweig rechts nach Chamorga. Etwa 20 min später ist an einem Pass der Grat erreicht. Ab dieser Stelle beginnt **die eigentliche Kammwanderung *Cumbre de Anaga***. Auf dem Pass kreuzen sich zwei Wanderwege; wir folgen nach wie vor der Richtung ***»Cabezo del Tejo«***.

Alternativ könnte man hier auch den Weg nach *»El Draguillo«* (Schild) nehmen und zur Nordküste über El Draguillo und Benijo nach Almáciga laufen. Von dort fährt die Buslinie 246 nach Santa Cruz. Ein weiterer **unmarkierter Pfad** läuft hinüber nach **Roque de Bermejo**/Faro de Anaga (mehrere Stunden).

Auf der Höhe des Passes ist es auch im Sommer feucht und kühl, an manchen Stellen windig, ein idealer Lebensraum für Lorbeerbäume, Blumen, Baumheide und Farne. Nach etwa 10 min bietet sich erstmals auf der rechten Seite ein herrlicher Blick auf das Anagagebirge um Taganana, 5 min später ist das **Zwischenziel *Cabezo del Tejo*** erreicht. Von dieser Stelle ist der Blick auf das gesamte Gebirge noch traumhafter: rechts unten die Küste bei Taganana, im Hintergrund der *Roque de Taborno* und die Höhenzüge von *Las Batanes*.

Bei klarer Sicht sieht man in der Ferne sogar den Teide über dem Anagagebirge.

Von der am Aussichtspunkt endenden breiten Forststraße geht es nach ein paar Metern steil nach rechts aufwärts. Erdstufen kennzeichnen die Fortsetzung des Pfades (Schild ***»Chinobre«***). In wenigen Minuten erreicht man wieder den Kamm, an dessen linker Seite der Weg weiter – nun leicht ansteigend und abfallend – weiterläuft.

Nach 15 min taucht auf der rechten Seite der ***Roque de Anambro*** auf, ein altes Guanchen-Heiligtum, das von fern einem Finger ähnelt. Noch 20 min später erreicht man einen Sattel, von dem man in gerader Richtung auf den *El Bailadero* weiterläuft.

Das Schild »Chinobre« kennzeichnet einen weiteren Aussichtspunkt. Von oben kann man beide Küsten überblicken. Für den kurzen Abstecher dorthin benötigt man 10 min retour:

Es geht nach rechts nur leicht aufwärts, und innerhalb von 5 min ist man auf dem Gipfel des *Chinobre*. Ein Rundblick über das gesamte Gebirgsmassiv belohnt bei klarer Sicht die kleine Mühe. Links unten liegt der Strand von San Andrés, in der Ferne dahinter sieht man die Umrisse von Gran Canaria. Auf der anderen Seite liegt tief unten die Steilküste bei Taganana. Zurück zum Hauptweg geht es auf identischer Strecke.

Nach rechts abwärts auf dem Kammweg wird die Wanderung fortgesetzt. 10 min später – gegenüber vom ***Picknick-/Campingplatz Parque Forestal la Ensillada***, ➢ Seite 585 – trifft der Weg wieder auf die Straße TF 123. Man folgt ihr 600 m Richtung Westen (*El Bailadero*) und verläßt sie wieder bei einem eingerammten Kiefernstamm (ca. 1 m hoch). Dort beginnt ein Pfad, der nach 100 m links einen grauen Vermessungspunkt passiert. (Hinweis: wer den Kilometerstein 4 auf der Straße erreicht, hat den Einstieg verfehlt und muß 200 m zurücklaufen).

Das nun folgende 40-min-Wegstück um den Gipfel des ***Pijaral*** herum ist botanisch besonders interessant vor allem wegen seiner üppigen Laurisilva-Vegetation. Bemooste Baumstämme und Bäche sind leichte Hindernisse. Man orientiert sich am breiten Pfad und läßt sich nicht von kleineren Abzweigungen links und rechts irritieren. Nach einem kurzen Anstieg läuft der Wanderweg zunächst mäßig steil ab- und dann aufwärts.

Nach 30 min stößt der Weg an einem kleinen Platz – von dem links ein später sehr steil ansteigender Pfad zum Gipfel des *Pijaral* führt (nicht sonderlich empfehlenswert!) – auf einen kreuzenden Wanderweg, dem man nach rechts (!) folgt. Nach etwa 15 min steht man bei einem Metall-/Holzgeländer wieder auf der TF 123. Noch 1.500 m sind es nun auf der Landstraße in Richtung Westen bis ***El Bailadero***, dem Ende der Teilwanderung von Chamorga.

Zum Abstieg zurück nach Lomo Bermejo/Igueste de San Andrés geht man beim erwähnten Holz-/Metallgeländer auf der TF 123 links (nach Osten). Den Einstieg in den Pfad nach unten findet man ungefähr 10 Minuten später (ca. 700 m) auf der rechten Straßenseite. Dort trifft man auf eine Steinmauer mit einer Öffnung und einen Holzpfosten mit dem **Schild »Igueste«**.

Hier beginnt ein ehemaliger Maultierpfad, dem man nach links unten folgt. Dieser Weg führt durch einen besonders schönen, abgelegenen Teil des Anagagebirges. Ein schmaler Steig nach rechts (10 m nach dem Einstieg) bleibt ebenso unberücksichtigt wie ein kurzes Stück später ein nach links führender Abzweig. Steil abwärts geht es nun durch Lorbeerwald und Baumheide, und nach ungefähr 15 min bietet sich ein freier Blick auf die Bergwelt voller Kakteen und Agaven. Der Weg bleibt weiter steil und ist oft rutschig.

Bald erkennt man deutlich den Leuchtturm von Igueste und links daneben im Blickfeld die Strommasten um Las Casillas.

Etwa 25 min später erreicht man eine Gabelung. Der Weg geht weiter geradeaus und führt nun in weniger steilen Kehren hinab. Nach einer weiteren halben Stunde ist das Tal erreicht. Dort stößt man auf einen Pfad, dem man nach rechts folgt.

Der Rest des Abstiegs in Stichworten:

- 15 min später: ein schattenspendender Lorbeerbaum
- weitere 15 min bis zur Straße nach Igueste
- weitere 15 min bis zum Parkplatz
- weitere 20 min bis Igueste de San Andrés

2.4 Bereich Ostküste

2.4 Bereich Ostküste

2.4.1 Kennzeichnung des Bereichs

Ziele und Routen

Highlights

Die Ostküste ist nicht die Schokoladenseite der Insel und weist nur wenige *Highlights* auf. **Von Süd nach Nord** zählen dazu oberhalb der Autobahn der verschlafene Weiler **Las Vegas** (nordöstlich von Granadilla), die **Arico-Gemeinde**, die Stufenpyramiden bei **Güímar** und das schmucke Städtchen **Arafo**, Ausgangspunkt für eine schöne Auffahrt zur Kammstraße, die in die Cañadas führt (➢ Seite 402). An der Küste sind zu nennen der **Windpark *Montaña Pelada*** (➢ rechts), bedingt **Puertito de Güímar** und vor allem **Candelaria.** Als geologische Attraktion gebührt schließlich dem gewaltigen Güímartal besondere Aufmerksamkeit.

Tabaiba

Nördlich von Candelaria beginnen die touristisch uninteressanten Vororte von Santa Cruz. Erwähnt seien nur die Ortsteile **Radazul** mit einem großem Sporthafen und **Tabaiba**, wo einige Deutsche residieren – seit 1999 auch die **Deutsche Schule** (*Colegio Alemán*, Calle Drago ohne Hausnummer, ✆ 922-681322).

Anfahrten

Die erwähnten Sehenswürdigkeiten werden der Reihe nach – von Süd nach Nord – beschrieben. Dazu sind die jeweiligen **Autobahnausfahrten** genannt; von dort führt eine Ausschilderung meist leicht zum Ziel. Die gesamte – parallel zur Autobahn verlaufende – kurvenreiche **Höhenstraße TF 28** abzufahren, ist sehr zeitaufwendig (ca. 3 Stunden) und lohnt kaum. **Attraktiv** ist nur ihr landschaftlich reizvollster Abschnitt zwischen **Granadilla und Arico**, der auf den folgenden Seiten beschrieben wird.

Baden

Wer auf der Fahrt von Los Cristianos/Las Américas nach Santa Cruz mal eben ins Meer springen will, hat nur wenige attraktive Punkte zur Auswahl, obwohl viele Landkarten jede zweite Bucht als *Playa* kennzeichnen. Neben El Médano mit seinen langen Stränden (➢ Seite 245) bieten sich an:

Playa Grande Poris de Abona

Strände

- **Los Abades**, einfache Siedlung (*urbanización*) mit einem windgeschützten beigen Sandstrand.
- **Poris de Abona** (Ausfahrten 17 und 18), häßlicher Ort mit dem gar nicht schlechten Halbmond-Sandstrand *Playa Grande*, der indessen leider oft durch Treibgut vermüllt ist.
- **Puerto de Güímar** – kleiner Strand, Leiter ins Meer.
- **Candelaria**: der schwarze **Sandstrand** unterhalb des Platzes vor der Basilika (im Winter bei Flut schmal und wellenreich) sowie Richtung Las Caletillas (Calle Piscina), ein modernes, sehr ansprechend gestaltetes **Meerwasser-Schwimmbad** mit Restaurant.

Montaña Pelada

Weithin sichtbar sind die Rotoren von **Windkraftwerken** an der Südautobahn, einige Kilometer nördlich von El Médano (Ausfahrt 21a und 21b). Unmittelbar unter ihren schlanken weißen Türmen liegt küstennah die *Montaña Pelada* (vormals *Parque Eolico*) mit Besucherzentrum samt Lehrpfad, auf dem man über erneuerbare Energien unterrichtet wird.

Paseo Tecnológico

Der kurze Abstecher von der Autobahn lohnt. Zum einen erhält man in der gelungenen Anlage an einigen Tafeln Grundwissen (mehr nicht!) über alle Arten der sanften Energiegewinnung. Zum anderen bietet der Lehrpfad einen bequemen Spaziergang durch einen fazinierenden kleinen *Barranco*, in dem am Wegesrand die Flora Südteneriffas auf Schildchen erläutert wird. Die Runde beginnt mit einem kurzen Filmchen (gratis, auch auf Deutsch); täglich 10-17 Uhr, ✆ 922-391000.

Bioklimatische Häuser

Unterhalb des Lehrpfades entsteht ein Infozentrum für 25 neue bioklimatische Häuser am Meer (z.T. noch im Bau); ein Zentralcomputer steuert u.a. die beweglichen Solardächer, Rollos und unterirdischen Lüftungskanäle für den ganzjährigen energiefreien Wohnkomfort.

Baden

Wer außerdem Lust zum Schwimmen hat, fährt (mit dem Auto, soweit der Feldweg es zuläßt) hinunter an die Felsküste und findet dann zu Fuß (Richtung El Médano) versteckte kleine Felsbuchten mit herrlichem Wasser.

2.4.2 Von Granadilla nach Arico

(Ortsbeschreibung von Granadilla ➢ Seite 409f)

Landschaft

Die 21 km von Granadilla nach Arico Viejo führen durch eine fremd anmutende Landschaft. Am schönsten ist die Fahrt im Frühjahr (Februar und März), wenn in dieser sonst kargen Gegend zahlreiche Margeriten blühen und die dichtstehenden *Tabaibas* (Wolfsmilchgewächse) dann wie lichte Laubwälder im Zwergenland wirken.

Toscagestein

Auffällig sind die vielen Stützmauern aus lehmfarbenem Tosca-Stein (➢ Seiten 20 und 407f), die die terrassierten Felder von Stufe zu Stufe begrenzen. Dieses poröse Gestein bestimmt hier mehr als anderswo auf der Insel das Bild, weil viele Häuser, selbst Bushaltestellen und Hundehütten, aus unverputzen Tosca-Quadersteinen gebaut wurden. Auffällig sind auch die zahlreichen in das weiche Gestein geschnittenen Höhlenwohnungen. Tosca verleiht der Gegend einen afrikanischen Touch und avancierte zum neuen tinerfeñischen Exportartikel.

Typische Ostküstenlandschaft bei Las Vegas mit Höhlen

Las Vegas (Salida 20 Richtung Chimiche)

Vegetation

In Chimiche, 7 km östlich von Granadilla, lohnt ein kleiner Abstecher von der TF 28 nach Las Vegas (keine 3 km bergauf am Ende der Straße TF 555). In dieser winzigen Ortschaft mit fantastischem Blick über das Meer mischen sich **mehrere Vegetationszonen** der Insel: Orangen-, Mandel-, Apfel- und Laubbäume stehen neben Kakteen, Palmen und mächtigen Kiefern. Das verschlafene Nest wirkt in der Mittagszeit wie ausgestorben. Etliche verfallene Fincas stehen in verwunschenen Gärten. Ansonsten kein Lärm, kein Laden, keine Bar. Die Kirchenglocke wurde mangels Turm kurzerhand in die große Kiefer am Dorfplatz gehängt. Als Filmkulisse könnte Las Vegas glatt mit dem großen Namensvetter in Nevada konkurrieren – allerdings nur für einen mittelalterlichen Heimatfilm.

Barranco El Rio/Galeria

Galeria

Kurz hinter El Rio führt vor einer kleinen Brücke ein Feldweg links ab und den schroffen *Barranco El Rio* hoch. Nach etlichen Kilometern schlechter Strecke liegt eine stillgelegte ***Galeria***" (Wasserstollen, ➢ Essay Seite 450) in einsamer Umgebung. Der Eingang ist vergittert, doch man sieht noch die Gleise und Loren der Schmalspurbahn, die die herausgesprengten Felsbrocken einst

Kraftwerk

nach draußen befördert hat. Neben dem Stollen erkennt man in einer besonders imposanten, vielfarbigen Felswand die ehemaligen Maschinenräume eines Wasserkraftwerks, das bis vor 70 Jahren das Güímartal mit Elektrizität versorgte. Rodungen im Valle Güímar ließen den Wasserlauf im Sommer völlig versiegen.

Am Barranco El Rio

Arico (Salida 17)

Die 3 Aricos

Die Gemeinde Arico besteht aus drei Ortschaften: **Lomo de Arico**, dem auch Villa de Arico genannten Hauptort, sowie ein paar Kilometer weiter **Arico Nuevo** und **Arico Viejo**, die sich als ein kleines Zentrum für den *Turismo Rural* (➢ Seite 579) einen Namen machten.

Pfarrkirche

In Lomo de Arico, lohnt ein Blick in die ***Iglesia San Juan Bautista*** mit einer sehenswerten Holzdecke im Mujedarstil. Der Hauptkapelle (1747) wurden mehrfach neue Elemente hinzugefügt, wie die Renaissance-Fassade und der Ende des 18. Jahrhundert erbaute Barockturm. Im 19. Jahrhundert bekam der Turm noch einen kleinen modischen Tempel aufgesetzt. Der Seiteneingang zur Kirche ist meist geöffnet.

Wein und Pilze

Zwischen Lomo de Arico und Arico Nuevo befindet sich eine der größten und traditionsreichsten Bodegas der Insel, die ***Cumbres de Abona,*** eine moderne Weinkellerei ohne Romantik. Ein kurzer Stopp zur Weinprobe ist trotzdem eine gute Idee, man verkauft dort auch an Einzelkunden. Der **Weißwein *Flor de Chasna*** ist preiswert und schmeckt. In den Höhlen des dahinterliegenden porösen Vulkangesteins werden **Campignons** gezüchtet, die es direkt vor Ort zu kaufen gibt.

Landwirtschaftliche Terrassen bei Lomo de Arico

2.4

Blick auf Arico Nuevo

Arico Nuevo

Der schönste Ort an der TF 28 ist Arico Nuevo, das sich entlang eines *Barrancos* Richtung Meer erstreckt. Das 150-Seelen-Dorf steht unter Denkmalschutz und lohnt eine Pause. Die weiß-getünchten altkanarischen Häuser mit grünen Fenster- und Türrahmen sind wie aus einem Guß. Das Leben im Dorf ist schlicht: Apotheke, Arzt, Geldautomat, Post, zwei kleine Läden.

Restaurants/ Unterkunft

Kein Wunder, daß sich hier ein kleines Zentrum des sanften Tourismus (*Turismo Rural*) etablierte. Einige Fincas und Stadthäuser wurden für Touristen hergerichtet, ein altes Herrenhaus zu einem feinen Hotel umgebaut: ***Viña Vieja***, ✆ 922-922-161131; (➢ auch Seite 581).

Die einfache ***Casa Lala*** in Arico Viejo an der Dorfhauptstraße (Calle La Cruz 14) ist spezialisiert auf *Puchero* und Ziegenfleisch. Sie wird gern am Wochenende von Einheimischen aufgesucht.

2.4.3 Valle de Güímar

Kennzeichnung

Wer auf der Autobahn von Las Américas kommt, erreicht das *Valle de Güímar* gleich nach der kurzen Tunneldurchfahrt. Um den Blick von oben in das 18 km lange und 8 km breite Güímartal zu erleben, fährt am besten zum ***Mirador de Don Martín***. Er befindet sich neben dem großen weißen Gebäudekomplex (einem ehemaligen Hotel), das in der südlichen Steilwand (*ladera*) des Tals weithin sichtbar ist. (Anfahrt: TF 28 über Granadilla/Arico oder kurz unterhalb von Güímar (*Salida* 11) nach links in Richtung Medida/Fasnia fahren.

Geologie

Das Tal ist die erdgeschichtliche Schwester des jenseits liegenden Orotavatals, nur weniger berühmt und attraktiv. Beide haben sozusagen das gleiche Rückgrat, die *Cordillera Dorsal*, auf der die Kammstraße von La Laguna zum Teide verläuft. Beide werden von steilen *Laderas* im Westen bzw. Osten begrenzt und in beiden Tälern finden sich küstennahe Vulkankegel, wie der klassisch geformte ***Vulcán de Güímar*** (*Montaña Grande*). Er ist 276 m hoch und direkt aus der Ebene zwischen (heute) Autobahn und Meer gewachsen. Sein Krater ist 60 m tief.

Geschichte In der vorkolonialen Zeit waren die »Tal-Geschwister« – Orotava und Güímar – in Macht und Ansehen gleichberechtigt, nur daß *Añaterve*, der *Mencey* von Güímar, zu den *»reinos de paz«* gehörte, den Friedenskönigen, die zusammen mit den spanischen Eroberern gegen *Bencomo*, den Herrscher über das Orotavatal, zu Felde zogen, der sich mit den *»reinos de guerra«*, den Kriegsfürsten, der Unterwerfung widersetzte.

Vegetation Die Vegetation unterscheidet sich wegen der regenarmen Südlage erheblich vom Norden. Soweit das Land nicht landwirtschaftlich genutzt wird, überwiegen Wolfsmilchgewächse. Für biologisch Interessierte sind die *Barrancos* oberhalb der bewirtschafteten Gebiete und das *Malpais* am Fuß des Vulkans von Güímar eine Fundgrube für **endemische Pflanzen**. Die Wassermengen, die für die bis heute starke landwirtschaftliche Nutzung des Gebietes gebraucht werden, liefern die Kiefernwälder (➢ Seite 415+459) der Höhenlagen, von denen aus ein weitverzweigtes Bewässerungssystem die tieferen Lagen versorgt.

Wirtschaft Nicht der Tourismus sondern Handel und Landwirtschaft steht im Valle de Güímar im Mittelpunkt. Unterhalb der Stadt werden Bananen geerntet. Wegen der oft starken Fallwinde sind die Felder in grauen Plastikplanen verpackt, was nicht gerade zu einem idyllischen Bild von Landwirtschaft führt. Große Mango-, Avocado- und Papayaplantagen verstecken sich hinter hohen Zementmauern. In den höheren Lagen werden von Kleinbauern auf immer schmaler werdenden terrassierten Feldern Wein, Kartoffeln und Zwiebeln angebaut.

Wandern Auch wenn es kein eigentliches Wanderweg-System gibt, führen doch viele Forst- und Versorgungswege zu einsamen *Barrancos* mit abwechslungsreicher Vegetation. Bei der ***Zona Recreativa Los Frailes*** oberhalb von Arafo (➢ Seite 404) findet man – in weitgehend ebenem Verlauf – herrliche Waldwege mit Meerblick.

Industrie Man hat dieser herben Tal-Schönheit noch heftigere Bausünden zugefügt als der Orotava-Schwester jenseits des Berges. Bis oberhalb der Ortschaften ist das Tal planlos zersiedelt und entlang der Autobahn hat sich ein großes Industriegebiet mit Versorgungshallen entwickelt. Die Gemeinde Güímar versucht neuerdings, vom großen Kuchen »Tourismus« etwas mehr ab zu bekommen und betont die schönen höheren Tallagen weitab vom Meer.

Fincas/Hotels Die gute klare Luft der höheren Lagen wurde um 1900 von Lungenkranken geschätzt. Heute gibt es einige Häuser des ***Turismo Rural*** und drei **Landhotels** (*Finca Salamanca, Hotelito Ariadna* und *Finca Raya/Sunny Side*), die sich großer Beliebtheit erfreuen. Aus den 1970er-Jahren existieren nur noch zwei größere Hotels an der Küste (*Punta del Rey* und *Hotel Tenerife Tour*) in dem inzwischen von hohen Appartmenthäusern beherrschten Las Caletillas (➢ Seite 553 und 581).

Güímar

Kennzeichnung

Die Stadt zählt zu den ältesten Gemeinden Teneriffas, hat aber kaum Ausstrahlung. Seit langem sollen die ungepflegten aber teilweise durchaus attraktiven alten Wohnhäuser aus der Zeit um 1900 wieder aufgemöbelt werden. Immerhin wurde aber an der zentralen Plaza und der Plaza San Pedro das koloniale Erbe bewahrt.

Gebäude

Neben der einschiffigen ***Iglesia del Convento de Santo Domingo*** (17. Jahrhundert) ist – in einem alten Dominikanerkloster – das **Rathaus** untergebracht. Ein Herrenhaus aus dem 16. Jahrhundert wurde zum ***Hotel Domingo*** mit **Restaurant** umgewandelt (✆ 922-510229, Fax 922-514451, DZ €50). Etwas unterhalb davon steht die ***Iglesia de San Pedro*** aus dem 18. Jahrhundert. Nur recht wenige Touristen machen an diesen Punkten halt, denn die meisten kommen nur der »Pyramiden« wegen nach Güímar.

Promenade in Puertito de Güímar

Puertito de Güímar

Der Ort erwacht vor allem in den Sommermonaten, im Winter ist es in Puertito de Güímar beschaulich. Im Hafenbecken hat man für Schwimmer und Sonnenbader Liegeflächen und Einstiege ins Meer über Leitern geschaffen. Die drei **Terrassenrestaurants** am Wasser (*Chibusque*, *La Charcada* und *Chef Parilla*) mit einfachen guten Fischgerichten sehen sonntags viele Einheimische. Es gibt auf Teneriffa nicht viele solcher Restaurantplätze direkt am Meer.

Die Strandpromenade lädt ein zum Schlendern bis zum Sporthafen *Club Nautico*. Wer die Zeit für diesen kurzen Autobahnabstecher erübrigen kann (*Salida* 11, dann ca. 1 km), sollte darauf nicht verzichten.

Pyramiden und Museum von Güímar

Heyerdahl

Wichtigstes touristisches Ziel im Valle de Güímar sind die erst 1990 entdeckten Stufenpyramiden (weitere stehen in Santa Barbara bei Icod). Um sie herum gestaltete der norwegische Forscher ***Thor Heyerdahl*** den ***Parque Etnográfico Pirámides de Güímar***, einen Themenpark zu seiner Theorie, nach der vorgeschichtliche

Kulturen weltweit Kontakt miteinander hatten (➢ Seite 201). Vermutungen, nach denen hier der phönizische Königssohn *Exekias* bestattet ist (oder war) sind bisher nicht belegt. Bei dem leider sehr hohen Eintritt (€7) lohnt der Besuch nur bei intensivem Interesse. Tragbare Cassettenrecorder in 8 Sprachen ermöglichen individuelle Führungen.

Entdeckung

1993 wurde *Heyerdahl* auf die Form von sechs Hügeln in Güímar aufmerksam gemacht, unter deren Erdreich bis zu 50 m x 16 m große Stufenpyramiden zu Tage traten. Sie haben einen rechteckigen Grundriß, der sich in 4-7 Stufen verjüngt.

Interpretation

Kanarische Bauern – so glaubte man früher – hätten diese Steinhaufen von ihren Feldern aufgesammelt, um den kargen Boden besser bearbeiten zu können; auch das Stapeln der Steine zu Stützmauern für Terrassenfelder ist inselweit an den Hängen seit Jahrhunderten Usus.

Erkenntnis

Erst Heyerdahls Vermessungen ergaben, dass die Steinhaufen mit großer Präzision errichtet worden waren. Der unebene Felsgrund war abgeflacht, um die beschlagenen Lavasteine besser schichten zu können, und die Pyramidenkanten konnten nur mit Hilfe von Bändern so schnurgerade entstanden sein. Die Eck- und Basissteine sind besonders sorgfältig bearbeitet, wie man an der Universität La Laguna herausfand.

Religiöse Stätten?

Für Heyerdahl ist der Standort der Stufenpyramiden im Güímartal ein Beleg für ihre religiöse Bestimmung, gilt es doch seit jeher als ***Valle Sagrado***, als heiliges Tal, nicht erst seit dem Fund der Schwarzen Madonna (1390, ➢ Seite 204).

Wer von hier Richtung Teide schaut, erkennt eine klaffende Lücke im Kraterrand der *Cañadas*, durch die die widerstreitenden »roten Elemente« sichtbar werden. Nicht nur die lebensspendende gute Abendsonne vom Himmel, sondern auch das »zerstörende Böse« des Feuergottes ***Guayota*** aus dem Höllenschlund des Vulkans.

Darstellung eines Menschenopfers im Museum von Güímar

Stufenpyramide auf dem Gelände des Parque Etnográfico

Bauweise

Ferner hat jede Pyramide oben eine Plattform mit Kieseln und eine Außentreppe in der westlichen Stufenwand, so dass man beim Besteigen der aufgehenden Sonne entgegenschreitet.

Auch die abgestuften Tempelanlagen der Inkas und Buddhisten repräsentieren den stufenförmig gedachten Aufbau des Kosmos. Sie dienten nicht wie bei den Ägyptern als Gräber, sondern für kultische Handlungen, bei denen man dem Himmel näher sein wollte.

Ausstellung

Auf dem Parkgelände befindet sich – neben dem Besucherzentrum mit Cafeteria und Shop – in einer altkanarischen Finca ein **ethnologisches Museum** und ein Auditorium, in dem ein 15-Minuten-Film über Heyerdahls Ozeanfahrten und seine Theorien gezeigt wird. Ferner gibt es eine Replika der legendären ***RA II***, dem Papyrus-Segelschiff, mit dem Thor Heyerdahl 1970 den Atlantik überquerte. Vier Aymara-Indianer von der kleinen bolivianischen Insel Suriki, hatten eigens für dessen Bau Totora-Schilf vom Titicacasee hierhergebracht und 1999 dieses riesige Segel-Kanu nach Art der Tiahuanaco-Inkas rekonstruiert.

Parque Etnográfico Pirámides de Güímar, Calle Chacona; täglich 9.30-18 Uhr (nur nicht 25.12-01.01.), letztes Video 17.30 Uhr; ✆ 922-514510; Eintritt mit €9 hoch, bis 12 Jahre frei; Senioren €6.

Internet

www.piramidesdegüimar.net

Anfahrt

- Von der Autobahn die *Salida 11*, Güímar, dann ausgeschildert
- Von der Autobahn die *Salida* 10, Arafo, dann an der großen Kreuzung in La Hidalga links in die Straße nach Güímar biegen oder bei Einfahrt in Arafo unterhalb des postmodernen Marktes links in die TF 525 nach Güímar, dann ausgeschildert.

Thor Heyerdahl

Thor Heyerdahl, geboren 1914 in Narvik/Norwegen, wurde bekannt durch seine Migrationstheorie, nach der die Kulturähnlichkeiten in der Alten und Neuen Welt (Keramik, Sonnengottverehrung, Stufenpyramiden) kein Zufall sind, und nahm die Pyramiden von Güímar als ein weiteres Glied in die weltumspannende Pyramidenkette auf, die von Babylonien über Ägypten, Altamerika und Java bis Hinterindien reicht. Diese Kulturen hatten nach *Heyerdahl* dank ihrer Schiffbau-und Navigationskunst schon damals untereinander Kontakt.

Um seine Hypothese der Kulturverkettung zu stützen, unternahm *Heyerdahl* mehrere Expeditionen mit selbst gebauten einfachen Schiffen. Mit dem Floß ***Kon Tiki*** segelte er 1947 vom Lima-Hafen Callao in Peru in 101 Tagen 7000 km zum Tuamotu-Archipel in Polynesien.

Um zu belegen, dass auch die Ägypter vor 4000 Jahren die Azteken- und Inca-Kultur beeinflußt haben können, überquerte er mit 7 Mann 1970 – nach einem ersten erfolglosen Versuch – mit der ***RA II***, einem12-m-Segelschiff **aus Schilf**, in 57 Tagen den Atlantik von Safi/Marokko nach Bridgetown/Barbados. Als er noch im gleichen Jahr mit dem **Binsenboot *Tigris*** die 10.000 km **vom Irak** über den Indischen Ozean zurücklegen wollte, weil er auch eine 5000-jährige Wanderungsroute **nach Sumatra** (Sumerians) vermutete, wurde ihm wegen des Bürgerkriegs in Äthiopien die Weiterfahrt bei Massawa im südlichen Roten Meer untersagt.

Thor Heyerdahl lebte bis kurz vor seinem Tod im April 2002 auf Teneriffa.

Straßenzug in Arafo

Arafo

Anfahrt

Man verläßt die *Autopista del Sur* über Ausfahrt 10 »Arafo« und folgt der Ausschilderung zum 5 km entfernten Ort (5000 Einwr).

Kennzeichnung

Arafo ist ein schmuckes, kaum touristisches Dorf. Es liegt in einer landwirtschaftlich intensiv genutzten Senke mit einem imposanten **Bergpanorama**. Viele Geranien am Straßenrand zieren die Ortseinfahrt. Kaum unverputzte Häuser, alle sind adrett weiß getüncht – ein Ort mit Ambitionen (➢ Essay »BiBaButzemann« auf Seiten 504f). Am unteren Ortsrand liegen ums Karee postmoderne Markt- und Ausstellungshallen für Kunsthandwerksmessen.

Die Rinne auf hohen Stelzen soll daran erinnern, daß die einst üppig bewaldete Umgebung von der Holzwirtschaft mit *Aserraderos* (Wassersägewerken) lebte. Der Dorfplatz von Arafo heißt bis heute noch ***El Aserradero***.

2.4

Das »musikalischte« Dorf Teneriffas

Auf dem Weg zur Dorfmitte passiert man in der Calle Conde Belascoain das Konservatorium mit viel Platz für klassische Konzerte und Volksmusik-Festivals im großen ***Auditorium Juan Carlos I***, das der königliche Namensgeber 1994 persönlich eingeweiht hat (➢ Seite 504) Den Kirchplatz (voller Lorbeerbäume) schmückt im »musikalischsten« Dorf Teneriffas eine Grazie, die von einem Notenband umschlungen wird. Dort darf natürlich auch die typische Pavillon-Bar nicht fehlen.

In Arafo ist die tinerfeñische Welt noch in Ordnung. Man pflegt alte kanarische Traditionen (➢ z.B. *die Lucha Canaria*, Seite 387); und wer am letzten Samstag im August nach Arafo kommt, erlebt eine der attraktivsten *Romerias* der Insel (➢ zum Thema »*Romerias*«, Seite 399).

Restaurants

- die ***Finca La Raya/Sunny Side*** ist ein restauriertes Herrenhaus (lange Zeit in britischer Hand). Dort wird – nach Anmeldung – kreativ-kanarisch gekocht; €25. Die Finca liegt oberhalb von Güímar in Barranco La Hoya, Calle La Raya, (➢ spezielle Restaurantempfehlungen, Seite 87); ✆ 922-513838.
- ➢ auch die Restaurants im nahen Candelaria, Seite 205.

2.4.4 Candelaria

»Mekka« Teneriffas

Candelaria, auch Villa Mariana genannt, ist das **Mekka Teneriffas**. Jedes Jahr zu Mariä Lichtmess (14/15. August) pilgern Tausende Tinerfeños – viele immer noch zu Fuß und obendrein entlang der Autobahn – zur Schwarzen Madonna (➢ Seite 205) in der Basilika von Candelaria.

Anfahrt/ Parken

Wer von der Autobahn bergab fährt (Ausfahrt 9) und der Beschilderung »*Basílica*« folgt, findet mit Glück bereits oberhalb der Basilika freie Parkplätze. Sonst muß man hinab zum Meer zum großen bewachten Parkplatz gegenüber der Markthalle fahren (kurz vorm Hafen). Er bildet die Grenze zwischen altem und neuem mit Las Caletillas verwachsenen Ortsteil. Vom Parkplatz geht man über eine kurze **Fußgängerpassage** (***Calle Obispo Pérez Caceres***) zurück zur Basilika.

Fußgängerstraße

Dabei passiert man eingangs zwei Konditoreien, die wegen ihrer süßen Kuchen inselweit bekannt sind, aber auch etliche (Fisch-) Restaurants, die linkerhand alle nach hinten hinaus Meerblick haben. Gleich zu Anfang liegt das uralte ***El Revisor*** gefolgt vom ***El Charquito*** – beide ohne lange Speisekarte; am beliebtesten ist die ***Casa Sindo*** am Ende der Straße bei der Plaza. Eine etwas andere Speisekarte bietet die gemütliche ***Tasca Archis***. Auf der rechten (nördlichen) Straßenseite finden sich Souvenirshops hauptsächlich mit religiösen Artikeln. Die ***Casa del Turista*** hat alle typischen kanarischen Souvenirs.

Der Kirchplatz

Der Blick vom Kirchplatz auf die hohe See wird gebrochen von neun überlebensgroßen Statuen der *Guanchen-Menceys* aus der Zeit der Eroberung (➢ umseitig).

Sie stehen mit dem Rücken zum schmalen schwarzen Candelaria-Sandstrand und blicken auf den baumlosen Platz vor der Basilika, von dem breite Treppen hinauf zum Ortskern führen. Von oben schaut man wie von Theaterrängen und -logen über das gelungene Ensemble von Kirche, Plaza, Statuen und Meer.

Die erste von neun Mencey Statuen an der großen Plaza vor der Basilika von Candelaria.

Die Mencey-Statuen

Der tinerfeñische Bildhauer ***José Abad*** schuf in den 1990er-Jahren neun eindrucksvolle **neue Denkmäler** aus Bronze für die *Plaza de la Patrona* in Candelaria.

Sie zeigen *Añaterve*, den einst großen Guanchenkönig von Güímar, *Beneharo* (Anaga), *Tegueste*, *Acaymo* (Tacoronte), *Bencomo* vom mächtigsten Menceyat Taoro, *Pelicar* (Icod), *Romen* (Daute), *Pelinor* (Adeje) und *Adjona*, den König von Abona.

Herrschaftsinsignien oder Symbole würdigen ihre überlieferten Charaktere. So gesellte *Abad* zum kampflos unterwürfigen *Añaterve* von Güímar zwei Friedenstauben.

Nach der Unterwerfung wurden die ***Menceys* zur Gemeinschaftstaufe gezwungen** und erhielten christliche Namen, wie *Juan*, *Pedro* und *Antonio* oder *Gonzalo* Mit diesem Akt vom **29. September 1496** wurde die Eroberung Teneriffas durch die Spanier endgültig abgeschlossen.

Die **ursprünglichen Guanchen-Statuen**, klein und gedrungen, wurden versetzt und stehen heute entlang der Mencey-Allee, die etwas oberhalb von Caletillas parallel zum Meer verläuft.

Basílica de Nuestra Señora de Candelaria

Die Wallfahrtskirche birgt die Schutzheilige des Archipels, die ***Morenita*** (kleine Schwarze), wie die *Canarios* »ihre« Madonna nennen. Meergeboren wurde sie 1826 samt der ehemaligen Kirche in einer Sturmflut fortgerissen. Ein Jahr später schuf der Bildhauer *Fernando Estévez* aus Orotava die heutige ***Virgen de Candelaria***, die jetzt in einer Nische über dem Hauptaltar der neuen, im kanarischen Stil gebauten Basilika (1958) steht. Unter dem Holzbalkon rechts vor der Kirche befindet sich eine heilige Quelle, mit deren geweihtem Wasser sich die Pilger zu Mariä Lichtmeß benetzen. Die Basilika ist geöffnet Mo-Fr 7.30-13 und 15-20 Uhr, Sa und So durchgehend bis 20 Uhr.

Kapelle Cueva de San Blas

Bei der letzten *Mencey*-Statute führt hinter der Basilika eine Promenade zu einer Höhle am Wasser,wo die Guanchen ihren Fund aufgestellt hatten. Nachdem die Christen die Figur adaptiert und heiliggesprochen hatten, wurde der Höhleneingang zur heutigen Kapelle San Blas, dem Schutzheiligen der Hirten, umgebaut, bevor die Madonna in der Basilika ihren endgültigen Platz fand.

Mariä Empfängnis (14.+15. August)

Wie ein Magnet zieht dieser Ort viele *Canarios* an Wochenenden an. Sie füllen dann gegenüber der Basilikadie ***Tapa*-Restaurants**, während ihre Kinder auf dem großen Kirchplatz toben.

Am 14./15. August findet man in Candelaria keinen Platz mehr zum Parken und kaum zum Stehen. Schon am Vortag strömen die *Tinerfeños* von den Küsten und Bergen zum Wallfahrtsfest der Morenita, einer typisch kanarischen Mischung aus religiösem und Volksfest. Tagsüber findet eine der größten und farbenprächtigsten *Romerías* statt (➢ Thema, Seite 399). Dazu werden altkanarische Spiele aufgeführt und die Begegnung der beiden Hirten mit der Schwarzen Madonna. Später am Abend folgt eine Prozession mit der Schutzheiligen. Viele Gläubige übernachten anschließend am Strand.

Die schwarze Madonna von Candelaria

»Als einst (ca. 1390) zwey Hirten ... ihre Heerden nach einer Höhle an der anderen Seite des Steinthals treiben wollten, um sie zu melken, sahen sie, daß die Ziegen auf einmal still standen, und erschrocken zurückkehrten. Die Hirten fiengen gleich an zu rufen und zu pfeifen. Einer der Hirten gieng hierauf hin und sah voller Erstaunen das heilige Bildniß, welches auf einem großen Steine stand. Endlich legte er seine Furcht ab, weil er es für eine Frauensperson hielt, und gab ihm Zeichen, daß es aus dem Wege gehen sollte, damit seine Heerde vorbeigehen könnte; und dies that er, weil es Gebrauch in Teneriffa war, daß eine Mannsperson, wenn sie einer Frauensperson allein begegnete, sie nicht anreden durfte, sondern ihr aus dem Wege gehen mußte. Da sie sich aber gar nicht rührte, nahm er einen Stein auf, um sie damit zu werfen, aber sein Arm, den er dazu schon aufgehoben hatte, erstarrte, und bliebunbeweglich und mit großen Schmerzen in dieser Stellung.

Als der andere Hirt dies sah, gieng er dreist auf das Bild zu und wollte ihm mit einem scharfen Kiesel die Hand abhauen; aber stattdessen versezte er sich selbst einen solchen Hieb in die Hand, daß ein Strom von Blut herausstürzte. Die Hirten schlossen endlich, das Bildniß sey wohl vom Himmel gekommen, giengn zu dem König von Güimar, und erzählten ihm, was vorgegangn sey.

Endlich gab der König diesen beiden Leuten Befehl, sich dem Bildniß mit Ehrfurcht zu nähern. Sie thaten dies, und kaum hatten sie es angerührt, als sie zum Erstaunen der Zuschauer plötzlich vollkommen geheilt wurden.« *)

Wegen ihrer Kerze (*candela*) in der Hand nannte man die nur 1 m große Figur »Unsere liebe Frau Candelaria« und brachte sie in eine Höhle, wo sie weitere Wunder vollbringen sollte.

Von dort wurde sie auf Veranlassung von *Diego de Herrera*, dem König von Lanzarote, geraubt und auf dessen Insel verschleppt. Doch die Madonna drehte sich jedesmal über Nacht mit ihrem schwarzen Gesicht zur Wand, sooft man sie auch wieder geradestellte. Also brachte man sie aus Furcht vor ihrem dadurch zum Ausdruck gebrachten Zorn nach Teneriffa zurück, wo man sie fortan als wundertätig verehrte.

---

*) Quelle: George Glas, Geschichte der Entdeckung und Eroberung der Kanarischen Inseln, Leipzig 1777, in *Bibliotheca Canaria* – Nachdrucke alter Texte über die Kanarischen Inseln, Santa Cruz de La Palma 1976.

Wohnen bei Candelaria

Landhotels und einige *Casa Rurales* finden sich **in Arico Nuevo** und im **Valle de Güímar**; in Caletillas (bei Candelaria) gibt es zwei ältere Hotelanlagen mit Meerzugang. Apartments bietet die ***Finca La Paz*** (früher ***Casa María***) in Las Cuevecitas (hoch oberhalb von Candelaria), ➢ unten und Unterkünfte, Seite 554.

Weitere Restaurants in/bei Candelaria:

- ***California***, Familien-Ausflugslokal am Hafen, gut und preiswert
- ***Archete***; in renovierten Gewölben serviert man leichte spanische Bistro-Küche. Das Restaurant liegt etwas versteckt, aber zum Greifen nah hinter der Autobahn-Leitplanke (Richtung Westen) oberhalb *Salida* 9, ✆: 922-500115, So Abend und Mo zu

Sonstiges

- ***Piscina Municipal***; etwas nördlich des Hafens von Candelaria befindet sich ein modernes Meerwasserschwimmbad, das über ein gutes **Fischrestaurant** mit Aussicht auf den Atlantik verfügt (✆ 922-506211; ab 12 Uhr; Mo geschlossen).
- Ein **Bauernmarkt** (*Mercado*) findet in der Halle gegenüber dem großen Parkplatz am Hafen **Sa, So und feiertags ganztägig** statt.

3+4 Teneriffas Süden und die Westküste

3. TENERIFFAS SÜDEN

3.1 Boom und kein Ende ...?

3.1.1 Der karge Süden

Landschaft

Anflug auf den Inselsüden: Beim Blick aus dem Kabinenfenster sind Erstbesucher geschockt. Grün ist nur das Green der Golfanlagen, der Rest wirkt überwiegend grau-braun schmuddelig wie ein Schuttplatz.

Tosca

Diese **Tuffstein-Landschaft** geht auf die zweite vulkanische Entstehungsphase der Insel vor 2-3 Millionen Jahren zurück, als helle, saure Laven aus dem Südhang quollen (➢ Entstehung Teneriffas, Seite 16). Das geschah in der Gegend von Fasnia/Arona und war begleitet von heftigen Explosionen. Herausgeschleuderte glühende beige-graue Asche und Felsbrocken verkitteten beim Abkühlen unter Einschluß von Luftblasen. Es entstand Tuff (***tosca***), poröses Gestein, das auch wegen der fehlenden Vegetation in dieser regenarmen Gegend sehr erosionsanfällig ist. Auf dem locker verstreuten Material entwickeln sich nur kleine kriechende Sträucher wie Dornlattich-Gewächse und süße Wolfsmilch (*Tabaiba Dulce*) und – weiter oben – Kandelaber-Kakteen. Das bißchen Krume, das die Pflanzen bilden, verweht der Wind im Nu, so dass sich keine nutzbare Erde bilden kann.

Tuffsteinküste

Guanchen und Besiedelung

Die Guanchen siedelten zunächst trotzdem im kargen Süden, da das flache Ufer für den Fischfang eine bessere Anlandung bot, als die Steilküsten im wasserreichen, fruchtbaren Norden. Sie betrieben neben der Fischerei Viehwirtschaft mit Ziegen, Schafen, aber auch Schweinen in Höhenlagen von 400 m bis 600 m, wo sie in nicht allzu steilem Gelände eher kultivierbaren Boden und Terrain für Staubecken fanden. Jedenfalls reichte es für eine Subsistenzwirtschaft (Gerste, Weizen) und später auch für Kartoffeln. So erklärt sich die Lage der Inselsiedlungen, die wie aufgereiht weit oberhalb der Küste liegen.

Wasser

Nur im tiefer gelegenen Adeje gab es ganzjährig natürliche Oberflächengewässer (z.B. den *Barranco del Infierno*, ➢ Seite 239) – kein Zufall also, dass sich hier der erste Guanchen-*Mencey*, der *Gran Tinerfe* ansiedelte, bevor er die Insel unter seinen neun Söhnen in gleichberechtigte Fürstentümer aufteilte. Sein zehnter, unehelicher Sohn musste sich mit dem kleinen, abgelegenen Punta del Hidalgo in der nordöstlichen Inselspitze am Anagagebirge begnügen (➢ Seite 383).

Armer Süden – reicher Norden

Dank der zugänglicheren Ufer hatten die ärmeren Süd-Menceys schon vor der spanischen Eroberung mehr Kontakt mit europäischen Seglern, als ihre naturverwöhnten und deswegen beneideten Verwandten im Inselnorden. Ohne Argwohn reichten sie den Fremden die Hand. *Reinos de Paces* – Königreiche des Friedens – nannten die Spanier deswegen die Süd-*Menceys* von Adeje, Arona, Güímar und Anaga, um sie von den mächtigeren, feindlich gesinnten *Reinos de Guerra* – den Königreichen der Krieger im Norden abzugrenzen. Nach der Eroberung blieb der versöhnliche Süden trotzdem arm, denn für ihre koloniale Ausbeutung der Insel mit Zuckerrohr- und Weinanbau war für die neuen Herren der fruchtbare Norden die bessere Wahl.

Wassertunnel/ Galerias

Hundehütte aus Tosca/Tuffstein, vielfältig verwendetes Baumaterial

Da die Tuff- und noch poröseren Bimssteine (*pomez*) kein Wasser halten, war die Anlage von Staubecken oder Oberflächenbrunnen schwierig. Die Idee, die reichen unterirdischen Wasserreserven nicht durch Brunnen von oben, sondern durch kilometerlange **Tunnel** (*galerías*) von der Seite zu erschließen, d.h. den Berg horizontal anzubohren, ermöglichte es ab 1860, auch küstennahe Regionen im Süden urbar zu machen (➢ Essay Seite 448). Durch den Bau des ***Canal del Sur*** (1952/53), einer **Wasser-Pipeline** von der nördlichen Inselseite, konnte der weitläufige Plantagenanbau im Süden die terrassierte Orotavatal-Landwirtschaft zeitweise sogar überflügeln.

Monokulturen

Denn endlich war es möglich, ausreichend Wasser zu den flacheren Küstenstreifen unterhalb der ursprünglichen Siedlungslinie zu leiten. Sie sind weit bequemer zu bestellen als die höheren, steilen Lagen. Die Investitionen für die weitverzweigten Rohrleitungen und Kanäle lohnten aber nur bei hohen Gewinnaussichten mit einem neuen Exportartikel. Die Wahl fiel auf die Tomate. Und mit ihr schlidderte die Insel Mitte der1950er-Jahre – nach Zucker, Wein und Cochenille, aber noch vor Banane und Tourismus – zum vierten Mal in die Risiken einer Monokultur.

Tomaten- und Bananenanbau

Obwohl die kleine kanarische Tomate der europäischen Festlands-Tomate geschmacklich überlegen ist, wurde sie von der Konkurrenz aus Holland und Italien ausgebootet – eine Entwicklung, die sich mit dem Bananen-Anbau wiederholen sollte. Schlimmer noch, denn die neue Frucht brachte wieder neue Probleme. Bananen brauchen immens viel Wasser: bis zu 400 Liter pro Kilo Ernte. Da sie zudem sehr windempfindlich sind, wurden die Plantagen (neuerdings auch Schnittblumen-Anpflanzungen) hoch eingemauert oder mit Plastikplanen abgedeckt – wahrhaftig kein Lichtblick in der Gesteinswüste.

Straßenbau im trockenen Süden Teneriffas

3.1.2 Wirtschaftsfaktor Tourismus

Entwicklung

Zu Wohlstand kam der Süden erst durch den **Massentourismus** in den 1970er-Jahren. Wie alle Kanarischen Inseln profitierte auch Teneriffa von den Konflikten im östlichen Mittelmeer (Balkan, Ägypten, Türkei). Seit 1968, als nur eine halbe Mio. Feriengäste auf die Inseln kamen, stiegen die Zahlen – abgesehen von kurzen Krisen 1973, 1980 und 1990 – stetig. Zum Jahrtausendwechsel kamen erstmals in einem Jahr mehr als 10 Mio Urlauber auf die Kanaren, davon die Hälfte nach Teneriffa.

Nach dem 11. September 2001 und bis 2003 (Irak-Krieg/Terror/Rezession) stagnierten Teneriffas Besucherzahlen, sanken in einigen Orten sogar leicht. Im Prinzip war das kein »Unglück«, denn es paßte durchaus zur Erkenntnis, daß – in Anbetracht der bereits eingetretenen Umweltschäden – in Zukunft die Besucherzahlen nicht mehr oder nur noch um maximal 1 % steigen dürften. Trotz wiederholter Baustopps (Moratorien) werden aber immer noch bereits früher genehmigte Hotelbauten ausgeführt.

Diese – eher zaghafte – Maßnahme war auf Betreiben spanischer Hoteliers und deutscher Reiseveranstalter zustandegekommen, deren Gästen die in den meisten Touristenzonen extrem dichte Bebauung mehr und mehr mißfällt.

Sonniger Süden, grüner Norden

Während 1965 auf ganz Teneriffa nur 134.000 Touristen gezählt werden konnten (die Hälfte aller Kanarenbesucher), waren es 2001 schon fast 4 Mio. 75 Prozent waren Ausländer (allen voran Briten, Deutsche und Skandinavier) und 25 % Festlands-Spanier.

Höhenflug verdankt die Insel vor allem der Erschließung seiner Südküste für den Tourismus. Erst Mitte der 1980er-Jahre zog der Süden bei rund 800.000 Gästen mit dem Norden gleich und war dann nicht mehr zu bremsen. Binnen zweier Jahrzehnte drehte er die Touristenverteilung zu seinen Gunsten komplett um: wählten 1975 noch 67% den grünen Norden – Puerto de la Cruz und das Orotavatal – als Urlaubsorte, so buchten ab 1984 immer mehr den sonnigen Süden, der heute fast 80% aller Urlauber beherbergt.

360 Sonnentage im Jahr

Der Grund ist eitel Sonnenschein. Der Süden hat 3.200 Sonnenstunden im Jahr, und die mittlere Jahrestemperatur beträgt 23°C. Puerto im Norden ist im Schnitt mindestens 3°C kälter, denn dort zählt mant nur halb soviel wärmende Sonnenstrahlen.

Umbruch seit den 1970er-Jahren

Der Sonnenhunger der Nord- und Mitteleuropäer zwischen Oktober und März münzte die Nachteile des Südens in Pluspunkte um: Aus ***Malpaís***, unbrauchbarem Land, **wurde bares Gold**. Viele Landbesitzer verkauften ihr brachliegendes Land. Und die Kleinbauern und Landarbeiter tauschten die Plackerei auf der Scholle gegen einträglichere und leichtere Jobs als Kellner, Koch oder Kioskverkäufer. Da es keiner Abrissbirne oder Enteignungsverfahren bedurfte, war die Infrastruktur für den Gästeansturm in der Wüste schnell erstellt: Versorgungszentren, Süd-Autobahn (seit 1971), Südflughafen (Bau 1973-78). Ganze 12 Peseten/m^2 (ca. 7 Eurocents) kostete damals das Gelände dafür.

Künstliche Strände und Trinkwasser

Die zwei größten Probleme – fehlender Strand und Wasserknappheit – wurden mit viel Geld und zwei fest zugedrückten Öko-Augen gelöst: **Sand und Gestein wurden vom Meeresboden hochgepumpt und feinkörnig zermahlen**. Damit der künstliche Strand nicht wieder weggespült wird, schützen ihn massive Dämme vor der Atlantik-Brandung.

Selbst unkritische Verfechter der hemmungslos-touristischen Entwicklung kommen über den unstillbaren Trinkwasserbedarf für Duschen, Pools, Gartenanlagen und Golfplätze – fünf der 8 Inselplätze liegen im Süden – ins Grübeln.

Künstlich aufgespülte Playa Torviscas, grauschwarz wie die meisten natürlichen Strände Teneriffas

Zwar hat Teneriffa – anders als die östlichen Nachbarinseln – bisher noch ausreichende unterirdische Frischwasser-Reserven, aber ihre Erschöpfung ist doch abzusehen.

Besitzverhältnisse

Ursprünglich gehörte das Gebiet um Los Cristianos/Las Américas, sowie die höher gelegenen Gebiete wie Chayofa und die weitere Umgebung von Adeje dem Noblen *Don Pedro de Ponte Ivergara*. Er erhielt es Mitte des 16. Jahrhunderts von der spanischen Krone als Dank für treue Kriegsdienste bei Spaniens Feldzügen in Europa. Doch dieses *Malpais*, der schlechte Boden, blieb über Jahrhunderte Brachland.

Tourismus im Süden heute: An der Küstenpromenade von Los Cristianos

Selbst im 20. Jahrhundert war Landnahme in diesem abgelegenen Winkel Europas noch gang und gäbe, zumal im spanischen Bürgerkrieg und nach 1945 Dokumente einfach verschwanden. *Francos* frühe Tourismus-Entdeckung gebar dann über Nacht so manchen Großgrundbesitzer wie *Antonio Dominguez* mit über 600 Hektar Land. Eigentlich war er Bauer, doch mutierte er rasch zum Autokraten, zum sog. *Caciquer* (Dorftyrann, Bonze). Er nannte das ganze Gebiet um das heutige Las Américas sein eigen.

Erster Tourismus

Als die Idee der Tourismus-Erschließung des Südens 1956 erstmals aufkam, war die Region neben den *Dominguez* im Besitz von nur vier weiteren Familien. Auf deren Betreiben teilte die Gemeinde die Küste zwischen Los Gigantes und El Médano in 14 Projektzonen. Hier war das unfruchtbare Ufergebiet flach und man konnte ggf. kleine Strände mit wenig Aufwand vergrößern. Obwohl die Arbeitskräfte damals noch unglaublich billig waren, gerieten die Pläne aber ins Stocken.

Das große Geld

Die großen **Deals kamen ab 1966** mit katalanischen Geschäftsgenies wie dem Seifen- und Deo-Fabrikanten *Rafael Puig*, heute u.a. Eigentümer des Hotels *Jardín Tropical* ins Rollen. Als dann auch galizische, deutsche, französische und britische Unternehmer loslegten, ging es schon fast legal zu. Auch tinerfeñische Geld-Clans mischten mit, die *Bethencourts* etwa, oder die *Ursulai*, Besitzer einer Tabakfabrik.

Staatliche Eingriffe

Positiv zu vermerken ist, daß zunächst nicht geklotzt wurde; es ging eher kanarisch zu. So manches groß angekündigte Projekt ließ lange auf sich warten oder verschwand stillschweigend wieder in der Schublade. So wurden in der anfänglichen Phase weniger als 30% der Pläne realisiert, obwohl der Staat infrastrukturell zuarbeitete: 1971 Baubeginn der Süd-Autobahn, die auch der Landwirtschaft den Transport erleichtern sollte, 1975 der Hafen von Los Cristianos und 1978 forcierte Fertigstellung des sicheren Süd-Flughafens nach dem katastrophalen Jumbo-Crash Ende März 1977 auf dem nördlichen Airport *Los Rodeos* mit 583 Toten.

Erste Krise

Kaum waren die Las Américas-Pläne fertig, bremste ab 1973 die **Ölkrise** zunächst alle Privatinitiativen in anderen Projektzonen. Da nahm der Staat die weitere Planung ganz unter seine Fittiche und stellte Urbanisationspläne (*Normas Subsidiarias*) auf.

Er hatte leichtes Spiel mit dem freien Bauland, denn gewachsene Strukturen wie in Puerto de la Cruz oder polit(ökolog)ische Proteste gab es nicht. Dazu war die *Franco*-Diktatur (bis 1975) noch zu nah und die Bürgerinitiativ-Bewegung noch zu weit. Ende der 1970er-Jahre gab es bereits 26.000 Betten im Süden – fast soviele wie im Norden Teneriffas.

Teneriffas Tourismus in Zahlen

Die Faustregel des kanarischen Fremdenverkehrs ist schnell erklärt. Für jedes (neue) Hotelbett kann man alljährlich mit bis maximal 42 Urlaubern rechnen, weil der Teneriffa-Besucher heute im Schnitt nur 8,5 Tage Urlaub macht (die 2,4 Mio. Hotelgäste 8 Tage, die 2,3 Mio. Apartment-Mieter 9 Tage). Bei einer 100%-Auslastung der ca. 170.000 tinerfeñischen Betten (ohne *Turismo Rural*) wären das maximal rund 7,1 Mio Urlauber.

Im Jahr 2003 kamen etwa 4,7 Mio Gäste auf die Insel (200.00 auf 240 Kreuzfahrtschiffen), was einer durchschnittlichen Bettenauslastung von ca. 68% entspricht. Davon wohnten ca. 3,6 Mio. Besucher im Inselsüden und 1 Mio im Norden. Der Rest verteilte sich auf Santa Cruz (170.000), La Laguna, Bajamar und Punta del Hidalgo (50.000), sowie die *Rural*-Häuser und Privatquartiere.

Ca. 24% aller Besucher stellen die eigenen Landsleute (Festlandspanier), die vor allem im Juli/August kommen; in den übrigen Monaten dominieren Mittel- und Nordeuropäer, allen voran Engländer (33%), gefolgt von Deutschen (30%), Skandinaviern, Franzosen und Italienern.

Der Teneriffa-Tourist ist im Schnitt 43 Jahre alt, hat ein jährliches Durchschnittseinkommen von €30.000, verbraucht am Tag 400 Liter Wasser und zahlt durchschnittlich – für Flug, Übernachtung plus ggf. Mahlzeiten – €1.000 für eine Urlaubswoche auf den Kanaren. Auf den Inseln gibt der Spanier mit €44 täglich das meiste Geld aus (ohne Flug und Unterkunft), gefolgt von den Deutschen und Italienern (€40), während die Briten, viele aus der Mittel- und Unterschicht, am sparsamsten sind.

Spanier gehen lieber in ein 4-Sterne-Hotel (21% aller Insel-Betten), während die ausländischen Gäste Apartments bevorzugen (46% der Betten). 33% der Insel-betten beziehen sich auf die übrigen Unterkünfte (1-3 Sterne-Hotels, Pensionen/*Hostales* und *Turismo-Rural*).

Während 1976/77 die Apartment-Touristen noch fast 2 Wochen blieben, buchen sie heutzutage im Durchschnitt 9 Tage. Noch kürzer als Apartment-Bucher bleiben Hotelgäste. Sie reisen im Schnitt schon nach einer guten Woche wieder ab.

Bei 700.000 Einwohnern Teneriffas kommen alljährlich fast 7 Touristen auf jeden Einheimischen. Zum Vergleich: Deutschland müßte – übertrüge man diese Zahlen – jedes Jahr 560 Mio Gäste verkraften. Tatsächlich schwankt – je nach Jahreszeit – der Anteil der Touristen an der Gesamtbevölkerung zwischen 12% und 25%

Bombastisch: Hotel Guayamarin Las Américas

Der Mietwagen-Fuhrpark beläuft sich auf sagenhafte 45.000 Autos. Damit ist jedes zehnte Fahrzeug auf Teneriffa ein *coche de alquiler*. Und selbst diese Zahl ist in der Hochsaison (Jahreswechsel und Ostern) oft ausgebucht.

Teneriffas Touristenzahlen (Hotels+Apartments) 1975-2001

Jahr	Touristen	Betten	Ø Aufenthalt	Auslastung %
1965	190.000			
1975	1.003.000	51.300	10	54%
1980	1.189.000	65.000	10	50%
1985	1.630.000	69.000	11	71%
1990	2.713.000	115.000	10	65%
1994	3.907.000	140.000	9,5	73%
1999	4.641.000	162.000	9,0	71%
2001	4.800.000	170.000	8,5	68%

Touristenzahlen Nord/Süd

Jahr	nur Norden	nur Süden
1960	27.000	-
1965	134.000	-
1970	290.000	-
1978	818.000	372.000
1980	682.000	385.000
1985	784.000	755.000
1990	828.000	1.783.000
1994	919.000	2.856.000
2001	1.000.000	3.600.000

3.2 Touristische Stadtlandschaft Los Christianos/Las Américas/Costa Adeje

3.2.1 Überblick

Verwaltung

Das größte Touristenzentrum der Insel liegt auf einer Landnase im Süden der Westküste. Es erstreckt sich über einen 10 km langen Küstenstreifen und wird von den beiden oberhalb liegenden Gemeindestädtchen Arona und Adeje verwaltet.

Entstehung

Diese Touristen-Großstadt (bei voller Auslastung über 200.000 Menschen) beidseitig der Autobahn entstand nicht durch ganzheitliche Planung, sondern durch ständiges Hinzufügen von Neubaugebieten. Eine Orientierungshilfe tut deswegen Not.

10 km Küsten-promenade

Von **Los Cristianos**, Aronas ehemaligem Fischerhafen, wuchsen die Hotels Richtung Südosten bis zum Vulkanberg *Guaza*. Er bildet mit seinen 428 m Höhe den Schlußpunkt der touristischen Ausdehnung. Richtung Nordwesten schloß die Bebauung beim *Barranco del Rey* längst an die Bettenburgen der Gemeinde Adeje an, wo die Retortenstadt **Las Américas** entstand. Und in 30 Jahren unentwegter Bautätigkeit entstand nördlich von Las Américas schließlich noch die »**Costa Adeje**« genannte Region. Sie erstreckt sich 4 km nach Norden bis zum Fischerdorf La Caleta. Nach und nach wurde eine heute 10 km lange Uferpromenade vom Berg *Guaza* bis La Caleta angelegt, die – von Süden nach Norden – folgende Stadtteile übergangslos miteinander verbindet:

3.2.2 Die Bereiche

Los Cristianos

Los Cristianos besitzt einen immer noch europäisch anmutenden Stadtkern. 2-4stöckige Wohnhäuser stehen entlang von ***Paseos***, Straßen, die zu Fußgängerpassagen umgestaltet wurden. Trotz des quirligen Touristentreibens hat man dort noch einen schwach urbanen Eindruck. Im Küstenabschnitt südöstlich des alten Kerns verläuft die Bebauung unstrukturiert bis zum Berg *Guaza*.

Los Morritos

Auf der anderen Seite, westlich des Zentrums, Hafens und der *Playa Las Vistas*, liegt **Los Morritos** auf der Spitze einer Landnase. **Es zählt jetzt zum »neueren« Las Américas**. Riesige aufwendige Hotelanlagen stehen zu beiden Seiten einer breiten Palmenallee für den Durchgangsverkehr. Nur kleine Stichstraßen führen zur Promenade am Meer. Dieses städtebauliche Konzept aus den späten 1980er- und 1990er-Jahren orientiert sich an Modellen, die sich speziell in Florida und der Karibik (ökonomisch) bewährt haben: Die Hotelanlage als zentraler Urlaubsfocus des Touristen.

Las Americas

Das alte **Las Américas** aus der ersten Bauphase zu beiden Seiten des erwähnten *Barranco de Rey* wird beherrscht von einfallslosen Hochhausklötzen mit Wabenbalkonen und wenig Grünflächen. Das eher schäbige Vergnügungsviertel (*Veronicas*) und die Hauptverkehrsader entlang der Strandpromenade sind Relikte des Massentourismus der 1970er-Jahre, die man seit 2003 mit einer groß angelegten Neugestaltung der Straße zu verändern sucht.

San Eugenio/ Torviscas

Die nördlich angrenzenden **Stadtteile *San Eugenio*** und ***Torviscas*** sind nur wenig später entstanden und kranken an den gleichen Syndromen einer ungeheuer dichten und konzeptlosen Bebauung mit nur knappen Grünflächen als Feigenblättchen. Vor allem in dieser Region schwappt die Bebauung weit über die Autobahn hinaus und zieht sich mit Würfel-Apartments die Hänge hinauf (Ortsteil *Colina Blanca*).

Fañabé

Nördlich von Torviscas, im **Stadtteil Fañabé**, wandelt sich die Szenerie und wird großzüger. Zwischen 1985 und 1995 wurden kleinere, flachere Hotel- und Apartmentanlagen mit mehr Grünflächen errichtet. Durch Rundbauten um den Gemeinschaftspool entstanden in sich geschlossene Gebäudekomplexe, zwischen denen nur Stichstraßen oder Fußgängerpassagen zum Meer führen – meist mit Ladenzeilen und Straßencafés.

Costa Adeje

Im letzten Küstenabschnitt bis zum kleinen Dorf **La Caleta** schließen Luxushotels der neuesten Architektur aneinander an. Allen voran das ***Gran Hotel Bahía del Duque***, ein Ferien-Mikrokosmos im Disneystil. Weitere Edelquartiere mit weitläufigen Garten- und Poolanlagen sowie luxuriösen Shoppingcenters in durchgestyltem Outfit dokumentieren Teneriffas noch junges Streben, vom Massentourismus alten Typs wegzukommen.

Verbindende Promenade

Der Charakter der Stadtteile spiegelt sich wieder in der Gestaltung der Strandpromenade, die alle genannten Stadtteile miteinander verbindet. Die alten Regionen sind bunt, eng und dicht bebaut mit Kneipen, Discos, Läden und T-Shirt Shops. Aufgelockerte und landschaftlich gestaltete ruhige Abschnitte bestimmen dagegen in den neueren Ortsteilen wie Los Morritos und Fañabe bis nach La Caleta das Bild.

Strände

Die Strände im Süden gehören nicht zur Natur, sondern zur Architektur und Stadtplanung nach dem Motto: **neue Viertel brauchen neue Strände!** Diese aufgeschütteten oder erweiterten und durch Molen gesicherten *Playas* reichen für die Touristenmengen bei hoher Belegung nur aus, weil viele ohnehin den Hotelpool vorziehen. Generell gilt: je feiner und neuer der Stadtteil, desto großzügiger und begrünter ist der künstliche Strand.

Restaurants

Die **Speisekarten** sind in diesem Bereich durchweg mehrsprachig und bebildert, aber uniform. Nicht nur die Küchen der Besucher-Heimatländer, sondern alles ist vertreten, was es bei uns in den Großstädten auch gibt. Los Cristianos und Las Américas verfügen über gute und Spitzenrestaurants auch außerhalb teurer Hotels. Sie liegen oft versteckt; man findet sie nicht im Vorübergehen. Es lohnt die Lektüre von Restaurantführern, wie »***Que Bueno***!« (im Insel-Buchhandel, span/dt/engl, € 10). Als Geheimtipps gelten vor allem Lokale, die außerhalb der reinen Touristengebiete liegen und hauptsächlich von Einheimischen besucht werden (➢ Liste »Gute Restaurants im Süden abseits der Touristenzentren« auf Seite 236f). Um diese Empfehlungen wahrzunehmen, muß man in fast allen Fällen ein Taxi nehmen oder einen Mietwagen haben.

3.2.3 Orientierung, Transport und Information

Lernt man den kleinen Stadtkern von **Los Cristianos** am besten zu Fuß kennen, so erfährt man **Las Américas** und insbesondere die weitläufige ***Costa Adeje*** – ganz im Wortsinn – besser per Auto. Wer zum Bummeln, Shopping oder Essengehen nach Las Américas kommt, sollte »seinen« Stadtteil gezielt vorab auswählen.

Einmal dort fragt man nicht nach Straßen, sondern orientiert sich an den Hotelnamen. Das vereinfacht die Verständigung z.B. im Taxi: *»Palm Beach«*, *»Eldorado«* oder *»Orlando, por favor«* – Straßennamen und Hausnummer sind überflüssig.

Anfahrten

Von der **Autobahn** erreicht man die verschiedenen Stadtteile über folgende **vier Ausfahrten** (Reihenfolge von Santa Cruz/Airport):

- Von der ersten (***Salida 27***) geht es nicht nur zu Strand und **Fährhafen von Los Cristianos** (nach der Autobahnunterquerung rechts), sondern auch weiter zum **Strand *Las Vistas*** und **Stadtteil Los Morritos** mit den schicken Hotelanlagen (links halten).
- Die nächste Ausfahrt (***Salida 28***) führt zu den alten Teilen von **Las Américas** beidseitig des *Barranco del Rey* (**Las Verónicas**).
- ***Salida 29*/San Eugenio** führt u.a. zum Yachthafen **Puerto Colón**
- und ***Salida 30*** nach ***Torviscas/Fañabé/Playa del Duque***.

Parken

Keine Parkprobleme hat, wer sein Auto an einem der beiden **Häfen** abstellt (Ausfahrt 27 oder 29) oder an der ***Playa Bahía del Duque*** mit Tiefgarage (Ausfahrt 30). In Los Cristianos parkt man auch günstig in der **Tiefgarage** »***Valle Menendez***« direkt vor der Touristen-Information (***Centro Cultural***).

Bus/Taxi Die **Buslinie 441** verkehrt zwischen Los Cristianos und La Caleta über Playa de Las Américas, Torviscas und Fañabé 9-20 Uhr, aber täglich nur 8 x (➢ Seite 589). Die preisgünstigen Taxen sind da bequemer; **Taxirufe**: in Las Américas: ✆ 922-791407; in Verónicas: ✆ 790353+795459; in Costa Adeje: ✆ 715407.

Rundtour Zwei teure »**Trolleys**« machen **Sightseeing-Rundfahrten** durch Los Cristianos (Abfahrt/Ankunft Hotel *Las Palmeras*) und Costa Adeje über San Eugenio und den *Agua Parque*); 10-22 Uhr, alle 60 min zur vollen Stunde; Preis €9, Kinder €5.

Touristeninfo **Los Cristianos**

- Oberhalb der Plaza del Carmen, etwas abseits der Calle General Franco im modernen ***Centro Cultural***; ✆ 922-757137, Fax 922-752492; Mo 11-15, Di-Sa 11-15.30 Uhr
- An der Strandpromenade der ***Playa de las Vistas***, etwa an der Strandmitte; ✆ 922 750 669; Mo 11-15, Di-Sa 11-17.30 Uhr.

Las Américas

- Avenida Rafael Puig 1 (Playa de Troya, gegenüber *Hotel Park Troya*), ✆ & Fax 922-750633; Mo-Fr 9-14.30; Sa+So+feiertags zu.
- *Centro Comercial* »City Center« (gegenüber *Hotel Parque Santiago* II), ✆ 922-797668, Fax 757198; Mo-Fr 9-15.30, Sa 9-13 Uhr.

Blick auf Los Cristianos

3.3 Los Cristianos

3.3.1 Besichtigung

Hafen

Touristischer Brennpunkt ist der Hafenbereich von Los Cristianos mit Strand, Meerespromenade, der zentralen **Fußgängerpassage *Pablo Abil***, und regem Schiffsverkehr. Die Fährreederei *Fred Olsen* bedient insbesondere die greifbar nahe Nachbarinsel La Gomera, hinter der sich allabendlich die untergehende Sonne versteckt. Bei einem Bummel auf der Hafenmauer oder dem Fähranleger schaut man über die Segel- und letzten Fischerboote, eine kleine Werft, eine *Cofradía* (Fischereigenossenschaft) und Stände mit fangfrischem Fisch. Plakate an einer Phalanx von Ticketständen werben für allerhand Touren auf dem Wasser: Segeltörns, Piraten und Glasbodenbootsfahrten, Hochseesegeln, Riesen-Bananenritt, Paragliding im Schlauchboot-Schlepp oder Fahrten mit attraktiven Catamaranen.

Der Hafenstrand

Der zentrale helle Sandstrand im Anschluß ans Hafenbecken ist 400 m lang, durch die Kaimauer gut wellengeschützt und verläuft flach ins Wasser. Nur eine Stufe trennt ihn von der Promenade. Das (Sonnen-) Baden findet inmitten der Betriebsamkeiten zwischen Hafen und bummelnden Touristen statt. Da kommt zumindest keine Langeweile auf. Man sieht viel und wird gesehen. Als dieser Strand aus allen Nähten platzte, wurde »um die Ecke« zur Entlastung die *Playa de Las Vistas* hergerichtet.

Plaza Galdos und Promenade

Von der zentralen, weitläufigen Plaza Galdos am Hafen zieht sich die palmenbestandene Strandpromenade (*Paseo Marítimo*) nach Norden bis zum vorläufigen Ende der Wohnanlagen, vorbei an Hotels und Apartmenthäusern der Mittelklasse – meist aus Zeiten des frühen Tourismus. Der Küstenstreifen zwischen dem *Grand Hotel Arona* und dem Berg *Guaza* wird neuerdings ebenfalls erschlossen. Allein das *Arona* kann mit den jüngeren Nobelhotels in Las Américas' Neubaugebieten mithalten.

Plaza del Carmen

Von der Plaza Galdos führen die alten Sträßchen – gesäumt von Läden und Lokalen in 4-6 stöckigen Apartmenthäusern – sanft bergan bis zum Herzen der Stadt, der **Plaza del Carmen**. Sie wird dominiert von der ***Iglesia del Carmen*** und dem feinen **Stadthotel *Reverón***. Der von oberhalb der Plaza kommende Autoverkehr wird tangential abgeleitet, so dass fast alle Straßen unterhalb den Fußgängern gehören. Hier kann man inmitten von Terrassenrestaurants und dem üblichen Angebot an gemischten Touristenläden gut bummeln. Es ist bunt, voll und laut (etliche Spielhöllen). Die bei Einheimischen beliebten **Tapa**-Kneipen finden sich kaum noch. Gehalten haben sich einfache Pensionen, die gern von Wanderern und Rucksacktouristen auf dem Weg nach La Gomera gebucht werden (➢ »Unterkünfte Rundreise«, Seite 571f).

Plaza und Iglesia Nuestra Senora del Carmen

Playa de las Vistas und Promenade

Wer vom Hafen Richtung Las Américas/Costa Adeje gelangen will, muß durch einen kurzen Tunnel, über den der Verkehr zum und vom Fährhafen rollt. Jenseits des Tunnels erstrahlt einer der bestgelungenen neuen Küstenabschnitte im Süden, der gut 1 km lange *Las Vistas*-Strand mit dem dahinterliegenden Hügel *Montaña Chayofita*.

An der breiten, flach bebauten ***Vistas*-Strandpromenade** liegt auch die von Schweden geleitete Klinik Wintersol, die schon seit 1963 Körperbehinderte (vor allem MS-Kranke) hervorragend betreut. Der Einfluss der schwedischen Pioniere ist in Los Cristianos vielfach sichtbar: die Avenida hinter dem Vistas-Strand heißt Suecia (= Schweden), die *Casa Suecia* liegt am Hafenstrand und die ***Svenska Kyrka***, eine Tagesstätte mit Kulturzentrum. findet sich direkt an der Promenade östlich des Hafens.

Der *Vistas*-Strand endet an der kleinen Landzunge *Punta de Camisón*. Der daran anschließende Stadtteil ***Los Morritos*** mit seinen schicken Hotels zählt schon zu Las Américas.

Wanderung

Der einzige ohne Anfahrt von Los Christianos aus erreichbare Wanderweg führt um oder auf den 428 m hohen **Vulkan *Guaza***, der die Stadt im Südosten begrenzt. Er ist nur an seinem westlichen Hang bebaut und als ***Espacio Natural*** geschützt. Die flachen buschähnlichen Pflanzen – wie *Tabaiba Dulce* (süße, ungiftige Wolfsmilch), Dornlattich, Kandelaberwolfsmilch und *Balo hediondo*, ein Strauch mit kleinen weißen kugeligen Früchten und feinen Blättern – haben nur nach Regenfällen im Winter eine etwas frischere grüne Farbe.

Hinter dem *Grand Hotel Arona* und dem *Costamar* liegt der steinige ***Playa de Callao***, ein FKK-Strand. Hier teilt sich der Weg. Entweder geht man weiter entlang der Steilküste (*Acantiladas*) bis zur *Urbanizacion Palm-Mar* an der anderen Seite des Guaza-Berges (3 km mit schönen Ausblicken), oder man biegt beim Schild *Espacio Natural* links ab hinauf zum Krater des Vulkans. Dabei passiert man die Mesas, die durch Erosion entstandenen Hochebenen, auf denen sich viele brachliegende Gemüsefelder finden. Unter sich erkennt man den Golfplatz *Amarilla*. Dieser Guaza-Weg hat 400 m Anstieg, ist schattenlos und führt schließlich zur Verbindungsstraße TF 655 Guaza-Los Cristianos, auf der der Bus 467 zurück nach Los Cristianos verkehrt.

3.3.2 Praktisches

Allgemein

Post
Calle Los Sabandeños, westlich der General Franco gegenüber vom *Centro Comercial*/der Schule

Polizei
Notruf 112; Polizeiwache im Centro Cultural, C/General Franco

Kliniken

- ***Centro Médico los Christianos***, *Edificio Valdes Center*, Local B-13, Avda Penetración, unterhalb des ZOB, © 922-790486 (8-22h)
- ***Centros Médicos del Sur,*** mehrere Zentren über die Stadt verteilt, z. B. gegenüber vom *Centro Culturál* (Calle General Franco) und in der hinter der *Playa Vistas* verlaufenden Calle de Suecia, Höhe *Centro Comerciál San Telmo.*
- **Notarzt** auch deutschsprachig, in der *Clinica San Eugenio*, Las Américas/Adeje, © 922-791000 (gratis: 900-112-111).

Fundbüro
Oficina de Objetos Perdidos, *Policía Local, Cuartel* (Fañabé) © 922-710606/-00; *Oficina Pueblo Canario* (Adeje), © 922-793121

ZOB (Estación de Guaguas)
Los Cristianos: an der zur Autobahn hinaufführenden Avenida de los Cristianos (Autobahn-Zubringer, Ausfahrt 27).

Shopping

Märkte
Sonntag Vormittag, neben dem *Grand Hotel Arona* am Meer; Billig-Kleidung, Taschen etc, keine Lebensmittel.

Einkaufszentren

- *Centro Comercial SanTelmo* am Las Vistas Strand
- *Centro Comercial Mencey* am Las Vistas Strand

Anleger der Fähre nach La Gomera im Hafen von Los Cristianos

- ***Américas Plaza*** gegenüber vom *Hotel Mediterranean Palace*, elegantes Shopping Center mit 30 Geschäften und einer Filiale der brasilianischen ***Churrasquería Rodeo***, sowie drei weiteren Restaurants.

Spezialgeschäfte

- ***Arte Madera-Sur***, typisch kanarische Groß- und Kleinstmöbel aus Kiefernholz, Adeje-Zentrum, Calle Grande 6 (gegenüber dem Rathaus/*Ayuntamiento*); Mo-Sa 10-14 und 16-20 Uhr, ✆ 922-780828, Fax 922-711644.
- **Deutsche Backwaren** im Norden und Süden, ➢ Seite 245
- ***Charcutería Holandesa***, Calle General Franco 8, gegenüber der CEPSA-Tankstelle, nordeuropäische Wurstwaren

Internet-Cafe ***Valdes-Center***, im 2. Stock (über der *Seguridad Social* und *Caja Canarias*), auch *Internet-Café Las Américas*, ✆ 922-716565.

Naturkost **Reformhaus**, Calle Ramón Pino 52, oberhalb der *Playa Las Vistas*

Buchladen ***Librería Barbara*** in der Fußgängerpassage *Pablo Abril*: vom Meer auf halbem Weg zur Plaza del Carmen, Ecke Transversal; es gibt dort deutsche und englische Literatur und viel Material über die kanarischen Inseln.

Ausflüge/Fähre Schiffsausflüge ➢ Seite 234.

Fähre nach La Gomera ➢ Seite 259.

Restaurants

Beliebte Terrassen-Restaurants für jeden Geschmack finden sich im Bereich der Strandpromenade und an der Calle General Franco, wie die noch aus frühen Tourismus-Jahren stammenden *Linares I* und *Linares II*:

- ***Bar/Restaurante El Cine***; gute volkstümliche Küche, vor allem Fisch und kanarische Gerichte zu korrekten Preisen (€ 10). Das Cine hat noch einen Hauch Fischerdorf-Flair; versteckt gelegen: dort wo der Los Cristianos-Strand auf den Hafen stößt, führt ein kleiner Durchgang rechts aufwärts; täglich von 12-24 Uhr, Mo geschlossen; ✆ 609 107758.

- ***Byblos***, sehr gutes libanesisches Restaurant, breites Vorspeisenangebot; hervorragende Fleischgerichte; Calle Montaña Chica, *Edf. Nirvana* (Nähe *Centro Culturál*), Mo zu; ✆ 922-791020.
- ***Casa del Mar***, ein etwas gehobeneres beliebtes Fischrestaurant am Hafen, Blick auf die Boote; €18; täglich durchgehend geöffnet,So geschlossen, ✆ 922-793275.
- ***Rosies Cantina***, recht gute mexikanische Küche; €15, in der *Urbanización Oasis del Sur*, einem britisch dominierten Wohngebiet, Calle Comunidad Royal Palm im 1. Stock, täglich 18-23.15 Uhr, ✆ 922-751972.
- ***El Paso***, wie *Rosies Cantina* in der *Urbanización Oasis del Sur, Castle Harbour*, kleines texanisches Restaurant, *fingermeals* und Steaks, €15, täglich 10-22 Uhr, ✆ 922-750949.
- ***El Rincón del Arróz,*** empfehlenswert; besonders am Wochenende; (nach)mittags sehr spanisch; diverse Reisgerichte, schön gekachelter Raum; Calle Los Sabandeños im *Edificio Soledad*, direkt an der oberen Umgehungsstraße unscheinbar in einem Neubau-Hochhaus, So geschlossen, ✆ 922-797370.
- ***El Rincón de Gonzalo*** klein, elegant gestylt, feinste kreative Küche; nicht leicht zu finden: am besten über die Avenida Suecia, zwischen Nr. 35 und 37 Richtung Strand in die Calle San Roque, dort gleich rechts; €45 ohne Wein; ✆ 922-792702, 13.30-16 und 20-23 Uhr, So Abend und Mo Mittag geschlossen
- ***Swiss Chalet***, Appetit auf Schweizer Fondue und Röstis? Die Spezialmenüs wechseln wöchentlich; Avenida Svecia 80, im *Centro Comercial San Telmo* am *Vistas*-Strand, nur abends geöffnet, Mi geschlossen, ✆ 922-791426.
- ***Le Bistro d'Alain***, klein und adrett, kreativ-moderne französische Küche; eine Kollektion von 120 kleinen Porzellan-Köchen kontrollieren, was auf den Tisch kommt; Calle Valle Menendez 23 (unterhalb und parallel der General Franco), €30; ✆ 922-752336, nur abends, Mo geschlossen.
- ***La Tasca de mi Abuelo,*** eine der wenigen authentischen *Tascas* in dieser unattraktiven Gegend. Etwas düster, aber es gibt auch Tische draußen. Meist Fleisch; gute Qualität, gute Preise. Nahe dem *Centro Cultural* an der Avda de Amsterdam im *CC San Marino*, Local 13; €12; ✆ 699 688 821; täglich 11.30-1.30 Uhr.

An der Strandpromenade in Los Cristianos

Hotels:
Los Cristianos:
1 Arona Gran Hotel
2 Paradise Park mit öffentl. Schwinmmlandschaft
3 (Oasis) Moreque
4 Reveron Plaza
5 Mar y Sol
6 La Paloma (P)
Casa Blanca (P)
Playa (P)
Venezuela (P)
Lela (P)
Andreás (P)
Las Americas (Los Morritos):
7 Mare Nostrum Resort
8 Parque Santiago I
9 Parque Santiago II
10 Parque Santiago III
11 Parque Santiago IV
12 Parque Santiago V
13 Europa Villa Cortés
14 Park Club Europa (Aparthotel)
15 Vulcano
16 Tenerife Princess
17 RIU Park Cristobal
18 Vistasur (A)
19 Paraiso del Sol (A)
20 Bungamerica
San Eugenio:
21 Jardin Tropical
Fañabe:
22 Sol Sun Beach
23 Parque del Sol (Aparthotel)
24 Colon Guanahani
25 RIU Adeje
26 Bahia del Duque
27 Anthelia Park
28 Jardines de Nivaria
29 RIU Palace Tenerife
30 RIU Arecas
31 Costa Adeje Palace
32 Altamira (A)
La Caleta:
33 Jardin Caleta
Restaurants:
Los Cristianos
1 Rincon del Marinero
2 Byblos
3 Casa del Mar
4 Rosie´s Cantina
5 El Paso
6 El Rincon del Arroz
7 El Sol
8 Swiss Chalet
9 Le Bistro d´Alain
Las Americas/ Costa Adeje:
10 El Gomero & Las Rosas
11 Castellano & Donosti II
12 La Rana
13 El Faro & Los Arrozes
14 Mama Rossa
15 Kaede
spezielles Ambiente:
16 Banana Garden
17 El Molino Blanco
18 El Dornajo
Gute Hotelküche
19 Bahia de Duque
20 Jardin Tropical
21 Jardines de Nivaria
Infobüro
Klinik
Internetcafe
Postamt (Correros mit @)
Colina Blanca
Torviscas Alto
San Eugenio Alto
Costa Adeje
Los Gigantes/ Puerto Santiago
31 La Caleta
30 Torviscas / Fañabe
Autopista del Sur
29 Puerto Colón/ San Eugenio
Aqua Park Octopus
Kongressha
Bus - ZOB
San Eugenio
Fañabe
Parque San Eugenio
Torviscas
Av. Lito
Markt
Playa del Duque
Playa de Fañabé
Playa Torviscas
Puerto Colón
Playas Americas

Los Cristianos/
Las Americas/
Costa Adeje

Kongresszentrum »Pirámide de Arona« in Las Américas: Bombastisches Säulenportal und goldene Bogenschützen (auf den Säulen im Hintergrund)

3.4 Playa de Las Américas/Costa Adeje

3.4.1 Besichtigung

Anfahrt

➢ Seite 217.

Los Morritos

In dem an die ***Playa Las Vistas*** anschließenden ***Los Morritos*** läßt sich auch in der zweiten und dritten Reihe gut Urlaub machen. Die Strandpromenade führt ohne viel Ramba-Zamba hinter der breiten ***Playa del Camisón*** entlang; ein heller Kunststrand zwar, aber er kann sich sehen lassen. Ein schönes Ziel für einen Spaziergang vor Sonnenuntergang ist das kleine *Cap Camisón* mit Blick bis nach La Gomera

Die Geschäfte sind auf anspruchsvolle Kundschaft eingestellt, denn Los Morritos Hotelanlagen und Golfresorts zählen zum Feinsten in Teneriffas Süden; sie locken andere Touristen und *Canarios* an zum Staunen über Aufwand, Glitzer und kitschige Eleganz.

Mare Nostrum Resort

Der *Mare Nostrum Resort* gibt sich wie **Klein Las Vegas**. Zu ihm gehören mehrere Komplexe: das halbmondförmige *Mediterranean Palace, Sir Anthony* an der Strandpromenade und die *Pirámide de Arona*, ein Kongresszentrum für 2.200 Menschen mit Spielkasino und Showtheater.

Sie wird eingerahmt von **drei Hotels**, die sich ***Palace*** nennen: Cleopatra am Meer, und – welch historischer Feinsinn – flankiert von *Marc Anton* und *Julius Caesar*. Vor der funkelnden Stufenpyramide plätschern Brunnen und sexy Dianas auf antiken Kapitellen halten die Wacht in Reih und Glied mit Pfeil und Bogen.

Hotel Mediterranean Palace/ Sir Anthony

Römische Statuen zieren auch das Interieur des *Mediterranean* – ganz in bleu – in lieblichen Posen. Vom eleganten Foyer gelangt der Gast übergangslos in eine ebenfalls blaue Badelandschaft, Ton in Ton mit dem Belag der hoteleigenen Tennisplätze. Der Blick zum Atlantik irritiert: die himmelblaue Farbe ist nicht das Meer, sondern das sich in der verspiegelten Rückwand des *Sir Anthony* reflektierende *Mediterranean*. Das Schwesterhotel – zur Abwechslung ganz in rosé – ist etwas kleiner, dafür teurer.

5 x Hotel Santiago

Fünf Erben hatte der Besitzer der Santiago-Hotels, also wurde fünfmal gebaut. Die Aparthotel-Anlagen liegen in Blickweite, sind unterschiedlich alt, groß und schön – wie sich das für Geschwister ziemt. Das größte mit weitläufiger Pool-Landschaft ist das ***Santiago III***. Das jüngste, ***Santiago V,*** ist mexikanisch gestylt und hat nur zwei Dutzend Apartments, dazu einen exklusiven Supermarkt, ein luftiges Terrassencafé, zwei ausgezeichnete Restaurants und eine kunterbunte Minigolfanlage. Eine sympathische Aparthotel-Kette – bis auf den Benjamin – alle in *pole position*. Das Hotel ***Villa Cortez*** ist ebenfalls im mexikanischen Stil gehalten, ein Märchenpalast der jüngsten Generation, der seine 5 Sterne wahrlich verdient. Auch das beliebte Hotel ***Parque Europa*** vis-a-vis hat einen fabenfrohen Erweiterungsbau; das ***CC Arcade Europa Park*** ist integriert. In diesem Bereich finden sich weitere neue *Shopping Center* (*Américan Plaza, Safari*) und Restaurants.

Verónicas/ Vergnügungsviertel

Keine 500 m weiter nördlich bildet der ***Barranco del Rey*** die Grenze zwischen den Gemeinden Arona und Adeje. Hier schwenkt die Durchgangsstraße Avenida de Rafael Puig (auch Avenida Litoral genannt) für einige hundert Meter an den Strand *Playas de Troya*. Eingeklemmt zwischen Atlantik und Autobahn finden sich abrissverdächtige **Hotelsilos** (z.B. *Tenerife Sol, Park Hotel Troya, Palm Beach*) und ein billiger **Vergnügungs-Strip**, die Veronikas, mit Fastfood-Buden, Bars, Bowling, diversen Spielhöllen und Discos, ein Distrikt ohne Zukunft.

Playas de Troya/ Playa Bobo

Dieser Uferabschnitt hatte ursprünglich – neben der Hafenbucht von Los Cristianos – den einzigen natürlichen (hellgrauen) Strand weit und breit, der zudem nur bei Ebbe zugänglich war. Heute sind die Buchten aufgeschüttet, und massive Wellenbrecher verhindern, dass das Meer den Sand wieder mit sich reißt. Die teilweise unter dem Wasserspiegel liegenden Mauern lassen diese Badebuchten weit und natürlich wirken.

Hotel Jardín Tropical

Etwas weiter nördlich, noch vor dem monströsen *Hotel Gran Tinerfe*, schwenkt die Küstenstraße vom Meer nach San Eugenio ab, einem älterer Stadtteil, in dem nur das arabisch anmutende ***Hotel Jardín Tropical*** Beachtung verdient. Es liegt direkt an der Promenade mit einer wunderbaren, öffentlichen Meerwasser-Badelandschaft, sowie einem Terrassen-Restaurant (***Las Rocas***) mit herrlichem Küstenblick.

Die etwas höher verlaufende **Promenade** vor dem *Jardín Tropicál* wirkt – dank fehlender Buden und Kioske – deutliche attraktiver als andere Abschnitte.

Puerto Colón

Eine Weltkugel, ein nach Westen ausgestreckter Arm – klar, die Metall-Skulptur auf der Hafenmole erinnert an Kolumbus, der auf der Suche nach Indien 1492 hier vorbeisegelte. Ansonsten ist der **Yachthafen *Puerto Colón*** wenig attraktiv. Viel Beton säumt das Wasser, dahinter eine enge Apartment-Bebauung, die sich die Hänge bis jenseits der Autobahn zum Stadtteil Colina Blanca hochzieht. Die angrenzende helle Sandbucht ***Playa de la Pinta*** ist oft proppenvoll, die quirlige Promenade leitet – nach einem Schwenk – über in den Strand von Fañabé.

Fañabé

Begrenzt vom Hotel ***Jacaranda*** und dem modernen ***CC Fanabe*** im Süden und dem Hotel ***Jardines de Nivaria*** (mit dem sehr guten **Restaurant *La Cupola***) im Norden ist der Stadtteil Fañabé eine gute Urlaubswahl, aber weniger extravagant als Süd-Las Américas (Los Morritos). Der Durchgangsverkehr wird umgeleitet, wodurch zentrale Calle de Lourdes, gewinnt. Links und rechts von ihr stehen Apartmentanlagen mit einem begrünten Pool im Patiobereich. Dazwischen verlaufen Shopping-Durchgänge zum Meer. Die enge Bauweise hat Vorort- oder fast schon intimen Dorf-Charakter und kommt dadurch ohne spektakuläre Architektur aus.

*Neuer *****Hotel-komplex Villa Cortés (Hotel Europe) an der Costa Adeje*

Playa de Fañabé

Die ***Playa de Fañabé*** ist ein hervorragend angelegter hellgrau bis beiger Strand von fast 600 m Länge. Drei vorgelagerte Wälle brechen die Brandung, so können auch Kinder gefahrlos baden. Eine unverzeihliche neuere Bausünde ist die 2-stöckige **Strandpromenade**, einen **Beton-Moloch**, überladen mit Läden und Lokalen, der sich dick und breit wie ein Ozeandampfer mit Schornsteinen zwischen den Strand und die erste Aparthotel-Reihe schiebt. .

Costa Adeje

Der langsam zum Steilufer ansteigende Küstenstreifen zwischen *Fañabé* und dem alten **Fischerdorf La Caleta** war bis Mitte der 1990er-Jahre unerschlossene Felswüste. Seitdem entstand hier **ein Superhotel nach dem anderen**. Den Anfang machte 1995 das **5-Sterne *Hotel Bahía del Duque*** mit der *Dependance* ***Mirador del Duque***, eine der elegantesten Adressen der Insel. Inzwischen ist es umgeben von dicht an dicht gebauten, dennoch luxuriösen Villen und Apartmenthäusern (***El Beril!***) und neuen Großhotels: das ***Anthelia Park*** z.B. erinnert mit seinen klaren geometrischen Formen an den italienischen Renaissance-Stil; die RIU-Hotels ***Riu Palace*** und ***Riu Arecas*** setzen mit bunten Stilelementen leicht arabische Akzente. Das Hotel ***Dreamplace Gran Tacanda*** hat alle Elemente klassischer kanarischer Architektur in sich vereint. Das Hotel ***Costa Adeje Palace*** mit seinen wehenden weißen Vorhängen bildet vorerst den Schluss der Grand Hotel-Kultur.

Mit seinen breiten Straßen und eleganten Einkaufszentren mausert sich dieser Küstenabschnitt zum Vorzeige-Küstenstreifen für nicht-individuellen Qualitätstourismus.

Strand-promenade

Selbst für Kritiker des Pauschaltourismus ist die kommerzfreie Strandpromenade hinunter zum Fischerdorf La Caleta zu empfehlen – möglichst bei Sonnenuntergang über La Gomera. Die nun geschlossene Gran Hotel-Front mit ihren Parkanlagen zeigt sich hier von ihrer besten Seite. Ein Bummel dauert eine halbe Stunde, und in La Caleta warten **Restaurants am Meer** (➢ unten).

Das Hotel Bahia del Duque

Anfangs war es wie eine Fata Morgana. Aus den Geröllfeldern erhob sich die Nachbildung einer spanischen Stadt: ineinander verschachtelte Herrenhäuser in perfekt abgestimmten Farbtönen von Weiß über Sienagelb bis Ockerrot, die sich um eine Glockenturm-Replik der *Iglesia de la Concepción* (➢ Foto Seite 128) in Santa Cruz drängen. Insgesamt eine gelungene **Stilmischung en miniatur**, eine spanische Burg im flamboyanten Disney-Stil.

Nach einem **Dinner in einem der feinen Restaurants** empfiehlt sich ein Bummel durch die romantisch illuminierte Parkanlage mit seinen Pools an den Strand hinunter. Seit zu viele Neugierige kamen, um auch die gigantische Lobby zu besichtigen, kommt man jedoch ohne Tischreservierung nicht am Pförtner vorbei.

Der Strand Playa del Duque

Den künstlichen hellen **Tuffkörner-Strand** unterhalb des *Bahía del Duque* erreicht man über die Promenade oder per Auto, wenn man sich hinter Fañabé Richtung Küste hält (Tiefgarage am Strand, Calle Londres). Er ist öffentlich, seine Besucher profitieren von der stilvollen Gestaltung der Promenade für die hier betuchtere Klientel: ein schönes Restaurant (***La Hacienda***), zwei Cafeterias, viele Palmen und Bambus-Sonnenschirme warten. Die herrliche Bucht wird nach Süden begrenzt durch einen Felsvorsprung, auf dem die hervorragend restaurierte ***Casa del Duque*** steht, ein alter Adelssitz aus schwarzem Lavagestein.

La Caleta

Die Bewohner des winzigen Fischerdorfes La Caleta hätten sich wohl nicht träumen lassen, dass die Bauwut von Las Américas/Costa Adeje so schnell so nahe kommen würde. Bis in die 1990er-Jahre lebten etwas nördlich über den Berg Hippies in Zelten oder Bambus-Hütten auf flachen ins Meer fallenden Felsen. Für Touristen waren drei **Fischrestaurants** (➢ unten »Restaurants«) an der schroffen Lava-Bucht (Abstieg zum Baden über Leitern) ein beliebtes Wanderziel – vorbei an der renovierten ***Ermita San Sebastian***, die nun zum **Hotelkomplex *Costa Adeje Palace*** gehört.

La Caleta ist im Umbruch. Am oberen Dorfrand stehen nun das Mittelklasse-Hotel ***Jardín Caleta*** und einige Blocks Luxusapartments bei älteren Privatvillen. Und La Caletas Restaurants haben sich auf die gehobenen Publikumsansprüche eingestellt.

3.4.2 Praktisches

Touristenbahn Zwei kleine Bimmelbahnen machen 40-minütige Sightseeingtouren durch das Touristengebiet im Süden. Beide starten zwischen 10 und 18 Uhr jeweils zur vollen Stunde und kosten €9/Person (Genauere Infos unter ✆ & Fax 922-780594).

Tour I Start bei den *Apartamentos Colón*, dann Richtung Norden entlang der *Costa Adeje.*

Tour II Start beim *Centro Comercial Salytien*, dann Richtung Süden nach Los Cristianos.

Allgemeine Infos

ZOB ***Estación de Guaguas*** (Busbahnhof) beim *Palacio de Congresos* Las Américas

Bus/Taxi Die **Buslinie 441** verkehrt zwischen Los Cristianos und La Caleta über Playa Las Américas, Torviscas und Fañabé von 9-20 Uhr täglich nur 8 x (➢ Fahrplan TITSA, Seite 489). Die preisgünstigen Taxen sind da bequemer.

Taxirufe Las Américas: ✆ 922-791407; Verónicas: ✆ 922-790353/-7954 59; Costa Adeje: ✆ 922-715407.

Post im ***Pueblo Canario***, hinter *Hotel Gran Tenerife* in San Eugenio

Polizei Notruf 112, beim *Palacio de Congresos*, nahe dem ZOB

Kliniken
- ***Clínica San Eugenio***, *Residencia y Comerciales Las Flores*, 24-Stunden Notruf, ✆ 922-791000 (gratis ✆ 900-112-111)
- ***Hospital Las Américas*** zwischen Los Cristianos und Las Américas, Nähe *Golf Las Américas* beim Fußballplatz und *Edificio Columbus*; Notruf: ✆ 922-750022, Ambulanz: ✆ 900-200-143
- **Internationaler medizinischer Dienst**: *Centro Comercial* gegenüber *Hotel Santiago II*, weitere Dienste z. B. in *Fañabé Centro Comercial* und in der *Arcade Europa Park, ✆ 900-100134.*

Fundbüro ***Oficina de Objetos Perdídos*** (*Policía Local)* in Fañabé, ✆ 922-710606/-00 und ***Oficina Pueblo Canario***, ✆ 922-793121.

Shopping
- Jeder Stadtteil hat zumindest ein Einkaufszentrum (*Centro Comercial/CC*). Je neuer und teurer das Hotelumfeld, desto feiner das Sortiment; in Los Morritos das ***América Plaza*** und das ***Safari***, in Fañabé das ***CC Fañabé*** (mit Filiale des Supermarktes 2000; ➢ Seite 314) und – besonders edel – beim Hotel *Bahía de Duque*, das kreisrunde, hypermoderne ***Plaza del Duque***.
- Gut sortierte **Lebensmittelgeschäfte** beim Parque Santigo IV & V
- ***Drug Store Olympo***, internationaler Supermakt, 24-Stunden geöffnet, an der *Playa de Troya*, gegenüber dem *Centro Comercial Salytien/Hotel Gran Tinerfe.*

Märkte ***Torviscas***, beim *Centro Comercial Torviscas*; keine Lebensmittel, nur Klamotten etc; Do und Sa vormittags.

Internet-Cafes
- ***Los Cristianos:*** »**mdg**«, Edif. Eden, oberhalb des Touristenbüro, Mo-So 9-23 Uhr, 15 Min/€1, 60 Min/€2,80, ✆ 922-750247 und in den Postämtern (*Correos*), Mo-So 8.30-14.30 Uhr, 20 min/€5.

- ***Las Américas***, Calle San Eugenio, 2. Etage *Mercadona*, ➢ auch Los Cristianos, © 922-716565.

Buchhandlung nur in Los Cristianos (➢ dort *Librería Barbara*)

Kunsthandwerk ***Arte Tenerife***, neben Infozentrum beim *Hotel Park Troya*, offizieller Pavillon der Tourismusbehörde mit qualitativ guter Ware.

Restaurants

Allgemeines zum Besuch der Zentren LC/LA, ➢ Seite 216.

Einfache Restaurants

Einfach, preiswert und gut sind Lokale, in die kanarische Arbeiter mittags zum Essen gehen, abends aber auch auf der Insel lebende Deutsche und Engländer. Zum Beispiel in Las Américas das ***El Gomero*** (So zu) und daneben das ***Las Rosas***: beide unterhalb des Golfplatzes gegenüber dem *Palacio de Congresos* im *Edificio Las Terrazas*; Preise und Stimmung im Lokal lassen das bauliche Umfeld und die räumliche Enge fast vergessen.

Empfehlenswerte Restaurants

- ***Mesón Castellano***, klassisches kastilisches Ambiente mit sehr abwechslungsreicher Karte, gute Qualität; großes Tapa-Buffet; Calle Antonio Dominguez Alfonso, im Gebäudekomplex *El Camisón*, €20, © 922-796305, immer geöffnet.
- ***Donosti II***, ein prima baskisches Lokal mit einer Vielzahl von *Pinchos*, kunstvoll belegten Kanapees, und auch sonst allerlei Kreativem aus dem Meer oder vom Land. Lockeres Ambiente. Wie das *Castellano* im Komplex *El Carmison* gelegen, Local 49, €22; täglich 13-16 und 19-23 Uhr, © 922-794944
- ***La Rana***, Terrassenrestaurant im *Santiago IV*-Rundling, u.a. galizische Küche, gute Grillgerichte (Fisch und Fleisch), €18; Live-Musik; täglich 12-23.30 Uhr, © 922-752856.
- ***El Faro*** auf einer schönen Terrasse am ***Santiago V***, leider nur mit Blick auf Santiago III und IV; tolle phantasievolle internationale Küche, oft gastronomische Wochen; €28; täglich bis 23.30 Uhr, © 922-753877.

Kommerzielle Zerstreuung und Restaurantangebote allerorten im touristischen Süden. Hier beim Hotel Santiago V

- ***El Arrozál*** im *Parque Santiago V*, Terrassenlokal mit angenehmem Speiseraum; gute Reisgerichte, €12; täglich 13-23 Uhr, © 922-750310
- ***Mama Rossa*** im *Apartamentos Colon II*, gepflegt-persönliches Ambiente, italienische und internationale Küche, €20, täglich bis 24 Uhr, © 922-794819 (Reservierung empfehlenswert).
- ***Kaede***, ein erstklassiges Restaurant mit einem Querschnitt durch die japanische Küche; man sitzt um Tresenküchen und erlebt die Kochkünste live; im *Centro Comercial Las Palmeras*; relativ teuer; © 922-792239.

Fischrestaurants in La Caleta

- ***Masia del Mar*** und ***Piscis*** (unten), ein Doppelrestaurant mit riesiger Meeresterrasse, ist wegen seiner Fischgerichte inselweit beliebt **Tipp**: *Pescado Salado* (Fisch im Salzmantel, ab 2 Personen, 25 min Zubereitung; auch Fleischgerichte und unten Pizzas; täglich 11-23 Uhr, © 922-710 241 und 922-710 895.
- ***La Vieja,*** nach dem kanarenweit beliebten *Vieja* (Papageifisch) benannt, bietet verfeinerte Fischküche, **Reis- und Nudelgerichte *a la marinara***, sowie fangfrische Carpacchios. Mit Meerblick und Terrasse; €28; täglich 12.30- 23 Uhr, © 922-711548.

Gute Restaurants in führenden Hotels

Einige, meist neuere Hotels in Los Cristianos und Costa Adeje haben sich für ihre gute und abwechslungsreiche Küche einen Namen gemacht und sind ein Tipp für den besonderen Abend.

Das exotische ***Bahía del Duque*** (© 922-746900) hat allein sieben Restaurants:

- Sehr elegant mit moderner Küche auf hohem Niveau: ***El Duque***
- Kleine und große kanarische Spezialitäten: ***La Tasca***
- Pizza, Pasta und italienische Leckereien: ***La Trattoria***
- Mediterran, vor allem Reisgerichte, gibt's im ***Beach Club***
- Französisch geht es zu in der ***La Brasserie***
- Bunt mexikanisch dagegen in der ***La Hacienda*** (mittags und abends)
- Großartige Buffets aus diversen Küchen kredenzt auch auf der Terrasse das ***El Bernegal*** – gleichzeitig der Frühstücksraum des Hotels

Im arabisch gestylten ***Hotel Jardín Tropical*** (© 922-476000) in San Eugenio stehen sich Küche und Ambiente von ***Las Cuevas*** und ***El Patio*** in nichts nach.

Im ***Jardines de Nivaria*** (© 922-713333) in Fañabé hat das ***La Cúpula*** *einen* eleganten französischem Touch (nur abends, So geschlossen)

- ***Restaurant La Caleta*** ebenfalls in der Bucht am Meer, große Theke voller *Tapas*, mit Fleisch und Fisch. Terrasse. Bei schlechtem Wetter ansprechender Speiseraum mit schönem Meerblick.

Spezielles Ambiente

- ***Banana Garden***, mexikanische Küche mit Folklore und Tanz beim Palm Beach Hotel, täglich ab 20 Uhr, Mo geschlossen.
- ***El Molino Blanco***. Auf romatisch getrimmtes Lokal mit Windmühle; ein bißchen düster aber lauschig; etwas teurer; Las Américas (San Eugenio), Avenida Austria 5, unmittelbar nördlich des *Agua Park Octopus* (hinter der Autobahnbrücke links, am *Caledonia Park*); ✆ 922-796282.
- ***El Dornajo***, kanarische Küche und Dekoration mit alter Weinpresse, nett und normal, €18; im *Hotel Tenerife Sol*, immer geöffnet, ✆ 922-725000

Nachtleben

Discos

Zur Zeit »in« sind insbesondere

- ***Metropolis*** im Hotel *Conquistador*
- ***Byblos*** im Hotel *Columbus* (Las Américas)
- ***Surf Dance Club*** im ***CC Carlota*** hinter dem Hotel *Santiago II*

Tanz

- ***Melodys im Ponderosa***, lateinamerikanische Musik, Tanz auch für die ältere Generation, ✆ 922-797534
- ***Piano Bars*** bzw. ***Shows*** in vielen Hotels, z.B. im *Paraiso Royal*

Musikkneipen

Los Cristianos

- Bars und Pubs mit Musik von Samba bis Techno im ***CC San Telmo*** (*Playa Las Vistas*)
- **Pubs** für den Abend: unterhalb des Hotel Reveron Plaza (am Kirchplatz Plaza del Carmen), z.B. das ***Mestizo***

Las Américas/Stadtteil Los Morritos

- hinter dem (oberhalb) *CC Américas Plaza*

Jazz

- ***Piano and Sax*** im *Centro Comercial Galaxia* und
- ***Round Midnight*** im *CC American Shopping*

Shows

- ***Piramide de Arona***, wechselnde Shows und Programme auf hohem Niveau; daher auch nicht billig.
- ***Tropicana*** – eine feurige kubanische Tanzshow; täglich 2 Vorstellungen: 20 Uhr (mit Menü €70), 21.15 Uhr ohne Menü (€45); im *Sala de Espectáculos Bonaire*: Südautobahn-Salida 79(!), dann stur den Schildern »*Golf Costa Adeje*« folgen bis zum Hinweis »Tropicana« (rechts); Reservierung, ✆ 902-331234.
- ***Palace*** in San Eugenio oberhalb der Autobahn beim Restaurant *Molino Blanco*; spezielle Show-Räumlichkeiten mit häufig wechselndem Programm.
- ***Vai Moana*** (polynesisch: »Insel des blauen Meeres«), eine Musik-Bar mit buntem Programm: Live-Jazz, Vollmond-Konzerte, Aufführungen, Lesungen) mit gehobenem Restaurant; in der sehr

beliebten, rustikalen *Casa del Mar* am südlichen Ortsrand von Las Galletas auf einer Lavazunge am Meer; €24; Curva de las Burras, ✆ 922-732540; täglich 12.30-15.30 und 19-23.30 Uhr.

Casinos/ Nachtclubs

- ***Piramide de Arona*** im *Mare Nostrum Resort*, mit Big Band zum Dinner und Tanz, Auditorium; Avenida de las Américas, ✆ 922-757500, Website: www.marenostrumresort.es
- ***Casino Playa Las Américas*** im *Hotel Gran Tinerfe*; ab 18 Jahre (Ausweispflicht), täglich ab 20 Uhr, Eintritt €3, ✆ 922-793712.

Ausflüge

Information

Mit »*Information*« gekennzeichnete Büros geben Auskunft über Bus-, Schiffs- und sonstige Ausflüge; sie finden sich in Hotels und in jedem *Centro Comercial.* Auf Handzetteln sind die Zeiten und Stopps der Buszubringer für große Hotels angegeben.

Schiffstouren

Das Angebot an Schiffstouren ist groß, ändert sich aber ständig; in allen *Hotels, Centros Visitantes* und »*Informationen*« liegen die jeweils aktuellen Programme aus.

Hier einige Empfehlungen:

Ab Puerto Colón

- ***Tropical Delfin***, ein Glasboden-Catamaran, bietet mehrere Trips an
- ***Delfin***, ein Segler für nur 10 Personen, 3 Stunden €30, ab Pier.
- ***Lady Shelley***, ein blau-weißer Katamaran des *Mare Nostrum Resort* ist der Star unter den Ausflugsbooten; 225 Plätze, Glasboden, Bars und Restaurant; das Boot macht Trips zur Walbeobachtung (2- und 3-Stunden €16/27) und Abendtörns (*Nocturna*) mit kaltem Buffet, Livemusik und Tanz für €36. Es fährt außerdem an die Küste von Los Gigantes zur Masca-Bucht.

Ab Los Cristianos

Wandern/Mountain-Biking

Ausgangspunkte für Wanderungen und Bike Tours erreicht man auf Teneriffa nur mit Leihwagen oder (nicht in allen Fällen) mit den grünen TITSA-Bussen. Wer allein laufen/biken möchte, sollte sich gute Karten und präzise Wegbeschreibungen besorgen. Die in diesem Buch beschriebenen Wanderrouten (im Anagagebirge, an den Teideauffahrten und im Teide-Nationalpark) schafft man auch ohne zusätzliches Wanderbuch. Genaueres Kartenmaterial ist aber auf jeden Fall sinnvoll.

Geführte Touren bieten:

- ***Diga Sports***: mittelschwere bis schwierige Wanderungen und Biking-Touren von verschiedenen Ausgangspunkten der Insel unter deutscher Leitung; Info: *Hotel Park Club Europa*, vis-a-vis *Santiago III* und *IV*; Bike-Touren €36-€40 Wanderungen €28-€42, ✆ 922-793009.
- ***Cats*** – Wandern und Mountainbiking, geführte Tagestouren (Deutsch/Spanisch, €36-€48) und Verleih von Scott-Mountainbikes (gefedert); Avenida Quinto Centenario 5 (beim *Palm Beach Hotel* abzweigend), ✆ 922-793584.

- ***Adventure Club Tenerife***; jeden Wochentag eine andere Wanderung mit *Conny Sulzer*, gutes Programm für Wanderer und Mountain Biker gleichermaßen, deutschsprachig; Handy 609-357003, Fax 922-391820.
- ***Paso a Paso*** (Schritt für Schritt), jeden Wochentag inselweit eine andere Wanderung (*Teide, Anaga, Masca, Cañadas, Adeje-Schluchten*), €30-€36, San Miguel de Abona, Plaza de la Iglesia, ✆ & Fax 922-700868, Handy 607-377386.
- für **Masca:** Verschiedene Veranstalter (u.a. *Paso a Paso* und *Diga Tours*) organisieren die beliebten Wandertouren in die Mascaschlucht (8 km, 3-4 Std, schwierig); unten am Meer wartet ein Boot und fährt zurück nach Los Gigantes, Los Christianos oder Las Américas; Anfahrt nach Masca per Bus. ***Adventure Club Tenerife*** macht den Trip auch von unten nach oben.
- ***Rafting Bikes***, bergauf per Bus, bergab per Rad (➢ Seite 520)

»Buchungsbuden« für Ausflüge, Bootstrips, geführte Wanderungen etc.

Fahrräder/Scooter/Motorräder:

- ***Hobby Motor*** im *Pueblo Canario*, San Eugenio/Adeje; ✆ 922-794467 und 922-791639. ***Mountain Bikes ab*** ca. €12/Tag, Scooter €18, Motorräder €22-€50/Tag, länger mieten wird billiger.
- ***Rent a Moto,*** *Edificio Tajinastes, Local 1*, beim Hotel Columbus, Nähe Golfplatz Las Américas; Scooter ab €20, Motorräder €36-€70; ✆ & Fax 922-796244 und -752605.

Sport/Adventure

Paragliding (*Parapente*), ➢ Sport, Seite 527

Tennis

- ***Tenisur*** beim *Aquapark Octopus*, San Eugenio alto, ✆ 922-796167, nur 3 Plätze €5/Stunde.
- ***Club de Tenis*** beim *Hotel Las Palmeras*, €6, ✆ 922-752948.

Die großen ****Hotels haben alle eigene Tennisplätze oder vermitteln an kooperierende Häuser.

Golf	➢ Sport/Golf, Seite 528f
Reiten	***Rancho Grande***, im *Amarilla Golf & Country Club*, Autobahn *Salida* 24 Richtung Las Galletas, ausgeschildert (»Golf«); Kurse Anfänger/Kinder, morgens geführte Ausritte, 90 min €25, nachmittags mit Barbecue €32; So-Fr 10-16.30 Uhr; ✆ 922-733890.
Segeln	• **Segelschule »*Puerto Colón*«** am Hafen, ✆ 922-714034 und *Playa del Bobo, Escuela de Windsurf*, nur Verleih. • Am ***Puerto Colón*** breites Angebot an **Charter-Segelbooten**
Surfen	***Escuela de Vela***, *Playa del Bobo*, Vermietung von Surf-Ausrüstungen und Kurse.
Tauchen	• ***Gruber Diving Club*** im *Hotel Park Club Europa*, deutschsprachig (➢ *Diga Sports*, Seite 235); ✆ 922-752708. • ***Manta Sub***, *Centro de Buceo*; Puerto Colón 125, ✆ 922-715873
Ballonaufstieg	***Balloon Experience*** – weithin sichtbar beim (blauen) Hotel *Mediteranean Palace*; alle 15 min kurzer Ballonaufstieg am Seil; täglich 10-24 Uhr; €12, Kinder €6; Buchung: ✆ 922-753055
Sky Park	Pools, Wasserrutschen, Riesenschaukel, Katapultsitz (in 1 Sek. von 0 auf 40 m), *Bungee Jumping* , freier Fall ins Netz (die letzten drei Übungen je €50). Pulsberuhigung danach in Bars und Restaurants. Eintritt €14 (ab 18 Uhr €3); unübersehbar sind die hohen Stahltürme an der Autobahn, Salida 30; ✆ 922-716395.

Restaurants im Süden abseits der Touristenzentren

Teneriffa-Kenner gehen im Süden der Insel gern in die folgenden Restaurants. Einige gehören zu den speziellen Empfehlungen, die sich im Kapitel 5 des Allgemeinen Teils (Top 30) finden. Dort steht auch eine genauere Beschreibung mit Lage des Hauses etc., die hier nicht noch einmal wiederholt wird. Ein Seitenverweis sagt, wo man die Details findet:

Granadilla	***Casa Tagoro*** (➢ Seite 87)
Arona	***Sindical de Arona,*** einfach und gut, z.B. Ziegenfleisch (*cabra*) Avenida la Constitución (verläuft durchs Neubaugebiet in Richtung Küste), ✆ 922-725621, täglich geöffnet. ***Patio Canario,*** schönes Ambiente, freundliche Atmosphäre und gutes Essen (kanarische und flämische Gerichte); Calle Dominguez Alfonso (führt als Einbahnstraße vom Kirchplatz bergab), 12-15 und 19-23 Uhr, Mo geschlossen, ✆ 922-725503.
Buzanada	***Mirador Centinela*** (➢ Seite 410) ***Las Gangarras*** (➢ Seite 86)
Guaza	***La Fontana***, ein Italiener, bei dem alles frisch zubereitet wird; auch die Pasta ist hausgemacht. Kleiner familiärer Raum, mittleres Preisniveau (€20), gute Weinauswahl; Anfahrt über die Autobahn, Ausfahrt 26, dann auf der TF 66 Richtung Guaza/Las Galleta. Nach ein paar hundert Metern liegt das ***La Fontana*** links an der Hauptstraße; ✆ 922-169166, Mo zu.

San Isidro
El Jable (➢ Seite 87)

Ifonche (Arona)
Bar Dornaje. Dieser Landgasthof könnte auch auf der Seiser Alm stehen. Zünftige kanarische Küche in rustikalem Ambiente und schöner Umgebung. Autobahnausfahrt 27, dann Richtung Arona (auf der TF 28, dann TF 51) und bei Escalona links ab auf die TF 567 Richtung Ifonche. Nach 5 km steht man vor der *Bar Dornaje*, die immer geöffnet ist.

La Camella (bei Chayofa)
Mesón Las Rejas, prima spanische Küche, €18; etwas abseits in La Camella, rechterhand an der TF 28, östlich der Abfahrt nach Arona; So geschlossen; ✆ 922-720894.

Alcalá
Casa Juana (➢ Seite 86)

Playa San Juan
Restaurante Raúl. Einfach, aber gut. Eine besondere Spezialität sind hier Fisch-*Cazuelas*, Playa San Juan, Avenida del Emigrante 13; täglich geöffnet.

Escalona (oberhalb Arona)
El Nogal, dunkler, stilvoll gestalteter Raum im gleichnamigen Landhotel, gutes kanarisches Essen; €20. Zufahrt: in Escalona rechts in den Camino Real, dort ausgeschildert; Mo geschlossen, ✆ 922-726050.

Bei Guia de Isora
Bodegón Irache Gara. Aus einem einfachen Garagenrestaurant entwickelte sich der Wochenendtreffpunkt für tinerfeñische Familien mit Kind und Kegel. Viele lange Tischbänke, deftige Fleischgerichte, gute Desserts, So ab 13 Uhr Folklore; Zufahrt von der TF 82 (Adeje-Guía de Isora) rechts Richtung Vera de Erque abbiegen (TF 465). Das Lokal liegt in einer Linkskurve rechts. Mo geschlossen; ✆ 922-857025.

Frischfisch-anlandung bei der »Cofradía« in Los Cristianos

3.5 Adeje

3.5.1 Kennzeichnung

Anfahrt

Nördlich von Fañabé geht es von der letzten Ausfahrt vor Autobahnende hinauf in das Städtchen Adeje (1,5 km), das in 350 m Höhe vor einem imposanten Bergpanorama liegt.

Von den *Municipios* (Gemeinden) von Adeje und Arona wird mit dem Gebiet um Los Cristianos, Las Américas und der Costa Adeje eine der größten Tourismus-Zonen Spaniens verwaltet. Dabei liegt die Zukunft vor allem im kleineren Städtchen Adeje (15.000 Einwohner). Es hat der größeren Nachbargemeinde Arona (30.000 Einwohner) voraus, daß an seinen Küsten, der *Costa Adeje*, noch viel Terrain zur weiteren touristischen Expansion ist.

Geschichte

Aus dem etwas höher gelegenen Adeje hatte einst der mächtige *Mencey* (Fürst) *Tinerfe* die ganze Insel beherrscht, bevor er sie unter seinen Söhnen aufteilte. Er gehörte während der *Conquista* (Eroberung) zu den spanischen Kollaborateuren (*menceys de paz*). Trotz ihres Wasserreichtums gehörte die Gegend nicht zu den begehrten Regionen, um die sich die Sieger über die Guanchen rissen. Das Gebiet lag zu weit entfernt von den damaligen Macht- und Handelszentren La Laguna und La Orotava.

Casa Fuerte de Adeje

Eine der reichsten Familien des Nordens, die *Pontes* aus Genua – und später auch die *Condes* (Herzöge) von Gomera – konnte so noch lange nach den ersten Landverteilungen große Besitzungen von der Krone erwerben. Madrid erlaubte ihnen auch, sich ihr Adejer Herrenhaus als Fort zu bauen, da ihnen die königlichen Befestigungsanlagen im Norden und Osten keinen Schutz vor Überfällen boten, beispielsweise des Briten *Francis Drake*, der Ende des 16. Jahrhunderts die Meere unsicher machte. So entstand 1655 ein besonderes **Fürstentum von Adeje** mit eigener Rechtssprechung und anderen Privilegien. Die ***Casa Fuerte*** des *Conde de la Gomera* etwas oberhalb des Stadtkerns diente deswegen nicht nur als Festung, sondern war zeitweilig auch Standort einer Zuckerrohrproduktion und Zwischenstation für den Sklaventransport nach Amerika. Gleichzeitig etablierte sich der Adelssitz als gesellschaftlicher Mittelpunkt des Inselsüdens.

Landwirtschaft und Tourismus

Der bis heute erhaltene Großgrundbesitz machte in den 1950er-Jahren den Tomaten- und danach den Bananenanbau lukrativ. Die großen Ländereien erleichterten später auch den Touristenboom (➢ »Wirtschaftsfaktor Tourismus«, Seite 212). Adejes Landwirtschaft wurde in der Zwischenzeit längst vom Massentourismus bei der Wirtschaftsleistung der Region auf Platz zwei verdrängt und immer noch setzt man auf Wachstum. Nirgendwo auf Teneriffa wurde und wird so großflächig und so protzig geklotzt wie an der Costa Adeje. Um die Stadt selbst entstanden Neubauviertel für die vielen Arbeitskräfte, die an der Küste gebraucht werden, und eine prima Infrastruktur für die Bewohner.

Blick auf Adeje

3.5.2 Besichtigung

Ortscharakter/ Information

Die für Teneriffa ungewöhnlich breite, mit alten Loorbeerbäumen bestandene Hauptstraße mit vielen Bars und Restaurants ist bei Touristen und Einwohner gleichermaßen populär. Sehenswert ist die ***Iglesia Santa Ursula*** aus dem 16./17. Jahrhundert, die nichts von der Üppigkeit der sonst damals üblichen Kirchen aufweist. Prachtvoll sind die alten Fliesen und die Mudejardecken. Die Verwaltungsgebäude (*Casas Consistoriales*) und das Rathaus (*Ayuntamiento)* von Adeje sind in angrenzenden Gebäuden untergebracht (dort auch eine ***Oficina de Turismo*** im 2. Stock).

Mirador Casa Fuerte

Unterhalb der *Casas Consistoriales* führt rechts eine schmale Straße zu einem **Aussichtspunkt** über einen engen von Wasserleitungen durchzogenen *Barranco* mit schönem Blick auf Adejes charakteristisches Bergmassiv.

Die oben erwähnte *Casa Fuerte*, der Wehrhof der Familie *Condes de La Gomera*, ist nicht mehr zu besichtigen. Sie fiel 1902 einem Brand zum Opfer. Auf dem (ausgeschilderten) Weg zum *Barranco del Infierno* sieht man sie links hinter einer grünen Holztür.

Wanderung zum Barranco del Infierno

Adejes **touristische Hauptattraktion** ist der *Barranco del Infierno*, in dem sich der einzige ganzjährige Wasserlauf der Insel befindet. Noch vor hundert Jahren sprudelten solche Flüsse und Quellen überall auf der Insel. Das zerklüftete Bergmassiv zu dem der tief eingeschnittene *Barranco* gehört, errinnert mit seinen *Roques* und *Mesas* an die Formationen des Anaga- und Tenogebirges (➢ Thema »Entstehung Teneriffas«, Seite 14).

Heute wandern tagtäglich Hunderte die 3 km zum 60 m hohen **Wasserfall** am Ende der Klamm. Diese leichte Wanderung trägt ihren Namen (Höllenschlucht) genaugenommen zu Unrecht; nur einige moderate Steigungen, aber steile Abhänge am Wegesrand begleiten den Wanderer (ca. 90 min retour reine Laufzeit).

Vegetation

Der Weg führt zunächst durch die typische Südlandschaft mit Kandelaberkakteen, Wolfsmilch und Margeriten. Erst wenn er in die Schlucht (teilweise Stufen) hinabführt und man den Wasserlauf mehrere Male kreuzt, ändert sich die Vegetation. In einem »Tunnel« aus Kastanienästen, Maulbeerbäumen (*Mora*), Weiden und Brombeeren muß man sich imer wieder bücken.

Wasserfall

Der Wasserfall selbst kann im Sommer enttäuschen, und auch der Winter ist kein Garant für rauschendes Wasser wie in Südtirol. Und doch: der schmale Wasserstrahl, die dunkle Kühle und die steilen Wände des *Barranco* sind für diese Insel und generell ein besonderes Naturerlebnis. Es lohnt sich früh aufzustehen oder erst am Nachmittag aufzubrechen, denn dann sind nicht so viele Wanderer unterwegs.

Zugang zum Barranco

Wegbeginn am Ende Calle Molinos (*Restaurant Otelo*); Weg geöffnet Mo-Sa 8.30-17.30 Uhr (aber nicht nach 16 Uhr starten!). Eintritt €3, So frei, ebenso immer Kinder bis 12 Jahre. **Besucherlimit 200 Personen/Tag**; Anmeldung möglich: ✆ 922 782885.

Unterkunft

Im Ortskern von Adeje gibt es nur das ***Hotel Fonda Central***, ➢ Seite 582.

Restaurants

- Das ***Otelo*** hat eine Terrasse mit tollem Blick auf die Schlucht und bietet durchschnittliche Kost; Calle de Molino (oberhalb des Stadtkerns beim Eingang zum *Barranco Infierno*), Fr zu.
- ***Gourmet de Queso*** befindet sich in einem kleinen altkanarischen Haus in der Calle. de las Casas Perez 13, parallel zur Hauptstraße Calle Grande; gepflegte Speiseräume, sehr gute Käseplatte und Fondue, prima Fisch- und Fleischgerichte, €21; täglich 19-23 Uhr, Fr und Sa auch 13-15 Uhr; ✆ 922 780803.
- ***Antonias Café*** ist gemütlich mit frischer, kreativ-französischer Küche, €24, Calle Tinerfe Grande bei Einfahrt von Las Américas links oberhalb der Post; täglich19-24 Uhr; ✆ 922-710040.

Kiefernholz

- ***Arte Madera-Sur***, kanarische Kiefernholz-(Kleinst)möbel, Calle Grande 6 (Hauptstraße gegenüber vom Rathaus).

3.6 Costa del Silencio

3.6.1 Geographie und Charakteristik

Kennzeichnung

Das 20 km lange, von vielen Lagerhallen gesäumte Autobahnstück zwischen Los Cristianos und El Médano schneidet Teneriffas Südspitze ab. **Ihr Name – Küste der Ruhe – spottet der Realität**. Die »*Costa del Silencio*« liegt direkt in der Einflugschneise des *Aeropuerto Sur* mit (in Stoßzeiten) bis zu 350 Fliegern täglich.

Landschaftliche Romantik sucht man hier vergebens. Die unattraktive Wüstenregion hat viel Platz, aber auch viel Wind und keine natürlichen Strände. Es ist ***mal país*** ("unfruchtbares Land") voller Lavageröll und – abgesehen von einzelnen kleinen Vulkankegeln – flach und kahl. Die beiden Fischerorte **Las Galletas** und **Los Abrigos** liegen an schroffen schwarzen Lavabuchten.

Tourismus-Entwicklung

Wie ein Paukenschlag traf 1964 der Bau der Feriensiedlung ***TenBel*** (➢ unten) direkt neben Las Galletas die *Costa del Silencio.* Doch als man sich zehn Jahre später für den Bau des Südflughafens entschied, wandten sich auch die landfressenden Begehrlichkeiten für einen Tourismus großen Stils weiter nach Westen. Dort gab es windgeschütztere Küstenregionen und – zumindest kleine – natürliche Strände. Damit war das Schicksal der Südspitze Teneriffas als verkehrsgünstiges Hinterland der (noch zu schaffenden) Touristenzentren besiegelt. Die ganze Region wurde mit Versorgungseinrichtungen und Schlafsiedlungen fürs einheimische Servicepersonal wie Köche, Kellner, Barmixer etc. völlig zersiedelt.

Umstrukturierung

Dennoch gelang es in den 1990er-Jahren, die *Costa del Silencio* touristisch aufzuwerten – überwiegend nicht mit Hotel-, sondern Apartmentanlagen. Man schielte über den großen Teich und kopierte die Tourismuskonzepte des *Big Brother* auf kleinstem Raum. Den Beginn machten zwei Golfplätze mit Clubhäusern und Resorts, gefolgt von Urbanisationen im Stil amerikanischer Vorstädte, ferner (zu groß geratene) *Timesharing*-Anlagen wie das noble *Santa Barbara* und feine Villen und Restaurants. Dadurch entstanden gepflegte grüne Oasen.

Die tristen Anfahrten durch das arg verwüstete Gebiet läßt man mit dem Auto rasch hinter sich. Der Blick über den satten Golfrasen auf den Teide oder das blaue Meer entschädigt so manchen Gast selbst für Jetlärm und zahlreiche Baukräne.

Fischerorte

Die oben schon erwähnten Küstenorte **Las Galletas** und **Los Abrigos** profitieren – obschon **ohne eigene Unterkünfte** – vom neuen Tourismus ringsum. Die Besucher kommen tagsüber zum Essen, Bummeln, Gucken und sind abends wieder fort. Die tinerfeñischen Bewohner behielten so weitgehend ihren eigenständigen Lebensrhythmus, was den Reiz der beiden Städtchen ausmacht.

Anfahrten

Zur Zersiedlung paßt das hier unübersichtliche diffuse Straßensystem. Jede Urbanisation, jedes *Centro Comercial* und jeder Golfplatz hat eigene Zubringer. Querverbindungen fehlen. Über die ***Salida* 26** erreicht man **Las Galletas** bzw. **TenBel** und gelangt in einem Bogen zurück zur Autobahn (*Salida* 24). Von der gleichen Autobahnabfahrt 24 führt auch die TF 65 nach Los Abrigos und von dort unterhalb des Flughafens als Küstenstraße TF 643 zu den Strandgebieten am Fuße der *Montaña Roja* nach El Médano.

3.6.2 Las Galletas

Hafen

Blickfang ist der kleine Hafen mit der bunt bemalten Kaimauer und einer **Meerespromenade**, an der die Fischer ihren frischen Fang anbieten. Entweder roh, geschuppt und ausgenommen an Marktständen oder gebraten, gewürzt und serviert in einem der **Fischrestaurants**. Parallel dazu verlaufen eine Palmenallee und einige Straßen mit 3-4-stöckigen nüchternen Wohnhäusern, Geschäften und Supermärkten.

Der schwarze **Strand** ist übersät mit faustgroßen Lava-Steinen, die nur kleine schwarze Sandflecken freilassen. Spitze Felsbrocken im Wasser erlauben allenfalls ein kurzes Eintauchen. Es gibt Miet-Liegestühle zum Trocknen in der Sonne, aber keine Duschen.

Sympathisch ist das Nebeneinander von Spaniern und Ten Bel Touristen. Da man dicht an dicht lebt, kommt es zum kleinen Grenzverkehr: *Ten Beller* gehen Shoppen oder Fischessen am Hafen und *Galletaner* zum Bummeln oder Baden nach »drüben«.

Richtung Osten geht das TenBel-Gelände in die neueren Villen- und Apartment-Siedlungen der *Costa del Silencio* über.

Wanderung

Um die südlichste Spitze von Teneriffa führt durch das ***Malpaís de la Rasca*** ein Pfad an der felsigen Küste entlang. Wer nicht die ganzen 8 km bis zur wenig attraktiven ***Urbanisación Palm-Mar*** gehen möchte, kann am Leuchtturm ***Faro de Rasca*** (4 km) umkehren. Die Wanderung startet beim Roten Kreuz am westlichen Ende von Las Galletas und führt zunächst hinunter an einen kleinen steinigen Strand. Der Weg hat keine Steigungen, aber auch keinen Schatten (➢ auch Wanderung Los Christianos zum Berg *Guaza*, Seite 221).

Hafen von Las Galletas

TenBel

Seine Tagestouristen verdankt Las Galletas überwiegend dem Ferienkomplex TenBel. »TenBel« steht für Teneriffa-Belgien und war die Idee des belgischen Industriellen *Goeders*, der einen Urlaubsort für seine Angestellten und ihre Familien suchte. Eine für die frühen 1960er-Jahre bravouröse Tat, obwohl die Beton-Frontfassade aus heutiger Sicht schaurig ist. Auf dem weitläufigen Gelände dahinter stehen aufgelockert sieben 4-6stöckige Apartmenthäuser mit 5000 Betten. Für Aktivitäten gibt`s Parks, Fahrrad-, Spazier- und Trimmwege sowie Gemeinschaftsanlagen (Restaurants, Sport- und Tennisplätze).

Die linkerhand ebenfalls am Meer gelegenen Wohnbereiche (Bungalows *Bellavista* und das gestreckt-massive *Maravilla*) sind durchaus beliebte Quartiere. Großzügig wirkt der optisch in den Atlantik übergehende **Pool** mit einem vorgelagerten schwarzen Strand. Vom Pfad über der Steilküste führen zwei Treppen hinab zu **Bade-Pontons** am Meer.

Die TenBel-Konzeption galt zu Zeiten, als man Massentouristen noch vorzugsweise in enge Waben stopfte, als sozialutopische Tat. Auf Dauer wird es aber ohne kräftige Renovierung schwer sein, gegen die neuen Glitzerhotels hinter dem *Guaza*-Berg zu bestehen. Dafür ist es hier preiswert: **1 Zimmer-Apartments kosten ab € 350; größere Wohnungen bekommt man ab ca. € 500 pro Monat!**

3.6.3 Praktisches

Touristenbüro Am östlichen Ende der Palmenallee (Avenida Marítima) beim Restaurant *Atlantis*, Mo-Fr 9-15.30, Sa bis 13 Uhr, © 922-730133.

Unterkunft Neben der Großanlage TenBel mit den sich anschließenden Apartments der *Costa de Silencio* gibt es hier nur kleine, einfache Pensionen, ➢ Unterkünfte, Seite 559.

Apartment-/Autovermietung Apartment- und Autovermietungbüro an der Palmenallee Avenida Marítima: © 922-730058.

Restaurants:

- ***La Marina*** am westlichen Ende der Meerpromenade bei den Fischverkaufsständen. Freundlich, hell in blau-weiß eingerichtet, je nach Tagesfang gut oder auch mal nicht so gut, auch bei Einheimischen recht beliebt. Von der Terrasse im ersten Stock schöner Blick auf den Hafen, © 922-170013
- ***Atlántica***, ruhige Lage am östlichen Ende der Promenade; Fisch gegrillt oder in Weinsaucen, auch Pizza und Spaghetti.

Sport

Fahrräder Fahrradvermietung *TenBel* im *Maravilla*

Tauchen

- ***Coral Diving Center***, *Ten-Bel Hotel Park*, © 922-730060, Fax 922-730981, *Website*: www.canary-guide.com
- ***Buceo Tenerife***, 2. Reihe hinter der Palmenallee in Höhe *Iglesia Casiano*, Schnupperkurse, Wracktauchen; © 922-731015.

Surfen TenBel, ***La Ballena***; © 922-730060 und 730006.

Toller Badeplatz Montaña Amarilla zwischen Ten Bel und Los Abrigos

3.7 Los Abrigos

Anfahrt

Salida 24, dann auf der TF 65 nach Los Abrigos; zum angrenzenden Golf del Sur, ➢ auch Sport/Golf, Seite 528.

Außen pfui, innen hui! Das Fischerdorf Los Abrigos versteckt seine hübsche autofreie Felsenbucht hinter einem häßlichen Ortsrand. Aber ohne abschreckende Wirkung. Im Gegenteil, zwischen 12 und 17 Uhr sind die Restaurants voller Touristen, danach dominieren in diesem kleinen Besuchermagneten wieder die Fischer. Auch Einheimische schauen hier am Wochenende gerne vorbei, denn alle Lokale haben Tische mit Meerblick. Schön sitzt man im ***Perlas del Mar*** (✆ 922-170014, Mo geschlossen) auf der Felsspitze; eine *Lenguada* (große Seezunge) schmeckt im populäreren ***Vista del Mar*** gegenüber nicht besser.

Tipp

Prallgefüllte Fischtresen stehen nicht automatisch für ein gutes Angebot. Der ehrliche Wirt benennt den Fisch, wenn er frisch ist (*pescado fresco*). Der ist jedoch schnell vergriffen, und tiefgefroren (*congelado*) schmeckt er nicht so gut. Schau mir in die Augen, Kleines! empfiehlt der nasskalte Meeresbewohner auf der Theke dem Käufer. Denn nur ein klares Fischauge ist auch ein frisches Fischauge (➢ »Essen und Trinken«, Seite 67f).

Hafenzeile Los Abrigos

Markt

Jeden Dienstagabend wird der Restaurantbetrieb durch den »**Nachtmarkt**« (18-22 Uhr) angekurbelt, doch die Stände enttäuschen mit gängigen Billig-Klamotten und Schnickschnack.

Deutsche Bäckerei

Vor allem die inselweiten ***Herbolarias*** (Naturkostläden) führen gutes deutsches Brot und Backwaren des »**Dinkelbäcker**« in Las Chafiras (Autobahn-Salida 24, © 922-735626, Mo-Sa 9-13 Uhr) und von **Seppels Backstube** (»Pastcropan«) in Guargacho (ebenfalls Salida 24, dann auf halbem Wege nach Las Galletas, ausgeschildert; © 922-735501).

Bus

Der Bus 470 verkehrt zwischen Las Américas und El Médano über Las Galletas und Los Abrigos.

Verlängerte Playa del Médano unterhalb der Strandpromenade

3.8 El Médano

Anfahrt

Ab Los Abrigos 7 km östlich auf der TF 643 oder Autobahnausfahrt 22, dann 5 km auf der TF 64 Richtung Meer.

3.8.1 Ort und Strände

Anfänge

1519 ließ ***Fernando de Magellan*** in dieser Bucht die Segel zur ersten Weltumrundung setzen. Anfang der 1960er-Jahre versprach El Médano der *Shooting Star* im Süden zu werden: Flache Küsten, weite Buchten, unbebautes Hinterland, Teideblick und vor allem ein 3 km langer (relativ) heller Sandstrand boten touristische Perspektiven. Damals standen ein paar schmucklose Wohnwürfel am kleinen Fischerhafen, und auf dem Weg nach Gomera machten Rucksacktouristen bei Doña Pila Station. Aus ihrem himmelblauen Häuschen wurde damals alsbald ein 3-Zimmer-*Hostal*, das aber nicht überlebte.

1963 – also 10 Jahre vor den ersten Bauten in Las Américas – fiel mit dem damals modernen ***Hotel El Médano***, das auf Betonpfeilern halb im Wasser steht, der Startschuß zum Fehlstart: die Großinvestoren entschieden sich letztlich für Las Américas. Und mit dem Bau des neuen Flughafens 1973 verflogen dann El Médanos Ambitionen endgültig. Der Wind war zu lästig, der Jetlärm zu laut, die Bauflächen durch die Startbahn zu begrenzt.

Surferparadies

Nur für die **Surfer** waren die steifen Brisen genau das, worauf es ankam. Vor allem im Winter gibt es in puncto Wind und Wetter für Surfer europaweit keine Alternative. Wiederholt trug man hier schon Europameisterschaften aus. Damit begründete El Médano sein Image, sportlich, jung und unkonventionell zu sein, nichts jedenfalls für den typischen Pauschaltouristen. Das gibt dem Ort ein besonderes Flair. El Médano ist ein bescheidenes Touristenstädtchen mit allem was dazu gehört, aber irgenwie anders, und mit Las Américas und Puerto de la Cruz überhaupt nicht zu vergleichen. Viel Glitzer braucht der passionierte Surfer auch nicht; ein paar **Bars** an der Strandpromenade (z. B. ***Flashpoint***, ***Canarian Surf Fruit***), drei größere Hotels und ein paar eher einfache Restaurants scheinen zu genügen. Abends ist die Stadt angenehm ruhig.

Hauptstrand

Der Ort hat mit Hafen, Plaza und Promenade zwar ein Zentrum, aber weder städtebauliches Gesicht, noch altkanarische Architektur. An der ***Playa del Médano***, dem Hauptstrand beim Zentrum, treffen sich Surfer und Sonnenbadende. An ihm zieht sich die Strandpromenade von der zentralen Plaza (mit **Toristeninfo-Kiosk**) Richtung *Montaña Roja* bis zum Hotel *Tenerife Sur*.

Strand-promenade

Dieser schön gestaltete Gehweg aus Holzbohlen, anfangs mit **Cafés** und **Restaurants**, verliert etwas durch die uneinheitliche Bebauung dahinter. Felsvorsprünge unterhalb der Promenade bilden natürliche **»Strand-Separées«**, die bei Wind und feinem Flugsand hart umkämpft sind. Die Frisur bleibt dort unzerzaust und die eingeölte Haut unpaniert. Wem es hier an Wochenenden zu voll ist, kann ausweichen: jenseits des Hotels *Tenerife Sur* wird es rasch leerer. Sanfte Dünenkuhlen bilden dort natürliche Burgen.

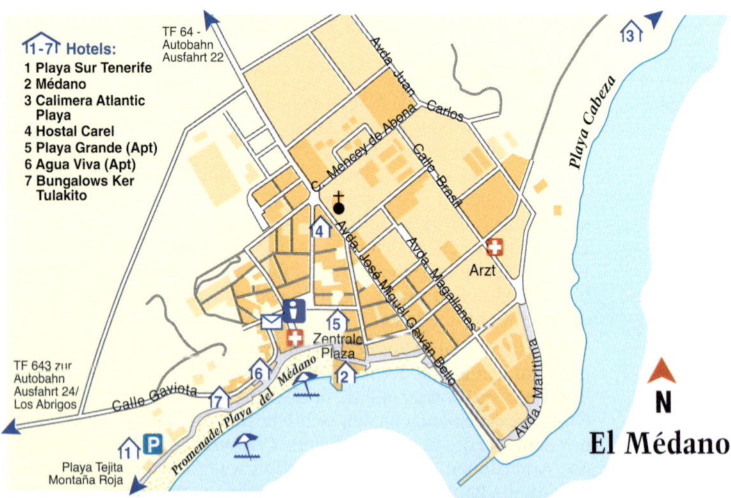

Blick auf El Médano von der Montaña Roja aus

Noch einsamere kleine Buchten findet, wer am Wasser um die *Montaña Roja* herumgeht, bei Bedarf bis zum nächsten kilometerlangen Strand ***Playa de la Tejita***.

Surfstrand

Den echten Surfer zieht es zur windigen, steinigen ***Playa Cabeza*** am **Surfhotel *Atlantic Playa***, ein gutes Stück nördlich des Stadtkerns. Man erreicht es nur über ein ausgedehntes Neubaugebiet mit mehrstöckigen Apartmenthäusern und über unwirtliche Freiflächen, wo Wohnmobilisten gerne »wild« campen.

Montaña Roja

Wie so viele der kleinen Vulkane im Süden ist der 170 m hohe Aschekegel *Montaña Roja*, der die *Playa del Médano* nach Süden begrenzt, erst in den letzten Jahrtausenden entstanden. Ein Krater ist nicht zu erkennen, weil das Meer den halben Berg mit sich gerissen hat. Fazinierend ist der Berg bei Sonnenuntergang, wenn seine besonderen Mineralien wie eine Palette von gelblich über viele Rottöne bis violett schillern.

Vegetation

Wer genauer hinschaut, entdeckt seltene Pflanzen, die Wind, Trockenheit und vor allem der salzhaltigen Luft trotzen. Neben der hier auch sonst typischen Süd-Flora (➢ Seite 221, *Montaña Guaza*) fällt die flach am Boden wachsende, zart-orange bis graugrün blühende **Guanchentraube** (Zygophyllum fontanesii) auf, vor allem wenn sie Beeren trägt. Kleine gelbe Blüten hat der ebenfalls kriechende **Sitzblatt-Hornklee** (Lotus sessilifolius), während die dickblättrigen Pflanzen wie der **Meerstrand-Knöterich** und die **Schneeweiße Vielfrucht** (Polycarpaea nivea) weiß blühen.

Guanchentraube, die Bezeichnung leuchtet ein

Naturschutzgebiet Dank zunehmender Aufmerksamkeit für die Naturschätze der Region wurde das als Off-Road-Gelände einst beliebte Areal gesperrt und die sensible Pflanzenwelt unter Naturschutz gestellt (*Espacio Natural Protegido*). Auch die strapazierten **Buckeldünen** wurden neu angelegt, und hinter kleinen Steinhaufen lagerte sich wieder Flugsand ab. Seither wählen Zugvögel auf ihrem Weg nach Afrika den *Montaña Roja* wieder als Zwischenstation.

Zur Playa de la Tejita Kleine lose Lavasteine kennzeichnen einen leichten Fußweg (20 min) über den landseitigen Berghang zur *Playa de la Tejita*. Auf diesem langen hellen Sandstrand direkt unterhalb des Flughafens – der Fluglärm stört erstaunlich wenig – steht ein kurioser Kiosk. Aus den Schießscharten eines alten Gefechtsstandes kommen anstelle von Granaten **solarzellen-gekühlte Drinks**. Beliebt sind die kleinen **Felsbuchten** am Berg (z. T. FKK).

Parken Drei zum Tejita-Strand nahe Parkplätze liegen an der TF 643 (El Médano-Los Abrigos) zu Füßen der *Montaña Roja* (von der Autobahn kommend biegt man kurz vor El Médano nach rechts in Richtung Los Abrigos zur TF 643):

1) Der kürzeste Weg an den Strand beginnt am ***Estacionamiento Playa Tejita*** (der letzte Parkplatz in Richtung Los Abrigos).

2) Am Fuß des Berges führt ein Pfad vom **Parkplatz *Montaña Roja*** in 10 min in die Nähe der erwähnten Felsbuchten.

3) Der Parkplatz des ***Hotel Playa Sur Tenerife*** (Zufahrt über die TF 643) am Ende der Strandpromenade ist ein schöner Ausgangspunkt für den Spaziergang zum Tejita-Strand (gut 30 min).

Tipp Dieser letzte Parkplatz eignet sich auch gut für alle, die nur ein kurzes Bad nehmen wollen. Hier, am Ende des El Médano-Strandes, ist es leerer als in der Nähe der zentralen Plaza. Außer an Wochenenden findet man immer Platz.

Aufstieg Vom Parkplatz führt ein Weg auf die Bergspitze *Montaña Roja*. Der Aufstieg ist nur an besonders windigen oder heißen Tagen anstrengend. Die Mühe wird belohnt mit einem wunderbaren Blick landeinwärts auf das Teidemassiv. Flugzeug-Fans beobachten von dort auch gern die startenden und landenden Flieger.

3.8.2 Praktisches

Touristenbüro Info-Büro auf der Plaza, ✆ 922-176002; Mo-Fr 9-15 (sommers bis 14 Uhr), Sa 9-13 Uhr; hilfreich bei der Zimmervermittlung.

Bauernmarkt Direkt unterhalb der Autobahn Ausfahrt El Médano (22) an der TF 64 findet im gelblichen *Tosca*-Gebäude Sa und So 8-14 Uhr ein Bauernmarkt statt. Örtliches Obst und Gemüse; Kunsthandwerk.

Unterkunft

El Médano ist – wie gesagt – vor allem bei jüngeren Touristen beliebt; außer drei mittelgroßen Hotels (➢ Seite 559) gibt es bescheidenere Pensionen und einige gute Apartmentanlagen. Preiswerte Quartiere sind auch in **San Isidro** oberhalb der Autobahn.

(➢ Seite 560, Unterkünfte). Ein **Campingplatz** an der *Playa Tejita* (hinter der *Montaña Roja*) ist in Bau.

Sport

Surfen

- ***Surf Center Playa Sur***, beim Hotel *Playa Sur Tenerife,* auch stundenweise (mind. 3 Stunden für ca. €40), €55/Tag, 1. Woche €185, dann erheblich billiger (bis zu €75/Woche); Unterricht nur für Fortgeschrittene: €37/Std, €90/3 Std, ✆ 922-176120 (Hotel).
- **Sportcenter im Hotel *Atlantic Playa***, Surfkurse für Anfänger und Fortgeschrittene, mit Surfbrett-Verleih, Los Valos, ✆ 922-176013 und 922-176120.

Biken

Mountainbike €15/Tag, Bike ab €6/Tag, Kajak für 2 Personen €9/Stunde, ebenfalls im Hotel *Atlantic Playa.*

Restaurants

Neben den **Restaurants an der zentralen Plaza** (gut das ***Nautic*** mit Tischen unter Gummibäumen) befinden sich weitere in der engen Fußgängerstraße Paseo Picacho/Marcial Garcia:

- ***Playa Chica***, zünftige Fischerkneipe, unten Bar, oben Restaurant; draußen oder drinnen; Fischgerichte, aber auch Fleisch.
- ***Avencio*** bei der Plaza, klassisches einfaches Fischrestaurant mit Romantik an den Wänden, So abends und Mo zu, ✆ 922-176079
- ***El Pescador***, nüchternes preiswertes Lokal in einer Seitenstraße der Plaza: Calle Evaristo Goméz Gonzales; Di geschlossen.
- ***Yaiza***, deutsches Wirtspaar, schlicht-rustikale Einrichtung, internationale Küche, Calle Iriarte 14, erste Straße hinter der Plaza, freitags Kerzenbuffet; ✆ 922-176952, 18.30-23, Do geschlossen.
- ***El Jable***, beste Küche im Umkreis, versteckt in San Isidro (5 km entfernt an der Autobahn), zünftig-kanarisches Ambiente, feine kanarische Küche. Von der Autobahn, *Salida* 22, die TF 64 nach San Isidro hoch, unmittelbar vor der CEPSA-Tankstelle (links) nach rechts: Calle Betejui; dort nach 150 m linker Hand; täglich13-16 und 19.30-23 Uhr, Mo Mittag und So geschlossen. (➢ »Restaurants im Süden«, Seite 87).

Surfer vor El Médano an der Playa Cabeza

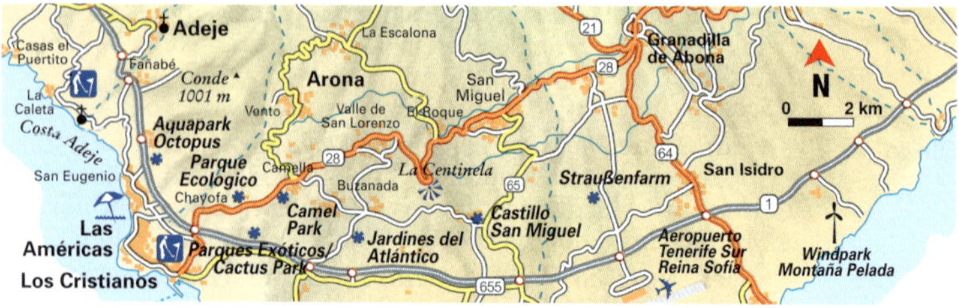

3.9 Besondere Touristenattraktionen im Süden

Fast alle Freizeitparks liegen nur wenige Kilometer oberhalb der Autobahn. Kostenlose Busse pendeln zwischen den Hotels und den einzelnen Parks. Auf Handzetteln in Hotels und Info-Büros erfährt man die aktuellen Zeiten und Haltestationen.

Zunächst eine Kurzübersicht:

Übersicht

1) ***La Bananera – Jardínes del Atlántico***

2) ***Tenerife Zoo/Camello Safari*** – Kamelreiten beim *Tenerife Zoo*

3) ***Parques Exóticos***: ***Cactus Park*** mit ***Amazonia***.

Diese drei Parks erreicht man über *Salida* 26/Valle San Lorenzo; für Nr 2-4 folgt man dann den Schildern »*Parques Exóticos*«.

4) ***Aguilas de Teide – Parque Ecológico*** (*Salida* 27, Richtung Arona)

5) ***Camel Park***, *Salida* 27 Richtung Arona; kurz hinter Chayofa rechts ab nach La Camella (ausgeschildert)

6a) ***Acuapark Octopus,*** Salida 29 Richtung San Eugenio Alto

6b) ***Aqua Club Termal***, Torviscas Alta (*Salida* 30, 1 km bergauf, im C.C Cosmos)

Alle Parks 1-6 bieten eigene gratis Bustransport.

7) ***Castillo San Miguel*** liegt unweit TF 65 (Autobahn-Ausfahrt 24), dann auf den Abzweig links nach Buzanada (TF 657).

8) ***Avestruces Tenerife*** (Straußenfarm mit Restaurant, Flughafen-Ausfahrt 23, dann 3 km Richtung Norden; ausgeschildert). Täglich 11-19 Uhr; ✆ 922-772752; inkl. Busservice €12.

Bewertung

Gut angelegt ist das Eintrittsgeld vor allem im ***Parque Ecológico/Aguilas de Teide*** und im ***Parque Exótico/Cactus Park***.

Nur der ***Parque Ecológico*** kann mit dem aufwendigen Konzept des ***Loro Parque*** (Puerto de la Cruz) mithalten. Nicht immense Investitionen, sondern intime Kenntnis und liebevolle Pflege der gezeigten Flora und Fauna machen einen Besuch in den *Parques Exóticos*, insbesondere im Cactus Park, lohnenswert. Aufregend, nicht nur für Kinder, sind Gelände und Ausritte im *Camel Park*.

Der ***Octopus*** entspricht alles in allem den heutigen Erwartungen an einen Wasserplanschpark. Wer sich verwöhnen lassen will, ist im ***Aqua Club Termal*** sehr gut aufgehoben.

Beim ***Tenerife Zoo*** war vermutlich die schnelle Pesete bzw. heute der Euro der Vater des Parkgedankens. Die ***Bananeria*** (***Jardínes del Atlantico***) lebt vermutlich eher vom klangvollen Namen.

Das ***Castillo San Miguel*** bietet einen originellen, zirkusähnlichen ***Event***, der besonders von Gruppen genossen wird.

La Bananera oder: Jardínes del Atlántico

Auf einer großen Hazienda kann man sich über den Anbau von Tomaten, Bananen, Orangen, Avocados und Papayas, über Teneriffa und die Nachbarinseln informieren. Der Vortrag in Deutsch richtet sich an Besucher, die das erste Mal in Südeuropa oder überhaupt im Ausland sind. Ein Inselmodell klärt über die komplizierte Wasserversorgung auf. Viel altes Bauerngerät.

Das riesige **Restaurant** hat ein festes Menü inkl. Wein für €6.

Eintritt €7,50, nur geführte Besichtigungen 10, 11.30, 13, 15.30, 16.15 Uhr, ✆ 922-720403/720360; www.azulnet.com/bananera; Anfahrt: ab Salida 26 Richtung San Lorenzo (TF 66), dann nach 1,5 km rechts.

Tenerife Zoo mit Camello Safari

Dieser Tierpark wird leider selbst niedrigeren Ansprüchen kaum gerecht, wie man sie heutzutage an die Haltung von Großtieren wie Schimpansen, Löwen, Panthern und Reptilien stellt. Eintritt €5, täglich 9.30-18.00 Uhr. Auch die nahegelegene *Camello Safari* gehört zum *Tenerife Zoo,*10-17 Uhr, ✆ 922-790720.

Cactus Park/ Parques Exóticos

»*Desierto Feliz*«, glückliche Wüste, nennt sich der ***Cactus Park*** im Untertitel. Zusammen mit »*Amazonia*« und dem »*Animal Park*« heißt dieser – mit 60.000 m² riesige – Komplex auch »***Parques Exóticos***«.

Entstehung & Charakteristik

Der deutsche Kakteengärnter ***Otto Fechtner*** wollte 1987 nicht nur seltene Kakteenarten aus fünf Kontinenten zeigen, sondern auch ein Kaktusreservat für bedrohte Arten schaffen. Das Hauptgewicht liegt auf Mexiko, aber es gibt auch australische und afrikanische Spezies zu sehen. Von der imposanten Carnegia Giganthen gibt es weltweit nur drei Exemplare. Die unterschiedlichen, teils sehr witzig geformten Exemplare sind auf dem terrassierten Gelände sehr gekonnt in die Wüstenlandschaft eingepaßt.

Im Cactus Park

Amazonia

Das *Amazonia* führt uns unter einem nahezu unsichtbaren Spezialnetz in ein überdimensionales Gewächshaus mit tropischem Klima. Pflanzen, die in Teneriffas Hausgärten gepflegt

3.9

werden, läßt man hier wild wuchern. Dadurch entsteht ein üppiger Dschungel mit einem kleinen Bach und Teich. Kolibris und Papageien flattern einem um die Ohren und exotisch-buntes Federvieh spaziert unvermutet durch die Beine.

Relativ neu ist der ***Bat Cave,*** eine Fledermaus-Höhle, sowie die Schmetterlings-Abteilung.

Animal Park

Der *Animal Park* (mit *Reptilarium*) überzeugt nicht ganz. In seinem begehbaren riesigen Käfig kann man frechen Äffchen und Pfauen nahe kommen.

Auf halbem Weg durch den *Park* liegt ein **Terrassen-Cafe** mit schönem Meerblick. Im **Vulkan Museum** gibt es eine Ausstellung mit Gesteinen und Mineralien in einem Rundhaus aus geschichtetem Naturstein. Dort erfährt man alles Wissenswerte über Lava.

Im Eingangsgebäude gibt es **Souvenirs** und einen deutschsprachigen Videofilm über den Park (€15).

Täglich 10-18 Uhr, **Eintritt** €10, Kinder bis14 Jahren €6; nicht ganz billig, aber lohnend. © 922-795424, Fax 922-791783.

Anfahrt

Unmittelbar oberhalb der Autobahnausfahrt 26 biegt von der TF 66 (Richtung Valle de San Lorenzo) gleich links eine Parallelstraße zur Autobahn ab, die direkt auf den *Cactus Park* zuläuft.

Parque Ecológico/ Águilas del Teide

Dieser aufwendig gestaltete Freizeitpark zeigt, welch üppige Landschaft in dieser Wüstengegend mit ein bißchen Wasser und Pflege entstehen kann. Insofern ist der Untertitel ***Parque Ecológico*** korrekt. Auch die Baumaterialen für Wege, Restaurants und das Amphitheater wurden aus dem Naturstein der Gegend, dem gelblich-porösen Tosca, sowie Bambus und Holz geschmackvoll angelegt. Allerdings haben es dort einige der Tiere (ein kleiner Elefant, Krokodile, Nilpferde) im Öko-Sinn nicht eben gut.

Nach dem Vorbild amerikanischer Themenparks werden Shows vorgeführt. So ist die ***Aguila-Show*** eine professionell gemachte Raubvogel-Vorführung mit freifliegenden Adlern und Falken (12 und 16 Uhr). Auch die »*Exotic Birds Show*« mit afrikanischen

Raubvogel-vorführung im Parque Ecológico Aguilas del Teide

Störchen, Kingfisher, Malibus und vielen anderen bunten Arten aus Südamerika und Afrika ist beeindruckend. Andererseits sind derartige Dressurakte nur noch mit dem Hinweis zu vermarkten, den Tieren mache es Freude und aussterbende Arten würden auf diese Weise gerettet.

Ferner befinden sich auf dem Gelände: eine **Alupisten-Rodelbahn**, **Bump-Motorboote** und eine **Dschungeltour**.

Nachts wird eine **Dinner-Nightshow** (kein Verzehrzwang!) geboten, eine bombastische Dramaturgie aus Magie, Flamenco, feuerspeiender Wasser- und Lichtorgel mit Seeräuberromantik zu Operetten-Discoklängen.

Anfahrt Autobahnausfahrt 27, TF 28 Richtung Arona - unverfehlbar.

Eintritt: €13, Kinder die Hälfte; täglich im Winter 10-18 Uhr, im Sommer ab 9 Uhr; © 922-753131, Fax 922-753062.

Kamele bereit zum Ritt mit Touristen im Camel Park

Camel Park Der *Camel Park* ist eine recht gepflegte Anlage auf einem weitläufigen Farmgelände; für Kinder gehören natürlich auch Ziegen, Schafe, Hühner und Kaninchen hierher. Wie auf einem Skilift kann man sich dann zu beiden Seiten des Kamels 20 oder 50 Minuten lang durch die Gegend schaukeln lassen – auch mit Beduinenkopfschmuck. Zünftiges Essen und Trinken wird an langen Holztischen serviert – draußen und drinnen.

© 922 721080; täglich 10-17 Uhr; **Preise**: 20-min-Ritt €8; 50-min-Ritt (mit Sangria €15, mit Essen € 27), Kinder 50%

Anfahrt ***Salida* 27** Richtung Arona; kurz hinter Chayofa rechts ab nach La Camella (ausgeschildert).

Aquapark Octopus Der *Aquapark Octopus* bietet herkömmlichen Wasserspaß: Rutschen aller Art und einen Strömungskanal Rio Bravo, Kamikazes, Trampolin, Kinderschloß (*Castillo Infantíl*), Wasserfälle (*Cascadas*); Delphinarium mit Show; täglich 10-18 Uhr, **Eintritt** €14, Kinder €9, ab 15 Uhr billiger; Avenida Austria – San Eugenio Alto, © 922-715266; Zubringer ab Las Américas/Los Cristianos.

Castillo San Miguel Aus großen gelblichen Tosca-Quadern entstand eine mittelalterliche Burg wie im Märchenbuch – mit Wassergraben, Zugbrücke und Schießscharten. Den Gästen werden zum mittelalterlichen

Dinner Ritterspiele aufgeführt; dazu bringen (im Winter) die *Drifters* mit schmissigen *Oldies* – ganz unmittelalterlich – Leben ins Schloß. Mo und Di geschlossen, **Eintritt** €36 inkl. Dinner und Getränk; ✆ 922-700276.

Anfahrt

***Salida* 24**, dann auf der TF 65 Richtung San Miguel; nach 4,2 km links, beim Abzweig Richtung Buzanada (TF 657) ist das Schloß schon zu sehen.

Mittelalterliche Reiterspiele und Diner finden im Castillo San Miguel statt

Aqua Club Termal

Der ***Aqua Club Termal*** ist eine Warmwasser-Oase; modernste SPA-Bäder (bis zu 38°C) sowie Saunen, Fitness, Kurse (Aerobic, Spining), Gymnastik (Aquabike und -step), Wellness, Massagen und Kosmetik (jeweils € 15-20); mit Kindergarten. Günstig ist der *Circuit* (Kreislauf mit 10 Stationen) für € 25; Kombiticket € 30; täglich 9-22 Uhr, ✆: 922-716 555; www.aquaclubtermal.com

Die abgespeckten Pfunde kann man sich nebenan im exquisiten Thai-**Restaurant *Puket*** gleich wieder anfuttern; täglich 12-24 Uhr, ✆ 922-7122067.

Weitere Attraktionen

- ***Centro de las Orquídeas***, eine Sammlung von 400 Orchideen-Arten, Verkauf und Ausstellung, La Galga, Valle de San Lorenzo/ Arona; täglich 10-18 Uhr; ✆ 922-765566, Fax 76 58 50
- ***Burro-Safari***, Eselausritte in die Berge, täglich 9.30, 11.30 und 13.30 Uhr, € 24, Kinder € 12, Buzanada/Arona, ✆ 922-766011.

»Bumper« Boote im Parque Ecológico

Wale und Delfine um Teneriffa und »sanftes« Whale Watching

Die Walherden im Süden Teneriffas sind zwar nicht so berühmt wie die im kanadischen St. Lorenz Strom oder vor der mexikanischen Baja California, aber die größten Europas. Dazu zeigen die Wale (und Delfine) eine sehr hohe Artendichte. Von den noch existierenden 79 Wal- und Delfinarten, die sich in den Weltmeeren tummeln, wurden 24 in kanarischen Gewässern gesichtet. Darunter aber keine Publikumslieblinge wie die Orcas bzw. Killerwale, weiße Belugas oder Blauwale, mit bis zu 30 m Länge die weltgrößten Säugetiere.

Viele Walarten passieren die Inseln nur auf ihrer Wanderung; resident sind dagegen die artverwandten Delfine (ca. 200), Fleckendelfine und ca. 500 Kurzflossen-Grindwale (= Pilotwale), die in über 30 Kerngruppen leben. Zur Nahrungssuche tauchen sie bis 600 m tief und fressen täglich am liebsten kiloweise Tintenfische. Sie werden bis 6 m lang und 60 Jahre alt. Alle 4 Jahre gebiert das Weibchen nach 15-16 Monaten zwischen September und Dezember einen Jungwal.

Wale haben keinen Geruchssinn, vergleichsweise schwache Augen und verständigen sich – vor allem zur Paarungszeit – mittels ihrer ausgezeichneten (inneren) Ohren durch trompetenartige Gesänge (speziell Blauwale).

Größter Feind der Wale waren jahrzehntelang die Walfänger, die die Buckel-, Grönland- und Blauwale fast ausrotteten. Nach schrittweisen Fangrestriktionen wurde 1973 und 1985 (CITES, IWC) der kommerzielle Walfang verboten. Trotzdem besteht Norwegen auf Ausnahmen, um Minkwale für »wissenschaftliche« Zwecke zu fangen. Japaner schlachten massenweise Delfine für lukullische Genüsse und aphrodisierende wie potenztreibende Mittel.

Heute sind es die lauten Motoren von Powerfähren und Tragflächenbooten (*Jet Foil*) im Dreieck Gran Canaria-Teneriffa-La Gomera, vor denen die gestressten Tiere nicht schnell genug abtauchen können. Der unter Wasser weit tragende Lärm dieser Schiffe schädigt ihren sensiblen Gehörsinn, was immer wieder zu Kollisionen, Orientierungsverlust und Anstrandungen führt. Inzwischen behaupten die Reeder, ein Walortungssystem an Bord zu haben, das frühzeitiges Ausweichen ermöglicht – es wäre ein technisches Wunder.

Greenpeace will beim nächsten toten Tier seinen bekannten *Rainbow Warrio*r auf Patrouille in kanarische Gewässer schicken, denn nirgends auf der Welt leben soviele Wale zwischen einer Vielzahl von High-Speed-Booten.

In den 1990er-Jahren boomte Teneriffas *Whale-Watching*-Geschäft. Täglich stürzten sich bis 3.000 Touristen in 60 Booten auf die 500 Säuger. Inzwischen werden Verstöße gegen die gesetzlichen Regelungen mit hohen Geldstrafen geahndet und die 45 Lizenzen jedes Jahr neu vergeben. Ein Walbeobachtungsschiff muß mindestens 60 m Distanz auf die Tiere halten und im Umkreis von 500 m den Motor abschalten; höchstens 3 Boote dürfen sich gleichzeitig bei einer Walgruppe aufhalten. Gedrosselte Geschwindigkeit in Schwimmrichtung der Tiere ist Pflicht, Wassergänge und Anfüttern sind verboten.

Dennoch sind jahraus jahrein immer noch bis über 40 Boote mit Touristen unterwegs, von denen manche trotz aller Vorschriften zu nah an Wale und Delfine heran- oder sogar mitten in Tiergruppen hineinfahren. Durch ein derartiges aggressives *Whale-Watching* wird der Tagesablauf der Meeressäuger massiv gestört. Sie geraten unter Stress und werden anfälliger für Krankheiten. Langfristig führt das zu einem Rückgang der Population durch geringere Reproduktionsraten und Abwanderung.

Was viele Kanarenurlauber nicht wissen: Bei den Anbietern des *Whale-Watching* gibt es deutliche Unterschiede. Eine Reihe von Bootseignern hat sich ausdrücklich zu artgerechten Beobachtungstouren, zum sog. »sanften« *Whale Watching* verpflichtet, auf denen die Begegnungen zwischen Menschen und Walen rücksichtsvoll ablaufen.

Das Projekt M.E.E.R. La Gomera, das 2001 mit dem internationalen Preis »Umwelt und Tourismus« des Deutschen Reisebüro- und Veranstalterverbandes ausgezeichnet wurde, vergibt dazu als Gütesiegel das **»Blaue Boot«**.

Bei allen Veranstaltern, die dieses Siegel führen, hat das Wohl der Wale und Delfine einen hohen Stellenwert: Die Beobachtungstouren finden mit relativ kleinen Booten statt, die sich den Tieren nur langsam und respektvoll nähern. Biologen oder andere Experten begleiten jede Exkursion mit sachkundigen Erläuterungen und stehen für Fragen zur Verfügung.

Wer also während seines Teneriffaurlaubs Wale und Delfine tierfreundlich erleben möchte, sollte auf das »Blaue Boot« achten.

»Sanfte« Waltouren bietet u.a. der ***Must Cat***, ein Segel-Catamaran für maximal 75 Passagiere. Die etwa 3-stündigen Exkursionen inklusive Schwimm- und Schnorchelpause in einer geschützten Bucht starten täglich 2x im Winter und 3x im Sommer in Puerto Colón, Pier 8, ➢ auch Seite 255.

Internet: www.1travel.de/meer/wwkanaren.html und www.tenerifedolphin.es

Beim ***Club de Mar*** auf La Gomera im Valle Gran Rey kann man sogar an einem 14-tätigen Delfinkurs teilnehmen, der die neuesten Erkenntnisse der Wal- und Delfinforschung vermittelt.

Mehr Infos im Internet dazu unter: **www.m-e-e-r.de**

Playa Santiago auf La Gomera

3.10 Ausflug zur Nachbarinsel La Gomera

3.10.1 Das Wichtigste in Kürze

Zum Urlaub am Meer gehört auch eine Schiffspartie. Was liegt näher als ein Ausflug zur Nachbarinsel? Von Teneriffas Süden ist sie an klaren Tagen zum Greifen nahe und die täglichen Autofähren schaffen die 45 km in 90 min (die Turbo-Catamaran-Fähre in nur 60 min und sogar in 30 min, müßte sie nicht aus ökologischen Gründen, um Wale und Delfine nicht zu gefährden, das Tempo drosseln). »Wüstenbewohner« aus dem Bereich Los Cristianos/Las Américas erreichen Gomeras ***Parque Nacional Garajonay*** mit Europas größtem bestehenden *Laurisilva*-Wäldern in 1.000-1.400 m Höhe fast so schnell wie Teneriffas Anagagebirge mit der gleichen zum Spazieren und Wandern idealen Landschaft und Vegetation (➢ Seite 170). Von Gomeras Südostküste sieht man das Teide-Massiv in voller Pracht, und während der Hin- und Rückfahrt zeigen sich mit Glück Delphine oder gar Wale.

Gomeras Besonderheiten

Neben den bemoosten und nebelverhangenen Wäldern wurde der Nationalpark auch wegen seiner besonders engstehenden Vulkanschlote zum **UNESCO-Weltnaturerbe** bestimmt.

Das ***Valle Gran Rey***, ein besonders tief eingeschnittenes, palmenreiches Tal, kennt jeder Alt-68er. Gomera-Kurzbesuchern reicht vielleicht der herrliche Blick ins Tal vom hoch oben gelegenen ***Mirador César Manrique***-Terrassen-Restaurant.

Hermigua, **Agulo** und **Vallehermoso** im Inselnorden haben ihren ländlichen Charme bewahrt und werden nur am Rande vom überwiegend alternativen Gomera-Tourismus berührt. Die über die Insel hinaus berühmten ***Órganos***, riesige Basaltsäulen an der Nordküste (➢ Lexikon Geologie, Seite 437), sind jedoch nur vom Meer aus zu sehen; Gomera fehlt eine Küstenstraße rund um die Insel.

Wer vergessen hat, die Badehose einzupacken, muß sich nicht grämen; Teneriffa hat bessere (künstliche) Strände als Gomeras San Sebastián, Valle Gran Rey und Playa Santiago.

Individuell oder organisiert?

Die folgenden Ausführungen ersetzen keinen Gomera-Reiseführer, aber für eine Stippvisite reichen sie. Es werden eine 1- und eine 2-Tage-Tour für alle beschrieben, die eine individuelle Gestaltung einem programmierten Gruppenausflug vorziehen.

Gomera ist nicht Teneriffa, d.h., bei weitem nicht so durchorganisiert wie die Teide-Insel. Die Hauptstadt ist ein größeres Dorf (7.000 Einwohner), die Bevölkerungsdichte beträgt 45 Menschen/ km^2 (Teneriffa 335/km^2). 122 Buslinien verkehren auf Teneriffa (ohne innerstädtische Verbindungen) – dagegen muß der *Gomero* nur bis 3 zählen können. Und während Teneriffa jährlich 80.000 Jets anfliegen, landen auf La Gomera nur schlappe 1.000, halb so viele wie auf der 100 km^2 kleineren El Hierro.

Auf Gomera selbst gibt es keine kommerziellen Unternehmen für Insel-Besichtigungen. In den Touristenzentren Teneriffas werden aber unterschiedliche Gomera-Tagesausflüge angeboten: per Bus mit oder ohne Wanderung, ganz oder halb um die Insel oder per Jeep als Photosafari u.a.m.

Wer individuell nach Gomera fährt, sollte – damit der Gomera-Ausflug nicht zum Ausflug ins Unbekannte wird – bereits vorher unbedingt **drei Entscheidungen** trifft:

1) Mache ich nur einen **Tagesausflug** nach Gomera **oder** bleibe ich **über Nacht?** Bleiben ist besser. Wer eines der preiswerten Apartments in San Sebastián bucht, hat viel mehr von seiner Gomera-Exkursion.
2) Verlasse ich mich in Gomera auf Taxis und Busse oder erkunde ich die Insel per Mietwagen? **Besser ist ein Mietauto**!
3) Leihe ich meinen Wagen erst am Ankunftshafen San Sebastián oder nehme ich den **Teneriffa-Mietwagen mit nach Gomera?** Letzteres ist ab 3 Personen günstiger, auch beim Tagesausflug!

3.10.2 Gomera-Programme für 1 Tag und 2 Tage

Wer nur einen Tag bleibt und wandern/spazierengehen möchte, sollte sich auf die ***Laurisilva*-Wälder** beschränken und nur einen Blick von oben in das Tal des großen Königs, das berühmte ***Valle Gran Rey*** werfen (warme Kleidung!). Mit Gomera-Übernachtung lohnt am zweiten Tag die Nordroute durch kleine Ortschaften.

Vorbereitung des Gomera-Ausfluges

Bussystem

Die drei Buslinien (nach Valle del Rey, Playa Santiago, Vallehermoso) starten alle um 10.30 Uhr, haben aber ungünstige Fahrzeiten für die Fähranschlüsse zurück nach Teneriffa. Ein Aufenthalt über die Hauptstadt San Sebastián hinaus wird da leicht zu kurz.

Praktisches

La Gomera im Internet: www.gomera-island.com

Touristeninfo

San Sebastián: Calle Real 4 (läuft zentral auf die hafennahe Plaza de las Américas zu), Mo-Sa 9-13.30 und 15.30-18, So bis 13 Uhr; ✆ 922-141512, Fax 922-140151. **Valle Gran Rey**: ✆ 922 805458; Email: gomera@island.com.

Die Touristenbüros (deutsch/englisch) halten Listen der Zimmer- und Autovermieter und die aktuellen Fahrpläne der 3 Buslinien auf Gomera bereit.

Fähren Los Cristianos-Gomera/ San Sebastián +Valle Gran Rey

Trasmediterranea

Hinfahrt: Mo-Fr, So: 8.30 u. 14 Uhr, Sa nur 8.30 Uhr (90 min)
Rückfahrt: Mo-Fr, So: 11.45 & 17.15 Uhr, Sa nur nachmittags

Tarife jeweils eine Strecke:
Erw. Person €14; Pkw €22;
Motorrad €9, Wohnwagen €27
Pkw mit 2 Pers. €20, mit 3 Pers. €24, mit 4 Pers. €28
Info & Buchung (Spanisch/ Englisch), ✆ 902-454645.

Internet:
www.trasmediterranea.es

Nur 30 Minuten könnte die Überfahrt dauern, aber der Katamaran fährt nur mit reduziertem Tempo und benötigt in der Praxis eine Stunde

***Fred Olsen* Katamaran**

Hinfahrt: täglich 9, 12.30, 16, 20.30 Uhr (60 min)
Rückfahrt: täglich 7.30, 10, 15, 18.30 Uhr

Tarife jeweils eine Strecke: Erw. Person €19, Pkw €32, Pkw mit 2 Pers. €60, Pkw mit 4 Pers. €78

Info & Buchung: ✆ 922-29001; **Internet**: www.fredolsen.es

Garajonay Expres, ✆ 902-343451+50; Internet:www.garajonayexpres.com (neue Schnellfähre seit 2003, fährt bis Valle Gran Rey, ➢ Kasten Seite 264)

Transport auf der Insel

Buslinie 1: San Sebastián-Valle Gran Rey (durch den Nationalpark; 2 Stunden)
Hinfahrt: 10.30, 14, 17.30, 21.30 Uhr; Rückfahrt: 5, 7.30, 12.30, 16 Uhr

Buslinie 2: San Sebastián-Playa Santiago/Südküste (1 Stunde)
Hinfahrt: 10.30, 14, 17.30, 21.30 Uhr; Rückfahrt: 5.45, 8.15, 12.45, 17 Uhr

Buslinie 3: San Sebastián-Vallehermoso (über Hermigua & Agulo, 1 Std. 45 min)
Hinfahrt: 10.30, 14, 17.30, 21.30 Uhr; Rückfahrt: 5.30, 8, 13, 16 Uhr

Taxis: San Sebastián ✆ 922-870524; Playa Santiago ✆ 922-895300; Hermigua ✆ 922-880047; Vallehermoso ✆ 922-8000279; Agulo ✆ 922-801074; Valle Gran Rey ✆ 922-805058.

Autovermieter in San Sebastián

Piñero (am Hafen): © 922-141048 und -870148, Fax -141390.
Gomera Safari, Calle Virgen de Guadalupe, © & Fax 922-871010.
PAE, Calle Orilla de Llano, © 922-870364, Fax -141534.
La Rueda, Calle Real 19, © 922-870709, Fax -870142
Echeide, Avda Fred Olsen 7 (Hafen), © 922-870439, Fax -141658

Unterkünfte

San Sebastián

- Das ***Parador Nacional de La Gomera*** ist eines der schönsten *Paradores* von ganz Spanien. Das altkanarische Haus mit großen Innenhöfen und Gärten, Meeres- und Teideblick, Pool und stilvollem Speisesaal liegt auf den steilen Klippen über der Stadt. DZ €96, © 922-871100, Fax 922-871116; Email: gomera@parador.es; Website: www.parador.es
- ***Apartamentos Canarias***, sympathisch, sauber preiswert, Calle Ruiz de Padron 3 (am Hafen); €30-€42, © & Fax 922-141453.

Hermigua

- ***Ibo Afaro***, hübsches Landhotel im Dorf; © 922-880168 Fax 881019.
- Die ***Casa Creativa*** hat 8 Apartments mit privaten Terrassen um den Innenhof bzw. Garten; mit Pool, €36-€48. Dt. Leitung; © 922-881023, Fax -144057.

Vallehermoso

- ***Hotel de Triana***, kleines Haus mit Restaurant, © 922-800528, Fax -800128, Website: www. terra.es/personal2/hoteltriana.

Restaurants San Sebastián (weitere ➢ Text)

- ***El Charcón***, Paseo Marítimo la Cueva (hinter dem Felsen an der Hafenmole); prima Lage am Wasser, Blick auf den Teide, gutes Essen, angenehmer Service, © 922-141898, Mo geschlossen.
- ***Marqués de Oristano***, Calle del Medio 26 im Zentrum, große Speisesäle in einem alten Haus. Kanarische und internationale Küche, © 922-141541, So geschlossen.
- ***Parador de la Gomera***; feine kanarische Küche in einem noblen Ambiente (➢ Unterkünfte).

Die **Buslinie 1** nach **Valle Gran Rey** ist wegen ihrer Route durch den Nationalpark am ehesten empfehlenswert. Sie benötigt aber fast 2 Stunden für den einfachen Weg. Nach kurzem Aufenthalt geht es auf der gleichen Strecke wieder zurück.

Die **Buslinie 2** nach **Playa Santiago** lohnt nicht, denn die Region ähnelt Teneriffas Süden. Der kleine Badeort ist zwar adrett, bietet aber nichts Besonderes.

Die **Buslinie 3** nach **Vallehermoso** braucht ebenfalls ca. 2 Stunden, führt aber nicht durch den Nationalpark. Es reicht höchstens für einen Stop im schönsten Dorf der Insel, **Agulo**, um mit dem nächsten (gleichen) Bus zurück nach San Sebastián zu kommen, wenn man die letzte Fähre noch abpassen möchte.

Taxis

Die **Taxis** ab San Sebastián nehmen für eine ganztägige Inselrundfahrt €90; eine einfache Fahrt nach Valle Gran Rey kostet €42, nach Hermigua €21.

Mietwagen

Nur per **Mietwagen** ist eine 1-2-tägige Gomera-Erkundung optimal und komfortabel zu gestalten. Der Tagespreis für z.B. einen Kleinwagen (Opel Corsa o.ä.) beträgt ab €33/Tag. Die Mietabwicklung auf Gomera läuft bei telefonischer Vorabreservierung schnell und reibungslos. Man erwartet die Kunden oft schon mit Namensschild am Kai. Die Büros befinden sich am Hafen.

Ein Tag auf La Gomera

Information

Nach Entladung bzw. Empfang des Mietwagens parkt man das Auto problemlos im Hafenbereich. San Sebastiáns **Hauptstraße** ist die Calle Real bzw. del Medio, die auf die zentrale (ans Hafenbecken grenzende) Plaza de las Américas zuläuft. Gleich an deren Anfang (Real Nr. 4, Ecke Plaza de la Constitución) ist im alten Zollhaus die **Touristeninformation** untergebracht, die Insel- und Wanderkarten und weiteres Material bereithält. Bessere Wanderkarten (von Goldstadt im Maßstab 1:50.000 oder Kompass 1:30.000) gibt es in den Zeitungsläden vor Ort.

Columbus

Im Touristenbüro lohnt ein Blick hinaus in den Zollhaus-Patiobereich, der ein kleines **Museum** zum Thema »*Columbus*« beherbergt. Wieder auf der Calle Real passiert man die Kirche *Nuestra Señora de Asunción*, in der einst Columbus um Gottes Segen für seine Reise gebetet hat, und biegt zwei Mal links ab, um in einer der Parallelstraßen zum Hafen zurückzugehen. Kurz vorher öffnet sich nach rechts ein Blick auf den quadratischen ***Torre del Conde***, der schon im Jahr 1447 den Spaniern bei der Eroberung der Insel als Festung diente.

Wanderung 1

Eine Fahrt auf der TF 713 Richtung Valle Gran Rey führt zunächst durch karge Kakteen-Landschaft mit Wolfsmilch-Gewächsen und taucht dann bei etwa 1.000 m Höhe meist in die Wolken ein. Nach Passieren der mächtigen ***Roques de Agando*** (linkerhand, 1.250 m) und ***Roque de la Zarzita*** (rechterhand, 1.212 m) erreicht man nach weiteren 5 km den Parkplatz *La Laguna Grande*.

Hier beginnen **zwei Wege**:

- In einer Stunde erreicht man leicht den höchsten Gipfel Gomeras, den ***Alto de Garajonay*** (1.487 m) mit herrlichem Weitblick auf Teneriffa, La Palma und El Hierro.
- Der Parkplatz ist zugleich Startpunkt für einen der schönsten (und recht bequemen) Wanderwege Gomeras durch den bemoosten ***Laurisilva*-Märchenwald** (zum Thema *Laurisilva* ➢ Seite 170). Etwa eine Stunde läuft man bis zum Weiler El Cedro (uriges Restaurant ***La Vista*** und Camping). Nach spätestens 2,5 Stunden ist man zurück am Parkplatz.

Stramme Wanderer laufen von El Cedro nach einem anfänglich steilen Abstieg weiter **nach Hermigua** und nehmen dort ein Taxi für die Rückfahrt zum Parkplatz.

Besucherzentrum Nationalpark

Ein paar Kilometer weiter zweigt eine schmale Straße rechts von der TF 713 ab zum Besucherzentrum des Nationalparks (9 km Richtung Las Rosas). Ausstellung und ein botanischer Garten informieren über Gomeras Flora. Ein kleiner kostenloser Führer beschreibt drei weitere Wanderungen. Besser als das Video (auch in Deutsch) ist die **Tapa-Kneipe** mit Terrasse nebenan.

Wanderung 2

Eine weitere leichte Wanderung (ca. 2 Stunden) beginnt in **Las Hayas**, einer kleinen Siedlung etwa 1 km links unterhalb der TF 713. Man parkt am besten unterhalb des Restaurants *Amparo* (gut für einen Snack oder Drink) und geht in der nächsten Linkskurve nach rechts bergauf (ausgeschildert: ***Jardín de las Creces***), passiert alsbald eine kleine Kapelle oberhalb der Dorfeinfahrt und wendet sich nach links in Richtung Wald, einem bald dichten *Laurisilva*. Bei einer Weggabelung kann man beide Richtungen einschlagen. Sie führen zu einer ***Zona Recreativa*** mitten im Wald mit Tischbänken und Feuerstellen. Von dort nimmt man den parallel verlaufenden Weg (je nach Einstieg an der Gabelung vorhin) ober- oder unterhalb zurück zum Dorf Las Hayas. Der obere Weg ist bequemer, der untere ist schmaler und voller Farne.

Aussichtspunkt

Wer weitere ca. 5 km westwärts den Ort **Arure** passiert und Richtung Valle Gran Rey fährt, hat vom ***Mirador El Palmarejo*** (nach dem ersten Tunnel) einen wunderbaren Blick auf eines der schönsten Täler der kanarischen Inseln: weiße Häuser unter schlanken Palmen und unzählige terrassierte Felder. Am Aussichtspunkt befindet sich ein **Restaurant der Hotelschule** von La Gomera (Mi-So 12-18.30, warme Küche nur bis 16.30 Uhr). Die Anlage wurde von *César Manrique*, dem Lanzaroter Künstler und Landschaftsgestalter, fast unsichtbar der Umgebung angepaßt (➢ Seite 498).

Valle Gran Rey

Die Fahrt hinunter ins ***Valle Gran Rey*** zum steinigen Strand lohnt nur bei einem mindestens 2-tägigen Gomera-Aufenthalt. Unten findet man um die ***Playa de Vueltas*** **Restaurants**, die sich auf den hier starken »Alternativ-Tourismus« eingestellt haben.

El Palmarejo

Für die Rückfahrt nach San Sebastián sollte man vom *Mirador El Palmarejo* eine gute Stunde Fahrtzeit kalkulieren, wenn man die gebuchte **Teneriffa-Fähre** rechtzeitig erreichen möchte.

Zwei Tage auf La Gomera

Ein zweiter Tag kann außer einer etwas längeren Wanderung auch einen Besuch der Städtchen an der Nordküste und damit eine Inselrundfahrt beinhalten.

Wanderung 3

Die Straße nach Hermigua (TF 711) tangiert den Nationalpark nur. Um in den Parkzu kommen, fährt man nach einer langen Tunneldurchfahrt scharf links Richtung El Cedro. Hat man nach etlichen Serpentinen bergauf den *Laurisilva*-Wald erreicht, geht es rechts ab in einen befestigten Weg mit dem **Hinweis *El Cedro***.

Danach folgt man dem Schild »*Ermita de Nuestra Señora de Lourdes*«. Am Parkplatz oberhalb der Kapelle beginnt die Rundwanderung (mit nur etwa 200 m Höhenunterschied). Erst geht es zur Siedlung Los Aceviños, dann nach El Cedro mit dem *Restaurant* ***La Vista*** (➢ oben) und einfachem Campingplatz. Von dort läuft man wieder zurück zur *Ermita*; Dauer insgesamt ca. 4,5 Std.

Wer kürzer wandern möchte, kann auch bis El Cedro mit dem Auto fahren und von dort Richtung Los Aceviños gehen. Entweder die Runde zurück bis El Cedro (2,5 Stunden) oder nur als Spaziergang ein Stückchen hin und zurück.

Restaurants

Im langgestreckten Straßendorf Hermigua kann man sich in zwei guten Restaurants nach der Wanderung stärken. Die sympathische ***Casa Creativa*** serviert tagsüber auf der Café-Terrasse ***Tapas*** und abends abwechslungsreiche vegetarische und kanarische Küche im Restaurant (Sa geschlossen).

Angenehm ist auch das ein ganzes Stück außerhalb liegende ***El Silbo*** (so heißt Gomeras Pfeifsprache) mit wunderbarem Küsten- und Teideblick sowie gutem kanarischen Essen. Die in den Fels gebaute Dachterrasse unter exotischen Obstbäumen öffnet nur bei günstiger »Windlage«. Beide Lokale liegen an der *Carretera General* Nr. 56 und Nr. 249 Richtung Agulo.

Nach La Gomera via Valle Gran Rey

Seit Anfang 2003 wird Gomera von einer dritten Fährlinie bedient (***Garajonay Expres***, ✆ 902-343451, buchen -343450; www.garajonayexpres.com).

Das Tragflächenboot (nur Personen) legt täglich um 9.05, 13.45 und 19.15 Uhr in Los Cristianos ab, erreicht nach 45 min San Sebastian und fährt dann sofort weiter nach Playa Santiago (15 min) und Valle Gran Rey (20 min). Die letzte Fähre zurück nach Los Cristianos geht um 17 Uhr ab Valle Gran Rey, um 17.25 Uhr ab Playa Santiago und um 17.50 Uhr ab San Sebastian.

Für ein Rückfahrt-Ticket nach Valle Gran Rey zahlt man €36, nach Playa Santiago €34 und nach San Sebastian €29 (Kinder 4-11 Jahre jeweils die Hälfte, unter 3 Jahre gratis).

Wer diese Kosten nicht scheut, könnte außer dem bereits vorgeschlagenen auch noch folgenden zweitägigen Gomera-Trip erwägen:

Hinfahrt um 9.05 Uhr bis **Valle Gran Rey**, dort beim Verleih ***Pinero*** ein Auto mieten (direkt am Hafen; VW-Polo €30/Tag, ✆ 922-870148), hinauf in den Nationalpark fahren, ein oder zwei der oben beschriebenen Wege wandern und im aufstrebenden, aber noch kanarisch-adretten **Playa Santiago** Station machen (ggf. übernachten) und das Mietauto wieder bei *Pinero* am Hafenbüro abgeben (zusätzlich €12 für die one-way-Miete).

Für einen **1- oder 2-tägigen Ausflug** bietet diese Verbindung (im geschlossenen Fahrgastraum des *Jet-Foil*) eine echte Alternative

4. BEREICH WESTKÜSTE

4.1 Kennzeichnung des Bereichs

Geographie

Die über 40 km (Luftlinie) lange Westküste ist im nördlichen Bereich kaum besiedelt. Hier versperrt das unwegsame Tenogebirge mit seinen massiven Steilhängen und bis 500 m hohen Klippen fast ganz den meerseitigen Zugang. Abgeschieden und schwer zugänglich liegt mittendrin **Masca**, das schönste Bergdorf Teneriffas.

Am abrupten südlichen Ende der 15 km langen Felswand ***Acantilado de los Gigantes*** hat sich das dritte und – unter den drei großen – kleinste Tourismuszentrum Teneriffas entwickelt.

Die weiten Hänge sind bis zum Tenogebirge nur wenige hunderttausend Jahre alt; helle und dunkle Lavaschichten unterschiedlicher Ausbruchphasen (d.h. bis vor 500.000 Jahren während der Formung des *Pico de Teide* und *Pico Viejo*) sind übereinander geschichtet. Wie an der Südküste liegen die alten Siedlungen Tijoco de Abajo, Guía de Isora und Chio auf 500-600 m Höhe.

4

Landwirtschaft

Die Nähe zur Bewässerung erleichterte dort oben die Landwirtschaft (➢ Kapitel »Süden«, Seite 209). Auf großflächig angelegten Terrassen werden in den unteren Lagen hauptsächlich **Tomaten und Bananen** angepflanzt. Auch Teneriffas größte Anbaugebiete für den Export von **Blumen und Zierpflanzen** haben sich hier entwickelt – ein Wirtschaftszweig, der noch expandiert. Die arbeitsintensivere Floristik braucht zwar mehr Beschäftigte, aber weniger Raum und Wasser und bringt daher letztlich mehr Gewinn.

Tenogebirge

Das Tenogebirge gehört – neben dem Anagagebirge und einigen Bergen um Adeje – zu den ältesten Gebirgsformationen der Insel. Da es noch zerklüfteter und wasserärmer ist als das dem Nordostpassat direkt ausgesetzte Anagagebirge, war die nordwestliche Inselecke von wirtschaftlicher Entwicklung lange abgeschnitten. Bis in die 1970er-Jahre gab es keine asphaltierte Straße und immer noch führen (bis auf Punta de Teno) nur Trampelpfade ans Wasser. Die wenigen Bewohner zogen auf kleinen steilen Terrassen Gemüse für den täglichen Bedarf und hielten ein paar Ziegen. Die meisten solcher Höfe sind jetzt verlassen. Nur im nordwestlichsten Teil gibt es auf einer Hochebene um das Teno Alto verstreut liegende Fincas mit Viehwirtschaft.

Geologie

Eine Reihe von neueren Vulkanen bildet westlich des *Pico Viejo* (neben dem T*eide)* eine Verbindung zum Tenogebirge. Zu ihnen gehören der zuletzt 1706 ausgebrochene ***Montaña Negra***, der damals Garachico verschüttete, und der erst 1906 aktiv gewordene ***Chinyero*** westlich von Santiago del Teide, dessen für geologische Verhältnisse noch »frisches« schwarzes Geröll die Hänge oberhalb von Guia de Isora, Chio und Arguayo bestimmt.

Touristische Historie

Für tinerfeñische Verhältnisse ist die (nord-)westliche Inselecke eine Art touristisches Entwicklungsgebiet. Grund dafür sind ihre

Die Westküste

Die Strelitzie

Die **Strelitzia regina** kommt ursprünglich aus Südafrika. Sie ist benannt nach Königin *Charlotte Sophia* (1744-1818), der Gemahlin König Georg III von England und gebürtige Tochter des Herzogs von Mecklenburg-Strelitz. Das wissen aber nur die wenigsten Berliner aus Strelitz, die heute diesen – auch Paradiesvogel- oder Papageien-Blume – genannten Exportschlager Teneriffas in Kartons oder alufolienverpackt aus ihrem Urlaub mit nach Hause nehmen.

Dass diese bis zu 1,50 m hohe ausdauernde Pflanze eine Verwandte der Banane ist, erkennt man an ihren ovalen, bis zu 1,20 m langen Blättern. Aus diesem Blätterwerk ragen viele Blüten tatsächlich wie die Köpfe eines Vogels hervor. Drei orangefarbene Kelchblätter und drei dunkelblaue Blütenblätter werden von einem über 20 cm langen purpurroten kahnförmigen Hochblatt eingefaßt. Wer ihren Pflanzenschaft hin und wieder kürzt, kann sich zu Hause immerhin 4-6 Wochen lang an diesem Blickfang in der Vase freuen.

geographische Lage weitab von den historischen Städten und die unwegsame Landschaft im Dreick zwischen Teno, Garachico und Los Gigantes. Hinzu kam auch noch die Standortentscheidung für den **Flughafen *Reina Sofia***, die den Ausschlag für den Ausbau der windgeschützteren Region um Las Américas gab.

Touristische Perspektiven

Jetzt, da die *Costa Adeje* bis *La Caleta* bebaut ist und die Autobahnverlängerung bei Adeje Richtung Norden Fortschritte macht (sogar ein Tunnel zwischen Santiago del Teide und Icod ist in der Diskussion), werden weitere Urbanisationen nicht auf sich warten lassen. Die Sonnenstunden sind im Westenküstenbereich kaum weniger als weiter südlich, die Fallwinde vom Teidemassiv kaum stärker. Der Mangel an Stränden und natürlicher Vegetation ist auf Teneriffa kein besonderes Manko und wird die touristische Weiterentwicklung kaum aufhalten.

4.2 Küste und Hinterland

4.2.1 Touristenzentrum Los Gigantes/Puerto de Santiago

Anfahrt von Norden

Von Garachico/Icod führt die TF 82 serpentinenreich hinauf nach Santiago del Teide und dann in überaus kurviger Abfahrt (etwa 600 Höhenmeter auf wenigen Kilometern) über Tamaimo (ab dort TF 454) bis Los Gigantes hinunter.

Küsten- und Höhenstraße von Süden

Der Westküstenbereich zwischen Adeje und Tamaimo/Santiago ist durch zwei teilweise parallel verlaufende Straßen erschlossen.

- die Küstenstraße TF 47 (ab Los Gigantes TF 454) über San Juan nach Puerto de Santiago/Los Gigantes und
- die attraktivere Straße TF 82, die auf 500 m Höhe von Adeje nach Tamaimo führt, wo sie wieder auf die Küstenstraße TF 47/454 trifft (➢ Adeje-Santiago, Seite 276ff).

Die Küste

Der Tourismus an der Westküste verteilt sich heute im wesentlichen auf drei Brennpunkte:

- das vor 30 Jahren im Stil eines mediterranen Hafens ganz neu angelegte **Los Gigantes**
- das erst in den 1990er-Jahren voll zum Touristenort ausgebaute ehemalige Fischerdorf **Puerto de Santiago** und
- die Retortensiedlung ***Playa de la Arena*** mit massiver touristischer Bebauung. Sie erstreckt sich halbmondförmig um einen sehr schönen schwarzen, etwa 200 m langen Sandstrand.

Alle drei Zentren gehen ineinander über und sind durch neue Straßen miteinander verbunden, an denen immer noch weitere Hotel- und Apartmentkomplexe entstehen.

Briten stellen die Mehrheit der Besucher in dieser Ecke der Insel, u.a. deutlich zu erkennen an den Speisekarten mit *Fish & Chips* und *Shepherds Pie*. Auch Ausflugs- und Sportprogramme werden meist mit englischsprachier Betreuung und Anleitung angeboten – vor allem in Los Gigantes.

Puerto de Los Gigantes

Los Gigantes

Charakteristik

Das Städtchen und sein winziger dunkler Strand liegen unterhalb der namensgebenden ***Acantilado de los Gigantes*** (*Acantilado*=Steilküste). Nur am Hafen und auf einer zweiten Stufe um den zentralen Kirchplatz, der Plaza Bougainvillea ist das Terrain eben, ansonsten brauchen Fußgänger viel Puste, denn insbesondere der obere, neuere Teil von Los Gigantes (➢ Bild) liegt an steilen Hängen. Besucherautos werden in einer Schleife weitläufig um den Kirchplatz wieder zur Ortseinfahrt zurückgeleitet. Durch diese Sackgassen-Lage wird der Durchgangsverkehr früh abgelenkt, so dass sich nur Ortskundige in die engen Straßen wagen.

Ortskern und Hafen

Trotz seiner Retortengeburt hat Los Gigantes im unteren Bereich einigen Charme. Kleine Apartmentanlagen, Hotels – allen voran das *Los Gigantes* (3) mit großem Pool in gepflegtem Grün – und Villen liegen in blühenden Gärten. Touristen-Shops und Restaurants vermitteln eine fast dörfliche Atmosphäre. Am erwähnten Kirchplatz sitzt man z.B. im ***Restaurant Sinatra*** oder im ***Asturias*** unter schattigen Bäumen angenehm ruhig. Mittelpunkt des touristischen Treibens ist der **Yachthafen** mit Blick auf die gewaltige Steilküste und – leider auch – eine erdrückende Hafenmauer. Die erste Reihe des ***Poblado Marinero*** (1) grenzt mit seinen Lokalen an die Hafenmole. Dieser 2-stöckige Apartment-Komplex setzt sich in der 2. Reihe – nicht ohne Reiz – um einen langgestreckten, begrünten Platz fort.

Baden

Der kleine, schwarze Sandstrand ***Playa de Acantilado*** (rechts hinter dem Hafen) reicht für die vielen Gäste schon lange nicht mehr aus. So sind auch die folgenden Anlagen ein wichtiger Bestandteil des touristischen Angebots:

Gleich hinter der Kaimauer liegt das Meerwasser-Schwimmbad ***El Laguillo*** mit großem Pool und – durch eine Mauer geschützt – eine kleine Felsecke zum Baden im Meer. Die Anlage gehört zu den schon erwähnten, im kanarischen Stil gebauten ***Apartamentos Poblado Marinero***, ist aber öffentlich; Eintritt €3,75.

Die zweite öffentliche Poolanlage, der ***Club Oasis*** (2), ebenfalls mit Treppeneinstieg ins Meer, hat Liegewiesen, Tennis- und Crocketplatz, eine Café-Bar und Massageservice. Man erreicht den Club über die Sackgasse Avenida Marítima, die zum Hintereingang des Hotels *Los Gigantes* führt.

Zwischen Los Gigantes und Puerto de Santiago liegt ***Crab Island*** (oder: *Isla Cangrejo)*, ein ruhiges, nobles Villenviertel mit einem beliebten, brandungsgeschützten Meerwasser-Schwimmbecken. Die Zufahrt ist etwas versteckt. Am besten fährt man die Schleife um den zentralen Kirchplatz zurück und biegt hinter dem Sportcenter rechts in die Calle Hibisco ein, dann wieder links. Wer hier parken will, stellt sein Auto vorzugsweise auf dem Platz am Ende der Straße ab, denn noch weiter unten wird es eng. Auch vom Zubringer zum Hotel Santiago Barcelo führt ein Pfad in 5 min zu diesem Pool.

Attraktives Meerwasserbecken an der Küste von Crab Island

Schiffs-Exkursionen

Los Gigantes ist Teneriffas bester Ausgangspunkt für Schiffsausflüge, sei es mit antiken Segelschiffen, schnittigen Seglern, Powerbooten, Motoryachten mit oder ohne Wal- und Delphin-Beobachtung. Alle Törns bieten meist auch Badepausen vor beeindruckendem Panorama. Taucher finden im Bereich Los Gigantes beste Reviere. Ausflüge und Aktivitäten sind vor Ort in der autofreien ersten Reihe am Hafen zu buchen.

Beurteilung

Leider hat dieser einst kleine Ferienort viel vom einstigen Reiz verloren. Die sich an den Berghängen hochfressenden, z.T. pompösen Apartmentanlagen wie *Royal Sun* und *Club II* hängen als funkelnde Fremdkörper über der früheren Idylle.

Und trotzdem ist vor allem **Los Gigantes** eine gute, ebenso sonnenreiche, aber ruhigere **Alternative zu Las Américas/Costa Adeje** mit nahegelegenen Wandermöglichkeiten im Tenogebirge und in den Kiefernwäldern westlich von Santiago del Teide.

Puerto de Santiago

Nur der kleine Fischerhafen hat noch den Charme von damals; das gilt auch für die Häuserzeilen rund um die Kirche. Ansonsten ist die Überfremdung total. Zentrum des Tourismus ist die zwischen der ***Piscina Natural*** (*Crab Island*) und dem ***Puerto Pesquero*** (Puerto de Santiago) gelegene schwarze Landzunge mit dem großzügig angelegten Hotel ***Santiago Barceló*** direkt über dem Meer. Drumherum stehen, nett und flach, aber viel zu eng viele Apartmentkomplexe mit der üblichen Infrastruktur.

Plastisches Wandbild in Puerto de Santiago

Playa de la Arena

Auch der einzige größere, feine Lava-Sandstrand der Westküste, die ***Playa de la Arena*** (250 m), wurde massiv zugebaut. Die *Apartamentos Seguro de Sol* und das *Hotel Playa La Arena* »erschlagen« förmlich die Umgebung. Hinzu kommt die laute Durchgangsstraße unmittelbar über dem an sich schönen Strand. Lichtblicke sind eine begrünte Promenade und das traditionelle **Terrassen-Restaurant *Pancho*** unter Bäumen. Die älteren *Apartamentos Neptuno* (direkt am Strand) und die auf der – den Strand südlich begrenzenden – Lavazunge *Punta Negra* gelegenen Apartments hätten allemal für diesen schönen Küstenstrich gereicht.

Playa de la Arena

4.2.2 Praktisches

Touristen-information

- **Puerto de Santiago**, Calle Manuel Ravelo 20, Local 35 (gegenüber der Playa de la Arena im *Centro Comercial Seguro del Sol*), ✆ 922-860348; Mo-Fr 9.30-15.30, Sa bis 12.30 Uhr.
- **Los Gigantes**: Am Hafen (*Poblado Marinero*) - im wesentlichen nur Information über Schiffsausflüge

Polizei

Notruf 112

- P*olicía Local*, Los Gigantes, Avenida José González Forte 1 (hinter dem *Hotel Los Gigantes*), ✆ 922-867033.

Post

Puerto de Santiago, Carretera General, 2 Straßen oberhalb des EKZ

Kliniken

- **Medizinischer Notruf**: ✆ 900-200143.
- ***Medical Centre*** Tag-und-Nacht-Dienst: beim *Restaurant Paraiso* rechts (vom Meer aus gesehen), Richtung Kirche, ✆ 922-861699; Notruf: ✆ 922-861699.
- ***Centro Médico*** (CMS – *Centros Médicos del Sur*), Puerto de Santiago, Avenida Marítima Edificio Las Palmeras – *Bloque Sotavento Locál* 4; ✆ 922-860593.
- ***Centro Médico los Gigantes*** (*Centros Médicos Salus Canarias*), Los Gigantes, Av. Marítima 43; ✆ 922-860432 und -860553.

Fundbüro

Oficina de Objetos Perdidos de la Policía Local, Los Gigantes, Avenida José González Forte1 (*Trasera Hotel*), ✆ 922-867033.

Zentrale Bushaltestelle

Am oberen Ende des *Poblado Marinero* an der Carretera General bzw. der Avenida Marítima.

Bootstrips ab Los Gigantes

Delphine und Meeres-Schildkröten kann man vom ***Segelkutter Katrin*** aus beobachten; Buchung am Hafen: ✆/Fax 922-100448.

Gleiches verspricht die auf Seeräuberromantik getrimmte **Galeone *Flipper Uno***. Auf beiden Törns werden Badepausen an der Bucht von Masca eingelegt; ✆/Fax 922-862120.

Bootstrips ab Los Gigantes

Der ***Katamaran Nashira Uno*** fährt auf **Wal- und Delphinsafari**; um 11 Uhr 3-Stunden-Trip für €27 und um 14.15 Uhr 2-Stundentrip (nur Delphine) mit Badepause in der Masca-Bucht, €21. Eine Stunde Küstenfahrt €12.

Wer nach dem Abstieg durch die **Mascaschlucht** (➢ Seite 284) per Boot nach Los Gigantes will, muß sich vorher anmelden: ✆ **922-861918**, 922-860726, 922-868095 (*Centro de Buceo*, nur Englisch oder Spanisch, **€10**, Abfahrten 15.30+16.30 Uhr, 30 min).

Der ***Katamaran Odyssee 3*** hat Unterwasserfenster zur Beobachtung der Meeresfauna; Abfahrt täglich 10, 13 und 15 Uhr.

Die ***Nostramo*** macht Do+Sa 20 Uhr 3-stündige **Abendfahrten**.

Die ***Feo*** bietet Hochseefischen; täglich 9.30 Uhr, 4 oder 7 Stunden, €36 bzw. €70; Buchung im Büro *Marítimas Acantilados* gegenüber dem Supermarkt *Los Gigantes* beim Restaurant *Tamara*, ✆ 922-861918 und 922-860726 (wie *Nashira Uno*).

Internet-Cafe

- beim ***Hotel Cesar de Lagos*** zwischen Playa de la Arena und Puerto de Santiago; teuer!
- beim ***Club/Pool Oasis***, ✆ 922-862763, täglich 10-18 Uhr.

Strand von El Puertito

Sportangebote

Segeln

T & S – Sea School Tour and Sail Los Gigantes, am Hafen unter englischer Leitung, RYA (*Royal Yacht Association*), Englischkenntnisse erforderlich; 7-Tage-Kurse für Theorie und Praxis. Ferner Powerboot-Kurse (1-3 Tage); ✆+Fax 922-786444; Website: www.tour-sail.net; Email: info@mail.tour-sail.net.

Meereskajak

El Puertito (➢ auch dort); am Strand von El Puertito kann man gelbe Kajaks mieten und die herrlichen Felsküsten erpaddeln; täglich 10-18 Uhr, ✆ 922-723008 und 667-850245; Einer: €6/Stunde, halber Tag €21; Zweier: €12/Stunde, halber Tag €30.

Tauchen

- Das ***Los Gigantes Diving Center*** bietet die größte Vielfalt an (englischsprachig durchgeführten) Kursen, Ausrüstungsverleih bis hin zu Unterwasserkameras.

- Tauchschule ***Centro de Buceo*** am Sporthafen; Antonio López Navajas leitet gewissenhafte Ausbildung und Kurse auf Englisch und Spanisch; 4/6/10 Tauchgänge €22/20/18 pro Tauchgang; Flasche und Bleigürtel €5/Tauchgang; © 619-099010 & 922-868095; **Internet**: www.tenerifeafondo.org
- ***Aquanauta Tenerife*** offeriert Tauchkurse aller Schwierigkeitsgrade, Hafenpassage (*Poblado Marinero*) Bloque 3 und 6; Spanisch-Kenntnisse erforderlich; ©+Fax 922-867217, Handy: 692 26 92 62, Email: aquanauta@arnen.net.

Tennis

Sportcenter an der Carretera General zwischen Los Gigantes und Playa de Santiago bei den ***Apartamentos Calle Hibisco*** auf dem Weg von Los Gigantes nach Puerto Santiago

Shopping

Markt

Kunsthandwerk auf der Plaza Pública de Puerto de Santiago jeden 1. Sonntag im Monat; Märkte in der Nähe ➢ unter Playa San Juan, Seite 275.

Einkaufszentrum

Centro Comercial Vigilia Park, größtes Einkaufszentrum mit Supermarkt vor Ort, Puerto de Santiago an der *Carretera General* zwischen Los Gigantes und Playa de la Arena

Unterkunft

Die ***Hotels Los Gigantes*** und ***Santiago Barcelo*** sind wegen ihrer Lage und Ausstattung sehr empfehlenswert; das gilt ebenso für die ***Apartamentos Poblado Marinero*** und ***Neptuno*** (➢ auch Unterkunftsempfehlungen auf Seite 560f).

Restaurants

Los Gigantes

Die Terrassenlokale am Hafen sind gut für einen Drink/Snack

- ***Mirandas*** hat ein schlicht spanisches Ambiente und britischen Küchenchef, gute Lammkeule; €18; Calle Flor de Pasqua 25, (Nähe Kirchplatz), täglich 18.30-22.30 Uhr, © 922-860207.
- ***Sinatra***, Terrassenlokal an der schönen Plaza Bourgonvilla, internationale Küche, nur abends, © 922-860247, So geschlossen
- ***Asturias***, Terrassen-Bar-Cafe-Restaurant an der zentralen Plaza Bourgonvilla unter Bäumen, asturianische und internationale Gerichte, © 922-861423, Mo geschlossen.
- ***El Pescador*** an der Geschäftsstraße Richtung *Hotel Los Gigantes* mit angenehmer Terrasse im ersten Stock; recht gute Fischgerichte, Calle Flor de Pascua, © 922-866438.

Puerto de Santiago

In den beiden Fischlokalen oberhalb des Hafens mit Terrassen über dem Meer sitzt man gut, aber die Qualität hat nachgelassen.

- ***Casa Pedro***, recht gute Fischgerichte, schöne Terrasse am Meer, © 922-860169, Mo geschlossen.
- Gute **preiswerte Hausmannskost** gibt`s in einem kleinen kanarischen Lokal links vom EKZ *Vigilia Park* (Calle Los Angeles).

Playa de la Arena

An der ***Avenida Marítima*** gegenüber dem Strand und Richtung Alcalá gibt es viele Touristenlokale; erwähnenswert sind:

- ***Sala Thai***, ordentliche Thaiküche, Avda Marítima; ✆ 922-860780
- ***Pancho***, von Ambiente und Essen her das beste Restaurant am Platz; man sitzt unter Bäumen am Strand, auch bei Einheimischen beliebt, teurer: €25; ✆ 922-861323; Mo geschlossen

Von den Küstenorten ist es nicht weit entfernt zu guten Alternativen, ➢ Kasten Seite 236.

Küstenstrasse und Bebauung von Playa de la Arena.

4.2.3 Küstenstraße von Adeje nach Los Gigantes

Die Hauptstraße durch Teneriffas Westen ist die weit hinter der Küste verlaufende TF 82. Die Küstenroute TF 47, die nördlich von Adeje von der TF 82 abzweigt, führt überwiegend durch Bananenpflanzungen und bietet landschaftlich nichts Besonderes, auch keine reizvollen Teilabschnitte am Meer entlang, wie man vielleicht vermuten könnte. Nur die bislang weitgehend untouristischen Städtchen **Playa San Juan** und **Alcalá** sind einen Stopp wert, außerdem zum Baden, Schnorcheln und Kajakfahren das authentische Fischerdorf **El Puertito**.

Playa Paraíso/Callao Salvaje

Von der TF 47 erkennt man schon nach 2 km in der Ferne den Hochhaus-Komplex ***Playa Paraíso*** (Stichstraße). Die Bezeichnung täuscht. Das Terrain um die 15-stöckigen Klötze mit winzigen Balkonen ist trotz einer gelungenen (öffentlichen) Poolanlage mit kleinem schwarzen Strand alles andere als ein Paradies.

Callao Salvaje, eine ruhige Bungalow- bzw. Villen-Siedlung für gehobene Ansprüche mit einigen gediegenen Restaurants für die überwiegend älteren Bewohner, wirkt sehr amerikanisch. Das einzeln stehende enorme Hochhaus, die **Apartmentanlage *Marazúl***, befindet sich fest in französisch/belgischer Hand und ist eine Art eleganteres Gegenstück zum *Playa Paraíso*.

Playa San Juan

Der größte Ort in diesem Küstenabschnitt, Playa San Juan (auch über Guía de Isora auf der TF 463 von oben zu erreichen), wird bislang von Touristen wenig beachtet.

Kennzeichnung

Da der Ort unterhalb des Durchgangsverkehrs liegt, ist er ein Tipp für jeden, der statt des geballten, den kleinen, ins kanarische Umfeld eingebetten Tourismus im sonnigen Süden sucht. An der Meeresavenida findet man viele Straßencafes. Der sich anschliessende Lavasandstrand (mit steinigen Abschnitten) wird begrenzt vom intakten Fischer- bzw. Werfthafen und Promenade mit zwei Terrassenlokalen. Tauchclubs machen sich Konkurrenz. In den Wohnhäusern am Hafen findet man Ferienapartments.

Unterkunft

- ***Pension Palmero***, eine Etage im 2.Stock ohne Blick, ist die einzige – sehr einfache – Unterkunft im Ort, Calle Isla La Bonita, DZ mit Bad €30, ✆ 922-865421.
- ***Canary Property.com***, Av Emigrante 10, ✆ 922-866508 (engl.); Preis für 2 Personen ca. €300; für 4 Pers. ca. €400/Woche; Email: info@canaryproperty.com; www.canaryproperty.com
- ***ERA Eurambo***, Avenida Emigrante, ✆ 922-866819, Email: eurambo@cip.es; www.eraspain.com

Restaurant

Restaurante Raul hat bei allen Einwohnern einen guten Ruf; kanarische Küche, frischer Fisch und Fleisch, Avenida Emigrante 13, täglich mittags und abends geöffnet, ✆ 922-866206.

Markt

Mittwochs 10-13 Uhr kommen Besucher in den sonst ruhigen Ort zum **Bauernmarkt** mit Obst, Gemüse, Wein und Käse.

Tauchschulen

Gleich zwei gute Tauchschulen befinden sich hier:

- ***San Borondón***, Calle La Marina 10, ✆&Fax 922-865100
- ***Diving School/Escuela de Buceo*** beim Strand, ✆ 922-865900

Schiffstour

Die »***Nosferatu***« erinnert an einen Piratensegler; sie fährt von Playa San Juan an die Steilküste nach Masca; ein Gratisbus bedient alle großen Touristenzentren zwischen El Médano und Los Gigantes; Abfahrten täglich um 10 und 15 Uhr, €36.

Hafen von Playa San Juan mit dem Ausflugsschiff »Nosferatu«

4

Hochseeangeln *Yate Sofia*, Calle General Franco 3. Täglich ab Los Cristianos und San Juan. *Nautisport:* © 922-791359 und 796167.

Camping Zwischen Playa San Juan und Guia de Isora (an der TF 463) weist ein kleines blau-weißes Camping- Symbol, dem man auf schmalen Asphaltstraßen durch Bananenplantagen bergauf folgt, auf den einzigen akzeptablen Campingplatz der Insel hin, Camping »**El Castillo de Himeche**« (➢ Seite 583).

Alcalá

Der attraktivste und friedlichste (untouristische) Ort an diesem Küstenstreifen ist Alcalá; er kommt der Vorstellung eines romantischen kanarischen Fischerdorfes noch am nächsten.

Wer ans Meer will, gelangt automatisch auf die angenehm schattige Plaza mit einigen Café-Bars. Dahinter liegt der Hafen mit einem kleinen schwarzen Sandstrand. Über einigen bunten Fischerbooten thront der ***Pescador de Alcalá***, ein beliebtes Restaurant mit halboffener Terrasse. Das Ambiente ist nicht so spartanisch wie sonst oft, sondern paßt zu Fisch und Meeresfrucht.

Die Einheimischen gehen lieber in die vorzügliche ***Casa Juana*** in einer Nebenstraße ohne Meerblick

Unterkunft/ Restaurant

- ***Pension* La Querencia de Domingo***, südamerikanische Küche und Bar, ohne Meerblick, Calle Marruecos 2 am nördlichen Verkehrskreisel Richtung Küste, DZ €21 mit Bad €25, ©&Fax 922-865457 (➢ Rundreise Hotels Seite 571), So geschlossen.
- ***Casa Juana***, frischer Fisch einfach und gut, in Alacalá Playa, Candelaria 13, © 922-867745; Mo geschlossen;

Tauchschule

- ***Diving Center/Escuela de Bucear*** im Ortskern, © 922-866817.

4.2.4 Die Höhenstraße von Adeje bis Santiago del Teide

Landschaft/ Vegetation Attraktiver als die Küstenroute verläuft die parallele Hauptstraße nach Norden, die TF 82. Aus 500 m Höhe sieht man fast immer das Meer und in der Ferne La Gomera. Nördlich von Chio durchfährt man die **schwarze Lava** des 1909 ausgebrochenen Chinyero.

Die Vegetation in diesem Bereich ist schütter. Hier unterhalb der Grenze des Kiefernwaldes stehen die kanarischen Pinos nur noch vereinzelt. Zwischen Guía de Isora und Chio blühen im März die hier zahlreichen **Mandelbäume**. Ihre Früchte bieten die Bauern hoch oben in den abgelegenen Bergdörfern wie Taucho und Vera de Erque an der Straße an.

Nur nach ausreichenden Regenfällen bildet sich streckenweise ein dichter Teppich aus dunkelroten, fleischblättrigen **Eiskrautgewächsen** (verschiedene Arten der Mittagsblume). Ab Frühjahr wird die Vegetation dann beherrscht von den hier buschartig wachsenden **Margeriten**, besonders vielen **Feigenkakteen** und der allgegenwätigen **Tabaiba** in ihren bäumchenförmigen Arten.

Orte

Die Orte **Tijoco de Abajo**, **Guía de Isora** und **Chio** (von dort TF 38 in die Cañadas) haben weder Sehenswürdigkeiten noch gastronomische *Highlights*. Die kleinen Straßen den Südwesthang hinauf bis an die Grenzen des Waldes lohnen **hier** die Fahrt nicht.

Restaurants

- ***Irache Gara***, ein einfaches Lokal an der TF 465 (Vera de Erque) ist indessen einen Abstecher wert. In der üppig rustikal dekorierten Gaststube werden deftige Fleischgerichte und wunderbare Desserts serviert. €15, sonntags ab 13 Uhr Folklore.
- ***La Finquita*** ist ein Lokal im Landhausstil; im Garten zwitschern exotische Vögel in Volièren; moderne internationale Küche; Los Menores, Carretera. de Taucho (= Straße TF 583 von Los Menores ca. 1 km Richtung Taucho); **auch 11 Doppelzimmer** zu vermieten €30; © 922-710735, Fax 711073, immer geöffnet.

Theke im Bodegón Irache Gara in Vera de Erque

Guía de Isora

Guía de Isora kann man getrost ohne Stopp durchfahren. Es hat – wie viele kanarische Ortschaften – einen verschlafenen Kirchplatz mit einer Pfarrkirche aus dem 19. Jahrhundert. Die restlichen Häuser zeugen von der Armut des Städtchens.

Chio

Kurz vor der Ortseinfahrt hat sich ein **deutscher Bäcker** im *»Patio de la Libertad«* etabliert (Brot, Kuchen, Kaffee, Tee). Der Ort liegt unterhalb der Landstraße; von seinem ruhigen Kirchplatz hat man einen weiten 180°-Blick übers Meer.

Routen-überlegung

Kurz hinter (nördlich von) Chio teilt sich die Straße:

Wer zum Teide will, nimmt an dieser Stelle rechts in einer Haarnadelkurve die TF 38 und erreicht nach 28 km den Eingang zum Teide-Nationalpark (➢ Teideauffahrten, Seite 415).

Wer sich links hält und auf der großen TF 82 bleibt, entscheidet sich für die untere Strecke über Tamaimo. Von dort geht es dann in weiten Serpentinen bis Santiago del Teide.

Tipp TF 375

Alternativ zur TF 82 bietet sich die landschaftlich schönere und und weniger kurvenreiche **TF 375** an. Nicht nur Keramikliebhaber werden sich für diese schmalere, aber ruhigere und sogar nicht einmal längere Route nach Santiago entscheiden.

Auf den tiefschwarzen scharfkantigen Geröllfeldern wächst kaum eine Pflanze. Nur dem **Stadt-Dachwurz** bekommt die frugale Kost; er hat sich hier in großen Kolonien angesiedelt. Auch die Margerite hält sich und sorgt mit ihren zarten weißen Blüten für einen unerwarteten Kontrast auf dem pechschwarzem Steingrund. Nur vereinzelt stehen in diesem Bereich Kakteen, Mandelbäume und kleinwüchsige kanarische Kiefern.

Hier erkennt man, wie der Stadt-Dachwurz zu seinem Namen kam: Gern ergreift er Besitz von vernachlässigten Gebäuden

Guanchen-Töpferei in Arguayo Dia

Die TF 375 führt über das Dorf Arguayo, das auf 900 m Höhe vor sich hin dämmert. Hier ist das verwunschene ***Centro Alfafero-Museo Etnográfico*** einen Besuch wert. Es liegt etwas versteckt. In zwei winzigen geduckten Häusern bewahren Frauen aus einer Familie das Töpferhandwerk in seiner ursprünglichen Guanchen-Art. Töpfe, Krüge und Schalen werden **ohne Töpferscheibe** geformt und im Lavaofen gebrannt. Auch die Arbeitstracht ist überliefert: blau-weiß karierte Kittel über dunkelbraunen langen Röcken und breitkrempige Strohhüte. Eine kleine Ausstellung zeigt Haushaltsgefäße. Die klassisch-einfachen, meist dunkelbraunen Töpferwaren kann man hier günstig kaufen.

Die Töpferinnen lassen sich bei der Arbeit zuschauen, Carretera General 35, 10-13 und 16-19; Eintritt frei; ✆ 922-863465, Mo zu.

Tamaimo

Für den Durchfahrenden ist Tamaimo ein langes Straßendorf am Hang ohne Reiz. An der Kreuzung der TF 82 und TF 454 (700 m über der Küste) findet sich ***Guacamayo***, ein Laden mit einer besonderen Auswahl an unkonventioneller Kleidung und Souvenirs, Honig, Marmeladen und *Mojos*. Der Ortskern mit dem ruhigen Kirchplatz liegt links unterhalb der Landstraße.

Santiago del Teide

Lage

Umgeben von Feldern und Weinstöcken liegt das Städtchen 8 km nördlich von Tamaimo geschützt in der Senke einer 900 m hohen Ebene, die im Osten in sanft ansteigende Kiefernwälder übergeht. Der Krater des *Pico Viejo* und der Teidekegel darüber bilden den Abschluß. Richtung Westen macht das Tenogebirge mit seinen tief eingeschnittenen Tälern und steil aufragenden kahlen Felsformationen einen abweisenden Eindruck.

Landschaft

Der Verlauf der TF 82 markiert die Trennlinie zwischen zwei unterschiedlichen Landschaften, der jungen, vom Vulkanismus geprägten Region des nordwestlichen Teideabhangs und dem viel älteren Tenogebirge. Beim **Ausbruch des *Chinyero*** 1909 wäre die Stadt fast verschüttet worden, denn der Lavastrom hielt genau auf sie zu, wurde aber von der 1.366 m hohen *Montaña Bilma* zum Stehen gebracht. Der Volksglaube überliefert indessen, dass der glühende Strom erstarrte, als Gläubige ihm die Statue des Heiligen Santiago entgegenhielten.

Ortsbild

Santiago del Teide macht einen beschaulichen Eindruck. Von der TF 82 – hier eine weitläufige Orangenallee – kann man das klassische *Ayuntamiento* (Rathaus) und die Dorfkirche mit ihrer arabisch wirkenden Kuppel sehen (am Ortsausgang).

Puerto de Santiago und Los Gigantes gehören zwar zu Santiagos Gemeinde, aber von deren Trubel ist hier nichts zu spüren. Die meisten Touristen fahren ohne Stopp durch. An der unteren Ortseinfahrt lohnt ein Halt am **Restaurant »*Chinyero*«** mit angeschlossener *Bodega*, in der die Weine dieses Anbaugebietes und andere lokale Nahrungsmittel zu kosten und kaufen sind.

(Weiterfahrt nach Garachico ➢ Seite 362).

Mandelverkäuferin an der Straße bei Vera de Erque

4.3 Tenogebirge und Masca

4.3.1 Nach Masca

Anfahrten

Von Süden

Die Anfahrt von Süden bis Santiago del Teide auf der TF 82 wurde vorstehend beschrieben. Von den Westküstenorten geht es auf den Straßen TF 47 und dann TF 454 nach Norden.

Von Norden

Von der Nordküste kann man Masca auf drei verschiedenen Routen erreichen. Die Strecken 2) und 3) sind die schöneren:

1) Die Strecke zwischen **Garachico** und Santiago del Teide hat nur im ersten Abschnitt bis zum Erreichen der TF 82 (8 km) viele Serpentinen. Sie ist zwar auch im weiteren Verlauf kurvig, aber gut ausgebaut.

2) Die Nebenstrecke von **Icod** über **San José de los Llanos** auf der TF 373 ist relativ wenig befahren, gut ausgebaut und sehr schön; sie verläuft in einer Höhe von ca 1.000 m ohne viele Kurven bis Puerta de Erjos, dann TF 82 bis Santiago.

Von Santiago nach Masca auf der TF 436 sind es 6 km auf schmaler, aber qualitativ untadelige Strecke mit engen Serpentinen.

3) Die TF 436 von **Buenavista** nach Santiago del Teide ist eine atemberaubend schöne Strecke, vor allem im oberen Bereich ab Las Portelas; die 22 km verlangen vom Autofahrer jedoch ein Faible für enge Serpentinen.

Tenogebirge

Vergleich Teno- und Anagagebirge

Das Teno- und das Anagagebirge im Westen bzw. Osten sind zur gleichen Zeit – vor etwa 7 Mio Jahren – als älteste Teile Teneriffas zusammen mit einigen Gebirgsformationen bei Adeje entstanden. Sie weisen viele Ähnlichkeiten auf (➢ »Entstehung Teneriffas«, Seite 14). Das gilt auch für die erosionsbedingten Merkmale, insbesondere in der Region um Masca. Beide Gebirge sind mit 1.000 m zwar etwa gleich hoch, Teno hat aber weniger Niederschläge und folglich teilweise eine ganz andere Vegetation; es fehlen der Lorbeerwald und die Buschheide.

Besonderheiten

Die kilometerlange, bis zu 500 m hohe Steilküste *Acantilados de los Gigantes*, die *Caldera* bei der Ortschaft El Palmar und die Hochebene *Teno Alto* besitzen wiederum andere Strukturen. Zudem erlebte das Tenogebirge nie blühende wirtschaftliche Entwicklungsphasen wie das wasserreiche Anagagebirge im 17. Jahrhundert mit der Zuckerrohrverarbeitung.

Barrancos, Roques und Diques

Ab Santiago steigt die TF 436 Richtung Masca erst nur mäßig an. Bei einem ersten *Mirador* (nach 2 km) öffnet das Tenogebirge seinen Vorhang mit einem Paukenschlag: Eng beieinander liegende, tief eingeschnittene, fast senkrecht abfallende ***Barrancos*** und bizarr geformte Felsnasen bilden eine atemberauben Naturkulisse. Die Zerfurchung ist hier noch stärker ausgeprägt als im Nordosten. Dazu beflügelt die Ruhe der Bergwelt die Phantasien über den Entstehungsprozess dieser Szenerie. Trotzdem sollte man nicht vergessen, noch einmal auf die sanft ansteigenden Hänge und den Teide hinter Santiago zurückzublicken!

Geologie Tenogebirge

Von mehreren ***Miradores*** aus kann man von der Straße an den fast unbewachsenen Berghängen Erdgeschichte studieren. Charakteristisch sind die vielen Gänge (*diques*), die die ursprünglich horizontal übereinander abgelagerten Schichten aufeinanderfolgender Ausbrüche vertikal durchschneiden. Sie liegen noch enger nebeneinander als im Anagagebirge. Durch den Druck einer in der Tiefe liegenden Magmakammer bricht das darüber liegende Gestein auseinander. Das Magma steigt in diesen Bruchstellen auf und erstarrt bei abfallendem Druck, ohne die Oberfläche erreicht zu haben. Steigt der Druck wieder, wird ein neuer Gang aufgebrochen. Wenn das umgebende Gestein am Ende verwittert ist, wirken die »Gänge« wie Mauern in der Landschaft. Dieses Phänomen ist vom ***Mirador »El Baracán«*** auf dem Tabaiba Pass nördlich von Masca besonders gut zu sehen: ein Gang, der sich eine fast horizontale Bruchstelle gesucht hat, ➢ Seite 168.

Flora

Im Frühjahr (ab Ende Februar) stehen einige der für diese Region typischen Büsche in Blüte. Wenn es dann noch viel geregnet hat, sind die Farben besonders kräftig und an manchen Stellen stürzen sich kleine Wasserfälle in die *Barrancos*. Die schönste Wolfsmilch der Insel ist die wie ein Baum gewachsene ***Tabaiba Mojorera*** (Euphoria atropurpurea), in deren blaugrünen Blättern sich oft ein roter Steifen findet. Die unauffälligen gelblichen Blüten sind geschützt von pupurroten Hochblättern. Ein Prachtexemplar der Pflanzenwelt! Schön anzusehen sind auch der weißblühende Einsamige **Ginster** (Retama reatam oder Retama monosperma), der ebenfalls weißblühende **Stechende Natternkopf** (Echium aculeatum) und der rosa-violet blühende **Grünliche Natternkopf** (Echium virescens).

Tabaiba Mojorera - Euphoria atropurpurea

Flora im Tenogebirge

Dazu kommen etliche kleinere Pflanzen, wie das weiß-rosa blühende **Kanaren Knabenkraut** (Orchis canariensis), der **Kanaren-Salbei** (Salvia canariensis) mit weiß bis rosa gefärbten Blüten und natürlich die allgegenwärtigen Hauswurze, deren fleischige Rosetten direkt aus dem Gestein wachsen. Der Fels ist mit diversen Sukkulenten wie dem **Vielblättrigen Felswurz** (Monanthes polyphylla) übersät, die den Biologen-Ehrgeiz nicht ruhen lassen. Ein umfangreicheres Bestimmungsbuch für kanarische Pflanzen ist hier für biologisch Interessierte ein Muß (➢ Seite 600).

Blick auf Mascas Ortsteil Lomo

In Masca

Tipp zur Ankunft

Wie der Teideausflug gehört ein Besuch des aus diversen Ortsteilen bestehenden Bergdorfes Masca (600-800 m) zum Standardprogramm für Teneriffa-Urlauber. Wegen des Andrangs sollte man die Mittagszeit meiden, also möglichst früh oder erst nachmittags ankommen. Nur dann kann man genießen, was sonst nur hartgesottene Wanderer erleben: die wirklich überwältigende Landschaft und Vegetation des Tenogebirges, zudem die Vorzüge des für den Tagestourismus herausgeputzten, aber noch nicht/nicht mehr so stark frequentierten Dorfes.

Mascas Umfeld

Der Absturz einer Muligruppe vor 60 Jahren führte zunächst zur Anlage eines befestigten Weges in den abgelegenen Weiler. Erst 1970 entstand die Asphaltstraße. Die vielen verlassenen Terrassenfelder unterstreichen, dass die wenigen Bewohner heute fast alle überwiegend oder ganz vom Ausflugstourismus leben.

Mascas unmittelbare Umgebung wirkt durch die vielen schlanken kanarischen Palmen und Agaven fast schon lieblich-südlich, nicht so rauh wie das übrige Tenogebirge. Auf den terrassierten, mit Lavasteinen aufgeschütteten Hängen wachsen Orangen-, Zitronen- und Obstbäume, je nach Jahreszeit auch viele Blumen und Gartenpflanzen wie Geranien und Bougainville.

El Catán/ Schlucht

Der Hauptteil des Dorfes (*Lomo del Medio*) schmiegt sich an einen Bergrücken, der auf einen schornsteinähnlichen Felsen, den 618 m hohen ***El Catán***, zuläuft. Noch bevor die beiden äußeren Inselteile – Anaga und Teno – durch die *Cañadas* und den Teide zusammenwuchsen, gab es im heutigen Gebirgskessel von Masca einen großen **Kratersee** mit dem dampfenden Vulkanschlot *El Catán* in der Mitte. Als die Kesselwand meerseitig durchbrach, lief der See aus und hinterließ die **Masca-Schlucht**, durch die früher immer wieder Piraten zum Plündern heraufkamen. Touristen bevorzugen heute die andere Richtung, in der man nach 2-3 anstrengenden Stunden das Meer erreicht (➢ umseitig).

Besichtigung

Dem Besucher stehen zwei für den täglichen Ansturm nur recht kleine Parkplätze entlang der TF 436 zur Verfügung.

Zwischen den beiden Hauptweilern Lomo und Lomo del Media unterhalb der Straße schlängelt sich ein mit Lavasteinen gepflasterter, ebener **Fußweg** (15 min), den man nicht auslassen sollte.

Der von Santiago del Teide anreisende Besucher passiert zunächst das ursprünglichere **Lomo**, in dem die Häuschen noch geduckter und kleiner sind als im Hauptteil. In einigen werden Honig oder Kräuter angeboten, zwei kleine verwunschene Bodegas offerieren einfache Gerichte (schön das ***La Luna*** mit Mini-Dachterrasse).

Der Hauptteil (**Lomo del Medio**) hat sich stärker herausgeputzt. Auf dem schattigen Platz bei der *Ermita*, ein wenig unterhalb der Straße werden Kunsthandwerk , Keramik und Honig angeboten, die kleine Bar daneben bietet Erfrischendes.

Im großen Souvenirgeschäft mit **Restaurant** (Fr geschlossen) unterhalb der *Ermita* findet man jede Menge örtliche Produkte, Postkarten, Bildbände und auch Informationen über geführte **Wanderungen** hinunter in die berühmte Schlucht von Masca (und wieder hinauf! ➢ Seite 284).

Restaurants

Schöner sitzt man im etwas weiter unten gelegenen ***Chez Arlette*** auf mehreren übereinandergelegenen, berankten Terrassen mit guten internationalen Snacks (Sa geschlossen).

Glasklarer Atlantik am Fuß der Masca Schlucht

Prima Ambiente ebenfalls in einem Garten voller Blumen und hausgebackenes Brot, frische Gemüsesuppen, Mais-Tortillas mit Chilisoße gibt es im ***Restaurant El Guanche*** abseits des Fußgängerstromes in der »Alten Schule«. Dort kann man auch übernachten ((➢ Unterkünfte Rundreise, Seiten 561+572).

Die ***Bar Fidel*** am Ende des kleinen Weges auf dem Bergkamm Richtung El Catán gibt sich unverfälscht kanarisch mit einfacher Einrichtung, verglaster Terrasse und vorzüglichem Ziegenkäse.

Alle Restaurants schließen abends zwischen 18 und 19 Uhr.

La Pimentera

Aquimequedo (»hier bleibe ich«), eine einfache Dorfkneipe liegt in La Pimentera, ca. 2 km oberhalb von Masca in Richtung Buenavista. Das Restaurant unter englischer Leitung lohnt wegen der Terrasse mit Blick auf Masca und den *El Catán*. Oben vor dem Lokal gibt es nur sehr engen Parkraum. Wer nicht gern rangiert, sollte unten parken und den Weg zu Fuß hinaufgehen.

Wanderung Barranco de Masca

Wie erwähnt, bietet das Gebiet um Masca schöne Wanderrouten; am bekanntesten ist die **Abenteuer-Wanderung von Masca durch den *Barranco*** hinunter ans Meer und/oder wieder zurück (eine Strecke ca. 5 km; bergab rechnet man gut 2 Stunden, bergauf eine Stunde mehr). Trittsicherheit ist hier unbedingt erforderlich. Zum Transport ab Küste bzw. dorthin ➢ Seite 272 »Bootstrips«. Weitere Information vor Ort und in allen gängigen Wanderführern.

Hinweis

Wegen des steilen Geländes sind fast alle Wanderungen im Tenogebirge sehr anstrengend.

4.3.2 Von Masca nach Buenavista

Auf der Strecke von Masca nach Buenavista (TF 436, 17 km) geht es zunächst noch einmal über viele Serpentinen bergauf. Die Vegetation wird weiterhin beherrscht von dicht stehenden Ginsterbüschen. Vom ***Mirador Cruz de Hilda*** bei km 14,7 (dort Cafeteria mit traumhafter Terrasse; Sa-Do von Sonnenauf- bis -untergang geöffnet; © 620-215459) hat man noch einmal einen Blick zurück auf Masca.

Mirador El Baracán

Vom *Mirador El Baracán* auf dem Tabaiba Pass (kurz nach der Abzweigung links nach Los Carrizales) sind beide Gesichter des Tenogebirges zu sehen: hinten die schroffen Formationen und »Gänge« Richtung Masca (➢ Seite 281), vorn die flacher abfallenden Täler Richtung Buenavista.

2 Wanderwege

Ein leichter Weg führt vom ***Mirador Baracán*** zurück nach Masca, 4 km etwas oberhalb der TF 436; nur abwärts. Man hält sich erst ein Stück auf dem Kammweg Richtung Santiago del Teide, dann immer rechts. Ein zweiter Weg erreicht in 2,5 Stunden Teno Alto auf einem alten Kammweg, der auch für ungeübte Wanderer wegen seiner nur mäßigen Steigungen gut zu schaffen ist.

Las Portelas (km 10)

Unmittelbar unterhalb des beliebten Restaurantes ***Mesón El Norte*** (➢ Seite 360) zweigt rechts die Zufahrt zur Wanderherberge ***Albergue El Bolíco*** (2km) ab, ➢ Seite 561.

»Angeknabberter« Berg bei El Palmar, dessen vulkanisches Gestein als Baumaterial genutzt wird.

Las Lagunetas/ El Palmar

Weiter unterhalb an der TF 436 öffnet sich bei Las Lagunetas ein weites Tal. Die schroffen Schluchten werden abgelöst von leicht geschwungenen Hängen, die nach winterlichen Regenfällen in ihrem sehr intensiven Grün fast irisch anmuten. In sanfteren Kurven geht es die TF 436 weiter hinab. Der kleine Weiler **El Palmar** liegt in einer fruchtbaren Senke umgeben von Höhenzügen, der kleineren Ausgabe einer *Caldera*, eines Vulkankessels. In der Mulde entstand nach dem Einsturz der Magmakammer ein Aschekegel, dessen bröseliges Gestein als Baumaterial genutzt wird.

Unten am Meer erkennt man auf einem großen, flach auslaufenden Lava-Delta die Orte Los Silos und Buenavista, umgeben von großen Bananenplantagen, aus denen sich der 320 m hohe ***Montaña del Taco*** erhebt. Sein Krater ist heute ein Wasser-Reservoir (*Embalse*), dessen Kunststoff-Becken Hoechst gebaut hat.

Teno Alto

Kurz unterhalb von Las Lagunetas zweigt von der TF 436 links eine Straße ab zum 7 km entfernten Teno Alto. Dort gibt es zwei kleine »Krämerbars« mit frischem, hervorragenden Ziegenkäse, aber auch Kaffee und Wein.

Gleich zu Beginn passiert man einen **Picknickplatz** mit überdachten Tischbänken. Die Vegetation an der Strecke ist ähnlich wie im Anagagebirge bestimmt von Indischem Lorbeer und Baumheide. Sie wurde an vielen Stellen verdrängt von der Landwirtschaft, die aber heute meist brachliegt. Vom winzigen, hauptsächlich von der Viehzucht lebenden Teno Alto kann man auf breiten Wegen durch grüne Weiden gut kurze Spaziergänge, aber auch längere Wanderungen unternehmen:

Wanderwege

Zum ***Mirador Baracán*** läuft man auf recht leichten Wegen gut zwei Stunden (➢ auch Beschreibung links).

Mittelschwer ist die Wanderung hinunter (von 800 m Höhe) nach ***Teno Bajo*** bzw. zum ***Faro de Teno*** (4,2 km, ca. 2 Stunden).

Zur Weiterfahrt an die Nordküste ➢ Buenavista, Seite 360.

5 Zentrale Nordküste: Puerto de la Cruz, La Orotava, Los Realejos

5.1 Puerto de la Cruz

5.1.1 Touristisches Zentrum des Nordens

Ziemlich genau in der Mitte der Nordküstenlinie liegt Teneriffas drittgrößte Stadt **Puerto de la Cruz**: 28.000 Tinerfeños leben jahrein jahraus dichtgedrängt (2.600/km^2!) mit bis zu 44.000 Besuchern in dieser ersten Touristenstadt auf den Kanaren. Trotz einiger Krisen (Rentner-Image, Verkehrschaos und mehreren schlechten Wintern) hat Puerto es im neuen Jahrtausend geschafft, sich als eine der besten Adressen des Archipels zurückzumelden.

Lage

Neben dem Klima besitzt Puerto einen weiteren Vorzug. Die Lage der Stadt ist schwer zu toppen. Sie liegt am Fuße des sanft auslaufenden Orotavatals, vor sich das Meer und hinter sich den zwischen Dezember und April schneebedeckten Teide, dessen Kegel sich aus immergrünen bewaldeten Hängen erhebt.

Hafen von Orotava

Der Name gibt Aufschluß über die Geburt und Kindheit der Stadt: Puerto war ursprünglich Hafen des 300 m höher gelegenen La Orotava, denn wie bei La Laguna und dessen Hafen Santa Cruz siedelten die europäischen Export-Kaufleute zunächst lieber in der Höhe in kühlerer Luft und geschützt vor (Piraten-) Angriffen von See. Und so finden sich die prächtigeren Patrizierhäuser naturgemäß nicht im heute reichen Puerto, sondern in La Orotava. Richtig abgenabelt von der Mutterstadt hat sich Puerto de la Cruz aber erst dank des Tourismus' seit Mitte der 1950er-Jahre.

Trotz seines Namens hat Puerto nur einen sehr kleinen Naturhafen. Aber die Nähe der landwirtschaftlichen Anbaugebiete im Orotavatal machte ihn einst – neben dem Hafen von Garachico – zu einem regen Umschlagplatz. Als Garachicos Hafen 1706 bei

Autobahn-Ausfahrten

19 Tacoronte Zentrum
21 El Sauzal
23 La Matanza
27 La Victoria
28 Santa Ursula
20 Santa Ursula, La Quinta
31 La Orotava, La Cuesta
32 Puerto Martiánez, Rincón
33 La Orotava, Ramal, Teide
34 La Orotava, Mayorazgo
35 Puerto, Las Arenas, San Nicolás
36 Los Realejos
38 La Higueritas
39 Puerto Darhesas, Los Realejos

einem Vulkanausbruch verschüttet wurde, übernahm Puerto die führende Hafenrolle an Teneriffas Nordküste. Erst als befestigte Straßen von der Ostküste nach La Laguna gebaut wurden, gewann die Verschiffung aus Santa Cruz Bedeutung.

Erste Blütezeit

Der kanarische Exporthandel wurde zu Beginn wesentlich von ausländischem Kapital getragen. Außer den Spaniern waren es zunächst Flamen, Genueser, Florentiner und schließlich Engländer, die Zucker, dann Wein und später Bananen ins Mutterland schifften, denn abgesehen vom guten Geschäft gefiel den Kaufleuten das Leben auf der Insel. Die Kunde vom gesunden Klima, etwa für Lungenkranke, und der herrlichen Vegetation verbreitete sich in Großbritannien, und so brachten die Bananendampfer der *Yeoward Line* Ende des 19. Jahrhunderts die ersten Pauschaltouristen auf 2-wöchige Trips von London nach Puerto de La Cruz

Tertulias

Schon ein Jahrhundert zuvor waren Reisende auf das Archipel gekommen. Wissenschaftler wie *Sabine Berthelot* und *Alexander von Humboldt* oder Künstler, meist Maler wie *Marianne North* und *Elizabeth Murray*, die sich nicht zuletzt vom spanischen

Großbürgertum in Puerto de la Cruz angezogen fühlten. In Diskussions-Zirkeln (*tertulias*), zum Beispiel im Haus der *Iriartes*, erörterten Wissenschaftler, Ingenieure, Historiker und Schriftsteller fernab von reaktionären Königs- und Kaiserhäusern das neue, aufgeklärte Gedankengut (➢ Persönlichkeiten, Seite 497).

Erster Tourismus

Für die völlig neue Art von Reisenden, die nicht zum Missionieren, Erobern, Ausbeuten oder Forschen kamen, wurde mit dem ***Taoro*** **1892 das damals größte Hotel Spaniens** erbaut, überwiegend mit englischem Know-How und Kapital. Es war die Geburtsstunde Puertos als Touristenhochburg. Aber es sollte noch ein paar Jahrzehnte dauern, bis dieser neue Wirtschaftszweig die Stadt völlig in seiner Hand und grundlegend verändert hatte. Richtig Fuß fassen konnte der Fremdenverkehr auf der abgelegenen Insel erst durch die Flugtouristik ab Ende der 1950er-Jahre. Und auch das nur zögernd, denn fehlende Strände und die Passatwolke als Sonnenfilter waren ein klares Handicap, seit es nicht mehr so *en vogue* war, in luftigen Gewändern durch Hotelgärten zu wandeln, sondern Sonnenbraten in Bikins das Schönste am Urlaub wurde. Von Ozonlöchern und Melanomen sprach noch keiner.

Bauboom

In den 1960er-Jahren wurden mit Francos Förderung hemmungslos Billig-Hochhäuser gebaut. Der Städteplan von 1958 für Puerto sah die Urbanisation der Stadt zum touristischen Nutzen vor. Die Euphorie einer armen Insel im Hoffnungstaumel auf das große Geld ließen eine landwirtschaftliche Fläche nach der anderen verschwinden. Den alten Stadtkern prägte plötzlich das ***Belair,*** bis heute das höchste und häßlichste Hochhaus weit und breit.

Umbruch

Als immer mehr Menschen immer mehr Sonne wollten, die Land(wirt)schaft aber dem Hotellerie-Boom Grenzen zog, entdeckte man den wüstenhaften, praktisch unbewohnten Süden der Insel und begann ihn zu betonieren. Für Puerto kam damit die Krise und, wenn man so will, die Rettung. In den Augen altgedienter Touristen, die Puerto die Treue gehalten hatten, ist die Stadt **inzwischen wie Phoenix aus der Asche** neu auferstanden, als urbanes Zentrum ohne alte Fischerdorf-Romantik. Der Weg dorthin war steinig, und die Stadtväter mußten sich viel einfallen lassen. An einem strandlosen Küstenstrich wurde ein facettenreiches Badeparadies aus dem Ufer gestampft: der schwarze, durch eine Mole geschützte Sandstrand *Martiánez* neben einer tropischen Meerwasserlandschaft, die Felsküste von San Telmo neben dem Gartenstrand *Playa de Jardín* – all das sind gelungene Kraftakte.

Neues Image

Dazu gibt es eine gepflegte Strandpromenade, immer mehr Fußgängerzonen und Grünanlagen, helle klimatisierte Einkaufszentren und unterirdische Parkplätze. So präsentiert sich Puerto heute als eine moderne Stadt, deren alte Teile jetzt sorgsam gehütet werden. In Puerto treffen sich meist ältere Menschen aus ganz Nord- und Mitteleuropa als Kurzurlauber oder als Residenten, denen die Stadt Ruhesitz und eine zweite Heimat wurde. Dieses Puerto ist alles andere als eine Retortensiedlung und trotz der Ausländerdominanz (3:1) immer noch eine sehr spanische Stadt, die es verstanden hat, sich trotz enormer struktureller Probleme wie dem Autoverkehr ein Stück Charme seiner Altstadt zu bewahren und sich doch von Grund auf zu erneuern.

Vorort La Paz, ein beliebter Wohnort deutscher Residenten

Bunte Vielfalt

Puertos Touristikangebot ist vielfältig und bietet für jeden etwas. Neben einer Hotellerie der Spitzenklasse finden sich gesichtslose Apartmenthäuser in der Altstadt, neben traditionellen Hotels (*Monopol, Marquesa*) auch einfachste Pensionen (*Hostales*). Die **Gastronomie** hat dank der starken Konkurrenz ein nur **mittleres Preisniveau** und läßt keine Küche aus. Neben einfachen, aber schmackhaften kanarischen Gerichten gibt es *Smörgasbrod und Shepherds Pie,* irische Pubs, thailändische, malaysische, griechische, italienische und ungarische Restaurants. In Supermärkten erhält man Rezeptzutaten aus aller Welt: indisch, chinesisch, deutsch, englisch und schwedisch. Genauso bunt und vollständiger als in mancher deutschen Kleinstadt ist der Pressewald.

Das multikulturelle Puerto finden auch die *Tinerfeños* schick und flanieren am Wochenende auf der Promenade oder rappen und rocken im Saturdaynight-Fieber in den Discos. Diese Stadt zeigt eher die guten Seiten des europäischen Massentourismus. Die **Passatwolke** hängt zwar immer noch reichlich oft über der Stadt, aber irgendwie spielt das keine große Rolle mehr.

Johannisnacht (Noche de San Juan, 23.6.)

In letzter Zeit wurden die Sonnenwenden- bzw. Johannisnachtfeste wieder ins Leben gerufen. ***La Mágica Noche de San Juan*** wird hauptsächlich in der Umgebung von Icod gefeiert. Am Strand von San Marcos werden große Johannisfeuer (*hogueras*) und Fackeln (*hachitos*) entzündet. Auch in anderen Orten begeht man diese Nacht mit Illuminationen.

Im **Hafen von Puerto de la Cruz** werden in den frühen Morgenstunden Ziegen ins Wasser getrieben, ein Symbol für Reinigung und Fruchtbarkeit. Einige der Bauern treiben ihre Herden nach alter Sitte durch Puertos Hauptstraßen, andere bringen sie auf Lastwagen zum Meer. Die Stadtväter versuchen aus dieser rituellen Reinigung der Ziegen eine touristische Attraktion zu machen, schicken Folkloregruppen und bieten allerlei Rambazamba.

Advents- und Weihnachtszeit / Silvester

Obwohl die Blumen blühen, bemühen sich die Geschäfte mit Lichterketten um Advents-Stimmung. In größeren Orten stehen aufwendig gestalteten **Weihnachtskrippen** (sehenswert im Cabildogebäude in Santa Cruz), wo das Jesulein oft in kanarischem Ambiente liegt.

Alles ist uns vertraut und doch ein bißchen anders: Statt Lebkuchen gibt es ***Polverones*** (*polvo* = Staub), ein mürbes, bröseliges Gebäck mit Puderzucker auf Nuß-, Anis- oder Mandel-Basis; statt Nougat knabbert man an spanischen ***Turrones***, Tafeln aus einer Mandel-Nuß-Honig-Schokoladen-Mischung und statt Marzipan munden *Truchas* ("Forellen"), halbmondförmiges mit Mandel- oder Apfelcreme gefülltes Blätterteiggebäck. Überall sprießen knallrote **Adventssterne** – nicht nur in Töpfen auf den Fensterbänken, sondern baumhoch in Gärten und an den Straßenrändern. Sie überziehen die Nordküste wochenlang mit einem leuchtenden Purpurteppich.

Das ganze Jahr über ziehen Blinde durch Spaniens Straßen und verkaufen die **Lose** der ***Primitiva*** und der ***Once***. Der Jack Pot kommt zu Weihnachten ins Spiel, und die gezogenen Losnummern werden in einer TV-Galaveranstaltung von Kinderchören ausgesungen.

Das Silvester-Feuerwerk in Santa Cruz ist gigantisch. Und zur Mitternacht verdrückt jeder Tinerfeño pro Gongschlag eine Weintraube – das bringt Glück.

Krippenspiele mit Betonung der Ankunft der heiligen 3 Könige locken viele Zuschauer. In **El Sauzal** ist das ganze Dorf auf den Beinen, Straßen und Plaza dienen als Bühne. Die Geschäfte bleiben am 5. Februar bis Mitternacht geöffnet; die *Canarios* verfallen in den Reyes-Kaufrausch. Anschließend klagen sie über die ***Cuesta de Enero***, den harten Januar bis Monatsende, wenn es endlich wieder Gehalt gibt.

Spanische Kinder müssen länger auf ihre **Geschenke** warten als deutsche, denn beschert wird **erst am 6. Januar**. Am Abend zuvor erscheinen die **drei Heiligen Könige** aus dem Morgenland. In **Garachico** kommen sie tatsächlich **hoch zu Kamel** geritten. Wo es keine Höckertiere gibt, muß ein Laster herhalten. In Santa Cruz schweben die Heiligen per **Helikopter** ein. Erst nach der Landung steigen sie auf die Trampeltiere um und werden im kinder-vollbesetzten Fußballstadion mit Riesenkrakeel empfangen. Auch Arme in Kranken- und Waisenhäusern werden (meist aus Spendenaktionen) bedacht.

Kleine Weihnachtsmänner in Santa Cruz

5.1.2 Orientierung

Die Ortsbereiche

Puerto de la Cruz läßt sich in **fünf Bereiche** aufteilen:

Neues Zentrum

Das neue Zentrum erstreckt sich entlang der autofreien Promenade am Meer, der Avenida Colón, von der schwarzen *Playa Martiánez* über die Schwimmbecken des *Lago Martiánez*. Gut zum Bummeln, Baden und Shoppen.

Parkmöglichkeit in der Tiefgarage des Einkaufzentrums *Martiánez*. Anfahrt ➢ umseitig.

Altes Zentrum

Zum alten Zentrum zählen die beiden Plazas del Charco und de la Iglesia, der kleine Fischerhafen, die Plaza Europea und das daran anschließende alte Fischerviertel mit vielen Restaurants. Diesen Bereich, das Herz von Puerto, sollte man als Erstbesucher auf gar keinen Fall auslassen; er eignet sich besonders zum Schaufensterbummel und Essengehen (**Tiefgarage** unter der Plaza de Europa, Anfahrt ➢ umseitig).

Altes und neues Zentrum sind durch eine Promenade am Meer (Avenida Colón-San Telmo und Calle Quintana) verbunden.

Taoro Park

Vom hochgelegenen Ortsteil ***Parque Taoro*** mit Casino, Hotels und Kongresszentrum kann man gut zu Fuß durch die Grünanlagen hinunter in die bereits genannten Stadtteile gehen. Tagsüber ist das **Parken am Casino** kostenlos, Anfahrt ➢ umseitig.

Playa Jardín/ Punta Brava

Der Bereich *Playa Jardín* beginnt am gleichnamigen Strand (dunkelgrauer Sand) und erstreckt sich bis zum *Loro Parque* (Papageien, Tiere, Amusement) und der vorgelagerten, nur von Kanaren bewohnten Halbinsel Punta Brava. Durch Aufschüttung wurde zwischen der *Playa Jardín* und dem Hafen viel Land gewonnen. Solange über die Gestaltung des Geländes (als *Parque Marítimo*) nicht entschieden ist, fehlt noch die Verbindungspromenade zum alten/neuen Zentrum.

Wer an der *Playa Jardín* keinen **Parkplatz** findet, fährt von dort auf der Küstenstraße entweder nach Westen weiter (*Loro-Parque*-Parkplätze) oder besser nach Osten, biegt beim Säulentempelchen links Richtung Meer ab und parkt auf dem riesigen Aufschüttungs-Gelände gleich zu Anfang oder am Ende (grenzt an Plaza Charco).

La Paz/ Jardín Botánico

Der höhergelegene Vorort La Paz ist fest in deutscher und britischer Hand, gut zum Einkaufen (Supermärkte) und Essengehen (viele Restaurants). Über Treppen gelangt man in zehn Minuten zur *Playa* und zum *Lago Martiánez*; schöne Spaziergänge kann man durch den Botanischen Garten und am Steilufer entlang zur *Playa Bollullo* machen. Die engen Straßen abseits der Hauptstraßen sind ohne Fußwege.

Kostenloses **Parken** ist möglich am *Jardín Botánico*, am *Centro Comercial Copula* oder in den Nebenstraßen. Anfahrt ➢ umseitig. Schön ist auch der von Bananenplantagen umgebene neuere und noch höhere gelegene Ortsteil **El Durazno**.

Anfahrten

Verkehrssituation

Autofahren in Puerto ist ein Thema für sich. Der Hotelwildwuchs in den 1960er-Jahren rächt sich nun mit Dauerstaus in viel zu engen Straßen. Die Stadtväter wissen, daß als Lösung nur der konsequente Ausbau von Fußgängerzonen in Frage kommt. Der aber geht nur schleppend voran. So kann man zur Zeit noch jeden Punkt in der Stadt per Auto erreichen, das aber in vielen Fällen nur über geradezu kuriose Straßenführungen.

3 Autobahn-Ausfahrten

Der Verkehr wird von der Autobahn über drei Ausfahrten (32, 35, 39) in die Stadt geleitet. Von Santa Cruz kommend nimmt man:

Salida 32 »Puerto de la Cruz, Martiánez, El Rincón«. Diese Ausfahrt teilt sich später in

- ***Zona Martiánez*** (die Schwimmanlagen am Meer) und
- ***El Botánico***
  (Botanischer Garten im Vorort La Paz hoch über dem Meer).

Man kann über die »*El Botánico*«-Route auch jeden anderen zentralen Punkt in Puerto gut erreichen.

Auf der Avenida Marques Villanueva del Prado (auch Carretera del Botánico genannt) gelangt man

- über einen Rechtsabbieger zum ***Centro Comercial Martiánez*** (mit Parkhaus) bzw. zur **Badelandschaft *Zona Martiánez*** und
- geradeaus zum ***Centro Cuidad*** (Plaza de Europa), Taoro, ***Playa de Jardín*** und den ***Loro Parque***.

Über **Salida 35** »Puerto por Las Arenas« (TF 312) erreicht man den Taoro-Hügel, *Playa Jardín, Loro Parque* und die Plaza de Europa im Zentrum, ohne lange durch das Stadtgebiet fahren zu müssen.

Salida 39 ist die westlichste Ausfahrt für Puerto und die kürzeste zum ***Loro Parque*** und zur ***Playa Jardín*** (dort jeweils eigene Parkbereiche). Zunächst »Puerto/Centro«, dann »Punta Brava« folgen.

Parken

- Als Ausgangspunkt für den hier beschriebenen Stadtrundgang empfiehlt sich die (teure) **Martiánez-Tiefgarage** (über **Salida 32**).
- Gratis parkt man auf einem **Aufschüttungsgelände am Meer**: **Salida 35**, dann den Schildern »*Playa Jardín/Loro Parque*« nach bis zum Strand und dort nach rechts; nach ca. 250 m biegt man hinter dem weißen, erhöht liegenden Tempelchen links ab und fährt bis ans Ende (zum Hafen).
- Zur *Playa Jardín/Loro Parque/Punta Brava* geht's wie vorstehend beschrieben, aber unten am Meer nach links.

Touristenbüros

Im Allgemeinen guter Service; auch Angebote kostenloser Stadtführungen; Stadtplan mit deutschsprachiger Legende vorrätig.

- an der **Plaza d'Europa**, © 922-386000, Mo-Fr 9-15 Uhr, Sa 9-13 Uhr;. mehrsprachiges Personal.
- im ***Centro Comercial Martiánez*** kleines Infobüro.
- Mobile Info-Häuschen bei der ***Playa Jardín***, am **Fischerhafen**, **Urbanización La Paz**, **Paseo de Colón** und **Paseo de San Telmo**.

Blick über Puerto auf die Pools des Lago Martiánez vor den Wellen des Atlantik

5.1.3 Besichtigung

Die Beschreibung erfolgt ab *Centro Comercial Martiánez*. Wer bis zum *Loro Parque*/nach Punta Brava zu Fuß geht, kann mit dem Bus 381 über *Playa Jardín* und den ZOB bis zur Plaza Reyes Católicos/Avda. Colón zurückfahren.

Neues Zentrum

Im *Centro Comercial Martiánez* befinden sich neben Spezialgeschäften und Zeitungskiosken auch der Supermarkt *Mercadona* und eine kleine Touristeninformation, sowie einige Restaurants; gar nicht schlecht ist die Cafeteria oben auf der Dachterrasse.

Playa Martiánez

Bergab gelangt man entlang des ***Barranco Martiánez*** über die palmenbestandene Calle Aguilar y Quesada an die ***Playa Martiánez***. Dieser Strand war lange Zeit der einzige in Puerto und immer ein Sorgenkind, denn der schwarze Sand wurde von jedem Sturm weggespült. Zurück blieben kartoffelgroße *Callao*-Steine. Beim jüngsten Strandum- und -ausbau versuchte man, der Sache mit neuesten Erkenntnissen der Strandtechnologie Herr zu werden. Der Uferbereich wurde zudem mit einem Holzplanken-Weg, Sitzbänken und neuen Pavillons aufgewertet.

Lago Martiánez

Mit einem architektonischen Geniestreich hatte ***César Manrique*** mit dem *Lago Martiánez* schon Anfang der 1970er-Jahre für Puerto ein brandungs- und strömungsgeschütztes Meerwasserbad geschaffen. Diese großzügige, weit ins Meer ragende Badelandschaft verbindet auf 18.000 m^2 mehrere Becken mit begrünten Inseln. Angesichts des schäumenden Meeres und des Teide liegt man unter Palmen, Agaven und *Dragos* und schwimmt in zartblauem Wasser, eingefasst von weißen Ufern und schwarzen Lavafelsen. Diese für *Manrique* tyische Farbkombination grün-blau-weiß-schwarz weckt Südsee-Phantasien und rettete seinerzeit Puertos Ruf als Seebad.

Mehrere *Manrique*-Plastiken unterstreichen den exotischen Eindruck, sein Mobile etwa, eine Baum-Skulptur mit Zweigen wie Wurzeln – eine Hommage an *Wilhelm Reich* – und, in der äußersten Spitze der Anlage, im Wasser das riesige ***Monumento del Mar***.

César Manrique Skulptur

Richtung San Telmo läuft das dort weniger künstlerisch gestaltete Badeparadies aus. Es ist voller Liegen und Sonnenschirme, umrahmt von Snackbars und Cafés. Süßwasser- und Planschbecken kontrastieren zu den Wellen des Atlantiks jenseits der Mauer. Ein Ort zum Wohlfühlen und Entspannen.

Geöffnet 8-18 Uhr, Eintritt €3, Liegen, Duschen, etc extra.

Abends ist der Eintritt frei für Gäste des Restaurants ***Isla del Lago*** und der Unterwasser-Discotheque ***Andromeda***

Avenida Colón

Von der *Playa Martiánez* zieht sich die zur autofreien Promenade umgestaltete Avenida Colón entlang des *Lago Martiánez* mit diversen Hotels (empfehlenswert *Tenerife Playa, Appartementos Belgica, Valle Mar* und *Las Vegas*) und großen Terrassenrestaurants (nicht nur zum Tanztee beliebt das ***Café de Paris*** im *Valle Mar* und das ***Restaurant Cazuela***).

Auch in den autofreien Nebenstraßen findet man viele Geschäfte und Restaurants in allerdings wenig ansprechenden Gebäuden aus den 1970er-Jahren.

Plaza Reyes Católicos

Hinter der Plaza Reyes Católicos erhält die Ufergestaltung völlig neue Akzente. Die steinig-zerklüftete Lavaküste wurde durch Wellenbrecher, Plattformen und Molen in kleine strudelnde Pools gegliedert, die bei ruhiger See über Treppen zugänglich sind.

Ermita San Telmo

Gleich am Anfang des **Paseo San Telmo** steht die *Ermita San Telmo* (jetziges Gebäude von 1780, 1968 restauriert) auf einem sehr kanarisch anmutenden begrünten Platz. Sie ist dem Dominikanerpater und Schutzpatron der Seefahrer, ***San Pedro de Telmo***, gewidmet. Die kleinen Wachttürmchen und Holzpalisaden-Mauern sind Reste einer frühen Befestigung. In der *Ermita* hält die deutsche katholische Gemeinde ihre Gottesdienste ab (Sa 18.30, So 9.30 und 11.00, Mi 9.30 Uhr).

Paseo San Telmo

Am autofreien *Paseo* gibt es jede Menge Souvenirs, Juweliere, Fast-Food-Lokale und Spielhallen. Das große ***Rancho Grande*** führt Schwarzbrot, Marzipan, Torten und den ganzen Tag über deftige Teller-Gerichte in gemütlicher Atmosphäre. Das Klingeln und Rattern von Spielautomaten, Schlager wie »*Buena Sera, Senorita*« oder »*New York, New York*« begleiten jeden Paseo-Bummel bis an sein Ende unterhalb der Plaza del Vento, wo man von den Terrassen der Restaurants ***Pomodoro*** und ***Rústico*** einen schönen Blick auf die Lavaküste hat.

Altes Zentrum

Punta del Vento

Die windige *Punta del Viento* trägt ihren Namen zu Recht. Ausgerichtet auf den Nordostpassat schmückt seine große Terrasse eine mannshohe Eisen-Plastik *El Viento*.

Calle Quintana

Mit der *Punta* erreicht man den alten Teil von Puerto de la Cruz. Der direkte Weg zum zentralen Platz der Stadt, der Plaza del Charco, führt von der *Punta* über die schräg links einbiegende Calle Quintana.

An dieser autofreien Straße liegen rechterhand zwei **klassische Hotels** von Puerto: das ***Marquesa*** und das ***Monopol***. Letzeres ist das Geburtshaus von *Agustin de Bethencourt y Molina* (1758), einem bedeutenden tinerfeñischen Ingenieur der Aufklärung (➢ Essay Personen, Seite 499). Altkanarisch wirkt es nur noch durch seine Holzbalkone und den üppig begrünten Patio. Stilvoller und authentischer ist das *Marquesa*, 1712 mit viel dunklem Holz erbaut. Es dient erst seit 1887 als Hotel. Besonders schön ist die umlaufende Balkongalerie im gefliesten Patio. Im Terrassenrestaurant gibt es abends dezente Live-Musik.

Plaza de la Iglesia

Gegenüber dem *Hotel Monopol* erweitert sich die Calle Quintana zur Plaza de Iglesia, einer Ruheoase unter Bäumen mit der Kirche *Nuestra Señora de la Pena de Africa* (»das Leid Afrikas«) in der Mitte. Sie wurde Ende des 17. Jahrhunderts anstelle einer bis dahin dort stehenden kleinen *Ermita* errichtet. Erst 1898 wurde der Turm hinzugefügt. Im Inneren lohnt sich ein Blick auf das prunkvolle Inselbarock mit drei marmoriert-goldenen, traubenberankten Holzaltären.

Plaza de la Iglesia de la Pena de Africa

5.1

N
0
200 m
1 Hotel Marquesa
2 Hotel Monopol
3 Kirche San Francisco
Atlantischer Ozean
Puerto Pesquero
Landgewinnung
Plaza Europa
Casa Aduana
Ayuntamie
Policía Local
Museo Arqueológico
Sportplatz
Calle de Mequínez
C. Carrillo
FISCHERVIERTEL "LA RAMILLA"
Plaza del Charco
Calle de Quintana
N.ª S.ª de La P de Afric
Instituto Hispanico
Rincon del Puerto
Casa Iriarte
Calle de San Felipe
Calle Puerto Viejo
C. Pérez Zamora
C. Blanco
Plaza Concejil
Hochha "Belair"
Hospital Tamaragua
Calle Valois
Policía Nacional
Guirres
Calle Los
Paseo de Luis Lavaggi
Castillo de San Felipe
Manuel B.
Calle del Pozo
Busbahnhof
Avenida
Marqu
Cementerio San Carlos
Playa Jardín
Ambulatorio
Avenida de Melchor Luz
Jardines Taoro
Autobahn-Ausfahrt 39, Loro Parque, Punta Brava, Hotel Maritim, Los Realejos
Sotomayor
Altes Hotel Taoro
Sportplätze
Barranco San Felipe
Avenida de Blas Pérez Gonzales
María Rosario
Plaza San Felipe
Centro de Congresos
Las Cabezas
Sportplätze
Sportplatz
Carretera Taoro
Parque Ta
Guardia Civil
Mercado
Camino de Coches
Anglikanische Kirche
las Dehesas
Carretera de
Carretera General de las Arenas
SAN ANTONIO
Autobahn-Ausfahrt La Orota

Puerto de la Cruz
Rundgang mit Abstechern
Abstecher zum Taoro Park
Camino de la Costa - Spaziergang zum Playa Bollullo
verkehrsberuhigt
Infobüro
Klinik
Internetcafe
Postamt (Correros mit @)
Casino Taoro (in Bau)
Lago Martiánez
Playa Martiánez
Avenida de Colón
Avenida del Generalísimo
Ermita San Telmo
Plaza Reyes Católicos
C. Aguilar y Quesada
Centro Comercial Martiánez
Plaza Viera y Clavijo
Camino de Cabras
Camino de San Amaro
Plaza Mirador de La Paz
Capilla San Amaro
Leopoldo
Cólogan
Calle de Aceviño
LA PAZ
Acantilados Martiánez
Laja de la Sal
Autobahn-Ausfahrt 32
Canary Centre
Carretera del Botánico
Deutsches Ärztehaus
Jardín de Orquídeas
Barranco Martiánez
C. Luis Rodríguez Figueroa
C. Rector Bonito
Av. Marqués Villanueva
Jardín Botánico
Centro Comercial La Cúpula
C. de Bélgica
Club de Tenis
SAN FERNANDO
Clínica Bellevue
Barranco Tafuriaste
DURAZNO
Abaco
Autobahn-Ausfahrt 32, Santa Cruz
5.1

Das ***Instituto de Estudios Hispánicos de Canaria*** (Ecke Calle Quintana und Calle Augustin Bethencourt) bietet neben Sprachkursen Vorträge, Workshops und Ausstellungen zu lateinamerikanischen Themen.

Kloster San Francisco

Das gelbe Gebäude des ***Parque San Francisco***, gleich das erste Gebäude links in der Calle Augustin Bethencourt, gehörte ursprünglich zum Komplex des Franziskanerklosters und ist heute ein Veranstaltungszentrum. Vis-a-vis steht ein klassisches altkanarisches Bürgerhaus aus dem 18. Jahrhundert mit schönem Patio. Es beherbert heute das Rote Kreuz.

Iglesia San Francisco

An der nächsten Straßenecke rechts (Calle San Juan Damas) trifft man auf die Kirche *San Francisco*; zusammen mit der angrenzenden *Ermita San Bautista* ist sie das älteste erhaltene Bauwerk (1599-1608) der Stadt. Die *Iglesia San Francisco* war zunächst eine Johannis dem Täufer gewidmete Einsiedelei bis sie Kirche des angrenzenden Franziskanerklosters wurde. Sie besteht, ganz im Stile der früheren *Ermitas*, aus einem ganzen und einem halben Kirchenschiff. Neben der Kassettendecke aus Holz und dem zweiteiligen Michaelsaltar fällt ein sitzender, nachdenklicher Jesus auf, der Christus der Demut und Geduld. Die geschnitzten Kunstwerke sind in warmen gold-blau-grünen Tönen gehalten.

Mit der Kirche *San Francisco* im Rücken sieht man schon die Bäume der Plaza Charco (➢ unten).

Abstecher

Alle Straßen, die von der Calle de Quintana beidseitig abzweigen, sind verkehrsberuhigt. Einige **Paläste** von Puertos Bourgeoisie sind dort noch erhalten oder restauriert. Neben Geschäften gibt es auch hier viele Lokale. Erwähnt seien das **Tapa-Restaurant *Arcos*** in einem uralten kanarischen Haus in der Calle Blanco, das ***Bohemia***, das zur Weihnachtszeit klassischen Gänsebraten serviert, oder in der Calle Esquivel das bei deutschen Touristen beliebte, auf gemütlich gemachte ***Fisch-Fiete***. In den kleineren **Hotels** dieser Gegend (z.B. *Nopal*, *Chimisey* und *Maga*) übernachtet man einfach, preiswert und ruhig.

Casa Iriarte

Wer sich für kanarische Stickerei oder Schiffsmodelle interessiert, sollte auf seinem Weg zur Plaza Charco die ***Casa Iriarte*** nicht auslassen. Sie liegt an der Ecke Calle San Juan Damas und Calle Iriarte. Dieses Wohnhaus mit einem schönen Holzbalkon-Patio aus dem frühen 18. Jahrhundert trägt den Namen einer alten kanarischen Politikerfamilie aus der Zeit der Aufklärung, die auch etliche Wissenschaftler und Dichter hervorbrachte. Heute werden dort Stoffe und kanarische Stickereien verkauft. Im rückwärtigen Teil befindet sich ein kleines aber feines **Museum für Schiffsmodelle und Landkarten**, im ersten Stock alte Puerto-Fotografien und Handwerksgeräte. Einritt €1,50.

Mit oder ohne diesen kleinen Abstecher in die genannten Seitenstraßen kann man auf dem zentralen **Plaza de Charco** wunderbar pausieren und sich erfrischen.

Plaza de Charco

Dieser Platz ist lebendiger Mittelpunkt der Stadt und nicht nur bei Touristen beliebt. Hohe Palmen und prächtige, 1852 aus Kuba eingeschiffte Lorbeerbäume spenden reichlich Schatten.

Nach vielem Hin und Her heißt der Platz heute offiziell wieder ***Charco de los Camarones***, weil sich früher dort, wo jetzt der Brunnen steht, nach Hochwasser kleine Tümpel mit Garnelen (= *Camarones*) hielten. »Platzhirsch« ist dort das ***Dinámico***. Andere Restaurants liegen ringsum in altkanarischen Häusern mit großen Holzbalkonen und geräumigen Patios. Den schönsten Innenhof hat zweifellos das *Rincón del Puerto* (vis-à-vis der Calle Quintana) mit vielen Pflanzen und einer Riesenpalme. Mehrere Restaurants teilen sich den Innenhof. Im ersten Stock residiert dort das deutsche Inselblatt »Wochenspiegel«.

Das ***Centro Comercial Columbus*** an der Ecke zur Calle Quintana ist eine gelungene Verschmelzung von alt und neu.

Im winzigen, gleichwohl gut sortierten Supermarkt La Plaza gleich um die Ecke (Calle Nieves Ravelo) findet man neben einem guten Wurst- und Käse-Tresen internationale Zutaten.

Fischerhafen/ Casa Aduana

In dem von zwei langen Molen geschützten winzigen Becken liegen nie mehr als ein Dutzend Fischerboote im Wasser oder auf dem Kieselstrand. An Puertos Blütezeit als Teneriffas Exporthafen nach Europa erinnert nur noch die imposante ***Casa de la Real Aduana*** mit ihren Naturstein-Ecken, klassischen Fenstern und Balkonen. Sie gilt als das älteste erhaltene weltliche Gebäude der Stadt; es entstand als Wohnhaus einer wohlhabenden Familie und diente später als Sitz der Zollbehörde.

Nach aufwendiger Restaurierung lohnt ein Besuch des herrlichen Patio, von dem man in die *Artenerife*-Verlaufsräume mit kanarischem Kunsthandwerk (inklusive *Bodega* mit Ausschank) gelangt. Di-Sa 11-13 und 18-21, So 16-20 Uhr.

Abstecher

Das alte Fischerviertel La Ramilla

In dem sich westlich an die Plaza del Charco anschließenden alten Fischerviertel ***La Ramilla*** sind die Straßen enger, die Häuser kleiner. Vor allem abends wird es hier lebendig, denn *Ramilla* ist heute das **Restaurantviertel** von Puerto. Meist ißt man im typisch kanarischen Ambiente in lichten, pflanzenüberrankten Patios. Dank Konkurrenz sind Essen und Preise im allgemeinen korrekt. Angenehm ruhig sitzt man tagsüber auf der kleinen Plaza Perez Galdos vorm ***Maracaibo*** bei einer *Tapa*. Viele hübsche Restaurants finden sich in der **Fußgängerstraße Calle del Lomo** und in der engen Durchgangsstraße **San Felipe** im Bereich der Querstraßen Cruz - Verde und Perez Zamora. Beispiele: ***Regulo, Papaya, Patio Canario, La Taberna del Pescador*** und das ***Moulin Rouge***.

Restaurantgasse

Unterkunft

Wer im Restaurantviertel eine preiswerte **Unterkunft** sucht, ist in der **Pension *La Ramilla*** gut aufgehoben. Das gilt auch für das ***Hotel Regulo***, das ***Puerto Azul, Los Geranios*** (beide in der ruhigen Calle Lomo) und das *Alfomar* und *Rosa Mary* in der Autostraße Calle San Francisco (➢ Hotels, Seite 563).

Museo Arqueológico

Auch mit einem kleinen Museum kann das Viertel *La Ramilla* aufwarten. Das **Archäologische Museum** in einem Haus aus dem 19. Jahrhundert präsentiert u.a. eine liebevoll gemachte Ausstellung von Karten aus dem 17. Jahrhundert, Keramik und mumifizierte Körperteile der Guanchen, Holzarten aus kanarischen Wäldern und Schmetterlinge. Calle El Lomo 4; Di-Fr 11-13 und 17-21 Uhr, So 10-13; €1, Do frei; © 922-371465.

Projekt: Parque Marítimo Municipal

Die Zukunft von *La Ramilla* hängt ab von der Verwirklichung des ehrgeizigen Projektes eines vorgelagerten ***Parque Marítimo Municipal***. 100.000 m^2 Land wurden dem Meer durch den Bau einer Mole westlich des Fischerhafens bereits abgerungen. Damit soll eine jahrelang klaffende Baulücke zwischen Hafen und *Playa Jardín* geschlossen werden und »**Atlantis**« entstehen: Grünanlagen, Wasserpark, Minigolf, Open-air-Bühnen, Promenade, Restaurants und Geschäfte und Yachthafen .

Solange das Parkprojekt nicht realisiert ist, wird das Terrain als Parkplatz genutzt und ist für Spaziergänger zur entfernter liegenden *Playa Jardín* unattraktiv. Deswegen führt der hier vorgeschlagene Rundweg – mit oder ohne Abstecher nach *La Ramilla* – von der Plaza Charco über Fischerhafen und Calle La Hoya zurück zum *Centro Commercial Martiánez*.

Calle de las Lonjas

Rechts neben dem alten Zollhaus führt die enge, kopfsteingepflasterte Calle de las Lonjas vom Fischerhafen zur Plaza Europa. Früher war diese Straße das Zentrum des Fischumschlags (*Lonja* = Warenbörse). Heute gibt es hier nur noch ein paar kleine Fischhandlungen und die ***Cofradía de Pescadores***, die Fischerei-Genossenschaft.

Casa Miranda

Im spitzen Winkel der Straßen Las Lonjas und Santo Domingo steht die 1730 erbaute *Casa (Francisco) Miranda*, eines aufgeklärten Sohnes der Stadt (1758-1806), der sich besonders für Venezuelas Befreiung von der Kolonialherrschaft einsetzte. Heute beherbergt das Haus gemütliche Lokale: in der ***Bodeguita*** unten gibt es *Tapas* und oben feinere Speisen.

Plaza Europa

Wo früher die Festung *Bateria Santa Barbara* stand, mündet die Calle Lonjas heute in die weitläufige Plaza Europa. Ihre exerzierplatzmäßige Gestaltung mit mächtigen Natursteinmauern, Betonplatten und wenig Grün hat also Tradition. Zwischen den beiden Wachhäuschen kann man auf der Stadtmauer schlendern.

Auf dem Platz befindet sich die zentrale **Touristeninformation** und die eingangs erwähnte Tiefgaragen-Anfahrt.

Das große Rathaus (*Ayuntamiento* oder *Casas Consistoriales*) wurde zwar erst 1973 erbaut, fügt sich aber gut in die wehrhafte altkanarische Umgebung. An seinem Eingang prangt das mit historischen und mythologischen Symbolen reich geschmückte Stadtwappen Puertos.

5.1

Puertos Stadtwappen

Puertos bedeutungsvolles Stadtwappen hat viel zu erzählen: auf gelbem Grund faucht ein grüner Drache mit flammend-roter Zunge, allegorischer Wächter der goldenen Äpfel des paradiesischen Hesperiden-Gartens jenseits der Säulen des Herkules (Gibraltar und Atlasgebirge). Über ihm sieht man das rote Passionskreuz. Es steht zugleich für den Namen (cruz) und die Tradition der Stadt.

Unter den Drachenkrallen erkennt man im blauen Schildfuss drei silberne, geschwungene Streifen. Sie symbolisieren die Wurzel der Stadt: Seefahrt und Handel, die den Aufstieg von Puerto ermöglichten. Auch ein schwarzer Schlüssel liegt im Meer, denn er öffnete von hier den Weg nach (West)Indien. Über allem wacht eine Krone, Sinnbild für die Monarchie der Katholischen Könige.

Rückweg

Über die Calle Santo Domingo trifft man wieder auf die *Punta del Viento*, die man stadteinwärts über die Fußgängerstraße Calle de la Hoya verläßt. Auf ihr gelangt man zurück zum Ausgangspunkt des Rundweges, zum *Centro Comercial Martiánez*, oder über die Treppen hinauf in den Ortsteil La Paz.

Taoro Park

Wer die vielen Stufen nicht scheut, erreicht die Hotels und das Casino auf dem Taoro-Hügel über steile Treppen durch den herrlichen Taoro-Park. Die ersten Stufen findet man in der Verlängerung der Calle Cologan, hinter dem Monster-Hochhaus *Bel Air*.

Grand Hotel/ Casino

Hier oben begann vor über hundert Jahren Teneriffas internationaler Tourimus. 1892 wurde das ***Grand Hotel Taoro*** als seinerzeit größte Hotelanlage Spaniens mit attraktiven Parkanlagen eröffnet. Für die englisch-kanarischen Betreiber war das *Taoro* eine lukrative Investition, denn das erste Gebäude der Insel mit fließendem kalten und warmen Wasser sowie elektrischem Strom lockte die damalige *High Society*, vornehmlich europäischen Adel. 1929 ging das *Taoro* in Flammen auf und erreichte seitdem nie wieder seinen alten Glanz. Das in dem klotzigen Bau seit 1975 betriebene ***Casino Taoro*** (täglich 19.30-24 Uhr, Eintritt €3, ab 18 Jahre – Personalausweis!) soll auf die *Isla* des *Lago Martiánez* verlegt werden.

Cafe-Restaurant

Der ehemalige **Hotelgarten** ist heute ein Park mit subtropischen Pflanzen, Springbrunnen, Wasserfällen und Ruhebänken. Kachelbilder erzählen vom Leben der Guanchen. Das **Café-Restaurant *Taoro*** bietet zu Tellergerichten einen schönen Stadt- und Meerblick (im Winter täglich bis 18, sonst bis 24 Uhr geöffnet).

Hotelhügel im Grünen

Der grüne Hügel hat sein frühes Flair weitgehend bewahrt. Einige der noch heute beliebtesten Hotels liegen hier in großen Gärten: Allen voran das hochgeschätzte ***Tigaiga*** (jeden So 11 Uhr mit exzellenter Folklore-Show; €2,50), ferner das *Miramar, Atalaya, Chiripa Garden* und *last not least* dessen elegante Dependance *Villa Chiripa*. Der Camino de la Sortija hinter dem Casino bringt Fußgänger zu den etwas weiter landeinwärts liegenden Hotels.

Anglikanische Kirche

Das englische Publikum hatte sich schon vor Zeiten sein eigenes Umfeld geschaffen: die anglikanische Kirche aus Naturstein (hinter dem *Casino* an der Carretera de Taoro) wurde bereits 1905 vom *Foreign Office* gesponsort.

Parkanlage unterhalb des Spielkasinos im Taoro Park

Risco Bello

Im Gartencafé des ***Risco Bello*** sitzt man wie in einem kleinen Park zwischen Pflanzen auf grünem Rasen. Angeschlossen ist der ***Jardín Acuático***, ein Wasserpflanzengarten mit Enten und anderen Wasservögeln, durch den ein angenehmer, aber etwas teurer Spaziergang führt (täglich 9.30-18.30 Uhr, € 3).

In den an Taoro grenzenden Stadtteilen San Antonio und San Fernando wird heute viel gebaut, neue große Appartementanlagen in San Antonio sowie kleine und größere Villen in San Fernando. Hier gibt es einige kleinere Hotels (*La Siesta*, *Casa del Sol*, das *Capricchio* und das *Murillo* in der Calle Isla Gomera).

Im Garten des Cafés Risco Bello

Playa Jardín, Loro Parque und Punta Brava

Anfahrt

Der ***Loro Parque*** und die ***Playa Jardín*** sind zwar Touristenmagneten Puertos, aber durch die weniger attraktive Region rund um die Hauptpost und den Busbahnhof (*Correos/Estación de Guaguas*, Calle del Pozo) und den aufgeschütteten Küstenstreifen (➢ oben, *Parque Marítimo*) von den bis hierher beschriebenen Touristenzonen getrennt. *César Manrique*, künstlerischer Gestalter der *Playa Jardín*, würde sich beim Anblick der Hochhäuser entlang des *Barranco San Felipe* vermutlich im Grabe umdrehen.

Dafür ist der Blick vom ***Castillo San Felipe*** am Ufer nach Westen um so anregender. Die neuen flachgestreckten Apartement-Anlagen hinter dem Strand passen durchaus in die Umgebung und dank des großen subtropischen Geländes des dahinter bzw. darüber gelegenen *Loro Parque* trägt die Playa Jardín ihre Bezeichnung (»Gartenstrand«) zu Recht.

Castillo de San Felipe/Pool

Das massive *Castillo de San Felipe*, ein kleines Kastell aus dem 17. Jahrhundert, ist aus Naturstein und der älteste erhaltene Teil der Hafenbefestigung. In ihm finden heute Konzerte und Ausstellungen statt. Da es immer wieder anders genutzt wurde – als Lazarett, Lagerhaus, Restaurant – waren langwierige Restaurierungsarbeiten notwendig, um die ursprüngliche Gestalt wiederherzustellen. Neben dem Kastell trainieren Schwimmer im öffentlichen Stadtbad mit Olympiamaßen.

Blick auf die Playa Jardín, dahinter das ehemalige Fischerdorf Punta Brava

Playa Jardín

Dieser rund 1 km lange Küstenstrich wurde mit einem enormen finanziellen Aufwand gestaltet, um aus der steinigen Bucht mit ihren vorgelagerten Felsen einen Strand zu zaubern. Der feine schwarze Sand wurde aus dem Meer hochgepumpt, aber nach jedem Sturm müssen angespülte Steine immer wieder mit Hilfe von Spezialmaschinen zu Sand zermahlen werden. Eine Unterwasser-Mole bricht die Brandung und sorgt für Badeabschnitte mit unterschiedlich hohen Wellen. Beliebt bei Surfern ist der westliche Bereich nahe den Punta Brava-Felsen.

Zwei abwechslungsreich gestaltete Promenaden führen durch terrassierte Grünanlagen (17.000 m^2) mit Snackbars, Cafés und Restaurants (empfehlenswert *Los Faroles*, ➢ unten) inmitten von Palmen, Bananen, Blumen, Plastiken und Wasserfällen. Am westlichen Ende geht die Promenade in den **Vorort Punta Brava** über.

Loro Parque

Egal, wieviele Insel-Kilometer einen von Puerto trennen, der *Loro Parque* ist ein prima Ziel für jung und alt. Wer alle Attraktionen erleben will, sollte minimal 4 Stunden einplanen.

Über 20 Mio Besucher zählt der Park seit 1972 dank seiner weltgrößten Papageienkollektion (300 der insgesamt 800 Arten). Daraus entwickelte sich eine Anlage mit vielen anderen Tieren, Pflanzen und Shows: drei **perfekte Delphin-**, **Seelöwen-** und **Papageien-Vorführungen**, außerdem Alligatoren, Gorillas und Tiger, ein Orchideenhaus und ein transparenter Unterwassertunnel in

Europas größtem Aquarium (15.000 Meerestiere), wo über den Besucherköpfen die Haie durchs Wasser schießen. Ein IMAX-Film im Kuppelkino zeigt exotische Landschaften hautnah. Sensationell auf einer subtropischen Insel ist ***Planet Pinguin*** mit drei Pinguinarten und 51 Königspinguin auf beschneiten Felsen.

Probleme

Darüberhinaus besitzt der *Loro Parque* ein schönes gepflegtes Gelände mit 750 Kenia-Palmen, das in Europa seinesgleichen nicht hat. Nur läuft er Gefahr, Opfer des eigenen Erfolgs zu werden. Für den Besucherandrang ist das Wegesystem eigentlich zu eng, das Gedrängel zu groß und das Gelände für das Gebotene zu klein.

Anfahrt

Der Park liegt oberhalb von Punta Brava/*Playa Jardín* (Autobahnausfahrten 38 und 39). Eine gelbe **Gratis-Bimmelbahn** pendelt bis 18.45 Uhr alle 20 Minuten ab Avenida. Venezuela (*Lago Martiánez*/Hotel Valle Mar) und nimmt potentielle Parkbesucher auf Winkzeichen hin mit. Täglich 8.30-18.45 (letzter Einlaß:17 Uhr); €21 inklusive der Shows, Kinder die Hälfte. Wer sich für Papageien interessiert, sollte den Katalog (€6) kaufen. Ein Hit ist die akustische Reise durch den *Loro Parque* per CD-ROM (*A day in paradise*) mit musikalischen Bildern aus Antarktis, Dschungel, Afrika und die sieben Weltmeere.

✆ 922-373841, Fax 922 375021; **Internet**: www.loroparque.com

Punta Brava

Unterhalb des *Loro Parque* grenzt an den *Jardín*-Strand das Fischerdorf Punta Brava. Von kommerzieller Urbanisation bieb es verschont; hier sind die einheimischen Kanaren weitgehend unter sich. Touristen sieht man ab und zu nur in Puntas Restaurants, vor allem in den beiden Meeresterrassen-Lokalen ***Tambo*** (1. Stock, ➢ Seite 318) und ***Bar El Nispero***.

Punta Brava ist der westlichste Teil von Puerto. Von dort führt nur eine nervige Straße zum ***Hotel Maritím***, das schon zu Los Realejos gehört. Dort beginnt ein Küstenweg, der zum ***Mirador San Pedro*** führt (ca. 90 min, ➢ Seite 337).

Delphinshow im Loro Park

Loro Parque

Zufahrt: Salida 39, erst Puerto Centro, dann »Punta Brava« folgen. »Eisberg vor Teneriffa gesichtet«, meldeten die Inselzeitungen zur Eröffnung des ***Planet Pinguin*** 1999. Der Aufmacher zog, denn die befrackten Vögel wurden zur kontrastreichen Sensation an der subtropisch grünen Inselküste.

Der Coup war von langer Hand geplant: vom Washingtoner Artenschutzabkommen abgesegnet, wurden 174 Pinguin-Eier von Falkland nach Teneriffa geflogen – das erste Küken war eine Frühgeburt, *Santi* schlüpfte bereits unterwegs. Voraussetzung für das Plazet der Umweltschützer war der Bau einer gigantischen Tiefkühltruhe auf der Insel des ewigen Frühlings.

Riesige Filter-Maschinen für die 450 m^3 Wasser und schneidend kalte Luft aus Eis- und Schneemaschinen, die täglich 12 t weißes Pulver produzieren, sorgen fürs Wohl der Tiere – selbst bei 30° Celsius im Sommer. Sogar der Mensch kann dort gesund durchatmen. Raffiniert ist auch die Illumination, die (über ein Spiegelsystem für natürliches und künstliches Licht) antarktische Verhältnisse simuliert und den Tag/Nachtrhythmus der Pinguine nachvollzieht.

Diffuseres Licht im Sommer trägt Biorhythmus und Habitat der Tiere Rechnung, die sich als Bewohner der südlichen Hemisphäre im Juli/August auf den arktischen Winter eingerichtet haben.

Stolz ist man im ***Pinguinarium*** auch auf die *Pock Hopper* und (monogame) Papua Pinguine (span: *Juanitos*) aus amerikanischen *Sea World Parks*, sowie die Humboldt-Pinguine aus nördlicheren Antarktis-Regionen.

Der Initiator und Besitzer des Loro Parque, ***Wolfgang Kiessling*** aus Deutschland, tut viel für den Erhalt der Ara-Arten. In einer Volière, größer als eine Tennishalle, züchtet er bedrohte Arten, um sie dann im brasilianische Regenwald wieder auszuwildern. So wurde der fast ausgestorbene *Spixara* gerettet und 1995 zwanzig der bedrohten Rotrückenaras (Ara maracana) nach ihrer Aufzucht wieder in ihrer wilden Heimat ausgesetzt. Oberhalb von Las Americas ist ein ähnliches Projekt (Siam Park) vor der Vollendung.

Wer Kiesslings Arbeit unterstützen möchte, kann mit Jahresbeiträgen ab €90 Mitglied seiner ***Fundación Loro Parque*** werden (Formulare an der Kiosken im Park). Man kann aber auch mit ein paar Münzen helfen und damit im japanischen Koi-Karpfenteich eine bronzene Fisch-Skulptur füttern. Wer in ihr offenes Maul trifft, hat einen Wunsch frei, der sofort in Erfüllung geht.

La Paz/Jardín Botánico

Wer Puerto noch nicht kennt, kann sich vom Vorort La Paz aus einen guten Überblick über die Stadt verschaffen. Der dort hoch über dem Meer gelegene ***Mirador La Paz*** bietet eine herrliche Aussicht über die Stadt und das grüne Orotavatal.

Deutscher Vorort

La Paz vermittelt den Eindruck eines gepflegten Kurortes. Hotels, Apartmentanlagen und private Villen stehen an sanften Hängen inmitten üppiger subtropischer Vegetation. Die Haupteinkaufsstraßen haben breite begrünte Bürgersteige, so daß der Stadtteil trotz oftmals dichten Verkehrs zum Bummeln einlädt. Ein großer Teil des vornehmlich deutschen älteren Publikums sind keine Urlauber, sondern Residenten mit eigenen oder gemieteten Häusern oder Apartments. Man kennt sich aus, hat sein Lieblingslokal, seinen Friseur, seinen Kiosk und trifft beim Einkaufen lauter Bekannte – ganz wie daheim.

Gastronomie

Wer lange von zu Hause fort ist, bekommt Appetit auf Heimisches. Und so lesen sich viele der vor den Restaurants ausgehängten Speisekarten wie ein Streifzug durch die bürgerlich deutsch-österreichisch-schweizerische Küche. Typisch dafür ist auch das nachmittägliche Stündchen in Terrassencafés bei einem Kännchen Tchibo mit Sahnetorte – was übrigens auch Spanier nicht verachten. Die recht eleganten Läden haben sich auf ein Publikum eingestellt, das genügend Geld mitbringt. Etliche Treppenstufen über dem Atlantik haben La Pazer auch eine gehobene Einstellung zum (Sonnen-) Baden: man blickt aufs, taucht aber selten ins Meer (der Pool tut`s ja auch). Und man weiß hier*: wer monatelang in der Sonne lebt, muß nicht in ihr liegen.

Camino de las Cabras

Von Downtown Puerto nach La Paz gelangt man in 20 Minuten vom Dach des ***Centro Comercial Martiánez*** treppauf über den kleinen *Camino de las Cabras*. Diesen *Ziegenpfad* säumen viele Souvenirläden und Geschäfte, bevor er in den breiteren, nicht so steilen Camino San Amaro übergeht. Als Promenade führt er dann an Villen und dem Panorama-*Hotel Melia* vorbei. Wer beim Treppensteigen pausieren möchte, findet schattige Bänke und ein chinesisches Restaurant mit schönem Meerblick.

Jardín Botánico

La Paz' Hauptattraktion ist der *Jardín Botánico*. Auf nur 150 m x 100 m wächst seit über 200 Jahren tropische Flora mittlerweile dichtgedrängt. 1788 führte der universale Wissensdrang unter dem aufgeklärten Despoten *Carlos* III. zur Gründung dieser Versuchsanstalt für Pflanzen. Im ***Jardín de Acclimatización***, wie der Garten ursprünglich hieß, wollte man tropische Nutzpflanzen aus Afrika, Asien und Südamerika, wie etwa die Kaffeepflanze, schrittweise an das spanische Festlandsklima gewöhnen, um sie zu vermarkten.

Da die Gewöhnung an andere Verhältnisse in der Jugend am leichtesten ist, mußte man mit Samen beginnen. Aber erst der wissenschaftliche Eifer eines ***Marques Villanueva del Prado*** führte

5.1

Würgefeigenbaum im Jardín Botánico

das Projekt in Teneriffa zum Erfolg: Er setzte die Samen der fremden Pflanzen in herbeigeschiffte Heimatböden ein. Die Umgewöhnung gelang auch dank des milden Inselklimas. Die nächste Akklimatisierungsstufe auf dem Kontinent schlug dagegen fehl. Die wärmeverwöhnten Gewächse verkrafteten die enormen Temperaturschwankungen nicht.

Geblieben ist ein wunderbarer – laufend in Erweiterung befindlicher – Garten – randvoll mit teilweise sehr alt gewordenen Exoten. Allen voran die Würgefeige (Ficus dealbata), ein Baum wie aus dem Märchenwald: seine Luftwurzeln wirken gruselig wie Fallstricke. Mystisch auch der in hundert Stücke geteilte Stamm der zweihäusigen Kermelsbeere (Pytolacca dioica) aus Südamerika. Und vom sog. **Wurstbaum** (*Arbol de las Salchichas*) hängen die Früchte wie Würste herunter. Die Wissenschaft nennt ihn *Kigelia afrikana.*

Der »Wurstbaum« Arbol de las Salchichas. Seine Frucht sieht wie eine Leberwurst aus.

Es gibt aber auch Vertrautes wie Farne, Palmen, Brotbäume in schönen oder seltenen Exemplaren und nicht zuletzt eine klassische **kanarische Kiefer** von vollendetem Wuchs.

Täglich 9-18 Uhr, deutschsprachige Broschüre; €1,50.

Shopping

Vom *Jardín Botánico* zieht sich die begrünte Durchgangsstraße **Marques Villanueva del Prado** bis zum Meer, gesäumt von Geschäften, **Terrassenrestaurants** samt einem kanarisch gehaltenem kleinen Einkaufszentrum (mit deutschem **Reformhaus**). Dort sitzt man u.a. gut in der brasilianischen ***Zumeria***, einer Fruchtsaftbar. Gleich daneben ist eine **Minigolfanlage** mit Kaffeegarten.

Von der Marques Villanueva del Prado geht es rechts in die Calle de Aceviño mit dem international sortierten Supermarkt 2000, dem Reisebüro *Arco* (deutschsprachig), einer **Buchhandlung** im

Gebäude *Masaru* (mit deutscher Abteilung, © 922-381796, neuerdings auch in Los Realejos, Carretera El Toscal 6, gegenüber Bettenhaus Hammerer), vielen Restaurants und Autovermietungen bis hin zu Hotels der Riu-Kette.

Auf dem Weg zum ***Mirador*** (beim Supermarkt 2000 links) passiert man die kleine, einfache *Ermita San Amaro* aus dem frühen 17. Jahrhundert. Sie zählt zu den ältesten Gebäuden von Puerto.

El Durazno

Der Stadtteil ***El Durazno*** oberhalb von La Paz liegt noch inmitten von Bananenplantagen. Einige alte Finca-Herrenhäuser werden inzwischen kommerziell genutzt. Besonders schön ist die ***Casa Abaco*** mit großem Garten. In den stilvollen Räumen befindet sich ein kleines Museum über das kanarisch-aristokratische Ambiente und eine ***Cocktailbar*** mit Pianomusik. Daneben finden abends Kammerkonzerte statt; im Garten gibt's **Folklore-Shows**.

Casa Abaco, Camino Casa Grande/Ecke Camino El Durazno, © 922-370107; geöffnet 10.30-13.30 und 15.00-17.30 Uhr; Shows 11, 13, 15.30 und 16.45 Uhr, Eintritt €6.

Anfahrt nach El Durazno

- Von der Autobahn nach Durazno gelangt man ab Ausfahrt 32 »*Puerto Martianez*«, dann hinter der *Bananeria El Guanche* (bei der *Casa Fifo*) gleich links ab oder
- über die Ausfahrt 35 »Puerto por las Arenas« und im Kreisel dann Richtung San Nicolás (dort auch das **Restaurant *San Nicolás***, ➢ unten auf Seite 318) oder
- man fährt vom Botanischen Garten/La Paz in Richtung Autobahn und achtet auf halbem Weg auf den Rechtsabbieger nach El Durazno, den Camino Casa Grande, der seinerseits auf den Camino El Durazno stößt.

Spaziergang zur Playa Bollullo/ El Rincón

Beim ***Mirador La Paz*** beginnt der knapp 1-stündige ***Camino de la Costa***, eine Promenade Richtung Osten mit einem atemberaubenden Blick auf die Steilküste, vorbei an den Apartment-Anlagen *Ikarus* und *Bellavista* bis zum 5-Sterne-Hotel *Semiramis*.

Von dort führt der Weg weiter durch ruhige Wohnstraßen eines großen Neubaugebietes bis zur *Playa-Martiánez*-Anfahrtstraße, die man per Tunnel unterquert. Mit einem Schlenker um eine kleine *Schlucht* herum geht es weiter durch Bananenplantagen zum **Café-Restaurant *Bollullo*** in Klifflage und treppab zur beliebten schwarzen ***Playa Bullolo***. Bergauf geht es über steile Pfade und enge Stufen zum **Aussichts-Café *Paraiso*** unterhalb der Autobahn.

Der Bereich **El Rincón** (Eckchen) ist die letzte unbebaute Küstenregion im Orotavatal. Jahrelang kämpften Ende der 1990er-Jahre Initiativen gegen ihre Urbanisierung und erreichten immerhin einen Kompromiss. Neben Fortsetzung der landwirtschaftlicher Nutzung soll nur noch ein größeres Hotel entstehen. Ferner gibt es mehr Parkraum und leichteren Zugang zu den anschließenden naturbelassenen Buchten ***Playa Patos*** und ***El Alcón***. Beide haben nur bei Ebbe einen schmalen Strandstreifen und eine gefährliche Unterströmung. Junge Surfer schreckt das offenbar nicht.

Playa Bollullo

Von der Autobahn kommend erreicht man den Strand über die Salida 32 (Puerto/Martiánez) und folgt den Schildern »*Rincón*«. Wer von Puerto/La Paz per Auto kommt, fährt über einen etwas versteckten Abzweig vom Autobahnauffahrt-Kreisel nach Santa Cruz (#32), der zu einem zweiten bergseitigen Kreisel mit dem Schild »*El Rincón*/TF 172« führt. Auf halbem Weg bergab zum Meer wird die Straße sehr eng und steil; der Parkraum am ***Restaurant Bollullo*** ist für Nicht-Gäste sehr begrenzt.

Steilküste und schwarzer Strand: Playa Bollullo

Weitere Sehenswürdigkeiten:

Bananeria El Guanche

2 km oberhalb von Puerto liegt direkt an der Autobahnabfahrt 32 die *Bananeria El Guanche*, eine zum tropischen Garten mit 400 Kaktusarten erweiterte Bananenplantage. Auf dem Rundgang erfährt man einiges über exotische Früchte, wie *Papayas*, *Mangos* und alles über Bananen. Ein Gläschen Bananenlikör rundet die Sache ab. Ein 15-min-Video alle 20 min gibt's auch auf Deutsch. Gratisbus am *Playa Martiánez*; täglich 9.30-12.45 Uhr und 14.30-17.45 Uhr, €6 – zu teuer für das Gebotene.

Oasis del Valle

Unterhalb der Autobahnausfahrt 33 (*Salida El Ramal*, dann ausgeschildert) liegt ***Oasis del Valle***, eine bunte Mischung aus zoologischem und botanischem Garten mit Terrassen-Restauration. In die kanarische Flora eingebettet wurden Käfige und Ställe für allerlei Zwei- und Vierbeiner wie Papageien, Affen, Lamas, Zebras sowie gesattelte Kamele und Ponies für kurze Umritte. Im wesentlichen 'was für Kinder. Zubringerbus und Gratis-Taxis ab *Playa Martiánez* alle 20 min 10-17 Uhr. Im Eintritt (€ 7) inbegriffen sind ein Glas Wein, Käse und *Papas arrugadas* mit *mojos*.

Orchideengarten/ Sitio Litre

Hinter dem Herrenhaus (1730) einer englischen Kaufmannsfamilie wurde 1774 ein berauschend schöner botanischer Garten angelegt. Am Eingang gibt es eine Pflanzen-Liste für den Rundgang.

Hier verweilten *Alexander von Humboldt* (1799) und *Agatha Christie* (1929). Berühmter Gast war 1875 auch die Landschafts- und Pflanzenmalerin *Marianne North*. Der ***Sitio*** (»Platz«) ***Litre*** wurde um eine Orchideensammlung erweitert. Buchhandlung und Café gibt's auch. Täglich 9.30-18 Uhr, €5. Camino del Hobaco; Anfahrt von La Paz über die Carretera del Botánico, schräg gegenüber der Texaco-Tankstelle (schlecht ausgeschildert).

Hornos de Cal Früher wurde in dieser Gegend in Vulkanstein-Öfen Kalk gebrannt. Das Holz lieferten die Wälder des oberen Orotavatals. Unterhalb des *Casino Taoro* fährt man an den *Hornos de Cal* rechter Hand auf der Avenida Marqués Villanueva/Ecke Calle Blanco vorbei und erkennt sie an ihren kleinen spitzen Kegeldächern. Im 19. Jahrhundert wurden sie modernisiert und Anfang 2000 in der jetzigen Präsentation restauriert.

5.1.4 Praktisches

Allgemein:

Polizei Notruf 112

Policía Nacional: Ave. Jose M. del Campo Llarena, © 922-381000

Policía Municipal: Plaza de Europa

Post
- Calle del Pozo gegenüber dem Busbahnhof
- In La Paz befindet sich zusätzlich eine kleine Poststelle in der Carretera Botánico, vis-a-vis dem *Canary Center*.

Kliniken
- ***Centro Médico Plaza del Charco***, Internist und Allgemeinmedizinische Praxis, Plaza del Charco 8, Mo-Fr 9-13 und 16-19, Haus- und Hotelbesuche, Kinderarzt; © 922-381111 – 24 Std.
- ***Hospital Tamaragua***, Calle A. de Bethencourt 30, © 922-380512.
- ***Ambulatorio Servicio Urgencias***, Calle del Puerto beim ZOB.

Arzt
- Calle la Hoya 71 (© 922-373588), beim *Centro Comercial Martiánez*/Avd. Melchior Luz 2 hinter *Playa Jardín*, © 922-383854.
- ***Praxis Centro Médico Taoro***, Dres. Bös, Behring, Birnbacher, © 922-372768, Calle Las Canastilleras 4, (Polígono El Tejar).

Im »Wochenspiegel«, einer 14-tägig erscheinenden Zeitung, findet man eine Übersicht über deutschsprachige Inselärzte.

Brandung in Puerto de la Cruz

Shopping:

Märkte

Ein **Lebensmittelmarkt** befindet sich im Betonklotz *Mercado* an der Anfahrt zur *Playa Jardín*, Avenida de Blas Perez Gonzales. Mo-Sa 7-20, So 9-14 Uhr; Gratis-Parken. Bustaxi-Zubringer 381 und 382 jeweils zur vollen Stunde ab *Hotel Las Vegas* (Plaza Reyes Católicos), stündlich zurück jeweils 15 min nach ab Markt; Gratistransport ab €12-Einkauf. Samstags mit Flohmarkt.

Einkaufs-zentren

Zwei kleine, aber feine *Shopping Center* sind das ***Centro Comercial Columbus Plaza*** an der Plaza de Charco, Ecke Calle Quintana und das ***Canry Center*** in La Paz.

Oberhalb der Autobahn, Salida 36, liegt das gigantische ***La Villa***. Hinter altkanarischen Fassaden befinden sich dort viele Einzelhandelsgeschäfte (Kleidung, Schuhe etc.) und der Supermarktriese ***Al Campo***, Mo-Sa 10-22 Uhr.

Supermärkte

Im ***Centro Comercial Martiánez*** (Tiefgarage) zwischen dem Stadtteil La Paz und *Playa Martiánez* gibt es einen großen ***Mercadona***-Markt. Zentraler liegt der ***Mercadona*** oberhalb der Plaza Charco in der Calle Nieves Revelo, Ortsteil La Paz. Der gutsortierte ***Supermercado 2000*** mit vielen deutschen Produkten befindet sich in der Calle de Aceviño, Ecke Carretera Botánico.

Backwaren

Rancho Grande am Paseo San Telmo (am Meer), ***El Millo*** in der *Casa El Farol* (sehr gut!, ➢ Seite 316) und an einem Stand im CC *Martiánez*; ➢ ferner unter Backwaren auf Seite 245

Fleisch/Wurst

Schlachtereien zwischen Plaza Charco und Hafen (Calle Santo Domingo), ***Sprungmann*** (Seite 376) und ***Wurstquelle*** (Seite 332)

Deutsche Produkte

In der ***Pastelería*** (Konditorei) ***Rancho Grande*** (Paseo San Telmo) hat man neben Kuchen natürlich auch deutsches Brot.

Naturkost

Reformhaus Botánico im *Canary Center* in La Paz (Schwarzbrot!)

Centro Saludable Maialen Soria Natural im CC *La Cúpula*, Locál 33, Jardínes de la Paz, © 922-388822.

Sanct Bernhard – Naturheilmittel; Calle La Hoya 60; Mo-Fr 9.30-13.30 und 16-20 Uhr; Sa 10-14 Uhr.

Buchläden

Librería Botánico, Carretera Botánica 44 im *Canary Center*; sehr viel Literatur über die Kanaren.

Casa Iriarte, eine Laden für kanarische Stickereien, ➢ Seite 300. Die Dame ist eine Puppe.

Bücherkiste – Deutsche Buchhandlung. La Paz, Calle Aceviño, Edificio Masaru und Los Realejos, Carretera El Toscal 6, El Toscal, © & Fax 922-381796, Mo-Fr 10-13 und 17-19 Uhr, Sa 10-13 Uhr.

Internetcafés

- ***Pl@za*** – **Internetcafé**, Plaza Charco, *Centro Comercial Olimpia (30 Min €2,50)*, täglich 10-22 Uhr; © 922-376678.
- ***Vistas al Teide***, im *Centro Comercial La Cúpula* in La Paz neben dem Botanischen Garten, © 922-389303. *(30 Min €2,50)*
- ***Biblioteca Tomás Iriate***, Calle Augustin Bethencourt (beim *Instituto Hispanico*) Mo-Fr 9-21 Uhr.

Sportangebote

Wandern

Prospekte liegen in allen Hotels aus.

1) **Ökowandern mit Oskar**, keine Anmeldung erforderlich, Termine und Routen in den verteilten Prospekten. Treffpunkt immer am Busbahnhof, Bussteig 6 *Zona de Espera* (Wartezone)
2) **Wandern mit *Gregorio***, eigener Bus, Anmeldung unter ©922 572867 oder *Hotel Tigaiga*, © 922-383500 und © 922-330910.
3) **Bergwandern mit Helmut Frühauf**, Information und Buchung *Hotel Chiripa* (Block B außer samstags 19.15-45 Uhr und Hotel Tope neben der Rezeption Do+Fr 20.00-20.30 Uhr, Mo 18.30-19.30 Uhr; © 922-355960 oder © 608-246994.
4) **Botanik mit *Cristóbal***, fachkundige Führungen durch Hotelgärten in Puerto und den Botanischen Garten; Tagesausflüge in den Süden und Norden (ab €35); Hotelabholung. Buchung: bei *Cristóbal* selbst. Handy 607-677252 oder bei Frau Ulrich, © 922-271277 (Mo-Fr ab 15 Uhr).

5.1

Tennis

Viele Hotels haben eigene Tennisanlagen, ansonsten geben die Hotels Auskunft über naheliegenden Courts:

- ***Las Arenas***, 2 Beton- und 2 Sandplätze; 3 Paddeltennisfelder, Calle de Las Arenas 127 (Autobahnausfahrt 36), © 922-374606.
- **Tenniscenter *Miramar*** in Los Realejos, La Romántica II, Calle Tulipanes 2, Urbanización Valparaiso; 7 Kunstrasenplätze mit Quarzsand (Flutlicht!) stehen hier zur Verfügung; (Schnupper-) Training möglich: © 922-364008.

Tauchen

➢ Sport/Tauchen Seite 522; für Puerto: Anmeldung im *Hotel Maritim* in Los Realejos: © 922 344501, Fax 922 342109.

Paragliding

➢ Sport, Seite 528.

Fahrräder

Bici Jamm, Avda. Generalísimo 22, © 922-380609, Fax 373757. Auch viele Hotels haben/vermitteln Fahrräder; ➢ auch Seite 594.

Golf

➢ Sport/Golf, Seite 529.

Casino/Bingo

- ***Casino Taoro***, Parque Taoro 22, Puerto Cruz, © 922-380550, amerik/frz. Roulette, Black Jack, Poker Mo-Sa 20-03 Uhr; Fr+Sa 20-04 Uhr, Restaurant: 19.30-24 Uhr.
- ***Bingo C.T.I.***, Puerto de la Cruz, Avenida de Colón ohne Nummer (*Hotel Las Vegas*), © 922-387855.

Restaurants

Puertos Restaurant-Angebot ist riesig und das Preisniveau dank der großen Konkurrenz moderat. Für €18 bekommt man ein komplettes Menü mit Wein und Café solo.

Zwar sind nicht alle Küchen der Welt vertreten, doch man findet eine Reihe internationaler Restaurants, und neben den Touristenländern auch die asiatische Küche. Dennoch dominieren die kanarischen Lokale, mal klassisch-einfach, mal verfeinert.

Viele Restaurants verfügen über sehr schöne Räumlichkeiten, überwiegend auch Terrassen oder Patios. Nepp ist eher selten.

Im Folgenden eine Quer-Beet-Auswahl mit Akzent auf **»attraktiv, kanarisch, etwas teurer« und für den besonderen Abend**, denn über einfache Lokale stolpert man förmlich allerorten.

Die Liste ist alphabetisch geordnet und verweist auf die Stadtteil-Lage; einige Adressen wurden schon im Rundgang erwähnt. Hier noch ein paar zusätzliche Hinweise und die komplette Adresse mit Telefon-Nummer (so verfügbar) und den Öffnungszeiten:

Rincón del Puerto mit Restaurant El Balcón

Zentrum alphabetisch

- ***Arcon***, Straßen-Cafeteria mit ausgezeichneten *Tapas* nach alten kanarischen Rezepten – sehr empfehlenswert; Calle Blanco 8 bei der Plaza de Charco, täglich außer So 11-23 Uhr.
- ***Azúcar***, kubanische Küche in altkanarischem Haus mit phantasievollem Ambiente; zu Salsa-Rhythmen schmecken besonders die *Tamalis* (Hackfleisch und Paprika in Bananenblättern); Calle Iriarte 1 (hinter der Plaza de la Iglesia); €15 ohne Getränke, Di-So 20.30-01.00 Uhr, © 922-387014.
- ***Bar Tapas Luis & Restaurante El Balcón***, kanarische Küche in einem der schönsten Patios; Plaza Charco im *Rincón del Puerto*; *Tapas* 9.30-02.00 Uhr, Restaurant 12-24 Uhr, © 922-384207.
- ***Casa El Farol,*** kulinarische Genüsse im altkanarischen Patio, Bistro und Bar; moderne kreative Küche und Laden mit Backwaren; €25; Calle San Juan 14 (gegenüber dem Kino *Chimisay*); Restaurant täglich mittags & abends geöffnet © 922-368812.

- ***Casa Miranda***, spanische Tapas und Gerichte in einem stilvollen Eckhaus von 1730; im 1.Stock existiert ein klassischer spanischer Speiseraum, unten für den kleinen Imbiss sehr empfehlenswerte **Tapas**; €15; Calle Santo Domingo 13 an der Plaza de Europa; 11.30-24 Uhr.
- ***La Papaya***, traditionelles kanarisches Restaurant, Meeresfrüchte; eher einfaches Ambiente, aber durschaus einladend; €15; Calle del Lomo im Fischerviertel *Ramilla*; 12.30-23.30 Uhr, Mi geschlossen; ✆ 922-382811.
- ***La Rosa di Bari***, italienische Küche, hausgemachte Pasta; auch Fleisch- und Fischgerichte; Calle de Lomo 23 (im Fischerviertel *Ramilla*), Di-So 12.30-15 und 18.30-23 Uhr; ✆ 922-368523.
- ***Patio Canario,*** grosse Auswahl feiner Tapas in altkanarischem Haus mit Patio; Tip: gemische Platte; €15; Calle del Lomo (im Fischerviertel); 15.30-23 Uhr, So 18-23 Uhr, Mo zu.
- ***Régulo***, kanarische Küche in einem alten Haus mit Patio; auch bei Einheimischen recht beliebt; Spezialität: ***Merluza en Rioja***; €15, Calle Pérez Zamora, Ecke Calle San Felipe 16 im Fischerviertel *Ramilla*, 12-15 und 18-23 Uhr, So und Mo mittags geschlossen; ✆ 922-384506.
- **Vegetarisch** ißt man gut im ***El Limón*** in der Calle Esquivel, Ecke Benjamin J. Miranda; täglich 13-16 und 19-23 Uhr (So mittags geschlossen, ✆ 922-381619); den anschließenden Café oder *Cortado* trinkt man am besten gleich um die Ecke (unterhalb) im ***Ebano*** (Calle Luis Cruz B. Miranda; täglich 9.30-0.30 Uhr); beide Lokale befinden sich unmittelbar südllich der Kirche *Nuestra Señora de la Pena*.
- **Kreativ** und **variationsreich** wird im ***El Maná*** mit frischen Produkten gekocht; modernes junges Ambientes; auch nicht-vegetarische Gerichte; €17; Calle Augustín & de Bethencourt 28, ✆ 922 372474, täglich 13-16 und 19-23 Uhr, Mo geschlossen.

Playa Jardín

- ***El Caldoso***, gemütlich, vier Meeresterrassen-Tische, Fisch- und Reisgerichte, Zugang am besten über die Verlängerung der *Playa Jardín*-Promenade; ✆ 922-389018.
- ***Los Faroles***, sehr gepflegter Garten und Speiseraum mit Meerblick über die Playa Jardín; außer Grillfleisch auch gute Reisgerichte; €15; Ave. Afonso ohne Nummer; 13-16 und 20-24 Uhr, So abends geschlossen; ✆ 922-384616.

Punta Brava

- Das Restaurant ***Tambo*** hat eine kleine Terrasse über dem Meer mit Blick auf die *Playa Jardín*; gute Fischgerichte und Paellas; Fleisch-Tipp: *Solomillo Tambo*. Das Lokal liegt in der Calle Añatervel, etwas versteckt neben dem (noch vorhandenem, aber seit kurzem geschlossenen) Restaurant *El Caleton*; €20; 12-22 Uhr, Mo zu, ✆ 922-376262.

La Paz

- ***La Magnolia***, feine, oft prämierte katalanische Küche in lichtdurchflutetem Raum; €22; Avenida Marqués de Villanueva del Prado ohne Nummer, an der Hauptgeschäftsstraße von La Paz; täglich 13-16 und 19-24 Uhr; © 922-385614.
- **Shanghai**, tolle Meerblick-Terrasse, aber nur mäßige chinesische Küche beim *Mirador La Paz* am autofreien Camino San Amaro; €15, täglich 12-16 und 18-24 Uhr; © 922-382946.
- ***The Oriental***, Thai-Restaurant im *Hotel Botánico*; internationalisierte Thai-Küche, elegantes Ambiente (Jackett-Zwang), sehr teuer: €36; Avenida Yeoward 1 (nähe Botanischer Garten/La Paz), täglich ab 18.30 Uhr; © 922-381400. Im *Hotel Botánico* befinden sich auch die Restaurants ***La Parvilla*** (spanische Hotel-Küche) und das italienisierte ***Papagallo***; teuer, aber für den besonderen Abend angemessen.

Durazno

- ***Mar y Montana,*** katalanische Küche, die sich auszeichnet durch die Verbindung von Fleisch und Meeresfrüchten; auch kanarische Gerichte; angenehmes Ambiente. Camino el Durazno 3 (Autobahn *Salida* 32/Martiánez, etwas unterhalb der *Bananera*, linker Hand); €20; © 922-381409, täglich 12.30-16 und 19-23 Uhr

Zwei bescheidenere kanarische Restaurants haben inseltypische Gerichte auf der Karte:

- ***El Duranzo*** in der Calle La Escuela (Mo geschlossen) und die
- ***Casa Lala***, Camino El Durazno (So und Mo mittag geschlossen)

Taoro Zone

- ***El Mundo Verde***, vorzügliches **vegetarisches Café und Restaurant**; auch für Veganer und auf Diet Angewiesene geeignet (deutsche Leitung). Es liegt etwas abseits: bei der Texaco-Tankstelle von der Crtra. Botánica die Calle Belgica bergauf und oberhalb

»Mesón El Monasterio«, aus einem Kloster entstandener Restaurantkomplex bei Los Realejos, nur ein paar Kilometer westlich von Puerto (Autobahn Ausfahrt 36, ➢ Seite 333f)

Hospital *Bellevue* links in die Calle Las Tapias. Schöne Terrasse mit Bergblick. Außer Mo täglich 12.30-23 Uhr. © 922-368565

- **La Higuerita** (an der alten Landstraße Puerto-Los Realejos)
- ***El Duende*** liegt über der Straße in einem altkanarischen Haus und ist bekannt für moderne, kreativ-feine Küche, die sich ausschließlich nach dem saisonalen Angebot richtet; elegant-ländliches Ambiente; €22.

  Calle La Higuerita 41, Autobahnabfahrt 38 (La Higuerita), sofort rechts und 1.Straße links und wieder links auf der TF 320 Richtung La Vera (fast schon in Los Realejos); Di-Do 18-23 Uhr, Fr-So 12.30-15 und 18-23 Uhr, © 922-374517.

Discos und abendliche Unterhaltung

Für die Jugend

- ***Discoteca Joy***, Calle Benito Pérez Cáceres, www.joytenerife.com
- ***Discoteca Vampis***, Avda. Generalísimo, *Edf. Drago*, © 922-386537
- ***Disco Chanclas***, Ecke Calle de la Hoya und Avda. Generalissimo
- ***Disco Ebano***, Ecke Calle Esquivel und Calle de la Hoya
- ***Disco Varadero***, kubanische Salsa-Band, Avda. Generalissimo 32
- ***Disco Sabor-Sabor***, *Playa Martiánez* neben *Hotel San Felipe*
- ***Disco Victoria*** im *Hotel Tenerife Playa*, ab 24 Uhr, © 922-381066

Für die mittlere Generation

- ***Café de Paris***, Avenida.de Colón im *Hotel Valle Mar*; nachmittags Tanztee auf der Terrasse (mit Live-Band).
- ***Concordia Club***, Avenida de Venezuela 3; ab Mitternacht
- ***Discoteca Qatar***, Stadtteil La Paz, Calle Aceviño, ***Edificio Masaru***; ab 22.30 Uhr, © 922-382307.
- ***Blue Note***, Calle Zamora 15, Nähe d. Hochhauses, © 922-380943

Live Music

- ***Bolero***, Avenida de Colón, Restaurant mit Live-Musik, meist kanarisch/Folklore
- ***El Pescador***, Calle Puerto Viejo; Fischrestaurant
- ***Patio Rincón del Puerto***, Plaza del Charco; Gitarre und Gesang
- ***Winzerkeller***, La Paz (gegenüber *Jardín Botánico*, ab 20.30 Uhr
- ***The Molly Malone***, irische Live Music – Calle Las Lonjas (am Hafen), © 922-386164, täglich 12-14 und 19.30-1.00 Uhr.

Etwas Besonderes ist das ***Abaco***, *Salon de Cockteleria y Bar*, Camino Casa Grande/Ecke Camino El Duranzo, Urb. El Durazno oberhalb La Paz, Cocktailbar und gelegentlich klassische Konzerte; © 922-370107, Fax 370630, ➢ auch Seite 311.

Isla del Lago heißt die **Restaurant-Insel** in der Badelandschaft *Lago Martiánez*; internationales Show-Programm, meist mit leichtem Flamenco-Akzent, ab 22 Uhr, €18 inklusive 1 Getränk, Abendgarderobe; © 922-383852/383899.

Tenerife Palace – Noche de Gala; Varieté Show mit Las Vegas-Touch; Menü ab 20 Uhr, Show 21.15 Uhr, Camino de Coche ohne Nummer, (zwischen *Mercado* und Casino Taoro); © 922-374811.

Blick vom Mirdor Humboldt über das Orotavatal

5.2 Das Orotavatal

5.2.1 Kennzeichnung

Das Landschaftsbild

Zu den schönsten Landschaftsbildern in Europa zählen irische Kliffs, norwegische Fijorde und finnische Schären, das Alpen-Panorama, die Provence, Toscana und die griechischen Kykladen – aber Teneriffas Orotavatal? *Humboldts* Euphorie vor 200 Jahren über Teneriffas grünen Teppich kann heute nur nachvollziehen, wer über die zerstörerische Bebauung der letzten Jahrzehnte hinwegsieht. Dennoch ist nicht nur das riesige Tal (10 km breit) nach wie vor atemberaubend, sondern auch sein landschaftlicher Rahmen: weit unten der blaue Atlantik, an den Seiten die *Ladera*-Steilwände und darüber der (schneebedeckte) Teide, den eine täglich mehrfach wechselnde Wolken-Show umgibt. Es ist wohl dieses Zusammenspiel des weißen Vulkans vor mediterraner Flora hoch über dem Meer in südlichen Gefilden, das uns hier trotz der Bausünden allerorten immer noch fasziniert.

Bevölkerungsdichte

Flächenmäßig ist die Gemeinde Orotava die größte Teneriffas, denn zu ihr gehören das Touristenzentrum Puerto de la Cruz, die Stadt Los Realejos und der ***Parque Nacional del Teide***. Mit 35.000 Menschen ist sie neben dem städtischen Zentrum Santa Cruz/La Laguna auch die am dichtesten besiedelte. Wenn man die unbewohnte Region des Nationalparks herausrechnet, leben in dieser Gemeinde 450 Menschen/km^2; in Puerto de la Cruz sogar 2.700/km^2, doppelt so viele wie in Santa Cruz.

Vom Humboldtblick zur Baugrube

Vom berühmten »**Humboldtblick**« an der östlichen Schulter des Orotavatals schaut man heute auf ein ständig wachsendes Häusermeer, das die landwirtschaftliche Fläche dieser fruchtbarsten Inselregion stetig schrumpfen läßt. Noch in der Nachkriegszeit kam jede zweite kanarische Banane aus dem Orotavatal. 20 Jahre später erkoren die Stadtväter ihr Tal im Taumel der Tourismuswellen zum Spekulationsobjekt und machten es damit zur gigantischen Baugrube: 7 km^2 Plantagen wurden allein in den letzten fünf Jahren von Urbanisationen, Service-Einrichtungen und Straßenbau gefressen, darunter die Verlängerung der Autobahn.

Touristische Schwerpunkte

Zu den touristischen Zielen zählen neben Puerto auch die **Altstadt von Orotava**, die **Auffahrt** von dort **zum Teide** und das **Wandergebiet** oberhalb von Aguamansa. Ferner einzelne Punkte, wie die Aussichtspunkte ***El Lance*** und ***Corona***, Küstenspaziergänge (z.B. bei Rambla de Castro), aber auch herrliche **Höhenstraßen**, wie die TF 326 von Palo Blanco (oberhalb von Realejos) über Benijos Richtung Aguamansa.

Besonders beliebt ist der ***Mirador Humboldt***, der den erwähnten »Humboldtblick« über das Tal bietet. Zufahrt ab ***Salida* 31** der Autobahn (Orotava/La Questa), dann Richtung Orotava (TF 217). Das massive, moderne Lavastein-Bauwerk rechterhand ist unübersehbar (das verglaste **Café** eröffnete im September 2003). Hundert Meter weiter kann man den gleichen Blick vom kleinen **Picknickplatz *Del Pinito*** genauso gut genießen.

Eselsbauch und Orgelpfeifen

Orgelpfeifen (***Los Organos***, ➢ Seite 395), eine Wand aus Basaltsäulen in 1.000 m Höhe, begrenzen oberhalb von Aguamansa das Orotavatal nach Süden. In dieser Höhe kondensiert die Luftfeuchtigkeit des Nordost-Passats und bildet eine geschlossenene Wolkendecke, die oft den Blick auf den Teide-Pico versperrt. ***Panza de burro***, Eselsbauch, sagen die Spanier treffend dazu, denn grau und dickbäuchig hängt sie in den Bergen. Es gehört zu den schönsten Erlebnissen einer Fahrt in den Teide-Nationalpark, diese Nebelzone zu durchstoßen und dann wie im Flugzeug bei strahlendem Sonnenschein über dem – von oben betrachtet – weißen Wolkenmeer scheinbar »zu schweben«. Der Eindruck eines durchhängenden grauen Bauches wird im Orotavatal durch seine seitlichen »Schultern« (*laderas*=Seiten) verstärkt. Sie schützen Orotavas ausgeprägtes Mikroklima vor fremden Wettereinflüssen.

Geologie

Die Geologen rätselten lange über die Entstehung dieses enorm weiten Tales ohne größere Wasserläufe. Bis vor kurzem glaubten sie an eine tektonische Störung, an einen gewaltigen Einbruch zwischen den *Laderas*. Neuerdings denkt man entgegengesetzt: das Orotavatal entstand nicht durch Landabsackung zwischen den *Laderas*, sondern seine Schultern wurden durch punktuelle Lava-Eruptionen und -flüsse aus den Zentren des Inselrückgrats aufgebaut. Erst durch Erosion wurden sie so steil. Bis zu 700 m hoch ist die *Tigaiga-Ladera* im Westen. Die östliche Schulter zeigt noch stärkere Spuren der Verwitterung. In den höheren Lagen ist der Grat schon zu *Roques*, einzelnen Felsgipfeln, erodiert. Ein geologisches Pendant ist das Güímartal an der Ostküste Teneriffas (➢ Ostküste, Güímar, Seite 196). Eine neuere, jetzt weitgehend anerkannte Theorie besagt, daß das Tal durch einen gewaltigen Erdrutsch beim Zusammensturz des riesigen Urvulkans im Zentrum Teneriffas entstand (➢ »*Caldera*«, Seite 417).

Alte Haziendas

Die prächtigen Herrschaftshäuser im alten **Stadtkern von Orotava** künden vom Reichtum seiner Großgrundbesitzer seit der *Conquista*. Für die spanischen Eroberer war das **Reich Taoro** des *Mencey Bencomo* allererstes Objekt der Begierde gewesen. Der

Guanchen-Bezwinger *Adelantado de Lugo* hatte sich selbst das größte Terrain gegönnt und den Rest generös an Freunde, Verwandte und zukünftige Investoren verteilt.

Auf riesigen Haziendas wurden in fruchtbaren unteren und mittleren Hanglagen je nach Marktlage Zuckerrohr, Bananen und darüber Wein angebaut (➢ Seite 490, Monokulturen). Nur die obersten Grundstücke waren für den Bedarf der Inselbevölkerung reserviert. Der Großgrundbesitz blieb durch das Erbfolgerecht, das dem Erstgeborenen alles zusicherte (*Mayorazgo*), lange erhalten.

Land und Wasser

Die Exportkulturen brauchten viel Wasser, das es aber meist nur oben in den Bergen gab. Deswegen nahmen sich die Reichen auch noch die Wasserrechte. Durch ein Kanal- und Staubecken-System wurde das Wasser talwärts geleitet und mehr nach Laune als Bedarf auch an kleine Bauern und Müller, die die täglichen Nahrungsmittel produzierten, verteilt (➢ Seite 448f).

Die Dächer von La Orotava

5.2.2 La Orotava (36.000 Einwohner, 335 m)

Geschichte

Der **Stadtgründung** von ***La Villa de la Orotava*** im Jahr 1506 ging ein Akt des Ungehorsams voraus. Ein gewisser *Ortiz de Zárate* hatte das Terrain an 23 Personen verteilt, obwohl die Hazienda-Eigner die Parzellierung ablehnten. Jedoch kam dem Rebellen Madrids Wunsch nach stärkerer Besiedlung der Region entgegen.

Doce Casas

Wer auf sich hielt, wohnte Mitte des 16. Jahrhunderts in La Orotava. Und so zog es auch spanische, italienische und französische Kaufleute und Finanziers der Zuckerproduktion in jene Region, wo das nur sanft ansteigende Tal in steileres Bergland übergeht. Die Edelsten unter ihnen gründeten 1560 die ***Hermandad Doce Casas*** (»Bruderschaft der 12 Häuser«), über die Humboldt krittelnd bemerkte: » ... die Häuser, solid gebaut, aber trübselig anzusehen, gehören fast durchaus einem Adel, der für sehr stolz gilt und sich selbst anspruchsvoll als *Doce Casas* bezeichnet«. Einheimische nennen bis heute den **Stadtkern *Doce Casas***.

Stadtwappen

Unter dem Patronat der ersten Stadthäuser wurden auch Klöster gegründet, und 1648 konnte sich die Villa de la Orotava, die »edle und treue« Stadt, *noble y leal*, wie es im Stadtwappen heißt, als erste Inselgemeinde von der Hauptstadt La Laguna emanzipieren und selbständig werden. Einige der alten Herrenhäuser stehen heute für Touristen offen. Bei einem Blick aus deren Fenstern ins Tal sieht man, wie die Fincabesitzer ihr Land in den letzten 30 Jahren abermals durch Parzellierung vergolden konnten.

Anfahrt und Information

Anfahrt

Über drei Autobahnausfahrten gelangt man nach Orotava:

- **Salida 31** »La Orotava/Cuesta de la Villa« (auf dieser Anfahrt passiert man den *Mirador Humboldt*)
- **Salida 33** »La Orotava/El Ramal/PN Teide«
- **Salida 34** »La Orotava/Mayorazgo«

Parken

Die beiden erstgenannten Anfahrten stoßen auf den **Plaza de la Paz** in Orotavas unattraktiver Neustadt. Mit Glück findet man dort in der Mittagspause (13-16 Uhr) am Straßenrand einen Parkuhr-Platz und geht dann die 500 m über die Calle Calvario zu Fuß zum Altstadtkern. Glücklose fahren auf der Calvario weiter und werden im **Parkhaus** in der Altstadt ihren Wagen los (Calle Inocencio Garcia unterhalb des Info-Büros, ➢ unten).

Die dritte Autobahnausfahrt (Mayorazgo, *Salida* 34) führt weiter westlich durch ein gelungenes Villen-Neubauviertel Richtung Innenstadt. Am besten stellt man seinen Wagen auf dem Parkplatz neben der *Pizzeria Vesuvio ab* (gutes Restaurant!). Von dort geht man auf der Calle Cologan bergauf zu der berühmten ***Casa de los Balcones*** (ausgeschildert) und steigt oben in den beschriebenen Rundgang ein.

Der Busbahnhof (*Estación Guaguas*, Calle San Juan Bosco, oberhalb der Plaza de la Paz) liegt keine 10 min entfernt von der *Iglesia San Augustín*, die man Richtung Westen über die Avenida Obispo Benitez und die Avenida José Antonio erreicht.

Touristen-information

Vom breiteren Ende der Plaza Constitución führt eine kleine Stichstraße auf die **Calle Escultor Estevéz**, die Hauptgeschäftsstraße der Altstadt. An der **Ecke zur Calle Tomás Zerolo** hält das Touristenbüro Stadtplan und anderes Info-Material bereit:

Oficina Municipal de Información Turística, Calle Escultor Estevéz 2, © 922-323041, Fax 334512/334512; Mo-Fr 9-18.30 Uhr.

Rundgang

Orotavas Altstadtkern ist klein, aber nicht eben übersichtlich. Manche Straßen sind sehr steil. Unsere Stadtbesichtigung beginnt an der schon erwähnten *Iglesia San Augustin.*

Grüne Hinweisschilder (mit Stadtplan) sind als Rundgang nummeriert und korrespondieren exakt mit dem offiziellen **Stadtplan »Orotava‹, ein großartiges Denkmal«** (für €0,60 im Infobüro auf Spanisch, €3 in deutscher Sprache).

Iglesia San Augustin

Die Kirche und das rechtwinklig anschließende ehemalige Kloster San Augustin begrenzen die **Plaza Constitución** zur Neustadt hin. Das zentrale steinerne Kirchenportal hebt sich mit frühbarocken Elementen (durchbrochene Giebel) von der sonst klassisch-schlichten Fassade ab. Neben den auf den Kanaren verbreiteten schwarzen Ecksteinen verläuft ein arabisches Ornamentband. Im dreischiffigen Innenraum fällt der Blick vor allem auf die in den Seitenschiffen bemalten Mujedardecken und den mächtigen, reich beschnitzten Holzaltar.

Das vergleichsweise bescheidene Klosterportal führt durch die aus dunklen Mühlsteinen errichtete niedrige Glockenturm-Fassade (Ende 17. Jahrhundert). Nach der Säkularisierung 1835 verfielen Kloster und Kirche. Seit 1976 beherbergt das Kloster die ***Casa de la Cultura*** und dient hauptsächlich als **Musikschule**.

Plaza Constitución

Die lange schattige **Plaza Constitución** ist Orotavas abendlicher Treffpunkt und Open-air-Konzertplatz für gelegentliche Musikveranstaltungen. Wegen des Blickes über die Dächer der Stadt wird er auch **Orotavas Balko**n genannt. Im arabisch anmutendem Pavillon in der Platzmitte befindet sich ein kleines Garten-Cafe.

Unübersehbar ist der zur Plaza in Terrassenbeeten abfallende Ziergarten mit einem eigenwillig gestylten rötlichem Gebäude (1928). Es ist der ehemalige Palast der Familie *Ascanio-Monteverde*. Der jetzige Name ***Liceo Taoro*** weist auf seine vorübergehende Nutzung als Schule hin. Heute ist das *Liceo* Sitz einer privaten Kulturgesellschaft, die Gemeindefeste (Karneval, Silvester) und sonstige Veranstaltungen vorbereitet. Es lohnt ein Blick ins pompöse Foyer, an dessen Bartresen man sich nostalgisch an ein Ballhaus vergangener Zeiten erinnert fühlt.

Auf der Plaza de la Constitución von La Orotava

Calle Escultor Estevéz

Von der Hauptgeschäftsstraße Calle Escultor Estevez, führt die Calle Tomás Zerolo steil bergab zur ***Iglesia Santo Domingo*** und zum angrenzenden ***Museo de Artesania Iberoamericana***. Auf dem Weg dorthin liegen Gebäude verschiedener Epochen und Stile aus drei Jahrhunderten. Außer den typisch kanarischen Häusern (repräsentatives Steinportal, Familienwappen, sorgfältig geschnitzte Balkone) fällt ein graues, kleines Steinhaus wegen seiner mächtigen Eingangstür aus dem 17. Jahrhundert auf (gegenüber der einfachen *Pension** Silene*), sowie einige ca. 100jährige Bauten im eklektizistischen Stil mit gotischen Spitzbögen, viktorinischen Türmchen und arabischen Verzierungen.

Kloster Santo Domingo & Museum

Das aus der Mitte des 17. Jahrhundert stammende Dominikanerkloster diente nach der Säkularisierung (1835) vielen Zwecken – bis Mitte des vorigen Jahrhunderts unter anderem als Obdachlosenasyl. Heute beherbergen diese wohl schönsten Klosterhöfe Teneriffas das ***Museo de Artesanía Iberoamericana***. In den großen Sälen des Museums findet man spanische und südamerikanische Musikinstrumente, Keramik, Textilien und Flechtarbeiten, u.a. das Schilfboot *Cattail* aus Bolivien (➢ Thor Heyerdahl, Seite 201). Calle Tomás Zerolo 34; Mo-Fr. 9.30-17; Sa 9.30-14 Uhr. So geschlossen; ✆ 922-321746, €2,50.

Iglesia Santo Domingo

Je nach Finanzkraft der Spender wurden ab 1620 an dieser Stelle nach und nach einzelne Kapellen gebaut, die sich heute um das einfache Kreuzschiff gruppieren. Fackel, Hund und Globus, die Symbole der Dominikaner, sind an der Kirchenfassade zu sehen. Ihren Turm umgibt ein kleiner Aussichtsbalkon. Im Kirchenraum ist die »*Virgin de la Concepción*« erwähnenswert, ein wertvolles flämisches Gemälde aus den 16. Jahrhundert.

Artenerife/ Kunsthandwerk

Gegenüber dem Museum wird in der *Casa Torrehermosa* (16. Jahrhundert), tinerfeñisches Kunsthandwerk verkauft. Für gute Qualität garantiert dabei ***Artenerife***, eine von der Inselregierung ins Leben gerufene Vereinigung zum Schutze der heimischen *Artesanía*. Mo-Fr 9.30-18.30, Sa bis 14 Uhr. Calle Tomás Zerolo 27, ✆ 922-352906, Fax 335811. Weitere *Artenerife*-Läden mit gewölbten Schild-Holzdach finden sich in Santa Cruz, Puerto de la Cruz, Playa las Américas und Playa Las Vistas.

Casa Mesa

Ein schlichtes klassisches Haus aus dem 16. Jahrhundert ist die bisher nur von außen restaurierte ***Casa Mesa*** an der Ecke Calle Zerolo und Calle Viera. Einziger äußerer Gebäudeschmuck ist das beeindruckende Steinportal.

Iglesia de Concepción

Die Calle Viera stößt auf die Calle Cólogan, über die man bergauf zum palmenbestandenen **Kirchplatz Plaza Casanas** mit der *Iglesia de la Concepción* gelangt. Nach Orotavas Gründung stand hier zunächst nur eine bescheidene Kirche, deren Ausbau die wohlhabende Familie *Franchy* 1546 finanzierte. Zwei Vulkanausbrüche (1704/1705) im Güímar-Tal, dem geologischen Pendant zum Orotavatal im Südosten, lösten diesseits der Berge Erdbebenstöße aus, welche die *Concepción* zerstörten. Von 1768 bis 1788 enstand die Kirche neu in ihrer heutigen Gestalt. Trotz klassizistischer Elemente zählt sie zu den reinsten und schönsten Barockbauten der Insel.

Die dreigeteilte Fassade wirkt wie ein nach hinten aufgeschlagenes Tryptichon, dessen Mittelteil mit dem gewaltigen Portal bis zur geschwungenen Dachlinie besonders hervorgehoben wird. Zwei 25 m hohe Türme krönen die Front. Die Dreiteilung setzt sich innen fort und findet ihren Abschluß in einer Kuppel über dem zentralen Kreuz. Viele in Kuba reich gewordene *Tinerfeños* spendeten wertvolle Gemälde und Skupturen, ein Marmor-Tabernakel sowie die Kanzel des Genuesers *Gaggini* (1823).

Rathaus

Die Calle Tomás Pérez führt vom Kirchplatz (dort ist auch die Post) weiter zum ***Ayuntamiento***, dem Rathaus. Das klassizistische Gebäude enstand 1895 und trägt die unverkennbare Handschrift des Architekten *Manuel de Ora*, der damals auch Santa Cruz ein neues Gesicht gab. Den Giebel der klassisch gehaltenen Fassade schmückt das Stadtwappen: ein unter der Krone von zwei Drachen flankierter Drago-Baum. Der königliche und feuerspeiende Schutz nützte dem lebenden Wahrzeichen Orotavas wenig. Ein Unwetter entwurzelte Mitte des 19. Jahrhunderts den mächtigen, 25 m hohen Baum, dessen Umfang 24 m betrug.

Blumen- und Sandteppiche

Zu **Fronleichnam** bietet Orotava eine der berühmtesten Attraktionen Teneriffas. Alljährlich werden auf dem palmenbestandenen Rathausplatz religiöse **Bilder aus farbigem Vulkansand** gestreut, und die Prozession schreitet über kunstvoll gestaltete Blütenteppiche (➢ »Göttliche Teppiche«, Seite 329)

Keramikmuseum Casa Tafuriaste

Im restaurierten Herrenhaus mit Artesano-Decken ist das Keramik-Musem *Casa Tafuriaste* eingezogen. Über 1000 altspanische und kanarische Töpferwaren sind ausgestellt. Die Gegenstände sind nach ihrem Gebrauch geordnet: Wasser, Gefäße zum Einlegen von Nahrungsmitteln, Wein und Küche. Erklärungen auch auf Deutsch. Gleich oberhalb des Touristenbüros in der Calle León, Ecke Calle San Augustín, 10-18, So 10-14 Uhr; € 2, ✆ 922-321447.

Botanischer Garten mit Drachenbaum

Hijuela del Botanico

Vor 100 Jahren mußte ein Nonnenkloster dem *Ayuntamiento* Platz machen, aber der Klostergarten blieb hinter dem Rathaus erhalten und trägt heute den hübschen Namen *Hijuela del Botánico* (Töchterchen des botanischen Gartens). Nach dem Vorbild des *Jardín de la Acclimatización* in Puerto (➢ Seite 309) wächst hier eine Vielzahl exotischer und einheimischer Pflanzen, darunter ein stattlicher Drachenbaum und ein prächtiges Exemplar der *Araucaria Heteropylla* (Schirmtanne). **Eintritt frei**, 9-14 Uhr.

Hotel Rural Orotava

Die Straße vor dem *Ayuntamiento* trägt den Namen eines berühmten Sohnes Orotavas, *Escultor Estevéz* (1788-1854), dessen Skulpturen in vielen Kirchen zu sehen sind. Sie führt vorbei an einem Palast von 1580, in dem heute das ***Hotel Rural Orotava*** untergebracht ist. Hier wohnt man stilvoll kanarisch. Im seinem begrünten, lauschigen Patio, dem **Restaurant *Sabor Canario***, werden gut bereitete traditionlle und kreative Inselgerichte serviert (➢ Seite 332)

Casa Monteverde

Am Ende der Escultor Estevéz führt rechts die Calle Colegio abwärts wieder zurück zur *Iglesia Concepción*. Die paar Schritte weiter zur ***Casa Monteverde*** und zur ***Casa Ponte-Fonte/Lercaro*** lohnen. Gegenüber der *Casa Monteverde*, mit dem Renaissanceportal, erinnert eine Tafel daran, daß hier die Schöpferin von Orotavas erstem Blumenteppich (1847) lebte. Zum 150. Jubiläum setzte die Stadt ihr ein Denkmal und stellt in einer Glasvitrine unterhalb der Casa die Nachbildung des ersten Teppichs aus.

In der Casa Lercaro

Casa Ponte-Fonte/Lercaro

Die *Casa* ist ein besonders prächtiger Barock-Palast (1672) der Genueser Familie ***Lercaro*** mit kunstvollen Holzbalkonen und Ornamentbändern. In den holzgetäfelten Räumen und im gepflegten Garten gibt es viel zu sehen: Federvieh und landwirtschaftliche Geräte; im Patio eine *Tasca* und ein Laden (Käse, Weine, *Mojos* - alles feine kanarische Produkte, die man auch gleich probieren kann). Im 1. Stock befindet sich ein exklusives Dekorationsgeschäft mit alten und neuen Stoffen, Möbeln, Lampen; kein touristischer Schnickschnack. Verkauf täglich 10.20-18 Uhr; *Tasca* nur abends; kein Eintritt.

Gofiomühle La Máquina

Unterhalb des Gebäudes gelangt man durch einen Gang zur Gofiomühle ***La Máquina***. Sie ist noch in Betrieb – allerdings nicht mehr mittels Wasser, sondern Strom. Gleichwohl zeigt sie die genauen Details der alten Getreidemühlen-Technik. Hier kann man auch *Gofio* kaufen. (➢ auch Thema *Gofio* auf Seite 69).

Göttliche Teppiche und »Sandgemälde«

Auch auf der Insel des ewigen Frühlings ist der Mai ein Blüten-Monat. Vielerorts werden die Kreuze und Kirchenportale am *Dia de la Cruz* (3. Mai, Tag der Landung der Spanier auf Teneriffa) verschwenderisch mit Blumen geschmückt.

In der **Fronleichnams-Woche** (wechselnd, 2. Hälfte Juni) ziehen die **Blumenteppiche** auf den Straßen auch die Touristen in Scharen an. Religiöse Motive werden zunächst vorgezeichnet, dann von jung und alt sorgfältig mit verschieden farbigen Blumen ausgesteckt. In einigen Orten werden auch andere eingefärbte Materialien wie Salz, Getreide, Reis oder Sand verwendet. In der Nacht vor dem Ereignis wird fieberhaft gearbeitet, da Wind und Wetter die Arbeit im Nu vernichten können.

Diese ***Alfombras*** wurden erstmals Mitte des 19. Jahrhunderts von *Leonor de Castillo* und *Maria Teresa Monteverde*, Bewohnern der *Casa Monteverde*, in gelegt. Heute ist eine Mosaiknachbildung des Urteppichs vor ihrem restaurierten Haus zu sehen (➢ links).

Eine kanarische Besonderheit ist das jährliche **Lava-Sandbild vor dem Rathaus** in La Orotava. Wochenlange Arbeiten gehen diesem farbenprächtigen Ereignis voraus. Schon die Regenabdeckung des fast 1000 m^2 großen Rathausplatzes kostet viel Zeit. Mit Kreide werden die Konturen der religiösen Motive gezeichnet. Stundenlang hocken dann die Künstler auf dem Boden und lassen bis zu 3000 kg feinsten Lavasand durch ihre Hände rieseln. Ihre Palette bilden Sandsäcke in 18 originalen Farben. Während der Arbeit darf man den Künstlern über die Schulter schauen.

Auch in Icod und La Laguna werden zum ***Corpus Christi-Fest*** prächtige (Blumen-)Teppiche in die Straßen gelegt. Ein ***Teppich-Museum*** (*Museo de Alfombras*) soll in der Calle Cólogan (beim *Centro de Salud*) eröffnen.

Kunstvolles »Gemälde« aus originalfarbenem Lavasand (noch unvollendet)

Casa de los Balcones

Zurück an der Calle Colegio geht die Straße bergauf weiter als Calle San Francisco zu zwei nebeneinander stehenden **Prachtpalästen** des Orotaver Finanzadels des 17. Jahrhunderts. Nur bei genauem Hinschauen entdeckt man die Unterschiede in den Balkon-Ornamenten beider Häuser – sowohl im zweiten Stock (Holz), als auch im ersten (Schmiedeeisen). Neben der *Casa de los Balcones* (1632) verdient die Fassade der etwas jüngeren *Casa Franchy* mit den Raubvögeln in ihren durchbrochenen Fenstergiebeln Aufmerksamkeit. Mo-Fr. 10-13 und 16-19 Uhr, So geschlossen.

Museum

In der ***Casas de los Balcones*** bietet sich die einzige Gelegenheit, ein herrschaftliches Haus aus dem 17. Jahrhundert von innen zu sehen. Die Räume um die obere Balkongalerie wurden im Stil der Zeit wieder hergerichtet und als Museum zugänglich gemacht. Eine Weinpresse im Patio und viele andere landwirtschaftliche Geräte geben Einblick in das bäuerliche Leben früherer Zeiten auf Teneriffa. Zudem kann man Stickerinnen und Korbflechtern bei der Arbeit zusehen und ihre Produkte auch gleich kaufen.

Kanarisches Kunsthandwerk

Auch in der ***Casa Molina*** (1590) gegenüber, einem ehemaligen Konvent, wird Kunsthandwerk verkauft. Stickerei- und Hohlsaum- Decken, u.a. aus dem für die Handarbeiten berühmten Dorf Vilaflor, werden neben tinerfeñischem Honig, Wein und anderen Souvenirs angeboten. Man kann auch einem flinken Zigarrendreher auf die Finger schauen. Wie aus buntem Lavasand ein Bild entsteht, wird nebenan auf der Terrasse (schöner Blick) gezeigt. Als Türumrandung im Innenraum beeindrucken **Bilder aus unterschiedlichen Getreidekörnern**; sie schmücken auf *Romerías* die Ochsenkarren (➢ Thema *Romeria*, Seite 399).

Drehwiege

Weiter bergan führt die Straße zur Plaza San Francisco und zum ***Hospital de la Santísima Trinidad***. Als dieses ehemalige Franziskanerkloster 1801 abgebrannt war, übernahm die Gemeinde 1835 den Wiederaufbau und nutzt es seither als Krankenhaus. Im rechten Portalflügel (seitlich über die Plattform treppauf zu erreichen) ist ein hölzerner Zylinder erhalten. In seine Öffnung konnten Mütter von außen ihre Kinder legen und sie mit einer Drehung unbemerkt ins Klosterinnere und damit in Nonnen-Obhut geben. Heute ist der Drehmechanismus blockiert; die Trommelöffnung – mit Kissen und Bettdeckchen – ist nur noch vom Innenhof aus zu sehen. Hamburg und weitere deutsche Großstädte führten solche »Babyklappen« für verzweifelte Mütter erst kürzlich wieder ein.

Hotel und Jardín Victoria

An der Plaza San Francisco gelangt man über die Calle Hermano Apolinár wieder zum Botanischen Garten. Der Weg führt vorbei am städtischen *Hotel Victoria*, einem gepflegtem Haus aus dem späten 17. Jahrhundert mit weitem Blick von der Dachterrasse und einem **stilvollem Restaurant** im Foyer. (➢ Seite 568).

Vis-a-vis des Botanischen Gartens liegt der Eingang zum ***Jardín Victoria***, einem nach viktorianischem Vorbild streng gegliederten kleinen Park, der über Terrassenbeete zum Mausoleum (1885) ansteigt. Es entstand für den *Marquis de Quinta Roja*, der als Freimaurer kein kirchliches Begräbnis bekam. Vom Mausoleum hat man einen weiten Blick über die Dächer der Stadt. 9-18 Uhr.

Aquadukt einer Gofiomühle

Abstecher: Ruta de Molinos – Gofiomühlen

Von der *Iglesia San Francisco* lohnt es, die steile Calle San Francisco über die Calle Gonzalez García zur Calle Doctor Domingo Gonzales weiter hinaufzugehen. Dort in der Oberstadt, dem ***Barrio Farrobo***, wohnten die einfachen Bürger, wie die schlichten Häuser ohne Balkons, Wappen und große Portale bezeugen.

Auf den ersten Blick nur schwer zu erkennen sind die Reste der alten wasserbetriebenen **Getreidemühlen**, die in gerader Linie bis zur Calle Colegio von den Quellwassern des höherliegenden Aguamansa (= stilles Wasser) angetrieben wurden. Entlang einer ausgeschilderten ***Ruta de Molinas*** sind heute nur noch die Rundbögen der Aquädukte zu sehen. Daran schließt ein kreuzgekrönter Turm an, von dem das Aquäduktwasser auf die Mühlräder stürzte. Nach vollbrachter Mahlarbeit wurde das Wasser zunächst in Tiertränken und dann auf die Felder geleitet.

Iglesia de San Juan de Farrobo

Wer auf dem Weg bergab links in die Calle Calvo Sotelo einbiegt, erreicht die Kirche des Viertels. Schon 1608 wurde hier eine *Ermita* gegründet, die von den armen Landarbeitern und Tagelöhnern der Oberstadt in eine Schule umgewandelt wurde, wo ihre Kinder lesen und schreiben lernen konnten. Mit dem Bau der *Iglesia de San Juan de Farrobo* in ihrer heutigen Gestalt als dreischiffige Kreuzkirche wurde 1720 begonnen.

Romulo Bethancourt

Auf dem Platz neben der Kirche steht die Büste von *Romulo Bethancourt*, dessen Familie – wie so viele andere auch – nach **Venezuela** ausgewandert war, und der dort 1945 Präsident wurde (➢ Seite 491). Der Name *Bethancourt* hat sich auf den Kanarischen Inseln seit dem Beginn der *Conquista* weit verbreitet.

Denn der Normanne *Juan de Bethancourt* war der erste Europäer, der zunächst auf den von ihm eroberten Inseln Lanzarote und Fuerteventura reichlich Landbesitz angehäuft hatte.

Rückweg

Die Calle de León führt bergab – vorbei am Botanischen Garten und dem *Jardín Victoria* – zum **Ausgangspunkt des Rundgangs**.

Pueblo Chico

Im liebevoll gestalteten **Themenpark *Pueblo Chico*** sind die perfekten Miniaturen von über 50 historischen (einschließlich Guanchenhöhlen) und modernen Bauten aller kanarischen Inseln rekonstruiert und in eine Art botanischen Garten eingebettet. Die sehr sehenswerten Modellbauwerke erlebt man wie Goliath von oben. Mit *Zumeria* (Saft-Bar), Restaurant und Souvenir-Shop.

Der Park liegt gleich oberhalb der Autobahnausfahrt 35 (Abzweig »***Los Martillos***«, ausgeschildert), Shuttlebus ab Puerto; €8, Kinder €4; © 922-334060; täglich 9-18; www.pueblochico.com

Plaza von La Laguna en miniature, nachgebaut im Pueblo Chico

5.2.3 Praktisches

Touristenbüro

Oficina Municipal de Información Turística, Calle Escultor Estevéz 2, © 922-323041, Fax 334512; Mo-Fr 8.30-18, Sa 10-14 Uhr.

Busbahnhof

Ecke Avenida de Jose Antonio und Calle Miguel de Cervantes (oberhalb der Plaza de la Paz)

Post

Plaza Patricio Garcia gegenüber der *Iglesia de Concepción*

Polizei

Notruf 112

Medizinische Versorgung

Clínica la Orotava (*Centros Médicos Salud Canarias*), Calle Magnolia, 2 Urb. San Miguel, © 922-330550+333712+333798.

Centro Médico la Sidrona, Calle Obispo Benitez de Lugo, 28 – Edificio Hañagua (beim ZOB *Estación Guaguas*), © 922-335603.

Unterkünfte

Neben der erwähnten ***Pension Silene***, dem ***Hotel Victoria*** und dem ***Hotel Rural Orotava*** gibt es in Orotava das ***Alhambra***, ein kleines Juwel gleich oberhalb des Klosters *Santo Domingo/Museo de Artesania Iberoamericana* in der Calle Nicandro Gonzáles Borges 19 (➢ Hotels, Seite 568).

Restaurants

- ***Victoria***, Hotelrestaurant mit stilvollem Ambiente (➢ Seite 330), verfeinerte kanarische Küche, €22, Di-Sa 13-16.30 und 20-22.30 Uhr, So 13-16 Uhr; ✆ 922-331683.
- ***Sabor Canario*** im Hotel *Rural Orotava* (➢ Seite 328), traditionelles Restaurant mit einem attraktiven Patio, täglich 12-17 Uhr und 19.30-22 Uhr, So geschlossen; ✆ 922-322793.
- ***Restaurante Taoro*** (auch *Casa Egon*), einfache Räume, verwinkelter Patio, gute kanarische Hausmannskost, So abends und Mo zu. Calle Leon 5 am *Hijuela del Botánico*, ✆ 922-330087.
- ***La Mereja***, Calle Leon 27 (oberhalb des *Taoro*) einfache Küche, hübscher Patio, ✆ 922-332785.

Deutsche Wurst

- **Wurstquelle**, Carretera La Luz 28, Mo-Fr 9-13, 16-19 Uhr Sa 9-14 Uhr; ✆ 922-330316.

5.2.4 Von La Orotava nach Los Realejos

Oberhalb der Autobahn verlaufen **drei Landstraßen zwischen La Orotava und Los Realejos**, die TF 322, TF 324 und TF 326.

TF 322

Die **untere Straße** ist in Orotava bisher nicht ausgeschildert. Man erreicht sie über das Neubau-Villenviertel **Mayorazgo** (Calle José).

Etwa 4 km westlich von La Orotava an der Straße im Ortsteil Tafuriaste liegt ein großes kanarisches Landhaus mit einem umlaufenden Holzbalkon, die ***Casa Tafuriaste***, ein Edel-Restaurant mit gemütlicher *Bodega*; €30, ✆ 922-323006, täglich 13-24 Uhr, So Abend und Mo geschlosse. Auf der Rückseite des Gebäudes befindet sich das urige ***Restaurant El Engazo*** in einem alten Ziegenstall (tägl. 12-16 und 18.30-23 Uhr So Abend und Do zu, €12, ✆ 922-333556. Dort werden Kaninchen in *Salmorejo*, frischer *Queso Blanco* und Tomaten-Avocado-Salat aus eigenem Anbau serviert. Zum Nachtisch schneidet man sich eine Banane von der Staude.

Mesón El Monasterio (Foto S. 318)

Direkt an der Kreuzung der TF 322 mit der TF 333 (Autobahn-Zubringer nach Los Realejos/*Salida 36 »La Montañeta«*) liegt das ***Mesón El Monasterio***, ein Kloster aus dem Jahr 1646, dessen Gebäudekomplex sehr aufwendig zu einem großen **Restaurant** um-

Edel-Restaurant Casa Tafuriaste im gleichnamigen Orotava-Ortsteil, ca. 4 km westlich des Zentrums

5.2

gebaut wurde. Hier stimmt alles: der Garten (mit viel frei laufendem Federvieh), das geschmackvolle Ambiente verschiedener Terrassen und Räume (*Bodega, Tasca, Ermita*), sowie die Küche – sie erfreut deutsche und spanische Gaumen gleichermaßen. Das *El Monasterio* liegt am Fuße des kleinen Vulkankegels ***El Fraile*** (der Mönch). Eine winzige *Ermita* ist vom oberen Ende des Restaurantgartens über einen Pfad zu erreichen. Carretera General 12 – La Montañeta, © 922-340707; ➢ Seite 82/83.

Ab Puerto-Busbahnhof geht`s mit Bus 352 stündlich dorthin.

Tierra de Oro

Wer auf der **TF 333** weiter bergauf Richtung Los Realejos fährt, erreicht kurz nach Passieren des *Monasterio* links den Abzweig zum ***Tierra de Oro*** (ausgeschildert), dem einzigen Hotel oberhalb der Autobahn. Dieses **Kurhotel unter deutscher Leitung** bietet Dank seiner hohen Lage angenehme Ruhe und einen fabelhaften Blick auf Küste und Meer; ➢ Seite 568.

TF 324

Um auf die **mittlere Höhenstraße** von Orotava über Cruz Santa nach Los Realejos zu treffen, fährt man an der *Casa de Balcones* bergauf vorbei. Sie ist gut ausgebaut und führt direkt in die Innenstadt von Los Realejos. Auf dem Weg dorthin kann man kurz vor dem Ortsteil La Perdoma im ***Restaurant La Fortuna*** – mit Meerblick – preiswert und gut essen (13-24 Uhr, Mo geschlossen).

Cruz Santa

In Cruz Santa zieht das für diesen kleinen Ort überdimensioniert wirkende ehemalige Kasino von 1950 die Aufmerksamkeit auf sich. Die einschiffige ***Iglesia de la Cruz Santa***, dem Kasino gegenüber, stammt aus dem 18. Jahrhundert.

TF 326

Die **oberste dieser drei Verbindungsstraßen** zweigt nach ca. 8 km bei Chasna von der Orotava-Teideanfahrt (TF 21) ab und verläuft weit oberhalb von Orotava durch Felder und Wiesen über Palo Blanco nach Los Realejos. Wer genügend Zeit mitbringt, erlebt auf dieser Route – besonders bei gutem Wetter – einen noch in seiner Ursprünglichkeit erhaltenen Zipfel des Orotavatals.

Käse

Nach dem Passieren eines Picknickplatzes lohnt in **Benijos** ein kurzer Stopp in der Käserei ***Granja del Sol***, um frischen Käse zu kaufen (*Fresco, Semicurado, Ahumado*, ➢ Seite 75).

Zona Recreative Chanajiga

Empfehlenswert ist ein Abstecher zur ablegenen *Zona Recreativa Chanajiga* (1.500 m). Sie liegt an der oberen Grenze der immergrünen *Laurisilva*-Wälder, die sich früher in allen oberen Höhenlagen der Nordküste fanden, dort aber heute selten geworden und hauptsächlich als Vegetation des Anagagebirges bekannt sind.

Anfahrt zur *Zona*: zwischen Benijos und Vinatico Brezal auf kurviger Strecke bergauf oder in Palo Blanco noch 6 km nach La Llanadas, danach 5 km Schotterstraße; garantiert einsam!

Alternative Teideanfaht

Wer von Garachico oder Icod in den Teide-Nationalpark will, findet in der **Landstraße TF 326** ab Realejos über Cruz Santa eine empfehlenswerte Alternative zu der oft vollen und anfangs zersiedelten Auffahrt über Orotava (**Anfahrt von Westen**: Autobahnausfahrt 36, dann nach Cruz Santa und Palo Alto).

Blick über Los Realejos

5.2.5 Los Realejos und Umgebung

Kennzeichnung

Neben den drei eben beschriebenen Anfahrten von Orotava erreicht man Los Realejos auch über die Autobahnausfahrt 39.

Die Hanglage dieser neben Orotava zweiten alten Stadt im Orotavatal (34.000 Einwohner) ist besucherabweisend. Zwar gibt es zwei Kirchplätze, aber ein historischer Stadtkern läßt sich nicht ausmachen. Die (wenigen) Besichtigungspunkte liegen weit verstreut. Zudem bilden die unübersichtlich engen und steilen Straßen beiderseits einer tiefen Schlucht eine Herausforderung für Fahrkunst, Kupplung und Bremsen.

Stadtgeschichte

Für den Guanchen-*Mencey Taoro* war Los Realejos' unwegsames Gelände ein günstiges Rückzugsgebiet. Als die Conquistadoren nach ihren ersten siegreichen Schlachten gegen die Guanchen im Bereich der heutigen Oberstadt ein Feldlager errichten wollten, sahen sie sich unterhalb davon (heute *Realejos Bajo*) abermals mit Guanchenkriegern konfrontiert und besiegten sie dort endgültig (1496). Der **Name der Stadt** resultiert aus der Zusammensetzung von *real* für »königlich« und *lejos* für »fern der Heimat«.

Hacienda Los Principes

Zum Dank für den Sieg begann der neue Herrscher ***Lugo*** sogleich mit dem Bau der ***Iglesia del Apostel Santiago*** und der Landaufteilung an seine höheren Offiziere. Dabei sicherte er sich selber ein großes Stück vom Kuchen, die ***Hacienda Los Principes***. Ihr Grund und Boden gehört bis heute, 500 Jahre später, zu den begehrtesten Lagen im Orotavatal. Ein Blick vom ***Mirador El Lance*** mittendrin macht klar, warum.

Barranco de Godinez

Die Stadt wird vom tiefen *Barranco de Godinez* in zwei Teile, die Unter- und die Oberstadt geteilt. Im Westen zieht sich die Bebauung bis an die Steilfelsen der ***Ladera Tigaiga***. Weitere Siedlungen gibt es oberhalb des *Barranco*. Dort sind die Felder eben, fruchtbar und vor Überschwemmungen geschützt. Früher führten diese Schluchten im Winter soviel Wasser, daß die Menschen sich von ihren Rändern lieber fernhielten. 1827 kam es gar zu einer ähnlichen Flutkatastrophe wie 2002 in Santa Cruz.

5.2

La Romántica I und II Die touristische Entwicklung im Orotavatal hat die Stadt vergleichsweise wenig berührt, denn die Wohnviertel ausländischer Residenten (La Romántica I und II) sowie zwei große Aparthotels (*Maritim, Panoramica*) liegen unterhalb der Autobahn an der Küste und haben ihr eigenes Zentrum entwickelt. In der lebendigen Geschäftsstraße in **Toscal-Longuera** finden Deutsche und Engländer alles, was sie brauchen. Gut sortiert ist der **Supermarkt *Ruben-Cabrera***, gegenüber liegen die prima **Bäckerei *Pan el Molino*** und das **Reformhaus *Mi Salud***.

Realejos Umgebung Oberhalb des Stadtgebietes von Los Realejos bieten zwei ***Miradores*** herrliche Ausblicke, und ausgedehnte Waldgebiete laden zum Wandern ein. Spazierwege finden sich auch an der – zum Baden jedoch ungeeigneten – Steilküste, wo die Stadt versucht, die letzten Fleckchen Natur zu retten: den *Barranco Ruiz* etwa, *Rambla del Castro* und die *Ladera Tigaiga*. In höheren Lagen sollen mehr alte Fincas für den *Turismo Rural* hergerichtet werden.

Einschätzung Eine ausführliche Stadtbesichtigung von Los Realejos muß nicht unbedingt sein. Aber die Aussicht von zwei nahen ***Miradores*** (*del Lance* und *San Pedro*), die an der Höhenstraße über den westlichen Steilhängen der *Ladera Tigaiga* liegen, sind lohnenswert, ebenso zwei Küstenwege unterhalb von Los Realejos (➢ nebenstehenden Kasten).

Besichtigung

Iglesia de Santiago Apostól Wer von der Autobahnausfahrt 39 kommt, wird automatisch zur sehenswerten *Iglesia de Santiago Apostól* geleitet, der ersten Kirche Teneriffas mit einem spitzen gekachelten Kirchturm. Hier stand zunächst nur eine kleine Kapelle, in der die ersten adligen Guanchen getauft wurden. Bis auf das Renaissance-Hauptportal (Ende 16. Jahrhundert) stammt das heutige Gebäude aus dem 17. und 18. Jahrhundert. Das Holz für die teilweise reich verzierte Kasettendecke kommt aus der nahegelegenen *Ladera Tigaiga*. Im Inneren sticht besonders der vergoldete Hauptaltar mit *San Isidro* und dem Apostel *Santiago* hervor. Links davon (neben dem *Retablo de Nuestra Señora de los Remedios*) steht ein flämisches Tryptichon (*Tríptico de Santiago*) aus dem 16. Jahrhundert.

Viera y Clavijo Etwas oberhalb des Kirchplatzes steht die Büste des berühmtesten Sohnes der Stadt, des Historikers, Biologen und Dichters der Aufklärung *Viera y Clavijo* (1731-1813). Seine beiden wichtigsten Werke beschreiben Naturgeschichte und Geschichte der kanarischen Inseln (➢ Seite 499).

Auf der anderen Straßenseite liegt das **neue Rathaus** (kanarischer Stil). Beim einfachen blau-rötlich klassischen Haus handelt es sich um das alte Rathaus. Vom Aussichtsplatz vor dem *Ayuntamiento* blickt man auf einen der schönsten Drachenbäume der Insel.

Drago und Iglesia Diesen **Drachenbaum** am Friedhof (*Cementerio San Francisco de Assisi*) erreicht man über die Calle Cruz Verde: nach Überquerung der Brücke über den Barranco geht es steil abwärts.

Iglesia

Die Straße führt zum drachenbaum- und kiefernbestandenen Kirchplatz der ***Iglesia Nuestra Señora de la Concepción*** (Ende des 17. Jahrhundert). Die Kirche ist Mittelpunkt des hier noch relativ gut erhaltenen alten Kerns von Realejos Bajo. Ihre außergewöhnlich schönen Portale aus verschiedenen Jahrhunderten (Gotik, Renaissance) überstanden 1978 einen Brand, während die Holzdecken in den Flammen aufgingen.

Ermita de San Sebastian

Etwas oberhalb der Kirche führt eine Straße Richtung Westen in den **Ortsteil Tigaiga**. Zu Fuß erreicht man in zehn Minuten die anmutige *Ermita de San Sebastian* (17. Jahrhundert), die zur oben erwähnten *Hacienda del Principe* gehörte. Daran grenzen die Reste eines alten Herrenhauses.

Wer die Straße neben der *Ermita* (Camino Icod el Alto) mit dem Auto weiterfährt, kommt am Ende der kleinen Ansiedlung an eine weitere kleine Kapelle, die *Ermita de la Concepcion* (Ursprünge aus dem 16. Jahrhundert), von deren Vorplatz man ein weiteres Mal einen schönen Blick über das Land hat.

Küstenwege bei Los Realejos

Vom *Mirador San Pedro* zum *Hotel Maritím*/Los Realejos

Ein wunderbarer Küstenweg ohne besondere Steigungen und Schwierigkeiten verbindet den *Mirador San Pedro* und das *Hotel Maritím* unweit des Loro Parque/Puerto de la Cruz. Selbst bei langsamem Spaziergang braucht man maximal 90 min für die Strecke. Wer am *Mirador San Pedro* ein Auto parkt (unterhalb von Los Realejos, beim Ortsteil San Vicente gleich hinterm westlichen Tunnelausgang an der Küstenstraße) und Richtung *Maritím* loswandert, findet vor dem Hotel Taxis, die ihn zum Wagen zurückbringen (ca. €4).

Ruine eines alten Pumpenhauses direkt am Meer, ➢ *nächste Seite*

Vom ***Mirador San Pedro*** (mit Restaurant/Bar) blickt man über schlanke Palmen, Bananenplantagen und einige Fincas aufs Meer. Das Land wurde schon zu Beginn des 16. Jahrhunderts verteilt. So manch illustrer Reisende hat dieses Fleckchen Erde, die *Rambla de Castro*, mit dem Garten Eden verglichen. Nur eine kleine Villensiedlung an der lavasteinigen Steilküste hat die Landschaft seither verändert. Ein großes Herrenhaus wird derzeit zu einem Museum umgestaltet, ansonsten herrscht hier seit einigen Jahren Baustopp.

Ab *Mirador* folgt man dem ausgeschilderten ***Sendero Turístico*** (Touristenpfad) Richtung Puerto und gelangt in ein naturbelassenes Paradies aus uralten Palmen und Hibiskusbäumen. Ein kurzer Abzweig endet an den Resten einer alten Kanonenstellung.

5.2

Der kleine Strand links unten ist über einen steilen Treppenweg zu erreichen. Brandung und Strömung machen das Baden – zumindest in den Wintermonaten – meist unmöglich.

Der schön angelegte Hauptweg führt weiter durch kultivierte Terrassenfelder und einen *Barranco* voller Wolfsmilch und Kakteen. Hinter einer Finca führt der Weg bergab nach Puerto zum nächsten *Barranco* (aufwärts gelangt man zur Hauptstraße und zur ***Restaurantbude Niña y Niño*** mit einfacher, aber guter Küche). Wer steile Treppen nicht scheut, kann zu einer mehrstöckigen Ruine und zum ***Playa Fañabé*** (kein Baden im Winter) hinuntersteigen.

Die schlanke Ruine war ein **Pumpenhaus**, über das die reichen Quellwasser aus dem *Barranco* in die höhergelegenen Felder geleitet wurden. Unter dem Dach wohnten die Maschinisten mit Familien. Auch das verfallene Maschinenhäuschen weiter oben gehört zu diesem kurios gelegenen Kraftwerk.

Der Pfad führt weiter durch eine abwechslungsreiche Vegetation und unten an teils pompösen Villen der vornehmlich von Deutschen bewohnten Siedlung Romántica I und II vorbei. Ein letzter Wegabschnitt verläuft oberhalb des ***Playa Los Roques*** zum blauen Apartment-und Hotelklotz ***Maritím***.

Vom *Mirador San Pedro* zum Meer (Rundweg, 30-40 min)

Dieser Spaziergang führt von der gleich unterhalb des *Mirador San Pedro* gelegenen *Ermita* bergab zur Feriensiedlung Ramblas del Mar vorbei am bereits erwähnten Museum, einer kleinen Felsbucht, drei Fischerbuden (gefährlicher Badeeinstieg für Mutige), der Luxusvillen-Siedlung *El Goindastes* (Tunnel-Zugang) und durch Bananenplantagen zurück zum *Mirador San Pedro*.

Küstenpfad nach Las Aguas (40 min)

Am *Barranco de Ruiz* führt eine kleine Straße (ohne Hinweis, Anfahrt direkt beim Schild, das die Grenze von Villa de Juan de Rambla ankündigt) zu einer Häusergruppe hoch über dem Meer. Man sollte sein Auto möglichst gleich an der Kreuzung abstellen und zu Fuß durch die Bananenplantagen hinabgehen. Vorbei an kleinen kanarischen Häusern und einem Kirchplatz führt ein gepflegter, von Blumen gesäumter Pfad hoch über dem Meer Richtung Westen bis in den kleinen Ort Las Aguas (mit Pool, ➢ unten, & Restaurant). Richtung Osten gelangt man in 10 min bis zum *Barranco de Ruiz*, wo der Pfad endet.

Meerwasserpool unmittelbar an der Küste in Las Aguas

6.1 Nordküste westlich von Puerto de la Cruz

6.1 Nordküstenbereich westlich von Puerto

6.1.1 Von Los Realejos nach Icod

Routenübersicht

Zwei Landstraßen verbinden Los Realejos mit Icod. Die vielbefahrene Küstenstraße über San Juan de la Rambla (TF 5) und eine Höhenstraße über La Guancha (TF 342). Die Wahl fällt nicht leicht. Beide Strecken haben ihren speziellen Reiz: die Küstenroute bietet oberhalb der Steilküste verlaufende Kliffpfade zum Spazierengehen. An der Höhenstraße pasiert man *Miradores* an einer überaus attraktiven Bergstrecke.

Wer Zeit hat, sollte beide Routen einplanen: erst am Meer entlangfahren und ggf. auch -laufen, vielleicht in Las Aguas baden und anschließend mit dem Auto oben am Berg zurückbummeln. Einkehren kann man an beiden Routen. Unten in San Juán de la Rambla/Ortsteil **Las Aguas**, oben bei **La Guancha** (➢ Seite 342); über beide Orte erreicht man die jeweils andere Strecke auch auf kleinen Verbindungsstraßen.

Die Küstenstraße

Straße TF 5

Die TF 5 endet als Autobahn bei Los Realejos (*Salida* 39), läuft aber als Küstenroute – teilweise hoch über dem Meer – unter gleicher Nummer weiter. Die Felsen fallen dort steil ab und werden von etlichen *Barrancos* durchschnitten. Ihre Tiefe zeugt von den Wassermassen, die hier früher hinabstürzten. Die Region ist relativ wenig bebaut. Unabgedeckte Bananenkulturen, durchsetzt von hohen Palmen und einzeln stehenden alten Fincas, sorgen für das Grün in der Landschaft. Auch vorhandene kleinere Urbanisationen stören das hier wieder ursprünglichere Inselbild wenig. Am Straßenrand passiert man ab und zu kleine Bars und einfache Restaurants. Um Icod de los Vinos herum nimmt die Besiedelungsdichte wieder zu.

Teideblicke

In Icod und Umgebung präsentiert sich der Teide besonders reizvoll, weil sich das Vulkanmassiv hier mit seiner ganzen Breite relativ nah über der Stadt aufbaut (➢ Foto Seite 343). Das ist vor allem im Winter eindrucksvoll, wenn der Schnee weit nach unten bis an die Baumgrenzen reicht. Um das zu erleben, muß man beim Icod-Besuch Wetterglück mitbringen, denn oft umhüllt die Passatwolke den Berg derart, dass dessen Spitze aus diesem steilen Blickwinkel nicht – wie etwa oft vom Orotavatal aus – über den Wolkenring herausragt.

Baden

Eine Gelegenheit zum Bad im Meer ergibt sich kaum. Die ***Playa de Socorro*** – hinter (=westlich) dem Straßentunnel gleich nach links (!) abbiegen, Ausschilderung vorhanden – ist der einzige längere (wie immer schwarze) Sandstrand an diesem Abschnitt der Küste. Er ist als Surfstrand beliebt, aber gefährlich, weil die Brandung von keinem Riff gebrochen wird. Obwohl Parkplätze und die schmucklose Promenade keine Strand-Träume erfüllen, drängen sich hier im **Sommer** die Tinerfeños. Anders im **Winter**. Die einfachen Kioske sind geschlossen, hohe Wellen spülen immer wieder *Callaos* an (faustgroße glatte Steine).

Barranco de Ruiz

Der *Barranco de Ruiz* wurde wegen seiner typischen Vegetation unter **Naturschutz** gestellt. Aber im wesentlichen nutzen nur *Canarios* die mit Kinderspielplatz, Grillöfen, Tischen und Bänken ausgestattete, aber ansonsten wenig attraktive ***Zona Recreativa***. Sie liegt obendrein direkt an der belebten Hauptstraße.

Las Aguas

Der winzige Vorort Las Aguas von San Juán de La Rambla hat nur wenig Tourismusbetrieb. Gegenüber dem Schwimmbecken am Meer (im Winter manchmal geschlossen) 9.30-19 Uhr, €1,50, liegt in erhöhter Position das kleine **Restaurant *Las Aguas*** mit gemütlichem Gastraum und kleiner Terrasse ➢ Seite 338. Es ist bekannt für seine guten Reisgerichte (ab 2 Personen). Wer im ***Las Aguas*** keinen Platz findet, wird im schlichten ***El Sotero*** ebenfalls gut bedient (um die Ecke am Meeresparkplatz, Mo zu)

San Juán de la Rambla

Etwas versteckt unterhalb eines Straßentunnels liegt San Juán de la Rambla an der Küste, heute ein »Künstlerort«. Sichtbarer Ausdruck einstigen Wohlstands sind die ungewöhnlich großen kanarischen Häuser, ein ansehnlicher Dorfplatz und der insgesamt gepflegte Eindruck. In den Räumen der ***Colmena*** (Calle Estrecha 10, parallel zur Straße am Meer) des Künstlers *Carlos Jorkareli* finden Ausstellungen, Mal- und Theaterkurse statt; ✆ 922-350075.

Im modern gestylten Restaurant ***Las Palmeras Arte*** (gleich um die Ecke – gute Küche) treffen sich Künstler und Kunstinteressierte; täglich 12.30-16.30 und 19-23 Uhr, Mi zu, ✆ 922-350332.

Küste und Finca bei San Juán de la Rambla

Höhenstraße über La Guancha

Straße TF 342

Die TF 342 verbindet auf 500 m Höhe Los Realejos und Icod de los Vinos. Sie führt durch hübsche Orte – wie Icod el Alto und La Guancha – und meist üppige Vegetation am Rande steil abfallender Hänge. Diese Straße gehört zu den attraktivsten Routen im Bereich der zentralen Nordküste. Vor allem bei La Guancha öffnen sich Panoramablicke: unten das Meer, oben der Teidekegel.

6.1

Leichter zu finden als die TF 342 direkt aus Los Realejos heraus ist die kurze Verbindung zwischen TF 5 und Höhenstraße etwas östlich (vor) San Juán de la Rambla über La Vera. Man stößt dann erst einen guten Kilometer östlich von La Guancha auf die TF 342.

Mirador El Lance mit der Figur des letzten Guanchen Mencey von Taoro, ➢ Text unten

Mirador El Lance

Vom ***Mirador El Lance*** hoch oben auf der *Ladera Tigaiga* zwischen Realejo Alto und Icod el Alto überblickt man das ganze Orotavatal mit den kleinen Vulkankegeln ***Montaña del Fraile*** (1480), gekrönt von einer winzigen Wallfahrtskapelle, und ***Montaña de la Horca***, auf dessen Kuppe eine riesige Apartment-Anlage steht.

Die überlebensgroße, wahrhaft zum Himmel schreiende Skulptur stellt *Bentor*, den Sohn des gefallenen *Bencomo* und letzten *Taoro-Mencey* dar. Nach seiner endgültigen Niederlage gegen die spanischen Eroberer zog er sich 1496 hierher zurück und stürzte sich aus Furcht vor Versklavung vom Felsen.

Geschmackvoll mit dunklen Lavasteinen in die Bergwand eingepaßt ist ein **Panorama-Restaurant** (tägl. 11-23 Uhr Do zu). Drinnen kann man den Orotavatal-Ausblick auch bei kühlerem Wetter genießen. Auf der Aussichtsplattform oberhalb des Restaurants hat eine kleine Snackbar bei Betrieb Tische und Stühle draußen.

Abstecher TF 344

Sozusagen eine Etage höher liegt auf der Tigaiga-Hochebene der ***Mirador Corona*** (Anfahrt: weiter durch den Ort Icod Alto, dann links – ausgeschildert – auf der engen TF 344 bergauf). Zwischen den Terrassenfeldern wachsen hier Farne, Baumheide und Stachelginster. Drachenflieger schätzen diesen Ort als Start- und Landeplatz (➢ Sport/Paragliding, Seite 527). Hochspannungsleitungen stören aber das Panorama. Unterhalb am *Mirador Corona* picknickt man an rustikalen Tischbänken mit ungetrübter Aussicht.

La Guancha

Die Dörfer Icod de Alto und La Guancha sind schmuck, bieten aber als solche nichts Besonderes. In La Guancha wird in einer ***Artesania*** alte Handwerkskunst gepflegt, vor allem traditionelle **Stickerei**. Man bei der Arbeit zuschauen, aber nichts kaufen.

Picknickplatz Die im Kiefernwald gelegenen ***Zonas Recreativas La Tahona*** und ***El Lagar*** sind von La Guancha auf Forstwegen zu erreichen.

Lokale Deftige kanarische Gerichte gibt es in einer originell zurechtgemachten halb verfallenen Finca. Die ***Casa El Lomito*** bietet im rustikalen Patio hauptsächlich Fleischgerichte (Mo geschlossen, sonst mittags und abends bis 23 Uhr). Anfahrt von Osten: kurz vor La Guancha rechts auf ein kleines Schild »*Bodega*« direkt an der Straße achten. Das Gehöft sieht man schon von weitem.

Anfahrt Icod Sowohl von der Höhen-, als auch von der Küstenstraße erreicht man bequem das Zentrum von Icod mit dem berühmtesten der Drachenbäume. Der ***Drago*** ist dank umfassender Ausschilderung (braunes Baumsymbol) nicht zu verfehlen.

Icod de los Vinos mit Teide im Winter

6.1.2 Icod de los Vinos

Icod liegt in einer ähnlichen Senke wie das Orotavatal, die jedoch nicht von einem so perfekten Halbrund begrenzt wird. Dafür thront der nahe Teide mächtiger und beeindruckender als irgendwo sonst auf Teneriffa über der Stadt.

Stadtentwicklung Schon zu *Mencey*-Zeiten war das wasserreiche Icod de los Vinos eine begehrte Region. Wie im Orotavatal liefern bis heute die ausgedehnten Kiefernwälder in den Höhenlagen die Grundlagen für eine florierende Landwirtschaft. Icod hat alle Monokulturen, die die Insel in ihrer wirtschaftlichen Entwicklung durchlief, maßgeblich mitgetragen. Der Weinanbau spielte die entscheidende Rolle und spielt sie mit dem **Qualitätssiegel** »***Vinos de Ycoden-Daute-Isora***« immer noch. Kartoffeln und Bananen werden in den Uferzonen bis heute angebaut. Gleichzeitig hat sich die Stadt zu einem Zentrum für Warenverteilung und Dienstleistungen entwickelt. Dies hat zu planloser Bebauung in den unterhalb gelegenen Stadträndern geführt.

Stadtwappen mit Drago, Teide und Guanchen

Touristen kommen vor allem wegen des ***Drago*** in die Stadt, des ältesten Drachenbaumes der Kanaren. Und am 30. November, dem **Tag des heiligen *San Andrés***, wegen eines großen Volksfestes anläßlich des neuen Weines und der ***Tabla*-Rennen**, ➢ umseitig.

Das Weinfest des Heiligen San Andrés

29./30. November

Selbst auf der Insel des ewigen Frühlings wird es im November irgendwie Herbst. Schon gegen 19 Uhr wird es dunkel und am letzten Novembertag, dem Tag des Heiligen San Andrés, mischt sich der Geruch von gerösteten Kastanien mit dem Duft des frischen Rebensafts. Anders als bei uns kommt in den Weindörfern aber keine beschauliche Herbststimmung auf.

Tablas

Statt ruhigem Genuß ist in Icod de los Vinos traditionell volkstümliche Gaudi angesagt. Die Dorfjugend düst auf Brettern, den *tablas*, oder auf – zu kufenlosen Gleitschlitten umgebauten – Planken immer wieder die steilsten Dorfstraßen hinunter. Mit über 50km/h schießen sie allein oder zu zweit in einen Prellbock aus alten Autoreifen. Dort werden die Waghalsigsten reichlich mit Zuschauerbeifall empfangen.

Ernteschlitten

Die Sitte geht auf Portugiesen zurück, die zum Erntetransport in steilem Gelände eine Art hölzernen Schlitten benutzten.

Für andere knüpfen die ***Tabla*-Rennen** an die alte Tradition des Flößens an. Wenn die *Barrancos* (Schluchten) viel Wasser führten, ließ man zum Bauen Holzstämme aus den höheren Lagen in die Dörfer hinabdonnern. Um die Rivalen auf den Asphaltstraßen zu übertrumpfen, denken sich Teens und Twens heute einiges aus. Ihre genialen Gefährte werden eingefettet oder mit Nägeln beschlagen.

Cancharros

In **Puerto de la Cruz** wird die Stimmung mangels steiler Straßen durch Höllenlärm angeheizt. ***Cancharros***, Blechbüchsen oder anderer Schrott, werden an Schnüren aufgezogen und übers Pflaster geschleift – Hauptsache, es macht viel Krach. Zur Lärmmaximierung müssen auch schon mal alte Badewannen oder große Wellbleche herhalten. Es gibt aber auch Orte, in denen der neue Wein in aller Ruhe genossen wird.

Wer die Feiern zu *San Andrés* erleben möchte, sollte auf die Hinweise der deutschen Inselzeitungen (Wochenspiegel, Teneriffa-Magazin) achten oder in den Touristenbüros nachfragen, denn die Festhöhepunkte wechseln von Jahr zu Jahr.

Bis auf den Stadtkern um den *Drago* konnte sich Icod nicht die Noblesse von La Laguna, La Orotava oder Garachico bewahren.

Altstadtbesichtigung

Der Altstadtkern grenzt an den *Parque de Drago* und das *Mariposario*, einen Schmetterlingspark. Alles läßt sich auf einem angenehmen und lohnenden Rundgang gut zu Fuß verbinden.

Vom obersten Stock des 6-stöckigen Parkhauses (gut ausgeschildert) erreicht man zunächst das *Mariposario*. Gegenüber auf der linken Seite liegt erhöht der **Kirchplatz** (Plaza Lorenzo Cáceres) und links um die Ecke, dann wieder rechts der *Parque del Drago*.

Mariposario

Im ***Mariposario del Drago*** schweben in einem tropisch klimatisierten Raum, groß wie eine Tennishalle, hunderte kunterbunte Schmetterlinge zwischen Blumen und Bäumchen, über Tümpel

Das Mariposario in Icod

und Treppchen, saugen Nektar aus Blüten und naschen an Näpfchen. Manchmal dient ihnen auch eine Besucher-Schulter – zum Entzücken der jeweils Betroffenen – als kurzer Rastplatz.

Im *Mariposario* flattern diese zerbrechlichen Tierchen jedermann vor, wie leicht und beschwingt das Leben sein kann. Jedenfalls für 3 Wochen – denn länger leben *Mariposas* nicht.

Das – und novh viel mehr– erfährt man einige Stufen tiefer im Museumsteil der Anlage. Beispielsweise, daß der Monarch – eine der über 200.000 (!) Schmetterlingsarten – in Sachen Sex und Fortpflanzung zwischen Mexiko, Kalifornien und Kanada pendelt. Mit rund 18 km/h und – wie Aal und Lachs– mit genetisch eingebautem Kompass, ➢ Seite 473.

Zeitlupen, Zeitraffer und Makro-Filmaufnahmen informieren 70 min lang über alles, was sonst noch um uns kreucht und fleucht.

Avenida de Canarias, ✆ 922-815167; täglich 9.30-18, im Sommer bis 19 Uhr; recht hoher Eintritt: €5.

Kirchplatz

Der *Milleniums Drago* ist durch einen Mauereinschnitt am Pavillon von der hochgelegenen ***Plaza Lorenzo Caceres*** besser zu fotografieren als von vielen Standpunkten innerhalb des Parks.

Dieser Platz ist wegen seiner dichten Bepflanzung mit alten, teilweise exotischen Bäumen sehenswert. Indischer Loorbeer, blaublühende Jacarandas, ein beeindruckender Würgefeigenbaum mit vielen Luftwurzeln, stattliche Palmen und eine hochgewachsene Schirmtanne (*Araucia*).

Iglesia de San Marco

Besonders bemerkenswert ist das **Renaissance-Portal** der Kirche *San Marco* (Ende des 16. Jahrhunderts). Im Inneren beeindruckt der Barockaltar mit reichen Silberarbeiten. Ein San-Marco-Silberkreuz aus Kuba (1665) steht im **Kirchenmuseum** und gilt als eines der wertvollsten Kunstwerke Teneriffas. Es wurde von einer nach Kuba Ausgewanderten gestiftet (➢ Essay »Briefe aus Kuba«, Seite 492). Eintritt €1,50 (nur für das Museum).

Plaza Constitución

Vom Kirchplatz erreicht man über die enge Straße entlang der Drago-Parkmauer oder über Treppen nach ein paar Schritten die *Plaza Constitucion*, die von imposanten Bürgerhäusern aus dem 18. Jahrhundert umrahmt ist. Als ***Museo los Caceres*** wird das neoklassizistische Gebäude der wohlhabenen Familie *Caceres* bezeichnet. Es beherbergt heute die Stadt-Bibliothek, Archive und eine Werkstatt für Mosaiken. In den ***Bodegas*** werden Proben des örtlichen Weins angeboten und verkauft, wie auch andere Inselprodukte. ***Viño Zanata*** gilt als guter Weißwein aus Icod.

Parque del Drago

Der knorrige **Drachenbaum** (*Drago*) ist seit 1999 von einem eigens für ihn angelegten Park umgeben. Eine massive Steinmauer trennt ihn vom Kirchenvorplatz. Von dessen erhöhter Ebene hat man bereits einen guten Blick auf den *Drago* jenseits der Mauern. Wem das genügt, muß nicht unbedingt noch den Park besuchen.

Im Vergleich etwa zu den riesigen Sequoia-Bäumen in Kalifornien nimmt der *Drago* sich mit 16 m Höhe und 10 m Stamm-Umfang eher bescheiden aus. Auch das früher auf 3000 Jahre geschätzte Alter des ***Drago Milenario*** (=1.000jährig) wurde nach Analysen auf 600 Jahre revidiert. Immerhin aber umgibt ihn Urtümlichkeit und sagenumwobene Mystik (➢ Kasten rechts).

Botanik

Ein kleiner **Lehrpfad** führt im Drachenbaumpark durch die ganze Insel-Vegetation: Palmen und *Dragos* jeder Größe, Lorbeer, Baumheide, Wolfsmilchgewächse, Dachwurze, Tajinaste, Teideginster, die Kriechgewächse der wüstenartigen Küstenregion, wie auch die hochempfindliche Bergflora. Ein ***Picknickplatz*** mit Bodega und Weinpresse runden den Besuch ab. Eintritt €3; *Casa de Drago* frei (Souvenirshop mit Café und Drago-Blick).

Iglesia San Augustin

Wer noch einen Eindruck von der geschäftigen Neustadt mitnehmen möchte, geht vom Kirchplatz die Calle San Sebastian bis zur *Iglesia San Augustin* (teilweise 2. Hälfte des 16. Jahrhunderts). Im Nebengebäude ist das Rathaus (*Ayuntamiento*) untergebracht.

Info

Touristeninformation in Icod: Calle de San Sebastián 6.

Restaurants

Die Lokalauswahl in Icods Zentrum ist klein, empfehlenswert das ***Augustin y Rosa***, ein Restaurant aus den 1950er-Jahren mit prämierter volkstümlicher Küche in der Calle San Sebastián, nur wenige Schritte vom *Drago* entfernt; €20; täglich 12-17 und 19-22 Uhr; Mo geschlossen; ✆ 922-810792.

Das argentinische ***Colonia Tovar*** liegt in kühler Höhe (1000 m, mit Spielplatz). An Tischbänken unter Kiefern wird das bestellte Fleisch (€19 für 2 Pers.) zum Selberbrutzeln auf heißem Grill serviert. Das ausgezeichnete Entrecote kommt fertig auf den Tisch.

Zufahrt: Von Icod hoch nach La Vega/El Amparo; beim Schild »*Colonia Tovar*« in den Camino La Papita (Richtung Redondo) einbiegen. Nach 700 m bei der Telefonzelle den Camino San Pablo nehmen (noch ca. 1,5 km); ✆ 922-812655; Mi und Do geschlossen.

Hochgelegene Plaza Caceres, von der man einen freien Blick auf den Drachenbaum hat (besser als im eintrittspflichtigen kleinen Park).

Der Drachenbaum – El Drago

Der berühmteste aller Drachenbäume: Drago de Icod

Der Drachenbaum (*Dracaena draco*), das Wahrzeichen Teneriffas, ist neben dem Teide der unbestrittene Inselstar. Von weitem gleicht er einem gigantischen Rasierpinsel. Wenn man vor ihm steht, wirkt er wie eine lebendes Fossil, urzeitlich wie ein Dinosaurier der Pflanzenwelt. Den größten, den ***Drago de Franchy*** im Orotavatal, notierte einst Humboldt mit 25 m Höhe und 4.000 Jahren, überschätzte aber sein prähistorisches Alter weit. Orkane rissen ihn vor 150 Jahren nieder.

Der ***Drago milenario*** von Icod, das heute prächtigste Inselexemplar, löst immer wieder Bewunderung und Schnappschüsse aus. Dabei sind es weniger die Ausmaße, die faszinieren. Es sind seine märchenhafte Form und die Legenden, die sich um ihn ranken. Seine entfernten Verwandten aus dem Tertiär wachsen in Südamerika und Südostasien, doch zum engeren Familienkreis zählen nur seine Geschwister aus Makaronesien (Azoren, Kanaren, Madeira und Kapverden), entlang der ostafrikanischen Küste am Roten Meer und im Anti-Atlas (Marokko, 90 km südlich von Agadir).

Die ***Drago*-Mystik** beginnt mit dem Geburtsdatum, denn weil er sich mit dem Wachstum viel Zeit läßt und erst nach ein paar Generationen so urig wirkt, wurde ihm immer wieder ein biblisches Alter angedichtet. Und da er als Lilienverwandter keine Jahresringe hat, taxierte man den **Icod-Drago** auf 3.000 statt auf die inzwischen wissenschaftlich nachgewiesenen 300-400 Jahre.

In jungen Jahren erinnert seine Gestalt an eine **Palmlilie** (Yucca) mit schwertförmigen Blättern von 50-60 cm Länge, aber Biologen bestimmen ihn weder als Baum noch als Palme, sondern als eine Gattung der Agavengewächse und lehren uns, daß seine unzähligen knorrigen und miteinander verwachsenen Zweige keine Äste sind, sondern Gabelungen des runzeligen Stammes. Innen sind sie hohl und wachsen an Bruchstellen nach – wie die Köpfe der Hydra. In ihm – so dichtete man dem Drachenbaum nicht nur an – fließt blutroter Saft! So scheint es zumindest - doch er färbt sich erst an der Luft granatapfel-rot.

Wie orangenfarbene kleine Oliven sehen seine Früchte aus, deren Kern nach 40-50 Tagen auch zu Hause im Blumentopf unter der Pflanzenlampe keimt. Dann muß man nur noch 10 Jahre warten, und schon bilden sich erste Stamm-Verzweigungen. Vorher stecken die harten langen Blätter wie Igelstacheln direkt auf der Spitze.

Die Guanchen verehrten ihn als Heiligtum und balsamierten ihre Mumien mit seinem Blut. Später mischten Alchemisten aus Dragoharz obskure Zaubertropfen, Wundermittel gegen Geschwüre und Ruhr. Seefahrer nutzten es gegen Zahnweh und Skorbut. Die Färber mixten Dragoblut in ihre Paletten ein, und italienische Geigenbauer kolorierten im 18. Jahrhundert ihre Violinen mit seinem Saft. Der Sage nach zahlt den Frevel noch heute unweigerlich mit dem Tod, wer einen Drago fällt.

6.1.3 Routen ab Icod

Abstecher nach San Marcos

Badeort von Icod

An einer tiefen Bucht mit feinem schwarzen Sand 3 km unterhalb von Icod (Achtung: steile Abfahrt) liegt San Marcos, ein früher reines Fischerdorf. Leider wurde San Marcos schon während des frühen Tourismus` mit hohen Apartmenthäusern zugebaut, die der Dorfatmosphäre den Garaus gemacht haben. Die Fischerboote sind lange vom Strand verdrängt. Trotzdem ist San Marcos Icods »Badeort«. Man kann dort auch im Winter gefahrlos schwimmen.

Bei *Canarios* wie Ausländern beliebt sind die einfachen Restaurants in der originalen alten Fischerzeile am Strand. An der etwas oberhalb gelegenen Promenade spielen die Kinder auf dem winzigen Platz des ebenso winzigen Kirchleins. Vor allem mittags ist der Besuch – zum Baden und/oder Fischessen – empfehlenswert. Dann liegen Ort und Strand noch nicht im Schatten der steilen Felsen und Hochhäuser. Abends ist San Marcos bis auf ein bißchen Anliegerverkehr sehr ruhig.

Routenüberlegung

- Wer weiter zur **Nordwestspitze** der Insel fahren möchte, wählt die Küstenstraße TF 42 über Garachico nach Punta de Teno.
- Wer über Santiago del Teide und Chio **in die *Cañadas*** fahren möchte (➢ westliche Teideauffahrt, Seite 415), nimmt entweder die große TF 82 oder – parallel dazu bis kurz vor Santiago – die kleine reizvoll geführte und verkehrsärmere TF 373 über La Vega und San José de los Llanos (➢ Seite 363).
- Als dritte Route bietet sich (hauptsächlich für Touristen mit Standort im Norden) eine **Rundstrecke als Tagesausflug** an. Von Icod zunächst nach Santiago; von Santiago dann nach Masca (➢ Seite 282) und Buenavista (➢ Seite 359) und über Garachico zurück nach Icod. **Hinweis**: Diese Rundfahrt (ca. 60 km) ist im beschriebenen Uhrzeigersinn reizvoller als anders herum.

Nach Garachico

El Guincho

Auf einer Lavazunge zwischen Icod und Garachico wurden alte Landhäuser in Hotels und Apartments umgestaltet. Im *Hotel* ***El Patio*** und in der ***Finca Malpaís Trece*** sowie den Apartments ***Las Terrazzas*** kam man sehr ruhig und komfortabel inmitten von ausgedehnten Bananenplantagen wohnen. Nach Garachico, zu einem der schönsten klassischen Orte der Insel, sind es von dort nur wenige Kilometer (➢ Seite 581 und 569).

Baden

Eine enge geschützte Bucht mit mehr Steinen als schwarzem Sand und Felsen im Wasser ist vom *El Patio* und *Finca Malpaís* zu Fuß in 15 min zu erreichen (vom *Las Terrazzas* gut 30 min). Ansonsten sind die ***Playa San Marcos*** oder die Lavabecken ***El Caletón*** in Garachico mit dem Wagen schnell erreicht.

6.1.4 Garachico

Kennzeichnung

Garachico zählt zu den ursprünglichsten Städten Teneriffas. Hier stören keine ausufernden Neubauränder das Stadtbild. Die Hektik der Nachbarstädte La Orotava, Los Realejos und Icod fehlt in der Altstadt ebenso wie die wirre Lebendigkeit der Touristenzentren. Ruhig, beschaulich und gediegen – so soll es nach dem Willen der Bewohner und Stadtväter bleiben. Tagestouristen kommen wegen der historischen Bauten, zum Fischessen und zum Baden zwischen meerumschäumten Lavafelsen.

Anfahrt

Die Küstenstraße TF 42 Puerto de la Cruz–Buenavista läuft durch Garachico direkt am Ufer entlang. Der Autolärm dämpft zwar die Freude am Baden und Meeresrauschen, andererseits gewinnt der verkehrsarme Altstadtkern dadurch an Ruhe.

Tipp

Spektakulärer ist die Anfahrt von oben über eine 9 km lange Serpentinenroute (TF 421), die von der Straße Icod–Santiago del Teide (TF 82) steil nach Garachico hinunter führt.

Garachico von oben mit vorgelagertem El Roque

Mirador de Garachico

An der TF 82 (Richtung Icod) liegt in 600 m Höhe der *Mirador de Garachico* mit herrlichem Blick auf Stadt und Atlantik. Wie eine Festung ragen aus der flachen Landzunge im Halbkreis schwarze Lavafelsen ins Meer. Die Knappheit der Fläche, auf der sich die Häuser an den schroffen Berg schmiegen, und die Bananenplantagen zu beiden Seiten bewahrten den Ort vor der Zersiedlung.

Gara Chico

Das vorgelagerte, wellenumspülte Eiland ***El Roque de Garachico*** ist mit seinen 78 m Höhe für kanarische Begriffe zwar nur ein ***gara chico*** (= kleiner Felsen), der als Rest eines alten Lavastroms der Brandung widerstand, aber er wurde nichtsdestoweniger zum Namensgeber und Wahrzeichen der Stadt.

Teneriffas Pompeji

Vom ***Mirador de Garachico*** sieht man deutlich die tödliche Spur, die 1706 der Ausbruch des ***Arena Negra*** zog. Der Lavafluß des auch *Vulcan Negro* oder *Montaña Negra* genannten Vulkans ist bis heute eine nur dürftig bewachsene schwarze Geröllbahn. Bei San Juan de Reparo teilte er sich damals in zwei Ströme. Nur den östlichen sieht man von hier oben. Größeren Schaden richtete der westliche Lavafluss an, der sich etwa entlang der heutigen Serpentinenstrasse bewegte, die Ortschaften El Tanque und San Pedro de Daute weitgehend zerstörte und dann den einzigen natürlichen Hafen der Nordküste unter sich begrub. Dieses Naturereignis machte die zu jener Zeit reichste Stadt der Kanaren zum »Pompeji« Teneriffas.

Lavadeltas

Dass zähe basische Laven des öfteren in schmalen Rinnen aus seitlichen Spalten des Teidemassivs geflossen sind, wird an der Nordküste immer wieder an sog. Lavadeltas sichtbar. Das sind flache Halbinseln aus Lava, die im Meer schnell zu bröseligem, spitzen Gestein erkalten. Allerdings hat auf Teneriffa keiner der wenigen, seit der Passage von Kolumbus bekannten Ausbrüche nennenswerten Schaden angerichtet. Es war schon ein außergewöhnlicher Schicksalsschlag, daß der 1 km breite Lavastrom 1706 genau in den Hafen von Garachico floß und ihn zerstörte.

Parken

In Garachico parkt man günstig am westlichen Stadtrand (TF 42 Richtung Los Silos) auf einer flachen Landzunge bei der Bananenpackerei, einem unschönen Fabrikgebäude. Wer vor dem Parken noch eine kleine Schleife Richtung Los Silos fährt, erreicht nach 300 m den *Mirador de Emigrante* auf einem Felsvorsprung mit Café und Blick hinauf auf die erwähnten Lavaströme.

Mirador de Emigrante

(➢ Essay Seite 492)

Die alte Hafeneinfahrt heißt auch ***Risco Partido*** (Abschiedsfelsen). Sie ist ein stimmungsvoller Platz für die vieldeutige Statue ***El Emigrante***, den Zigtausenden gewidmet, die nach jedem Monokultur-Wirtschaftskollaps auswanderten: das Herz fehlt der Plastik; blieb es in der alten Heimat Teneriffa? Und ein Koffer in der neuen Heimat Südamerika? *El Emigrante* wandert nicht aus, Richtung Südwesten, sondern kehrt heim, direkt auf den Felsen *gara chico* zu.

Statue El Emigrante mit Koffern

Geschichte

Im Jahre 1496 wurde die Stadt von dem Genueser Bankier *Cristóbal de Ponte* gegründet, der wie seine Landsleute *Mateo Viña* und *Augustín Interián* zu den Finanziers des Eroberungsfeldzuges von *de Lugo* gehört hatten und hernach mit Land und Handelsrechten entschädigt wurden.

Wirtschaftsboom

Als für die Pflanzung und Verarbeitung von Zuckerrohr Investitionen anstanden, wählten die Genueser mit Bedacht nicht die bis dahin bevorzugte Nordküste zwischen La Laguna und La Orotava, sondern siedelten weiter westlich an einer sicheren Felsbucht, der Bahía Garachico. Zum Zuckerrohr kam dann der Wein von Icods Berghängen. So entwickelte sich Garachico zu Teneriffas größtem Umschlagplatz für den Im- und Export mit England, Holland, Flandern und sogar Nordamerika. Die Luxus gewohnten Genueser Kaufleute errichteten sich noble Herrenhäuser, wenn auch nicht wie daheim aus Marmor, sondern aus inseleigenen Materialen. So entstand ein hier typischer Baustil aus Vulkanstein und dem harten Kernholz der kanarischen Kiefer (➢ Kapitel »Architektur«, Seite 506). Die prunkvolle Innenausstattung, Stoffe und Kunstwerke ließen sie aus Europa anliefern.

Stadtwappen Garachico

Katastrophen

Etliche Schicksalschläge suchten die Stadt heim: 1601 brach eine Beulenpest-Epidemie aus, 1645 zerstörte eine große Flut an die 80 Häuser und 4 Jahre später fielen massenhaft Heuschrecken ein.

Lavadesaster

Dazu kamen die damals verbreiteten Brände. Und zu allem Überfluß begruben nach heftigen Erdstößen in der Nacht zum 5. Mai 1706 gewaltige Lavamassen Häuser, Kirchen, Klöster und schütteten den Lebensnerv der Stadt, die große, tief eingeschnittene Hafenbucht, fast zu. Verschont blieb einzig ein kleines Becken, an dem heute die Bananenpackerei steht (unterhalb Ortsteil San Pedro). Früher befanden sich dort selbst für große Segler geeignete Hafenanlagen.

Garachicos Niedergang

Zwar wurde die einst wohlhabende Stadt wieder aufgebaut, aber Versuche, mit vorgelagerten Molen einen neuen Handelshafen zu schaffen, scheiterten. Ferner war der Zuckerrohr-Anbau in Mittelamerika inzwischen lukrativer geworden als auf Teneriffa. Auch war die Macht der englischen Weinhändler durch Zoll-und Handelsquerelen geschwächt, was zu Absatzproblemen führte (➢ Seite 355, Stichwort »Weinparty«). Garachicos Hoffnung, an die große Vergangenheit als Handelszentrum anknüpfen zu können, schwand endgültig, als Santa Cruz mit seinem Hafen 1823 La Laguna als Hauptstadt ablöste.

Rundgang

Von der Bananenpackerei (Parkplatz) an der westlichen Ortseinfahrt geht es vorbei an dem durch eine Mole geschützten kleinen schwarzen Strand, den Resten des bis 1706 stattlichen Hafens. Noch vor dem massiv-grauen Kastell San Miguel geht es rechts ab von der Küstenstraße in die Altstadt.

Puerta de Tierra

Die **Plaza de Juan Gonzalez de la Torre** ist eingerahmt von alt-kanarischen Wohnhäusern und einer *Ermita*, zum Berg hin ist sie begrenzt von dem kleinen verwunschenen *Parque de la Antigua Puerta de Tierra del Antiguo Puerto*. Das schmucklose, von subtropischen Pflanzen eingerahmte Portal war bis zum Vulkanausbruch 1706 die einzige Verbindung zwischen Hafen und Stadt. In dieser grünen Oase der Ruhe lädt ein ***Rincón de los Poetas***, ein Dichter-Eckchen, zum Gedenken an kanarische Poeten ein. Eine alte Weinpresse inmitten idyllisch wuchernder Pflanzen erinnert an diesen lukrativen Wirtschaftszweig der Insel.

Iglesia de Santa Ana

Nach der Rückkehr zum Torre-Platz geht es Richtung Osten ins Zentrum, vorbei an der dreischiffigen *Iglesia de Santa Ana*. Die Mutter Marias ist Garachicos Schutzpatronin. Baubeginn war 1520, noch zu Lebzeiten des Stadtgründers, *Cristobal de Ponte*, dessen Familie der Stadt auch das Franziskaner- und Dominikanerkloster stiftete. Beim Vulkanausbruch 1706 wurde diese Kirche fast völlig zerstört; nur das Portal mit dem dreieckigen Renaissanceaufsatz konnte gerettet werden

Im Innenraum ist vor allem die ***Capilla de Nuestra Señora del Carmen*** mit Mujedardecke und einem hölzernen Barock-Retablo sehenswert (Haupteingang rechts). Es gehörte ursprünglich zum Kloster *Santo Domingo de Guzman* (➢ unten). Der gekreuzigte Christus im Zentrum des klassizistischen Hauptaltars stammt aus

dem 17. Jahrhundert. Die Farbgebung geht auf einen flämischen Meister zurück. Die Seitenflügel zeigen die Statuen *Santa Ana* und *San Joaquín*.

Casa de los Condes de la Gomera

Direkt an der Plaza de la Libertad liegt die *Casa de los Condes de la Gomera*, das prächtigste Herrenhaus der Stadt. 1666 wurde es erbaut von einem Nachfahren des Stadtgründers, *Juan Bautista de Ponte y Fonte*, dessen Familie, wie auch andere reiche Clans, im 17. Jahrhundert geadelt wurden. Die spanische Krone war damals mit Titeln großzügig, um durch Spenden die immer leere Kriegskasse aufzufüllen. So wurde *Pedro Ponte* zunächst *Señor* von Adeje und später durch Heirat auch *Conde de Gomera*.

Aus grauen Quadersteinen massiv gebaut, wird die klassisch-strenge Fassade nur durch schlanke Portalsäulen aufgelockert. Das Haus wurde 1706 zerstört und bald wieder rekonstruiert.

Plaza de la Libertad

Weitläufig, mit schattenspendenden Lorbeerbäumen und luftiger Kiosk-Bar in der Mitte – das ist die Plaza de la Libertad. Der Platz hatte schon viele Namen, natürlich auch *General Franco* – wie so viele Plätze und Straßen auf den Kanaren. Seinen heutigen Namen verdankt er Simon Bolivars Vorfahren, die von hier nach Südamerika auswanderten (➢ Seite 492 zum Thema »Emigration«). Seit 1970 ehrt man den Befreier Südamerikas hier mit einer Statue. Die Wappen der bolivianischen Provinzen sind in das Pflaster eingelassen. Von einer der Bänke kann man sitzend die folgenden klassischen Bauten in Ruhe betrachten.

Ex-Convento de San Francisco

Ein paar Stufen führen zum Gebäudekomplex des ehemaligen Franziskanerklosters, das vom Lavafluß 1706 verschont blieb. Schon 1524 stand an dieser Stelle eine Kapelle, aber die klassische Fassade wurde erst Mitte des 17. Jahrhunderts fertiggestellt. Zwischen dem Kloster und der angebauten Klosterkirche erhebt sich der Glockenturm aus schwarzem Basalt, im oberen Bereich ziert ihn ein hölzerner Balkon. In kirchlichem Besitz ist heute nur noch das Kirchenschiff mit der ***Capilla de la Vera Cruz***. Die anderen Gebäude wurden, wie überall in Spanien, während der antiklerikalen Epoche 1836 bis1870 säkularisiert. Im westlichen Flügel ist seither das *Ayuntamiento*, das Rathaus, untergebracht.

Casa de la Cultura

Die Räume rund um die beiden weitläufigen Klosterhöfe beherbergen die *Casa de la Cultura* mit Bibliothek, Galerie/Veranstaltungen und dem kleinen *Museo de Ciencias Naturales*, einem **Naturkundemuseum** für Fauna, Flora und Vulkangestein der Insel. Ein Video führt in Garachicos Geschichte ein. Sehenswert sind der kunstvolle Steinfußboden in den Kreuzgängen und die dunklen Holzbalkone, beeindruckend auch die Mujedardecken über der Steintreppe zum zweiten Stock und in der Hauptkapelle.

Casa de los Marqueses de la Quinta Roja (jetzt Hotel)

Auch das klassisch-kanarische Herrenhaus gegenüber dem *Ayuntamiento* wurde 1706 zerstört, aber original wieder aufgebaut. Oben im überdachten Ausguck standen einst Schiffseigner, die in Erwartung auf ein gutes Geschäft Ausschau hielten nach ihren vollbeladenen Schiffen aus Europa und Übersee.

Calle Esteban de Ponte

Wer die Plaza de la Libertad Richtung Meer verläßt, trifft zunächst auf die Calle Esteban de Ponte mit alten kanarischen Häusern. Gegenüber dem Ex-Augustinerkloster (jetzt Rotes Kreuz) befindet sich das Stammhaus des Stadtgründers *Cristóbal Ponte*. Es beherbergt heute das **Nobelhotel *San Roque*** in modernem Design (Restaurant und Bar nur für Hotelgäste, ➢ Seite 569).

Innenhof des Hotel San Roque

Aber auch neuere Häuser, wie die hübsche ***Pension Il Giardino*** sind sehenswert. Auf der Atlantikseite der Calle Esteban de Ponte finden sich Restaurants, wie das ***Rocamar*** mit begrüntem Patio (Zugang auch von der Meeres-Avenida). ➢ Seite 357

Kunsthandwerk gibt es im *Centro de Artesania de Limonero*, wo Zigarren noch handgedreht werden (➢ »*Puros*«, Seite 139).

Wegplanung

Wem dieser Stadteindruck reicht, geht nun zum Meer hinab und findet wieder Anschluß an den Rundgang beim Freibad. Auf der

Meerwasserpools zwischen schwarzen Felsen an Garachicos Avenida Atlántica, ➢ *Seite 356*

Calle Esteban de Ponte weiter Richtung Osten gelangt man in 15 min zum *Ex-Convento de Santo Domingo*. Dabei passiert man die lange Fassade des Franziskanerklosters. Nur die Kapelle ist der Öffentlichkeit zugänglich. Am östlichen Ende sieht man den ***Ajiméz***, einen quadratischen Turm mit feinem Holzgitter, das die nach draußen lugenden Nonnen vor Blicken schützen sollte.

»Weinparty«

Em Ende der Calle Esteban Ponte trifft man auf eine etwas tiefer gelegene alte Wassermühle, Rest eines weit verzweigten Gofio-Mühlensystems. Wieder etwas weiter, schon an der Hauptstraße, erinnert eine Statue an Garachicos **»Weinausschüttung«**. Die war ähnlich wie die amerikanische *Boston Teaparty*, nur folgenloser:

Mitte des 17. Jahrhunderts waren Teneriffas Weine speziell in England beliebt, und britische Residenten kontrollierten den Markt. Mit offizieller kanarischer Hilfe hatten sie die *Compania Inglesa de las Canarias* gegründet, um Handel und Preise auch formal zu monopolisieren. Das trieb die Weinbauern 1665 dazu, sich zu maskieren, die Keltereien zu stürmen und allen Wein in die Gosse zu schütten. Diese Demonstrationgipfelte zwar nicht in der Gründung der »Vereinigten Staaten von Canaria«, sie bewirkte aber immerhin, dass sich die *Compania* zwei Jahre später auflöste.

Ex-Convento de Santo Domingo

In Blickweite hinter der Statue liegt das Dominikanerklosters aus dem 17. Jahrhundert. Seine erhöhte Lage schützte es 1706 vor den Lavamassen. Von seinem schattigen Vorplatz mit Palmen und Loorbeerbäumen ist der Blick frei auf den *Gara Chico*-Felsen. Heute beherbergt das Kloster ein Altersheim mit Krankenhaus, den städtischen Veranstaltungsaal und das ***Museo del Arte Contemporáneo*** (Museum für zeitgenössische Kunst).

Besonders bemerkenswert an der Fassade sind das Portal der einschiffigen Ermita und der Glockenturm aus dunklem Lavastein. Das frühere Wohnhaus der Mönche, jetzt Altersheim, ist geprägt von sieben Holzbalkonen. Neben wechselnden Ausstellungen von Fotografen und Malern ist die Abteilung moderner Plastiken in der ehemaligen Kirche die Hauptattraktion des Museums.

Öffnungszeiten: täglich 9-13 + 16-19 Uhr, €1; © 922-830000.

Ermita de San Roque

Hinter dem Klosterkomplex liegt am Meer die kleine *Ermita de San Roque*, die schon anläßlich der Beulenpest-Epedemien (1601-1606) erwähnt wird. In ihrer heutigen Gestalt stammt sie aus dem Jahr 1736. Ihrem Schutzpatron *San Roque* schreibt man das Wunder des schnellen Beulenpest-Endes zu. In seinem Namen wird jedes Jahr am 16. August die berühmte ***Romería de San Roque*** (➢ »*Romerías*«, Seite 399) mit viel Wein und Gesang gefeiert.

Vom »El Caletón« aus überblickt man die Badepools zwischen schwarzen Felsen

Badelandschaft

Der Rückweg auf der Meeresavenida führt an einem Meerwasser-Freibad vorbei, zu dem auch Tennisplätze gehören. Gleich daneben wurde die Lavafelsküste (ein eingestürzter Lavatunnel, ➢ rechtsn) mit geschickten Eingriffen zu einer attraktiven Badelandschaft umgestaltet. Schwarze Vulkanstein-Mauern schützen vor der Brandung. Liegeflächen, Verbindungspfade und Treppchen ergänzen das Bild. Weit schwimmen kann man nicht, aber es macht viel Spaß, bei nicht allzu heftigem Wellengang in den Sprudelbecken zu spaddeln (kostet nichts). Gäste des **Café-Restaurant *El Caletón*** können das Leben und Treiben in der Badelandschaft verfolgen.

Castillo San Miguel

Während der Kriege der spanischen Könige im 17. Jahrhundert (Felipe III, Felipe IV, Carlos II) fielen die jeweiligen Feinde – mal Frankreich, mal England, mal Holland – gern über spanische Handelsschiffe und Häfen fernab der Heimat her, um die gegnerische Flotte zu schwächen und durch Plünderung die eigenen Kassen zu füllen. Das 1575 aus dicken schwarzen Quadersteinen am Hafen erbaute **Kastell** sollte die Stadt vor Eroberung und staatlich genehmigten Piratenzügen schützten.

Kleines Museum

Das ***Castillo de San Miguel*** verfügt über einen typischen, fast quadratischen Grundriss und beeindruckt mit Zinnen, Schießscharten und einem weißgetünchten Glockenturm. Über der Eingangstür hängen die Wappen der spanischen Könige und des Stadtgründers. Das Gebäude diente schon als Gefängnis und Kohlenlager. Heute finden hier kulturelle Veranstaltungen statt. In einem kleinen **Museum** sind Mineralien, Gesteine und Muscheln aus aller Welt ausgestellt. Eintritt: €1.

Einen Blick verdient auch der kleine Kakteengarten vor dem Bauwerk. Das Denkmal dort ist einem mutigen Lebensretter gewidmet, der 1987 bei einem Seebeben ums Leben kam. Ferner wird hier an das königliche Dekret erinnert, in dem Garachico 1906 wegen seiner wiedergewonnenen wirtschaftlichen Bedeutung die einst verlorenen Stadtrechte zurückerhielt.

Praktisches (noch Garachico)

Restaurants

- ***Bar Caletón*** fürs Bier oder den kleinen Snack, direkt am Meerwasser-Schwimmbad, Di geschlossen.
- ***El Rocamar*** mit Patio und kleiner Meeres-Terrasse gegenüber dem Meerwasserschwimmbad, alle gängigen Fischgerichte, täglich mittags und abends, ✆ 922-830176.
- ***El Cherne***, auch an der Küstenstraße gegenüber den Schwimmbädern mit Dachterrasse; einfache, aber gute kanarische Küche.
- ***Isla Baja***, prima Fischrestaurant mit angenehmen Räumen um die Balkongalerie im 1. Stock an der Küstenstraße nahe dem Kastell. Innenhof, eigene Konditorei; täglich bis 18 Uhr, Di zu; abends nur für Gruppen mit Vorbestellung: ✆ 922-830008.

weitere Restaurants umseitig

Lavatunnel

Vulkantunnel entstehen, wenn die äußere Schicht eines dünnflüssigen Lavastromes bei Kontakt mit der Luft schneller abkühlt und verhärtet, als das Innere des Stromes. So bildet sich eine Röhre, die isolierend wirkt und in der die heiß und flüssig gebliebene Lava weiter talwärts strömen kann. Bei Erlöschen der Eruption versiegt der Lavastrom und nur der hohle Gang bleibt bestehen. Läßt der Lavastrom nur langsam nach oder fließt für eine Weile auf einer bestimmten Höhe innerhalb der Röhre, bleibt – durch den ständigen Kontakt mit der kühleren Seitenwand – die sich verhärtende äußere Lavaschicht dort hängen und bildet Terrassen. Solche Bänke auf verschiedenen Höhen zeigen an, daß der Lavastrom in mehreren Schüben versiegt ist (gut zu sehen am künstlichen Lavatunnel im Teide Nationalpark, ➢ Seite 422).

Große Lavatunnel bis 12 km Länge finden sich in Kenia, Korea, auf Hawaii und Washington State/USA; als längste europäische Höhle dieser Art galt bis dato die ***Cueva de los Verdes*** auf Lanzarote mit über 6 km Länge. Seit 1964 wird ein Lavatunnelsystem im Nordwesten Teneriffas erforscht, und 1984 wurde die (mit ihren Nebenhöhlen) 20,7 km lange ***Cueva del Viento*** bei Icod zum längsten Lavatunnel der Welt erklärt; er ist bis zu 11 m hoch und 8 m breit und soll in Abschnitten zugänglich gemacht werden.

Unter Tage leben dort einzigartige, endemische Tiere. Tausendfüssler und Spinnen mit rudimentären Augen, überlangen Fühlern und Extremitäten; Höhlenwanzen und die großohrige Fledermaus *Plecotus teneriffae*.

Mehrere der Höhlenöffnungen, die nebeneinander horizontal am Berg liegen, sind auf den Kanaren meist Reste von solchen Lavatunneln.

- ***Aristides***, ein Bistro an der Plaza de la Libertad neben der *Casa de los Condes de Gomera*; man kann auch draußen sitzen; hat die etwas »andere« Speisekarte.
- ***Bodegon Plaza*** an der Plaza im tiefergelegenen Teil, kanarisch einfach, keine Tische draußen.
- ***Asadero Deaute***, empfehlenswertes originales Restaurant mit frischem Fisch, etwas abseits gelegen in der Calle Conde del Palmar 12, ✆ 922-133258.
- ***Bar La Perla***, einfache Einrichtung, gute Küche, Fisch und alle Meeresfrüchte frisch; **€12**, täglich 12-18 und 20-23 Uhr, Mo geschlossen; Calle 18 de Julio.
- ***Rivamar*** an der Landstraße La Caleta–Garachico, frischer Fisch, einfach und gut, **€12**; 12-23.30, Di geschlossen, ✆ 922-831311
- ***Casa Gaspar***, ➢ spezielle Restaurantempfehlungen Seite 83

Tauchen ***Diving School Argonaut***, ✆ 922-830245

Töpfern ***Casa San Pedro***, Calle Traversia Mencey Coconaimo 2, ✆ 922-133392; Verkauf und Kurse.

6.1.5 Von Garachico nach Punta de Teno

Über La Caleta nach Buenavista

Der kleine Ort La Caleta ist typisch tinerfeñisch: eine Ansammlung schmuckloser oder unverputzter Würfelhäuser, an der kleinen Hafenbucht ein paar Fischerboote auf steinigem Strand vor neuen Apartments. Ein Rundgang lohnt nicht.

Im ***Restaurant El Rubio*** gibt es kanarische Hausmannskost, frischen Fisch und gute Suppen.

Bananen Auf der Weiterfahrt Richtung Teno (TF 42) durchfährt man zwischen den beiden Agrarstädtchen Los Silos und Buenavista riesige abgedeckte **Bananenplantagen**.

Diese Region hat sich wegen ihres Wasserreichtums und ihrer Lage auf flachen Lavazungen in der Vergangenheit immer wieder gut auf die jeweilige Monokultur Teneriffas einstellen und so bescheidenen Wohlstand entwickeln können

Sanfter Tourismus Die Lage am Fuß des Tenogebirges und ausgehnter Lorbeer- und Kiefernwälder zieht Wanderer an. Auf der ganzen ***Isla Baja*** von Garachico bis zum Teno soll sanfter Tourismus entstehen (maximal 3000 Betten, vornehmlich in höheren Lagen). Ein Golfplatz ist in Bau. Der nordwestliche Teneriffa-Zipfel könnte so zu einer echten Alternative zum Süden und Massentourismus werden.

Los Silos

Leider läuft der gesamte Durchgangverkehr mitten durch das attraktive Los Silos. Klassisch-kanarisch ist die Plaza de la Luz mit Kiosk-Bar und der *Iglesia Nuestra Señora de la Cruz*. Der Ortsname Los Silos leitet sich von den großen Getreidespeichern ab, die sich früher hier befanden. Auch das oberhalb von Los Silos gelegene Dorf **La Tierra del Trigo** (»Weizenerde«) erinnert daran, ebenso die kreisrunden gepflasterten Dreschplätze in den Ortschaften ringsum oder vor dem *Hotel Rural* bei Los Partidos de Franquis (abseits der TF 373, ➢ Seite 580).

Meerwasser-Schwimmbad

Los Silos Freibad ***Piscinas Municipales*** lohnt den kleinen Umweg von der Küstenstraße TF 42; man erreicht es hinter der Plaza de la Luz an der Tankstelle rechts zum Meer/Playa del Puertito. Es liegt zwar am Rande eines wenig animierenden Neubaugebietes, doch es ist tip-top, wenig besucht und hat ein **Meerblick-Restaurant** mit guten *Paellas*.

Am Weg empfiehlt sich das ***Restaurant El Moncán*** im Vorort San José (Calle Puertito) für kanarische Hausmannskost (Fisch!).

Auf der Plaza von Buenavista

Buenavista

Buenavista liegt inmitten von Bananenplantagen auf einem Küstenplateau (Lavadelta), das im Westen von den steil abfallenden Hängen des Tenogebirges begrenzt wird. Weithin sichtbar ist der Aschekegel ***Montaña de Taco***, dessen ausbetonierter kreisrunder Krater heute als Wasserreservoir dient. In Erwartung eines neuen »sanften« Tourismus restaurierte man schon den Ortskern um die kürzlich abgebrannte Kirche *Nuestra Señora de los Remedios*.

Information

Im Gegensatz zur irreführenden Schildern bekommt man nur am Kirchplatz touristische Auskünfte: Büro der ***Agencia de Empleo y Desarollo*** neben der *Bar Central*; ✆ 922-129036.

Küste westlich von Buenavista

Die Küstenstraße TF 445 zur *Punta (Faro) de Teno* hat nach ca. 2,5 km beim großen ***Restaurant Brisas del Teide*** einen Abzweig zum Meer: ***Playa de las Arenas*** (noch 1.000 m weiter *Playa del Fraile, Charco Roque und Playa de las Mujeres*). Wer zur *Playa de las Arenas* fährt, findet am Ziel große Parkplätze, sowie eine ***Piscina Municipal*** mit Salzwasser (Schwimmbad mit Bahnen zum Trainieren, ✆ 922-128080; Mitte Juni-Mitte Sept. Mo-Fr 10-22, Sa 11-19 Uhr, sonst Mo-Fr 11-13 & 16-18 Uhr, Sa 11-19; €3) und das prima ***Terrassen-Restaurant Burgado*** (➢ Foto umseitig), beide perfekt in die felsige Lavaküste eingepaßt. Vor der Rast lohnt ein Spaziergang auf der **Küstenpromenade** (2,5 km lang/Sackgasse) zu den erwähnten steinigen Stränden mit dem natürlichen ***Pool Charco Roque*** in Lavaformationen. Ein grandioser Küstenabschnitt unterhalb des ***Mirador Don Pompeyo***.

Eigenwillig, aber attraktiv gestaltete Terrasse am Meer des Restaurants Burgado

Golf

Im Sommer 2003 eröffnete oberhalb des Schwimmbads der wohl **schönstgelegene Golfplatz der Insel** (➢ Seite 529). Unterhalb davon wird die bisher nur nach Westen laufende Küstenpromenade (➢ oben) Richtung Osten bis nach Buenavista verlängert.

Restaurants

- Das ***Mesón del Norte*** an der Carretera de Masca 1 (TF 436) etwa 10 km oberhalb von Buenavista ist ein großes ländliches Ausflugslokal im kanarischen Stil. Dort pflegt man eine hervorragende einfache kanarische Küche; frische Tagesgerichte, preiswert; ✆ 922-128049, Mo geschlossen.
- Das ***El Pescador*** befindet sich in der Calle Los Molinos (mitten im Ort). Es hat viele Fischgerichte auf der Karte; das Ambiente ist einfach. Preiswert (**€12**), Di geschlossen, ✆ 922-127033
- ***Pastelería El Aderno,*** exquisite Konditorei für klassisches kanarisches Gebäck (*Rosquetes, Cabello de Ángel, Merengues,* ➢ auch Seite 79); in der vom Kirchplatz bergaufführenden Calle La Alhóndiga 8.
- ***Restaurant Burgado*** an der *Playa de las Arenas* (Fleisch und Fisch) ist eine moderner Bau im Lavastil mit Wasserfall und Bächlein im Gastraum und einer traumhaften Terrasse über dem Meer; ✆ 922-127794, Mo geschlossen, ➢ oben.

Mirador Don Pompeyo

Etwa 5 km westlich von Buenavista (an der TF 445 nach Teno) hat man vom *Mirador Don Pompeyo* einen imposanten Blick auf diesen Küstenabschnitt. Danach windet sich die enge Küstenstraße an bedrohlich überhängenden Felswänden entlang.

Um anschließend zum Leuchtturm ***Faro de Teno*** an der nordwestlichsten Spitze der Insel zu gelangen, muß man einen ca. 4 km langen steinschlaggefährdeten Abschnitt auf eigene Gefahr passieren. Unübersehbare Schilder weisen darauf hin. Aber nur nach starken Regenfällen wird die Strecke gesperrt.

Punta de Teno

Nach zwei Tunneldurchfahrten ist der Leuchtturm (*Faro*) am Teno-Kap erreicht. Ein spektakulärer Platz, der zum ***Parque Rural de Teno*** gehört. An dieser windigen Ecke halten sich nur noch Kandelaber-Kakteen und Opuntien auf bröselig-spitzer Lava. In der winzigen Bucht mit ein paar schaukelnden Ruderbooten kann man gut baden und angeln. Leider fehlen Tischbänke, um hier bei Sonnenuntergang zu picknicken. Die Ausblicke sind grandios: nach Süden die 500 m-Steilwände von Los Gigantes, nach Nordosten die Insel La Palma.

Steilküste im äußersten Nordwesten beim Teno Faro

6.1.6 Von Icod über El Tanque nach Santiago del Teide

(➢ Routenüberlegung ab Icod, Seite 348)

Anfahrt

Von der Küstenstraße geht es bei Icod zuächst Richtung *Drago* (ausgeschildert), dann ab dem großen Kreisverkehr den Schildern El Tanque-Los Gigantes-Guia de Isora nach bis zur TF 82.

Herrliche Ausblicke über Garachicos dicht gedrängt liegenden Altstadtkern auf einer Lava-Landzunge bietet der ***Mirador de Garachico*** (mit riesigem Souvenir-Shop) bei San Juan de Reparo.

Der Name des nächsten Dorfes »El Tanque«, der Tank, deutet auf den Wassereichtum der Gegend hin.

In El Tanque Alto befinden sich im Kreuzungsbereich der TF 82 mit der steil nach Garachico hinabführenden TF 421 einige **Ausflugslokale**. Bei Canarios beliebt sind die holzgegrillten Brathähnchen im ***Restaurant Llovizna***.

Mirador Lomo Molino

Ein kleiner Abstecher wäre zu überlegen bei den letzten Häusern von El Tanque (Cruz Grande). In einer Linkskurve geht es rechts ab Richtung Tierra de Trigo und nach wenigen hundert Metern liegt rechterhand der ***Mirador Lomo Molino*** (postmoderner Lavastein-Flachbau), von dem der Blick auf die weiten, grünen Hänge des Teidemassivs und die Nordküste bis Punta del Hidalgo fällt.

Lavadeltas

Den Kampf zwischen den Elementen, dem landfressenden Wasser und dem landschaffenden Feuer, sieht man von diesem *Mirador* besonders gut. Immer wieder sind Laven über diese Steilküsten geflossen und haben ***Islas Bajas*** (niedrige Inseln), Lavadelten geschaffen, die ins Meer hineinragen und die dann vom Meer wieder ausgewaschen werden. Der ganze Nordwestteil Teneriffas wird deswegen auch *Isla Baja* genannt, obwohl Lavadelten auch im Nordosten der Insel zu finden sind, z.B. in Punta del Hidalgo.

Unterkunft

In El Tanque Alto gibt es kein Hotel, aber besonders empfehlenswerte *Casas Rurales*, ➢ Seite 578.

Camello – Kamelranch

Die Kamel-Ranch zwischen El Tanque und Erjos ist eine durchaus ansprechende Anlage mit großem **Ausflugsrestaurant**. Zwar fehlt die Wüste, aber dennoch kann man im Nomadenzelt im Schneidersitz Tee schlürfen. 4x4 auf dem Höckertier ist billiger und umweltfreundlicher als 4x4 im Jeep auf der Höckerpiste.

Anders als auf den afrikanahen, flachen und wüstenähnlichen Inseln Fuerteventura und Lanzarote wurde das Kamel auf Teneriffa früher nur selten als Arbeitstier eingesetzt. Im hügelig-grünen, oft nebelverhangenen Nordwesten wirkt es eher befremdlich als exotisch. Das *Camello* lebt davon. Erwachsene und Kinder steigen links und rechts in die hölzernen Sitze beidseitig des Kamelrückens und lassen sich im Beduinenlook durch die Gegend schaukeln. Auf Wunsch wird ein Kamel- oder Dromedar-Führerschein ausgestellt. Carretera General 4, El Tanque, 25-min-Ritt €6, Kinder die Hälfte; täglich 10-18 Uhr; © 922-136191.

Wanderwege nach El Palmar/ Los Silos

Kurz oberhalb von Erjos del Tanque (noch vor dem *Restaurant Fleitas*) erreicht man in einer Rechtskurve auf der linken Straßenseite eine unauffällige kleine ***Casa Forestal***. Direkt gegenüber führt ein Feldweg zunächst hinab, passiert nach rechts eine kleine

Touristen auf der Kamelranch bei El Tanque

Brücke und verläuft danach in einem Linksschwenk ein paar hundert Meter am Hang entlang bergauf. Danach geht es über vier Stunden lang immer bequem bergab (stets links halten) auf einem – zur Not auch befahrbaren – schattigen **Waldweg durch dschungelartige Vegetation** zur Straße TF 436 (Santiago-Masca-Buenavista) mit Anschluß an die Buslinien 355 und 366. Oder auf halbem Weg mit einem Rechts-Abzweig nach Los Silos mit Anschluß an die Buslinien 107 und 363.

Puerto de Erjos

Einen guten Kilometer oberhalb von Erjos del Tanque erreicht man Puerto de Erjos an der TF 373. Diese 1.100 m hohe Passhöhe trennt das jüngste vom ältesten Vulkangestein Teneriffas. Man verläßt an dieser Stelle die jungen, sanften Geröllhänge des nordwestlichen Teidemassivs und betritt den ältesten Inselboden, das schroff felsige Tenogebirge. Kurz vor dem Abzweig der TF 373 nach Icod liegt links der große, einfache ***Gasthof Fleitas***.

Einige Kilometer weiter auf der TF 82 Richtung Süden öffnet sich der Blick auf die fruchbare Hochebene von Santiago del Teide.

Wer weiter nach Süden will, findet den Anschluß auf Seite 279ff (Santiago–Masca) und Seite 415 (westliche Teideauffahrt).

6.1.7 Von Icod über La Vega, La Montañeta und San José de los Llanos nach Santiago del Teide

Anfahrt

Von der Küstenstraße an Icod vorbei (auch Anfahrt zum *Drago*) folgt man wiederum am großen Kreisverkehr den Schildern »El Tanque-Los Gigantes-Guia de Isora« bis zur TF 82, dann biegt man links ab nach La Vega/La Montañeta auf der Straße TF 373.

Alternative

Wer die TF 82 zwischen Realejos und Icod fährt und nicht zum *Drago* möchte, folgt vor Icod den Schildern nach El Amparo/La Vega und umfährt Icods Stadtgebiet in großem Bogen.

Nach einem Besuch des P*arque del Drago* kann man auf einer steilen, engen Straßen an der Parkmauer entlang über die Plaza de Constitución bergauf fahren und trifft auf die beschriebene Umgehung bei El Amparo (TF 366); dann folgt man den Schilder nach La Vega/La Montañeta.

Die TF 373

Diese **empfehlenswerte alternative Route** über La Montañeta und San José de los Llanos führt auf einer kleinen, aber ganz guten Straße an der Waldgrenze entlang mit grandiosem Teideblick. Dort fehlt die sonst gegebene Zersiedlung der Gegend. Zunächst kommt man zum kleinen, verschlafenen Ort **San Francisco de la Montañeta**. Er wird umstanden von Kiefern, riesigen Opuntien und großen dornigen Ginsterbüschen. Die Straße durchquert im ***Parque Natural de Chinyero*** schwarzes, mit Flechten bewachsenes Lavageröll mit vielen Margeriten.

Picknick/ Wanderung

Über gut 2 km Feldweg erreicht man die ***Zona Recreativa Arenas Negras*** (Abzweig nahe der »Freiluft-*Ermita*« *San Francisco* direkt an der Straße) mit Blockhütten für Jugendgruppen und einen

Picknickplatz unter vereinzelt stehenden Kiefern auf schwarzen Lavakieseln – ein Mondlandschaftsbild, in dem sich die Flora nach einem Vulkanausbruch vor Jahrzehnten wieder zu behaupten beginnt.

Wer Lust auf einen intensiveren Eindruck von dieser fremdartigen Welt hat, kann auf ebenen Wald-und Forstwegen von La Montañeta (ab oberem Ortsrand, Nähe Bushaltestelle) über die *Zona Recreativa* in ca. 90 min nach San José de los Llanos wandern (an der Straße TF 373, ca. 4 km westlich von La Montañeta).

Weitere Spazierwege

Weitere leicht zu bewältigende Wege gibt es in dem ***Los Partidos de Franquis*** genannten Gebiet, einige Kilometer westlich von San José. Ein Hinweisschild fehlt. Unmittelbar vor der ersten riesigen Kiefer biegt links ein Feldweg in spitzem Winkel von der Straße nach oben ab. Das weitverzweigte Wegesystem führt durch ein ***Montañas Negras*** genanntes Gebiet (Lavafelder) und in die Nähe mehrerer Vulkangipfel (*Garachico*, *Negro*, *Chinyero*).

Eine leichte, **abwechslungsreiche Wanderung** führt vom Hotel *Los Partidos* (➢ unten) bergauf in Richtung Teide. Nach 30 min folgt man dem Hinweis »Carretera General«. Auf breitem Fahrweg gelangt man in gut 3 Stunden zur TF 38 (westliche Teideauffahrt: Chio-Boca de Tauce): zunächst bergauf durch Kiefernwald, dann über eine Lavaebene, ständig begleitet vom Wasserkanal *Vergara*, den man beim erneuten Schild »Carretera General« Richtung TF 38 bergauf hinter sich läßt. Auf der Straße sind es dann gut 2 km bergab zum Terrassen-Restaurant ***El Tauce***; der Kellner ruft ein Taxi für die Rückfahrt (€22 für bis zu 4 Personen ein akzeptabler Preis nach einer bequemen Wanderung).

Landhotel

Nach ein paar hundert Metern Feldweg erreicht man das abgelegene *Hotel Rural* ***Caserío de los Partidos*** in 1.100 m Höhe. Urtümliche Bauernhäuser aus geschichteten Lavasteinen wurden für Ruhesuchende umgestaltet, ➢ auch Unterkunft, Seite 580.

Fiesta de la Trilla

Selbst die kreisrund gemauerten Dreschplätze sind erhalten. Hier feiert man nach alter Tradition die ***Fiesta de la Trilla***: die damals von einem Ochsengespann gezogene *trillo* (Dreschplanke) sieht man vielerorts in Teneriffa in ländlichen Bars und Restaurants als Wandschmuck. Wie ein hölzernes Surfbrett geformt, ist sie unten mit walnußgroßen Lavasteinen gespickt, um die Spreu vom Weizen zu trennen.

Abschluß

Auf der Passhöhe ***Puerto de Erjos*** trifft man auf die TF 82 (➢ Strecke Icod-Santiago mit dem Rasthaus *Fleitas* und Wanderwegen nach El Palmar oder Los Silos, Seite 362f).

Zur Weiterfahrt Santiago del Teide etc ➢ Santiago-Masca, Seite 279, bzw. die westliche Teideauffahrt ab Chio, ab Seite 415.

6.2 Nordküste östlich von Puerto de la Cruz

6.2 Nordküstenbereich östlich von Puerto

6.2.1 Von Puerto de la Cruz nach Tacoronte

Kennzeichnung dieser Küstenzone

Streckenverlauf

Die *Autopista del Norte* von Puerto nach La Laguna verläuft weit oberhalb der Küste. Sie steigt bis auf über 700 m an (bei Tacoronte/Los Rodeos) und fällt dann bis La Laguna wieder leicht ab. Entlang dieser Autobahn liegen fünf Gemeinden: rechterhand Santa Ursula (324 m, 9.500 Einwohner), La Victoria (380 m, 8.000 Einwohner) und La Mantanza (512 m, 6.500 Einwohner), linkerhand El Sauzal (322 m, 7.300 Einwohner) und Tacoronte (450 m, 20.000 Einwohner).

Einschätzung

Bereits *Wilhelm v. Humboldt* wies 1799 darauf hin, dass »... die Bevölkerung der Küste ... hier sehr stark (ist); sie erscheint noch größer, weil Häuser und Gärten zerstreut liegen, was den Reiz der Landschaft noch erhöht«. Heute würde *Humboldt* die seinerzeit gepriesene Schönheit der nordöstlichen Orotavatal-Schulter vergeblich suchen. In einem Meer von Neubauten sind die alten Stadtkerne untergegangen, und die Außenbezirke der Gemeinden gehen ineinander über. Auf der parallel zur Autobahn verlaufenden alten Landstraße (*Carretera General=TF152*) muß man schon strikt auf die Ortsschilder achten, um zu wissen, ob man beispielsweise noch in El Sauzal oder schon in Tacoronte ist. Leider dürfte die starke Zersiedlung fortschreiten, auch wenn das Ende der Bauwut auf Teneriffa sich nun langsam abzeichnet.

Agrargebiet bei La Matanza mit typischen Nebelschwaden

Land und Leute

Die guten (vulkanischen) Böden, ausreichende Niederschläge und ein auch im Sommer angenehmes »Arbeitsklima« ermöglichen Landwirtschaft bis auf eine Höhe von fast 900 m. Immer noch werden viel Wein, Kartoffeln, Mais und Obst angebaut. Eine bescheidene Milchwirtschaft wird in La Granja unterhalb von Santa Ursula betrieben.

An den Hängen oberhalb der Autobahn sieht man neben größeren Wohnhäusern und neueren (Sozialbau-) Siedlungen viele Lagerhallen und Servicebetriebe, während unterhalb überwiegend Chalets, Bungalows und, oft sehr versteckt, Prachtvillen betuchter *Tinerfeños* und vieler wohlhabender Ausländer liegen. Fast alle haben Blick auf den Teide und/oder den Atlantik, an den man auf diesem (Steil-) Küstenabschnitt bis auf ein, zwei Stellen indessen mit dem Auto nicht herankommt.

Unterkünfte

Nur eine größere Aparthotel-Anlage gibt es an dieser Route. Im flachgestreckten Halbkreis liegt ***Quinta Park*** unterhalb von Santa Ursula (➢ Seiten 369+ 569). Pensionen oder kleine Hotels gibt es kaum. Wer nicht im eigenen Haus oder bei Freunden wohnt, kann um Santa Ursula und Tacoronte teils sehr schön gelegene Häuser bzw. renovierte *Fincas* mieten (»*Casas Rurales*«, Seite 576f).

Landschaft

Zum Baden ist der Küstenabschnitt hier nicht geeignet. Die steilen Felskliffs stürzen ohne Strand direkt ins Wasser, die Brandung ist heftig und die Strömung gefährlich. Dafür sind die weiten Blicke übers offene Meer umso berauschender. Bergseitig gehen die landwirtschaftlichen Anbauzonen ab 1.000 m in ausgedehnte Kiefernwälder mit vielen bequemen Forstwegen über, an denen eine Reihe beliebter Picknickplätze liegen.

Im Parque Lavanderos in El Sauzal, ➢ Seite 372

La Victoria, La Matanza und El Sauzal

La Matanza und La Victoria waren die Schauplätze der beiden Entscheidungsschlachten gegen die Guanchen (➢ »Geschichte«, Seite 487). Doch außer den beiden Ortsnamen (»das Gemetzel« und »der Sieg«) sowie einem überdimensionalen Wandgemälde an der Autobahn erinnert in beiden Städten kaum noch etwas an die spanische Eroberung Teneriffas vor 500 Jahren. **Den Ort El Sauzal allerdings sollte man besichtigen**. Nicht nur, weil es den schönsten Ortskern dieser Region hat, sondern auch, weil die **Café-Terrasse des Weinmuseums** mit ihrer Panoramaaussicht einer der attraktivsten Plätze zum Pausieren ist.

Alonzo de Lugo landet in Teneriffa (nach alten Texten)

Die Flotte von der Insel Palma, welche de Lugo kommandirte, kam am 3ten May 1493 in dem Hafen Anaso an. Weil die Katholiken an diesem Tage das Fest des heiligen Kreuzes feyern, so nannte Alonzo den Hafen Santa Cruz. Nachdem er seine Truppen ausgeschifft hatte, marschirt er auf den hohen und steilen Berg über dem Hafen, auf dessen die Ebene, jetzt Laguna genannt, anfängt, und wo die Stadt dieses Namens steht.

Indem er weiter rückte, kam er auf eine Ebene, wo jetzt die Einsiedeley de Garcia steht. Hier schlug er sein Lager auf, und erhielt einen Besuch von dem Akaymo, König von Guimar, von den Königen von Anaga, Adehe und Abona, mit denen er ein Bündnis schloß. Sie unterrichteten ihn von der Macht des Ventomo, König von Taora, der damals mit allen Königen der Insel Krieg führte; worauf er gegen ihn anrückte. Der König gieng ihm mit nur dreyhundert auserlesenen Leuten entgegen, und fragte ihn, was er habn wollte? Lugo gab zur Antwort, er käme bloß, um seine Freundschaft anzusuchen, und ihn zu bitten, daß er das Christenthum annehmen, und ein Vasall des Königs von Spanien werden möge, der ihn mit vielen Wohlthaten überhäufen würde.

Hierauf erwiederte der König von Taoro, was seinen Friedens- und Freundschaftsantrag beträfe, so nähm er denselben mit Vergnügen an, und wolle ihn gern mit allem, zu seinem Gebrauch und zu seiner Erfrischung versorgen, was er nur verlange, und was die Insel geben könnte; denn keiner sollte je Ursach haben von ihm zu sagen, daß er angebotene Freundschaft irgend eines Menschen verwerfe oder verachte: was aber die Annehmung des Christenthums betreffe, so wisse er nicht, was er damit sagen wollte.

Zur Antwort auf seine Bitte, ein Vasall des Königs von Spanien zu werden, sagt er, er kenne denselben nicht, würde sich auch, als ein freygeborener Mann, keinem Menschen in der Welt unterwerfen; sondern wie er sein ganzes Leben hindurch frey gewesen, so gedächt er auch zu sterben.

Nachdem er solchergestalt Alonzos Anträge beantwortet hatte, verließ er ihn, und begab sich in seinen Distrikt. Lugo, welcher Ventomos Antwort verachtete, rückte weiter, und lagerte sich an einem Orte, Namens Aguere, von wo aus er Einfälle ins Land that, indem er sich einbildete, dass, wenn er erst den König von Taoro überwunden hätte, die ganze übrige Insel sich auf einmal ihm unterwerfen müßte. Und er kam nach Orotava, wo er eine Menge Vieh erbeutete. Mit dieser Beute wollt er zurückkehren, als Ventomo seine drey hundert Mann versammelte, und das Kommando derselben sinem Bruder Pedro gab, mit dem Befehl, die Spanier auf ihrem Rückzuge in den engen und beschwerlichen Wegen zu ängstigen, um sie solange aufzuhalten, bis er seine übrigen Truppen zusammengezogen hätte und einen Hauptangriff auf sie thun könnte. Als demnach die Spanier durch einen engen hohlen Weg zogen, der von hohen steilen Felsen eingeschlossen war, erhuben die drey hundert Guanches, die im Hinterhalt lagen, ein großes Geschrei und Gepfeife, fielen sie dann mit großer Wucht an, und schlugen sie gänzlich in die Flucht; denn die Spanier konnten hier von ihrer Reiterei, auf welche sie sich am meisten verliessen, keinen Gebrauch machen, und ebensowenig half ihnen ihre überlegene Anzahl; so daß ihnen nichts als die schleunige Flucht übrig blieb. Die Guanches folgten ihnen auf dem Fuße nach, und richteten eine große Niederlage unter den Flüchtlingen an.

Des Königs Bruder hatte sich unterwegs auf einen Stein gesetzt, um sich auszuruhen, als Ventomo mit sinen Truppen daher kam. Als er seinen Bruder so allein da sitzen sah, gab er ihm einen harten Verweis; dieser aber antwortete ganz kalt: »ich habe das Meinige gethan, und die Feinde besiegt; die Metzger thun jetzt das Ihrige, und schlachten sie.« In dieser Schlacht kam der größte Theil von Alonzos Armee um; und da er nicht weit von Centejo lag, nannte man ihn la Matansa de Centejo, das heißt, die Metzelung von Centejo, welchen Namen er noch jetzt führt.

Quelle: George Glas, Geschichte der Entdeckung und Eroberung der Kanarischen Inseln, Leipzig 1777; in: Bibliothéca Canaria – Nachdrucke alter Texte über die Kanarischen Inseln, Santa Cruz de La Palma, 1976.

Anlaufpunkte unterhalb der Autopista bis El Sauzal

Cafe Paraiso

Die große Terrasse des *Cafe Paraiso* (mit Restaurant) ist bei Ausländern sehr beliebt. Das Café liegt inmitten eines Villenviertels über dem Rincón-Tal (➢ Seite 311) und bietet eine wunderbare Aussicht auf Puerto und den Teide. Von Santa Cruz kommend Autobahnausfahrt 31 (Orotava/La Cuesta), von Puerto kommend Ausfahrt 31; die Strecke ist gut ausgeschildert (zunächst in Richtung Puerto meerseitig parallel zur Autobahn zurückfahren).

Kleine Wanderung

Ein schmaler Wanderweg führt von dort hinunter bis zum Strand *Bullolo* und weiter in Puertos Stadtteil La Paz. Er beginnt keine 200 m (westlich) vor dem Café. Neben der Hausnummer 15 zeigt auf der anderen Straßenseite ein verwittertes Schild den unauffälligen Pfad an, der mit einer engen Stiege beginnt. Da der Weg recht beschwerlich und bei Nässe auch glitschig ist, wird nur der Ab- und nicht der Aufstieg empfohlen.

Hotel La Quinta Park

Wer für seinen nächsten Teneriffa-Urlaub ein Apartment in ruhiger Lage mit wunderbarem Blick sucht, sollte sich *La Quinta Park* anschauen. Das **Aparthotel** liegt unverfehlbar gleich unterhalb der Autobahn (Ausfahrt 29, neben einer alten Weinpresse). Die nur vierstöckig im Halbkreis um Swimmingpools gebaute Anlage ist sehr gepflegt und offeriert eine Palette von Massagen, Kuren und Schönheitsprogrammen. Da es außer hoteleigenen Shops und Boutiquen keine nahen Geschäfte und Restaurants gibt, pendelt ein Gratis-Hotel-Bus stündlich zwischen La Quinta und Puerto de la Cruz.

La Quinta liegt in einem leicht zur Steilküste abfallenden Park, dem ehemaligen Großgrundbesitz des *Marquis de la Quinta Roja* mit vielen Palmen, Eukalyptus- und imponierenden Drachenbäumen. Das weitläufige Gelände wird seit Jahren behutsam mit Prachtvillen und kleinen Chalets urbanisiert. Das alte Finca-Gebäude selbst (*La Quinta*) liegt unterhalb der Hotelanlage.

El Caletón

Bei El Caletón (= Bucht) liegen auf einer flach ins Meer ragenden Felszunge einige sehr einfache, wenig gepflegte Wochenend- und Fischerhäuschen von Einheimischen, die aber nur im Sommer bewohnt werden. Mit Leitern haben sich die Besitzer Zugang zu kleinen natürlichen Pools geschaffen, die bei Ebbe im kantigen Lavagestein entstehen. Ein kleiner, schwarzer Sandstrand ist umstellt von steilen Felsen und liegt fast immer im Schatten. El Caletón ist zwar wegen der Brandung kein geeignetes Plätzchen zum Schwimmen, wohl aber zum Picknicken fernab vom Trubel.

Anfahrt

Man verläßt die *Autopista* bei La Matanza (*Salida* 23), folgt dann meerseitig der direkt parallel dazu verlaufenden kleinen Straße Richtung Puerto. Von dort weisen im Abstand von 3 km zwei Schilder auf die beiden steilen Serpentinenabfahrten (3 km) hin.

Casa Juan

Etwa auf halber Strecke der erwähnten Parallelstraße zur Autobahn weisen Schilder zur *Casa Juan,* einem beliebten Restaurant.

Verglichen mit der strengen Schlichtheit vieler spanischer Lokale ist die ***Casa Juan*** schweizerisch-urgemütlich (mit großem Garten). Zu den Spezialitäten dieses Restaurants zählt Räucherfisch aus der hauseigenen Räucherei in Santa Ursula (➢ Seite 376).

El Caletón; die schwarze Landzunge ist ein vor Jahrhunderten im Meer erstarrter Lavafluß

Weinmuseum

Unmittelbar unterhalb der Autobahn (Ausfahrt 21/El Sauzal) erreicht man nach wenigen Metern das Weinmuseum (***Casa del Vino – La Baranda***, gut ausgeschildert) in einem vorbildlich renovierten Finca-Komplex aus dem 17. Jahrhundert. Die Gebäude liegen im Rechteck um einen großen mit Naturstein gepflasterten Innenhof mit Winzergeräten. Eine anschauliche Ausstellung informiert über Geschichte und Techniken des Weinanbaus, Klima- und Bodenbedingungen und wird ergänzt durch einen **Shop** und eine **Probierstube**. In stilvollem Ambiente kann man fast alle Weine der Insel kosten (gegen Gebühr, wohingegen der Eintritt frei ist). Di-Sa 11-20 Uhr, Weinprobe und Verkauf bis 22 Uhr, feiertags bis 18 Uhr; Mo geschlossen.

Eindrucksvolle Flaschensammlung im Weinmuseum

Restaurant im Museum

Auf der großzügigen **Terrasse** eröffnet sich ein spektakulärer Blick auf den Teide und das Meer. Hier werden nur *Tapas* und köstliches Gebäck zu den Getränken gereicht. Innen bietet das Restaurant gute kanarische Küche. Von beeindruckender Schönheit ist die bemalte Holzdecke der Bibliothek. Mehrere Räume stehen für Veranstaltungen zur Verfügung.

Casa del Miel

Die im kanarischen Stil mit Lavasteinen renovierte ***Casa del Miel*** unmittelbar oberhalb des Weinmuseums ist nur für besondere Veranstaltungen geöffnet.

Café Baranda

Direkt an der Autobahnausfahrt und nur einen Steinwurf oberhalb der *Casa del Miel* liegt das riesige ***Café Baranda*** mit zwei verglasten **Panoramablick-Terrassen**. Es hat nicht nur das Interieur einer deutsche Konditorei, sondern sogar ein entsprechendes Kuchenangebot. Am Sonntagnachmittag, wenn auch spanische Familien nach ausgiebigem Mittagessen hier ihr Dessert genießen, platzt der Parkplatz aus allen Nähten.

El Sauzal

Um in den tieferliegenden Ortskern von El Sauzal zu gelangen, fährt man von den Museen zurück zum Kreisverkehr an der Autobahnausfahrt. Auf dem Weg bergab kommt man an dem sehr beliebten Fischrestaurant ***San Nicolás*** (Di geschlossen) vorbei.

Zentrum

Hinter dem Marktgebäude (mit Postamt) erreicht man das hübsche Zentrum um den höhergelegenen Kirchplatz – mit einer fantastischen Aussicht. Der Wasserreichtum der Gegend ließ hier einst Weiden (*El Sauce* = Weide) gedeihen und brachte die Landwirtschaft zum Blühen (Wein, Kartoffeln) und später die Bodenspekulation. Viele Äcker und Felder sind zu teurem Bauland geworden. Vom Wohlstand zeugt das imposante ***Ayuntamiento*** (Rathaus) mit künstlichen Wasserfällen vor dem Gebäude. Die *Iglesia de San Pedro* (16. Jahrhundert) wirkt trotz des klassischen Turms mit ihrer weißen Kuppel etwas fremd.

Gegenüber dem Kirchplatz serviert das ***Restaurant Parada*** Fischgerichte – ein erhebender Blick über das Meer ist gratis. Der *cortado* danach schmeckt am besten in der kleinen, gemütlichen ***Bar Elias*** (auf dem Kirchplatz).

Parque Lavanderos

Unterhalb des Kirchplatzes liegt etwas versteckt der Eingang zu dem am steilen Hang angelegten ***Parque Lavanderos*** (➢ Foto, Seite 367). Zwischen vielen schwarzen Lavasteinen stehen Ruhebänke, und Wasserspiele plätschern im üppigen Grün. Treppchen führen hinunter in den Stadtteil Los Angeles, wo es neben einer kleinen ***Ermita*** im gleichnamigen Restaurant **kanarische Küche** gibt. Ein ähnlicher Park, der etwas östlich am Steilufer gelegene ***Mirador Garañona***, ist leider verwahrlost.

Kultur/ Folklore

Nicht nur am gepflegten Stadtkern und den kultivierten Grünanlagen ist der Wohlstand El Sauzals abzulesen. Im **Auditorium** (ausgeschildert) finden bemerkenswert gute klassische Musikabende statt. Das Dreikönigsfest wird am Vorabend des 6. Januar besonders aufwendig begangen (➢ Seiten 292+501). Auf den Straßen und Plätzen spielt die Bevölkerung das Geschehen dieser biblischen Nacht nach. Die zu Weihnachten aufwendig gestaltete Krippe auf der Kirchplaza ist Hauptschauplatz.

Jardín Las Tosquillas

An der Landstraße (TF 16) zwischen El Sauzal und Tacoronte geht es bei der ***Bar Felix*** (gute Fischgerichte) links zum *Jardin Las Tosquillas* ab. Eine steile Allee mit Eukalyptus, Palmen und Agaven führt hinunter zum kleinen, sehr liebevoll angelegten und gepflegten botanischen Garten *Las Tosquillas* (ausgeschildert). 50 gekennzeichnete Palmenarten stehen zwischen den Beeten. Hunderte von Luftnelken hängen schattenspendend in Drahtnetzen. Täglich 9-17 Uhr, Eintritt relativ hoch: €4.

Die Carretera General (TF 16) führt weiter nach Tacoronte, ➢ Seite 379.

Kirche in El Sauzal

Luftnelken über den Beeten im Jardín Tosquillas

Von Santa Ursula nach Agua García (Bergseite der Autobahn)

Die zersiedelten Städte Santa Ursula, La Victoria und La Matanza lohnen einen Bummel kaum. Die Fahrt auf der Carretera General (TF 217) führt durch das ganz »normale« verstädterte Teneriffa, vorbei an weniger bedeutenden Sehenswürdigkeiten.

Santa Ursula

In Santa Ursula ist die schlichte einschiffige **Kirche** (17. Jahrhundert) gleichen Namens wegen der Goldschmiedearbeiten aus Südamerika aber einen Besuch wert (an der Durchgangsstraße, gegenüber dem *Ayuntamiento*). In der Neuen Welt zu Wohlstand gekommene Emigranten pflegten – Gott zum Dank – silberne oder goldene Grüße in die Heimat zu schicken. Sehenswert ist auch der Heilige *Sebastian* aus Elfenbein.

La Victora und La Matanza de Acentejo

Wie schon erwähnt, drücken die Namen La Victoria und La Matanza den Sieg und die Niederlage aus spanischer Sicht aus. Am 25. Dezember 1495 brachen die Spanier im heutigen **La Victoria** den Widerstand der Guanchen. ***La Matanza***, das Gemetzel, nannten sie den Ort, wo sie im Jahr zuvor am 26. Mai in eine Falle der Guanchen gerieten und vernichtend geschlagen wurden, ➢ Essay auf Seite 368. Das Guanchenwort ***Acentejo*** bedeutet Tod bzw. »viele Tote«. Von 1.200 Spaniern und kanarischen Verbündeten konnten nur 200 ihr Leben retten.

Uralte Kiefer

In beiden Orten erinnert wenig an die blutige Vergangenheit. Vor der großen *Iglesia de Nuestra Señora de La Victoria* steht eine riesige zersauste Pinie. Sie war Zeugin der Schlacht und in ihrem Schatten fand damals der Dankes-gottesdienst statt.

Der etwas verwahrlost wirkende Kirchplatz liegt oberhalb der TF 217 (hinter einer großen Shell-Tankstelle scharf rechts in die Calle Perez Diaz)

Guachinches

Die Gegend oberhalb von Santa Ursula, La Victoria und La Matanza – dort wo die dichte Besiedlung aufhört und die Felder überwiegen – ist gespickt mit kleinen einfachsten Lokalen, den sogenannten *Guachinches* (➢ Thema »*Guachinches*, Seite 377). Einige werden hier genauer beschrieben. Die Anfahrtbeschreibung mag in einigen Fällen übertrieben genau erscheinen, aber selbst Ortskundige verirren sich leicht in diesem Gewirr kleiner Straßen.

Gleich mehrere sehr beliebte *Guachinches* liegen oberhalb von La Matanza am ***La Cruz del Camino***, einer Kreuzung, die man an einem kleinen Platz und einer Kapelle aus Lavagestein erkennt. Bei ***Dona Candelaria*** gibt es ohne Schnickschnack alles, was die volkstümliche kanarische Küche zu bieten hat. Ebenso im ***Centro Médico*** (!) bzw. ***Cruz del Camino***, wo gelegentlich der berühmte ***Vieja*** (Papageienfisch) serviert wird.

Anfahrt

In La Matanza nicht in Richtung San Antonio abbiegen, sondern geradeaus in die **Calle Real** und den Schildern nach ***Cruz del Camino*** bis zur großen Eisenwarenhandlung folgen; dort rechts abbiegen in Richtung Ravelo/Agua García. Hinter der **Kirche *El Salvador*** rechts hoch in die Calle Nuevo, wo man nach ein paar hundert Metern links den erwähnten Lavasteinplatz sieht.

Wandbild und Humboldt-Zitat

Eine Wandmalerei zum Gedenken an das Gemetzel von La Matanza sieht man von der Autobahn – von La Laguna kommend – an der *Salida La Matanza*. Das Bild zeigt einen großen, halbnackten Guanchen, der siegesbewußt in sein Muschelhorn bläst, während ein kleiner spanischer Krieger in voller Rüstung am Boden liegt. Im Ortsteil San Antonio von La Matanza gibt es eine kleine Kapelle, *La Ermita de San Antonio*, um der Niederlage zu gedenken.

Humboldt schrieb:»Diese beiden Namen (Matanza und Victoria) findet man in allen spanischen Kolonien nebeneinander; sie machen einen widrigen Eindruck in einem Lande, wo alles Ruhe und Frieden atmet. *Matanza* bedeutet Schlachtbank, Blutbad, und schon das Wort deutet an, um welchen Preis der Sieg erkauft worden ist. In der neuen Welt weist er gewöhnlich auf eine Niederlage der Eingeborenen hin; auf Teneriffa bezeichnet das Wort *matanza* den Ort, wo die Spanier von denselben Guanchen geschlagen wurden, die man bald auf den spanischen Märkten als Sklaven verkaufte.«

A.von Humboldt: Südamerikanische Reise (1799)

Restaurants zwischen Villa de la Questa und La Matanza

Wer sich nicht auf die Restaurant-Suche durch die kleinen Sträßchen machen möchte, findet an der Carretera General TF 217 viele – auch anspruchsvollere – Restaurants, in denen man

schöner sitzt als in den einfachen *Guachinches*. Beispielsweise in der ***Casa Vieja*** in La Matanza, die eine leckere traditionelle Fischsuppe (*Cazuela con Escaldón* mit *Gofio*) serviert; Carretera La Matanza, km 25; täglich ab 16 Uhr, © 922-578252.

Weitere **Restaurants** auf diesem Streckenabschnitt sind das dem Touristengeschmack angepaßte gute ***Les Corales*** in Cuesta de la Villa (zwischen Orotava und Santa Ursula) und die originelle und beliebte ***La Quadra*** in einem alten Kuhstall bei La Matanza (Anfahrt unter den Restaurantempfehlungen auf Seite 81).

Picknickplätze

Wer seinen eigenen Picknickkorb dabei hat und selbst bruzzeln möchte, findet drei bei den Tinerfeños sehr beliebte ***Zonas Recreativas*** an der Parallelstraße zur Autobahn La Matanza-Revelo-Agua García. Von Westen nach Osten sind es: ***La Vica*** (über San Antonio), ***Las Calderetas*** (über Revelo) und ***Lomo de La Jara*** (über Agua García). Dort starten auch bequeme **Spaziergänge** auf Forstwegen in die Waldregion *Esperanza*. ➢ Seite 585.

Die uralte Kiefer von La Victoria

Praktisches

Unterkünft

Es gibt einige kleine, aber feine Hotels (z.B. ***El Balcón del Mar, Faisán de Lucas***), eine große Hotelanlage (***La Quinta***) und – vor allem oberhalb der Autobahn – etliche ***Fincas*** (➢ Seite 577f).

Spezial-geschäfte

- ***Ahumados Tenerife***, Fischräucherei im Zentrum von Santa Ursula, Carretera Vieja 37, Mo-Fr 9-17.30 Uhr, Sa 9-14 Uhr, ✆ 922-301161, beliefert *Casa Juan* ➢ Seite 370.
- ***Sprungmann*** – **deutsche Fleischerei**, sehr gute Ware; beim Humboldtblick (*Jardín Humboldt*) kurz vor Orotava, ➢ Seite 321 Täglich 8.30-17, Sa 8.30-13 Uhr, ✆ 922-336567.
- ***Naturkost BioCanary***, Carretera. Vecinal 30, Autobahnausfahrt El Sauzal, Richtung El Sauzal; Zustellung frei Haus; ✆ 922-572273, www.biocanari.com; Email: mail@biocanari.com.
- **El Mercadillo**, Bauernmarkt mit lokalen Produkten, Wein Käse und etwas Kunsthandwerk in La Matanza an der Hauptstraße Carretera General, nur Sa+So 9-15 Uhr.

Golf

➢ Sport/Golf, Seite 528

Reiten

- ***Club Hípico la Atalaya***, schön gelegener Reitstall mit Parcour und gutem Gelände für Ausritte; Carretera General del Norte/ San Lázaro (La Laguna/Los Rodeos); ✆ 922-632644+631222
- ***Centro Hípico Los Brezos***; nur an Werktagen steht dieser hochgelegene, kleine Reiterhof auch Touristen zur Verfügung; Parcour und Ausritte. Tacoronte, Camino Candelaria-Monte 101; an der TF 226 (Esperanza-Tacoronte) bei Kilometerstein 3,5 auf den Abzweig mit dem **Schild »40 km/h«** achten; dort 100 m bergauf und links in den Feldweg abbiegen. Nach 200 m liegt der Hof linkerhand; ggf. anrufen bei Barbara Behrendsen: ✆ 922-560332, Handy: 686-480633 oder 922-567222.

Restaurants

- ***Casa Pedro***, einfache, aber ausgezeichnete klassisch kanarische Küche; Santa Ursula, Calle Magallanes 38, ✆ 922-300082 (So Abend und Mo geschlossen). Von Puerto kommend Autobahnausfahrt Santa Ursula, auf der TF 21 Richtung Orotava fahren; unmittelbar vor der bergseitigen Bar ***Donde Mario*** (alter Name: *El Lagar*) links hoch, sofort wieder links, gleich wieder rechts (San Patpicio) und dann die zweite rechts (Calle El Clavel). In der ersten Linkskurve liegt die *Casa Pedro* (mit Parkplatz).
- ***La Bodeguita de Enfrente***, tolle Tapas in kuscheligem, altkanarischen Ambiente; Cuesta de la Villa 205 (TF 217); ✆ 922-302760.
- ***Casa Juan***, Spezialität Räucherfisch, **€18**, Di-Sa 12.30-15.30 und 18.30-22.30 Uhr, ✆ 922-577012
- **Weinmuseum El Sauzal**, Di-Sa 13-16 und 20-23.30 Uhr. Mo und So Abend und im Monat Mai geschlossen; ✆ 922-563388.
- ***Les Corales***, elaborierte anglo-französische Küche, gute Fischgerichte, eigene Weine, wunderbarer Meerblick; **€ 21**, Di-So 13-16 und 19-23 Uhr. Mo geschlossen; ✆ 922-301918.

Guachinches

Regelrechte ***routas gastronómicas***, wo sich ein Lokal an das andere reiht, liegen im Dreieck Los Rodeos, La Esperanza und Santa Ursula. ***Guachinches*** heißen diese aus privaten Weinkellern und Probierstuben (später Garagen) entstandenen Restaurants, denn Trinken macht hungrig.

Das Wort *Guachinche* heißt wörtlich etwa »Spelunke« oder »illegale Kneipe«, wo alles durcheinander geht. *Guachinches* sind heute unter den Einheimischen »in«, und jeder schwört auf »seine« ganz spezielle. Freitag- oder Samstagmittag werden viele brechend voll. Die Räume sind nach wie vor schmucklos und eine akustische Katastrophe. Karg und kalt wie ein Wartesaal, nur selten zünftig-rustikal mit bäuerlichen Antiquitäten wie im Dorfmuseum. Dabei würde nicht selten eine Glasfront das Meer und die Berge ins Lokal holen.

Gänzlich unbefriedigt bleibt die tiefsitzende Sehnsucht der regen- und kältegeschüttelter Nordurlauber, draußen zu sitzen: die Guanchen-Nachfahren lieben's offensichtlich höhlenmäßig.

Die Qualität der offenen Hausweine kann in ein und derselben *Guanchinche* sehr unterschiedlich sein und trifft auf jeden Fall nicht immer jedermanns Geschmack. In animierter Umgebung mit einem *Conejo Salmorejo* kann er trefflich schmecken, aber am nächsten Abend im Hotelzimmer versteht man beim Leeren der vorsorglich mitgenommenen Extraflasche manchmal sein eigenes Urteil nicht mehr.

Aus manchen *Guachinches* sind inzwischen handfeste Restaurants geworden, die auch Weine heimischer Winzer kredenzen. Die Speisen – ob nun Fisch oder Fleisch – sind immer durch und durch kanarisch, in ihrer Schlichtheit überzeugend und preiswert.

Guachinches sind nicht leicht auszumachen. An der Küste findet man sie kaum und in den Bergen fehlt draußen oft jegliches Lokalschild. Wer es auf gut Glück versuchen will, kehrt ein, wo die Parkplätze am Wochenende überquellen, denn jeder *Tinerfeño* weiß, wo es billig ist und schmeckt.

An Wochenenden zwischen 14 Uhr und 17 Uhr geht es hoch her, wobei die Stimmung weniger durch den *vino de la isla/de la casa* (Insel-/ Hauswein) steigt, als durch die gesellige Fröhlichkeit des *Canario*, der gern zur Gitarre greift und in großen Runden singt.

Auch ohne besondere Spanischkenntnisse hilfreich beim Lokal-Aufspüren ist das verbreitete Büchlein ***El Libro de los Guachinches*** von *M.M. Morales* mit Lageplänen, Spezialitäten und Öffnungszeiten. Man findet es überall auf der Insel.

Typische Theke in einer Guachinche

6.2

Tacoronte ist neben seinen Weinen bekannt für Süßigkeiten, speziell Turrones, eine Art Zwischending zwischen Marzipan und Nougat

6.2.2 Tacoronte

Alhondiga und Wein

An der Nordküste sind Garachico, Icod und vor allem Puerto de la Cruz weitaus bekannter als Tacoronte. Hier haben viele betuchte Santa Cruzer Familien ihre Villen – im Gegensatz zum benachbarten El Sauzal mit seinen Ausländer-Residenzen. Touristen kommen nach Tacoronte wegen eines beliebten Bauernmarktes (➢ unten), denn das 20.000 Einwohner-Städtchen hat in seiner nördlichen Umgebung viel Landwirtschaft. Ruhm gebührt Tacoronte vor allem, weil man dort durch die Einführung von Herkunftsbezeichnungen (*Denominación de Origen*) Teneriffas fast in Vergessenheit geratene Weine wieder mit den Festlandweinen konkurrenzfähig gemacht hat. Seit über zehn Jahren findet nun in Tacoronte im Mai die nach einem alten Kornmarkt benannte ***Alhondiga*** statt. Dann werden **Teneriffas Weine** im ***Concurso Regional de Vinos Embotellados de Canarias*** prämiert und auf dem Kirchplatz Christo de los Dolores zur Kostprobe gereicht.

Anfahrten

Zwischen El Sauzal und La Laguna verläuft die alte Landstraße (TF 152) unmittelbar neben der ***Autopista del Norte***, manchmal nur getrennt durch eine Leitplanke. Diese ***Carretera General*** ist über einen 500 m langen Abschnitt gleichzeitig Tacorontes Hauptgeschäftsstraße. Man erreicht sie über die Autobahnausfahrt 19. Von Puerto kommend biegt man dazu links ab und nach knapp 200 m auf der ersten Straße nach rechts Richtung Bauernmarkt (Valle Guerra/Tejina). Die Richtung Tacoronte Zentrum ist kaum ausgeschildert, chronisch verstopft und hoffnungslos vollgeparkt.

Tacorontes Zentrum

Tatsächlich hat Tacorontes Ortskern außer dem Infobüro für »*Turismo Rural*« (ATREA beim Plaza Mercado) nichts Wesentliches zu bieten. Die guten Restaurants liegen vor der Stadt entlang der TF 152 Richtung La Laguna (➢«Restaurantstraßen bei La Laguna«, Seite 161), die sehenswerten Kirchen (*Iglesias Santa Catalina* und *del Cristo*) ein gutes Stück unterhalb der Hauptstraße in Tacorontes altem Stadtzentrum. Der vielbesuchte Bauernmarkt spielt sich – wie schon erwähnt– noch weiter außerhalb der Stadt an der Straße nach Valle Guerra ab (TF 16).

Iglesia Santa Catalina

Die abschüssige Anfahrt zur ***Iglesia Santa Catalina*** ist an der Hauptstraße (Tf 152) neben der Plaza ausgeschildert. Von dem in schwarzem Vulkangestein gehaltenen Kirchplatz der *Santa Catalina* hat man einen schönen Blick auf Teide und Meer. Zwei kleine Balkone, die abgestuften Dächer, die Mauerecken aus vulkanischem Gestein und die schweren Holztüren setzen die unverkennbaren Akzente des kanarischen Inselbarock (Ende des 16. Jahrhunderts, Fertigstellung im 18. Jahrhundert). Wer hinein will, muß gegenüber in Haus Nr. 6 klingeln. Ein alter Mann schließt dann das Kirchenportal auf.

Innen wirkt die Kirche sehr warm. Der Eindruck ensteht durch die vielen bemalten und vergoldeten großen Holzaltäre und die nur im vorderen Bereich getönten hölzernen Kasettendecken. Sehr kunstvoll gestaltet ist der silberne Hochaltar.

Iglesia del Cristo

Zu Fuß ist ein Besuch beider Kirchen nur schwerlich zu verbinden, denn der Weg ist weit und steil. Mit dem Auto erreicht man die *Iglesia del Cristo* von der oben erwähnten TF 16 (Tacoronte – Valle Guerra), die auch zum Bauernmarkt führt. Wer sich sonntags auf den Weg macht, erlebt auf dem geräumigen, von Platanen umstandenen Kirchplatz auch den **Kunsthandwerksmarkt**, der zwischen 9-14 Uhr auf der Plaza del Cristo stattfindet.

Die Fassade der etwas stämmig wirkenden Kirche des ehemaligen Augustinerklosters (Mitte 17. Jahrhundert begonnen) mit zwei kleinen Glockentürmen besteht aus grauem Basalt. Innen beeindrucken bemalte Mujedardecken, ein Barockretablo mit starkem iberoamerikanischen Einfluß und vor allem ein ungewöhnlicher Christus, der nicht gekreuzigt dargestellt wird, sondern das Kreuz zu umarmen scheint. Berühmt wurde diese Darstellung durch die Ode *Al Cristo de Tacoronte* von *Emeterio Gutierrez Albelo* (1905-1969) aus Icod de los Vinos.

6.2.3 Von Tacoronte nach Punta del Hidalgo

Die Strecke bis Tejina

Die Küste

Das von La Laguna dominierte Agueretal weitet sich von seinem höchsten Punkt, dem Flughafen Los Rodeos, nach Westen aus, um dann über hohe Steilküsten in den Atlantik zu fallen. Diese Kliffs laufen aber gen Nordosten aus, werden bei Bajamar (unten am Meer) zu flacher Felsküste, und erst hinter Punta del Hidalgo steigt das Anagagebirge wieder so schroff aus dem Meer, daß man nur noch auf Schusters Rappen weiterkommt. Zwischen dem 600 m hoch gelegenen Tacoronte und Punta del Hidalgo am Straßenende zweigen bis kurz vor Bajamar nur ein paar Stichstraßen von der TF 16 zum Atlantik ab, von denen nur wenige ans Wasser führen.

Charakteristik Region Tejina

Die Strecke von Tacoronte nach **Tejina** (TF 16) führt durch flacher werdendes Gelände, dessen fruchtbare Böden intensiv landwirtschaftlich genutzt werden. Die sanfteren Hügel und vor allem die zum Meer hin flach auslaufende Lavazunge bieten viel Raum für große Bananenplantagen, Gärtnereien (tropische Pflanzen, aber auch Schnittblumen, Luftnelken und Strelizien für den Export), und für Wein an den mittleren Hängen. Die Gewächshäuser sind ummauert mit häßlichen Zementblöcken und abgedeckt mit grauen Plastikplanen. Die wasserreiche, heute zersiedelte Region wurde seinerzeit vom Eroberer *Lugo* an besonders treue Mitstreiter vergeben, etwa den späteren Ratsherren *de la Guerra*.

San Juan

Der ***Mercadillo de Agricultures*** im Ortsteil San Juan an der TF 16 liegt ca 5 km vom Stadtzentrum Tacoronte in Richtung *Valle de Guerra*. Durch die am Straßenrand kreuz- und quer parkenden Autos ist er nicht zu übersehen.

Markt

Die Stände stehen dicht gedrängt unter einem hohen Wellblechdach. Die aktuellen Kilopreise für alle Gemüsearten sind an einer Tafel notiert. Die gute Qualität der Produkte wie Obst, Gemüse, Käse, hausgemachte Backwaren, Honig und lokaler Wein, Blumen und Pflanzen locken Kunden von weit her (Sa und So bis 15 Uhr).

Nach dem Markt empfiehlt sich frischer ***pescado*** mit ***papas*** und ***mojo*** in **El Pris** an der Küste (➢ Seite 381). Eine schöne Abfahrt dorthin zweigt kurz vor dem Markt ab.

Wer ***Haute Cuisine*** in schlichter Eleganz bevorzugt, ist im ***La Milpa*** sehr gut aufgehoben; vom Markt kommend auf der TF 16 ein gutes Stück zurück nach Tacoronte (dann linkerhand, # 102); **€** 22; ✆ 922-570 239, So abends, sowie Mo und Di mittags geschlossen

Tejina: Fiesta de los Corazones Herz aus Gemüsearten ➢ Romerias, Seite 400

Museum

Noch bevor man in das weit verstreut liegende Dorf Valle Guerra gelangt, liegt unterhalb einer Rechtskurve linkerhand in einem prachtvollem Herrenhaus mit großem Garten das ***Museo de Antropologia de Tenerife***. Seine Kennzeichnung als anthropologisches Museum läßt mehr erwarten als es ist: eine modern gestaltete Darstellung einzelner Aspekte des kanarischen Alltagslebens, der Kultur und Geschichte auf dem Archipel mit besonderer Betonung auf Ernährung (*alimentación*) – bis hin zu drei kanarischen Ziegen, die zu Recht über ihr betoniertes Gehege meckern.

Ein roter Faden fehlt diesem Museum, aber für Schulklassen ist es ein gutes Ausflugsziel; kurzweilig auch für Touristen, zumal Erklärungen in Deutsch erfolgen können. Aufmerksamkeit verdient die permanente Austellung über die Herstellung von *Gofio* (➢ Seite 69), Getreidesorten und historische Entwicklung der Mühlen. Di-So 10-20 Uhr; Eintritt € 2,50, bei Vorweisen einer Bonobuskarte halber Preis, ➢ Seite 57.

Gofiomühle Im Zentrum von Tejina gibt es in einem Hinterhof eine moderne Gofiomühle zu sehen, in der man – ohne viel Romantik – frisch geröstetes *Gofio* erstehen kann (➢ *Gofio*, Seite 69). Im Dorf, gleich rechts an der Durchgangsstraße nach Tegueste zeigt ein Schild »*Gofio Raul*« die Richtung hinauf zum Parkplatz auf dem Hof. Danach geht`s der Nase nach; der markante Geruch ist unverkennbar. 8-13 und 15-19 Uhr, So geschlossen.

Stichstraßen ans Meer

Abfahrten Mehrere Straßen zweigen von der TF 16 zum Meer ab; alle führen durch Villengebiete entweder nach El Pris oder Mesa del Mar. Die Abfahrten aus 200 m- 300 m Höhe sind auf ihrem letzten Stück alle sehr steil und eng. Bis auf kleine Meerespools gibt es hier praktisch keine Bademöglichkeiten.

El Pris Vor den Küstenhängen hat sich El Pris seine Fischerdorf-Atmosphäre erhalten. Der enge Platz ließ nur eine etwas größere Apartment-Anlage am Ortseingang zu. Ansonsten blieb alles so wie früher: kleine Häuser drängen sich am Ufer, und auf der ins Meer ragenden Halbinsel liegen bunte Holzboote, Tauwerk und Netze. Wenn die Fischer heimkommen und die Boote mit Winden hochgezogen werden, stehen die Frauen bereit, um den Fang gleich vor Ort zu verkaufen.

Vorgelagerte Halbinsel in El Pris

El Pris

Auf dem Dorfplatz am Meer sitzen die *Tinerfeños* an Tischen unter Gummibäumen und spielen Karten oder essen im ***El Pescador*** gegenüber frischen Fisch, ✆ 922-562806 (Mo geschlossen). Auf Wunsch wird auch draußen serviert. Nach dem Dessert empfiehlt sich ein der Küstenspaziergang nach Mesa del Mar.

Das etwas heruntergekommene Meerwasser-Schwimmbad lädt dennoch zum Baden ein. Geschützt durch eine kurze Kaimauer gibt es alternativ auch noch einen kleinen schwarzen Sandstrand.

Ein lohnenswerter halbstündiger Spaziergang führt in südwestliche Richtung etwas oberhalb des Ufers am Wasser entlang vor der steilen Felsküste nach Mesa del Mar (ca. 1 km).

Mesa del Mar

Wie der Name sagt, ragt hier eine flache Landzunge wie ein Tisch (*mesa*) ins Meer. Die nutzten die Bausünder der 1960er-Jahre, um ein überdimensionales Apartment-Hochhaus zu (de)plazieren, das heute arg mitgenommen wirkt. Die öffentlichen Meereswasserbecken könnten (auch hier) bei mehr Pflege ein idealer Badeplatz sein.

Promenade mit Strand

Ein dunkler Tunnel (für Autos gesperrt) durch den Wohnklotz führt zu einer Uferpromenade hinter schwarzem Surferstrand. Sie endet an einem Restaurant, das auf dem angrenzenden Zeltplatz auch Holzhütten der einfachsten Art vermietet (➢ Seite 584). Die Promenade läuft als schmaler Pfad noch ca. 1 km weiter an der Steilküste entlang.

Sonntagnachmittag vorm Restaurant El Pescador (in El Pris)

Bajamar

Mesas

Bei der Weiterfahrt von Tejina nach Punta del Hidalgo hat man das imposante Anagamassiv vor Augen. Gleich hinter Tejina zeigt sich eine für das Anagagebirge ungewöhnliche Bergformation, eine *Mesa* (Tisch). Diese zu flachen, tischartigen Plateaus erodierten Bergrücken entstehen, wenn unter weicherem Gestein eine waagerechte, härtere Schicht liegt, die eine weitere Erosion zu der sonst typischen ausgefransten Kammform verhindert. *Mesa* nennt man auch die flachen Lavahalbinseln der Nordküste.

Touristische Entwicklung

Bajamar und Punta del Hidalgo waren in den 1960er-Jahren aufstrebende Touristenziele. Durch den Boom in Teneriffas Süden fielen sie in ihrer Entwicklung zurück und dämmern heute mit den Bausünden der Vergangenheit vor sich hin. Trotz einiger Wiederbelebungsversuche und neuer Apartments an den Hängen genießen nur Eingefleischte, Alteingesessene und Nichtsdestotrotz-Individualisten das häufige Brandungs-Spektakel und die Abgeschiedenheit in dieser »Verkehrs-Sackgasse«. *Highlight* und Oase ist das ***Hotel Oceano***. Die Mischung aus unverschminktem Niedergang und apathischer Ruhe wird an den Wochenenden durchbrochen von Großfamilien und Skooter fahrenden Jugendlichen aus dem Metrobereich von La Laguna/Santa Cruz.

Bei starkem Seegang überfluten die Wellen die Meerwasserpools in Bajamar

Bajamar

Neben dem kleinen, geschütztem Strand sind die großen **Meeresschwimmbecken** die Attraktion. Bei normaler Brandung brechen die ins Meer gebauten Betonmauern die Wellenkraft und lassen nur soviel Seewasser durch, daß sich kräftige Duschen ins Schwimmbecken ergießen. Die Anlage wird 2003-4 renoviert und ist nur in weniger attraktiven Teilbereichen geöffnet (kostenlos).

Das Restaurant ***Casa Pepe*** versöhnt derweil mit prima kanarischer Küche (➢ Seite 82, Restaurantempfehlungen).

Punta del Hidalgo

Endpunkt für Autofahrer auf der Nordküstenstraße ist Punta del Hidalgo auf einer flach ins Meer ragenden Landzunge. Schon aus der Ferne erkennt man es an seiner markanten weißen Leuchtturm-Nadel und der Wabenfront des größten Aparthochhauses des Ortes, dem *Edificio Altagay*.

Geschichte

Der abgeschiedenen Lage verdankt der Ort seinen Namen, denn als der alleinherrschende Guanchen-*Mencey* von Adeje die Insel unter seinen neun Söhnen aufteilte, wollte keiner diese *Punta* haben. So erbte sein unehelicher 10. Sohn das Gebiet, aber nicht als *Mencey*, sondern als *Achimencey*, denn er war nur ein ***Hidalgo Pobre***, ein armer Adliger.

Charakteristik Auch wenn Punta del Hidalgo wie Bajamar seinen touristischen Zenit längst überschritten hat, sind der kleine Dorfkern und die Meerespromenade nicht ohne Reiz.

Akustisch ist nur das Meeresrauschen permanent präsent, denn die Wellen brechen sich mehrfach an vorgelagerten Riffs, bevor sie am steinigem Ufer oder der tellerflachen Felsküste schäumend auslaufen. Eine Augenweide ist das hinter dem Ort steil aufsteigende Gebirgspanorama des Anagamassivs, dessen krukkelige Gipfellinie wie von Kinderhand gezogen anmutet.

Cafe Melita Noch gut 3 km sind es bis zu Hidalgos Ortseinfahrt, wenn man linkerhand ***Cafe Melita*** passiert, eine – nomen est omen– von deutschen Auswanderern geführte Konditorei. Hier bekommt man herzhaftes Vollkornbrot (nur Mo und Do), sowie auch bei Spaniern beliebte Kuchen und Torten.

Los Sabandeños Wenig später überrascht links eine überlebensgroße kopflose Statue mit dem typischen kanarischen Hirtenumhang aus hellem Filz, dem knöchellangen Poncho der Hirten (*manta esperancera*) und Mandoline (*timple*). Sie ist den ***Sabandeños***, der bekanntesten Folkloregruppe Teneriffas gewidmet, die hier auf dem Landsitz eines kanarischen Adligen ihre ersten Lieder einübte.

»Kopflose« Skulptur Los Sabandeños

Kurz hinter dem Lokal ***El Abogado*** und dem ***Restaurant Doris*** – bekannt für einfach gute kanarische Küche – biegt man links ab und findet mühelos einen Parkplatz bei der Promenade.

Edificio Altagay Das alles überragende Hochhaus mit Kureinrichtungen stammt aus der Steinzeit des Teneriffa-Tourismus. Die Apartments und Balkone sind klein und eng, weit ist aber der grandiose Blick auf Meer und Gebirge. Das Gebäude ist fest in deutscher Hand, und man kommt dort deshalb in den Geschäften, Lokalen und Praxen im Erdgeschoß ohne Spanisch aus. Die hauseigene **Meerwasser-Schwimmanlage** ist prima; hier können auch hausfremde Gäste – gegen Eintritt (€2) – baden, denn selbst bei hoher Brandung bleibt das Poolwasser ruhig.

Schwimmen/ Camping Hinter dem Hochhaus finden sich kleine Buchten mit Lavafelsen, in denen sich winzige Pools zum Angeln und Planschen bilden. Am Wochenende sind sie für *Tinerfeños* ein beliebtes Ausflugsziel. Ein paar Meter weiter beginnt das unschöne Terrain eines im Sommer immer überfüllten Campingplatzes.

Hinter dem schon erwähnten Leuchtturm ***Charco de la Arena*** findet sich nach ein paar hundert Metern Feldweg ein großes Meerwasser-Schwimmbad und ein Terrassen-Cafe mit traumhaftem Blick entlang des Küstenstreifens.

Meeres-promenade

Puntas Schokoladenseite erstreckt sich zur anderen Seite des Altagay-Hochhauses Richtung Bajamar. Unterhalb der palmenbestandenen Promenade liegt ein eher unscheinbares öffentliches Meerwasserschwimmbecken, das sich bei leichter Brandung als große Gaudi entpuppt. Wer sich am äußeren Geländer stehend festhält, bekommt bei mancher Welle eine kräftige Dusche.

Hotel Oceano

Oberhalb des Schwimmbeckens in der ***Bar/Restaurante Arenisco*** (Di geschlossen) gibt es frischen Fisch, Salat und *papas con mojo*.

Bei gutem Wetter überqueren die hier meist ältere Badegäste die Promenade zum Schwimmbecken; sie kommen vom Hotel *Oceano*, einem Geheimtipp für Urlauber, die – für ein paar Euro extra – nichts weiter wollen als ein gut geführtes Hotel mit tropischem Garten, Pool am Meer und hin und wieder ein hoteleigenes Angebot (Wanderung, Exkursion, erstklassige Therapien).

Cofradía

Hinter dem *Oceano* führen von der nun engeren Promenade schmale Straßen hinauf in den alten Teil von Punta del Hidalgo. Den Abschluß setzt ein kleiner Fischerhafen. Auf seine bunten Boote hat man einen schönen Blick von dem gleich oberhalb liegenden einfachen Terrassen-Restaurant ***El Pescadito*** (© 922-156168; Mo geschlossen).

Straßenende

Die Hauptstraße TF 13 führt noch ein paar hundert Meter weiter und endet in einer Schleife um zwei **Monumente**: ***Sebastian Ramos***, dem als *El Puntero* bekannten Folkloristen, und eine **Halbrelief-Tafel**, die Hildalgos Fischerfrauen gewidmet ist.

Etwas unterhalb der Kehre starten die **Wanderwege** nach Chinamada (1 Stunde 45 min), Las Carboneras (2 Stunden 30 min) und nach Taganana (5 Stunden 30 min).

Am steinigen Strand von Punta del Hidalgo

6.2.4 Von Tejina über Tegueste nach La Laguna

Tegueste

Benannt nach einem Guanchen-*Mencey*, liegt Tegueste in hügelig grüner Landschaft. Das 9.000-Einwohner-Städtchen ist wegen seiner Nähe zu La Laguna für *Tinerfeños* ein beliebter Wohnort. Er bietet Touristen wenig – es sei denn, einer der beiden Festtage der Stadt liegt gerade an (➢ auch Seite 399). Die übrigen 363 Tage im Jahr ist nur der Kirchplatz Plaza de San Marco mit gut erhaltenen Wohnhäusern aus dem 18. und 19 Jahrhundert einen Stopp wert (Anfahrt von der Hauptstraße: dem *Ayuntamiento*-Schild folgen).

Romería

Am **letzten Sonntag im April** ist in Tegueste der Teufel los. Der Umzug einer der inselweit größten *Romerías* (*de San Marcos*) ist besonders farbenprächtig. Zur allgemeinen Gaudi wird eine weitere altkanarische Tradition gepflegt, die ***Arrastre de Ganado***: paarweise zusammengebundene Ochsen ziehen mit Sandsäcken beschwerte Holzplanken um die Wette über eine Ziellinie.

Lucha Canaria

Da Tegueste eine Hochburg der ***Lucha Canaria*** ist, treten an diesem Tag auch die einheimischen Ringkämpfer an. Mit welchen Griffen sich die gewichtigen Hünen an die Shortskrempen gehen, zeigt ein Bronze-Monument in einer kleinen Grünanlage unmittelbar links an der unteren Ortseinfahrt neben der Hauptstraße (beim *Ayuntamiento*-Hinweisschild, Kilometer 5). Wer den Kampf live erleben will, findet ihn auch sonst wöchentlich in Teguestes Arena, im ***Terreno de Lucha Canaria*** in der Calle Calvo Sotelo.

Kampfplatz

Routenüberlegung

Wer zügig **von Tegueste nach La Laguna** will, wählt die TF 13 über Las Canteras. Um die nervige Durchfahrt durch La Laguna zu umgehen und schnell auf die Autobahn zu kommen, muß man beim Kreisverkehr unterhalb von Las Canteras auf den Linksabbieger Santa Cruz, Puerto, *Autopista* achten. Diese Strecke mündet in die südliche Umgehung von La Laguna (Via de Ronda), die oberhalb der Verbindung zur *Autopista del Sur* auf die Nordautobahn trifft.

Nebenstrecken

Wer Zeit und Lust auf zwei reizvolle Nebenstrecken im Tal von Tegueste hat, wählt

- kurz vor Tegueste die rechts abzweigende »Restaurant-Straße« (**TF 154**) über El Socorro bergauf zur Nordautobahn oder
- die **TF 13** Richtung La Laguna bis Las Canteras und dort die nach links abzweigende Mercedeswald-Route Richtung Pedro Álvarez.

Lucha Canaria

Denkmal für die Lucha Canaria in Tegueste

König Fußball regiert abends auch in spanischen Wohnzimmern, aber die kanarische Seele baumelt woanders: kaum etwas pointiert den Unterschied zwischen ***Godos*** und ***Canarios*** besser als ihre Begeisterung für zwei unterschiedliche, im jeweiligen Naturell verwurzelte Sportarten: auf dem Festland der Stierkampf, die blutige *corrida*, auf den atlantischen Inseln die agressionsgehemmte ***lucha canaria***, kanarischer Ringkampf. *Corridas* sind bezeichnenderweise auf den Kanaren verboten.

Schon die kanarischen Ureinwohner haben miteinander gerungen, vor allem, wenn es Streit um Ziegen oder Weideland ging. Lagen zwei Dörfer miteinander im Streit, entschieden – stellvertretend für alle – zwei *Luchadores* den Konflikt. Als Sport wird die *Lucha Canaria* seit Mitte des 19. Jahrhunderts betrieben, aber kanarische Meisterschaften gibt es erst seit dem 2. Weltkrieg. Die besten Kämpfer werden zu Inselidolen, wie der berühmte ***Barbuzano*** aus El Hierro – ein Held wie Boris Becker, Schumi oder Beckenbauer.

Luchas canarias wurden ursprünglich mitten im Dorf, auf einer Sandarena von 9-10 m Durchmesser ausgetragen. Heute finden sie in *Terrenos de Lucha*, kleinen Ringkampf-Stadien statt, wie in der Lucha-Hochburg Tegueste an Teneriffas Nordostküste. Zwei Mannschaften aus 12 stämmigen Kerlen treten barfuß gegeneinander an, um sich nacheinander Mann gegen Mann niederzuringen: wer zuerst fällt, hat verloren. Der Trainer bestimmt, wer als nächster – auch wiederholt – antritt. Gewichtsklassen wie beim Boxen gibt es nicht. Was zählt, sind Technik, Reaktionsvermögen und Kampferfahrung.

Jeder *Luchador* trägt eine kurze, an den Hosenbeinen aufgekrempelte Turnhose, die zum Oberschenkel exakt 16 cm Spiel haben muß, damit der Gegner dort zupacken kann. Man begrüßt und bekreuzigt sich, die rechte Hand sucht Halt im Sand, die linke am gegnerischen Hosenwulst. Und schon wird geschoben und gedrückt, gerangelt und (mit den Beinen) gehakelt. Tritte, Schläge und der Schwitzkastengriff sind untersagt.

Jede Begegnung besteht aus **drei Runden**. Ein *Luchador* hat gewonnen, wenn er in zwei von drei Runden siegt. Bei zwei unentschiedenen Runden entscheidet die dritte; bei drei die geringere Zahl der Ermahnungen.

Es gilt das K.o.-System: wer verliert, scheidet für diesen Wettbewerb aus. Der siegreiche *Luchador* dreht am Ende eine Ehrenrunde, und die begeisterten Zuschauer stecken ihm Bargeld zu.

Bei Jugendkämpfen stehen sich sechs Kämpfer pro Mannschaft gegenüber, wobei sich jeder mit jedem mißt und die Mannschaft mit der höchsten Punktzahl gewonnen hat.

Restaurantstraße von El Socorro zur Nordautobahn

Zur TF 154 biegt man von einem Kreisverkehr am unteren Ortsanfang von Tegueste rechts Richtung El Socorro ab, hält sich dann Richtung El Portezuelo und fährt durch ein grünes, nur wenig zersiedeltes Tal zur Autobahn hinauf.

Aber nicht nur das Auge, auch der Gaumen kann auf dieser Route mitschmausen, denn links und rechts der Straße passiert man eine Reihe sehr unterschiedlicher guter Restaurants, von denen die folgenden drei jeder *Canario* kennt:

- ***Mesón El Drago*** ist ein stilvoll restauriertes Landrestaurant in einer weißen altspanischen *Finca*, das man links etwas abseits der Straße über eine kleine Brücke erreicht. Hier trifft sich das betuchtere Santa Cruz und La Laguna am Wochenende (vorbestellen!). Das Ambiente, der Service und die fein zubereiteten kanarischen Speisen stimmen. Spezialität ist der **Schmortopf *Las Siete Islas***. Seit Januar 2000 hat dieses Restaurant inselweit den einzigen Michelin-Stern.

  Urbanización San Gonzalo, El Socorro/Tegueste; täglich:13-16, Fr und Sa auch 20-22.30 Uhr, Mo geschlossen; © 922-543001.
- Die ***Casa Tomás*** folgt, linkerhand ausgeschildert, in Portezuelo. Die schlichte Dekoration paßt zu den klassischen kanarischen Gerichten. Spezialität sind Schweinerippchen; **€12**; täglich 12-23.30 Uhr, Mo geschlossen; © 922-638007.
- Der ***El Nervioso*** liegt etwas weiter oberhalb, direkt rechts an der Straße, ein typisches kanarisches Großgaragen-Restaurant. »Der Nervöse« (Wirt) ist bekannt wie ein bunter Hund, schon allein wegen seines kuriosen Namens. An Wochenenden ist dort ab Nachmittag die Hölle los. Gute Suppen und kanarischer Eintopf; sehr preiswert. 10-23 Uhr, Mi geschlossen.

Die Mercedeswald-Route

Eine schmale Straße mit dem Hinweis »***Pedro Álvarez***« zweigt noch innerhalb von Tegueste (bei Kilometerstein 5) auf halber Strecke nach Las Canteras links ab. Die hier sehr üppige *Laurisilva*-Vegetation kann man bei unproblematisch langsamer Fahrt voll genießen, denn der Verkehr ist gleich Null.

Picknickplatz

In ***Pedro Álvarez***, einem Vorort von Tegueste, führt die kleine Straße TF 141 weiter zur ***Zona Recreativa Pedro Álvarez*** – auf älteren Karten und Schildern auch als *Las Quebradas* bezeichnet. Der Lorbeerwald des *Monte Mercedes* ist hier nicht weniger eindrucksvoll als oben auf der touristischen Kammstraße. Von diesem Picknickplatz hat man durch die Bäume einen Blick auf den *Teide* und findet – im Gegensatz zu den meisten anderen Plätzen dieser Art – zumindest nachmittags auch Grillstellen mit Tischen und Bänken in warmer Sonne.

Die Route (TF 141+TF 143) führt weiterhin durch dichten Wald zum *Mirador Cruz del Carmen* an der Kammstraße (➢ Seite 174).

Wandern

Kurz vor der Abzweigung nach Batán de Abajo passiert man Ausgangspunkte für relativ bequeme **Spazier- und Wanderwege**. Zum Beispiel hinunter nach Tegueste (60 min) und nach Punta del Hidalgo (90 min), nach Moquinal (45 min) oder – steiler – nach Batán (40 min) und nach Las Carboneras (90 min). Da es keine oder nur spärliche Busverbindungen zurück zu diesem abgelegenen Ausgangspunkt gibt, empfiehlt sich ggf, auf dem jeweiligen Pfad nach Belieben kehrt zu machen und auf dem gleichen Weg zurück zu gehen.

Praktisches

Unterkünfte

Im Bereich *Bajamar/Hidalgo* gibt es mit Ausnahme des *Oceano* in Hidalgo nur unattraktive mittelgroße Hotels. Nur das **Landhotel *Rural Salada*** fällt aus dem Rahmen. In der Gemeinde Tacoronte finden sich etliche Fincas als *Casa Rurales* (➢ Seite 580).

Restaurants

El Lonjero ist ein großes Ausflugslokal mit guter kanarischer Küche, insbesondere Fischgerichten und leckeren Desserts (*Postres*). In Tejina biegt man von der TF 16 (Hidalgo-Tacoronte) bei der bergseitig gelegenen Toyota-Vertretung in den Camino Barrio Nuevo ein und erreicht *El Lonjero* nach ein paar Metern rechts. ✆ 922-150555; So Abend und Mo geschlossen.

Außer den im Text unter »Restaurantstraße« erwähnten Lokalen findet man im »toten Winkel« Bajamar/Hidalgo kaum Restaurants, die man eigens nur zum Essen ansteuern würde.

Reiten

Reiterhof ***Hípico el Molino***, etwas abseits und versteckt an der Carretera General del Socorro/Tegueste, ✆ 922-541658.

Alternative Behausung direkt an der Ostküste

6.2

7

Zum Teide Nationalpark

Blick von Osten auf den schneebedeckten Teide

7.1 Auffahrten in den Teide Nationalpark

7.1.1 Überblick

4 alternative Auffahrten

Vier Auffahrten führen in den *Parque Nacional del Teide* bzw. in die *Cañadas* (➢ Seite 419), aus jeder Himmelsrichtung eine:

- Auffahrt von **Norden:** La Orotava–El Portillo (TF 21/33 km)
- Auffahrt von **Osten:** a) Esperanza–El Portillo (TF 24/43 km)
  b) Arafo–El Portillo (TF 523+24/38 km)
- Auffahrt von **Süden:** Vilaflor–Boca de Tauce (TF 21/16 km)
- Auffahrt von **Westen:** Chio–Boca de Tauce (TF 38/30 km)

Tagesausflügler sollten die dem eigenen Urlaubsort am nächsten liegende Strecke wählen, um möglichst früh und vor dem mittäglichen Besucherandrang den Nationalpark zu erreichen.

Von Los Cristianos/Las Américas und El Médano wäre das die **Südroute** über Vilaflor, von Los Gigantes die **Westauffahrt** über Chio. Die **Nordauffahrt** über La Orotava und Aguamansa ist für Urlauber aus Puerto de la Cruz naheliegend. Wer im Gebiet Tacoronte, Punta del Hidalgo oder Metrobereich Santa Cruz logiert, sollte sich für die **Ostauffahrt** über La Esperanza entscheiden.

Ein **Ausflug in den Nationalpark** dauert – auch ohne größere Wanderung – mit Fotostopps an den *Miradores*, Essen und kurzen Erkundungen zu Fuß **auf jeden Fall einen ganzen Tag**.

Zu den Routen

Jede Route hat in puncto Landschaft, Vegetation, Felssformation und *Teide*-Panorama eigenen Reiz. **Für die Abfahrt sollte man deshalb unbedingt eine andere Strecke als für die Hinfahrt wählen**.

Die **Auffahrten von Süden** (**oberhalb Vilaflor die schönste Teilstrecke**) und **von der Westküste** bieten keinen so imposanten Blick auf den *Teide*, dafür aber beim Hinabfahren die spektakulärsten Blicke übers Meer bzw. von oben auf die Wolkendecke. Das gilt insbesondere für die Abfahrt über Chio (Westküstenbereich).

Die **längste Strecke** (von La Laguna über Esperanza) führt lange durch Kiefernwald und bietet dann immer wieder Blicke auf den *Teide*, wenn auch weniger grandiose Panoramen. Der Weg über **Orotava** ist auf **Hin- und Rückweg gleich attraktiv**.

Wandern

Hinweise auf kurze Spaziergänge und **Wanderweg-Startpunkte** finden sich bei jeder Auffahrt inklusive der wichtigsten Angaben zu Ziel, Dauer und Schwierigkeitsgrad.

Ebenfalls wird auf **Restaurants** an der Strecke hingewiesen.

Rückfahrt

Alle Auffahrten sind von unten nach oben beschrieben. Für die Rückfahrt muß man die abwärts führende Route rückwärts lesen.

Wetter

Man sollte für den *Teide*-Ausflug unbedingt gute Wetterbedingungen abwarten; nur dann sind alle Details der folgenden Beschreibungen mit Gewinn nachvollziehbar.

7.1.2 Nordauffahrt über La Orotava

Zur Strecke

Die Auffahrt über Orotava (33 km) ist wegen der Nähe zu Puerto de la Cruz eine vielbefahrene Strecke. Die Straße ist anfänglich durch dichtbesiedeltes Gebiet schlecht, eng und kurvenreich. Erst nach ca. 10 km verlieren sich die Häuserketten langsam, und ab Aguamansa fährt man auf guter Asphaltdecke durch eine schöne Landschaft bis nach ***El Portillo***, dem nördlichen Eingangstor des Nationalparks.

Anfahrt

Von der Autobahnausfahrt 19 folgt man der **Straße TF 21** hinauf in den *Parque Nacional del Teide* bzw. in die *sog. Cañadas*.

Wer unterhalb Orotavas zunächst vom ***Mirador Humboldt*** den Blick über das Tal erleben möchte, muß die Ausfahrt Nummer 17 (Santa Ursula) nehmen, ➢ Seite 321.

Von La Orotava nach Aguamansa

Ab Orotava führt die kurvige Straße durch Terrassenfelder mit Wein- und Obstanbau (Baumblüte Anfang März). Gelegentlich passiert man am Straßenrand noch Reste der ursprünglichen Bebauung: fensterlose, strohgedeckte Häuschen aus Feldsteinen (***chozas***), die heute nur noch als Scheunen oder Schuppen genutzt werden.

Refugio de Maria

Wer dem Schild »***Pinoleris***« folgt (links an der Straße, 5 km oberhalb von La Orotava), stößt nach ein paar Metern auf das **Restaurant *Refugio de Maria*** (französische und kanarische Küche). Von der Terrasse hat man bei guter Sicht einen schönen Blick über den *Barranco* aufs Meer. ✆ 922-320638; Mo und Di geschlossen.

Wenig später beherrschen Laubbäume das Bild. Deren Färbung setzt erst hier erst im November/Dezember ein, die ersten grünen Blätter kommen schon im April wieder. Die Landschaft zeigt Ähnlichkeiten mit Mitteleuropa. In den Tälern gibt es sogar Kuhweiden – eine Seltenheit auf Teneriffa.

In **Camino de Chasna** zweigt rechts die landschaftlich reizvolle **TF 326** nach Palo Blanco ab, die auf Seite 334 auch als alternative Auffahrt beschrieben wird.

Aguamansa

An der Ortseinfahrt nach Aguamansa (»zahmes Wasser«, 1.000 m) liegen einfache Straßenrestaurants, einige mit Terrassenblick auf Tal und Meer, falls nicht Nebel herrscht. Bei *Canarios* beliebt ist das ***Restaurant Aguamansa***, in dem oft ein Kaminfeuer flackert (Mo und So abends geschlossen). Die frischen **Forellen** kommen aus der nahe gelegenen *Piscifactoria*, einer Fischzuchtanstalt.

Von Aguamansa nach El Portillo

Piscifactoria

Keine 300 m oberhalb des Restaurants rechts kann man sich bis 14 Uhr in der *Piscifactoria* das Abendessen frisch aus den Teichen fischen lassen. Im Häuschen der Forstbehörde (*ICONA*) hat man ein **Infoblatt zu den Wander- und Spazierwegen** der Region. Wer sein Auto auf dem Gelände parkt und loswandert, sollte aber zeitig zurück sein: Das Tor ist ab 15 Uhr geschlossen.

La Caldera

Bei der *Piscifactoria* beginnt die ***Corona Forestal***, der Kiefernwald-Gürtel. Zwei Kilometer weiter zweigt links eine Straße zur etwas höher liegenden ***Zona Recreativa La Caldera*** ab.

Dieser große **Picknickplatz** wurde im Trichter eines eingestürzten Vulkankegels angelegt (➢ »Entstehung Teneriffas«, Seite 14). An den im Oval aufsteigenden Hängen gibt es Grillstellen (Holz gratis) und Tischbänke, von denen man durch die Bäume auf den großen Zentralplatz zum Bolzen und Spielen schaut.

Man kann dort wunderbar picknicken oder sich (ca. 100 m links vom Parkplatz) in der kleinen **Waldhütte *La Caldera*** mit Schinken, Käse, Forellen oder zünftigem *Conejo en Salmorejo* (Kaninchen in Soße) preiswert sattessen – bei gutem Wetter in der Sonne draußen an langen Holztischen. Das Kaminfeuer wärmt an kühlen Tagen fröstelnd einkehrende Wanderer. Mi geschlossen.

Bis zum großen Parkplatz fährt **Bus 345** (➢ Kasten rechts).

Spaziergang/ Wanderung

Parkplatz bzw. Hütte sind Ausgangspunkt für einen leichten Spaziergang (30 min retour) bis zu den ***Los Órganos*** (Orgelpfeifen-Basaltsäulen) und eine Wanderung darüber hinaus, ➢ rechts.

Montaña Roja

Die TF 21 läuft weiter durch *Monteverde*-Vegetation (Baumheide, Lorbeer, ➢ Seite 456) und später durch riesige Kiefernwälder, unterbrochen von großartigen Blicken über das Orotavatal, das Meer und den (schneebedeckten) *Teide*, der aus diesem Blickwinkel besonders imposant erscheint. Bis zu einer Höhe um etwa 1.500 m fährt man hier allerdings oft durch Nebelschwaden oder dichte Bewölkung, die man aber spätestens bei der *Montaña Roja* (Kilometer 29) hinter bzw. unter sich läßt. Geblendet von der gleißenden Sonne fährt man dann über einer Wolkendecke wie aus Watte auf den *Teide* zu.

Basaltrosette

Beliebtes Fotomotiv ist die Basaltrosette links in einer Rechts-Kurve zwischen Kilometerstein 22 und 23 (danach gleich rechts ein *Mirador*-Parkplatz). Die Formation ähnelt der von *Los Órganos*, nur ragt sie nicht aufrecht in den Himmel, sondern ist kreisförmig auseinandergespreizt wie Blätter einer Rose. Wenn das

Rundwanderung/Höhenweg Los Órganos

Route La Caldera (1.200 m) – Choza El Topo (1.300 m) – Los Órganos Höhenpfad (1.610 m) – La Caldera (1.200 m). Insgesamt 820 m Höhenunterschied, fast ausschließlich mäßig steiler Auf- und Abstieg. Reine Gehzeit: 4 bis 4,5 Stunden. Trittsicherheit und an wenigen Stellen Schwindelfreiheit sind erforderlich.

Anfahrt Auto Hinfahrt auf der TF 21 bis km 16 zum Parkplatz *La Caldera*.

Anfahrt Bus Endstation der **Linie 345** von Puerto de la Cruz . Empfehlenswert sind die Busse um 8.45, 9.30 oder 10.05 Uhr. **Rückfahrt** um 13.45, 14.20, 15.10, 16.10, 16.50, 17.40, letzter Bus 18.25 Uhr.

Restaurants Einkehrmöglichkeit siehe links

Charakteristik Die wohl schönste Wanderung in der Waldregion oberhalb von Aguamansa. Sie führt durch Kiefernwälder und bietet spektakuläre Ausblicke auf das Orotava-Tal und den Teide.

Verlauf der Wanderung

Ausgangspunkt der Wanderung ist der Parkplatz der *Zona Recreativa La Caldera* mit großem Grill- und Spielplatz, der in einem eingestürzten Vulkankrater (*Caldera*) angelegt wurde. Von dort führt eine zunächst asphaltierte, aber für Autos gesperrte Straße vorbei an der Jause *La Caldera*. Die Straße umrundet die Caldera und wir verlassen sie beim Schild »*Los Organos*« und gehen links ab geradeaus. Nach insgesamt ca. 15 min erreichen wir einen Punkt, an dem sich in ca. 4 Stunden der Kreis dieser Wanderung schließen wird. Geradeaus rechts nach oben führt der ***Camino a Candelaria***. Jeden August ist er ein Teilstück der Pilgerroute vom Orotavatal über die *Cañadas* und Arafo nach Candelaria (➢ Seite 205).

Unser breiter Weg wendet sich halblinks auf die *Órganos* Felsen zu, die wir schon länger im Blickfeld haben. Es handelt sich um enorme grau-rotbraune Basalttürme, die wie Orgelpfeifen anmuten. Der Weg läuft unterhalb dieser Felsen nach Osten.

Die Basaltsäulen »Los Órganos« sieht man schon bald nach dem Start

Man bleibt auf ihm insgesamt ca. 45 min. Nach ca. 30 min läßt man einen mit »Aguamansa« ausgeschilderten Weg links liegen und erreicht nach weiteren 15 min durch Kiefernwald als erstes Teilziel die überdachte Schutzhütte *Choza El Topo*.

Gegenüber der Schutzhütte zweigt rechts eine leicht aufwärts führender Forstweg ab. Das Schild »*Sin Salida*« ist für uns ohne Bedeutung. Ein Abzweig nach links bleibt kurz darauf unberücksichtigt.

Nun heißt es zwei Mal aufgepaßt:

- Etwa 10 min später geht man nicht geradeaus (leicht abwärts) weiter, sondern folgt einer scharfen Linkskurve aufwärts. Dieser Weg wird allmählich schmaler und führt in etwa einer halben Stunde in weiten Kehren auf einen Bergrücken. Der bisher leicht ansteigende Weg verläuft nun fast eben (hier nicht nach rechts auf einen Waldweg abbiegen!), und auf der gegenüberliegenden Talseite sind wieder die Orgelpfeifen zu sehen.
- Wenn der Pfad nach weiteren 3 min kaum merklich ansteigt, zweigt auf der rechten Seite (kleinere Ausbuchtung) ein schmaler Pfad ab. Zwei kleinere Steinmännchen und eine abgebrochene 20 cm dicke Betonröhre markieren diesen Punkt. Ein früheres Hinweisschild ist zerstört, der Pfeiler ragt nur noch ein wenig aus dem Boden und trägt weiße Farbstreifen.

Der Weg führt nun steil aufwärts, und binnen 20 min erreicht man einen Aussichtspunkt mit Blick auf den Teide und das Orotava-Tal. Danach geht es weiter nach rechts bergauf, um nach wenigen Metern bei einem kleinen Steinhaufen auf den eigentlichen ***Los Órganos*** **Höhenweg** zu stoßen.

Auf ihm halten wir uns wieder rechts und wandern ungefähr zwei Stunden lang auf dem Abschnitt, der diese Wanderung berühmt gemacht hat. Der schmale Pfad führt meist abwärts mitten durch einen Kiefernwald. Teilweise läuft man auf den Kiefernadeln wie auf einem Teppich. Vor allem im Frühjahr gibt es hier oben zahlreiche blühende Blumen und Sträucher. Und immer wieder bieten sich imposante Ausblicke.

Orientierungspunkt für den Rückweg sind

- nach 50 min auf dem Höhenweg ein markanter plateauförmiger Felsblock.
- nach weiteren 10 min ein ca. 20 m langer Abschnitt, wo der Weg (gut 1 m breit) rechts mehrere hundert Meter fast senkrecht abfällt. Auf der linken Seite kann man sich dort an einer Wasserleitung festhalten.
- nach weiteren 5 min ein schmaler Felsrücken auf der rechten Seite, der zum Rasten mit schöner Aussicht einlädt.
- nach nochmals 50 min Abzweig nach rechts auf den ***Camino a Candelaria*** (➢ umseitig eingangs der Wanderung). In einer knappen halben Stunde ist *La Caldera*, Ausgangspunkt der Wanderung, wieder erreicht.

Lavavolumen beim Abkühlen schrumpft, entstehen meist durch vertikale Spalten und Risse mehreckige Säulen – wie bei den *Los Órganos*. Fließt der Lavastrom jedoch in einem Tunnel, kühlt er in immer kleiner werdenden Ringen von außen nach innen ab, und es bildet sich eine strahlenförmige Anordnung der Säulen (➢ Thema »Lavatunnel«, Seite 356).

Basaltrosette

Picknickplatz Bei Kilometerstein 24 passiert man direkt an der Straße die ***Zona Recreativa Román Caminero***, eine weitere weitläufige, schattige Anlage mit Picknickhütten, Tischbänken, Wasserstelle und Grillrosten inklusive Gratis-Brennholz.

Mit ***El Portillo*** ist der Nationalpark erreicht, ➢Seite 422.

7.1.3 Ostauffahrt über La Laguna/Esperanza

Von La Laguna bis zum Abzweig Arafo

Zur Strecke Von der Autobahnausfahrt »***Salida PN del Teide***« bei La Laguna sind es 43 km bis *El Portillo*. Für diese Strecke braucht man – je nach Zahl und Dauer der Stopps – ungefähr 90 min.

Die TF 24 beginnt bei La Laguna bereits auf knapp 600 m Höhe und erreicht bei der Sternwarte Izaña mit 2.330 m ihren höchsten Punkt, bevor sie wieder etwas abfällt. *El Portillo*: 2.030 m.

Diese Straße ist nicht so kurvenreich und steil. Man fährt über weite Strecken durch Kiefernwälder und passiert mehrere Aussichtspunkte mit Blicken auf Santa Cruz, das Orotavatal mit Puerto de la Cruz und auf den Teidekegel.

Anfahrt Bei der Anfahrt auf der Autobahn von Süden muß man konsequent die Fahrspur »*PN Teide/Cañadas*« einhalten, bevor man über eine Brücke zu einem Kreisel und auf die TF 24, Richtung La Esperanza, gelangt. Auf der Kreisverkehrsinsel steht eine Statue des Jesuitenpaters ***Anchieta***, der – in La Laguna geboren – der bedeutendste Missionar Brasiliens war, ➢ Seite 500.

Die Straße führt zunächst oberhalb der Lande- und Startbahn hinter dem Nord-Flughafen *Los Rodeos* entlang und gibt weite Blicke auf die im Winter sehr grüne, hier fast irisch-nordisch wirkende Hochebene von Aguere frei. Zwar stehen am Straßenrand noch vereinzelt Palmen zwischen Kiefern und Eukalyptus, aber das gibt sich mit zunehmender Höhe. Die windschiefe Lage der Kiefern zeigt an, dass und aus welcher Richtung hier oben ein recht untropisches Lüftchen wehen kann.

El Rosario/ La Esperanza

La Esperanza in der Gemeinde El Rosario ist der einzige Ort auf der gesamten Strecke. Die Höhenlage (900 m) und das feuchtkühle Fröstelklima bieten ideale Voraussetzungen für Viehzucht, Milchwirtschaft, Getreide- und Obstanbau. In diesem großen Dorf inmitten einer fruchtbaren Region wird alljährlich eine besonders bunte ***Romería*** gefeiert, ➢ rechts.

Unübersehbar links an der Straße offeriert der riesige Souvenirshop ***Fragrancias de Canarias*** alles Inseltypische. Die Restaurantetage darüber ist für ganze Hundertschaften gewappnet.

Unterkünfte

Wer nichts dagegen hat, in Nebelschwaden aufzuwachen, kann gemütlich unterkommen im ***Cho Pinito Cruz*** und ***Los Tilos*** (➢ *Turismo Rural,*Seiten 576+582).

Restaurants

Am Wege passiert man viele einfache, aber gute Lokale, die mit den Parilla-Fleischportionen nicht geizen:

Wegen seines rustikalen Ambiente ist das ***El Campestre***, gleich links an der Ortsdurchfahrt, bei *Tinerfeños* besonders beliebt. Auf Holzbrettern gibt es flambiertes Grillfleisch und Würste (✆ 922-548057, Mo geschlossen). Findet man an Wochenenden dort keinen Platz, tut`s auch das ***Las Cañadas***, das ***Los Tres Fragoles*** oder das ***Gran Chaparral*** um die Ecke (➢ Seite 161).

Cordillera Dorsal

Gleich hinter La Esperanza beginnt der **Esperanzawald** mit ausladenden kanarischen Kiefern, die in einem braunen Teppich aus ihren eigenen Nadeln und wenig Unterholz stehen. Über 20 km ziehen sich die Wälder bis zur Baumgrenze in knapp 2.000 m Höhe. Hier fühlt man sich wie im Schwarzwald. Ähnlich wie im Anagagebirge läuft die Höhenstraße in Ost-West-Richtung entlang der Eruptionsspalten, aus denen vor 3-2 Mio. Jahren soviel Gesteinsmassen ausgespuckt wurden, dass das alte Anagagebirge sich mit dem noch später entstandenen zentralen Vulkan verbinden konnte. Die Lava lief beidseitig des Gebirgsrückens (***Cordillera Dorsal***) ab. Zwischen den Lava-Flüssen entstanden große Täler, wie die von Orotava, Guimar und Icod.

Von den Aussichtspunkten an dieser Strecke kann man die **»Einfassung« des Orotavatals durch zwei Lavaflüsse** besonders gut erkennen.

Las Raices

Bei sonnigem Wetter sitzt man gut im Schatten der Kiefern beim kleinen **Bergrestaurant *Las Raices*** im Freien; bei nass-kühler Witterung ist es drinnen am Kamin und deftiger kanarischer Küche gemütlicher (u.a gibt es im Herbst prima Pilzgerichte).

Romerías

Auf *Romerías* dankt jedes Dorf dem örtlichen Heiligen mit *ofrendas* (ursprünglich: Opfergaben) für seinen Schutz und die Ernte. Da auf dem Archipel ganzjährig eingefahren wird (Apfelsinen im Winter, Tomaten jeden Monat, Kartoffeln bis zu drei Aussaaten), finden diese Erntedankfeste rund ums Jahr statt. Neben der klassischen Prozession gibt es einen farbenprächtigen bäuerlichen Umzug, der in vielen Gemeinden auch zur touristischen Attraktion wurde. Der einst viel stärkere religiöse Aspekt tritt vor dem Dorffest immer mehr in den Hintergrund.

Tänze

Der Ort ist mit Fahnen und Girlanden reich geschmückt. Aus verschiedenen Getreidesorten, Gemüsearten und Obst werden Bilder gefertigt (ähnlich denen aus Vulkanerde oder Blumen (➢ Fronleichnam, Seite 329). Die Bewohner kommen in bunter Dorftracht und Folklore-Bands spielen auf. Ein Höhepunkt sind ländliche Tänze, ***Bailes de Mago*** (➢ Seite 503).

Umzug

Beim Umzug werden ***Carrozas*** (Holzkarren) von Ochsen durch die Straßen gezogen, gefolgt von Ziegenbauern mit ihren Herden. Von den Wagen wird kostenlos Grillfleisch, *Gofio* und Obst an die Besucher gereicht, denn nach einer guten Ernte kann man zum Dank aus dem Vollen geben. Nur der nichtsdestoweniger reichlich fließende Alkohol (kanarische Spezialität: ***Ron Miel*** - Honigrum) ist nicht gratis. Der Tag klingt aus mit einer großen ***Tenderete***, einem Dorffest mit Wein, Gesang und Tanz.

Ausgewählte Romerías und ihre Besonderheiten

Bevor man sich auf den Weg zu einer *Romería* macht, empfiehlt es sich, die Daten noch einmal im Touristenbüro oder über die Hotelrezeption zu erfragen bzw. »abzusichern«. Ein **Ausrufezeichen** kennzeichnet die besonders attraktiven *Romerías*.

Januar: Buenavista

Am vorletzter Sonntag im Januar feiert Buenavista im Rahmen der Fiesta *San Antonio Abad*, des Schutzheiligen des Viehs und der Bauern, eine der ersten *Romerías* zu Jahresbeginn.

Letzter Sonntag im April: Tegueste (!)

Der kleine Ort feiert eine der inselweit größten *Romerías*. Neben der Danksagung an den Schutzheiligen und einem Umzug steht traditionell die *Lucha Canaria* (➢ Seite 387) im Mittelpunkt.

3. Mai: Santa Cruz

Auch die Hauptstadt hat seit ein paar Jahren wieder eine *Romería*, eingebunden in die Fiestas de Mayo (1.-3. Mai). Am 3. Mai (*Día de la Cruz*) findet zum Jahrestag der Landung des Guanchen-Bezwingers *Lugo* im *Barranco de Santos* ebenfalls eine große *Romería* mit Umzug auf der Avenida Anaga statt.

30. Mai: San Isidro/Los Realejos (!)

Hier werden die Karren wegen der zu steilen Straßen nicht von Ochsen gezogen, sondern auf LKWs montiert. Sie sind überladen mit Blumen, Pflanzen und dem Erntegut, sowie einem geheiligten Schweinskopf. Seit 1676 (!) bieten die Bodegas freien Wein aus ihren Kellern, und im Rathaus gibt es Kartoffeln und Sardinen gratis. Auf einem **Viehmarkt** werden Zuchttiere gezeigt und prämiert.

Fronleichnamr: La Orotava

Die **wichtigste und farbenprächtigste *Romería* Teneriffas**; am Vorabend werden Blumenteppiche in den Straßen und die Sandbilder (➢ Seite 329) zertanzt.

Um den 11. Juli: La Laguna/San Benito (!)

Durch die städtische Umgebung hat sich das Fest gewandelt. Im Mittelpunkt steht der Wettbewerb um den schönsten geschmückten Balkon, Wagen oder das originellste Bild, hergestellt aus landwirtschaftlichen Produkten.

1. Sonntag im August: La Esperanza (!)

Romería zu Ehren der *Nuestra Señora de la Esperanza*, sehr volkstümlich.

Romería La Esperanza

August: Garachico (!)

Diese *Romería* geht auf das 17. Jahrhundert zurück, als sich eine Pest vom Hafen auf andere Gemeinden ausbreitete. Der Umzug führt von der *Ermita San Roque* zur *Iglesia de Santa Ana* in der Stadtmitte; dann dort Messe.

Gegen 13 Uhr beginnt die eigentliche *Romería* zurück zur *Ermita*, begleitet von Musikgruppen, Ziegenherden und Zugtieren. Die Fischer begleiten die *Romería* in Ufernähe mit ihren Booten.

15. August: Candelaria

➢ unter Candelaria, Seiten 203+205

24/25/26. August: Tejina

Nicht als *Romería*, sondern als ***Fiesta de los Corazones*** (Fest der Herzen) deklariert ist der Tag zu Ehren *von San Bartholome*, bei dem überdimensionale Herzen mit Feldfrüchten, Blumen und Backteig durch die Stadt getragen werden. Sehr volkstümlich und beliebt.

Letzter Sonntag im August: Arafo (!)

Die Ochsengespanne haben es in Arafo schwer, mit ihren gewichtigen Karren die steile Dorfstraße zu bewältigen. Der Besucher wird reichlich mit Gaben von den Wagen bedacht. In Arafo wird zudem das *Palo*-Fechten gepflegt (➢ Seite 502 »Kanarische Sportarten«).

September: La Orotava

1. Samstag im September Nächtliche *Romería* mit Fackeln zur *Fiesta de Pinolere* im *Barranco de Pinolere.*

September: Güímar

2. Woche im September *Romería* zu Ehren der *Nuestra Señora del Socorro*, die sich im Rahmen der *Fiesta San Pedro* an eine nächtliche Prozession anschließt.

Franco-Denkmal

Wenige Schritte unterhalb des Lokals, von der Straße aus nicht zu sehen, steht ein obeliskartiges Denkmal, das an General Francos geheime Waldtreffen mit anderen Putsch-Offizieren erinnern soll. Trotz wiederholter Proteste und zahlreicher Graffitti-Anschläge steht es immer noch, ➢ unten.

Picknickplatz

Zu Füßen des Denkmals befindet sich ein großer Picknickplatz, die ***Zona Recreativa Las Raices*** mit Bänken, Tischen, Feuerholz und Grillplätzen. Eine Alternative zum Restaurantbesuch, auch wenn es dort an Sommer-Wochenenden voll werden kann.

Picknickplatz Las Raices

Mirador Montaña Grande

Der erste *Mirador* dieser Strecke (*Montaña Grande)* mit Blick auf Santa Cruz und die Ebene von La Laguna liegt auf 1.120 m Höhe.

Auf 1.380 m Höhe geht es rechts ab zu der kleinen Siedlung Las Lagunetas. Nach einem *Café Solo* in der einfachen Bar kann man einen Spaziergang in herrlich frischer Luft auf ebenen Wegen und mit Blick auf die Nordküste einlegen.

Mirador Ortuño

Auf dieser Waldstrecke hat man vom *Mirador Ortuño* erstmals einen Ausblick auf den Teidekegel, der von hier bereits enorm mächtig wirkt. Unten erkennt man in der Ferne Puerto de la Cruz an der Atlantikküste, La Orotava und Los Realejos. Bei Kilometer 23 zweigt die Straße TF 523 nach Arafo ab (18 km).

Generalísimo Franco

Eine Hitler- oder Goebbels-Allee sucht man in Deutschland zu Recht vergebens. Bei uns wurden Weltkriegsbunker bunt bemalt, umfunktioniert oder abgerissen. In Spanien denkt man da anders. Monumente aus dunklen Tagen werden nicht getilgt. Zahlreiche *Ramblas, Avenidas* und *Plazas* tragen nach wie vor den Namen von Generälen, die Gegner der 1931 proklamierten liberalen Zweiten Republik waren. In Santa Cruz gibt es an der *Plaza (General) Weyler* ein komplettes militärisches Generalsviertel. Und die *Calles General Goded* und *General Mola* laufen direkt auf die Prachtstraße *Rambla del General Franco* zu. In Puerto de la Cruz heißt eine der größten Straßen *Avenida del Generalísimo* und jeder weiß, wer gemeint ist.

In *Las Raizes* (»die Wurzeln«), einem Waldgebiet bei La Esperanza, fanden Francos geheime Treffen mit verschworenen Offizieren statt. Ein Gedenk-Obelisk steht dort immer noch unterhalb der Kammstraße. Nur *Graffitis* belegen, daß das Monument vor Jahren im Kreuzfeuer der Kritik stand. Und *Francos* Siegerdenkmal »*Cruz de los Caidos*« auf der Plaza España, wird tatsächlich sogar in die Neugestaltung des Hafenbereichs integriert werden.

Das ist nicht typisch kanarisch, sondern symptomatisch für Spanien, denn Teneriffa war nicht frankistischer als andere Provinzen. Und daß der Putsch der Generäle auf Teneriffa begann, ist eher ein historischer Zufall. Die Regierung der Zweiten Republik hatte *Franco* wegen seiner militanten Opposition so weit weg wie möglich verbannt. Seine Berufung zum Generalkommandeur von Teneriffa war eine Degradierung. Aber selbst von dieser abgelegenen Insel aus gelang es ihm, den Putsch gegen die Republik zu organisieren. Nach der Wahl einer Links-Regierung 1936 begannen die Vorbereitungen zur Beseitigung der Demokratie. Am 18. Juni 1936 verkündete er über Rundfunk sein Manifest und zwei Tage später waren die Kanaren in seiner Hand.

Der faschistische Unterdrückungsapparat war auf dem Archipel schnell aufgebaut. Die schwache Opposition hatten keine Chance. Wer »nur« eingesperrt wurde, hatte noch Glück. Folterungen, Massenerschießungen und Ermordungen waren an der Tagesordnung und sorgten rasch für »Ruhe«. Viele tinerfeñische Widersacher wurden kurzerhand von den Antequeras-Felsen im Nordosten Teneriffas ins Meer gestoßen.

➢ auch »Geschichte«, Seite 490.

Abzweig Arafo bis El Portillo

Etwas weiter, bei Kilometer 24,5 hat man wieder einen wunderbaren Blick auf den *Teide* und erkennt in der Ferne – mit etwas Wetterglück – sogar die Insel La Palma.

Miradores de Cumbre

Den **Non-plus-ultra-*Mirador*** rechts an der Strecke erreicht man gleich rechts nach dem Schild »*Chipeque* 1850 m«. Nach 200 m auf der Stichstraße zum ***Mirador del Norte*** wird der Blick erst frei auf das Anagagebirge und Gran Canaria im Süden. Nach weiteren 500 m folgt der ***Mirador del Sur*** (1.850 m), abermals ein Kodak-Punkt für das Orotava-Tal und den *Teide*. Von diesem Punkt erkennt man, warum die westliche Begrenzung des Orotavatals, die *Ladera Tigaiga* im Volksmund auch *lomo* (Schweinerücken) genannt wird. Man sieht deutlich die vom Grat ausgehenden Falten, die an Rippen erinnern.

Aufgeklappte Geologie direkt an der Straße: Geschichtete Vulkanasche mit der treffenden Bezeichnung »La Torta«

La Torta-Kurve

Bei der Weiterfahrt auf der Kammstraße hört der Wald langsam auf, etwa ab Schild *La Crucita* in 1.940 m Höhe. Am ***Mirador La Crucita*** wird an die Vulkanausbrüche von 1704/5 erinnert. Man sieht leicht, dass der Südrand des Vulkankraters *Pedro Gil* weggesprengt wurde und in einem gewaltigen Erdrutsch zu Tal ging.

Mit der schwindenden Vegetation sieht man besser die Gesteinsschichten und in der Kurve kurz vor Kilometerstein 32 ein geologisches *Highlight*, das erst beim Straßenbau freigelegt wurde: mehrere schräg übereinanderliege Schichten vulkanischer Asche sind hier zu Tuffgestein zusammengepresst, das nun langsam wieder zerbröselt. ***La Torta*** heißt diese Stelle treffend. Wie beim Schichtkuchen »Kalter Hund« liegen die Aschen in Gelb-Beige-Braun-Grau-und Schwarztönen übereinander. Nachmittags bei Sonneneinstrahlung sind sie besonders farbintensiv.

Baumgrenze/ Vegetation

An der Baumgrenze oberhalb von 2.000 m werden die Kiefern von Büschen abgelöst, die großen Temperaturschwankungen, Trockenheit und starkem Lichteinfall widerstehen. Weiß oder hellrosa blüht hier der Teideginster (*Retama del Teide*; Spartocytisus supranubius) im Mai/Juni. Dann stellen Imker ihre Bienenkörbe für den **Teide-Honig** auf, der über die ganze Insel verkauft wird. Etwas flacher als die *Retama* wächst der *Teide-Codeso*, auch ***Codeso del Cumbre*** genannt (klebrige Drüsenhülse, Adenscarpus viscosus). Man erkennt ihn an seinen intensiv gelben Blüten und den klebrigen Ausscheidungen der Hülsenfrüchte.

Anschließend eröffnen sich fantastische Blicke über bizarre Lavafelder – der aufregendste Streckenabschnitt.

Observatorium in 2.300 m Höhe

Sternwarte Izaña

Links oberhalb der Straße, beim höchsten Punkt (2330 m) glänzt weiß die Kuppel des ***Observatorio del Izaña*** des ***Instituto de Astrofisica de Canarias***. Die *Izaña*-Teleskope gehören mit denen von La Palma zu den besten Europas – nur, dass auf Teneriffa der künstliche Lichterglanz die Observationsmöglichkeiten erheblich beeinträchtigt. Besichtigung nur in Gruppen (ab 15 Personen) nach Voranmeldung nur freitags 10-14 Uhr; 90 min, kostenlos; ✆ 922-605200/207; Internet: www.iac.es/ot/principal.html.

Nach wenigen weiteren Autominuten erreicht man den Nationalpark bzw. dessen östlichen Eingang *El Portillo*, ➢ Seite 422.

Ostauffahrt über Arafo

Die *Teide*-Auffahrt ist auch via Südautobahn über das Städtchen Arafo möglich (*Salida* 10) und ggf. zu erwägen bei Standquartier in/bei Santa Cruz oder an der nördlichen Ostküste (Las Caletillas, Candelaria). Einzelheiten zu Arafo auf Seite 201f.

Verlauf

Nur mäßig kurvig geht es von Arafo auf der wenig befahrenen, aber schön geführten Straße TF 523 – durch Terrassenfelder und Mischvegetation – bis zur 18 km entfernten Kammstraße.

Vegetation

Im Frühling fährt man durch ein buntes **Blumenmeer**. Im März-April blüht links und rechts der leuchtend gelborange kalifornische **Goldmohn** (➢ Foto Seite 411), eine Unmenge von weißen **Margeriten** und der einfache, meist weißblühende **Natternkopf**, der hier auch blau-lila vorkommt. Die Mischvegetation zwischen den gelb-braunen Lavamauern wird von Mandel- und Feigenbäumen, Kakteen, Agaven und Palmen bereichert. In den höheren Lagen dominiert zunehmend die kanarische Kiefer, anfangs in besonders prächtigen einzeln stehenden, weit ausladenden Exemplaren.

Restaurants

Wenige Kilometer oberhalb von Arafo sitzt man in der ***Cuevita de Nemesio*** bei Speis' und Trank in einer nachgebauten **Lavahöhle** (Di geschlossen). Die letzte Gelegenheit, noch vor den Cañadas (bei El Portillo) Hunger und Durst zu stillen, bietet bei km 4,2 (oberhalb der *Bodega Comaraca de Valle Guimar*/Weinverkauf Mo-Fr 9-14 Uhr, ✆ 922-510437) das kanarisch-einfache, bei Canarios beliebte Restaurant ***Bodega El Borujo*** ✆ 922-511676 (Mo, Di, Mi geschlossen)

Einen knappen Kilometer weiter liegt die große moderne *Bodega* ***Comarca de Valle Güímar***, ✆ 922-510437.

Picknickplatz

Zu einer der schönsten ihrer Art auf Teneriffa gehört die ***Zona Recreativa Los Frailes***. Kurz nach der *Bodega* geht es bei Kilometerstein 5 in einer Rechtskurve (ausgeschildert) links von der Straße ab. Nach wenigen hundert Metern erreicht man die Picknickplätze mit Tischen, Bänken und Feuerstellen. Von einigen kann man aus dem Schatten des Waldes das in der Ferne tief unten liegende Meer sehen. Eine ganze Reihe guter, auch ebener Wege zum Spazierengehen oder Wandern starten/enden hier.

Die Kammstraße TF 24 erreicht man bei Kilometerstein 23. Zur Weiterfahrt bis El Portillo ➢ oben.

7.1.4 Südauffahrt über Vilaflor

Anfahrten

Über vier Autobahnausfahrten (22, 24, 26, 27) gelangt man über Vilaflor zur südlichen **Parkeinfahrt *Boca de Tauce***. Unterhalb von Vilaflor bündeln sich die – zunächst – vier Strecken zweimal: Bei Granadilla zur TF 21 und bei Escalona (kurz oberhalb von Arona) zur TF 51.

Für Teidefahrer **aus Los Cristianos/Las Américas** bietet sich die Ausfahrt 27 und die Strecke über Arona/Vilaflor an, für *Teide*-fahrer **aus El Médano** ist die Ausfahrt 22 und die Strecke über Granadilla/Vilaflor am günstigsten.

Alle Routen führen bis zur **Linie Arona, San Miguel, Granadilla** durch stark zersiedelte Gebiete. Insofern ist die Wahl der Ausfahrt egal. Erst oberhalb dieser Linie beginnt landschaftlicher Reiz.

Die schönste Strecke nach Vilaflor ist die TF 21 von Granadilla.

Von Los Cristianos/Las Américas aus ist jedoch die Route über Arona andererseits die schnellere.

Im Folgenden werden die Auffahrten kurz charakterisiert. Auf jeden Fall sollte man **möglichst nicht den gleichen Weg zurückfahren**. Wer also über Arona hinaufgefahren ist, könnte für den Rückweg die TF 21 über Granadilla nehmen oder die kleine, ruhige TF 563 durch Wiesen und Felder.

Auffahrt A: Über Arona nach Vilaflor (23 km)

Autobahn-Ausfahrt 27, dann TF 28 und TF 51 (Arona, Escalona). Diese Route ist gut ausgebaut und bequem zu fahren; die vielen Kurven lassen auf der Karte eine anstrengendere Kurbelei erwarten als tatsächlich der Fall ist.

Chayofa

Nur wenig oberhalb von Los Cristianos und kurz hinter einer der Anfahrten zum *Parque Aguilar* (➢ Seite 253) an der TF 28 liegt Chayofa, eine ursprünglich sympathische Siedlung aus kleinen Chalets im lockeren Reihenhausstil mit viel Grün und Bourgainvilleas. Doch durch den Bau neuer Prachtvillen verlor der Ort seinen Charme und erlangte einen »halbseidenen« Ruf.

Unterkunft

Im stilvollen ***Hotel Estefania*** an der unteren Ortseinfahrt mischen sich altkanarische Elemente mit modernem Design. Gute französische Küche und ein angenehmer, kleiner Pool im Garten bilden eine Oase (➢ Unterkünfte, Seite 555).

Restaurants

Die ersten drei Lokale Chayofas sind fest in englischer Hand:

- ***Estancia***, schicke Piano Bar und Restaurant (täglich ab 19 Uhr)
- ***Chayofa***: Die ehemalige Bananenpackanlage im alten Dorfkern ist heute eine Galerie mit Bistro; Freilichtbühne und Skulpturen im schattigen Garten. Kanarisches Abendessen zu Pianomusik und sonntags Jazz-Brunch. Ein ambitioniertes Projekt (täglich 10-22 Uhr; Restaurant 12.30-15.30 und 19.30-22 Uhr). ***Finca del arte*** im **Internet**: www.finca-del-arte.com
- ***Clarets***, Dinner mit Livemusik, auch Lunch; © 922-794980
- ***Mesón Las Rejas***, ein populäres, gutes, kanarisches Restaurant etwas abseits in La Camella rechterhand an der TF 28, östlich der Abfahrt nach Arona; So geschlossen; © 922-720894.

Eisbahn

Im ***Country Club*** kann man auf künstlichem Eis Schlittschuhlaufen: täglich 18-22 Uhr, €5 inklusive der Ausleihe von Schlittschuhen; © 922-785016

Arona

Kennzeichnung

Der Empfang in diesem schmucken Städtchen ist freundlich: blumengeschmückte Einfahrt und schneeweiß verputzte Mauern und Häuser. Arona ist reich. Hier wurden Milliarden budgetiert, um einen ganzen Landstrich völlig zu verwandeln. Denn zusammen mit der Nachbargemeinde Adeje wird von »oben« der gesamte Tourismus des Südens gemanagt. Auch Polizei und Gerichte haben hier gut zu tun. Ausgeflippte Touristen, Taschendiebe, Immobilienbetrüger und andere mehr sorgen für Problemnachschub. Dennoch strahlt die Stadt eher Ruhe aus.

Der schattige **Hauptplatz** im Zentrum mit seiner klassisch-kanarischen Kirche, daneben das mächtige, aber dennoch nicht protzige *Ayuntamiento* (Rathaus) sind sehenswert.

Restaurants

- ***Sindical*** in der Avenida de la Constitución (im Neubaugebiet in Richtung Meer), einfach und gut, z.B. Ziegenfleisch (*cabra*).
- ***Patio Canario*** in der Calle Dominguez Alfonso (Einbahnstraße vom Kirchplatz bergab), schönes Ambiente, freundliche Atmosphäre und gutes Essen (kanarische und flämische Gerichte); 12-15 und 19-23 Uhr, Mo geschlossen, ✆ 922-725503.
- ***La Granja de Arona*** 1,5 km oberhalb Arona (links an der TF 51), restaurierte kleine Finca, nur Huhn oder *Solomillo* (Filetsteak); nicht billig, aber gut; nur mittags; ✆ 922-725392, Mo + Di zu.

Mariposa

Fährt man die kleine Landstraße vom zentralen Platz 2 km Richtung Osten (Tunez/Valle Lorenzo), liegt rechterhand eine vom Stuttgarter Galeristenpaar Müller geschaffene Begegnungsstätte für Künstler und Denker, die neue gesellschaftliche und künstlerische Konzepte in ruhiger Atmosphäre diskutieren, weiterentwickeln und in ihr Leben integrieren wollen. Das kreative Prinzip wird in der phantasievollen Gestaltung der Anlage, den rustikal-modernen Wohn- und Tagungshäuser manifest. ***Mariposa*** ist die reduzierte Version des ursprünglich geplanten Projekts einer griechischen »*Polis Atlantis*« des Architekten León Krier. Info-Fax in Deutschland 0711-6361879, auf Teneriffa: Fax 922-725140.

Roque de Conde

Auf den Tafelberg »*Roque de Conde*« (westlich von Arona) führt eine beliebte **Wanderung**, für die retour ca. 3,5-4 Stunden zu veranschlagen sind. Bis zum Gipfel (1.020 m) sind auf 3,5 km etwa 600 Höhenmeter zu überwinden. Mit etwas Glück sieht man Greifvögel und sogar Adler. **Startpunkt** ist **Vento** westlich von Arona: von der TF 51 bei den ersten Häusern von Arona gegenüber dem gelben Blumenladen links in den *Camino Real a Vento*. Zwischen den Häusern Nr 30 und Nr. 28.

Abstecher nach Ifonche

Etwas unterhalb von Escalona biegt von der TF 51 nach links die **TF 567** Richtung Ifonche ab. Die enge Höhenstraße (ca. 1000 m) endet nach 5 km auf einem Bergrücken oberhalb des *Barranco del Infierno* bei Adeje. Herrliche Ausblicke auf das tief unten liegende Meer hat man zwischen dem *Roque Imoque* und dem *Roque de los Brezos*, beide aus ältesten Basalten.

Landschaft und Geologie

(➢ dazu auch den Abschnitt »Der karge Süden«, Seite 208f)

Geologisch gesehen erhält man auf beiden südlichen Auffahrten einen guten Eindruck von den Besonderheiten des Südostes Teneriffas. Auf den ersten Blick wirkt diese Inselregion wegen ihrer Trocken- und Kargheit enttäuschend, bei genauerem Hinschauen gewinnt sie aber rasch.

Charakteristisch sind am Südhang des zentralen Massivs die ***Roques***, die **Aschekegel** und die **terrassierten Felder**:

Roques und Mesas

Auf einer Höhe von etwa 1.000 m fallen bei Arona an den sonst nicht stark reliefbildenden Tuffsteinhängen herausragende Felsformationen ins Auge, die *Roques* (Türme): ***Roque de los Brezos***, ***Roque Imoque*** (beide nördlich von Arona), der ***Roque de Jama*** (nur 783 m, südöstlich von Arona) und der Tafelberg ***Roque de Conde*** (westlich von Arona).

Wie an anderer Stelle schon erwähnt (➢ Seite 15), gehört die Region Adeje/Arona, wie Anaga- und Tenogebirge, zu den drei ursprünglichen Inseln, die erst durch spätere Eruptionen zum uns heute vertrauten Teneriffa zusammenwuchsen. Dieses südliche Eiland war vermutlich das kleinste. Die gewaltigen Felsformationen des Anaga- und Tenogebirges sind hier ansatzweise zu sehen. Nach erneuten Ausbrüchen waren sie Jahrtausende zugedeckt von porösem Material, das heute die Landschaft gestaltet. Als die Schlacke zerbröselte, traten die älteren, harten Basalte wieder zutage – entweder als turmartige *Roques* oder – erodiert mit einem ebenen Abschluß – als *Mesas* (»Tische«).

Vulkankegel

Viele kleine, maximal 300 m hohe Vulkankegel sind wie zufällig über das Land verstreut. Bis zu einer Höhenlinie von 400 m tauchen sie wie kleine Blasen aus älterem, dunklerem Gestein auf.

Man findet sie zwar auf der ganzen Insel (außer im Teno- und Anagagebirge), doch nirgends so häufig wie hier im Süden. Zwar entstanden sie vor den uns überlieferten Ausbrüchen, gehören aber zu jüngeren Phasen des Inselaufbaus. Als Magma aus großer Tiefe durch Spalten aufstieg, presste es bei kleineren Explosionen basaltische (dunkle) Lockermassen hervor.

Die Hufeisenform vieler Krater formte der ständige Nordost-Passat, der Asche und kleine Steine nach Westen mitnahm. Manche sehen »angeknabbert« aus, weil sie als Steinbrüche für Baumaterial oder Boden-Abdeckungen benutzt wurden, ➢ Foto Seite 285.

Tosca

Die dicke, aber nur locker zusammengefügte Schicht, die sog. Tuff- oder Toscakruste, ist sehr anfällig für Erosion. So entstehen vielerorts bizarr geformte Mondlandschaften (*Paisaje Lunar*, ➢ 413). Die besonderen Klimabedingungen der Gegend – hohe Sonneneinstrahlung, viel Wind – lassen kaum Vegetation zu. Aber wenn es trotzdem zu Bodenbildung kommt, wird er von den seltenen, aber heftigen Regenfällen sofort wieder weggeschwemmt. Es bilden sich dann breite, tiefe Furchen sowie unterspülte Abbruchkanten und machen Landwirtschaft weitgehend unmöglich.

Nur durch den Bau von Terrassenfeldern und Mauern kann die Erde gehalten werden. Man ahnt, mit welch unendlichen Mühen früher die Nutzlandschaft um Vilaflor entstanden sein muß.

Trockenfelder

Mit **Bimsstein** (*pomez*), dem porösesten aller Steine, ließ sich das Wasserproblem hervorragend lösen. Bis heute wird er zu **bohnengroßen Steinchen** zermahlen und als ***Jable*** auf die Felder gestreut. Dort absorbiert der Stein nachts die Feuchtigkeit aus den nördlichen Fallwinden, gibt sie tagsüber langsam wieder an den Boden ab und schützt zugleich Erde und Aussaat vor der Sonne.

Lapilli-Trockenfeld, das durch in den Steinchen gespeicherte Feuchtigkeit »bewässert« wird

Diese Form der Bewässerung nennt sich ***Enarenado*** (»mit Sand bestreut«). Wird der Bimsstein nicht auf die Felder gestreut, sondern untergepflügt, um das über Kanäle und Gräben zugeleitete Wasser unter der Erde zu binden, spricht man von ***zahorra***, wie Bims auf den Kanaren auch genannt wird. Andernortes arbeiten die Bauern nicht mit Bimsstein, sondern zerkleinerten schwarzen Basalten, ***Lapilli*** oder ***Picón*** genannt.

Brachland

Viele der beige-grauen Terrassenfelder werden nicht mehr bestellt. Denn mit dem Tourismus kamen neue Jobs. Die Jüngeren sahen darin ihre Chance für ein bessseres Leben und wanderten ab. Zurück blieb die ältere Generation und fuhr fort mit dem Anbau von Kartoffeln, Getreide, Linsen, Kichererbsen und gelegentlich – mehr als Hobby – auch Wein. *Tabaibas* (Wolfsmilch) und *Cordón* (Kandelaberkakteen) erobern sich die brachliegenden Felder zurück.

Baumaterial

Tuffstein, der im Überfluss vorhanden und leicht zu schneiden war, diente als ideales Baumaterial. Damit stützte man die Felder und schützte die Bananenplantagen vor Wind; auch die Bewässerungskanäle wurden aus Tuff gefertigt. Die Guanchen haben ihre Höhlen in diese dicken Asche/Stein-Ablagerungen geschnitten. Nach den Zementorgien vergangener Jahrzehnte beim Bau touristischer Gebäude wird das Material heute selbst bei repräsentativen Komplexen wie dem Luxushotel *Bahía de Duque* wieder gern verwendet (Treppen, Gartengestaltung). Manchmal mischt man es mit Zement. Die daraus gefertigten *bloques* werden auch ***Tosca*** genannt (spanisch für »Tuff«, wörtlich: »ungehobelt, grob«) oder *Puzolana*. Sie sind in allen kanarischen Baumärkten zu haben und dienen auch der Wärme- und Schallisolierung.

Ifonche

Auf dem Weg dorthin kann man einkehren. Nach etwa 2 km auf der TF 567 weist ein Schild links auf die 1,5 km entfernte ***Finca El Refugio*** (unter deutscher Leitung). Dort kommen eigene Produkte frisch auf den Tisch (Calle El Topo 34, Escalona; © 922-725894; Mi, Do geschlossen). Wer Ruhe sucht, kann sich dort auch einmieten und Aktivitäten wahrnehmen wie Wandern, Klettern, *Paragliding* etc; mit Kinderbetreuung, ➢ Seite 570.

Kurz vor dem Ende der TF 567 findet sich die ***Bar Dornajo***, ein großes, einfaches Ausflugslokal mit zünftiger kanarischer Küche, täglich außer Do geöffnet, © 922-725089.

Escalona

Wieder zurück auf der TF 51 lohnt ein Blick in das ***Hotel Rural El Nogal***, geeignet für einen Aufenthalt in ländlicher Stille und kühler Höhenlage. Im Hotelrestaurant mit guter (inter-) nationaler Küche kann man stilvoll pausieren. Anfahrt: in Escalona, rechts in den Camino Real, dort ausgeschildert; Mo geschlossen, © 922-726050 (➢ Hotels Rundreise Seite 582).

Centro Artesana Chasma

Das große ***Centro Artesana Chasna*** (Chasna ist der vorspanische Name für Vilaflor und die weitere Umgebung) – 1 km vor Vilaflor links an der TF 51 – zeigt außer kanarischem Kunsthandwerk ein *Teide*-Video; täglich 8.30-18 Uhr; mit Ausflugs-Restaurant.

Typisch kanarische Stickereien (auf rosetas, ➢ Seite 412) im Centro Artesana de Chasma

Auffahrt B: Über Granadilla de Abona nach Vilaflor

Autobahn-Ausfahrt 22/San Isidro (auf der TF 64 - 23 km) oder Ausfahrt 24/Las Chafiras (TF 65, dann TF 28 - 30 km)

Granadilla de Abona

Der Fläche nach ist Granadilla nach Arona und La Orotava die drittgrößte Inselgemeinde. 1686 schrieb der Historiker *Nuñez de la Peña*: »Hier erntet man viel Weizen und züchtet viel Vieh, denn das Land um Granadilla und um Chasna (=Vilaflor) ist sehr fruchtbar. Die ganze Umgebung besitzt Wasser. Es gab sogar Jahre, in denen man eine *Fanegada* (Anm.: alte span.Maßeinheit) Weizen aussäte und hundert und mehr erntete«.

Heute hat sich Granadilla zum Handels-, Industrie- und Versorgungszentrum für die Touristenstadt Las Américas/Los Cristianos entwickelt. Außer El Médano verwaltet die Gemeinde keine Ferienorte am Meer, dafür aber den Süd-Flughafen *Reina Sofia*, die Windenergie-Anlage *Montaña Pelada* (➢ Seite 193) und demnächst wohl auch den geplanten Überseehafen Teneriffas, der Santa Cruz entlasten soll.

In Granadilla

An Granadillas Hauptverkehrsachse, der TF 28 nach Arico, liegt das ***Convent San Francisco*** neben dem modernen Rathaus. Das alte Klostergebäude aus dem 17. Jahrhundert fiel einem Brand zum Opfer. Das jetzige Gebäude stammt aus der Mitte des 19. Jahrhunderts. Die ansehnliche *Mujedar*-Holzdecke wird seit den 1980er-Jahren restauriert.

Einen kurzen Stopp lohnt das kleine renovierte Viertel um die Kirche San Antonio (am Ortsausgang Richtung Arico).

Unterkunft/ Restaurants

Ruhig gelegen an einer Fußgängerstraße ist dort das ***Hotel Rural Senderos de Abona***. Auf engem Raum wuchert üppige Vegetation um einen kleinen Pool und das stimmungsvolle Restaurant ***El Terrero*** mit Patio; Calle Peatonal de la Iglesia 5; täglich 18-22 Uhr, Mi geschlossen; © 922-770200.

- ***Casa Tagoro***; hervorragende **österreichische Küche** (manchmal Wild) in einer alten Finca; Di-Sa ab 18.30, So ab 13 Uhr, © 922-772240, ➢ Restaurants im Süden abseits der Zentren, Seite 236.
- ***La Montaña*** in San Miguel, Calle El Lomilo 32, täglich 12-24 Uhr, Mi geschlossen, © 922-700731.

Weiter nach Vilaflor

Die TF 21 ist zwar landschaftlich besonders attraktiv, aber kurvig und eng mit teilweise schlechtem Belag. Als Eukalyptusbaum-Allee führt sie zunächst an bräunlichen Terrassenfeldern und Kakteenlandschaften vorbei, die ab 1.000 m Höhe von immer dichter werdenden Kiefernwäldern abgelöst werden.

Mirador

Auf der **TF 28** zwischen Los Cristianos und Granadilla lohnt sich ein Stop am ***Mirador de la Centinela*** zwischen Valle San Lorenzo und San Miguel. Er bietet von der oberen Lavastein-Plattform den besten Rundum-Blick auf die geologischen Besonderheiten der Landschaft (➢ Seite 407): die *Roques*, den Tafelberg, kleine verstreut liegende Vulkankegel, terrassiertes Land, Bananenplantagen in Plastikfolien, Embalsen (die Staubecken) und über die zum Meer dichter werdende Besiedelung. Gleich unterhalb liegt ein **Restaurant mit Panoramaverglasung**; die »Lehrlinge« von Aronas Restaurantschule kochen hier vorzügliche kanarische Gerichte; preiswert; täglich 12-22.30 Uhr, So bis 16.30 Uhr, © 922-691284. Wer diesen Panoramablick nicht auslassen will, fährt anschließend auf der TF 565 links hoch nach Escalona, um danach Anschluß an die TF 51 für die Weiterfahrt nach Vilaflor zu finden.

Vilaflor

Ortsname

Um den Ortsnamen rankt sich eine Legende: »*Vi la flor de Chasna*« (»ich sah die Blume von Chasna«), rief ein spanischer Krieger in verzweifelter Liebe, als dem angebeteten Guanchenmädchen die Flucht aus spanischer Gefangenschaft gelang. Doch auch ohne Legende ist der Name klangvoll: **Villa Flor** – kleine Blumenstadt.

Vilaflor hat fast ebenso viele Einwohner wie Höhenmeter: mit 1466 m ist es Spaniens höchstgelegenes Dorf mit einer trockenen, reinen Luft, die Vilaflor seit langem als Erholungsort für Asthma- und Lungenkranke qualifiziert.

Mikroklima und Flora

Der Reisende tut gut daran, sich auf kühlen Wind einzustellen, denn das Wetter über dem Ort kann sehr variieren und binnen Minuten umschlagen. Mit etwas Glück erlebt der Besucher Vilaflor genau in der Wolkengrenze. Dann ziehen immer neue leichte Nebelschwaden vorbei und kurz darauf liegt ein geschlossener Wolkenschleier unter ihm. Ein aufregendes Erlebnis. Während an der Küste die Sonne scheint, kann es hier dicken Nebel oder Nieselregen geben. An klaren Sommertagen ist es angenehm kühl. Im Frühling blühen ab Februar die Mandelbäume, Margeritenbüsche und der glühend orangefarbene **kalifornische Mohn**.

Kalifornischer Goldmohn

Landwirtschaft

Etliche Ausflugsbusse zum *Teide* halten täglich in Vilaflor, doch der Ort hält an seinen Traditionen fest, auf die ein großes Wandbild an der unteren Ortseinfahrt hinweist. Neben Viehwirtschaft leben die Menschen von Wein, Tomaten, Weizen und Kartoffeln. Obwohl auch hier etliche Terrassenfelder verlassen sind, verleihen sie der Landschaft eine geradezu exotisch anmutende Ästhetik. Das inseleigene **Mineralwasser** aus zwei Quellen wird hier abgefüllt: *Fuente Alta* und *Pinalito*.

Besichtigung

An der unteren Ortseinfahrt treffen sich die beiden Teiderouten (TF 21 von Granadilla und TF 51 von Arona) in der Kurve mit dem erwähnten bunten Wandbild. Zur Ortserkundung biegt man dort rechts in Vilaflors Hauptstraße ab.

Rechterhand liegt das ***Hotel Sombrerito***; es leitet seinen Namen von dem Hausberg, dem 2.400 m hohen ***Sombrero de Chasna*** ab. Dessen rundliche Kuppe erinnert an einen Sombrero. Solche Hüte entstehen, wenn die Lava so zähflüssig ist, dass sie sich gleich um den Schlot ablagert. Das angeschlossene ***Restaurant Casa Chico*** ist mit viel altkanarischen Gerätschaften, Deckchen und vulkanischen Steinen geschmückt. Daneben befindet sich das ebenso beliebte Restaurant ***Manolo***. Das deftige Essen mit viel *Gofio* schmeckt besonders kanarischen Familien gut.

Kunsthandwerk

Wie auch an anderen Stellen Vilaflors werden im ***Restaurant Casa Chico*** örtliches Kunsthandwerk wie Hohlsaum-Stickerei und Keramik sowie lokale Produkte wie Wein, Honig verkauft.

Gleich oberhalb davon befindet sich ein kleiner Laden mit Teneriffa-Spitze (*rosetas*). Der alten Stickerin kann man bei der Arbeit zusehen. Auf einem kleinen Kissen werden, wie bei Sternzwirn, Fäden über einen Nadelkreis gezogen, miteinander verknüpft und zu größeren Deckchen zusammengenäht. Mehr Kunsthandwerk findet man im ***Centro Artesana Chasna***, ca. 1 km unterhalb der Vilaflor-Ortseinfahrt an der TF 51 Richtung Arona, ➢ Seite 409.

Kirchplatz

Weiter oben auf dem leicht ansteigenden Kirchplatz mit Brunnen, alten Lorbeerbäumen, dem *Ayuntamiento* und der ***Iglesia San Pedro*** aus dem 16. Jahrhundert gibt es das kleine **Restaurant *La Fuente***. Die Kirche hat Mujedardecken und eine Alabasterstatue des ***San Pedro***. Der **Gründer des *Orden de los Hospitalarios*** in Guatemala stammt aus Vilaflor. An ihn erinnert die Statue auf dem Kirchplatz. Seit der Pabst ihn 2002 heilig sprach, besuchen noch mehr Gläubige die Höhle an der Küste, in der er vor seiner Südamerika-Reise (1640) lebte. Sonntags findet dort immer am Nachmittag eine Messe statt. Zufahrt über Ausfahrt »El Médano«; vor dem Ort rechts Richtung Los Abrigos und 550 m hinter dem Hotel *Playa Sur* in die Asphaltstraße rechts einbiegen.

Umgebung

Von dem jenseits der TF 21 am Hang stehenden **Restaurant *El Mirador*** (mehrere geschützte Terrassen) hat man einen tollen Blick ins Tal. Den gleichen Blick über den Inselsüden gibt es auch von der ***Ermita*** oberhalb des Restaurants.

Übernachtung

Im ruhigen Vilaflor kann man in kühler Luft prima wohnen.

Einfach im ***Sombrerito*** und ***Hotel Germán***; exklusiver sind das ***Summit Club Hotel Alta Montaña***, ➢ Unterkünfte/Hotel-Rundfahrt, Seiten 570 und 572, und das ***Los Molinos***, © 922-780374.

Rückfahrt

Die kleine **TF 563** führt durch mit Kartoffeln, Getreide und Wein bepflanzte Terrassenfelder ohne nennenswerte Ortschaften. Sie bietet sich wegen der großartigen Blicke aufs Meer **für die Fahrt** vom Nationalpark **zurück** nach Süden an.

Blick auf Vilaflor

Von Vilaflor nach Boca de Tauce (16 km)

Pino Gordo

Gleich oberhalb von Vilaflor, rechts an der TF 21 bei einer Parkbucht steht die ***Pino Gordo***, eine knapp 50 m hohe, uralte Kiefer mit Drillings-Stamm.

Paisaje Lunar

Von der nächsten Kurve zweigt rechts der Weg Richtung ***»Lomo Blanco«*** (Schild) ab. Er führt außerdem zum Jugendcamp *Campamento Madre del Agua* (ca. 8 km). Diese schwierige Strecke ist bei/nach Niederschlägen nur für 4x4-Jeeps machbar; bei gutem Wetter und trockenem Untergrund kann man sie auch mit Pkw riskieren. Zu Fuß ist der Weg unproblematisch. Nach ca. 7 km erreicht man einen Platz, wo das Auto geparkt werden kann. Ein Wegweiser zeigt den Weg (nach links) zur ***Paisaje Lunar***, einer »Mondlandschaft«, hohen hellen **Tuffsteinkegeln**, die oft als Postkartenmotiv und in Teneriffa-Werbebroschüren zu sehen sind.

Die Rundwanderung dorthin führt auf dem Rückweg über das Jugendcamp. Sie ist in gut 2 Stunden zu machen. Außer einem steilen Abstieg zum Camp hinunter ist der Weg recht einfach.

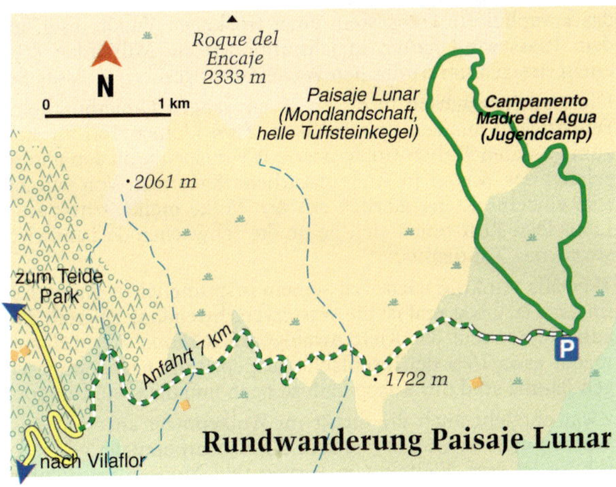

Kiefernwald/ Picknickplatz

Die kurvenreiche Weiterfahrt auf der TF 21 zum Nationalpark-Eingang läuft durch Kiefernwälder noch ca. 600 m höher.

Picknicken und auf bequemen Waldwegen in 2.150 m Höhe wandern kann man auch bei der ausgedehnten ***Zona Recreativa »Las Lajas«***. Auf dessen Nordseite ist es für Kiefern schon fast zu kalt, entsprechend dünn der Bestand. Im rustikalen Waldlokal (Terrasse und Spielplatz) hat man u.a. Käse und Kaninchen.

Am Kreuzungspunkt **Boca de Tauce** befindet sich nur ein kleiner Informationsstand. Mehr Informationen gibt es oberhalb im *Parador Nacional* und vor allem am Besucherzentrum El Portillo, von dem aus die Fahrt durch den Nationalpark beschrieben wird.

Die Kanarische Kiefer (Pinus canariensis)

Dichter, dunkler Lorbeer gedeiht an der Nordküste Teneriffas bis auf Höhen von 1.000 m (➢ Seite 170). Oberhalb davon ist die Kanarenkiefer bis 2.200 m unangefochtene Königin der Flora. Sie war vor den großen Eiszeiten auch am Mittelmeer heimisch. Heute finden sich ihre nächsten Verwandten erst im Himalaya. Die Äxte der spanischen Eroberer dezimierten die einst riesigen Waldbestände radikal. Viel Loorbeerwald der unteren Lagen mußte der Landwirtschaft weichen und die bis zu 60 m hohen Kiefern waren mit ihren 2 m dicken Stämmen ein »gefundenes Fressen« für die neuen Industrien des Kolonialismus. Sie wurden in den Zuckerrohr-Öfen verheizt (➢ Seite 168), gaben ihr hartes Holz für den Bau von Segelschiffen und ihr Harz für Pech. Die hölzernen Balkone, Decken und Treppen der Hacienda-Herrenhäuser sind aus der kanarischen Kolonialarchitektur nicht wegzudenken. Und der ehedem vom europäischen Adel so geschätzte Malvasier-Wein reifte in kanarischen Kiefernfässern besonders gut.

In ihrer Gier nach Holz sahen die spanischer Eroberer bis ins 20. Jahrhundert nur den Stamm der Kiefern, nicht aber die Bedeutung ihres Nadelkleides für das komplizierte Ökosystem einer trockenen Vulkaninsel. In Einklang mit dem Passatwind hatten in Jahrmillionen die Milliarden Kiefernnadeln für einen riesigen unterirdischen Wasservorrat gesorgt, ➢ Essay Seite 448.

Die Nadeln wachsen in bis zu 30 cm langen Dreierbüscheln und kämmen Feuchtigkeit aus den Passatwolken. Zum kleinen Teil für sich als Nahrung, zum größeren Teil als tropfenweise Wasserspende an den porösen Boden. Dort gelangt das Wasser in große natürliche Kavernen. Von den 2.000 Litern, die jede einzelne Kiefer jährlich aus der Wolke melkt, trinkt sie selbst nur 500 Liter. Den Rest teilen sich heute die schwächelnde Landwirtschaft und der strotzende Tourismus.

Teneriffa wird nie wieder zu seinem ursprünglichen Wasserreichtum zurückfinden. Dazu war und ist die Wasserverschwendung zu groß. Zwar wird wieder aufgeforstet und der Kiefernwaldgürtel (*Corona Forestál*) um die *Cañadas* macht etwa 15% der Inselfläche aus, doch die nachgewachsenen 70-80jährigen Bäume sind nur knapp halb so hoch und dick wie früher.

Zwar entzieht auch die direkt im Wolkenmeer angesiedelte *Laurisilva* den Wolken mehr Wasser als sie zum Eigenbedarf braucht, gibt jedoch ihren Überschuss an eine Vielfalt von Farnen und Moosen im dichten und dunklen Unterholz ab.

Die in den **Zonen oberhalb der Passatwolke** beheimatete Kiefer, wächst dagegen auf kärglicherem, steinigen Boden. Ihre abgefallenen Nadeln bilden einen dicken Teppich, der sich nur langsam zersetzt und kaum Unterholz zulässt. Nur im Norden Teneriffas, wo die Kiefer ihren Platz auch in Teilen der ehemals von *Laurisilva* beherrschten Höhenzone gefunden hat, vermischt sie sich mit der niedrigeren *Fayal-Brezal*-Vegetation (➢ Anaga, Seite 170). Der Kanaren-Kiefernwald auf der Südseite Teneriffas hat sich den dort anderen geologischen und klimatischen Gegebenheiten angepaßt.

Da die Kiefern hier keine dicken Wolken anzapfen können, müssen sie sich einen Großteil des Jahres mit der Restfeuchtigkeit der Fallwinde zufrieden geben. Die Kiefernwälder sind schütterer, und im noch porös-steinigeren Untergrund gedeihen allenfalls kriechende Büschchen mit kleinen dicken, wasserspeichernden oder haarigen Blättchen. Nur an den Straßenrändern ist der gelb blühende Wald-Hornklee (Lotus campylocladus) verbreitet.

Einzelne, weit auseinander stehende Kiefer-Exemplare gibt es auf der Südseite schon ab 600 m. Auf dieser Höhe beginnt auf der Nordseite gerade erst der Lorbeerwald (➢ Vegetationszonen, Seite 454).

Dass die Kiefer nicht ganz ausgerottet wurde, verdankt sie auch ihrer Feuerresistenz. Nach dem Feuersturm eines Waldbrandes erholt sie sich schnell und auch ein fast abgebrannter Baumstumpf kann direkt aus dem Stamm neues Leben entwickeln.

Tipp: Auch ohne Bestände zu zerstören, kann die Kiefer millionenfach genutzt werden: Bei Zahnschmerzen einfach mal kleine Kiefernspäne in Wasser aufkochen und mit dem Sud den Mund ausspülen. Wirkt Wunder.

Kiefern wachsen im Bereich der »Chio-Auffahrt« förmlich mitten aus der erkalteten Lava; im Hintergrund der winterliche Teide

7.1.5 Westauffahrt über Chio nach Boca de Tauce

Anfahrt

Wer im **Los Gigantes-Bereich** logiert, fährt am besten über die TF 454 zunächst nach Tamaimo und dann auf der TF 82 nach Chio.

Auch von Ausgangspunkten an der westlichen **Nordküste** bietet die Westroute über Chio den schnellsten Weg hinauf zum *Teide*:

- Die Route Garachico–El Tanque–Puerto de Erjos–Santiago–Chio (33 km) ist am kürzesten, sehr gut ausgebaut, aber verkehrsreich.
- Die höher verlaufende Straße von Icod über La Vega–San Francisco–Puerta de Erjos–Santiago–Chio (34 km) ist die landschaftlich empfehlenswertere, wiewohl zeitlich aufwändigere Anfahrt.

Südlich von Santiago del *Teide* empfiehlt es sich, nach Chio die TF 345 über Arguayo zu nehmen, statt weiter der TF 82 zu folgen.

Startpunkt Chio

Die Strasse **TF 38** zieht sich von Chio wie ein großes liegendes Z bergauf. Diese sehr gut ausgebaute Auffahrt ist vielleicht die eindrucksvollste aller Teideauffahrten, da die Spuren des letzten Vulkanausbruchs auf Teneriffa (*Chineyro* 1909) noch hervorragend sichtbar sind.

Gleichzeitig ist die Route über Chio die **schönste Teideabfahrt**, insbesondere am späten Nachmittag. Nach dem Besuch des *Teide* und der *Cañadas* kann man manchmal den **Sonnenuntergang zweifach erleben**: zunächst oberhalb, darauf unterhalb der Wolkendecke; und dann noch einen grandiosen Blick bis La Gomera.

Vegetation

Drollig wirken die auf schwarzem Geröll in geschlossenen Gruppen wachsenden **Dachwurze** (Aeonium urbicum), die auf unverzweigten Stämmen ihre grünen fleischigen Rosetten entfalten und wie Miniaturpalmen anmuten. Offensichtlich liebt diese Pflanze das ungeschützte, der Sonne ausgesetzte Lavagestein genauso wie die Dachziegeln in den eher feuchten Städten La Laguna und La Orotava. Die bis 1.400 m Höhe mächtigen Kiefern werden immer kleinwüchsiger bis sie den – durch Erdbildung noch nicht veränderten – Lavageröll-Feldern des *Montaña Chineyro*-Ausbruchs von 1909 weichen müssen.

Lokale

Oberhalb von Chio gibt es keine Ortschaften mehr, sondern in ca. 1.000 m Höhe nur noch einige große Ausflugslokale mit schönen Terrassen. Den Anfang macht das ***El Rancho*** mit allerlei folkloristischem Gerät. Bei Kilometer 22,5 offeriert der kleine Laden ***Delicias del Sol*** links am Wegesrand prima Chutneys, Mojos und Marmeladen. Einige Kilometer weiter folgt das ***Estrella*** mit einer großen Terrasse. Wer warten kann, kehrt beim höchst gelegenen ***Boca Tauce*** ein (Do geschlossen). Es hat einen angenehmen Innenraum, Straßen- und Waldterrasse und die bessere Küche.

Picknickplatz

Auf etwa 1.500 m, oberhalb einer langen Rechtskurve nach Süden, liegt inmitten der jüngsten Lavaschlacke-Felder die ***Zona Recreativa Chio*** mit einem prima Picknickplatz zwischen vereinzelt stehenden Kiefern. Ein exponiertes Terrain in surrealistisch wirkender Landschaft mit **vier Kontrastfarben**: unter stahlblauem Himmel schwarze Lava und grüne Kiefern über weißem Wolkenmeer.

Teide-Einfahrt

Oberhalb des Picknickplatzes durchfährt man über viele Kilometer (bis *Boca de Tauce*/Teideauffahrt über Vilaflor) riesige Felder schwarzer, wie von Gigantenhand verstreuter Lava-Felsbrocken.

Die Beschreibung der Cañada-Tour beginnt am östlichen Eingang El Portillo, ➢ folgendes Kapitel.

Blick auf die Wolken von der Chio Auffahrt

7.2 Parque Nacional del Teide/Las Cañadas

7.2.1 Charakteristika des Parks

Das 1954 zum Nationalpark erklärte Gebiet des ***Parque Nacional del Teide*** umschließt zusammen mit dem ***Parque Natural de Corona Forestal*** alle Höhenlagen von 1.650 m bis 3.718 m, der Gipfelhöhe des *Teide*

Entstehung des Teide

Ur-Vulkan

Hier, am zentralen Punkt der Insel, hatte sich einst ein riesiger Ur-Vulkan gebildet, weit höher als der *Teide*. Vor 170 000 Jahren brach unter ihm die leergepustete Magmakammer ein und der Vulkan in sich zusammen. Stehengeblieben ist ein bis zu 600 m hoher Fels-Halbkreis von 17 km Durchmesser – häufig das **Amphitheater** genannt. Aus der Senke heraus entwickelte sich dann das kegelförmige Teidemassiv, zunächst der ***Pico Viejo*** mit seinem 800 m weiten Krater und später der heutige **Teidegipfel**; ➢ auch »Entstehung der Insel Teneriffa«, Seite 14.

Im Hintergrund Calderarand; vorne die weite Ebene »Llano de Ucanca«

Caldera

Krater bzw. ***Calderas*** (Schüssel, Kessel) sind oft kreisrund. Sie können durch Explosion oder Einsturz bzw. Erdrutsch entstehen: Entweder wird der Druck in einer Magmakammer nahe der Erdoberfläche so stark, dass in einer gigantischen Explosion die ganze Bergkuppe weggesprengt wird (z.B. *Mount St. Helens*/USA 1980). Oder die *Caldera* entsteht durch den Zusammensturz des Magmakammer-Dachs. Leert sich die Kammer in schnell aufeinander folgenden Ausbrüchen und landet das Eruptionsgestein auf dem eigenen Dach, stürzt es durch das Gewicht wieder ein, füllt die jetzt leere Kammer und bildet eine Ebene wie einen **Pfannenboden**, um den ein runder Rand stehen bleibt, die *Caldera*. *Calderas* gibt es in allen vulkanischen Regionen. Auf Teneriffa stößt man vielerorts auch noch auf kleinere *Calderas* (➢ z. B. Picknickplatz oberhalb von Aguamansa, Seite 394).

Pico Viejo von Nordwesten aus gesehen (von den Parkstraßen so nicht erkennbar)

Die meisten Theorien gehen davon aus, dass die *Caldera* des Nationalparks durch den Einsturz einer riesigen Magmakammer entstand, dem der Auswurf enormer Mengen von hellem Bims, Tuff und Lapilli vorausging, die heute den Südhang bedecken.

Im spannend gemachten kleinen **Film im *Centro de Visitantes de El Portillo*** wird eine andere Theorie vertreten. Der Urvulkan war so groß und außerdem durch viele Frakturen so unstabil, dass er seine eigenen Landmassen auf der schiefen Ebene nicht halten konnte und nach Norden ins Meer glitt. Danach sind das Orotava- und das Güímartal Ergebnis eines gigantischen Erdrutsches. Die Gesteine des alten Ur-Vulkans fand man bis 100 m vor Teneriffas Nordküste (andere Theorie ➢ Seite 321).

Teide-Massiv

Aus der riesigen Ur-*Caldera* wuchsen mehrere Vulkane, wobei der *Teide* zum alles beherrschenden Massiv wurde. Sog. Stratovulkane wie der *Teide* bauen sich Schicht um Schicht auf, wenn die Eruptionen sich auf eine Zone konzentrieren, wobei das ausfließende Material unterschiedlich sein kann. Es kann stark gashaltige Eruptionen, begleitet von Ascheregen geben (pyroklastisches Material), aber auch helle und dunkle Lavaströme der verschiedensten Zusammensetzungen, wie am *Teide* deutlich zu sehen ist. Die umliegenden Vulkane, in deren Mitte der *Teide* entstanden ist (*Pico Viejo, Montaña Blanca*), sind heute teilweise von den unterschiedlichsten Materialen mehrerer Teideausbrüche verdeckt. Das Massiv nimmt die ganze Nordseite der *Caldera* ein und hat bei seiner Entstehung viel Material den Nordhang hinuntergeschickt.

Von unten, der *Caldera* aus erkennt man deutlich, dass der Teidekegel nicht bis zur Spitze aus einem Guß ist. Der eigentliche Gipfel, der rund 200 m hohe ***Piton***, wuchs wiederum aus einem älteren Krater, aus dem die dunklen Lavaströme stammen, die teilweise bis hinunter in die *Caldera* reichen.

Bis zu diesem Absatz, *der* ***Rambleta***, kann der Besucher mit der Seilbahn fahren. Für die **Besteigung des *Piton*** benötigt man eine Genehmigung der Nationalparkbehörde (➢ unten). Die aus einigen Rissen austretenden schwefelhaltigen Gase erinnern daran, dass der Vulkan nur schläft und sich in munterer Nachbarschaft befindet. Der westlichere *Chineyro* ist erst 1909 ausgebrochen.

Las Cañadas

Das Gebiet des Parks wird auch kurz ***Cañadas*** genannt. Der Begriff steht eigentlich für »Weideland«. In den tiefer gelegenen Teilen speichert sich Regenwasser im Sedimentgestein, das von der Calderawand abbröselte. Winterniederschläge und Schneeschmelzen verwandelten die Region früher in grüne Wiesen, wohin die Guanchen ihre Herden trieben, wenn es an den Küsten zu trocken wurde.

Am inneren östlichen Rand der *Caldera* befindet sich ein **Gürtel von sieben solcher Weideflächen**. Die Hirten nutzten sie auch, um Vieh von Orotava nach Vilaflor zu bringen, denn nur auf diesem feinen Gestein konnte man die sonst unwegsame, spitzsteinige *Caldera* durchqueren. Für die Ureinwohner war die *Caldera* jedoch in erster Linie eine heilige Stätte zwischen Himmel und Erde (➢ »*Bailadero*«, Seite 177 und 199). Das Gebiet gehörte keinem der *Menceys*; die Bevölkerung aller Menceynate durfte es gemeinsam für Kult- und Weidezwecke nutzen.

Klima

Wenn es an den Küsten zu heiß, zu windig, zu kalt oder zu regnerisch ist, gibt es mit dem *Teide* Nationalpark fast immer eine Alternative. Dort scheint die **Sonne bis auf wenige Tage im Jahr** aus einem tiefblauen Himmel, und man fühlt sich wie auf einem anderen Stern, zumindest jedoch wie in einer anderen Welt. Die Wolkenobergrenze liegt meist bei etwa 1.800 m. Windig und kalt kann es sein, aber selten wolkig.

Wenn die Regenwolken sich im Winter von Norden als Schnee über 2.000 m Höhe verirren, dann drängen auch die *Tinerfeños* in die Winterlandschaft. Plastiktüten dienen als Schlitten, und wer schnell genug ist, schafft es, den auf die Kühlerhaube gepappten Schneemann bis nach Las Américas zu bringen.

»Dass auf der Spitze des Piks die Dörfchen, Weinberge und Gärten an der Küste einem so nahe gerückt scheinen, dazu trägt die erstaunliche Durchsichtigkeit der Luft viel bei. Trotz der bedeutenden Entfernung erkannten wir nicht nur die Häuser, die Baumstämme, das Takelwerk der Schiffe, wir sahen auch die reiche Pflanzenwelt der Ebenen in den lebhaftesten Farben glänzen. Umsonst verlängerten wir unseren Aufenthalt auf dem Gipfel des Piks, des Momentes harrend, wo wir den ganzen Archipel der glückseligen Inseln würden übersehen können. Wir sahen zu unseren Füßen Palma, Gomera und die große Canaria. Die Berge von Lanzarote, die bei Sonnenaufgang dunstfrei gewesen waren, hüllten sich bald wieder in dichte Wolken. Nur die gewöhnliche Refraktion (Lichtbrechung) vorausgesetzt, übersieht das Auge bei hellem Wetter vom Gipfel des Vulkanes ein Stück Erdoberfläche von 115.000 qkm, also soviel als ein Vierteil der Oberfläche Spaniens.«

Alexander von Humboldt: »Südamerikanische Reise« (1799)

Nationalpark-Informationen

Hauptverwaltung - Oficina del Parque Nacional

Santa Cruz, Calle Emilio Calzadilla 5 (etwas östlich Plaza España), 4. Stock, Mo-Fr 9-14; ✆ 922-290129/-290183 Fax 922-244788. Für die **Erlaubnis**, den ***Pico del Teide*** zu besteigen (ab Seilbahn-Ende oder auf dem Wanderweg ab Straße TF 21), muß man den Personalausweis plus eine Kopie dabei haben.

Busverbindungen

Die **Linien 342 und 348** verbinden einmal täglich Las Américas/Los Cristianos bzw. Puerto de la Cruz mit den *Cañadas* (morgens 9.15 Uhr hin, 15.15 bzw. 16 Uhr zurück).Sie fahren bis jeweils zur anderen Seite des Parks und stoppen am Besucherzentrum in *El Portillo*, an der Teide-Seilbahn und am *Parador Nacional,* exaktere Fahrpläne auf Seite 586ff.

Seilbahn auf den Pico del Teide

Auskunft: ✆ 922-694038, von 9-16 Uhr bergauf, bis 17 Uhr bergab, Erwachsene €20 retour; one-way €10, Kinder 6-14 Jahre €12 retour. Abstieg möglich (3 Std.)

Die Seilbahn endet unterhalb des Teidegipfels (***Rambleta***). Wer auch die letzten 200 Höhenmeter zum Rand des Kraters erklimmen will, braucht ein ***Permiso*** der ***Oficina del Parque Nacional***, ➢ oben.

Bei starkem Wind stellt die Seilbahn den Betrieb ein.

Refugio de Altavista (3.260 m)

Die Berghütte verfügt über 60 herbergsartige Plätze; Zugang über den offiziellen Wanderweg Nr. 7 zur Seilbahn-Bergstation in 3.555 m Höhe (Startpunkt an der Straße auf 2.200 m Höhe); Reservierung beim ***Patronato Insular del Turismo*** in Santa Cruz, ✆ 922-239811. Eine Ausweiskopie ist zusätzlich zum Original erforderlich. Erwachsene €12/Nacht, Kinder €6.

Parador Nacional ****

Das ***Parador Nacional de las Cañadas*** ist das einzige Hotel im Nationalpark. Es liegt 4 km südlich der Teide-Seilbahn bei den *Los Roques,* ➢ im Detail auf Seite 571+582, ✆ 922-386415, Fax 922-382352, Internet: www.parador.es

Wetterdienst

Satellitenfoto Kanarische Inseln: www.iac.es/weather/latest/can.jpg

Wettervorhersage: www.iac.es/weather/otdata/index.html

Wetterkarten: www.inm.es/wwc/html/dinfmet/wipnsOc1.html

Teide-Web-Camera (auf dem Victoria-Hotel in La Victoria):
http://victoria.teneriffa.com/german/start.html

Besucherzentren

Ein ausgezeichnete Besucherzentrum (***Centro de Visitantes,*** ✆ 922-356000) befindet sich am nordöstlichen Nationalpark-Eingang El Portillo und ein kleines Infozentrum befindet sich im *Parador.* Am südwestlichen NP-Eingang *Boca de Tauce* steht ein kleiner Informationskiosk.

An allen drei Stellen sind Übersichtsblätter mit Informationen zu Flora, Fauna, Geologie und den 12 Wanderwegen verfügbar.

Restriktionen

Da die Vegetation in diesen trockenen Höhen empfindlich ist, muß eine Reihe von Restriktionen beachtet werden:

- Kfz-Verkehr ist nur auf der Durchgangsstraße TF 21, auf der Straße TF 38 in Richtung Chio und auf den kurzen Zufahrten zur Seilbahn und Besuchspunkten rund ums *Parador* erlaubt.
- Radfahren ist auf den Wanderwegen verboten.
- Wanderer dürfen nur die markierten Pfade benutzen.
- Gebiete abseits der Wanderwege werden auf Antrag für Forschungszwecke freigegeben. Dies gilt für den *Fortaleza*-Felsen, den *Pico Viejo* und das Gebiet unmittelbar am Kraterrand. Der jüngste Vulkanismus der Insel stellt die Verbindung zwischen dem Teidemassiv und dem Teno her. Davon zeugen die schwarzen noch kaum verwitterten Gesteinsmassen der Ausbrüche der *Montaña Negra* (1706), der *Narices del Teide* (1798) und des *Chinyero* (1906); ➢ Garachico und Santiago del Teide, Seiten 350 und 279).

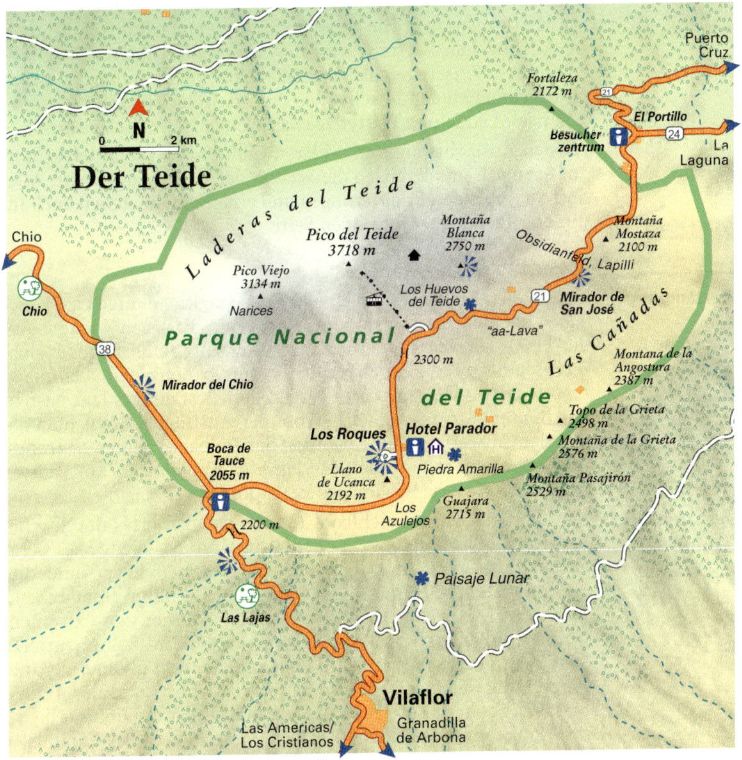

Parador Nacional in Alleinlage vor dem Teide Gipfel

7.2.2 Parkbesuch

Kaum ein Besucher Teneriffas fährt nicht mindestens einmal während seines Aufenthaltes in die *Cañadas*, sei es, auf eigene Faust im Mietwagen oder mit einer der zahlreichen geführten Touren im Ausflugsbus. Letztere müssen sogar offiziell einen geologisch geschulten Reiseleiter dabeihaben (klappt nicht immer). Selbstfahrer genießen den unschätzbaren Vorteil der Flexibilität, nämlich nach Laune und Wetterlage das zu tun, was reizt und passt.

An den Aussichtspunkten erklären **geologische Tafeln** leider nur auf Spanisch und Englisch die Vielfalt der Vulkanlandschaft. **Alle dort zu findenden Erläuterungen und einiges mehr stehen auch in diesem Buch ab der folgenden Seite**.

El Portillo (2.030 m)

Restaurants

Der Bereich *El Portillo* (»kleine Pforte«) am Straßendreieck TF 21/ TF 24 hat sich zur »Versorgungsetappe« des Parks entwickelt. An der TF 21, ein paar hundert Meter in Richtung *Teide*, befindet sich rechts ein großes Besucherzentrum mit botanischem Lehrpfad. Und wiederum 1 km weiter sorgen **drei Restaurants** (am besten das ***Bamby***) für das leibliche Wohl der Ausflügler. Sieht man ab von der Cafeteria in der Talstation der Seilbahn, gibt es gastronomisch ansonsten nur noch das ***Parador Nacional***,15 km weiter, mit gutem Restaurant und Cafeteria (*Rancho Canario*).

Besucherzentrum

Man betritt das unverfehlbare ***Centro de Visitantes*** durch eine **Lavatunnel-Nachbildung** (➢ Thema »Lavatunnel«, Seite 356). Sehr anschaulich wird dort über die verschiedenen Laven und die Gesteinsarten informiert, die bei ihrer Abkühlung entstehen. Auch das Leben von Pflanzen und Tieren unter den extremen Klimabedingungen in dieser Gesteinswüste wird dokumentiert. Sehr sehenswert ist der **Film »Der schlafende Vulkan«**, der die Entstehung der Insel, insbesondere der *Caldera* und des Teidemassivs, darstellt (fortlaufend, Dauer 10 min, Kopfhörer für deutsche Sprache sind verfügbar, ➢ dazu Einleitung dieses Kapitels).

Botanischer Garten

Hinter dem Zentrum wurde ein anschaulicher botanischer Lehrpfad eingerichtet. In der Blütezeit (Mai/Juni) lohnt er noch mehr als im Winter, wenn die *Teide*-Flora grau-grün und relativ unattraktiv ist. Der Rundgang ist aber jederzeit empfehlenswert. In kompakter Form gewinnt der Besucher hier einen guten und sachkundigen Überblick über die verschiedenartigen Spezies der vulkanischen Vegetation.

Ab El Portillo durch die Cañadas

Die Lavafelder

Auf einer Fahrt durch die *Cañadas* durchquert man vielfältige Gesteinsformationen. Chemische Zusammensetzung, Flüssigkeitsgrad (Viskosität) und Abkühlungsgeschwindigkeit bestimmen Form und Dichte der Gesteine. Basaltische Laven mit wenig Silizium sind leichtflüssiger als saure Laven mit viel Silizium. Die »unordentliche« oder »ordentliche» Struktur richtet sich nach der Kühlungsdauer. Im Gestein als Blasen gefangene Gase machen es leichter.

Obsidian

Nur einige Kilometer südwestlich des Besucherzentrums glitzert bei Sonnenschein ein großes **Obsidianfeld**. Dieses tiefschwarze »**Vulkanglas**« entsteht bei sehr rascher Lava-Abkühlung, so dass keine Zeit zur Kristallbildung bleibt. Die Guanchen nutzten *Obsidian* zum Schneiden, da beim Zerschlagen des Gesteins messerscharfe Kanten entstehen.

Riesenbrocken Obsidianlava

Lapilli

Nach weiteren 2 km liegen zu beiden Seiten der Straße felsdurchsetzte, beige bis graublaue **Lapillifelder** (➢ Lexikon Geologie, Seite 438). Anschaulich werden hier auf einer Tafel etwas abseits vom Parkplatz unterschiedliche Magmazusammensetzungen erklärt. Je weniger Gase die Magma enthält, desto ruhiger ist ihr Lavafluß (*Colada*). Magma mit hohem Gasgehalt fließt nicht einfach aus, sondern wird in mehr oder weniger heftigen Explosionen hochgeschleudert. Vereinzelt wirbeln große Glutbälle durch die Luft und formen spindelförmige **Lavabomben**. Hauptsächlich regnet es aber kleine, leichte Steinchen, *Lapilli*, welche dann die hellen Bimssteinfelder bilden.

Montaña Blanca

Wiederum einige Kilometer westlich beginnt (bei Kilometer 40) rechts der schon erwähnte **Pfad/*Sendero* 7**. Über helle Bims- und Lapillifelder der *Montaña Blanca* gelangt man zur Berghütte *Alta Vista*, nach ca. 10 km zur ***Rambleta*** und – aber nur mit Genehmigung – auch zum Teidegipfel, ➢ Seite 425.

Flora und Fauna im Teide Nationalpark

Roter Teide Natternkopf

Nur auf den ersten Blick sind die *Cañadas* eine tote Steinwüste. Mit Ausnahme der jüngsten tiefschwarzen Lavafelder behaupten überall Pflanzen ihren Lebensraum. Starker Wind, extreme Temperaturschwankungen, steiniger und trockener Boden sowie das intensiv-grelle Licht lassen hauptsächlich zwergwüchsige, oft halbkugelförmige Pflanzen zu.

Nur der dominierende Teideginster (*Retama del Teide*), ein Rutenstrauch mit starkem Stamm wirkt wie ein knorriger Mini-Baum. Im Mai und Juni steht er in voller Blüte. Seine stark duftenden, weiß- bis rosafarbenen Blüten locken – trotz der Höhenlage – viele Bienen an. Imker, die ihre Kästen hier aufstellen, gewinnen mit dem **Teidehonig** ein begehrtes Produkt.

Im Frühsommer tauschen viele Pflanzen ihr graues Winterkleid gegen leuchtende Blütenpracht. Der über zwei Meter hohe Star der Szene ist die intensiv-dunkelrot blühende ***Tajinaste*** (*Echium wildpretii*, Roter Teide-Natternkopf, *Tajinaste rojo*). Zusammen mit ihrer Verwandten, der seltenen, blau blühenden *Tajinaste picante* (Blauer Teide-Natternkopf, *Echium auberianum*) führt sie das Farbenspektrum an. Der Wintertourist sieht nur noch die Skelette der kerzenartigen Blütenstände.

Die Blüten des niederliegenden *Cordeso de cumbre*, ein Schmetterlings-Blütler (*Adenocarpus viscosus*) wie der Ginster, strahlen in leuchtendem Gelb. Ebenfalls gelb blühend und fast kugelrund ist die **Besenrauke** (*Hierba pajonera*). Beide Arten suchen gern Windschutz an größeren Steinen. **Kugelbüsche** gibt es in rosa bis violett: **Teide Skabiose** (*Rosalito salvaje*) und **Teidelack** (*Alheli del Teide*). Schneeweiß ist die **Teide-Margerite**, hier oben ist sie kugeliger und kurzstieliger als ihre Verwandten 1.000 m tiefer.

Streng geschützt ist – last but not least – das **Teideveilchen**. Man muß allerdings 3000 m hoch steigen, um es zu Gesicht zu bekommen, ➢ Foto Seite 460. Pflanzenkundige finden noch weit mehr Arten, über die der Laie leicht hinwegsieht.

Am Fuße des Vulkans kämpfen auch **Tiere** mit den harschen Lebensbedingungen. Viele der winzigen Insektenarten sind nachtaktiv und kaum auszumachen. Nur im Frühling, wenn alles in Blüte steht, sind überall Bienen unterwegs, während man Schmetterlinge in vorwiegend besucherarmen Regionen antrifft.

Ein besonders markantes Aussehen hat die ***Murciélago Orejudo*** (*Plecotus tenerifae*), eine Fledermausart mit fast durchsichtigen Jumbo-Ohren; mit Glück erspäht man sie in der Dämmerung. Auffällig sind die vielen **Echsenarten**, unter ihnen die *Lagarto tizon* (*Gallotia galloti*), deren Männchen blaugrüne Flecken an Hals und Flanken zeigen, und die bis zu 30 cm groß werden kann.

Der ***Pinzón azúl del Teide*** (*Fringila teydea*), ein attraktives Finkenmännchen, ganz in blau, ist – auch wegen seiner Verbreitung in den höheren Insellagen – zum Symbol des Nationalparks geworden, wo er sich am liebsten in den Kiefernwäldern aufhält. Das schlanke Weibchen hat schlichtes spatzenfarbenes Gefieder. Zu den häufigeren Vogelarten gehören die eindrucksvollen Falken (➢ Seite 473).

Bimsstein-felder

Der erste Abschnitt des ***Sendero* 7** über die Bimsstein-Felder der *Montaña Blanca* (2.680 m) bis zu den *Huevos del Teide* ist auch bei Hobby-Wanderern beliebt und geologisch interessant. Bims ist ein sehr leichtes, poröses, schwimmfähiges Gestein, das an einen Schwamm erinnert. Es wird während explosionsartiger Ausbrüche bei relativ niedriger Temperatur ausgeworfen. Die Gase verfangen sich während der Erstarrung im Gestein. Auf diesem zu *Lapilli* zerkleinerten Bims läßt es sich schwer gehen.

Huevos del Teide

Nach einer guten halben Stunde Gehzeit auf dem *Sendero* 7 sieht man links eine geologische Besonderheit, die ***Huevos del Teide***, auf den hellen Bimsfeldern abgelagerte dunkle große Steine. Diese verstreut liegenden »Eier« sind wahrscheinlich keine herausgeschleuderten Vulkanbomben, sondern vom Lavafluß (*Colada*) auf steilem Gelände abgebrochene Lava. Als glühende Bälle rollen sie ihm dann wie eine Lawine voraus und landen wie Fremdkörper in einer ganz anderen Gesteinslandschaft. Einen noch besseren Eindruck von den Bimsfeldern und den *Huevos* erhält man 20 min später am ***Mirador Montaña Blanca*** (10 min vom *Sendero* 7 links ab). Hin- und Rückweg von der Straße zum *Mirador* ca. 2 Stunden.

Teideaufstieg

Wer den *Sendero* 7 zum *Teide* (Seilbahn-Bergstation) weiterwandern will, braucht dringend dreierlei: beste Kondition (dünne Luft), warme Kleidung und gutes Wetter. Vom Abzweig zum *Mirador Montaña Blanca* sind es noch 1.300 Höhenmeter bis zur **Schutzhütte *Altavista*** (2 Stunden), und von dort weitere 60 min (500 Höhenmeter) bis zur Seilbahn. Nach weiteren 25-30 min steht man dann ***on the top*** (3.718 m).

Nimmermüde und Hartgesottene gehen weiter über den ***Pico Viejo*** bis hinunter zur Straße TF 38 Chio-Boca de Tauce (weitere 12,5 km, *Sendero* 9, anstrengend), ***permiso*** erforderlich. ➢ 420

aa-Laven

Gegenüber dem Startpunkts zur *Montaña Blanca* blickt man auf ein großes schwarzes, sogenanntes **aa-Lava-Feld**.

Diese Laven mit rauer Oberfläche werden in Spanien *Malpaís* genannt (unfruchtbares Land, englisch: *badlands*) und sind extrem unwegsam. Die *Caldera* ist seit ihrer Entstehung über die Jahrtausende mit vielen Laven vollgelaufen, die in Form, Farbe und Mineraliengehalt sehr unterschiedlich sein können. Weniger zähflüssige, also schneller fließende Lava bildet dabei sanftere Oberflächen. Auf Hawaii nennt man diese Lava *pahoehoe* («Land, auf dem man barfuß laufen kann«).

Zu »Kissenlava« erstarrter Lavastrom

Ein *Malpaís* kann aus spitzen Gestein oder großen verstreut liegenden Brocken bestehen. Letztere entstehen, wenn die Lava extrem zähflüssig ist. In den *Cañadas* trifft man oft auf aa-Lava.

Riesiger Lavabrocken

Mirador el Tabanal Negro

Etwas weiter westlich vom *Mirador el Tabanal Negro* (mit anschaulicher Erklärungstafel) blickt man auf ***aa-Lava***, die kaum über den Magma-Schlot hinausgekommen ist. Gleich nach dem Austreten verhärtete sie und zerbarst in **große Brokken**. Extrem zähflüssige Lava, die am Magmaschlot erstarrt, bildet oft eine Art Haube oder Hut um den Schlot herum, wie im Fall des ***Sombrero*** genannten Bergs bei Vilaflor.

Abend-spaziergang

Circa 200 m südlich des *Parador Nacional* zweigt ein Asphaltweg von der TF 21 nach Osten ab. Er endet nach ca. 1 km an einer Schranke. Dort beginnt die weiter unten beschriebene Wanderung ***Siete Cañadas*** (➢ Seite 429). Sie läuft gleich zu Anfang durch die ***Piedras Amarillas*** (»gelbe Steine«), die bei untergehender Sonne intensiv glühen. Über ihnen erhebt sich der Gipfel der *Montaña Guajara* mit stufenförmig erodierten horizontalen Lava-Ablagerungen. Er ist mit 2.715 m der höchste der *Calderawand*.

Roques und Llano de Ucanca

In einer Linie stehen die markanten Felsen ***Roques de García*** gegenüber dem *Parador* jenseits der Straße. Sie sind ein Hauptanziehungspunkt für alle Ausflügler. Dort fühlt man sich wie in der Kulisse eines Wildwestfilms. Die *Roques* bestehen aus Magma, die vor ihrem Austritt in den Förderschloten erstarrte (Plutone) und von der Erosion freigelegt wurde (wie das *Fortaleza*, ➢ Seite 428). Sie bilden die Grenze zur ***Llano de Ucanca***, einer ausgedehnten **Ebene**, dem »Pfannenboden« der *Caldera* sozusagen, wie bereits auf Seite 417 erläutert.

Caldera oder Erdrutsch?

Eine Theorie besagt, die *Llano de Ucanca* sei eine zweite *Caldera*, entstanden durch einen anderen weggesprengten oder eingestürzten Vulkan. Die *Roques* wären Überbleibsel der westlichen Wände der Urvulkan-*Caldera*. Eine andere Theorie hält jedoch diese Plutone und das umgebende Hartgestein für so stabil, dass sie bei dem Erdrutsch, der den Urvulkan zerstörte, nicht mitgerissen wurden.

Regen- und Schmelzwasser spült Felsbrocken vom Teidekegel, aber auch viele leichtere Partikel, die weniger Wasser durchlassen und sich über dem groben Gestein absetzen. Da die alte Calderawand relativ undurchlässig ist, wirkt sie wie eine Staumauer. So kann sich hier mehr Wasser als anderswo ansammeln und die *Ucanca*-Ebene vorübergehend in einen flachen See verwandeln.

Die arg verwitterte »Kathedrale« in der Ebene von Ucanca weist noch Ansätze der Säulenstruktur auf, die bei der Abkühlung mächtiger (dicker) Lavaströme auftritt (➢ auch *Los Órganos* und die Basaltrosette, Seiten 395 und 397). Durch Verwitterung sind aber auch horizontale Risse entstanden.

Tipp für Fotografen

Die *Roques* bilden bestechende **Konturen im Licht des Sonnenuntergangs**. Andererseits erkennt man nur beim morgendlichen Lichteinfall die für sie typischen Strukturen.

Azulejos

Südlich vom *Parador* führt die Straße TF 21 durch bläulich grün schimmernde Felsen. Die Färbung entstand durch eine hydrothermische Veränderung. Wenn glühende Magma auf Grundwasser stößt, lösen sich die in ihr enthaltenen Gase im Wasser, und es kann zu agressiven Mischungen kommen, die Mineralien angreifen und chemisch verändern. Normalerweise bleiben diese Vorgänge tief unter der Erde eingeschlossen. Hier wurden sie nach dem vermuteten Erdrutsch, der die *Caldera* schuf, freigelegt. Die Färbung der in diesem Fall eisenhydrathaltigen Felsen entsteht meist erst durch Oxydation an der Oberfläche.

Grün-blaue Felsformation der sog. Azulejos

Pico Viejo

Richtung Boca de Tauce ist die Ebene von Ucanca mit spitzer aa-Lava gefüllt, die es beim Ausbruch des *Pico Viejo* 1798 fast geschafft hätte, hier – an der niedrigsten Stelle der *Caldera* – über den »Schüsselrand« zu fließen, ➢ Foto Seite 417.

Rechts von dieser tiefschwarzen, jungen Lava ist ein aus dem Mittelalter stammender ebenfalls dunkler Lavastrom zu sehen, der durch Oxydation schon etwas rötlich schimmert: Je älter das Gestein, desto rötlicher wird es. Zwischen diesen beiden Strömen ist flüssigere Lava ausgeflossen (*pahoehoe*, ➢ oben), deutlich zu erkennen an den »Überschwapp-Rinnen«.

Narices del Teide

Vom ***Mirador de Chio***, dem letzten Aussichtspunkt vor Verlassen des Nationalparks in Richtung Chio, präsentieren die *Cañadas* noch einmal einen Höhepunkt, die *Narices del Teide* (Nasenlöcher des *Teide*). Sie entstanden beim letzten, 92 Tage dauernden Ausbruch des *Pico Viejo* 1798. Tiefschwarze Lava floß damals aus neu entstandenen Seitenkratern; Lockermaterialien und Asche wurden 1 km hochgeschleudert und bis nach La Gomera und El Hierro getragen. Leider ist der Krater des ***Pico Viejo*** mit 800 m Durchmesser von der Parkstraße aus nicht zu sehen.

Zu der – vor allem spätnachmittags sehr empfehlenswerten – Abahrt in Richtung Chio ➢ Seite 415f.

7.2.3 Empfehlenswerte Wanderungen

Situation

Wie bereits erwähnt, existieren **12 offiziell markierte Wanderwege** (***senderos***) im Park. Neben drei schwereren Routen (extrem der 12,5 km-Aufstieg über den *Teide*-Gipfel zum *Pico Viejo*) gibt es auch mehrere leichte Pfade (3,5 km bis 15 km Länge) mit relativ geringen Höhenunterschieden.

Auf den Teide
(➢ Seite 420)

Geübte Bergwanderer schaffen den krönenden Auf- und Abstieg zum Teidegipfel an einem Tag (*Sendero 7, Montaña Blanca-Pico del Teide*). Kenner übernachten in der Berghütte ***Refugio de Altavista*** (3.260 m) und steigen noch vor Morgengrauen die verbleibenden 500 Höhenmeter auf, um den Sonnenaufgang auf dem Gipfel zu erleben (Wander-/Übernachtungs-Erlaubnis beachten, ➢ Info-Kasten Seite 420). Ab Mittag teilt man den Weitblick über das Meer und die anderen Inseln mit den Seilbahn-Gipfelstürmern, die bis zur *Rambleta* (3.555 m) gefahren sind.

Empfehlungen

Folgende **Kurzwanderungen** ab Besucherzentrum/*El Portillo* sind besonders empfehlenswert:

Wanderung zur Fortaleza

Der bequeme Weg zur sog. ***Fortaleza*** (*Sendero 1*, ca. 3 Stunden für Hin- und Rückweg - 11 km) beginnt links vom Besucherzentrum. Diese Wanderung ist im **Mai/Juni** besonders reizvoll, wenn die mächtigen **Ginsterbüsche** am Wegesrand in Blüte stehen. *Fortaleza* heißt eine rötliche Felsformation, deren Form wie eine Festung anmutet. Es handelt sich um die Reste des nördlichen Cañadaringes, die bei späteren Ausbrüchen des *Teide* und der *Montaña Blanca* nicht verschüttet oder zerstört wurden. Geologisch gesehen ist die *Fortaleza* ein **Pluton**, unterirdisch erstarrte Magma. Plutone werden erst nach Verwitterung ihres ursprünglichen Gesteinsmantels sichtbar.

Cañada de los Guancheros nennt man die hellgraue Sandfläche zu Füßen der *Fortaleza*. Sie ist typisch für Ebenen, welche durch Sedimentierung von Steilwänden entstehen. Das feinkörnige Material ist hygroskopisch, so dass

La Fortaleza

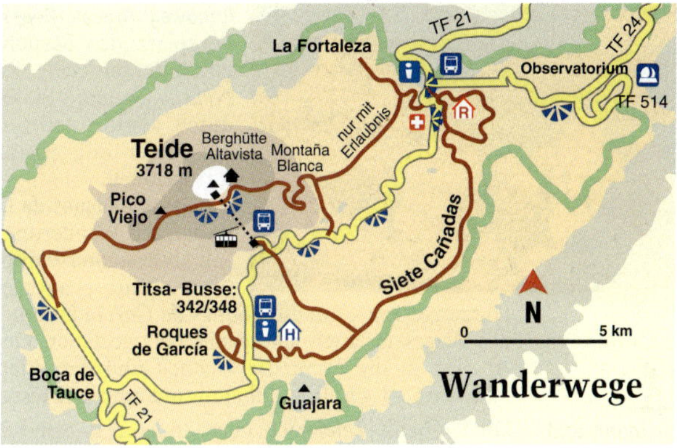

früher durch Tau-, Regen- und Schmelzwasser Grünflächen entstanden, welche die *Guanchen* im Sommer als gemeinschaftliches Weideland nutzten. Ein kurzer, recht steiler Anstieg führt von der *Cañada de los Guanchero*s rechts vor der *Fortaleza* zu einer Kieferngruppe, in deren Schatten **Picknicktische und Bänke** stehen (Felsmännchen weisen den Weg).

Der Weg um den *Fortaleza*-Felsen herum ist anstrengend, auch fehlen Markierungen. Die Besteigung des Felsens ist verboten. Zurück geht es auf identischem Weg.

Wanderung Siete Cañadas

Beim Parkplatz des Besucherzentrums beginnt auf der anderen Straßenseite die leichte, jedoch mit 15 km recht lange Wanderung ***Siete Cañadas*** (***Sendero 4***, ca. 3-4 Stunden). Der Weg führt entlang des südlichen *Caldera*-Randes zum *Parador Nacional* und verbindet eine Kette von sieben *Cañadas*, die früher einmal die einzige Nord-Süd-Verbindung über die Insel darstellten. Der Weg hat nach 12,8 km einen Abzweig (*Sendero* 16/17, ca. 4,5 km) zur Talstation der Seilbahn (mit Stop der Buslinien 342/348).

Wer sein Auto am Besucherzentrum abgestellt hatte, kann um 16 Uhr mit dem Bus 348 vom *Parador* nach *El Portillo* zum Parkplatz zurückfahren. Zur gleichen Zeit fährt die Linie 342 (vom *El Portillo* kommend, Abfahrt 15.15 Uhr) über Vilaflor nach Las Américas/Los Cristianos.

Besonders reizvoll sind die letzten 2-3 km des *Sendero 4* kurz vorm *Parador Nacional*. Die ***Piedras Amarillas***, bizarre Felsformationen am Fuße des *Guajara* (2.715 m) bieten in der Nachmittagssonne ein besonders **reizvolles Fotomotiv**.

Wem die gesamte Strecke des *Sendero 4* zu lang ist, könnte auch unterhalb der Seilbahn-Talstation zunächst mit *Sendero* 16/17 beginnen und nach ca. 4,5 km auf den Weg zum *Parador* stoßen; das verkürzt die Distanz auf rund 7 km. Auch an der Seilbahn stoppen die Busse der Linien 342 und 348.

Piedras Amarillas

Rundweg Arenas Negras Ebenfalls am Parkplatz des Besucherzentrums beginnt der einfache **Rundweg *Arenas Negras*** (*Sendero 2*). Er führt ca. 7 km durch dunkle, teilweise tiefschwarze Lavafelder mit exotischen Gesteinsformationen.

Wanderung Roques de García Eine schöne leichte Wanderung (*Sendero 3*; 3,5 km ab Besucher-Parkplatz in *Parador*-Nähe) führt – am besten gegen den Uhrzeigersinn – um die ***Roques de Garcia*** herum. Die erste Hälfte des Weges ist auch als Spaziergang geeignet. Der anschließende Abstieg in die *Llano de Ucanca* und der Wiederaufstieg zum Parkplatz ist geröllig und steil und erfordert festes Schuhwerk.

Seilbahn und Gipfelsturm

Die Seilbahn (***Teleférico***) überwindet in 10 min 1.200 Höhenmeter und endet auf 3.555 m. Sie verkehrt bergauf 9-16 Uhr, bergab 9-17 Uhr, stellt aber den Betrieb bei Wind/Schneefall ein. Für die letzten 200 m zum Gipfel braucht man eine Erlaubnis (➢ Seite 420).

Die Seilbahnkosten in Höhe von €20 (Kinder €12) lohnen nur bei guter Sicht. Nach einer Stunde muß man die Talfahrt antreten. Personen mit Herz- und Kreislaufbeschwerden oder hohem Blutdruck sollten besser auf die Fahrt verzichten.

Übernachtung

Auf die Möglichkeit, am *Sendero 7* im ***Refugio Altavista*** (3.260 m) zu nächtigen, wurde bereits hingewiesen, ebenso auf das Hotel.

Wer sich etwas Besonderes gönnen möchte, sollte eine Nacht im stilvollen ***Parador Nacional*** verbringen. Außer Cafeteria und Restaurant mit feiner kanarischer Küche bietet des staatliche Haus Pool und Sauna. Von Zimmer 101 und der Suite 201 genießt man die beste Aussicht auf den *Teide* und die *Roques*. Bis zur Ankunft der ersten Tagesausflügler um 10 Uhr morgens haben die *Parador*-Gäste die Bergwelt fast für sich allein und gutes Licht zum Fotografieren.

Details für beide Quartiere auf Seite 420.

Los Roques und Teidegipfel

Fotonachweis

Hermann Schmidt/Nürnberg: Seiten 163, 170, 171, 247, 281, 390/91, 395, 451, 455 (2), 457, 459 unten, 460, 461, 463, 464, 465, 466 (2), 467

Werner Schmidt/Ganderkesee:
Seiten 19, 252, 266, 310, 415, 423, 424, 432/33, 438, 462, 469, 490

Alle anderen Fotos sind von den Autoren und Ursula Schulz-Favero/Rom

TENERIFFA WISSEN
1
GEOLOGIE
UND KLIMA

1.1 Geologie

Bereits im Themenkasten auf Seite 15 wurde die Entstehung der Insel Teneriffa erläutert. Tatsächlich ist für ein tieferes Verständnis der Geologie und des Vulkanismus' Teneriffas die Kenntnis der geologischen Vorgänge unerläßlich, die zur Entstehung der Kanarischen Inseln insgesamt führten.

Auf den folgenden Seiten sind die wissenschaftlichen Erkenntnisse in knapper, übersichtlicher Form dargestellt.

Erkenntnisvermittlung in diesem Buch

Speziellere Ausführungen zu den einzelnen Landschaftsformen der Insel (Oberflächengestalt, Gesteine, Böden) und ggf. zu ihrer heutigen (wirtschaftlichen) Nutzung finden sich im vorstehenden Reiseteil dieses Buches an entsprechender Stelle. Sie sind immer dann zur Hand, wenn auf den beschriebenen Routen geologisch bemerkenswerte Phänomene auftauchen.

Damit wird vieles anschaulicher als die Einstellung aller geologisch relevanten Details in nur ein einziges umfassendes Geologiekapitel, dessen trockener Stoff »am Stück« von den meisten Lesern vermutlich kaum zu verdauen wäre. Wer nichtsdestoweniger noch mehr Einzelheiten über die Ursprünge der Kanaren und ihren Vulkanismus etc. wissen möchte, kann sich an der Liste weiterführender Literatur im Anhang orientieren (➢ Seite 599), die spezifisch unter dem Aspekt der Anschaulichkeit und guten Verständnisses zusammengestellt wurde.

Die wichtigsten, auch in diesem Buch – insbesondere in den Abschnitten zum Teide Nationalpark – auftauchenden Begriffe zum Vulkanismus sind abschließend in einem kleinen »**Geologischen Lexikon**« zusammengefaßt.

Entstehung der Kanarischen Inseln

Mythen

So zahlreich wie die antiken Mythen und Legenden über den Ursprung der Kanarischen Inseln sind bis heute die erdgeschichtlichen Theorien. Die Jahrhunderte alte Kunde von einem achten Kontinent Atlantis, der unterging oder auseinanderbrach und von dessen Resten der kanarische Archipel angeblich zeugt, wurde einhellig von der Wissenschaft ins Märchenland verwiesen.

Auf dem Archipel lebt die Sage von der achten Insel weiter. So mancher alte *Canario* beschwört »*San Borondón*« während ihres kurzen Auf- und Abtauchens gesehen zu haben.

Wegeners Kontinental-Theorie

Früher rechnete man küstennahe Inseln automatisch zum jeweiligen Kontinent, zu dem eine ehemalige Landbrücke abbrach oder überflutet wurde. Erst die moderne Geologie beschäftigte sich mit der Entstehung von Inseln. Die 1924 von dem deutschen Geologen ***Alfred Wegener*** entwickelte These der Kontinentalverschiebung und die daraus entwickelte Platten-Tektonik brachten einfachere Erklärungstheorien ins Wanken.

Pangea

Seit der Urkontinent Panagea vor 200 Mio. Jahren auseinanderbrach, verschieben sich die Bruchstücke – die uns heute bekannten Kontinente – mit unterschiedlicher Geschwindigkeit auf der obersten Schicht dickflüssiger Magma, der Erdkruste, westwärts. Wegener erklärte die Kanarischen Inseln als abgebrochene Teile der auseinander driftenden Landmassen.

Plattentektonik

Eine Weiterentwicklung von Wegeners Kontinental-Theorie, die Plattentektonik, brachte mehr Aufschluß. Danach driften die Kontinente nicht kontinuierlich gen Westen, sondern verschieben sich als kontinentale und ozeanische Platten in alle Himmelsrichtungen gegeneinander; sie rotieren mal nach links, mal nach rechts. Ozeanische Platten dehnen sich außerdem ständig aus, indem sie entlang von Gräben fortlaufend neues vulkanisches Material produzieren und sich – wie beispielsweise an der westafrikanischen Küste – unter die leichteren Kontinentalplatten schieben. In solchen Gebieten kommt es zu Bruch- und Störungszonen in der ozeanischen Platte, über denen neue Inseln entstehen können. Sie wachsen durch vulkanische Aktivitäten direkt aus dem Ozeanboden empor.

Diese Erkenntnisse entsprechen der sog. Blocktheorie, die in der folgenden Abbildung visualisiert ist:

Blocktheorie

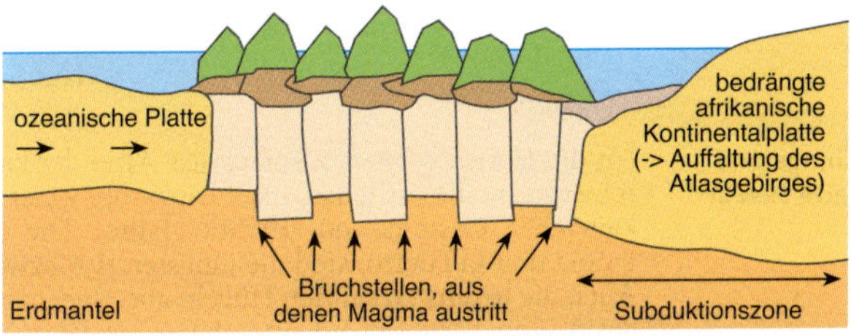

Aus dem Meer geboren

Um die Frage »meergeboren oder kontinentalverbunden?« wurde im Falle des kanarischen Archipels lange gestritten. Die geographische Nähe zu Afrika und Ähnlichkeiten in Flora und Fauna legten die Zugehörigkeit zum afrikanischen Kontinent nahe. Aber neuere Untersuchungen zeigten, daß die Gesteinszusammensetzung der nordafrikanischen Gebirge (Auffaltung von Sedimentgestein, z.B. des Atlas-Gebirges) völlig anders war als die der rein vulkanischen kanarischen Inseln. Außerdem trennt eine 8.000 m mächtige kontinentale Sedimentschicht auf dem Meeresboden die Inseln Lanzarote und Fuerteventura von Afrika. Die Ähnlichkeit von Pflanzen und Tieren konnte als Gegenargument nicht bestehen. In den Jahrmillionen können sie ihren Weg auch ohne eine Landbrücke gefunden haben.

Heute ist weitgehend akzeptiert, daß die kanarischen Inseln aus 3.000 m Tiefe wahrhaftig aus dem Meer geboren wurden.

Hot Spot Hawaii

Als endlich Konsens über die Geburtsart der Inseln bestand, entbrannte der Disput über Geburtsfolge und formgebende Ursachen der insularen Geschwister.

Wer ein Stück Plastik, z.B. eine PVC-Fliese, über eine sporadisch aufflackernde Flamme zieht, beobachtet an den heißen Punkten versetzte Ausbeulungen oder Brandstellen im Material. Tritt nun (statt der Flamme) aus einem feststehenden Schlot (*hot spot*) im oberen Erdmantel Magma aus und durchbricht die Platte, dann wächst im Laufe der Jahrmillionen das vulkanische Gestein bis über die Wasseroberfläche. Wenn sich dieser Vorgang ein paar Millionen Jahre später wiederholt, ist die ozeanische Platte (die PVC-Fliese) weitergewandert. Dabei geht man von etwa 2 cm bis 18 cm Wandergeschwindigkeit im Jahr aus. Auf diese Weise entstand die Hawaii-Inselgruppe. Lange Zeit galt dieselbe *Hot spot*-Theorie auch als Erklärung für die Entstehung der Kanaren.

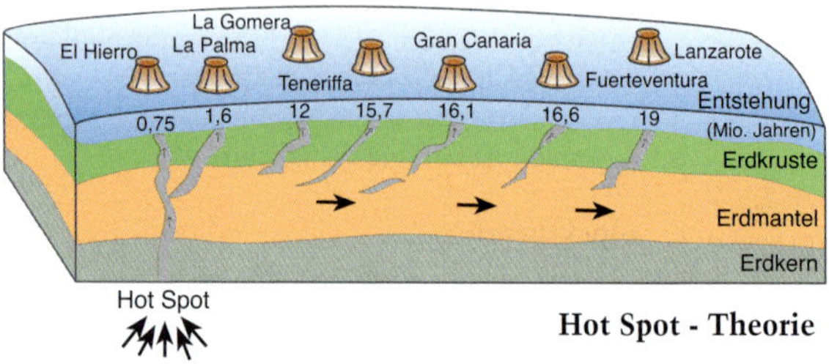

Hot Spot - Theorie

Junge und alte Inseln

Für die *Hot-spot*-Theorie sprach das Alter der kanarischen Inselschwestern: die östlichste Insel Lanzarote weist die ältesten vulkanischen Gesteine auf (19 Mio. Jahre). Die westlichsten, La Palma und El Hierro, sind die jüngsten (1,6 bzw. 0,7 Mio. Jahre). Auch die bereits zu sanften Hügeln abgetragenen Berge im Osten des Archipels weisen auf ein höheres Inselalter hin.

Plattenbrüche

Als man aber auf Fuerteventura, La Gomera und La Palma Sedimente fand, die nachweislich aus großer Tiefe vom Meeresboden angehoben worden sein mußten, gab es erste Zweifel an der Gültigkeit der *Hot-spot*-Theorie auch für die Kanaren.

Magmakammern bilden sich sowohl unter den kontinentalen als auch unter den ozeanischen Platten. Die Subduktionzonen, d. h. der Bereich, in dem sich die ozeanischen Platten unter die sich wehrenden Kontinentalplatten schieben, sind dabei besonders bruchgefährdet. Aus den entstehenden Spalten tritt Magma aus. Magma könnte aber auch einzelne Teile der ozeanischen Platte wie Kochtopf-Deckel angehoben haben.

Uralte Meeressedimente (200-37 Mio. Jahre) wurden derart aus 3.000 m Tiefe bis über den Meeresspiegel gehoben. Nur so lassen sich die Tiefsee-Sedimente auf Fuerteventura und der viel weiter westlichen Inseln La Palma und El Hierro erklären.

Ein Bruchsystem in der ozeanischen Platte könnte auch durch die ungeheuren tektonischen Erschütterungen entstanden sein, die zur Auffaltung der über 4.000 m hohen nordafrikanischen Gebirgsketten (Atlas) geführt haben. Dieses sich von Ost nach West fortsetzende Bruchsystem würde – wie die *Hot-spot*-Theorie – das abnehmende Alter der Inseln von Ost nach West erklären.

Fazit Als wahrscheinlich gilt heute, daß sowohl das Untertauchen der atlantisch-ozeanischen Platte unter die afrikanische Kontinentalplatte als auch die Gebirgsauffaltung in Nordafrika zu dem Spaltensystem geführt haben, aus dem die Lava ausfloß, die sich in ihrem höchsten Punkt – dem Teidegipfel – 3.700 m über den Meeresspiegel erhebt. Im Einzelnen gibt es viele Argumente für und wider und noch viel zu erforschen. Die Kanaren geben ihr Geheimnis so schnell nicht preis. Vielleicht leben auch deswegen die Sagen und Mythen weiter – bis hin zu »*San Borondon*«, den vielen Sekten und kanarischen Wahrsagern.

Lexikon Geologie

aa-Lava heißen auf Hawaii spitzkantige (saure) Lavasteine, auf denen man nicht barfuß gehen kann; ⇨ *Pahoehoe.*

Acantilado bedeutet im Spanischen eine sehr steil abfallende Küste wie Teneriffas 500 m hohe Kliffküste bei Los Gigantes.

Almag heißt die rötliche Linie im Gestein, die entsteht, wenn die frisch gebildete Erdkrume auf alter Lava nach einem erneuten Ausbruch durch glühende, neue Lava zu Ton gebacken wird.

Aschen sind feinste, zerstäubte Magmapartikel, die bei explosiven Ausbrüchen in die Luft gesprengt werden.

Basalt ist dunkles, schweres Ergußgestein; es kann feinkörnig (mit Olivin- oder Felsspat-Kristallen) oder grobkörnig (Dolorit) sein.

Basische Lava ist dünnflüssiger als saure Lava; sie bildet Decken und Ströme

Basaltsäulen sind eine typische, meist sechseckige Erstarrungsform des Gesteins; sie bilden sich senkrecht zur Abkühlungsfläche durch Kontraktion- oder bei Lavatunneln kreisförmig als Rosetten (➢ Seite 397). Eine andere Abkühlungsfigur ist zwiebelförmig. Die einzelnen Schichten werden durch Erosion abgeschält.

Barranco nennt man eine tiefe Schlucht. Heute sind die meist trockenen Wasserläufe manchmal ausgemauert. Sie können sich nach Regenfällen binnen Minuten in reißende Ströme verwandeln.

Bimsstein zählt zwar wie Obsidian zum Gesteinsglas, ist aber hell. Durch rasche Abkühlung wurden Luftblasen eingeschlossen, so daß keine Zeit zur Kristallbildung blieb. Das macht den Stein porös und schwimmfähig leicht. Bimsstein entfernt Nikotinbräune von den Fingern.

Escoria ist herausgeschleuderte Magma-Schlacke jeder Art und Form.

Pechschwarze Lava überall unmittelbar an der Straße durch die Canadas

Caldera bedeutet wörtlich Kessel und entsteht durch Einsturz oder Explosion eines Vulkankegels; Teneriffas Teide *Caldera* bildete sich durch einen Erdrutsch.

Caletón meint ein kleines Wasserbecken im spitzen Lavagestein; Garachicos gleichnamiges Meereschwimmbecken entstand durch einen eingestürzten Lavatunnel.

Colada ist ein (erkalteter) Lavastrom bzw. Lavafluß.

Cono ist die Spitze des Vulkankegels.

Erosion Verwitterung, Wind und Wetter verändern die Erdoberfläche, Gesteine werden zerkleinert, Täler ausgewaschen.

Gang mit Magma vollgelaufene Gesteinsspalte; später meist durch Erosion freigelegt; spanisch *dique*, englische *dike.*

Höhle, Cueva Saure Laven bilden oft Höhlen. Wenn die obere Schicht des Lavaflusses erhärtet, fließen die unteren bis zur Erstarrung weiter. Dadurch bilden sich an Geländestufen oft Hohlräume.

Hot Spot ist ein heißer Punkt in der Erdkruste; dank darüberdriftender Platte steigt Magma durch Schlote empor; Theorie, nach der die Inselgruppe Hawaii entstand.

Isla Baja heißt der Nordwesten Teneriffas bei Buenavista, weil es auf einer flach (*baja*) ins Meer auslaufenden Lavazunge liegt

Jable bedeutet im Spanischen auch »Sand«; auf den Kanaren: grauer, hygroskopischer Bimsstein; zerkleinerte *jable* wird im Süden zum Trockenanbau auf die Felder gestreut.

Lapilli, Picón Die Begriffe sind Synonyme für erbsengroße »schaumig«, leichte Steinchen; *picón* schützt die Felder vor Austrocknung

Lava Wenn Magma aus ihrer unterirdischen Kammer entweicht, wird sie an der Erdoberfläche zu Lava; je nach Zusammensetzung und Form sehr unterschiedlich.

Lavatunnel entstehen nach dem gleichen Prinzip wie die Höhlen (*cuevas*). Ihre Form wird vom Gelände bestimmt.

Lomo heißt eigentlich »Schweinerücken mit Rippchen« und erinnert entfernt an einen Braten. Es ist Ergußgestein mit begrenzter Ausdehnung und findet sich an Tälern oder *Barrancos.*

Ladera Synonym für *Lomo* (wissenschaftlich für das eher volkstümliche *Lomo*), die seitliche steile Begrenzung großer Täler.

Magma glühende, dickflüssige Gesteinsschmelze unter der Erdkruste, auf der die Kontinental- und ozeanischen Platten schwimmen. Es bildet Erstarrungsgestein, wenn es schon innerhalb der Erdkruste erstarrt. Bei Austritt wird Magma zu Lava.

Malpaís wörtlich: »schlechtes Land«; meist kantige »aa-Lava«, sie ist häufig im Insel-Süden anzutreffen.

Mesa (spanisch »Tisch«) sog. Tafelberge haben keine Bergspitze oder -kuppe, sondern eine Platte, da harte, horizontal gelagerte Gesteinsschichten die weitere Erosion verhindern

Obsidian ist schwarzglänzendes Gesteinsglas ohne Kristallstruktur, das durch rasche Abkühlung an der Oberfläche der Lava entsteht.

Pahoehoe geologischer Ausdruck aus Hawaii; Lava, auf der man laufen kann. Sie hat eine relativ glatte Oberfläche, ➢ Stricklava.

Phonolyth nennt man Klingstein; hell-grau-grünes Ergußgestein, das beim Beschlagen mit anderem Stein klingt.

Pomez/Zahorra ist wie Bimsstein saures Lockergestein; es wird wie *Lapilli/Picon* in der Landwirtschaft eingesetzts; *Zahorra* nennt man auch die Methode der Verwendung von Bimsstein in der Landwirtschaft.

Pyroklastisch oder pyroklastisches Material ist das in die Luft geschleuderte Lockermaterial bei explosiven Ausbrüchen wie *Lapilli*, Bims, Aschen, bei dem nach Abkühlung keine Schichtung erkennbar wird; die Materialien werden beim Ankühlen »zusammengeschweißt«.

Roques sind Plutone, d.h. zu festem Gestein in Gängen und Förderschloten erkaltete Magma, die durch Erosion freigelegt wurde. In Deutschland meist Dom genannt.

Sediment Jede Art durch Erosion zerkleinertes Gesteinsmaterial

Saure Lava ist zähflüssige, blöckebildende Lava mit viel Silizium und über 60% Kieselsäure.

Überwachsener Lavakegel, siehe auch Stratovulkan auf der nächsten Seite

Solfatere sind schwefelhaltige Dämpfe, die auf ein Nachlassen vulkanischer Tätigkeit hinweisen.

Stratovulkan (*Estratovolcan*) ist ein in Schichten meist kegelförmig aufgebauter Vulkan, der durch ausfließende Lavaströme und eruptive Ausbrüche entstand. Dieser typische kegelförmige Aufbau ist – abhängig von den Härtegraden der Gesteinsschichten – meist nur bedingt stabil, so daß Erdrutschgefahr besteht. Stabiler sind breitflächig abgelagerte horizontale Lavaschichten wie bei der *Montaña Guajara* im Teide Nationalpark.

Stricklava entsteht durchs Zusammenschieben von sich bereits verfestigenden Außenschichten meist basischer Laven.

Spaltenvulkan Spaltenvulkanismus nennt man den Lavaaustritt entlang einer relativ geradlinigen Fraktur, so daß ein Kammgebirge entsteht; ein gutes Beispiel ist die *Cordillera Dorsal* (= Rücken) zwischen La Laguna und dem *Teide*, aus der in Abständen Lava seitlich herausfloß.

Tosca, Toba und ***Tuff*** bezeichnet zusammengeschweißte Massen von Lockermaterialien wie Asche oder *Lapilli.*

Trachyt ist meist hell-rötliches oder hellgraues Ergußgestein; es zählt zu den sauren, hellen Laven und hat großporige Einsprengsel.

Vulkanbomben heißen fuß- oder medizinballgroße, rundliche Lavabrocken. Wird heiße Magma beim explosiven Ausbruch hoch in die Luft geschleudert, nimmt sie durch Drehung in der Luft die Form einer Spindel an. Fallen diese Bomben noch heiß auf die Erde, wird die Oberfläche rissig wie eine Brotkruste.

Typische Vulkanbomben

1.2 Zum Klima der Kanaren

Einleitend war bereits vom Klima Teneriffas die Rede. Dort ging es vornehmlich darum zu erläutern, mit welchen Wetterbedingungen und Temperaturen wo zu welcher Jahreszeit zu rechnen ist, um für die **Urlaubsplanung** die »richtige« Zeit und den passenden Ort wählen zu können.

Die besondere **meteorologische Situation der Kanaren insgesamt** und speziell Teneriffas mit den unterschiedlichsten klimatischen Zonen auf einer ziemlich kleinen Insel ist derart interessant, daß den Klimabedingungen und den ihnen zugrundeliegenden globalen Einflüssen hier ein gesondertes Kapitel gewidmet ist.

1.2.1 Globale Faktoren

1867 notierte der Naturforscher *Ernst Heckel*, er kenne weltweit keinen Ort, an dem das Klima so wohltuend für die Gesundheit sei und die Melancholie vertriebe.

Tatsächlich hat die Inselgruppe im subtropischen Gürtel ganzjährig milde Temperaturen (Winter 19°-22°C, Sommer 24°-30°C) bei vergleichsweise kühlen Nächten (Winter 13°-16°C, Sommer 19°-21°C) und eine geringe Luftfeuchtigkeit (55%-65%). Sie kennt weder trockene Wüstenhitze wie gleich nebenan die Sahara noch ist das Klima feuchtheiß wie in Florida, das ungefähr auf gleicher Breite mit den Kanaren liegt.

Nordost-passat – Vientos Alisios

Klimabestimmend für den Archipel sind die beständigen Passatwinde, die durch den kontinuierlichen Luftdruckausgleich zwischen subtropischen Hochdruckgebieten in den windschwachen Rossbreiten (20°-35° nördlicher Breite) und den äquatorialen Tiefdruckgebieten entstehen. Im Ostatlantik nennt man diesen permanent mit 20-25 km/h vom Azorenhoch über die Kanaren nach Süden wehenden trockenen Wind den **Nordost-Passat**. Die spanische Bezeichnung ***Vientos Alisios*** (von alisar = glätten) charakterisiert ihre Kontinuität und Gleichmäßigkeit.

Dass bei uns die gleichen Winde Passate heißen, liegt an ihrem lateinischen Stamm: *Pasaje* (span.), *Passagem* (port.) oder *Passagio* (ital.) bedeutet soviel wie Überfahrt. So benannt wurden Winde, die früher die Segler nach Südwesten über den Atlantik trieben. Sie trugen Kolumbus an Teneriffa vorbei in die Neue Welt, und noch heute folgen ihm alljährlich im November Sportsegler auf dieser Route in die Karibik. Die englische Bezeichnung »***Trade Winds***« für den Passat unterstreicht nur ihre Bedeutung für den Amerika-Handel nach der Kolonialisierung.

Kanarenstrom

Dieser trocken-warme Passat wird durch das Zusammenwirken mit dem relativ kühlen Kanarenstrom für Teneriffa zur natürlichen **Klimaanlage**. Die untere Luftschicht des Passats nimmt die kühle Feuchtigkeit der Meeresströmung auf, die – vom Golfstrom abgespalten – parallel zur afrikanischen Küste nach

Süden fließt. Durch diese Barriere aus kühler Luft und kühlem Wasser wird die heiße Saharaluft abgehalten und so die Sommertemperatur auf den Inseln gemildert.

Erdrotation

Neben warmem Wind und kühlem Wasser wird die **kanarische Klimarezeptur** noch durch einen Schuß Erdrotation vollendet, die die feuchtschwere untere Luftschicht etwas in östliche Richtung verdriftet, bevor sie als Nordost-Passat auf die Kanaren stößt. Auf den flachen Inseln Fuerteventura und Lanzarote macht sich die beständige leichte Brise weniger bemerkbar. Regelrecht sicht- und spürbar wird sie erst, wenn sie auf höhere Gebirgszüge trifft.

Einfluß der Höhenzüge

Auf den hohen Kanareninseln muß der mit kühler Feuchtigkeit beladene Passat die Berge hinaufkriechen. Dabei wird die Luft pro 100 m um ein Grad kälter und kondensiert zu Wolken. Der Wärmeausgleich zwischen Land und Wasser – nachts läuft der Luftstrom vom Land zum Meer, tags anders herum – läßt gegen Mittag Passatwolken aufziehen, die manchem Sonnenbad ein Ende setzen. Je nach Jahreszeit hängen sie zwischen 600 m und 1.000 m an den Nordhängen fest. ***Panza de Burro*** (Eselsbauch) nennen Einheimische die durchhängenden grauen Nebelschwaden im Orotavatal.

Mar de Nubes (=Wolkenmeer)

Für den Ausflug zum Teide dürften die meisten Urlauber sich einen sonnigen Tag aussuchen. Speziell bei Auffahrten von der Nordküste stoßen nichtsdestoweniger Langschläfer oft mittags schon oberhalb von Orotava in den nebligen »Eselsbauch« und zweifeln am Sinn der Weiterfahrt. Doch wer durchhält, durchbricht zwischen 1.500 m und 1.900 m Höhe die naßgraue Suppe und findet sich dann plötzlich unter stahlblauem Himmel in strahlender Sonne. Von oben blickt man über ein weißes Wolkenmeer, das *Mar de Nubes*.

Diese wie mit dem Lineal gezogene plane Oberkante der Wolkenschicht entsteht auf den Kanaren allerdings nur dort, wo die untere Luftschicht des Nordostpassats an Bergen bis zu mindestens 1.200 m Höhe aufsteigen kann und so gegen die oberen Luftschichten stößt.

Temperaturumkehr

Während die unteren Luftschichten des Passatwindes durch den Kanarenstrom feucht werden und abkühlen, bleiben seine oberen Bereiche warm und trocken – d.h., leichter – und werden deswegen von der Erdrotation nicht weiter nach Osten verdriftet. So erreichen sie die Inseln mehr von Nordwesten her. Beide Schichten treffen in 1.200 m bis 1.500 m Höhe aufeinander, und es kommt zur Temperaturumkehr zur »***Inversión del Alisio***«. Wie eine Kappe legt sich die obere (warme) über die untere (kühle) Passatschicht und hindert sie in einer ganz bestimmten Höhe am weiteren Aufsteigen und mithin am Abkühlen.

Über dem Wolkenmeer ist es wieder 5-10° Celsius wärmer als auf 800 m unter den Wolken. Denn unter der Kappe verdichtet sich die Kondensierung und schlägt sich wie Tau in beträchtlichen Mengen nieder und kühlt auch die Luft ab.

Horizontalregen

Die hohe Luftfeuchtigkeit unter der Kappe wird erst im Kontakt mit der Vegetation zu feinem Nieselregen. Besonders im Bereich der Lorbeer- und Kiefernwälder in 1.000-1.500 m Höhe kondensiert der Nebel zu kleinen Tropfen. Da die Pflanzen mehr Wasser aus dem Wolkenmeer ziehen, als sie selbst brauchen, geben sie das wertvolle Nass an den Boden ab (➪ Essay, Seite 447). Dieses »Melken« oder »Auskämmen« der Wolken führt zu punktuellem »horizontalen Regen« (*Lluvia horizontal*). Der Boden ist nur direkt unter den Bäumen naß, aber zwei Meter weiter erkennt man in dieser Waschküche keinen Niederschlag.

Sonnen- und Winterpassat

Das beständige Azorenhoch hat sein Zentrum im Sommer direkt über der Inselgruppe der Azoren, im Winter verlagert es sich südlicher nach Madeira, also näher an die Kanaren. Je weiter diese vom Zentrum des Azorenhochs entfernt sind, desto kräftiger bläst der Passat (Sommer) und desto mehr Feuchtigkeit trägt er an die steilen kanarischen Bergwände heran.

Die in den Sommermonaten **garantiert tägliche Passatwolke** bringt in der eigentlich regenfreien Zeit ausreichend Feuchtigkeit für die Landwirtschaft. Im Winter, wenn das Zentrum des Azorenhochs näher ist, nehmen beide Wirkungen des Passats ab: er flaut ab und ist weniger feucht.

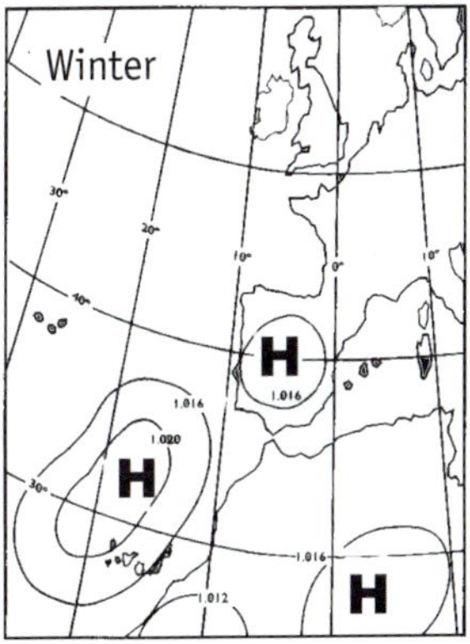

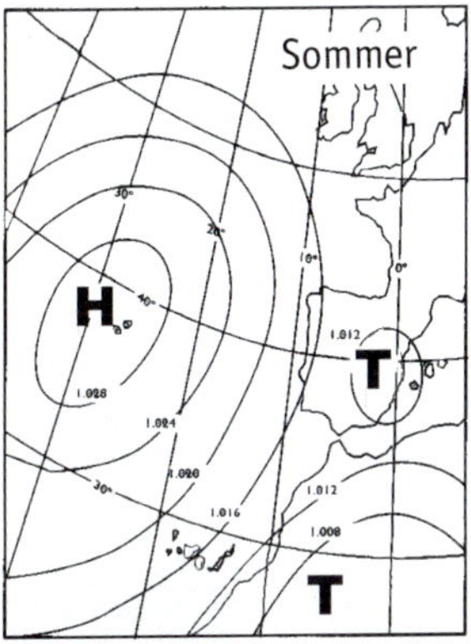

Nordseite / Südseite

Diese Klimabedingungen führen zu einer Teilung der Insel in eine dem Passat zugewandte Seite, die im Wolkenschatten liegt (*barlovento, umbria*) und eine dem Wind abgewandte Seite, die der subtropischen Sonne schutzlos ausgesetzt ist (*sotavento, solana*).

Die Nord-Süd-Teilung und die unterschiedlichen Höhenlagen sorgen dafür, dass Teneriffa-Besucher bei einer Insel-Rundfahrt am selben Tag viele verschiedene Vegetations- und Klimazonen mit ganz unterschiedlichen Wetterlagen erleben können.

Auf den folgenden Seiten sind die Klimata der beiden Inselseiten im Detail erläutert.

1.2.2 Die Nordseite

Die grüne Luvseite Teneriffas zeigt – je nach Höhenlage – viele verschiedene Gesichter:

Untere Zone (Zona Baja)

Vom Meeresspiegel bis zu etwa 600 m Höhe herrschen gleichmäßig angenehme (mittlere) Temperaturen von 22°C bis – je nach Höhe – 18°C bei relativ trockener Luft. Regen fällt hier bei normaler Passatwetterlage kaum. Der Slogan vom »ewigen Frühling« gilt ganz besonders für diese Region. Im Küstenbereich wachsen tropische Früchte, während etwas höher Weinstöcke, Orangen und Pfirsiche gedeihen.

Mittlere Zone (Zona Media)

In 500 m -1.500 m Höhe ist es unter der Passatwolkendecke kühl, feucht und neblig. Die mittlere Temperatur übersteigt nicht 16°-12°C. Innerhalb dieser rund 1.000 Meter verharrt die unterschiedlich mächtige Wolkendecke mal höher, mal niedriger. Im Winter kann die Obergrenze bis auf 1.700 m ansteigen, im Sommer liegt sie niedriger bei etwa 1.300 m. Die ständigen leichten Niederschläge erreichen zwischen 500 mm und 1.000 mm im Jahr. Das sind ideale Bedingungen für Getreide, Kartoffeln wie auch verschiedenste Laubbäume und insbesondere den Lorbeerwald (*Laurisilva*, ⇨ Seite 170).

Höhenzone (Zona Alta)

Ab 1.500 m Höhe, oberhalb des Wolkenmeers, ist die Luft dank der oberen Passatschicht wieder trockener, wärmer und wolkenlos. Ab 1.800 m Höhe weicht der Kiefernwald der Buschvegetation des Hochgebirges. Durch die Höhe des Teidemassivs kommt es zu ausgeprägten Jahreszeiten mit entsprechenden Tag/Nacht-Schwankungen bei einer mittleren Temperatur von ca. 9°C.

Niederschläge fallen hier oben nur, wenn der Einfluß des Passatwindes von anderen Wettersystemen gestört wird – im Winter meist als Schnee.

Straße durch den Teide Nationalpark nach Schneefällen

1.2.3 Die Südseite

Das hohe Teidemassiv gibt dem Wolkenmeer kaum eine Chance, auf die Südseite zu gelangen. Im 1.000 m hohen Anagagebirge und der westlich anschließenden Hochebene bei La Laguna (bis 900 m), wie auch auf den niedrigeren Inseln La Gomera und El Hierro können die Wolken zwar auf die Südseite der Insel kriechen, schmelzen jedoch unter der dort starken Sonneneinstrahlung meist schnell dahin.

Trockene Winde

Ein beständiges Merkmal des Klimas der Südseite ist der warme, trockene Fallwind, der besonders nachmittags stark bläst. Denn da der Passat seine Feuchtigkeit auf der Nordseite abgegeben hat, löst sich die Wolkendecke gegen Abend auf und die leichter gewordenen Luftmassen vermischen sich mit der oberen warmen Passatströmung. Sie steigen weiter auf, fallen auf der anderen Seite des Bergmassivs hinunter und werden durch die Fall-Geschwindigkeit noch wärmer und trockener.

Ansonsten streicht der Passat ohne wesentliche Hindernisse an der Südküste entlang. Nur die westliche steile Begrenzung des Tals (*Ladera*) von Güímar stellt sich quer und kann dann und wann Wolkenbildung verursachen. Die Temperaturen beeinflußt der *Alisio* jedoch auch hier. Zwar sind sie ca. 3°-4°C höher als im Norden, liegen aber deutlich unter den für diese Breiten üblichen Sommertemperaturen.

Vegetation

Die Vegetation ist im Vergleich zur Nordküste wenig abwechslungsreich. Kakteen und Wolfsmilchgewächse bestimmen das Bild. Nur in den höheren Lagen wächst hier auch noch die kanarische Kiefer.

1.2.4 Schmuddelwetter im prima Klima

Die Passatwolke mag für den sonnenhungrigen Touristen ein Ärgernis sein, sie ist jedoch der Garant für eine stabile Wetterlage und einen ausgeglichenen Wasserhaushalt, der die üppige Vegetation der Nordküste ermöglicht.

So mancher, der seinen Reiseführer aufmerksam gelesen hat, wird es kaum fassen können, wenn es an der Südküste schon seit Tagen schüttet. Oder er zieht murrend einen dicken Pullover über, weil sich die Nordküste mitnichten frühlingshaft zeigt, sondern kalt und windig – ungemütlich wie an der Nordsee.

Da das Reisebuch strahlenden Sonnenschein über dem Wolkenmeer verspricht, macht er sich nun auf zum *Teide* und akzeptiert, gut belesen und hoffnungsvoll, den Nieselregen bis 1.500 m Höhe. Aber wenn er auf 2.000 m Höhe immer noch durch Waschküche oder Schneematsch fährt, wenn es im günstigsten Falle dicke weiße Flocken schneit, dann kann er daheim zu Recht erzählen, dass es auf den glückseligen Inseln – bis auf Blitz und Donner – nicht nur ewige Frühlingswonnen gibt, sondern auch richtiges Schietwetter.

Winter/ Tiefdruckgebiete

Wie schon gesagt, verlagert sich das Azorenhoch im Winter südlich Richtung Kanaren und teilt sich in zwei Zentren mit nur schwachem Luftausgleich. Da der Weg zum Archipel nun kürzer ist, trifft der weniger feuchte Passat nicht so kräftig auf die steil aufragenden Bergmassive. Die winterliche Passatwolke ist dementsprechend instabiler als im Sommer. Oft bleibt der sonst so zuverlässige Wind, der im Sommer an 90 von 100 Tagen bläst, ganz aus und pustet im Schnitt nur jeden zweiten Tag.

Fällt das Klimasystem des Nordost-Passats aus, können kalte nordwestliche Sturmtiefs bis zu den Kanaren vordringen. Ohne die Barriere des Wolkenmeeres toben sie sich vor allem in höheren Lagen (über 1.500 m) mit Windgeschwindigkeiten bis zu 200 km/h aus und sorgen für kurze aber immens starke Regenfälle (Schnee ab 2.000 m). So ein nordischer Wintereinfall kann fünf Tage dauern und erheblichen Schaden anrichten. An der Nordküste werden dann meterhohe Wellen zu nicht ungefährlichen Attraktion.

Auch der Süden bekommt dann seine winterlichen Duschen. Wenn die nordwestlichen Störungen kräftig genug sind, dringen sie bis zu den mittleren Lagen der Südhänge vor.

Sintflutartige Güsse bekommt der ansonsten fast niederschlagsfreie Süden jedoch nur von Luftströmen, die eine lange Reise hinter sich haben. In großen Höhen kann kalte Luft bis in tropische Breiten driften, sich dort mit schwüler Luft aufladen und von Südwesten auf die Inseln stoßen. Die Wassermassen spülen die ausgetrockneten Böden fort und hinterlassen tiefe Furchen (*Barrancos*). Solche Tiefdruckgebiete sind zwar selten, aber wüten doch ein- bis zweimal im Jahr an 3-4 Tagen.

1.2.5 Sommertiefdruckgebiet

Wie oben erwähnt, hält die kühle Front aus Nordostpassat und Kanarenstrom im Sommer die trocken-heiße Saharaluft von den Kanaren fern. Aber besonders starke Tiefdruckgebiete in der westlichen Sahara mit gewaltigen **Sandverwirbelungen** schaffen es hin und wieder, die NO-Passat-Barriere zu bezwingen. Sie bringen ungewöhnlich hohe Temperaturen (manchmal über 40°C) und **tonnenweise Saharasand** auf die Inseln. ***Calima*** oder ***Tiempo del Sur*** nennen *Canarios* diese Wetterlage, wenn die Sicht eingeschränkt ist, weil die Luft schwefelgelb wird. Nicht nur Asthmatiker haben dann Atembeschwerden.

Die größte Hitze erlebt man an solchen *Calima*-Tagen nicht an den Küsten, sondern in den mittleren Lagen, da die Saharaluft sich über den feucht-kühlen Lagen des Kanarenstromes ausbreitet. In La Laguna (600 m) ist es dann wärmer als in Santa Cruz am Meer. Das »*Tiempo del Sur*« ist relativ selten (3-4 mal im Jahr), dauert normalerweise 2-3 Tage, kann aber in Extremfällen bis zu einer Woche anhalten. Obwohl es als Sommerwetterlage gilt, hängt die gelbe Nebelglocke des *Calima* auch zuweilen im Winter über den Kanaren.

Calima

Ein gewaltiger Sahara-Sandsturm färbte am 26.2.2000 mehrere hunderttausend Quadratkilometer über dem Atlantik gelb. Solche Stürme und die aufsteigende Heißluft wirbeln den Staub 3.000 m hoch und manchmal bis in die Karibik, wo dann die Wetterstationen Smogalarm geben. Nach jüngsten Studien ist der Sahara-Staub für die Zerstörung der karibischen Korallenriffs und die häufigen Hurrikane, die sich im Ostatlantik bilden, (mit) verantwortlich. Andererseits düngt der feinkörnige Sand aus Afrika Brasiliens tropischen Regenwald und das Ökosystem Amazoniens.

Wer mehr über diese Phänomene wissen möchte, findet dazu viele Informationen im Internet unter

http: //catbert.er.usgs.gov/african_dust
http://www.thirdworld.org/role.html

Calima; Sandsturm aus der Sahara bläst über die Kanaren bis in die Karibik

Regenbäume oder Die Tropfen des Schicksals (Klaus Schwidrowski/Teneriffa)

Wer kreuz und quer über die Insel fährt oder rundherum, wird kein Wasser entdecken. Es sei denn im *Barranco del Infierno* (Höllenklamm). Dort stürzt Wasser das ganze Jahr über ein paar Meter in die Tiefe. Ein immer dünner werdendes Rinnsal. Aber sonst? Von Wasser weit und breit keine Spur. Keine Quelle, kein Bach. Dabei soll es früher 22 Flüßchen gegeben haben. Sogar ein Ort namens El Rio (der Fluß) rinnert noch an wasserreichere Zeiten.

Trotzdem regnet es natürlich auf Teneriffa, nur kaum im sonnigen Süden, sondern eher im Norden: Im Anaga-Gebirge und um die »Stadt der Deutschen« herum, Puerto de la Cruz, und im Orotavatal. Denn Teneriffa hat eine privilegierte Position. Es steht als gewaltiges Massiv nicht nur mitten im Atlantik, sondern auch im niedrigen Strom der elysischen Winde. Der Nordostpassat treibt im Winter in geringer Höhe wasserschwangere Wolken vor sich her. Das ungeheure Gebirgsmassiv mit dem höchsten Berg Spaniens wirkt wie ein gewaltiger Bremsklotz. Die Wolken hängen im Norden fest und versuchen sich mühsam über diese Barriere zu wälzen.

Mal schaffen es einige, andere erleichtern sich und dann regnet es, und zwar gewaltig: 30 bis 50 Liter pro Quadratmeter gehen auf die Insel nieder. Und auf einer Insel, die beinahe nur aus Bergen besteht, schießen dann gewaltige Wassermengen die Schluchten (*Barrancos*) hinab und reißen alles mit sich. So mancher kanarische Bauer sieht es mit Tränen. Das kostbare Wasser, er kann es nicht halten und bräuchte es doch so dringend für seine Felder. Natürlich starteten die *Tinerfeños* Versuche, das Wasser in Auffangbecken umzuleiten, aber ohne großen Erfolg. Das Oberflächengestein ist zu porös, das Wasser versickert zum großen Teil.

Die Bäume machen sich die andrängenden Wolkenmassen zunutze, sie »kämmen« diese *Bruma* genannten dichten Nebel. Und das so gründlich, dass es sogar von den Nadeln der Pinien tropft. Das mußten schon die spanischen *Conquistadores* erfahren. Denn die vor ihnen flüchtenden Guanchen kannten ihre **Regenbäume**, während die Spanier vergeblich darüber grübelten, wie die Einheimischen ohne Wasser überleben konnten. Sie suchten erfolglos nach Quellen, um dann in den Bergen einen mühsamen Wassernachschub zu organisieren. Es dauerte einige Zeit, ehe sie ebenfalls die Regenbäume zu nutzen verstanden.

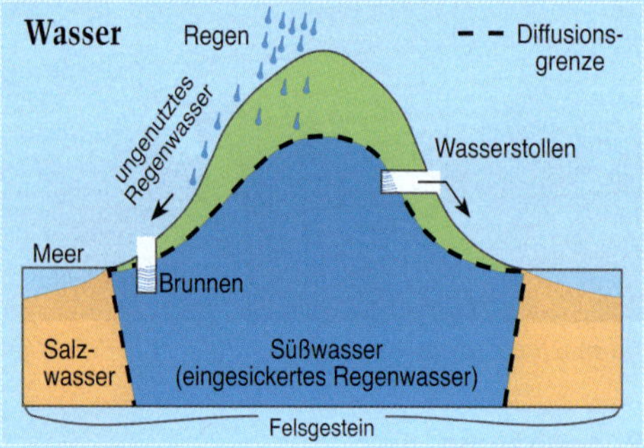

Diese Baumtropfen wirken wie ein Regen, auch wenn es keiner ist (➢ dazu *Lluvia horizontal*, Seite 443 oben).

Natürlich wollen nicht nur die Touristen trinken und duschen.

Können wir das Wasser trinken? Wir können. Jedoch ist nicht gesagt, dass es uns unbedingt schmeckt. Denn vor Angst, ihrer heiligen Kuh, dem Touristen, könne irgendetwas passieren, und sei es eine Magenverstimmung, wird dem Wasser auf Teneriffa viel Chemie beigemischt, die garantiert jede Bakterie abtötet. Das herrliche Felsquellwasser von einst wird zwar immer noch von Einheimischen getrunken, doch auch die meisten von ihnen bevorzugen mittlerweile Mineralwasser.

Neben der Tourismus-Branche sind die zweitgrößten Wasserschlucker die Bananenplantagen. Laut Expertenberechnung benötigt man für die Produktion von einem Kilo der leckeren Bananen zirka 420 l Wasser.

Beinahe 5 Mio. Besucher kommen pro Jahr auf die Insel, die rund 2,1 Milliarden Liter Wasser verbrauchen. 420 Liter pro Kopf, Bananenmaß sozusagen. Das ist viel. In Deutschland sinkt der Verbrauch, liegt zur Zeit bei 168 l/Kopf. Wir aasen im Urlaub mit dem Wasser. Sei es, weil es wegen der Hitze angenehmer ist, mehrmals am Tag zu duschen, oder weil das Meersalz auf der Haut runter muß, oder weil es uns einfach wurscht ist, wir müssen das Wasser ja nicht extra bezahlen.

Ähnlich wurschtig sind auch viele *Canarios*, obwohl sie es eigentlich besser wissen müßten. Auch sie scheinen nichts auf den verlorenen Tropfen zu geben. Man braucht beim Bummel durch die vielen Bars und Restaurants nur einmal darauf zu achten, in wievielen Toiletten es tropft und rauscht.

Eine andere fatale Entwicklung ist, daß man mehr betuchtere Touristen ködern möchte. Wie macht man das? Mit Golf! Also werden mehr – Unmengen an Wasser verschlingende – Golfplätze in die Halbwüste gebaut, als sei man in Las Vegas und hätte einen aufgestauten Colorado-River um die Ecke. Ein Golfplatz braucht soviel Wasser wie eine Kleinstadt mit 8000 Einwohnern. Der denkbare Ansatz, die Golfplätze mit sog. Brauchwasser zu bewässern, scheiterte bisher daran, daß die Kläranlagen – soweit vorhanden – und die Golfplätze weit auseinanderliegen.

Teneriffas Trinkwasserbilanz 2001 (in Mio m^3):

Galerien, Brunnen	194,0 m^3 = 89,8%
Wiederaufbereitung	10,5 m^3 = 4,9%
Meerwasserentsalzung	11,5 m^3 = 5,3%

Nicht mehr so groß wie früher sind die Verluste im gewaltigen 4000 km langen Verteilernetz. Es bestand lange aus zum Teil nur in den Fels gehauenen, offenen Aquädukten (Verdunstung), aus gemauerten und gedeckelten Kanälen und einem unkontrollierten Spinnennetz von Verteilerrohren. Unglaublich viel Wasser verschwand. Absoluter Höhepunkt war das Jahr 1945. Damals gingen allein in der Hauptstadt Santa Cruz 53% des Wassers verloren. Ein Teil davon sicher auch dank der Schlitzohrigkeit mancher Tinerfeños. Tausende bauten sich schon damals illegal ein Häuschen, und irgendwie gelang es ihnen, das öffentliche Wassernetz anzuzapfen.

Nach 30 Jahren des Herumdokterns an den maroden Kanälen und Leitungen war das Ergebnis noch immer niederschmetternd. Bis 1975 kamen keine 50% des eingeleiteten Wassers beim zahlenden Verbraucher an: rund 21 Mio. m^3 betrug der jährliche Verlust. Da wurde es selbst den sprichwörtlich geduldigen *Canarios* zu bunt. Die Wasserabteilung der Hauptstadt wurde in eine Aktiengesellschaft umgewandelt. Und die beschloß – nun von keiner Bürokratie mehr gegängelt –, die Kanäle und Rohre zu erneuern. Nach nur fünf Jahren versickerten 1980 nur noch 14,4%. Heute sind es etwa 7%, ein gutes Ergebnis auch international.

Das Wasser gehört auf Teneriffa Privatunternehmen. Am Anfang waren es Großgrundbesitzer und Kooperativen von Bauern, die nach Wasser gruben, später schürften Kapitalgesellschaften. Der Vergleich mag hinken, aber Teneriffa ist so etwas wie das ehemalige Ruhrgebiet der kanarischen Inseln. Nur suchten kanarische Bergleute in tief in die Berge getriebenen Stollen keine Kohle oder Edelmetalle, sondern Wasseradern.

Es gibt immerhin 1.700 km Stollen. In diesen Vortrieben wird das Tropfwasser in Rinnen aufgefangen und fließt dann in eigene Becken. Wer Wasser will, muß zahlen, auch die Gemeinden. Neben den Wasserstollen gibt es noch 500 Brunnen mit einer mittleren Tiefe von 120 m.

Nicht wenige Stollen und Brunnen sind inzwischen trocken oder nicht mehr ergiebig. Neue Vortriebe werden kaum noch riskiert, denn sie sind teuer und das Risiko nichts zu finden, ist groß. Die Wiederaufbereitung der ***aguas negras***, der Abwässer, steckt noch in den Kinderschuhen – 60% des Wasser bleiben unrecycelt. Die Kanaren bilden damit ein spanisches Schlußlicht, Musterknabe sind die Balearen (= 0,8%). Das neue Zauberwort heißt Meerwasser-Entsalzung. Zwei Anlagen in der ersten Ausbaustufe funktionieren bereits, 21 weitere sind geplant. Aber sie haben einen Haken: sie benötigen immens viel Energie.

Es scheint, daß Teneriffas einstigem Wasserrausch nun die Ernüchterung folgt. Was sich in Millionen von Jahren im porösen Gestein in unterirdischen Grotten gesammelt hatte, ist großenteils verbraucht. Experten haben berechnet, daß in einem normalen Jahr 865 Mio. m^3 Wasser auf der Insel niedergehen. Davon verdunsten 600 Mio. m^3 und 20 Mio. m^3 fließen ins Meer. Immerhin versickern 239 Mio. m^3 und werden im Vulkangestein gespeichert. Zur Zeit werden aber rund 215 Mio. m^3 genutzt. Das ergäbe rechnerisch sogar eine zusätzliche Reserve von 24 Mio. m^3·pro Jahr.

Doch was ist schon ein normales Jahr? Die globale Klimaerwärmung macht keinen Bogen um Teneriffa. In den letzten 10 Jahren haben die Niederschläge abgenommen. Der Wasserabbau hat den Grundwasserspiegel um knapp einen Meter sinken lassen, was sich nach wenig anhört, jedoch bei der dünnen Humusschicht über dem Vulkangestein eine Menge bedeutet.

Wasser wird knapp auf Teneriffa.

Unendliche Kilometer Wasserleitung führen aus den Bergen in die Verbrauchszentren

2

TENERIFFAS FLORA UND FAUNA

2.1 Vegetation auf Teneriffa

(➢ auch Literatur, Seite 600, und »Botanik mit Cristóbal«, Seite 517)

2.1.1 Übersicht

Die kanarische Flora weckte schon Ende des 18. Jahrhunderts das Erkenntnisinteresse der Aufklärer wie *Humboldt, Darwin* und *Viera y Clavijo* (➢ Seiten 499f). Ihnen stellten sich viele Fragen: Warum gab es hier so viele in Europa unbekannte Pflanzen, die offensichtlich von fernen Kontinenten stammen? Wie konnte eine Flora und Fauna auf Inseln gelangen, die aus dem Feuer geboren waren? Und: Hat jemals eine Landbrücke zu Afrika bestanden?

Pangaea

Erst die 1912 von *Alfred Wegener* entwickelte **Theorie der Plattentektonik** konnte Antworten geben: Teneriffas Pflanzenvielfalt resultiert daraus, dass es vor 250 Mio. Jahren nur eine einzige zusammenhängende Landmasse gab, den subtropischen Superkontinent »***Pangaea***«. Als dieser 70 Mio. Jahre später zerbrach, drifteten seine Teile in verschiedene Richtungen (»Kontinentaldrift«). Die Vegetation auf ihnen passte sich den jeweiligen Klimazonen an. Nordafrika verblieb in der subtropischen Region.

Mediterrane Fossilienfunde zeigen, dass es dort ausgedehnte Lorbeerwälder gegeben hat, ähnlich der heutigen ***Laurisilva*** mit ihren vielen Farnen in den Gebirgslagen. Auch **Drachenbäume** (*Dragos*), die »Dinosaurier« unter den tinerfeñischen Pflanzen, wurden **im Mittelmeerraum** in Versteinerungen gefunden.

Thetys Meer

Das Mittelmeer war früher Teil des größeren Thetys-Meeres, das bis zum heutigen Himalaya reichte. Spätere Gebirgsauffaltungen (*Atlas, Sierra Nevada*) verkleinerten dieses Meer und trockneten Nordafrika aus. Der kanarische Lorbeerwald überlebte als Relikt aus dem Jungtertiär vor 15 Mio. Jahren. Der nächste Verwandte der **Kanaren-Kiefer** (*Pino*) findet sich heute im Himalaya (!), dessen Felsmassen aus dem Tethys-Meer emporgestiegen sind.

Eiszeit

Nicht nur die Schrumpfung des Thetys Meers veränderte die Vegetation im heutigen Mittelmeerraum. Bis vor etwa 11 Mio. Jahren kühlten Eiszeiten auch Regionen ab, die nicht unter einer Eisdecke lagen. Viele Pflanzen wurden dadurch weiter nach Süden verdrängt. Überleben konnten nur diejenigen, die sich trickreic auf die Reise begeben und in mildere Gefilde wie die Kanaren gerettet hatten. In diesem isolierten Exil entwickelten sie sich prächtig und bildeten viele endemische (einmalige) Unterarten, sofern sie von Vulkanausbrüchen verschont blieben. Das ***Aeonium*** zum Beispiel, ein Dickblattgewächs mit rosettenförmigen fleischigen Blättern, ist in besonders vielen Arten und Unterarten vertreten.

Typisches Aeonium

Isolierte Vulkaninseln

Die Aufklärer des 18. Jahrhunderts .glaubten noch an eine ehemalige Verbindung der Inseln mit Afrika. Folglich gingen sie von einem afrikanischen Ursprung der kanarischen Flora und Fauna aus. Erst die Erkenntnis, dass die Vulkaninseln durch Unterwasser-Eruptionen aus dem Atlantik, d.h., isoliert von bestehenden Kontinenten entstanden waren, warf die Frage auf, wie Pflanzen und Tiere dort heimisch werden konnten (➢ dazu im Detail »Entstehung der Kanarischen Inseln«, Seite 434).

Afrikanähe

Bakterien, Farne und Flechten verwehten vom nur 100 km entfernten afrikanischen Kontinent, setzten sich in Gesteinsspalten fest und bereiteten so den Boden für höhere Arten. Andere reisten raffinierter, beispielsweise als Samen im Vogeldarm, verfangen in Vogelfedern oder in hölzernen Treibgut-Ritzen.

Klimabedingungen

Teneriffas klimatische Janusköpfigkeit mit einer humiden Luv- und einer ariden Lee-Seite bietet neben Pflanzen, die viel Wasser brauchen, auch Lebensraum für **Wüstengewächse**. Zusätzlich bringt die enorme Inselhöhe (3.718 m) mehrere abgestufte **Vegetationszonen** mit sich. Folglich ist die höchste Insel der Kanaren auch die pflanzen-vielfältigste. Ferner schafft die zerklüftete Oberflächenstruktur eine ganze Reihe von Mikroklimata – ökologische Nischen für viele Unterarten.

Endemiten

Pflanzen, die auf einen geographischen Raum begrenzt sind, werden »Endemiten« genannt. Von den etwa **1.950 Pflanzenarten**, die heute wild bzw. verwildert auf den Inseln wachsen, wurden seit der Eroberung durch die Spanier 680 eingeschleppt und haben sich akklimatisiert (➢ »Lexikon der Nutz- und Zierpflanzen«, Seite 461f). Von den verbleibenden 1.270 Arten gelten **660** als **Kanaren-Endemiten**. Allein auf Teneriffa sind dies 173 Arten, davon reine **140 Teneriffa-Endemiten** (Lokalendemiten). Teneriffa hat damit den höchsten Anteil an Lokal-Endemiten.

La Quinta Drago in Santa Ursula

Mit der abwechslungsreichen Flora und dem Begriff »endemisch« wurde in letzter Zeit viel Werbung für Teneriffa gemacht.

So eingestimmt sind viele Touristen möglicherweise enttäuscht, wenn sie nicht auf Schritt und Tritt einer »extrem exotischen« Pflanze begegnen. Die **kanarische Palme**, die **Kanaren-Kiefer** oder die **Kandelaberwolfsmilch** lösen kaum Erstaunen aus, obwohl alle drei endemisch sind. Eine Kiefer ist für den biologischen Laien eben nur eine Kiefer. Dagegen stoßen die Königin der Kanaren-Endemiten wie der **Rote Teide-Natterkopf** (➢ »Flora und Fauna«, Seite 424 und Foto Seite 424) und der sagenumwobene **Drachenbaum** (*Drago*) auf spontane Bewunderung (➢ Icod, Seite 347).

Die meisten Insel-Endemiten verstecken sich – oft unbeachtet– in Felsspalten oder in höchsten Höhen wie das **Teideveilchen**. Andere Gewächse wie die ***Tabaiba*** (Euphorbia regis-jubae und die Euphorbia balsamifera) stehen viele Monate kahl und dürr auf steinigem Boden. «Putzig« findet auch der Laie die vielen hauswurzartigen Dickblattgewächs-Arten (*Aeonium*), die mit ihren fleischigen Rosetten beispielsweise im »Malpaís« oder zwischen den Dachpfannen wachsen. Sie bilden attraktive Blütenstände in mannigfaltigen Farben und Formen.

Vegetations-pyramide

Die erwähnte **Zweiteilung in Nord und Süd** sowie die jeweilige **Höhenlage** bestimmen die verschiedenen **Vegetationsebenen** der Insel, die man grob in drei Stufen einteilen kann: das unterste Stockwerk (*Zona Baja* oder *Piso Basal*) bis etwa 300 m und das oberste Stockwerk (*Zona Montañosa*) ab 2.000 m umfassen die ganze Insel ohne bedeutende Unterschiede zwischen Nord- und Südseite. Dagegen sind die mittleren Höhen (400 m bis 1.500 m) beider Inselseiten wegen der krassen Klimagegensätze (feucht bzw. trocken) sehr unterschiedlich bewachsen. Diese mittleren Lagen werden oben und unten von Übergangszonen begrenzt.

Die wichtigsten Pflanzen und Pflanzengemeinschaften Teneriffas werden im Reiseteil und in Kästen genauer dargestellt.

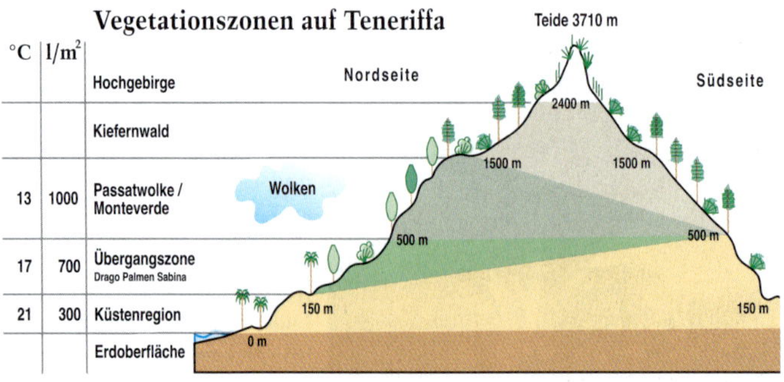

2.1.2 Küstenzone

Wenig Beachtung finden Pflanzen, die in unmittelbarer Meeresnähe ein recht anstrengendes Leben führen. Der Salzgehalt von Luft und Boden, der Wind und der sandige Boden machen ihnen zu schaffen. Die meist nur bis 50 cm hohen Gewächse mit fleischigen Ästen speichern viel Wasser, um die hohe Salzkonzentration zu verdünnen. Auffällig ist die **Guanchentraube** (Zygophyllum fontanesii), deren sukkulente olivgelbe Blätter wie Trauben wirken. Nur an den wenigen sandigen Küstenstreifen findet sich die **Kanaren-Tamariske** (Tamarix canariensis), ein mittelgroßer Strauch oder kleiner Baum mit schuppigen fedrigen Blättchen

Guanchentraube

und kätzchenartigen rosa Blütenständen. Eine kleine Pracht ist auch der rosa-violettblühende **Kamm-Strandflieder** (Limonium pectinatum). Wo die Gischt an felsigen Küsten ins Land getragen wird, ist die **Nymphendolde** (Astydamia latifolia) zu finden, ein dickblättriger Schirmblüter mit mehrstrahligen gelben Dolden. Die Spanier nennen sie *Lechuga de Mar*, Meersalat.

Die rosa-violett-blühende **Seeheide** (Frankenia laevis), ein Zwergstrauch, heißt spanisch *Albohol*. Auch der **Meerfenchel** (*Perejil de Mar*/Crithmum maritimum) gibt über seinen Namen die frühere Verwendung in der Küche preis. Er ist von sellerieähnlichem Geruch und salzigem Geschmack.

2.1.3 Der Norden

In die natürliche Vegetationspyramide der Insel hat der Mensch stetig und massiv eingegriffen. Schon das sommerliche Weiden der Guanchen-Ziegen in der sensiblen Bergwelt ab ca. 2.000 m verursachte unwiederbringliche Schäden. Andererseits ließen die Ureinwohner die unteren Hänge durch nur unbedeutenden Getreideanbau und – als nicht seefahrendes Volk – auch Teneriffas Wälder intakt. Beides sollte sich nach ihrer Unterwerfung durch die Spanier radikal ändern.

Pflanzengemeinschaft mit Tabaiba

Die kanarische Palme und der Drachenbaum fühlten sich immer schon neben den auf der ganzen Insel vertretenen ***Tabaibas*** und ***Cardones*** (➢ unten) in der warmen, gemäßigt-trockenen Küstenzone unterhalb der feuchten Passatwolke wohl.

Ein gutes Beispiel dieser ursprünglichen, sehr anmutigen Vegetation ist im geschützten Gebiet beim ***Mirador San Pedro*** nahe Los Realejos erhalten (➢ Küstenwege, Seite 337f). Vielerorts wurde diese inseltypische Flora fast vollständig durch Nutzpflanzen und Plantagenanbau verdrängt.

Ab Mitte des 20. Jahrhunderts sind die unteren Nordhänge der Insel zum Siedlungsgebiet geworden. In den Gärten stehen dort exotische Zierpflanzen und farbenprächtig blühende Bäume aus mediteranen und subtropischen Gebieten. Die verbliebenen landwirtschaftlichen Flächen im Küstenbereich werden weithin von Bananenplantagen besetzt. Bis etwa 500 m Höhe findet man Wein- und Apfelsinen-Anbau.

2.1.4 Die Wälder

Monteverde

Mehrere ineinander übergehende Waldzonen bedeckten früher die Nordhänge zwischen 500 m und 2.000 m. In der unteren Übergangszone bildeten die Palmen, Dragos und Tabaibas zusammen mit den Trockenheit gewohnten **Sabinas** (*Juniperus turbinata*, Kanaren-Wacholder) weite, lichte Haine. Auf 600 m bis 1.300 m Höhe entwickelte sich der »***Monteverde***«, eine Mischung aus **Lorbeerwald** und **Gagel-Baumheidebusch** (*Fayal-Brezal*), Farnen, Moosen und Flechten sowie einer artenreichen Strauch- und Krautschicht im Unterwuchs. Der *Monteverde* entzieht das lebenspendende Nass überwiegend der Passatwolke.

Im Bereich der Lorbeerwälder wuchsen die begehrtesten Hölzer. Der ***Barbusano*** galt als das »kanarische Ebenholz« (Apollonais barbujano) und der ***Viñatigo*** (Persea indica), der bei Tischlern sehr geschätzt ist, als die sogenannte »Zeder der Kanaren«.

Veränderung

Der Wasserreichtum und die gemäßigten Temperaturen im Bereich der Passatwolke machten diese Höhenlage zum bevorzugten Siedlungsraum. Die reichen Nutzholz-Bestände wurden verfeuert und verbaut und auf den gerodeten Flächen Kartoffeln, Gemüse und Getreide angebaut. Die vereinzelt stehenden Edelkastanien und kleinen Eichen wurden erst später angepflanzt.

Monteverde heute

Auf Teneriffa ist der *Monteverde*, der grüne Bergwald, noch am ursprünglichsten im Anaga-Gebirge erhalten (➢ Seite 170). An der zentralen Nordküste finden sich nur noch kleine Bestände, beispielsweise im Nordwesten oberhalb von Los Silos (➢ Seite 359) und oberhalb von Los Realejos um die *»Zona Recreativa Chanajiga«* (➢ Seite 334).

Kanaren-Kiefernwald

In den trockeneren Gebieten teilweise oberhalb der Passatwolke löste die **Kanaren-Kiefer** den *Monteverde* ab. In ihrem Unterholz fühlt sich hier auch noch die **Baumheide** wohl. Erst in noch höheren Lagen stehen diese Kiefern wie Königinnen allein über den Wolken. Trotz massiver Rodungen im 16. Jahrhunder umgibt – nach Wiederaufforstungen – heute wieder die ***Corona Forestal*** (Waldkrone) weiträumig den Teide (bis zu etwa 2.000 m Höhe). Auftretende Winterfröste bestimmen die Obergrenze des Kiefernwaldes und damit die Baumgrenze.

2.1.5 Der Süden

Zona Baja (0-700 m)

Im Inselsüden ersteckt sich die *Zona Baja*-Vegetation von der Küste bis auf 500 m/700 m Höhe. Dort bestimmen vor allem die **Euphorbien** das Landschaftsbild. Die Familie der **Wolfsmilchgewächse** mit ihren vielen Arten und Unterarten kann sich auf dem weichen hellen Tosca-Gestein, aber auch im spitzkantigen schwarzen *Malpais* entwickeln.

Wolfsmilchgewächse

Die Euphorbia regis jubae, **König Juba Wolfsmilch** – im Volksmund kurz ***Tabaiba*** genannt, ist hier überall gegenwärtig. Dieser bis zu etwa 2 m hohe Strauch bildet aus dem kurzen sukkulenten Stamm sich nach oben öffnende Äste. Seine schmalen, zu Rosetten geordneten Blätter verliert er bei längerer Trockenheit im Spätfrühjahr. Dann sehen die Hänge des Südens über Monate grau und abgestorben aus. Erst die ersten winterlichen Regenfälle können sie zu neuem Leben erwecken. Ab Dezember wirken sie dann mit ihren dichtstehenden grünen Blättern wie ein **Savannenwald en miniature**. Die in den Ästen der ***Tabaiba*** gespeicherte Feuchtigkeit (Stammsukkulenz), ein weißer, klebriger Saft (Wolfsmilch), ist giftig. Die Guanchen gossen ihn ins Meer, um dann die toten Fische von Land aus zu fangen. Auch zum Mumifizieren wurde er verwendet. Benannt ist die *Tabaiba* nach dem numidischen König *Juba II*, der schon zur Zeit des Römischen Reiches die kanarische Inselgruppe erreicht hatte.

Kandelaber-"Kaktus"

Die teils am Boden kriechende, kräftige *Tabaiba dulce* (Süße oder **Balsam-Wolfsmilch** – Euphorbia balsamifera) kann noch mehr Wind und Trockenheit vertragen. Manche Euphorbien schützen sich vor dem Austrocknen, indem sie nur wenige, leicht abfallende kleine Blätter bilden wie z.B. die **Blattlose Wolfsmilch** (Euphorbia aphylla). Star unter den Wolfsmilchgewächsen ist der auf der gesamten Insel verbreitete ***Cardón*** (Euphorbia canariensis), zu deutsch **Säuleneuphorbie** oder auch umgangssprachlich – irreführend – **Kandelaberkaktus** genannt. Viele bogig aufsteigende dicke Sprossen entwickeln sich aus einem mächtigen Wurzelstock. Seine Blätter haben sich zu Dornenpaaren zurückgebildet. Bis zu drei Meter hohe vielarmige Prachtexemplare finden sich entlang der Südautobahn und an den Südabhängen des Anaga-Gebirges. Exotisch schön präsentiert sie sich, wenn sie an den Sprossenenden kleine rote Blüten bzw. rote dreikapselige Früchte trägt.

Euphorbia Canariensis,
Star unter den Wolfsmilchgewächsen

Die schönste Euphorbia wächst allerdings nicht auf den trockenen Südhängen, sondern im etwas feuchteren **Teno-Gebirge** bei Masca (➢ Foto Seite 281).

Pflanzengemeinschaften

Die dominierenden Wolfsmilchgewächse im trockenen windigen Süden leben meist in Gemeinschaft mit ähnlichen Pflanzen. Vom Laien leicht mit der *Tabaiba* zu verwechseln ist die **Verode** (Kleinia neriifolia). Sie hat einen längeren verholzten Stamm und eine verästelte Krone. Nur an den Zweigspitzen sitzen grüne fleischige Blätter. Zur Blüte- und Fruchtzeit ist sie als Körbchenblüter unverkennbar. Weder Dornen noch Blätter, nur noch Stengel hat der ***Cardoncillo*** (Ceropegia fusca), die **Braunblütige Fensterpflanze**.

Opuntie

Der ***Feigenkaktus*** (Opuntia) hat sich seit seiner Einführung aus Lateinamerika weit verbreitet und seinen Platz in dieser Gemeinschaft oft zum Schaden einheimischer Pflanzen gefunden. Rosettenbildende Dickblattgewächse (Aeonium) fühlen sich sowohl im Lorbeerwald als auch auf knochentrockenem jungen Vulkangestein, ja sogar auf Hausdächern wohl (**Dachwurz**). Sie gehören ebenfalls zum Habitat des Sukkulentenbusches. Oft entwickeln sie große Blütenstände, die senkrecht aus den Blattrosetten aufsteigen und je nach Art in vielen Farben und Formen daherkommen. Auch kleine Bäumchen bzw. größere Sträucher wie der **Balo** (Plocama pendula) mit einer Höhe von bis zu 3 m gehören dazu. Er hat schlaff hängende Zweige und erinnert mit seiner Form an eine Trauerweide. Seine Früchte sind fleischig und sehr wasserhaltig; sie dienen vor allem Eidechsen als Nahrung.

Margeritenbusch am Fels

Viele der Pflanzen sind über Monate für den Laien unattraktiv und nur Biologen erkennen sie an ihren Besonderheiten. Dem interessierten Laien, der sich bißchen eingelesen hat (➢ Literatur Pflanzen, Seite 600), erschließen sie sich, wenn sie Blüten oder Früchte tragen und leichter zu bestimmen sind.

Nur nach ausreichenden Regenfällen im Winter und Frühling kommen im Inselsüden und -westen zum Braun, Grau und Grün, andere Farbtupfer in die Landschaft. Vor allem an den Westhängen blühen Mandelbäume zartrosa und kräftige **Margeritensträucher** (Argyrantemum spec) bilden ein weißes Blütenmeer.

Die beige-grauen, gerölligen **Toscaböden** können an einigen Stellen mit einem dunkelroten dichten Teppich überzogen sein, den die **Knotenblütige Mittagsblume** (Mesembryanthemum nodiflorum) bildet. Bezaubernd wirkt der recht häufige **Kalifornische Goldmohn** an den Straßenrändern.

Kalifornischer Goldmohn

Eingriffe in die Natur

Erst seit Mitte des 20. Jahrhunderts hat der Mensch massiv in die Natur des Inselsüdens eingegriffen. Durch effektivere Bewässerung und Trockenfeldbau wurde auch dort Plantagenwirtschaft möglich (➢ Seite 408). *Tabaibas* und *Cardones* auf flachen Hängen mussten Tomaten, Bananen oder Schnittblumen weichen.

Anderswo, wie beispielsweise im Güímar-Tal, wurden Avocados, Mangos, Papayas und Wein angepflanzt. Generell hat sich aber Teneriffas Landschaftsbild im Süden nicht so nachhaltig verändert wie im Norden durch die Rodung des Lorbeerwaldes. Nur die früher auch im Süden heimischen *Sabinas* (Juniperos) sind nahezu gänzlich ausgestorben. Und wo an den Küsten eine dichte touristische Bebauung die bescheidene Insel-Vegetation zugedeckt hat, verschönern heutzutage Palmen, bunt blühende Beete und gepflegte Parks die Hotelanlagen.

Kiefernwald

Schon ab 500 m/600 m Höhe schließt im Süden die Kanarenkiefer direkt an den Sukkulenten-Busch bzw. das *Tabaibal/Cardonal* an (➢ oben »Vegetationszonen« und Bild). Zuerst wachsen nur vereinzelte Exemplare, dann erobert sie die gesamte Höhenstufe. Die lichten Kiefernwälder haben fast keinen Unterwuchs. Dafür setzt der gelb blühende kugelförmige **Wald-Hornklee** (Lotus campylocadus, ➢ »Kanarische Kiefer«, Seite 414) einen auffälligen Farbakzent. Er ist ein Teneriffa-Endemit, der entlang der Waldwege gerne seine halbkugeligen Teppichpolster ausbildet.

Kiefernwald der Corona Forestal

2.1.6 Gebirgsregion

Kennzeichnung

An den Kiefernwaldgürtel (*Corona Forestal*) schließt oberhalb der Baumgrenze die subalpine Stufe der ***Zona Montañosa*** an. Die sehr trockene Luft, intensive Sonneneinstrahlung unter fast immer blauem Himmel, heiße Tage, kalte Nächte, der stetige Wind und die steinige Vulkanlandschaft stellen an die hier siedelnden Pflanzen hohe Ansprüche an die Kunst des Überlebens. Niedrige kugelbuschartige Gestalt zeigt die **gelbblühende Besenrauke**, nach dem Verblühen und dem dann strohigen Aussehen im Spanischen *hierba pajonera* genannt.

Ginster

Nur der **Teide-Ginster** (*Retama del Teide*/Spartocytisus supranubius) öffnet sich wie ein kleiner kräftiger Baum mit seinen graurindigen Ruten nach außen. Im Winter wirken die blattlosen Büsche mit oft über 20 m Umfang wie graue über das beige-braun-schwarze Geröll verstreute Haufen. Ab Frühsommer schmücke sie sich jedoch mit duftenden, rosa-weiß strahlenden Blüten.

Tajinastes

Majestätisch sind die Gestalten zweier Natternköpfe. Allen voran der Rote Teide Natternkopf (Echium wildpretii/*Tajinaste roja* – die Tinerfeños nennen ihn *Orgullo de Tenerife*, den Stolz Teneriffas), der bis zu 3 m hoch werden kann. Die andere ist die *Tajinaste picante*, **Blauer Teide Natternkopf** (Echium auberianum). Er blüht blau-violett und ist die große Kostbarkeit im Raum der *Caldera de las Cañadas.*

Violeta

Last not least, das violette **Teideveilchen** (Viola cheiranthifolia/ *Violeta*), vor dem *Alexander von Humboldt* vor über 200 Jahren kniete. Es zeigt sich nur dem Teidegipfelstürmer, der einen Blick für diskrete Schönheiten hat (➢ auch »Flora und Fauna« im Kapitel »*Parque Nacional del Teide*«, Seite 424).

Teideveilchen

Roter Teide Natternkopf in den Cañadas

2.2 Lexikon »Teneriffas Nutz- und Zierpflanzen«

2.2.1 Übersicht

Pflanzenimport Da die Spanier auf Teneriffa außer der kanarischen Kiefer und einigen Loorbeerarten keine ökonomisch nutzbaren Pflanzen für Energie, Schiff- und Häuserbau vorfanden, führten sie inselfremde Nutzpflanzen ein, um sie auf Plantagen anzubauen und in Europa zu vermarkten. Infolgedessen hat sich die ursprüngliche Inselflora seit der *Conquista* stark gewandelt.

Auf dem Weg von und nach Afrika, Asien und Amerika machten die Segelschiffe auf den Kanaren früher regelmäßig zur Proviantaufnahme Zwischenstation. Es lag nahe, aus fernen Kontinenten mitgebrachte Pflanzen hier im milden Klima auf ihre landwirtschaftliche Verwertungsmöglichkeit zu testen.

Agrarprodukte Während der Anbau von Zuckerrohr und Weinstöcken auf dem Archipel vorübergehend erfolgreich war (➢ Seite 491f), schlugen andere landwirtschaftliche Experimente (Kaffee und Kakao) fehl.

Entwicklung Hinzu kam, dass die wachsende Bevölkerung des Archipels mehr Lebensmittel brauchte. Die Ureinwohner hatten außer Getreide nichts angebaut, aber die Spanier brachten Kartoffeln, Bohnen, Mais und Tomaten aus ihren Kolonien mit auf die Insel, auch allerlei exotische Früchte wie Mangos, Papayas und Avocados. Sie gediehen gut auf den Kanaren. Langsam wich die ursprüngliche Vegetation der heimischen Landwirtschaft (bis 1000 m Höhe) und dem Plantagenanbau von Bananen, Tomaten, Schnittblumen und Zierpflanzen, die nach Europa exportiert wurden.

Park- und Gartenflora Die vielen inselfremden Ziersträucher und blühenden Bäume in leuchtenden Farben dagegen sind reiner Luxus. Südamerikanische, afrikanische und pazifische Pflanzen wurden zur willkommenen Zierde in den Gärten der Wohlhabenden. Außer der Kanarischen Dattelpalme und dem Drachenbaum (*Drago*) ist nahezu die ganze ornamentale Park- und Gartenflora ursprünglich inselfremd, inzwischen aber als »inseltypisch« integriert.

Das gilt auch für einige Kakteen- und Palmenarten. Mit wachsendem Wohlstand der tinerfeñischen Bevölkerung und dem Tourismusboom wurde der Zierpflanzen-Anbau zu einem Geschäft. Selbst die Bepflanzung der Straßenränder und Kreisverkehre im knochentrockenen Süden wird immer luxuriöser.

Einziger Nachteil: die leuchtenden Exoten und Nutzpflanzen aus den Tropen brauchen viel Wasser (➢ »Bananen«, Seite 468).

Aloe im Jardín Botánico von Puerto de la Cruz

2.2.2 Ausgewählte Zier- und Nutzpflanzen

Viele Pflanzen der folgenden kleinen Auswahl sind uns aus dem Gemüse- oder Blumenladen bekannt. Nicht immer kann der Zugereiste aber die tropische Frucht dem Baum oder der Topfpflanze im Wohnzimmer dem Äquivalent in freier Natur zuordnen.

Afrikanischer Glockenblütenbaum (Spathodea campanulata)

In seiner Heimat Südafrika wächst dieser Baum bis zu 20 m hoch und ist ausdauernd grün. Auf den Kanaren begnügt er sich mit nur 3-4 m und verliert in unregelmäßigen Abständen seine länglichen gefiederten Blätter. Die rot-orangen Glockenblüten mit schmalem gelben Rand, stehen jeweils zu dritt, brauchen viel Sonne und dienen Vögeln als Tränke. Seine feuerrote Pracht trägt er fast das ganze Jahr. ***Tulipero de Gabón*** nennen ihn die *Canarios*, deren Straßen, Parks und Gärten er ziert

Agave

Dieses wild wachsende **Liliengewächs** stammt aus Mittelamerika und liebt sonnige Hänge in Trockengebieten. Die fleischig-dornigen Blätter bilden eine Rosette aus deren Mitte nach 8-15 Jahren (in Gewächshäusern 50-100 Jahren) ein bis zu 10 m hoher verholzter Blütenschaft schießt. Danach stirbt die Pflanze. In Südamerika und auf Fuerteventura dient sie zur Faserherstellung (Sisal).

Auch die als Zierpflanze beliebte **Yucca** (Yucca aloifolia) ist eine Agavengattung, die im Freien bis zu 7 m hoch wächst. Im Sommer trägt sie bis zu 60 cm große prächtige weiße Blütenstände.

Aloë (Aloë arborescens) Die Aloë ist ebenfalls ein **Liliengewächs** (Südafrika) und wirkt auf den Betrachter wie eine Mini-Agave, aus deren Rosette zwischen Dezember und Februar eine hochstehende **scharlachrote Blüte** wächst. Seit altersher wird sie als Hausmittel gegen allerlei Krankheiten eingesetzt. Hauptsächlich auf Fuerteventura wird sie kommerziell angebaut, um aus ihr Kosmetikmittel, Salben und Cremes (gegen Akne und Schuppenflechte) zu gewinnen.

Araucaria (Araucaria heterophylla) Die aus Norfolk (*Pino de Norfolk*) stammende **Schirmtanne** (wir kennen sie auch als sogen. Zimmertanne) ist immergrün und dank ihrer horizontal ausladenden, regelmäßig gewachsenen Zweige sehr dekorativ. Sie steht in Gärten und auf Plätzen gern allein und kann ihre normale Höhe von 20 m weit übertreffen. Benannt wurde sie nach den Araukiern, der Urbevölkerung Süd-Chiles (Arauco ist eine chilenische Provinz).

Schirmtanne

Avocado (Persea americana/ *Aguacate*) Dieser bis zu 18 m hohe **immergrüne Baum** aus dem tropischen Amerika findet sich in mehreren Arten mit länglich-eliptischen Blättern und weiß-gelblichen Blüten. Die ovalen grünen oder schwarz-braunen Früchte sind heute auch in Nordeuropa beliebt. Auf den Kanaren gehören sie in jeden gemischten Salat. Der große Kern ist umgeben von gelbem weichen Fruchtfleisch, das viel Öl, Vitamine, Proteine und Mineralien enthält. Weltweiter kommerzieller Anbau in warmen Ländern.

Bougainvillea (B. spectabilis) Diese **Zierpflanze** aus dem **Südpazifik** »blüht« das ganze Jahr weiß, orange oder rot. Doch was wie leuchtende Blüten aussieht, sind farbige Hochblätter,von denen sich jeweils drei an die kleinen weißen Blüten anschließen. Sie klettert an Häuserwänden und Mauern hoch. Benannt ist sie nach ihrem französischen Entdecker *Louis-Antoine Comte de Bougainville*, der die zu Papua Neuguinea gehörende Insel gleichen Namens erforschte, die ab 1884 zu Deutsch-Papua Neuguinea gehörte.

Eukalyptusbaum (Eucalyptus globulus) Meist als schnellwachsender immergrüner **Chausseebaum** erreicht der Eukalyptus bis zu 40 m Höhe. Seine lanzettförmigen Blätter sind oliv-silbrig. Das Holz ist sehr hart und enthält ätherische Öle. Die Pflanze (Ursprung Australien) wirkt zerstörend auf die einheimische Flora. Besonders auffällig ist der **Purpur Eukalyptus** (Eukalyptus ficifolia/*Eucalypto rojo*), mit kleineren, breiteren, an *Ficus* errinnernden Gummibaum-Blättern und (von Frühling bis Herbst) Büscheln roter, orange- oder rosafarbener Blüten.

Federborstengras (Pennisetum setaceum) Aus der afrikanischen Steppe kommend hat das Gras sich im Norden Teneriffas wild ausgebreitet und wird immer öfter auch bei der Gestaltung von Gärten, Rondeelen und Straßenrändern verwendet, da es auch allein gepflanzt sehr dekorativ ist. Es wächst in Büscheln und wird mit seinen dichten, rosa-bräunlichen Ähren bis zu 1 m hoch. In der Landschaft bedeutet seine rasche Ausbreitung eine ernste Bedrohung der heimischen Flora.

Feige (Ficus) Die Gattung ***Ficus*** stammt aus Australien bzw. dem südpazifischen Raum, Südostasien und Afrika, ist inzwischen aber auch in Nordeuropa als Zimmerpflanze mit vielen unterschiedlichen Arten sehr verbreitet. Man erkennt den immergrünen Baum oder Strauch an den eliptischen, mattglänzend-dunkelgrünen Blättern. Die alte **Würgefeige** (Ficus dealbata) im Botanischen Garten in Puerto de la Cruz (➢ Seite 310) mit ihren Luftwurzeln ist der berühmteste Ficus auf Teneriffa.

Recht auffallend ist auch der **Ficus rubiginosa**, wie die Würgefeige mit Luftwurzeln, ein 8-12 m hoher Park-Baum (in Australien noch höher). Zur Gattung des Ficus gehört ferner der ***Laurel de la India*** (Ficus microcarpa - fälschlich »Indischer Lorbeer« genannt), der als schattenspendender, sehr dicht belaubter Baum auf fast allen Plätzen (*Plazas*) Teneriffas zu finden ist. Er wird bis 20 m hoch, steht gern allein, hat runde, kleine gelblich-grüne oder rötliche Früchte und braucht viel Feuchtigkeit. Die Blätter des Feigenbaums sind nicht als Gewürz geeignet.

Flamboyant oder Feuerakazie (Delonix regia) Hier handelt es sich um einen kleineren **3-5 m hohen Baum**, dessen Stamm sich oft zweiteilt und mit seinen kleinen gefiederten Blättern ein schirmartiges Dach bildet. Im Sommer blüht die Feuerakazie leuchtend-rot, und verliert im Winter ihre Blätter. Dann erkennt man sie an an ihren langen braunen Fruchthülsen. Ihr Ursprung liegt in Madagaskar.

Feuerakazie in voller Pracht

Hibiskus (Hibiscus rosasinensis/ *Rosa de China*) Das aus Südchina stammende **Malvengewächs** kommt in vielen Arten vor. Es hat prächtige trichterförmige rote, gelbe oder rosafarbene Blüten, aus der ein auffälliger Stempel mit den Staubgefäßen herausragt. Ganzjährig blühender Hibiskus wird in Gärten oft als Hecke verwendet und kann als Busch bis zu 4 m hoch werden. Leider wird er nicht selten von Blattläusen befallen.

Jacaranda (Jacaranda mimosifolia) Dieses **Trompetenbaumgewächs** stammt aus Südamerika, hauptsächlich Brasilien und Uruguay. Der gewöhnlich 3-5 m hohe Straßenbaum kann in seiner Heimat bis zu 15 m erreichen. Er trägt blau-violette Blütenstände; nach der Blüte im Frühling und Sommer treiben die fein gefiederten mimosenartigen Blätter neu aus. Sein Holz wird gern für Tischlerarbeiten verwendet.

Knallgelbe untere Blüten der Kassie; gut erkennbar sind hier die aufrechten Blütenstände

Kassie (Cassia didymbotrya) Der **immergrüne Busch** bzw. kleine 3 m hohe Baum kommt aus dem tropischen Afrika. Auffällig sind seine gefiederten Blätter von etwa 40 cm Länge und aufrechte große Blütenstände. Die unteren offenen Blütenblätter sind gelb, bei geschlossenen Blüten die Kelchblätter braun. Als **Johannisbrotgewächs** trägt er lange braune Fruchthülsen. Er findet sich als Gartenpflanze oder verwildert. Sein starker Geruch erinnert an frischgeröstetes *Gofio* (➢ Thema «*Gofio*«, Seite 69).

Mango (Mangifera indica) Dieser aus Indien stammende dichtbelaubte, **immergrüne Baum** braucht viel Wärme. Er kann bis 3 m hoch werden (auf Plantagen meist kleiner) und hat 25 cm lange, eliptische Blätter, unter denen sich die noch grünen Früchte versteckt halten. Besser erkennt man den Baum an seinen frischen, rötlichen Trieben. Die hochwertigen grün-rot-gelben Früchte geben einen beliebten Saft. Ißt man die Mango als Obst, lässt sich das saftig gelbe Fleisch nur schwer vom flachen, ovalen Kern lösen. Mango ist nach der Banane das wichtigste Tropenobst.

Palmen Außer der endemischen **Kanarischen Dattelpalme** (Phoenix canariensis, ➢ umseitig) sind diverse Palmenarten aus aller Welt auf der Insel heimisch geworden. Das ***Palmetum*** (➢ Santa Cruz, Seite 137) vermittelt einen guten Überblick.

Die Kanarische Dattelpalme (Phoenix canariensis)

Wie der Phönix aus der Lava-Asche steigt die Kanarische Dattelpalme aus dem Wüstenterrain. Aber auch in lieblicher Umgebung dominiert ihre majestätische Gestalt alles andere Grün mit ihren Struwelpeter-Wedeln auf endlosschlankem Stamm. Dieser zweihäusige Baum ist endemisch auf dem Archipel, aber seine arabische Verwandtschaft ist unverkennbar. Die kaum kirschgroßen gelben Datteln (*Trambras/tamanares*) an den Dolden sind ungenießbar bitter.

Bis zu 40 m kann diese Palmenart in den Himmel schießen, und immer schon wurde sie »mit Haut und Haar« verwertet: Guanchen aßen ihre Palmherzen (*Palmitos*), aus den Blättern fertigt(e) man Seile, Körbe und Fischernetze. Tiere fressen die Früchte, ihren Saft kauft man im Supermarkt gegoren als Palmwein oder eingekocht als süßen Sirup, den *Miel de Palma*. Und ihren 7 m langen Palmwedel ziehen bis heute die kanarischen Straßenfeger bei der Arbeit jedem borstigen Besen vor.

Sehr beliebt ist die ***Washingtonia*** (Washingtonia filifera und Washingtonia robusta) aus Mexiko. Die Filifera (fadentragend) ist ein stattlicher Baum, der im Freien 25 m erreichen kann. Mit normalerweise 10-15 m Höhe sieht die Krone oft zerrupft aus.

Unauffällig sind ihre weißen Blüten. Während der Blüte hängen schmale, gelb-grüne Fäden zwischen den Blättern herunter. Die Washingtonia robusta zeigt unbedeutende Unterschiede. Beide Arten sind weniger wegen ihrer Schönheit als wegen besonderer Robustheit bekannt. Ein Prachtexemplar steht in Icod, ➢ Seite 345+347.

Papaya - Melonenbaum (Carica papaya)

Diese **3-8 m hohen Bäume** scheinen aus dem tropischen Amerika zu kommen. Nur ganz oben auf dem schlanken Stamm sitzen die bis zu 60 cm großen, handförmig gelappten Blätter, gehäuft in Büscheln. Der Baum ist eingeschlechtlich, selten zwittrig, weibliche Blüten sind gelb, männliche weiß-beige. Unter der Krone sitzen die ovalen, z.T. sehr großen Früchte direkt am Stamm. Unter der grün-orangefarbenen Schale

findet sich das leuchtend gelbe, weiche Fruchtfleisch. Die Säfte enthalten Papain, das die Verdauung anregt. Die Papaya wird deswegen auch in der pharmazeutischen Industrie verarbeitet.

Falscher Pfefferbaum (Schinus molle/*Falso Pimentero*) Aus Peru, daher auch **Peruanischer Pfefferbaum**, fand dieser bis zu 15 m hohe immergrüne Straßenbaum seinen Weg auf die Kanaren. Seine hängenden Zweige errinnern an Trauerweiden. Er trägt kleine weiß-gelbe Blüten, länglich-schmale Fiederblätter und kleine, rötliche kugelformige Früchte. Trotz seines Namens werden diese nicht als Gewürz verwendet. Nur die Samen haben einen leicht pikanten Geschmack.

Strelitzie (Strelitzia regina), auch **Papageienblume**, ➢ Seite 266.

***Uva del Mar* (Cocoloba uvifera)** Ein immergrüner, **robuster Busch** oder kleiner Baum aus dem tropischen Amerika. Obwohl er bis zu 6 m hoch werden kann, hat er im Verhältnis zum Stamm eine große, dichte Krone aus nierenförmigen Blättern und kleine weiße Blüten, die in Trauben hängen. Die Frucht ähnelt dunklen Weintrauben, die essbar, aber nicht besonders schmackhaft sind. Da er Meeresnähe ertragen kann, wird er als **Strandbaum** verwendet. Schöne Exemplare stehen am Strand *Las Teresitas* bei San Andrés

2.2

Prächtige Blüte des Weihnachtssterns

Weihnachtsstern (Euphorbia pulcherrima/ *Flor de Pascua*) Jeder kauft den Weihnachtsstern zum Advent – in kleinen Töpfen im Blumenladen. In Teneriffas Norden wächst er verwildert und als **riesiger Busch** mit knorrigem Stamm und dünnen, langen Zweigen bis zu 4 m hoch. Seine Heimat ist eigentlich das tropische Amerika, insbesondere Mexiko. Er gehört zu den Wolfsmilchgewächsen und fällt auf durch sternförmig angeordnete hell- bis dunkelrote Hochblätter. Blütezeit: November-Januar. Im Sommer ist er kahl.

Yucca ➢ oben unter »Agave«

Bananen auf krummen Touren

Die Biologie

Die Banane (*musa*) gedeiht an den größten milchsaftführenden Stauden der Welt. Von der Knolle bis zum 5 m hohen Scheinstamm braucht sie ein gutes Jahr. Dann erscheint die Blüte bedeckt von purpurroten Tragblättern. Die bis zu 30 kg schwere Rispe mit 80-150 Früchten wird noch grün geerntet. Die Bananen reifen erst während des Transports. Aus dem abgeschlagenen Stamm wächst ohne Samen ein neuer Trieb, der Sohn (*hijo*).

Eßbananen und andere

Bei den Musafrüchten gibt es zwar eine große Zahl unterschiedlicher Arten, aber nur einige hochgezüchtete Bananensorten wie *Gros Michel* und *Cavendish* eignen sich zum Export. Die Frucht ist nahrhaft, der hohe Gehalt an Zucker, Mineralstoffen und Vitaminen macht sie nach Weizen, Reis und Mais für 400 Mio. Menschen zum viertwichtigsten Grundnahrungsmittel. Jährlich werden 90 Mio. Tonnen Bananen (1% stammen von den Kanaren) produziert. Davon sind etwa 30% zuckerarme Mehlbananen, die nur gekocht genießbar sind, bzw. Textilbananen für die Manilafaser.

Geschichte

Schon die Ägypter (im Arabischen heißt *banan* Finger), Inkas und Inder kannten die aus Malaysia stammende Frucht. 1516 brachte ein *Pater Thomas Berlengas* die kanarische Zwergbanane nach Santo Domingo. Von dort gelangte sie nach Brasilien. Auf Teneriffa löste die Sorte *Pequeña Enana* (kleine Zwergin) 1880 den sinkenden *Cochenille*-Anbau ab (⇨ dazu Seite 546).

Engländer legten erstmals Plantagen an, denn vorher diente sie hierzulande nur als Zierpflanze. Sie ist allerdings extrem windempfindlich und durstig, sonst wäre sie ganz ideal für die Inseln der Glückseligen, heißt sie doch auch Paradiesfeige, schmeckt sehr süß, macht happy (wegen des Serotoningehalts) und ist seit kurzem sogar in einem roten outfit erhältlich.

Wasserproblem

Der hohe Wasserbedarf der Bananenstauden wird den Kanaren immer mehr zum Verhängnis (1 kg Ernte schluckt 420 l Wasser; genauer, ein einziger Quadratmeter Plantage braucht auf dem Archipel neben den jährlichen 200 l Niederschlägen zusätzlich 1000 l Trinkwasser). Der kanarische Grundwasserspiegel sinkt daher und macht den EU-subventionierten Preis seit Jahrzehnten zum politischem Zankapfel.

EU-Banane

Die Franzosen hatten 1993 in der EU durchgesetzt, dass Importe aus ihren Ex-Kolonien in Westafrika und der Karibik (AKP-Staaten) mit Quoten und Zöllen geschützt werden. Dabei geht es Marianne nicht etwa um Dritte-Welt-Solidarität, sondern um die Profite ihrer Importeure. Die übrigen armen afrikanischen Bananenbauern müssen sich nach wie vor dem freien Wettbewerb stellen. Von dieser EU-Regelung profitieren auch die Kanaren, deren schmackhafte, aber fleckige Banane gegen die US-gestylten Turbo-Früchte aus Mittelamerika (Chiquita) keine Chance hätte. Zwar wurden auf den Kanaren schon Stauden von fast 150 kg und 1,70 m Länge geerntet, aber die krumme Frucht selbst ist vergleichsweise mickerig.

Handelskrieg Nach vieljährigem Gerangel riß den USA 1999 der Geduldsfaden. Sie riefen die Welthandelsorganisation (WTO) an, und die entschied gegen die EU. Seitdem durften die Amerikaner ihrerseits für $200 Mio Schutzzölle auf EU-Exportwaren erheben. Das traf dann auch die deutschen Exporteure: Kaffeemaschinen und Badezusätze wurden in den USA trotz Mager-Euro unbezahlbar und zu Weihnachten wurden Bienenwachskerzen aus dem Hunsrück für die Amis unerschwinglich.

Alles Banane Erst im April 2001 wurde der Streit beigelegt. Ab 2006 wird der Import nicht mehr über Mengenbeschränkungen, sondern nur noch über Zölle geregelt werden.

Kanarischer Bananenbaum mit Staude, Frucht- und Blütenrispe und Tragblättern

2.3 Teneriffas Fauna

2.3.1 Situation

Historie

In vorhistorischer Zeit lebten auch »**Große Tiere**« auf den Kanaren. Davon zeugen die Eierschalen-Funde von gewaltigen Schildkröten und Vögeln, die von riesigen Straußen oder urigen Kormoranen stammen. Auch Ratten, groß wie Katzen, enorme Pelikane und Echsen geistern durch die (halb)wissenschaftliche Literatur. Von einem ehemaligen »**Galapagos im Atlantik**« ist da die Rede. Nur Dinosaurier werden nicht herbeigerätselt. Sie waren schon 35 Mio. Jahre vor der Enstehung der ersten Insel (Lanzarote vor ca. 30 Mio. Jahren) ausgestorben.

Arche-Noah-Gedanke

Vögel, Echsen, Mäuse und Ratten hatten also schon lange vor dem Menschen den Archipel erreicht. Vermutlich dank »Inselhopping«. Nach jedem Unwetter trieben Holzstämme aufs Meer hinaus, auf denen Vögel rasteten und kleinere Tiere mitreisten. Aber nichts deutet darauf hin, dass jemals eine Arche Noah mit komplettem Zoo strandete. **Auch Raubtiere, giftige Schlangen und Insekten hat es nie gegeben**.

Unterarten

Diese ersten Einwanderer – **Reptilien** und **Vögel** – beherrschen neben kleinen wirbellosen Tieren (Insekten, Käfer, Schmetterlinge) auch heute noch das vulkanische Terrain. Viele haben in der insularen Isolation Unterarten gebildet, die auch auf anderen kanarischen oder makaronesischen Inseln (Kanaren, Madeira, Kapverden, Azoren) vorkommen. Abgesehen von einigen Vogelarten sind sie nicht leicht auszumachen. Dazu braucht man ein geschultes Auge und etwas Lektüre, ➢ Literatur, Seite 601.

Als einziges Säugetier hat die **Fledermaus** ihren Weg aus eigener Kraft auf die kanarischen Inseln gefunden und im Laufe der Jahrmillionen einige Unterarten gebildet, darunter die Langohr-Fledermaus, die wie ein fliegendes Mini-Kaninchen aussieht.

2.3.2 Landbewohner

Echsen

Auf Teneriffa sind **drei Echsenarten** heimisch:

Die größte, der ***Lagarto Tizon***, erreicht die stattliche Größe von 35 cm. Er meidet die Küstenzone und bevorzugt die Hanglagen bis nahe unter den Teide-Gipfel. Er ist Vegetarier, verachtet aber auch keine Würmer und Schnecken.

Die im Spanischen ***Lisa*** genannte kleinere Echsenart wirkt auf den ersten Blick wie eine kleine Schlange, da ihre Beine nur rudimentär entwickelt sind. Sie wird bis 12 cm lang, hat braun schillerende, glatte Haut und lebt bis auf 600 m Höhe sehr scheu unter Steinen, Stämmen und Ästen. Fliegen und Spinnen sind ihre hauptsächliche Nahrung.

Die verbreitetste Echsenart ist der 10 cm große **Gecko**, der vornehmlich in Häusern lebt. Vor allem Kinder finden spontan Gefallen an diesem putzigen Tier mit schwarzen Kulleraugen und warziger Haut. Er lebt von Fliegen und Mücken. Mit Haftlamellen unter den Füßen schleicht er Wände entlang und spaziert gar über Kopf an der Decke. Geckos sind harmlos, nachtaktiv und geräuschlos. Bis auf Keks reizen sie keins unserer Nahrungsmittel.

Kleine Säugetiere

Auch die **Mäuse und Ratten** haben Unterarten gebildet. Die winzige **Spitzmaus** hat wohl schon vor 25 000 Jahren auf Lanzarote gelebt. Die **Etruskerspitzmaus** (*Musarañita*) gilt mit 3,5 cm Länge und nur 2 g Gewicht als das **kleinste Säugetier Europas**.

Andere Säuger wurden später von den Spaniern eingeführt: Eine nordafrikanische Igelart lebt seit etwa 1900 auf Teneriffa.

Reptilien

Unklar ist, ob die Spanier die beiden Froscharten als Nahrungsmittel mitgebracht haben oder ob sie zufällig hierhin gelangten. Zisternen und Staubecken bieten ihnen gute Lebensbedingungen.

Haus- und Nutztiere

Aus Liebe zur Jagd führten die Spanier das **Kaninchen** ein, dem der Tourist vor allem auf **Speisekarten** (*conejo*) begegnet, wie zuweilen auch der Wachtel (*codorniz*) und dem Rebhuhn (*perdiz*).

Fraglich ist ferner, ob die Ureinwohner neben Schafen und Ziegen auch Hirtenhunde mitgebracht haben, oder der Boxer-ähnliche *Bardino* schon vorher auf den Kanaren lebte. Er gilt als typisch kanarische Rasse, ist breitköpfig, kräftig gebaut, leicht zu dressieren und kampfbereit. *Bardinos* erfreuen sich großer Beliebtheit.

Kamele

Das **Kamel** war auch auf Teneriffa lange Zeit Arbeitstier auf den Feldern, heute muß es Touristen durch die wenig kamelgerechte Landschaft schaukeln.

Kamele dienen auf Teneriffa nur noch der Touristengaudi

Bergschafe

Umstritten sind die in den *Cañadas* zur Jagd ausgewilderten **Mufflons** (Bergschafe), die der sensiblen Pflanzenwelt zusetzen.

Vieh

Viehzucht war auf Teneriffa immer unbedeutend. Aus Schafs- und Ziegenmilch werden aber gute Käse hergestellt. Hühner und Schweine werden in wenigen Batterien gehalten. Außer Ziege (*cabra*) und Kaninchen (*conejo*) kommt das Fleisch in den Supermärkten und Restaurants vom Festland oder aus Südamerika.

2.3.3 Vögel, und was sonst noch fliegt

Waldvögel

Vögel aus Nordafrika konnten die Inseln leicht erreichen. Auf der Flucht vor den europäischen Eiszeiten fanden sie ins milde Kanarenklima und wurden seßhaft. Viele Arten sind uns vertraut, auch wenn sie diverse Unterarten entwickelt haben.

Im Lorbeerwald, der ältesten Inselvegetation, fühlen sich **zwei Taubenarten** wohl, weil beide – Flora wie Fauna – aus dem Tertiär (bis vor 11 Mio. Jahren) stammen: Die ***Paloma Rabiche*** und die **Silberhalstaube**, deren Federn von grau über rosa bis türkis schimmern.

Der **Kanarenbuchfink** (*Pinzón Azúl*) schwingt sich zwar manchmal bis in die *Cañadas* hinauf, gilt aber als Symbol für die alten Kiefernwälder, von deren Zapfensamen er lebt.

Auch der schwarz-weiß-rote *Pico Picapinos*, ein **Buntspecht**, hat die Pinienwälder zur Heimat. Ebenso die attraktive **Blaumeise**, die man aber auch in niedrigeren Zonen antrifft. Den schattigen Wald liebt ferner die **schwarze Amsel**, verzichtet dabei aber nicht auf Ausflüge ins Tal.

Teneriffas Sopran-Primadonna ist die **Mönchsgrasmücke** (*Capirote*). Sie lebt in den Grenzbezirken des *Monteverde*-Waldes, wo Baumheide und Gagelbäume vorherrschen. Farblich ist sie mit ihrem schwarz-grau-braunen Gefieder nicht sonderlich attraktiv.

Das gilt auch für eine andere **Finkenart**, den Kanarienvogel, der mit seinem natürlichen grau-braunen Federkleid und gelbem Bauch nicht mit hochgezüchteten Exemplaren in den Käfigen zu vergleichen ist. Zudem singt dieser ***Canario*** genannte Vogel in freier Natur nicht halb so melodiös wie die Mönchsgrasmücke.

Der **Kanarienvogel** lebt in allen Höhenzonen bis hinauf zum Kiefernwald, auf Wiesen und Feldern. Die erstaunlichen **Karrieren** des Kanarienvogels beschreiben die Essays auf den Seiten 474f.

Kanarienvogel

Dort trifft man auch einen guten Bekannten aus Nordeuropa, den **Wiedehopf** mit der typischen »Punkfrisur«. Mit spitzem Schnabel pickt er sich gern auch auf Golfplätzen seine Nahrung aus dem Grasboden.

Raubvögel

Während Waldvögel noch Terrain finden, droht den Raubvögeln Gefahr durch insektizid verseuchte Mäuse und Echsen.

Relativ verbreitet ist der **Turmfalke**. Er ist kleiner und dunkler als sein nordeuropäischer Verwandter. Mäusebussarde trifft man auf allen Kanaren; sie fühlen sich erst ab 1.000 m Höhe wohl, wo sie sich von jungen Kaninchen, Echsen und Käfern ernähren.

Von den früher verbreiteten **Fischadlern** (*Guinchos*) sind nur noch wenige mit Glück an den Steilküsten Teneriffas zu beobachten.

Erkennbar mit braunen Querstreifen am Bauch, finden auch noch einige **Sperber** (*Gavilane*) knappen Lebensraum in den Pinien- und Lorbeerwäldern, wo sie Jagd auf kleine Vögel machen.

Zwei Eulenarten leben auf den kanarischen Inseln: die **Schleiereule** (*Lechuza*) und die **Waldohreule** (*Buho chico*). Letztere ist eine kanarische Subspezies und weiter verbreitet als die Schleiereule. Sie zieht offeneres Gelände den Waldgebieten vor und nistet gern unter grossen Kandelaber-Kakteeen.

Insekten, Käfer und Schmetterlinge

Über 5000 **Insektenarten** stellen die größte Zahl der Landtiere. Die meisten haben Unterarten gebildet und mitgeholfen, ureigenste Pflanzen- und Tiergesellschaften zu bilden.

Für den biologischen Laien stellt sich bei diesen Tierchen nur die Frage: **Piesacken sie mich**?

Wie schon gesagt, gibt es **kaum Mücken**, **wenig Fliegen** und **keine Wespen oder Hornissen**. Allerdings können kanarische ***Cucarachas*** (Kakerlaken) 5 cm groß werden. Sie leben in der Kanalisation und sind in Unterkünften Zeichen mangelnder Sauberkeit.

Es überwiegt das Positive: Grillen zirpen, Bienen summen, Libellen schwirren, und bunte Schmetterlinge flattern durch die Luft. Mit Schädlingen kämpft nur der Resident.

Fazit

Abgesehen von einigen kanarischen Unterarten sind die meisten **Schmetterlinge** global verbreitet. Majestätisch ist die leuchtend-gelb-orange *Cleopatra Canaria* in den Lorbeerwäldern. Den blauen *Manto de Canarias* trifft man in den Höhen der *Cañadas*, wie auch den braun-grauen *Satiro Moreno* mit etwas dunkleren und weißen Punkten.

Der Große Monarch (*Monarca*) hat über 11 cm Flügelspanne. Um 1880 ist er aus Amerika nach Teneriffa gelangt, denn bei seinen Wanderungen legt er ungeheure Entfernungen zurück. Alljährlich flattert er zum Überwintern 5000 km von Kanada nach Mexiko. Er ist gelb-orange und wirkt mit seiner ausgeprägten schwarzen Äderung sowie weißen Punkten an den Flügelrändern wie erlesenes Art Deco Design. Im Mariposarium von Icod de los Vinos kann man viel über Schmetterlinge lernen (➢ Seite 345).

Der Kanarienvogel

(Aus der Zeitschrift »Vom Fels zum Meer« 1886)

»Als die Spanier die Kanarischen Inseln eroberten, fanden sie daselbst neben anderer reicher Beute einen Finken von großer Zierlichkeit vor, der sich durch einen sehr angenehmen und fleißigen Gesang auszeichnete. Da er sich leicht fangen ließ, wurde er bald nach Spanien ausgeführt und dort in Gefangenschaft weiter gezüchtet. Der ***Canari***, das Zuckervögelchen, bildete bald einen namhaften Gegenstand des Handels. Die Spanier monopolisierten den ihn, indem sie nur Männchen ausführten. Das änderte sich, als Mitte des 16. Jahrhunderts ein spanisches Schiff mit Tausenden von Kanarienvögeln an der italienischen Küste strandete und die auf diese Weise zur Freiheit gelangten Vögel sich westwärts nach Elba flüchteten«.

»Es war das Land Tirol, in dem der gelbe Sänger dann eine begeisterte Aufnahme fand. Es vereinigten sich mehrere Umstände, den Marktflecken Imst, wo er viel von Bergleuten gezüchtet wurde, zum Mittelpunkte des Handels mit geschwätzigen Vögeln zu machen: Die angeborene Neigung des Oberinnthalers, umherzuwandern, je weiter, je lieber, um ein Stück Geld in die Heimat zurückzubringen – der lange Winter, der ihm erlaubt, Beschäftigungen im Hause nachzugehen – endlich ein Hang zur Vogelstellerei und ein besonderes Behagen an der Zähmung und dem Abrichten des kleinen Vogelvolkes«.

»Jedenfalls wissen wir, dass sich dort Handelsgesellschaften bildeten, wo die Mitglieder bis zu 70 und 100 Dukaten einzahlten. Von diesen Beträgen wurden junge Vögel zum Anlernen und Unterrichten aufgekauft. Zwischen dem 2. und 10. August geschah der Auszug der Vogelträger in ihrer Tracht, blaue, reich verschnürte Jacken, die Brusttücher mit silbernen Knöpfen besetzt, die kurzen Lederhosen kunstreich ausgenäht, die rote Schärpe um den Leib, den grünen Hut auf dem Kopfe und die gefiederte Last in der Vogelstiege auf dem Rücken. Nicht nur das Deutsche Reich durchzogen die furchtlosen Wanderer, sondern Holland, Frankreich, Rußland, die Türkei und Syrien«.

»Er wurde als artiger Gesellschafter betrachtet. Die Schönheit des Gefieders bestimmte seinen Wert. Nur sehr reiche Leute konnten ihn besitzen, und er war bald der erklärte Liebling der Frauen, die ihn gewissermaßen als Toilettegegenstand betrachteten. Zum Sonntagsstaat der Frau von Stand gehörte beim Empfang von Besuch der Kanarie auf dem Zeigefinger der rechten Hand«.

»So wurden drei ganz verschiedene Zuchtlinien geschaffen. Die Holländer veränderten vorwiegend die Figur, die Engländer die Farben und die Deutschen – zuerst in dem kleinen Städtchen **St. Andreasberg im Harz** – die Gesangsfähigkeiten. Die begabteren mußten Lieder pfeifen und singen lernen«.

Womit wir bei der Frage angelangt wären: »Was hat der Kanarienvogel mit einem deutschen Mittelgebirge zu tun?«

Harzer Roller

Verpackt in Cellophan liegt Harzer Roller in jedem Supermarkt. Namensgebend war aber nicht die gerollte Form des »Stinkekäses«, sondern eine Kanarienvogelart, gezüchtet von ***Wilhelm Trute*** (1836-89), einem Bergmann der Königlichen **Silbergrube Samson in St. Andreasberg/Harz**. Der gurrende Gesang seines Harzer Rollers gilt bis heute als der schönste aller Kanarienvogelstimmen, und seine Epigonen werden als die vom »Trutschen Stamme« gepriesen. Sie beherrschen tiefe, ruhige Touren, wie die Hohlklingel, Pfeife und Hohlrolle. Mit Trutes ungeschützter Namens-Kreation hoffte dann ein Käsefabrikant seine gelbliche Käsestange besser vermarkten zu können, denn das gurrende Rollen des kleinen Sängers hatte damals weltweit die eitle Frauenwelt betört. Die Dame trug – wie schon bemerkt – neben brokatenen Abendtäschchen gern einen gefiederten »Harzer Roller« auf dem gestreckten Zeigefinger durchs Foyer.

Die Stadtväter von St. Andreasberg dankten ihrem berühmten Sohn Wilhelm Trute mit einem überdimensionalen Vogelkäfig an der heimatlichen Durchgangsstraße, in dem ein Entsilberungskessel der Hütte Samson als Vogelnapf dient. Er symbolisiert die innige Beziehung zwischen Harzer Bergleuten und ihrer Zuchtkunst als Hobby und Neben-Broterwerb. Als trällernde Alarmgeber vor Schlagendem Wetter unter Tage nahmen sie ihre bunten Lieblinge auch mit in die Grube; in England bis Ende des 20. Jahrhunderts.

Die Vogelbauer (*Vuchelheisel*) wurden aus 66 Einzelteilen in Harzer Heimarbeit gefertigt. 3 Mark erhielt eine Familie damals für 110 Stück. Darin traten die Flattermänner ihre Reise nach Übersee an. 1882/83 wurden 120.000 nach New York, 10.500 nach Südamerika und 5.600 nach Australien verschifft. 30.000 blieben daheim in Europa, 12.000 fanden im Deutschen Reich Abnahme. Alles nur Männchen. Die Weibchen mußten zu Hause am Herd ausharren, denn nur so blieb auch das Monopol in der (neuen) Harzer Heimat.

In der alten Heimat, auf den kanarischen Inseln, flattert nach wie vor der bräunlich-schimmernde Piepmatz mit gelb-grünlichen Tupfern an Hals und Brust frei in Flur und Wald herum oder als Hansi hochgezüchtet in Käfigen. Star ist der (honigfarbene) ***melado tinerfeño*** mit gestrecktem Hals und senkrecht stehendem Schwanz.

Die Inseln gaben also den »Zuckervögel« genannten Kanarienvögeln ihren Namen. Schon 1402 hatte *Jean de Bethencourt* die kleinen Finkenvögel an den spanischen Hof gebracht, und schon *Alexander von Humboldt* vermerkte den Serinus canaria 1799 auf der Zuckerrohrinsel Teneriffa. **Namensgebend für den kanarischen Archipel** jedoch war das lateinische Wort **canis** (Hund), weil die Römer Kunde davon hatten, dass die Guanchen zur Not auch Hundefleisch aßen.

Wer sich von der Wahrheit der ungewöhnlichen Geschichte des ***Canari*** überzeugen möchte, sollte die **Kanarienvogel-Abteilung im Museum der Grube Samson in Sankt Andreasberg** besuchen; Informationen unter © 05582-1249, oder im **Internet** unter: **www.kanarienvogel-museum.de**

2.3.4 Fische und Meeresfrüchte

Fischerei Der kühle Kanarenstrom, ein Ableger des warmen Golfstroms, und die enorme Meerestiefe rundum die Inseln (bis zu 4.000 m) bieten einer Vielzahl von Meereslebewesen ideale Lebensbedingungen. Fischerei gehört deswegen trotz schroffer Küstenlinien zum traditionellen Gewerbe der *Canarios*.

Fisch ist auch im Tourismus von enormer Bedeutung. Die Besucher wollen tagesfrischen Fisch; und der einheimische Fang kommt mit der Nachfrage längst nicht mehr mit. Tiefgekühlte Ware aus Nordspanien hilft, den Bedarf zu decken.

Fischarten Neuerdings wird auch etwas Fischzucht betrieben. Viele der ***Abadejos, Doradas*** und ***Bocinegros*** in den Restaurants kommen aus den schwimmenden Meeresbecken vor der Küste. Zu den gängigen kanarischen Tisch-Fischarten, ➢ Seite 78, gehören auch Thunfische, der ***Atún*** und der kleinere ***Bonito***.

Krustentiere ***Langostinos*** und ***Gambas*** kommen meist aus anderen Gewässern. Groß sind die kanarischen Bestände an den kleinen roten ***Camarones***, die mit »Haut und Haar« als *Tapa* verzehrt werden, ebenso wie Kopffüßer (➢ unten).

Von Kopf bis Fuß auf Verzehr eingestellt

So oft wie unsereiner in eine Wurst beißt, bestellt sich der *Canario* ***Calamares*** oder ***Potas*** (Tintenfische), ***Chocos*** (Sepia) und ***Pulpos*** (Octopus). Sie werden gebraten, frittiert oder gekocht, als Salat mit Zwiebeln und Paprika serviert (*Salpicón*) oder kommen in Ringen (*a la Romana*) bzw. in pikanten Scheiben mit Cayenne-Pfeffer (*a la Gallega*) auf den Tisch. Der *Pulpo* wird als Ganzes mit Haut und Haar verzehrt. Nur bei größeren Tieren entfernt man seinen Papageienschnabel-Mund aus der Wurzel der Kopfarme (Tentakel).

Solche **Kopffüßer** gehören (wie die Schnecken und Muscheln) zur Familie der **Weichtiere** (*Mollusca*). Sie existieren in über 80.000 Arten (neben 35.000 als Fossilien). Ihre Tentakel sind bis zu dreimal so lang wie der Leib und haben eine oder zwei Reihen Saugnäpfe mit rundum besetzten Zähnchen. Die Arme entstanden aus dem vorderen Fußteil, der mit dem Kopf und dem Eingeweidesack mit drei Herzen verwachsen ist. Kuttel-Fische nannte man sie früher bei uns, denn in der fleischenen Hülle liegen die Innereien, die bei Schnecken und einigen Tintenfisch-Arten zusätzlich durch die Schale bzw. einen kalkhaltigen Schulp geschützt werden. Diesen ovalen **Calamares-Schulp** findet man oft am Spülrand der Meere und hängt ihn als Kalkspender in Vogelkäfige.

Im Eingeweidesack befindet sich auch der auspuffartige, um 360° bewegliche Trichter, mit dem Kopffüßer – die Arme nach sich ziehend und quasi im Rückwärtsgang – torpedoartig fliehen. Im Mantelsack haben sie einen Beutel mit violett-schwarzer Tinte (Sepia-Farbstoff), um die Verfolger einzunebeln. Dem Überlebenstrieb dient auch ihre Mimikry: dank ihres Hautmuskel-Spiels nehmen sie schneller als ein Chamäleon die Farbe ihres Umfelds oder Verstecks an, um sich für Feind und Beute unsichtbar zu machen.

Wale u.a.

Pilot- bzw. **Grindwale, Delphine** und **Tümmler** zwischen Teneriffa und La Gomera sind Ziel von Bootstouren, ➢ Seiten 255+257.

Seeschildkröten halten sich zwar in den Archipel-Gewässern auf, gehen aber zur Eiablage und zum Brüten nicht hier an Land. Sie sind stark gefährdet, da sie dümpelnde Plastiktüten für Quallen, ihr Leibgericht, halten und an ihnen ersticken. Nicht selten werden sie verletzt oder verendet angespült. Auch die **Robben**, vor hundert Jahren auf den östlichen Inseln noch in großen Kolonien heimisch, sind abgewandert.

Muscheln

Man findet um die Kanaren kleine runde ***Almejas***, ***Lapas*** (Napfschnecken), ***Berberechos*** (Herzmuscheln) und leicht spiralförmige ***Burgados***. Die langestreckten ***Navajas*** heißen übersetzt »Klappmesser«. ***Mejillones*** (Miesmuscheln) werden gezüchtet.

Haigefahr

Außer Seeigel an felsiger Küste und gelegentlichen Feuerquallen gibt es für Badende keine gefährlichen Wassertiere, auch **keine Haie**. So können Taucher in aller Ruhe die Unterwasserwelt beobachten. Vorsicht gilt nur bißwütigen Muränen, die in Felslöchern lauern und dem Schwanzflossen-Stachel großer Rochen, die bis zu 2,5 m lang werden und 100 kg wiegen können.

2.3

Abgesehen von der schlanken Gestalt und zusätzlichen Fangarmen unterscheidet sich der *Calamar* vom achtarmigen *Pulpo* (Octopus) auch in seiner Lebensweise. Während die seßhafte Krake ihrer Nahrung im Unterschlupf auflauert, sie aufbeißt, umschlingt und auflutscht, segelt der *Calamar*, die Arme voraus, ständig durchs Wasser. Über zwei hintere Stummelflossen steuert sich das Tier gewandt und so schnell, daß es gleichgroße Fische leicht erjagt.

Nur der 30 cm große **Gemeine Tintenfisch** vergräbt sich gern in sandigem Grund und greift sich seine Opfer durch raketenschnelles Ausschleudern seiner zwei etwas längeren Tentakel. Das Weibchen erlebt die unbefleckte Empfängnis: das penislose Männchen verpackt seine Spermien in einer Hülle und überreicht sie seiner Gattin distanzwahrend und galant mit einem nur für diesen Zweck umfunktionierten Spezialarm.

Das furchterregende Aussehen der Kraken (3-5 m) wurde schon von Alters her mit faustdickem Seemannsgarn zu gruseligen Geschichten versponnen. Mit Segelschiffen und U-Booten (Kinohit: 20.000 Meilen unter dem Meer) kämpfende Kraken können aber nur in der Tiefsee lebende Riesenkalamari gewesen sein. Der mit 22 m längste wurde 1933 vor Neufundland angetrieben, und die größte Mittelmeer-Krake (7,5 m) fingen spanische Fischer im Juni 2001 an der Costa del Sol. Von noch monströseren Kraken fand man bisher nur Teile in den Mägen von Pottwalen, Beweisstücke für einen Kampf auf Leben und Tod, von dem auch tellergroße Saugnapf-Narben auf den Pottwalhäuten zeugen.

Wir Menschen brauchen uns bei diesen Tieren weder vor ihren Fangarmen noch vor ihrem messerscharfen Schnabel zu fürchten. Sie halten uns Allesfresser offenbar für nicht so schmackhaft wie der *Canario* seine wöchentlichen *Pulpo*- oder *Calamares*-Gerichte.

3. GESCHICHTE UND GEGENWART TENERIFFAS

3.1 Geschichte und Wirtschaft

In den folgenden Abschnitten ist die Geschichte der kanarischen Inseln unter besonderer Berücksichtigung Teneriffas dargestellt.

3.1.1 Mythologie und Altertum

Antike

Historische Zeugnisse von Atlantikfahrten der alten Ägypter, Griechen und Römer sind nicht überliefert. Sie navigierten nur entlang der Mittelmeerküsten. Allerdings hatten anscheinend schon die besonders seekundigen Phönizier (um 1200 v. Chr.) den kanarischen Archipel erreicht. Sie waren auf der Suche nach der Orchillaflechte zur Gewinnung von violett-rotem Farbstoff und hartem Kiefern-Kernholz (Teak) zum Schiffbau.

Andererseits vermutete man schon seit der Antike das **Paradies westlich der Säulen des Herakles**, wie der Sage nach die Meerenge von Gibraltar hieß. Dort trug der Riese Atlas das Himmelsgewölbe auf seinen Schultern, aber ebendort lag auch der vom Höllenhund Pluto bewachte Eingang zur Unterwelt, dem Hades. Er gab Cádiz, dem heutigen Fährhafen zu den kanarischen Inseln, seinen Namen.

Der paradiesische Garten Eden lag demnach in der antiken Mythologie nur wenig entfernt von der Unterwelt.

Homer (800 v. Chr.) und ***Hesiod*** (700 v. Chr.) nannten es die **Elysischen Gefilde** oder die **Hesperiden**, wo die Nymphen der Nacht, Töchter der Zeusgattin Hera einen Baum mit goldenen Äpfeln hüteten. Wer davon aß, blieb – ohne je Hunger und Durst zu erleiden – ewig jung und lebte tagein tagaus in göttlichem Klima.

Auch ***Platons*** Kunde (400 v. Chr.) vom untergegangenen **Kontinent Atlantis** und die Autorität eines ***Aristoteles*** lockte die späteren Entdecker in westliche Richtung; seitdem hält sich bis heute die – wissenschaftlich lange widerlegte (➢ Seite 434f) – Mär, die **Makaronesische Inselgruppe** (die Kanaren, Madeira, die Azoren und Kapverden) seien Reste von Atlantis.

Bei den Römern nimmt ***Plinius*** (50 nach Chr.) diese alte Kunde in seinen Werken wieder auf und berichtet von Atlantik-Seglern, die einen schneebedeckten Berg auf den ***Islas Afortunadas*** (glückseligen Inseln) gesehen hatten. *Plinius* erwähnt auch den mauretanischen König *Juba*, der große Hunde (lat.: canis = Hund), von westafrikanischen Inseln mitgebrachte. Sie haben wohlmöglich den ***Islas Canarias*** ihren Namen gegeben (➢ auch Seite 545).

Plinius hat ferner erstmals einzelne Inseln des kanarischen Archipels namentlich erwähnt. Er nannte Teneriffa wegen des schneebedeckten Teide ***Ninguaria oder Nivaria***; so heißt noch heute das Bistum Teneriffa mit Sitz in La Laguna.

Kanarische Geschichte im Kurzüberblick

Vor 37 bis 2 Mio. Jahren	Entstehung der kanarischen Inseln schrittweise von Ost nach West durch unterseeische Vulkanausbrüche, ➢ Seite 435.
1000-0	Erwähnung der Kanaren in der Antike (*Homer, Plato, Plinius*)
Ab ca. 900 v. Chr.	Schon vor unserer Zeitrechnung siedeln Angehörige nordafrikanischer Berberstämme auf den Inseln. Es entwickelt sich die steinzeitliche Guanchenkultur.
	Aber über 1000 Jahre lang geraten die Inseln in Europa wieder in Vergessenheit.
1300	Erste friedliche Kontake mit Europäern, »Inbesitznahme« Lanzarotes durch den Italiener *Lancelotto*.
	Abermals werden die Inseln 100 Jahre »vergessen«.
1400	Beginn der *Conquista*, (Neu-) Eroberung von Lanzarote, Fuerteventura, El Hierro und La Gomera durch *Jean de Bethancourt*. Die Kanaren bleiben fast 100 Jahre lang »halb erobert« ohne größere Konflikte.
Ende 15. Jh.	Wachsendes spanisches Interesse, Einigung zwischen Spanien und Portugal, das Westafrika bekommt. Eroberung von Gran Canaria, La Palma und Teneriffa.
1500++	Kolonialisierung und Christianisierung; Völkermord an den Ureinwohnern, den Guanchen; Assimilation der Überlebenden
	150 Jahre lang Zuckerrohr und Weinanbau in den Händen italienischer und englischer Kaufleute.
1650++	150 Jahre lang Konsolidierung, obwohl die Engländer mehrfach vergeblich versuchen, den Spaniern die Kanaren zu nehmen.
1800++	150 Jahre lang Ein/Auswanderungswellen, die durch Blüte und nachfolgenden Niedergang von Monokulturen ausgelöst wurden. Die Kanaren werden von einer Kolonie zur spanischen Provinz.
1936	Bürgerkrieg und danach (*Franco*) jahrzehntelang Isolation, wirtschaftliche Stagnation und Auswanderung.
Seit 1978	Demokratie in einer konstitutionellen Monarchie unter König *Juan Carlos*. Die kanarischen Inseln werden eine autonome Zone innerhalb des spanischen Staates in der Europäischen Union.
	Damit heißt es auch auf den Kanaren am
01.01.2002:	Einführung des Euro.

Die Guanchen

Herkunft

Blond, blauäugig und groß, aber dunkelhäutig waren die Ureinwohner der Kanaren. Also weder Arier noch germanische Hünen, dieweil im Mittelalter jeder über 1,70 m als riesig galt. Viele Legenden um die Guanchen macht sie rätselhaft..

Die *Canarios* sind stolz auf ihre Vorfahren und hegen Ressentiments gegen die ***Godos*** (Goten). So nennen sie ihre Landsleute auf dem spanischen Festland. Mit Genugtuung nahmen sie 1993 zur Kenntnis, dass das Naturwissenschaftliche Inselmuseum zwar Abweichungen in den Blutgruppen zwischen Kanaren und Spaniern nachwies, dafür aber signifikante Übereinstimmungen zwischen Guanchen, Kanaren und Berbern.

Niedrige Kulturstufe

Guanche (*guan+chinech*) meint ursprünglich »Mensch von Teneriffa« und dessen Sprache. Durch die Insellage und fehlende Rohstoffe (z.B. das Eisenerz) lebten die Ureinwohner noch um 1500 als neolithische Analphabeten am Rande Europas in Lavahöhlen. Sie kannten weder das Rad, noch Hohlkörper (Boote), noch den Pflug.

Sie schliffen an Handmühlen aus porösem Basalt und kneteten Keramikgefäße wie die frühen Sahara- und Atlasvölker ohne Töpferscheibe, ritzten Verzierungen in Krüge und geometrische Zeichen an die Wände ihrer Wohnhöhlen, die den früh-marokkanischen glichen.

Guanchen Wohnhöhlen und Lebensszenerie en miniature im Pueblo Chico bei La Orotava, *➢ Seite 332.*

Gofio

Die Guanchen lebten mit und von Ziegen und Schafen, bauten Getreide an und ernährten sich von ***Gofio***, geröstete und gemahlene Gerste oder Weizen, die sie in Wasser verrührten, (➢ Seite 69). Sie aßen Pilze, Palmdatteln, Feigen, Honig und Samenkörner, zur Not auch Hundefleisch. Daraus (nicht vom Kanarienvogel) leitet sich die Archipelbezeichnung ab, ➢ Seite 478.

Fische wurden von Land aus mit einer *Garote* gefangen, einem langen Holzstab mit Steinspitze. Ansonsten mieden sie das

Meer und hatten keinen Kontakt zu ihren Inselnachbarn. Bis heute rätselt man deshalb, wie sie ab ca. 900 v.Chr. übers Meer gekommen sind. Möglicherweise »trampend« als **maritime Passagiere** auf Schiffen der Phönizier und Etrusker, was damals durchaus üblich war.

Werkzeuge/ Waffen Im Kampf setzten sie feuergehärtete Holzlanzen und Keulen ein. Wurfpfeile und -kugeln fertigten sie aus dem Holz des Drachenbaums (➢ »*Drago*«, Seite 347). Die erwähnte ***Garote*** war auch ein Arbeitsgerät der Hirten, die sich damit leicht über *Barrancos* schwingen konnten. Die ersten Europäer dachten deswegen, die Guanchen könnten fliegen, weil sie manchmal »in der Luft verschwanden«. Auch der kanarische **Stockkampf** (*Juego de Palo*) leitet sich aus den Kampftechniken mit solchen Lanzen und *Garoten* ab.

Aus schwarzem Vulkanglas, dem Obsidian, schliffen sie Messer. Runde Steine wurden mit Fell umwickelt und an Hölzern befestigt, um sie als Schlagwaffe oder Wurfgeschoß gegen Feinde zu schleudern. Pfeil und Bogen kannten sie nicht.

Medizin Neben allerlei **Kräutern** war **Butter** aus Ziegenmilch die Grundlage für Heilrezepte zur Wund- und Entzündungsbehandlung.

Wunden wurden auch durch **Ausbrennen** behandelt. Bei chronischen Kopfschmerzen oder Epilepsie bohrten die Guanchen die Schädeldecke der Kranken auf. Verstorbenen wurde auf diese Weise das Gehirn entnommen und von den Angehörigen rituell verspeist, um sich die Weisheit der Toten einzuverleiben.

Herrschaftsform Als die Europäer landeten, wurde **Teneriffa** von einem einzigen ***Mencey*** (Fürst), dem ***Gran Tinerfe*** regiert, der bei Adeje im Südwesten der Insel herrschte. Nach seinem Tod wurde die Insel unter Söhnen in **9 Fürstentümer** (*Menceyatos*) aufgeteilt. Im Uhrzeigersinn waren diese: Anaga, Güímar, Abona, Adeje, Daute (Nordwestspitze Tenogebirge), Icod, Taoro, Tacoronte und Tegueste.

Alle erstreckten sich von der Küste bis zu einer Höhe von 1.000 Metern bergauf. Die zentrale Bergwelt der ***Cañadas*** blieb Allmende, gemeinsames Land. Dort weideten die Herden im Sommer, wenn das Gras an den Küsten vertrocknet war. ***Quevehi*** (Majestät), der *Mencey* von Taoro, galt als *Primus inter Pares*, als Erster unter Gleichen.

Sozialwesen Kleinste Einheit war die Familie. Man konnte nur innerhalb desselben Standes heiraten; eine Frau durfte polygam mit bis zu drei Männern gleichzeitig leben. Es herrschte das Rotationsprinzip. Hielt ein Guanche um die Hand einer Frau an, schenkte er dem Brautvater Ziegen und Schafe. War die Ehe beschlossen, wurde die Braut für einen Monat im Bett gepäppelt, um kräftige Kinder zu gebären. Der *Mencey* kam zur Hochzeitsfeier und legte sich – *jus primae noctis* – erst einmal dazu.

Ehe Neugeborene wurden von Ammen mit Ziegenmilch ernährt, die sie dem Kind von Mund zu Mund einflößten. Erziehung war Sache von Frau und Mann; man wechselte sich ab. Als Familienoberhaupt hatte der Mann auch Autorität über angeheiratete Nachkommen. Beide Ehepartner konnten die Ehe auflösen. Um das zu erschweren, galten die Kinder dann aber als uneheliche Bastarde, wie der 10. Sohn des *Mencey Gran Tinerfe*, der deswegen nur einen Landflecken erbte (Punta del Hidalgo).

2 Klassen Die Angehörigen der herrschenden Klasse trugen Bart und lange Haare. Zu den Notabeln gehörten auch Spezialisten wie Fischer, Maurer und Heilkundige. Die soziale Durchlässigkeit war begrenzt, nur besondere Verdienste führten zum Aufstieg, unehrenhaftes Verhalten zum Ausschluß. Auch der Strafkodex der Guanchen richtete sich nach der Klassenzugehörigkeit. Verhandlungen gegen die untere Klasse fanden tagsüber, für die Oberen abends statt. Auf Mord stand Erschlagen, Räubern wurde ein Auge ausgerissen, bei Rückfälligkeit das zweite.

Rolle der Frau Trotz des Patriarchats hatten Frauen eine besondere Stellung, denn sie waren so kämpferisch, dass die Europäer sie mit den Amazonen verglichen. Mit dem Ruf ***vacaguaré*** (lieber sterben als in Gefangenschaft!) stürzten sie sich vom Felsen. Im Erbrecht dominierte die weibliche Linie. Begegnete ein Guanche einer Frau, durfte er ihr nicht ins Gesicht blicken und sie erst ansprechen, wenn sie ihn dazu aufforderte.

Religion/ Götter Die Guanchen verehrten Sonne und Mond, pflegten ihren Totenkult und balsamierten die Leichen mit dem Saft der Tabaiba-Pflanze (Wolfsmilch) ein, bevor sie in Grotten beigesetzt wurden. Wie bei den alten Ägyptern, Polynesiern und Mayas gab man den Toten Nahrungsmittel und Gaben für ihren Weg ins Jenseits mit.

Die Guanchen glaubten an Gottheiten, die Gut und Böse zugleich repräsentierten. ***Acorán*** war der Sonnengott, den sie als Schöpfer aller Dinge betrachteten. Andere, meistens weibliche Götter, wurden mit Götzenbildern verehrt. Dämonische Geister stiegen aus dem Ozean und brachten Unheil.

Leben der Guanchen als Keramikbild auf einer Parkbank

Rituale

Während ihrer Opferriten hielten sie große Blätter in den Händen und streckten die Arme gen Himmel. Heilige Frauen trugen tönerne Gefäße mit Butter, Milch oder Honig. Während der Opferung sangen und tanzten sie am Fuße der Felsen. Dann zogen sie zum Meer und schlugen mit Ästen aufs Wasser, um von den Göttern das lebensnotwendige Naß vom Himmel zu erflehen. Oder sie trennten die Lämmer von ihren Müttern, fasteten drei Tage zusammen mit den blökenden (*balar*) Tieren, um dann tanzend (*bailar*) die Götter anzuflehen. Der ***Bailadero*** im Anagagebirge war z.B. eine derartige Kultstätte.

Die Götzen wurden auch durch Opfergaben verehrt, um Fruchtbarkeit für ihre Frauen und Schutz für die Viehherden zu erbitten. Heilige Jungfrauen, die in speziellen Höhlen lebten, zelebrierten rituelle Waschungen.

Wandbild: Guanchen mit Göttin

Feste

Die Guanchen feierten ihre Feste mit gutem Essen, Tanzen und Singen – das ist bis heute so auf den Inseln. Während ihrer religiösen Feiern spielten sie auf einfachsten Musikinstrumenten. Steine wurden gegen natürliche Klangkörper geschlagen, Ziegenknochen dienten als Trommelstöcke.

Wettkampf

Die körperlichen Kräfte wurden beim Steinheben und -werfen gemessen, sowie beim Weitspringen mit der *Garote* über Felsblöcke. Am beliebtesten war der Ringkampf ***Lucha Canaria*** und das Fechten mit Stöcken, was als ***Juego de Palo*** bis heute weiterlebt. Vor dem Kampf rieben sich die Kämpfer mit Tierfett und Kräutern ein. Sie wurden von ihren Familienmitgliedern begleitet. Zunächst bewarf man den Gegner mit drei Steinen, denen er stehend nur durch geschickte Körperbewegungen ausweichen durfte; dann schlugen sich die Kontrahenten mit den Holzstöcken.

Kunst

Im ***Parque Etnográfico*** in Güímar dokumentiert eine Ausstellung alle Schriftreste der Guanchen. Es sind mehr Bilder als Buchstaben: Spiralen, konzentrische Kreise, Dreiecke, menschliche Gestalten mit Riesenhänden und sonstige Hieroglyphen. Sie und viele Ortsnamen (z.B. Tegueste und Adeje) erinnern an die Schriftzeichen der Berber aus Nordwestafrika.

Kultur

Höhlenzeichnungen, Körperbemalungen und Keramikarbeiten gehörten zu den frühen kulturellen Leistungen der Guanchen.

Zeichnungen wurden mit groben Steinen in die Höhlenwände eingeritzt, sie stellten schematisierte Menschenkörper, geometrische Figuren oder dem libyschen Alphabet ähnliche Zeichen dar Weitere Informationen dazu findet man im **Internet** unter: **www. institutum-canarium.org**.

Die Guanchen arbeiteten viel mit Keramik- und Holzstempeln, mit deren reliefartigen Unterseiten sie Kleidung und ihre Haut bedruckten. Immer zeigen sie geometrische Figuren: gegeneinander versetzte Dreiecke, kleine Quadrate oder Kreisfiguren zur Markierung von Familieneigentum. Aus Ton wurden religiöse Götzenbilder gefertigt, die weibliche oder zweigeschlechtliche Wesen darstellten.

Statuen

Neun **bronzene Königsstatuen** des tinerfeñischen Bildhauers *José Abad* sind auf der **Plaza de la Patrona in Candelaria** aufgestellt; sie zeigen *Añaterve*, den König von Güímar, *Beneharo* (Anaga), *Tegueste* (Tegueste), *Acaymo* (Tacoronte), *Bencomo* vom mächtigsten *Menceyat* Taoro, *Pelicar* (Icod), *Romen* (Daute), *Pelinor* (Adeje) und *Adjona*, den König von Abona.

Nach der Unterwerfung durch die Spanier waren die *Menceys* zur Gemeinschafts-Taufe gezwungen worden und hatten christliche Namen erhalten wie *Juan, Antonio, Gonzalo*, Pedro und *Gaspar*.

Mit diesem Akt, der am 29. September 1496 stattfand, wurde die Eroberung Teneriffas und die Unterwerfung ihrer Ureinwohner sozusagen offiziell vollendet.

Eine der neun Mencey-Statuen an Candelarias Promenade am Meer

3.1.2 Mittelalter

Im Mittelalter ging die Kenntnis über die *Islas Afortunadas* verloren. Das ptolemäische Weltbild (Ptolemäus, 120 n. Chr.) zeigte die Erde als eine schwimmende Scheibe und schürte die Angst, in unbekannte Gefilde vorzudringen, von der Scheibe zu fallen oder von Ungeheuern verschlungen zu werden.

Dia

Eine der wenigen Ausnahmen war der irische Mönch ***Sant Brandan***, der auf der Suche nach der »Heiligen Insel der Seligen«, einer christlichen Auslegung der *Islas Afortunadas*, um 520 in See stach. Nach 7-jähriger Irrfahrt tauchte vor ihm die ersehnte Insel aus dem Ost-Atlantik auf. *Brandan* flüchtete eilig zurück an Bord, als nach einem Beben die Insel wieder versank. Chroniken von 1050 zeigen das Eiland als riesigen Wal, auf dessen Buckel ein Schiff ankert. Noch heute beschwören *Canarios*, sie selbst hätten das geisterhafte Auf- und Abtauchen einer achten Insel ebenfalls erlebt. Diese wird heute ***San Borondón*** genannt.

Zeitgenössische Darstellung des Auftauchens der achten Kanareninsel San Borondón

Die Furcht vor dem Unbekannten ließ die seit 900 v. Chr aus Nordafrika eingewanderten Ureinwohner der kanarischen Inseln jahrhundertelang unbehelligt, bis in der Neuzeit (etwa ab 1300) die Entdecker zu neuen Ufern aufbrachen.

Zeit der Entdeckungen

Durch hohe Zölle hatten die asiatischen Herrscher schon früh den schwungvollen Handel Europas mit dem Osten via Italien (*Marco Polo*) gebremst. Als die Siege des osmanischen Reiches in Südserbien (Amselfeld-Schlachten 1389 und 1448) die türkische Vorherrschaft auf dem Balkan bzw. dem östlichen Mittelmeer besiegelten, kam der Levantehandel (vornehmlich mit Kleinasien, Syrien und Ägypten) völlig zum Erliegen.

Der versperrte Weg nach Osten gebot das Umdenken Richtung Westen, hin zum gefürchteten Atlantik, und leitete die Vormachtstellung der westeuropäischen Länder (England, Frankreich, Portugal, Spanien) ein.

Die Lösung von der küstennahen Navigation erfolgte langsam und wäre ohne neue Erkenntnisse (Sternen- und Wetterkunde, Karthographie, Meeresströmungen und effizientere Schiffstypen) kaum geglückt. Nur so konnte die Idee von der Existenz einer Nordwestpassage nach Asien auf ihren Wahrheitsgehalt geprüft werden. Erst das Zusammenwirken politischer, wirtschaftlicher und naturwissenschaftlicher Faktoren führte zur gesicherten Erkundung auch der Kanarischen Inseln.

Würden die Inseln den paradiesischen Vorstellungen der Mythologie standhalten?

Erste Eroberungen

Seit Beginn des 14. Jahrhunderts unternahmen Adlige aus Europa Vorstöße zu den Kanarischen Inseln. Ihre Expeditionen standen unter dem Schutz der jeweiligen Königshäuser, die wegen ewiger kriegerischer Verwicklungen in Europa solche Abenteuer nicht finanzieren konnten. In der Hoffnung auf Gewinn sprangen da schon damals global denkende Kaufleute gerne ein.

Doch was die Eroberer vorfanden, war ihnen nicht paradiesisch genug. Der Italiener ***Lancelotto Malocello***, Entdecker Lanzarotes (1312), verließ die Insel schon bald wieder; 90 Jahre später hielt es den Normannen *Jean de Bethancourt*, Eroberer von Lanzarote, Fuerteventura, La Gomera und El Hierro, auch nicht lange. Endlose Machtquerelen und wechselnde Besitzverhältnisse verleidete ihm das Leben im Elysium.

Die Eroberer (*Señorios*) machten sich zu Eignern des erkämpften Landes und vergaben es gegen einen Tribut als Lehen. Aber auch aus ökonomischer Sicht brachten die kanarischen Expeditionen nicht den erhofften Erfolg. Sie fanden weder Gold noch Edelsteine. Nur die als Sklaven verkauften Ureinwohner lohnten nach Rechnung der Eingefallenen den Einsatz. Mit dem Erlös waren die daheim drängenden Gläubiger zu befriedigen.

Den Menschenhandel legitimierten im 14. und 15. Jahrhundert päpstliche Bullen. Unter dem Motto: »Krieg allen nichtchristlichen Religionen – Bekehrung der Heiden!« durften in eroberten Regionen Ungläubige im Namen Gottes versklavt werden.

Kolonialisierung

Bis ins hohe 15. Jahrhundert duldete die spanische Krone das Treiben am Rande ihres Hoheitsgebietes. Erst 1477, nach der Rückeroberung der Iberischen Halbinsel von den Mauren (*Reconquista*), schaltete sie sich mit päpstlichem Missionsauftrag ein und betrieb bis 1496 unter den *Reyes Católicos* (Isabella von Kastilien, Ferdinand von Aragón) die planmäßige Kolonialisierung der restlichen drei kanarischen Inseln (Gran Canaria, La Palma, Teneriffa). Triebfeder waren aber weniger Ideen christlicher Natur, als vielmehr die Hoffnung, von dort aus übers Meer die per Landroute verlorenen Handelspartner Indien und China wieder zu erreichen.

Handelsdreieck

Man wußte also längst um die strategische Bedeutung der Kanarischen Inseln auf dem Weg nach Westen und an die Goldküsten Afrikas. Der Nordostpassat, der noch heute die Skipper jeden

November mühelos in die Karibik bläst, ließ auch den im Auftrage der *Reyes Católicos* segelnden Italiener ***Columbus*** ganz zufällig Amerika entdecken.

Eher praktisch als paradiesisch gedacht, konnte man auf dem Archipel vor der Atlantiküberquerung zum letzten Mal Frischwasser bunkern und von dort aus in strategisch bester Lage mit drei Kontinenten Handel treiben.

3.1.3 Eroberung Teneriffas durch Alonso de Lugo

Teneriffa fiel als letzte der drei unter den *Reyes Católicos* eroberten Kanareninseln, und es fiel nur gegen den erbitterten Widerstand der Ureinwohner. Auf dieser größten und am dichesten bevölkerten Insel war längst bekannt, daß die Spanier nicht als Freunde kamen. Aber der mit dem Feldzug beauftragte Andalusier *Alonso de Lugo* nutzte nach seiner Landung (1494) im späteren Santa Cruz geschickt den Unfrieden zwischen den tinerfeñischen Guanchenfürsten (*Menceys*) und verbündete sich mit den ***Reinos de Paces*** (»Königreichen des Friedens«). Mit ihnen zog er nach La Laguna, wo er mit einem der mächtigen *Menceys* der kriegerischen Reiche (***Reinos de Guerra***), *Bencomo de Taoro*, zusammentraf. Er bot ihm seine Freundschaft für den Preis der Unterwerfung unter die spanische Krone und den christlichen Gott an. Entschlossen, aber freundlich lehnte *Bencomo* die trügerische Offerte ab (➢ »Lugo«, Seite 368).

Kurz darauf fügten die Guanchenkrieger den Spaniern bei **La Matanza** eine empfindliche Niederlage zu (➢ Seite 367). Lugo kam erst ein Jahr später mit frischen Kräften zurück und unterwarf 1496 die *Reinos de Guerra* in Schlachten bei La Laguna und La Victoria endgültig (➢ Seite 373 und Los Realejos, Seite 335).

Guanchen und Spanier

Landverteilung Im Gegensatz zu den *Islas de Señorio* (➢ oben) behielt auf den ***Islas Realengas*** (Teneriffa, Gran Canaria und La Palma) die spanische Krone den Rechtstitel auf das eroberte Land. Die größten und besten Grundstücke teilte der Befehlshaber mit seinen Vertrauten, bedachte aber auch Kaufleute, welche die hohen Kosten der königlichen Eroberung getragen hatten. Wie langgestreckte Filets lagen diese Ländereien im Norden Teneriffas und schlossen alle Vegationszonen ein. In den Höhenlagen hatten die Großgrundbesitzer Quellwasser und Holz, in mittleren und unteren Zonen guten Ackerboden, an der Küste Zugang zum Meer.

Große Besitzungen erhielt ferner die Kirche als Dank für ihr Plazet zur Eroberung der heidnischen Inseln. Kleinere Grundstücke gingen an verdiente Soldaten, Arbeiter und Handwerker, die aus Europa übersiedelten. Die neuen Eigentümer wurden verpflichtet, auf ihrem Land zu leben und es zu bestellen. Nicht verteiltes Land wurde der Krone direkt unterstellt.

3.1.4 Wirtschaftliche Ausbeutung

Zuckerrohr Es war *Lugos* Idee, Zuckerrohr auf den Inseln anzupflanzen und das in Europa hochdotierte Endprodukt gleich vor Ort herzustellen. Es gab alles, was man dazu brauchte: reichlich Wasser für die Mühlen, Holz, um den großen Töpfen beim Einkochen Dampf zu machen, und für die Maloche auf den Plantagen zudem billige Arbeitskräfte: Guanchen und afrikanische Sklaven. Für sie war das Leben auf den *Islas Afortunadas* weit entfernt von Platons elysischen Gefilden. Teneriffas Landschaft litt enorm unter dieser einseitigen Ausbeutung, denn die rücksichtslose Rodung der Kiefernwälder gefährdete die natürliche Wasserversorgung (➢ Essay ab Seite 447) und die Klimaverhältnisse.

Privatbesitz Ganz Teneriffa wurde gleich nach *Lugos* Eroberung umgekrempelt. Hatten die Guanchen noch ausschließlich für ihren Eigenbedarf produziert, wurde jetzt von einer ausländischen Kaufmannschaft nur **ein** Produkt angebaut und in Europa vermarktet. Die Guanchen – auch die »einsichtigen« *Reinos de Pace* – wurden von den spanischen Einwanderern dominiert. Nur privater Grundbesitz – für die Ureinwohner ein Fremdwort – bedeutete nun Reichtum und begründete politische Macht. Auch Genueser und Flamen erhielten wirtschaftliche Schlüsselpositionen. Portugiesen kamen als Handwerker und nutzten die Kanaren als Sprungbrett in die Neue Welt, die ihnen von Portugal aus verwehrt war.

Internationales Kräftespiel Dieses kolonialistische Wirtschaftsmodell hatte über Jahrhunderte Bestand. Nur der organisatorische Rahmen änderte sich, je nach Regierungsform in Madrid. Von dort wurde auch bestimmt, welche Waren in welche Länder zu welchen Bedingungen im- und exportiert werden durften.

Die strategisch günstige Lage des Archipels am Handelsweg zu den amerikanischen Kolonien wurde von Freund und Feind als wirtschaftspolitische Daumenschraube im europäischen Kräftespiel genutzt. Mal mußten die kanarischen Waren hoch verzollt werden, mal wurden neue Quotierungen festgelegt. Das ging im 17. Jahrhundert so weit, daß für je 100 Tonnen Exportgut 5 Familien zur Auswanderung gezwungen wurden (➢ Essay Seite 492).

Gegen diese staatlichen Regulierungen griffen viele europäische Kaufleute erfolgreich zum Schmuggel (➢ Thema »Wein«, ab Seite 71). Erst im 18. Jahrhundert lockerte Spanien die Handelsrestriktionen und erklärte 1852 die Kanaren zur Freihandelszone (***Puertos Francos***), die noch heute in Kraft ist.

Piraterie und kriegerische Angriffe

Wegen der Beliebtheit des Archipels als Zwischenstopp auf der Route von und nach den ***Indias*** (➢ Kanarisches Lexikon, Seite 545) hatten Piraten leichtes Spiel, den vollgeladenen Schiffen auf-zulauern. Unterstützt wurde die Piraterie von sog. »Korsaren«, die mit staatlicher Lizenz feindliche Handelsschiffe enterten.

Ende des 17. Jahrhundert geriet die Kanarenpolitik der Briten in eine knifflige Situation. Sie hatten die Genueser und Flamen als die führende Kaufmannsschicht auf Teneriffa abgelöst, und der Weinhandel, die zweite große Monokultur auf dem Archipel, lag ganz in ihrer Hand. Andererseits waren sie seit Jahrhunderten Spaniens Erzfeinde und Konkurrenten. Immer wieder griffen britische Schiffe Teneriffa an. Dabei war kaum zu unterscheiden, ob es sich um Piraten-, Korsaren- oder Kriegsschiffe handelte.

In unseren Geschichtsbüchern sind ***Francis Drak***e (1588 Sieg über die spanische Armada), ***Walter Raleigh*** und ***Robert Blake*** (1657 Sieg über die Silberschatz-Flotte vor Santa Cruz) große Admirale der englischen Marinepolitik. In kanarischen Publikationen dagegen sind sie nichts anderes als Freibeuter.

Als ***Admiral Nelson*** 1805 durch seinen Sieg über die spanisch-französische Flotte bei Trafalgar in die Weltgeschichte einging, konnte sich Teneriffa rühmen, ihm acht Jahre zuvor eine Niederlage bereitet zu haben. Eine Kugel aus der Kanone *El Tigre* hatte dabei seinen rechten Arm getroffen. Die »Wunderwaffe« ist bis heute im Santa Cruzer Militärmuseum an exponierter Stelle zu besichtigen (➢ Seite 137).

3.1.5 Das Zeitalter der Aufklärung und des Liberalismus

Nicht nur im wirtschaftlichen Sinne war das Zeitalter der »Aufklärung« (*Ilustración*) in der 2. Hälfte des 18. Jahrhunderts eine Blütezeit Teneriffas. Wie in Europa war das Bürgertum kunst- und kulturbeflissen, aber auch offen für Politik, Ökonomie und neues humanistisches Gedankengut. Das naturwissenschaftliche Interesse brachte aufgeklärte Gelehrte auf die abgelegenen Inseln. Auch der vielzitierte **Besuch *Alexander von Humboldts* 1798** fällt in diese Zeit. Aber trotz aller Menschenrechtsideale wurde in Teneriffa an den Grundfesten der feudalen Gesellschaftsordnung nicht gerüttelt. Erst im Laufe der liberalen Bewegungen des 19. Jahrhundert kam es zu Reformen.

Während der französischen Besetzung weiter Teile Spaniens wurden von den Juntas Ersatzregierungen in den nicht besetzten Teilen und die Auflösung des Grundbesitzes auf den *Islas de Señorios* verfügt und danach ein Großteil des Kirchenbesitzes säkularisiert. 1852 erfolgte eine **Liberalisierung des Handels** und eine Demokratisierung des Wahlrechts. Baulicher Ausdruck des neuen offeneren Denkens war die großzügige Umgestaltung der Innenstadt von Santa Cruz Anfang des 19. Jahrhunderts nach klassizistischen Vorbildern Europas.

Durch den ständigen Wechsel von liberalen und reaktionären Regierungen kamen jedoch viele Reformen ins Stocken. So leicht war das alte System nicht zu erschüttern, schon gar nicht auf dem Lande, wo die Herrschaft der Feudalherren und ***Casiquers*** (»Kaziken«/Dorftyrannen) sich über Jahrhunderte etabliert hatte.

3.1.6 Die 2. Republik und Frankismus

Die II. Spanische Republik (1931-1936) brachte das politische Gefüge auf den Kanarischen Inseln erstmals völlig durcheinander. Mitteleuropäisches Teufelszeug, wie Gewerkschaften und Arbeiterparteien wurden gegründet, und mit etwas Verzögerung erreichte der Radikalismus der 20er-Jahre auch die provinziellen Kanaren. Die verkrustete Kunst- und Kulturszene wurde aufgebrochen.1935 eröffnete der Franzose ***André Breton*** die erste Surrealisten-Ausstellung Spaniens in Teneriffa.

Die schleichende Polarisierung der Gesellschaft wurde deutlich im Sieg der ***Frente Popular*** (Volksfront) von 1936.

Daß *General Franco* seinen Putsch von Teneriffa aus starteten konnte, hatte mehr mit seiner Biographie zu tun (➢ Seite 401) als mit der herrschenden Polit-Kaste. Die Inselregierung ergab sich keineswegs ohne Widerstand, was den Zivilgouverneur und seine Anhänger das Leben kostete.

Obwohl die Kanaren vom Bürgerkrieg danach nicht unmittelbar betroffen waren, traf sie die Repression besonders brutal. Die wirtschaftliche Isolierung vom Welthandel schmerzte die exportorientierten Inseln sehr. Zum ersten Male seit der *Conquista* wurde ihnen dazu die Selbstversorgung auferlegt, eine Umstellung, die große Probleme mit sich brachte. Der einzige bedeutende Außenhandel blieb der Export von **Bananen** nach Spanien. Selbst die Emigration in Richtung Südamerika war erschwert.

Die Banane, seit jeher traditionelles Exportgut

3.1.7 Monokulturen und politische Abhängigkeit

Die Wirtschaftsepochen der Kanaren haben sich nicht aus ihren Gegebenheiten und Traditionen entwickelt, sondern wurden ihnen von außen als Monokulturen aufgezwungen: Die **Zuckerproduktion** brach schon Mitte des 16. Jahrhunderts wieder zusammen, weil sie in den iberoamerikanischen Kolonien klimatisch günstiger und billiger war; nach dem Weinanbau (➢ Seite 72ff) kam im 19. Jahrhundert die ***Cochinilla*** (➢ Seite 546, Kanarisches Lexikon). 100 Jahre später lösten **Bananen** die zwischenzeitlich auch monokulturellen **Tomaten** ab, und heute ist – neben **Schnittblumen** (➢ Seite 266) – vor allem der **Tourismus** wiederum eine Art Monokultur (➢ Seite 494).

Jedem Zusammenbruch einer Monokultur folgte eine neue Auswanderungswelle nach Südamerika und in die Karibik, wo sich später – insbesondere in Venezuela und Kuba – die ersten kanarischen Unabhängigkeitsbewegungen bildeten (➢ Themenkasten »Kanarischer Nationalismus« auf Seite 496).

Monokultur im 19. Jahrhundert: Cochinilla-Läuse auf der Opuntie. Aus den Läusen wurde vor Erfindung von Anilinfarben roter Farbstoff gewonnen, ➢ Seite 546.

Von der EU subventionierte Tomatenvernichtung auf Teneriffa

»Briefe« aus Cuba (Hans Beter/Teneriffa)

»Maria Chacon-Morales, 28, blanca, profesora, soltera, mi bis-bis-abuelo vino de teneriffe. Busco marido para la repatriación«

(»Maria Chacon-Morales, 28, weiß. Lehrerin, ledig, mein Ur-Ur-Großvater kam aus Teneriffa. Suche Ehemann zwecks Rückkehr«)

Solche oder ähnliche Anzeigen aus Kuba finden sich fast täglich in der Inselzeitung *EL DIA*, Rubrik »*Cartas de Cuba*«. Wer schreibt sie? Enttäuschte Kubaner oder Kinder der Emigranten?

Tatsächlich erleben die Kanaren in den letzten Jahren wieder eine verstärkte Heimkehr, nachdem erst unter General Franco, so schätzt man, rund 125.000 *Canarios* ihre Inseln verlassen hatten. Dieses Hin und Her ist so alt und den *Canarios* so vertraut wie Ebbe und Flut!

Dank früher Kirchenbücher in Kuba kennen wir die Zahl der *Canarios*, die ihre karge Scholle verließen, um auf der Zuckerinsel eine neue Heimat zu suchen. Danach kamen z.B. 1868 bis 1894 insgesamt 708.734 *Españoles de pura sangre*, d.h. weiße Spanier, nach Kuba, darunter 291.110 Soldaten. Rund ein Viertel der Neuankömmlinge sollen *Canarios* gewesen sein.

Doch ganz genau weiß das niemand, denn die Kirchenbücher unterscheiden nur zwischen *Españoles* auf der einen und *Pardos y Morenos*, d.h. Mulatten und Schwarzen, auf der anderen Seite. Einige wenige noch erhaltene Schiffslisten und die typischen Familiennamen, wie *Chacon*, *Chinea* oder *Pimiento*, vermitteln auch heute noch einen Eindruck von den engen familiären Bindungen zwischen den kanarischen Inseln und dem früheren spanischen Kronbesitz. Erst kürzlich erklärte die UNESCO das ***Barrio Canario***, das älteste spanische Stadtviertel in Havanna, zum Weltkulturerbe. Es ist zugleich das größte zusammenhängende Viertel in Kubas alter Hauptstadt.

Warum trieb es so viele *Canarios* in die neue Welt, besonders nach Kuba?

Die Kanarischen Inseln waren der letzte europäische Stützpunkt, auf dem die spanische Flotte vor der langen Atlantiküberquerung noch einmal Wasser und Proviant aufnehmen und ihre Besatzung auffüllen konnte. Schon Kolumbus nahm bei seiner ersten Reise nach Amerika einige *Canarios* mit. 1497 wurde dann Teneriffa als letzte der Kanarischen Inseln erobert, und bei der ersten Volkszählung 1520 wurden 25.000 *Canarios* registriert. 15 Jahre später wanderten allerdings 1.500 wieder ab. Es ist bekannt, dass sie auf den Schiffen anheuerten, mit denen *Pedro Fernández de Lugo* zur Einnahme von Santa Maria in Kolumbien aufbrach. Das Beispiel machte Schule, *Pedros* Sohn *Alonso Luis de Lugo* führte 1541 eine weitere Expedition mit kanarischer Beteiligung über den Atlantik.

Kanarische Emigranten als Eroberer in der Neuen Welt!

Bis 1787 hatte sich die Bevölkerung der Kanarischen Inseln immerhin bereits auf rund 160.000 erhöht »... trotz ständiger Hungersnöte, Epidemien und der starken Emigration nach Amerika ...«, wie amtliche Zähler damals nach Madrid meldeten.

Die Krone selbst hatte die Emigration erzwungen. Ein Gesetz mit dem ***Tributo de sangre*** (Blutzoll) – diese Bezeichnung ist bis heute jedem *Canario* ein Begriff – legte mit dem Ziel, die Bevölkerung in den Kolonien zu stärken, fest, dass im Austausch für jährlich 100 Tonnen Exportgut (anfangs Zucker und Gemüse, später Wein oder Fleisch) fünf Familien auswandern mußten. Dadurch wurden jährlich mindestens 1.500 *Canarios* in die Emigration getrieben. Darüber hinaus war die Auswanderung oft das Resultat nackter Not. Besonders die Umstellung vom Zuckerrohr- auf den Weinanbau am Anfang des 16. Jahrhunderts und das Ende der Kultur der *Cochinilla*-Laus (Foto Seite 491) um 1860 vernichtete schlagartig die Existenzgrundlage Zehntausender.

Als erstes war das **Zuckerrohr** auf die Inseln gekommen. Speziell in Gran Canaria und Teneriffa wurde es so lange und intensiv angebaut, dass bald alle Bäume in der Umgebung der Fabriken abgeschlagen waren. Noch heute stammt die Verkarstung beider Inseln aus jener Zeit.

Danach verlagerte man die gesamte Produktion nach Kuba und mit ihr nicht nur alle afrikanischen Sklaven, sondern auch ein Drittel der Inselbevölkerung. Die *Canarios* in Kuba blieben, was sie waren: Arbeiter und Bauern. Einige von ihnen wurden reiche Zuckerbarone, wie etwa die Familie *Guzman*, die zum frommen Dank im Jahre 1625 ihrer Heimatstadt Icod de los Vinos auf Teneriffa ein Silberkreuz stiftete, das mit 1,80 m Höhe und 46,4 kg das größte jemals geschmiedete Silberkreuz der Welt ist. Es steht noch immer in der Pfarrkirche von Icod, ➢ Seite 345.

Als nächste Monokultur etablierte sich der **Weinanbau**. Der berühmte **Malvasier** aus kanarischem Anbau durfte im 17. Jahrhundert auf keiner festlichen Tafel Europas fehlen. Als jedoch die Engländer, die den Markt beherrschten, um 1660 in Madeira einen billigeren und noch schwereren Wein produzierten, brach der Markt für die Kanaren zusammen. Wieder verließen Zehntausende die Inseln. Der Malvasier geriet zeitweise sogar in Vergessenheit. Erst heute wird er wieder verstärkt angebaut.

Später spezialisierten sich die *Canarios* auf die Zucht von ***Cochinilla*-Läusen**, die zerquetscht einen intensiven roten Farbstoff ergeben (heute noch im Campari und in Lippenstiften!). Der war damals für das Färben feiner englischer Tuche so lange unentbehrlich und wurde in Gold aufgewogen bis 1858 die deutschen Bayerwerke die Anilinfarben erfanden.

Eine weitere Welle spülte darauf wieder einige zehntausend *Canarios* über den Ozean. Vor allem wieder auf die Insel Kuba, welche die ***Españoles de pura sangre*** willkommen hieß, denn der Kampf um die Unabhängigkeit hatte die Bevölkerung der *Españoles* auf der einen und der *Pardos y Morenos* auf der anderen Seite Ende des 19. Jahrhunderts in blutige Kämpfe verwickelt. Verständlich, dass es das Bestreben der spanischen Krone war, den Anteil der *Españoles* zu erhöhen. Als 1898 die Amerikaner jedoch aktiv in diesen Kampf eingriffen, war die Insel für Spanien verloren, was von den meisten *Canarios*, die nun freie Kubaner wurden, zunächst freudig begrüßt worden war. Daß es heute wieder viele gibt, die am liebsten auf die Kanaren zurück möchten, beweisen die »Briefe aus Kuba«.

3.1.8 Die neue Monokultur Tourismus (➢ auch Seite 213)

Die britische Schiffahrtslinie *Yeoward* transportierte neben Bananen 1885 auch die ersten 350 Touristen von England nach Teneriffa, sechs Jahre später schon 5000. Der 1. Weltkrieg setzte dieser ersten touristischen Phase ein Ende. Danach kamen Weltwirtschaftskrise (1929), Bürgerkrieg, 2. Weltkrieg und zeitgleich die Franco-Diktatur bis Mitte der 1970er-Jahre.

Noch unter Franco setzten die Kanarischen Inseln in den 1960er-Jahren wieder auf den Tourismus (1960 = 27.000, 1970 = 300.000 Gäste), was ihnen einen bis heute anhaltenden Boom beschert. Die weitere Entwicklung führte zu einer immensen Umwälzung der sozialen Verhältnisse. Keine andere Monokultur hat auf den Kanaren soviel Wandel gebracht.

Der Preis dafür ist die Zerstörung einer einstmals paradiesischen Landschaft durch Zersiedlung und unkontrollierte Überbauung. 5 Mio. Touristen im Jahr wollen versorgt sein. Das erfordert ein enges Straßennetz, Häfen und Flughäfen, Lagerhallen, Verteilzentren und eine nachgeordnete Serviceindustrie.

Neben 720.000 Tinerfeños müssen täglich bis zu 200.000 Touristen in Hunderten von Restaurants und Hotels versorgt werden. Während viele Felder brachliegen, schaffen Flotten von Flugzeugen und Schiffen Nahrungsmittel heran. Ein überwiegend agrarisch orientiertes Gemeinwesen war daher kurzerhand zu einer Dienstleistungs-Gesellschaft umzufunktionieren.

Gleichwohl gibt es Armut und eine hohe Arbeitslosenquote (2003: 13%). Sie erklären sich u.a. aus der defizitären Schulbildung der Landbewohner, die modernen Anforderungen nicht genügt. Zwar werden im Tourismus und den Zulieferern (Transport, Baugewerbe) auch ungelernte Arbeitskräfte gebraucht. Die führenden Positionen werden aber von Festlandspaniern und Ausländern eingenommen (➢ Kanarischer Nationalismus, Seite 496).

Das **Bruttosozialprodukt** der Provinz Canarias steht heute an 8. Stelle der 18 spanischen Provinzen. Unzählige Baukräne finden sich nicht nur vor neuen Touristenburgen, sondern auch vor Wohnanlagen für eine breitere tinerfeñische Mittelschicht. Denn es bleibt mehr Geld im Land als bei früheren Monokulturen.

Mit dem Tourismus wandelten sich die Kanaren Ende des 20. Jahrhunderts wieder vom Aus- zum Einwanderungsland. Wer heute kommt, hat genügend Geld, um sein Dasein zu genießen, sei es als Rentner aus Nord- und Mitteleuropa, sei es, um auf den Kanaren sein Geld zu verdienen.

Fazit

Der Wohlstand ist teuer erkauft. Unbebaute Küstenstreifen und Wasser werden knapp, schöne Landschaften zunehmend verschandelt. Eine Krise im Tourismus wäre dennoch fataler als alle ökonomischen Krisen zuvor. Es ginge nicht darum, eine Pflanzung durch eine andere zu ersetzen, sondern festgemauert in Beton blieben die Zeugen einer kurzen, heftigen Blütezeit.

Verwaltung und Regierung der kanarischen Inseln

Historie Bis 1812 waren die Kanarischen Inseln als **überseeische Provinz** vom Mutterland Spanien abhängig. Während der Ersten – schon relativ liberalen – Republik (1868-1874) gab es Bestrebungen, Spanien von einem Zentralstaat in einen Bundestaat umzuwandeln. Die Kanaren sollten bereits damals als spanische Provinz integriert werden. Die Wiedereinführung der Monarchie verhinderte aber die Verwirklichung solcher Pläne.

Rivalität Der ***Pleito Insular***, der Streit zwischen Gran Canaria und Teneriffa um die kanarische Vorherrschaft, verzögerte zusätzlich die Anerkennung als **Spanische Provinz**. Die Aufteilung (1852) in zwei ökonömisch und administrativ getrennte Distrikte konnte diese Rivalität nicht beilegen. Seit 1927 besteht nun das Archipel aus zwei Provinzen, wenn auch mit nur einer (gemeinsamen) Regierung. Bis heute hat dies auf den Inseln ein kompliziertes Machtgefüge zur Folge.

Autonomie Während der zentralistischen Franco-Diktatur war – wie in ganz Spanien – die gerade erst begonnene Selbstverwaltung weitgehend außer Kraft gesetzt worden. Mit der 1978 eingeführten demokratischen Verfassung erhielten die Provinzen erstmals eine große politische Eigenständigkeit, einige von ihnen wegen historischer, sprachlicher und kultureller Besonderheiten sogar den Status einer eigenen Nationalität innerhalb Spaniens. Seit 1997 gilt der Status ***Comunidad Autónoma*** auch für die Kanarischen Inseln.

Verwaltung Die **Hauptstadtfunktion** wurde auf die beiden größten Städte verteilt. Das Parlament sowie die Hälfte der Ministerien befinden sich in Santa Cruz. Die andere Hälfte und das Oberste Gericht sitzen in Las Palmas. Die Präsidentschaft muß alle 4 Jahre von einer Insel zur anderen wechseln. Jede Provinz stellt 5 der insgesamt 10 Minister. Außerdem haben alle Inseln eine eigene Verwaltung, die ***Cabildos***.

EU In der EU genießen die Kanaren seit 1986 wegen ihrer Entfernung vom Mutterland alle Vorteile einer Randzone. Beim Eintritt in die Union blieben Zollbestimmungen und einige Regelungen zu Fischerei und Landwirtschaft außen vor. 1991 wurden Landwirtschaft und Zollsystem in die EU integriert. Gleichzeitig erhielten die Inseln diverse Sonderrechte und Unterstützung durch Europagelder.

ZEC Im Oktober 2000 fiel in Brüssel der Startschuß für die ZEC, die ***Zona Especial Canaria***. Die Kanaren wurden für die Dauer von 8 Jahren zum »Off-Shore-Gebiet« innerhalb der EU, um durch steuerliche Vorteile Unternehmensgründungen und ausländische Investitionen außerhalb der Tourismusbranche zu erleichtern. Man hofft, dadurch neue Unternehmen anzulocken, die die monokulturellen Auswirkungen des Tourismus mildern.

Kanarischer Nationalismus (Karola Vogt/Teneriffa)

Geht man mit offenen Augen durch die Straßen von Santa Cruz, kann man die vielen Graffitis »***Fuera Godos***«, »'raus mit den Goten«, nicht übersehen. So nennt man auf den Kanaren abwertend die Festlandspanier nach den einstigen Invasoren der Iberischen Halbinsel.

Der kanarische Nationalismus hat in der spanischen Geschichte und Politik bei weitem nicht so ein Gewicht wie der baskische, katalanische oder galizische Separatismus, aber für die regionale Politik spielt er eine wichtige Rolle. So ist das Parteienbündnis ***Coalición Canaria*** – es steht für gemäßigten, konservativen Nationalismus – seit 1995 an der Regierung. In der Tat gibt es seit den 1990er-Jahren eine Renaissance kanarischer Kultur. Kein Buchladen ist ohne eine Abteilung, in der man alles über die Guanchen, ihre Küche, Sprache etc. findet, keine Boutique ohne T-Shirts und Schmuck mit Symbolen der Guanchen u.a.m.

Die erste kanarische nationalistische Bewegung entstand um die Jahrhundertwende in **Venezuela**! Dort und in Kuba lebten viele während der wirtschaftlichen Krisen emigrierte Kanarier. Auch der »Vater« des kanarischen Nationalismus, *Secundino Delgado*, war nach Venezuela ausgewandert. Er war u.a. Herausgeber der in Caracas erscheinenden **Zeitung *El Guanche***. Mit ihrer Hilfe wollte er das Interesse der in Venezuela lebenden Kanarier für eine Unabhängigkeit ihrer Heimat von Spanien wecken. Die Zeitung wurde jedoch 1898 verboten. *Delgado* ging 1900 nach Teneriffa zurück und gründete dort die ***Partido Popular Autonomista***, die »Autonome Volkspartei«. Aber er wurde festgenommen wegen angeblich terroristischer Aktivitäten während des Kubakrieges 1895-98. Er starb im Jahr 1912 und mit ihm der erste Ansatz einer nationalistischen Bewegung.

Die nächste Phase des kanarischen Nationalismus war ebenfalls kurz. Sie begann auf **Kuba** mit der Gründung der ***Partido Nacionalista Canario*** Anfang 1924. Als 1925 alle politischen Organisationen für illegal erklärt wurden, endete auch auf Kuba die politische Arbeit der kanarischen Nationalisten.

Erst **1961** bildete sich wieder (in Las Palmas) eine nationalistische Gruppierung, die sich ***Canarias Libre*** nannte. 1962 wurden die meisten ihrer Mitglieder verhaftet. Einem von ihnen, *Antonio Cubillo*, gelang die Flucht. In Algier gründete er 1963 eine neue kanarische Befreiungsbewegung.

Cubillo befürwortete den bewaffneten Kampf nicht nur gegen *Franco*, sondern gleichermaßen gegen den jungen demokratischen Staat. 1976 kam es in Las Palmas zu einem Kaufhausanschlag und danach zu weiteren Bombenattentaten. Sogar am bis dato größten Flugzeugunglück aller Zeiten (vor den Terroranschlägen in New York) auf dem Flughafen vom Los Rodeos auf Teneriffa trifft die kanarischen Separatisten eine indirekte Schuld. Da eine B-747 der KLM wegen einer Bombendrohung nicht wie vorgesehen auf Gran Canaria landen konnte, wurde sie nach Teneriffa umgeleitet, wo sie im Nebel mit einem startenden PanAm-Jumbo zusammenstieß. 583 Menschen starben in der Explosion.

Ein **Attentat** auf *Antonio Cubillo* zog 1978 einen vorläufigen Schlußstrich unter die radikale nationalistische Bewegung.

3.1.9 Berühmte Persönlichkeiten auf den Kanaren

Besucher und Zugereiste

Der Umstand, daß *Frederic Chopin* und *George Sand*, ein seinerzeit berühmtes, exzentrisches Liebespaar einen Winter (1838/39) auf Mallorca zubrachte, hat an den Orten des Geschehens bis heute angenehme ökonomische Effekte. Auf Teneriffa findet man nichts Vergleichbares. Auch viele der im Zusammenhang mit Teneriffa gern genannten folgenden Berühmtheiten haben nur mittelbar etwas mit der Insel zu tun:

Christoph Columbus

Am *Puerto Colón* in Las Americas erinnert zwar ein Denkmal an ***Christoph Columbus***, doch war er nie auf Teneriffa, nur vorbeigesegelt ist er. Selbst, daß der Teide gerade höllisch spuckte ließ ihn kalt, trieb es ihn doch auf seiner zweiten Fahrt nach Amerika schnell noch zu *Beatriz de Bobadilla*, einer kanarischen Adligen, auf die Nachbarinsel La Gomera. Sie empfing ihn zwar mit Feuerwerk und Kanonen-Böllern, heiratete aber einen anderen Draufgänger, den Teneriffa-Eroberer *Lugo*.

Admiral Horatio Nelson

Admiral Horatio Nelson, der weltgeschichtlich vermutlich berühmteste Besucher, kam nicht der Sonne wegen. Seinen Angriff auf Teneriffa büßte er 1797 mit dem Verlust des rechten Arms, ➢ Seite 124. *Nelson* wurde nach der Schlacht in der Hauptstadt nicht schlecht behandelt. Medizinisch versorgt, mit Speis und Trank vom siegreichen Admiral bewirtet.

Alexander von Humboldt

Von den zahlreichen internationalen Wissenschaftlern, die sich vor allem im Zeitalter der Aufklärung für Vulkanismus, Flora und Fauna der Insel interessierten, ist ***Alexander von Humboldt*** unumstrittener Star. Er widmete Teneriffa, dem er auf seiner Reise nach Südamerka (1799-1804) einen – allerdings gerade mal dreitägigen – Besuch abstattete, in seinem Buch »Südamerikanische Reise« ein Kapitel. Das war den Tinerfeños immerhin einen *Mirador* mit Gedenktafel wert. Der vollbetonierte Aussichtspunkt ist heute Pflichstopp jedes Touristenbusses.

Charles Darwin

Charles Darwin wiederum segelte auch nur vorbei, zeigte sich aber begeistert: »Alles wirkt wunderschön: Die Farben sind sehr leuchtend und weich. Der Gipfel oder Zuckerhut hat sich gerade aus den Wolken erhoben. Er thront zweimal so hoch als ich mir vorgestellt hatte, in den Himmel. Eine dichte Wolkenbank schirmt den Schneegipfel von der zerklüfteten Basis ab.«

Agatha Christie

Agatha Christies Aufenthalt schlug sich in einer Kurzgeschichte von zweifelhafter Bedeutung nieder. Es schien ihr auf Teneriffa nicht besonders gefallen zu haben: »Kein Mensch auf der Insel war gesellschaftlich oder künstlerisch von Bedeutung«. Auch ihre Landsleute brachten keinen Schwung in die Szene: »Die meisten Leute lebten seit sieben, vierzehn oder einundzwanzig Jahren hier und schätzten sich und andere danach ein wie lange sie schon hier wohnten«. (aus: »Der Mann am Meer«, in: »Der seltsame Mr. Quinn«, Scherzverlag Zürich).

Ernest Hemingway

Auf ***Ernest Hemingway*** können sich die Tinerfeños nur über drei Ecken berufen. Sein Titelheld *Santiago* in «Der alte Mann und das Meer« ist der 1897 geborene ***Gregorio Fuentes***, der damit in die Weltliteratur einging. Er war *Canario* und erhielt auf Antrag seine spanische Staatsbürgerschaft zurück. Danach zog es ihn aber auf die Nachbarinsel Lanzarote, wo er Anfang 2002 starb.

César Manrique

»Als ich von New York zurückkam, war ich entschlossen mitzuhelfen, meine Heimatinsel in einen der schönsten Plätze der Welt zu verwandeln«. Das sagte ***César Manrique*** 1968. 24 Jahre später starb der wohl einzige international bekannte kanarische Künstler, bei einem Autounfall auf Lanzarote. Das einfache Leben der Fischer und Bauern auf Lanzarote hatte seine Bilder einst inspiriert. Erst nach seinem Kontakt mit der surrealistischen Künstlerelite in Europas Metropolen und einem vierjährigen USA-Aufenthalt fand er zu abstrakteren Formen. *Manrique*, an sich mehr als Maler und Skulptor, erlangte weltweite Aufmerksamkeit als Architekt »seiner« Insel. Er gilt als Schöpfer des »**Gesamtkunstwerkes Lanzarote**«, in dem das Bizarre und Farben der archaischen Vulkanlandschaft mit der exotischen Inselflora und altkanarischen Finca-Architektur – verbunden mit modernen Stilementen – zur Einheit finden. Seither steht die Insel auf der Landkarte aller Kunstliebhaber.

Das eingangs zitierte Versprechen von 1968 erfüllt *Manrique* mit einer Reihe ungewöhnlicher Bauten: seinem ersten Wohnhaus (*Taro de Tahiche*) inmitten unwirtlicher Lavawüste, dem Musterbeispiel eines lanzarotenischen Bauernhauses, der *Casa Museo del Campesino*, den beiden Restaurants *La Era* und *El Diablo*, dem wunderbaren *Mirador el Rio*, dem Museum für zeitgenössische Kunst (*Museo Internacional de Arte Contemporaneo*) und vor allem der Gestaltung der Konzertsaal-Grotte *Jameos del Agua*, die Rita Hayworth das achte Weltwunder nannte.

Auf Teneriffa – der größten und urbansten Insel der Kanaren – setzte er architektonische Akzente in städtischer Umgebung mit der Badelandschaft ***Lago Martiánez*** und der Park- und Strandanlage ***Playa de Jardín*** (beide Puerto de la Cruz) sowie dem ***Parque Marítimo*** in Santa Cruz.

Tinerfeños

Es gibt keine *Tinerfeños*, die in die Weltgeschichte eingingen, aber einige Namen, die hier Straßen oder Denkmälern schmükken, sind auch über die Inselgrenzen hinaus bekannt.

Das goldene Zeitalter

Als **Goldenes Zeitalter** (*Siglo de Oro*) wird in Teneriffa die Aufklärung (*Ilustración*) bezeichnet. Liberale, vernunfts- und wissenschaftsorientierte Gedanken, die Mitte des 18. Jahrhunderts in Europas Metropolen im Schwange waren, wurden vom tinerfeñischen Adel und Bürgertum offen aufgenommen. Weit weg vom Mutterland und reich an Schmuggelerfahrung, erhielt man in La Laguna die in Spanien verbotenen Schriften aus England, Frankreich und Amerika ohne Probleme. Die internationalen Handelshäuser Teneriffas wurden von protestantischen Kaufleuten aus Europa beherrscht.

Tertulias

Die liberalen Denker trafen sich in ***Tertulias*** (Gesprächskreisen), die in La Laguna, Santa Cruz und Puerto de la Cruz in den Herrenhäusern der vornehmsten Familien abgehalten wurden. Beispielsweise bei *Nava y Grimon*, dessen beeindruckendes Palais am Plaza de Adelantado in La Laguna zu sehen ist. Bei diesen Treffen wurde über Erziehung, Wirtschaft, Naturwissenschaft, Freihandel und Kunst diskutiert. Der *Marques de Villanueva del Prado* setzte sich für die Errichtung des Botanischen Gartens in Puerto de la Cruz zu wissenschaftlichen Zwecken ein. Erste Inselzeitungen entstanden, und die erste Universität des Archipels ging aus dem Augustiner-Kloster in La Laguna hervor. Maßnahmen gegen die Vernichtung des Waldes (!) wurden beschlossen und die Einführung neuer landwirtschaftlicher Produkte betrieben.

José de Viera y Clavijo

Der berühmteste Historiker und Wissenschaftler, ***Joséde Viera y Clavijo***, (1731-1813) stammte aus einer aufgeklärten bürgerlichen Familie, gehörte dem Klerus an und wurde vom Adel protegiert. Seine beiden Bücher über die kanarischen Inseln (*Noticias de la Historia General de las Islas Canarias* und *Diccionario de Historia Natural de las Islas Canarias*) gehören zu den wissenschaftlichen Standardwerken. In seinem Geburtsort Los Realejos hat man ihm ein Denkmal gesetzt.

Tomás de Iriarte

Die Familie ***Iriarte*** aus Puerto de la Cruz hat gleich mehrere Aufklärer in die Welt hinausgeschickt. ***Tomás de Iriarte*** (1750-1791) bekam Probleme mit der Inquisition, weil er in Madrid schneidende polemische Texte gegen den religiösen Fanatismus schrieb. Spanisches Kulturgut blieben seine humorvoll-moralischen *Fabulas Literarias.*

Juan de Iriarte

Sein Onkel ***Juan de Iriarte*** war Literaturkritiker und Direktor der Königlichen Bibliothek zu Madrid. Nur sein Bruder blieb im Lande, wurde Mönch und unterrichtete im Dominikanerkloster von Orotava. Aus der ***Casa Iriarte*** wurde ein kleines Museum mi einem Geschäft für Stickereien (➢ Seiten 300/314).

Augustín de Bethancourt

Augustín de Bethancourt (1758-1824) brachte es als Ingenieur und Erfinder schon zu Lebzeiten zu internationalem Ruhm, wiewohl nur im Ausland. Mit 20 Jahren zog es ihn von seiner Heimatstadt Puerto de la Cruz nach Madrid. Dort wurde er Direktor der ersten spanischen Ingenieursschule. Dem Bau von Straßen, Brücken und Kanälen blieb er auch in Rußland treu, wo er als Militärtechniker im Dienste Alexanders I. tätig war. Für die Dränage des Hafens von Kronstadt erfand er einen speziellen Bagger. Seine Seidenspinn- und Dampfmaschinen machten ihn zu einem der angesehensten Ingenieure seiner Zeit. Sein Essay über die Konstruktion von Maschinen (*Ensayo sobre la Composición de las Máquinas*) ist noch heute ein Klassiker. Das ***Hotel Monopol*** im Zentrum von Santa Cruz ist sein Geburtshaus.

José de Anchieta

Auch in den Jahrhunderten vor und nach der Aufklärung lebten *Tinerfeños*, die über ihre Insel oder Spanien hinaus berühmt wurden. ***José de Anchieta*** war mit *Ignacio de Loyola* verwandt, in dessen Orden er früh eintrat und als Missionar nach Brasilien ging. Der junge Jesuit gründete Missionsstationen, aus denen Sao Paolo und Rio de Janeiro hervorgingen. 1597 starb er in Brasilien und wurde 1980 selig gesprochen. Sein Geburtshaus (*1534) steht in La Laguna. Eine Statue des Paters findet sich zu Beginn der östlichen Teide-Auffahrt auf einer Verkehrsinsel direkt neben der Nord-Autobahn.

Teobaldo Power

Teobaldo Power (1848-1884), ein Musiker der Romantik, war irischer Abstammung. Seine Vorfahren lebten aber schon seit dem 17. Jahrhundert auf den Kanaren. Bereits in jungen Jahren von der Musikwelt in Barcelona, Paris und Madrid anerkannt, kehrte er nur kurz nach Teneriffa zurück. Die seiner Heimat gewidmeten ***Cantos Canarias*** kennt jedes kanarische Schulkind. In La Orotava wurde ein Konzertsaal, in seiner Geburtsstadt Santa Cruz eine Straße nach ihm benannt.

Oscar Dominguez

Der in La Laguna geborene Maler ***Oscar Dominguez*** (1906-1957) lebte während der 1930er-Jahre in exzentrischen Kreisen in Paris. Er fand in *André Breton*, Theoretiker und Wortführer des Surrealismus, einen weltbekannten Förderer. *Breton* sah in den kanarischen Inseln eine Art surreale Terra Magica. 1935 veranstaltete *Breton* seine erste spanische Surrealisten-Vernissage in *Santa Cruz* unter Beteiligung des einheimischen Freundes.

Surrealistisches Werk von Oscar Dominguez

Unter *Dominguez*` Werken findet man viele kanarische Motive, z.B. die *Cueva de los Guanches* (Guanchenhöhle) und *El Drago*. Alkohol, Drogen und das Gefühl des Versagens vor seinem Vorbild *Picasso* führten ihn 1957 in den Selbstmord.

Im *Parque García Sanabria* in Santa Cruz steht seine Arbeit ***Monumento al Gato*** unmittelbar oberhalb des großen zentralen Brunnens. Das neue Santa Cruzer Kulturzentrum, entworfen vom renommierten Architekten *Jaques Herzog*, wird den Namen von *Oscar Dominguez* tragen.

Pedro Gonzáles

Der ebenfalls aus La Laguna stammende ***Pedro Gonzáles*** kehrte nach einem mehrjährigen Venezuela-Aufenthalt 1961 nach Teneriffa zurück. Nach abstrakten Jugendwerken malte er in den letzten Jahrzehnten tinerfeñische Städte- und Landschaftsbilder.

Simon Bolivar Romulo Bethancourt

Zuweilen genügt den *Tinerfeños* schon die Teneriffa-Abstammung von wichtigen Persönlichkeiten für ein Denkmal. So für ***Simon Bolivar***, dessen Mutter in Garachico geboren wurde. Auch ***Romulo Bethancourt***, 1945-48 und 1959-64 Präsident von Venezuela, kam in den Genuß dieser Ehre. Seine Familie war vor langer Zeit von Teneriffa nach Südamerika ausgewandert.

General Franco

Eine zweifelhafte Ehre erfuhr Teneriffa durch ***General Franco***. Der Kommandeur des Inselmilitärs startete 1936 den Bürgerkrieg gegen die 2. Republik von Teneriffa aus, ➢ Seite 401.

Karneval in Santa Cruz fast wie in Rio

3.2 Fiestas und Folklore auf Teneriffa

3.2.1 Fest- und Feiertage

Die *Canarios* sind kein Volk von Traurigkeit. Sie legen Wert auf viel Freizeit und feiern gern. Am Wochenende geht man tagsüber oft in großen Gruppen auf Picknick- und Grillparties im Wald oder eine ***Tenderete*** (fröhliches Beisammensein mit Wein, Weib und Gesang zur *Timple*, einer Minigitarre). Abends trifft man sich zum Kneipenbummel (*parranda*) durch den Ort, entweder zufällig in den Bars oder man hat sich auch vorher – überwiegend spontan – verabredet. Stammtische meiden die Spanier, damit sich (behaupten böse Zungen) über den Wirt nicht herumspricht, wer der größte Zecher ist ... und Kneipen zum Tapetenwechsel gibt es ja mehr als genug in jedem Ort.

3.2

Feiertage

Neben den allgemeinen nationalen Feiertagen (➢ Liste unter »Wissen A-Z«, Seite 534) kommen noch rund 80 örtliche, **oft mehrtätige Fiestas** zu Ehren der jeweiligen Schutzheiligen. Viele dieser Feiern gehen fließend über in **folkloristische Dorffeste** mit bunten Trachten und kanarischer Volksmusik. Es wird gesungen, getanzt und getrunken, Höhepunkt ist meist ein Feuerwerk oder kräftige Böllerei.

Im folgenden sind die wichtigsten, auch für ausländische Besucher interessanten Feste auf Teneriffa kurz gekennzeichnet

- Den Höhepunkt des mehrwöchigen **Karnevals** bilden die Tage vor und nach (!) Aschermittwoch. Kleinere närrische Nachbeben finden anschließend in allen tinerfeñischen Gemeinden (Puerto!) statt, können den Hauptstadt-Fasching aber nicht toppen (➢ »Karneval«, Seite 117).
- ***Romerías*** sind der geselligste, lebendigste und authentischste Ausdruck kanarischen Brauchtums. Diese »Erntedankfeste«

finden das ganze Jahr über auf Teneriffa statt. Wer Gelegenheit zum Besuch einer großen *Romería* hat (➢ Seite 399), sollte sie auf jeden Fall nutzen.

- **Fronleichnam** wird besonders in **Orotava** begangen. Die Blumenbilder und Teppiche (*alfombras*) aus buntem Lavasand gehören zu den großen Attraktionen der Insel (➢ Seite 329).
- Die **Osterwoche** (*Semana Santa*) wird in ganz Spanien feierlich begangen. Zentrum der religiösen Veranstaltungen und Prozessionen auf Teneriffa ist **La Laguna.**
- Fröhlicher als in La Laguna am Karfreitag geht es an **Mariä-Himmelfahrt** am 15. August in **Candelaria** zu. Das Fest beginnt mit der Verehrung der Schwarzen Modanna, und geht anschließend in eine rauschende *Romeria* über (➢ Seite 203).
- Auch der Einzug der **Heiligen 3 Könige** am 6. Januar ist besonders in **Santa Cruz** sehenswert, denn das mit Kindern vollbesetzte Fußballstadion der Hauptstadt sorgt für viel Stimmung. (➢ »Advents- und Weihnachtszeit«, Seite 292)

3.2.2 Kanarische Sport- und Spielarten

Wie gesagt sind auf den Kanarischen Inseln viele alte Traditionen lebendig. So auch eine Reihe von Spielen und Sportarten, wie die ***Lucha Canaria***, ein Männer-Ringkampf, der auf die Ureinwohner zurückgeht (➢ Seite 387).

Daneben gibt es ***Arrastre de Ganado***, ein Wettkampf mit kanarischem Zuchtvieh. Dabei muß jeder Hirte (*Boyero*) sein mit Säcken beschwertes Ochsen-Gespann möglichst schnell über eine Strecke von 50 m treiben, ohne die Tiere zu schlagen.

Pelotamano ist ein Spiel wie Badminton, wobei ein Ziegenleder-Ball mit den bloßen Händen über das Netz geschlagen wird.

In kanarischen Dörfern sieht man zuweilen auch **Boccia-Bahnen**, auf denen die Männer nicht nur an Wochenenden ***La Bola Canaria*** spielen.

Das altkanische **Gewichtheben** nennt sich ***Levantamiento de Piedra*** (»Steinheben«), wobei enorm große Lavabrocken auf dem Nacken hochgestemmt werden.

Eine feuchtfröhliche Gaudi ist ***El Calabazo***, wenn zwei Männer mit 2 m langen Kellen im Wasserschöpfen wetteifern.

Ernster geht es bei der ***Lucha del Garote*** zu, wenn *Canarios* beidhändig mit ihren *Garotes*, 1,60 m langen Holzstöcken, fechten.

Über 3 m lange ***Lanzas***, hölzerne Stäbe, setzten schon die Guanchen an, um im ***Salto del Pastor*** (Hirtensprung) über die vielen tiefen Schluchten mehr weit als hoch zu springen.

Am 29./30. November ist in **Icod de los Vinos** abends der Teufel los. Dann düst die Dorfjugend auf hölzernen ***Tablas de San Andrés*** die steilen Gassen mit bis zu 50 Sachen hinab in einen Haufen alter Gummireifen (➢ Seite 344).

3.2.3 Trachten der Canarios

Jede der sieben Inseln hat ihre eigenen, für sie typischen Trachten, die sich auch noch von Region zu Region und von Ort zu Ort unterscheiden. Am bekanntesten ist die Tracht aus dem Orotavatal. Sie wird – fälschlicherweise – für die tinerfeñische schlechthin gehalten.

Von der ursprünglich strikten, zunftgebundenen bzw. an der ständischen Gliederung orientierten Kleiderordnung ist wenig geblieben. Nur den hellen, knöchellangen Filzponcho der Hirten (*manta esperancera*), der früher mit Ziegenfett imprägniert war, trifft man noch vereinzelt in Bergdörfern oder auf *Romerías*. Seit dem 18. Jahrhundert holten sich auch die *Canarios* Anregungen aus dem Kleidungsstil der Reichen und Adligen. Das war die Geburtsstunde der Trachten (*Trajes de Mago*). Um die Stoffe einzufärben, nutzt man bis heute Naturprodukte, wie *Cochenilla* (rot), Färberwau (goldgelb), *Orchilla* (purpur), Indigo und Eukalyptus.

Die dominierenden Trachtenfarben sind inselweit rot, schwarz und weiß – die Farben der *Campesinos*, der Bauern.

Typisch sind auch die schwarzen Hüte der Männer und die mit farbigen Bändern verzierten kleinen Strohhüte der Frauen, sowie für den Norden der Insel gestreifte Röcke, kombiniert mit weißen Blusen und kunstvoll bestickten Westen (*chalecos*). Zu dieser Kleidung werden grüne oder gelbe Umhänge getragen. Die Schuhe und Stiefel sind aus schwarzem oder hellem Wildleder.

Charakteristisch für Teneriffa sind auch die *Romería*-Stoffe mit rot-grün-gelben Streifen; nur in Santa Cruz wird diese Farbfolge von einem zusätzlichen schwarzen Streifen unterbrochen.

Wer auf einer *Romería* den ***Baile de Mago*** mittanzen möchte, braucht dazu eine Tracht. Bei ***Mil Ideas*** in **Las Galletas** (in der Calle Sol del Sur, © 922-786375) wird sie den Kunden auf den Leib geschneidert.

Es tanzt ein Bi-Ba-Butzemann... (Hans Beter/Teneriffa)

Wie die Canarios tanzen und singen

Was haben deutsche und kanarische Volkslieder gemeinsam? Weit mehr, als man glauben würde!

Als ich *Don Roberto Gonzales, Director de la Banda Candelaria* (Orchesterchef) von Arafo/Teneriffa danach fragte, wollte er ein Beispiel hören. Also sang ich ihm das Lied vom Butzemann vor. Das Ergebnis verblüffte. Zwar verstand *Don Roberto* nicht den deutschen Text vom Säcklein tragenden Butzemann, summte jedoch die zweite Strophe bereits mit und erklärte dann: »Kenne ich! Das ist eine *Berlina*, ein Bauerntanz, der um 1890 zusammen mit Polka und Mazurka den Weg in unsere kanarische Volksmusik fand. Noch heute wird die *Berlina* als Pfeffer und Salz jeder Fiesta auf Fuerteventura, La Palma und El Hierro mit Akkordeon und Gitarre vorgetragen«. Dann lachte er: »*Hombre, qué escándalo*!« (Was für Skandal!) Es ist nämlich der einzige Volkstanz auf den Kanaren, bei dem sich die Paare eng umfaßt halten.

Don Roberto hatte stundenlang das Festprogramm zum 75-jährigen Bestehen seiner *Banda* einstudiert. In weniger als drei Wochen würden die rund 60 Mitglieder, Jugendliche zwischen unglaublichen 5 und maximal 25 Jahren, vor heimischem Publikum auftreten. Nirgendwo auf den Kanaren, ja nicht einmal in ganz Spanien gibt es mehr ausgewiesene Musiker pro Kopf der Bevölkerung als hier in Arafo (➢ Seite 403). Im Vereinsregister des gerade 4000 Einwohner zählenden Städtchens sind eingetragen:

2 *Bandas* (Blas-Orchester mit je 50-60 Mitgliedern)

3 *Rondallas* (Volkstanzgruppen mit bis zu 20 Musikern und Tanzpaaren)

1 Chor (30 Sänger)

1 *Murga* (Karneval-Musikgruppe)

Die unzähligen folkloristischen Tanz- und Musikergruppen, die sich spontan zu Festen und Prozessionen zusammenfinden, nicht mitgezählt.

Sie alle verbindet die Liebe zur kanarischen Volksmusik, und – so Don Roberto – »die hört man mit dem Herzen, nicht nur mit den Ohren«.

Was ist typisch kanarische Volksmusik?

Einige Gesang- und Tanzstücke, die noch heute auf den Inseln lebendig sind, haben ihren Ursprung zweifelsfrei in der Kultur der Ureinwohner, der Guanchen. So trägt ein Trommeltanz aus La Gomera den Namen »*Tajaraste*«, was in der Berbersprache (*zajarasz*) »Goldring« bedeutet. Ebenso alt und lebendig ist ein getanzter Wechselgesang, der in La Palma und Gran Canaria an hohen Feiertagen aufgeführt wird. Zu schneller Trommel- und Flötenmusik singt ein Vorsänger eine immer wiederkehrende Melodie, während die Tanzpaare sich aufeinander zu- und wieder wegbewegen. Plötzlich pausieren Tanz und Musik. In die Stille hinein tritt ein Tanzpaar vor und beginnt einen Wechselgesang, der ohne feste Melodie von Liebe, Trauer oder Mißständen in der Gemeinde handeln kann. Daher ist sein Inhalt manchmal zart, oft aber derb bis aggressiv. Anschließend setzen Musik und Tanz wieder ein. Das Spiel endet, wenn alle Paare einmal vorgetreten sind. Das ganze

Spektakel wird *Sirinoque* genannt. In der Sprache der Tuaregs und bei den Kabilen im Norden Afrikas heißt *siri-nek* »dein Tanz«. Kaum jemand zweifelt heute daran, dass die alten Guanchen aus genau dieser Region vor fast 3.000 Jahren auf die Kanarischen Inseln kamen.

Mit den Spaniern gelangten vor 500 Jahren die *»Folias«* auf die Inseln, der »Edelstein« der kanarischen Volksmusik. Es handelt sich um einen Palast-Tanz, wie er damals am Hofe der spanischen Könige aufgeführt wurde. Zur Musik der *Folias* bewegen sich in höfischer Manier drei Gruppen von je zwei Tanzpaaren. Die Einsätze der Tänze werden von den Musikern mit lauten Rufen, den *avisos*, angezeigt, was bei dörflichen Festen noch heute zu ebenso lauten wie derben Antworten führen kann. Jede Insel hat sich in ihren *Folias* eigene Melodien und Tanzschritte erhalten. Eine volkstümliche Besonderheit ist die *Folia locura*, ein tränenreicher Gesang, zu dem zur Ehre Verstorbener am aufgebahrten Leichnam auch getanzt wird.

Doch nicht nur Guanchen und Spanier haben ihre Spuren in der Kanarischen Volksmusik hinterlassen. Vielmehr sind unter den 27 Volkstänzen, die ausführlich in der *Enciclopedia Canaria* beschrieben werden, einige, die auf portugiesische Einwanderer zurückgehen (*Aires de Lima*), oder andere, die von kanarischen Heimkehrern aus Kuba (*Habanera*) oder Mexico (*Mascarita*) mitgebracht wurden. Tatsächlich sind Einflüsse dreier Kontinente nachzuweisen.

Die Deutschen werden nicht nur mit ihrer *Berlina* erwähnt, sondern ebenfalls mit dem *Chotis majorero*, einem deutschen Tanz, der angeblich mit den Bourbonen (1720) nach Spanien und von da auf die Kanaren kam, wo er noch heute in La Palma getanzt wird und sich nach der Besiedelung Floridas über ganz Amerika ausgebreitet hat.

Als ich *Don Roberto Gonzales* nach seinem Konzert wiedersah, sagte er mir auf meine Frage nach seinem liebsten Volkstanz: »Der Kontrast zwischen ländlicher Fröhlichkeit und höfischen Trippelschritten in den *Folias de España* ist einmalig. Ich liebe diesen Tanz ...« Und höflich fügte er hinzu: »... doch die *Berlina* liebe ich auch, wie zum Beispiel *Baila un Bi-Ba-Butzemann*«.

Canarios beim Musizieren in einer Dorfkneipe

3.3 Architektur

Es war sicher ein kleiner Kulturschock für die spanischen Eroberer, als sie Ende des 15. Jahrhunderts ihren Fuß auf die Kanaren – ihre erste Kolonie – setzten. Kamen sie doch in glänzenden Rüstungen aus Städten wie Granada, Sevilla oder Toledo mit Palästen, Kathedralen und gewaltigen Festungen. Hier trafen sie auf Höhlenbewohner in Ziegenfellen.

Guanchenhöhlen

Die beim Abkühlen der Lava entstandenen gewölbten Löcher und der weiche, durch Kratzen oder Schneiden leicht auszuhöhlende Tuffstein im Inselsüden boten ausreichenden Schutz gegen Wind und Wetter. Hirten schliefen in steingeschichteten Hütten mit Strohdächern. Ansonsten hatten selbst die *Menceys* (Guanchenkönige) keine Herrschaftbauten oder baulichen Machtsymbole, nur etwas größere Höhlen mit farbigen Felszeichnungen. Die kreisrunden Versammlungsplätze oder Kultstätten waren von niedrigen Mauern umgeben. Und selbst wenn Teneriffas umstrittene Stufen-Pyramiden (➢ Seite 200) tatsächlich religiösen Zeremonien gedient haben sollten, waren sie genaugenommen ziemlich schlichte Bauwerke.

Altkanarische Landhäuser

Nach Unterwerfung der kanarischen Ureinwohner ließen jedoch Prachtbauten nicht lange auf sich warten, denn der Eroberer *Alonso Fernandez de Lugo* hatte große Pläne mit der Insel. Die von ihm ins Auge gefassten Zuckerrohr-Plantagen (➢ Seite 168) erforderten hohe Investitionen, für die er Kaufleute aus Genua gewann. Auf weitläufigen Haziendas bauten sich diese neuen Großgrundbesitzer repräsentative Landhäuser (*Casas Señoriales*) mit privaten Kapellen und *Bodegas* (Weinkellereien).

Militärkommandantur in Santa Cruz; klassizistische Fassade (➢ Seite 508) aus inseltypischem Material

Für das normale Mauerwerk nahm man gewöhnlich den leichteren Tuffstein, für die Grundmauern und Ecken den festen schwarzen Basalt. Meist wurden die Außenmauern weiß gekalkt, nur die Ecksteine blieben schwarz. Der Reichtum der Herren der Landhäuser zeigte sich bald in der verschwenderischen Nutzung und kunstvollen Bearbeitung des harten Kernholzes der kanarischen Kiefer. Klassisch sind die Außentreppen, die zu einer Galerie im ersten oder zweiten Stock führen. Auch für die Decken, Balkone, Stützsäulen, Fenster- und Türrahmen verwendete man Holz, das in den feineren Häusern ungestrichen blieb. Schutz vor Wind und Regen boten die nach Süden ausgerichteten Patios (Innenhöfe). Die Walmdächer wurden mit arabischen Terracotta-Pfannen nach der Mönch-Nonne-Methode belegt: über eine Lage U-förmiger Tonziegel (Nonne) wurde auf Lücke eine Lage mit der Wölbung nach oben (Mönch) gelegt, eine Dachdeckerkunst, die man bis heute überall sieht. Im Prinzip gelten diese typischen kanarischen Merkmale auch für kleinere Landhäuser.

Die ersten Behausungen der einfachen Landarbeiter bestanden nur aus aufeinander gestapelten groben Steinen und waren – wie bei den Guanchen – strohgedeckt. Einge dieser *Chozas* sieht man oberhalb von La Orotava an der Teideauffahrt (➢ Seite 393).

Stadthäuser

Die italienischen Familien, wie die *Lercanos, Molinas* und *Pontes* zogen bald vom Land in die größer werdenden Städte. Ihre Paläste aus dem 16. bis frühen 18. Jahrhundert mit Renaissance- oder Barockfassaden in Orotava, Garachico, La Laguna und Santa Cruz werden heute als Museen oder Ausstellungsräume genutzt.

Die meisten der herrschaftlichen Stadthäuser haben im Patio reich geschnitzte, von Holzsäulen gestützte Galerien. Oft umläuft im 2. Stock ein **Balkonvorbau** das Haus, um dort das Getreide zu trocknen. Nur in der Fassade waren Portale und Fenster ggf. von Steinmetzarbeiten – als Zeichen großen Wohlstands – eingefaßt.

Typisches Stadthaus aus dem 17./18. Jahrhundert mit umlaufendem Balkon im Obergeschoß und beschnitzten Fenstereinfassungen

Holz

Die Verwendung von Holz wurde typisch für die Kanaren. Man paßte es zunächst in die jeweiligen europäischen Baustile ein, die mit etwas Verspätung auch auf dem Archipel »ankamen«. Die Gotik war schon passé, als die Inseln von Europäern besiedelt wurden, und so finden sich auf Teneriffa nur wenige gotische Reste, wie das Portal der *Nuestra Señora de la Concepción* in Los Realejos, sowie einige Elemente der Klöster *San Augustin* und *Domenico* in La Laguna. Ohnehin war das Inselgestein für gotische Bögen ungeeignet.

Den Platareskenstil, eine besondere spanische Ausformung der Spätgotik, sieht man noch an einigen Portalen, z. B. bei der *Casa del Corrgidor* in La Laguna. Der Begriff ist vom spanischen *Platero* (Silberschmied) abgeleitet und besagt, daß die Ornamentik am Stein so filigran ist wie von Silberschmieden ausgeführt.

Kirchen und Klöster

Prägend im kanarischen Kirchenbau des Barock ist der *Mudejarstil*. Er verbindet maurische und christliche Elemente und war bis zum Ende des 16. Jahrhunderts in ganz Spanien verbreitet. *Mujedaren* hießen Mauren, die 1492 nach der Rückeroberung durch die Spanier auf der iberischen Halbinsel blieben. Dieser Stil, der sich in einigen spanischen Regionen auch in Steinarbeiten wiederfindet, manifestiert sich in kanarischen Kirchen und Palästen durch äußerst kunstvolle, mal naturbelassene, mal bemalte hölzerne Kassettendecken.

Besonders große und kostbar gestaltete Patios hatten die Klöster während ihrer Blütezeit im 18. Jahrhundert. Die um das ganze Gebäude umlaufenden Galerien wurden von hölzernen Säulen gestützt (Kloster *Santo Domingo* in La Orotava). Aus dem Arabischen kommt auch der ***Ajimez***, ein Holzaufsatz an einer Ecke des Klostergebäudes mit einem Leistengitter, durch das die Nonnen auf die Straße schauen konnten, ohne selbst gesehen zu werden, wie das Bild unten zeigt.

Ajiméz des Convento de las Catalinas in Laguna

Forts

Für die »***Castillo***« genannten Befestigungen wurde schwerer schwarzer Basalt verwendet. Ein besonders klassisches Beispiel ist neben dem *Castillo San Juan* (Santa Cruz) und dem *Castillo San Felipe* (Puerto) das *Castillo de San Miguel* in Garachico aus dem 16. Jahrhundert. Der einzige Schmuck dieses düsteren Gemäuers ist das steinerne Wappen über dem mit anderen Steinplatten verkleideten Portal. In einer Dachecke befindet sich ein winziges Wach- und ein Glockentürmchen zum Alarmschlagen.

Klassizismus

Der Inselbarock war bei weitem nicht so überladen wie auf dem Kontinent. Es gab keine prunkvollen Schlösser; die Herrenhäuser hatten eher strengere, klassische Fassaden. So war letztlich der Druck zum Bruch mit dem Barock als typischer Herrschafts-Architektur geringer.

Erst Mitte des 19. Jahrhunderts setzte sich der Klassizismus (*Neoclassico*) durch. Das aufstrebende liberale Bürgertum präsentierte sich in klaren, klassischen Verwaltungs- und Regierungsgebäuden. Erstmalig verschwanden die typisch kanarischen Merkmale aus den Straßen. Stein ersetzte das Holz an Balkonen, Treppen, Brüstungen, Säulen und Fenstereinfassungen. Die nun flachen Dächer wurden nicht mehr mit Ziegeln belegt. Santa Cruz, das sich dank des Freihandels seit 1842 enorm entwickelte, bekam neben neuen Repräsentivbauten ein völlig anderes Straßenbild mit breiten Alleen und Plätzen (wie Plaza Weyler). Der Garten des Franziskanerklosters wurde im Zuge der Säkularisierung 1835 enteignet und zur Plaza del Príncipe umgestaltet.

Noch heute prägen die klassizistischen Gebäude das Zentrum von Santa Cruz: das Parlament, *Ayuntamiento*, *Capitanía General*, das *Hospital de Nuestra Señora* (heute das Archäologische Museum) und das *Teatro Guimerá*. Auch in La Orotava und La Laguna sind die Rathäuser in diesem Stil gehalten. Die Fassade der Kathedrale von La Laguna ist eine der wenigen Beispiele für klassizistischen Sakralbau auf der Insel.

Das 20. Jahrhundert

In der ersten Hälfte des 20. Jahrhunderts prägten zwei Richtungen die städtische Architektur: eine der vielen Facetten des Jugendstils (*Modernismo*) und der kühle Bauhausstil (*Rationalismo*). Wie im Neoklassizismus entwickelten sich dabei keine typisch kanarischen Akzente. Beide Stile verzichteten folglich auf die traditionell-kanarische Holzbearbeitung.

In Teneriffas Städten wurden zur Zeit des ***Modernismo*** vorwiegend Villen für das betuchte Bürgertum und bürgerliche Kulturstätten wie Theater (*Teatro Leal* in La Laguna) gebaut. Die damals entstandenen Stadtviertel um die Plaza de los Patos, die Ramblas und die Calle Maria y Josef sind bis heute beliebte Wohngegenden. Mit geschmiedeten Balkongittern, leicht abstrakten Pflanzenmustern sowie gewellten Linien um Türen und Fenster wirken die pastellfarbenen 2-3-stöckigen Stadthäuser beschwingt und leicht wie eine verspielte Version des Klassizismus. Avantgardistische Elemente wie in den europäischen Städten zur selben Zeit fehlten fast ganz. Bald verkam diese Bauweise auf den Kanaren zu einem Sammelsurium von Formelementen (z. B. Gebäude des Kunstvereins ***Circulo de Amistad*** in Santa Cruz).

Stadtvilla in Santa Cruz

Racionalismo

Die liberale 2. Republik (1931-36) war offen für die Klarheit und Funktionalität, mit der u.a. die im Dessauer Bauhaus vereinten Künstler völlig neue Akzente in der Architektur setzten. War der *Modernismo* auch in den kleineren Städten wie La Orotava heimisch geworden, so finden sich *Racionalismo*-Wohnhäuser nur in der Großstadt Santa Cruz. Es erforderte schon etwas Mut, sich für viel Geld diese nüchternen Kuben ohne jede Ornamentik bauen zu lassen (Beispiele finden sich auf der General Franco und Calle Enrique Wolfson). Viele dieser Häuser haben im Ansatz alle Elemente des heute postmodern wiederbelebten amerikanischen ***Art Deco***: geschwungene Rundungen, klare und gestreckte Linien, runde Bullaugenfenster. Öffentliche Gebäude (wie die ehemalige deutsche Schule, jetzt staatliche Sprachenschule, in der Calle Enrique Wolfson 16) zeigen bereits erste Anzeichen zu neuen monumentalen Formen.

Art Deco in Santa Cruz

Francozeit

Der Frakcismus verstärkte diesen Zug zum Bombastischen. Das *Cabildo*-Gebäude mit dem Uhrenturm an der Plaza España (➢ Foto Seite 122) und das *Gobierno Civil* (Calle Mendez Nuñez/ Ecke Calle Viera y Clavijo unterhalb der Plaza Pato) aus den Jahren 1949-51 sind Ausdruck dieser Tendenz, in der sich Nüchternheit mit Machtwillen trifft: Betonung der Vertikale, Freitreppen, schwere Säulen und symbolträchtige Wappen.

Daneben verstärkte der Franco-Nationalismus regionale Tendenzen, die seit den 30er-Jahren auch zur Wiederentdeckung alter kanarischer Formelemente führte. Es gab wieder überdachte Balkone und Galerien aus Holz, Ecksteine, rote Ziegeldächer und kleine Türme, die an den *Aljimez* erinnern. Ein gelungenes Beispiel für diese Architektur ist das nach wie vor eindrucksvolle ***Hotel Mencey*** in Santa Cruz (➢ Foto Seite 135)

Repräsentative Bauten wie La Lagunas Universität oder Candelarias neue Basilika (1958) schließen direkt an die Epoche des oben beschriebenen tinerfeñischen Barock an, des Goldenen Zeitalters der kanarischen Architektur.

Neue Entwicklungen

Die Architektur nach dem 2. Weltkrieg wurde dominiert von der schnellen Entwicklung des Tourismus. Wie an anderer Stelle bereits erwähnt (➢ Seite 212), war der Spekulation zunächst Tor und Tür geöffnet. Bar jeder Raumstrukturordnung und in platter epigonaler Kopie der städtischen Hochhaus-Architektur entstanden – mit billigem Baumaterial – die neuen Touristenzentren Los Cristianos und Las Américas.

Tradition und Landschaft wurden mißachtet, neue Ideen verworfen. Auf Teneriffa gibt es aus diesen Jahren kaum einen Beitrag , der sich baulich nachträglich rechtfertigen ließe. Einzige Ausnahme ist die fantasievolle Badelandschaft des *Lago Martiánez* in Puerto de la Cruz von *César Manrique* (➢ Foto Seite 296).

Origineller noch und moderner sind *Manriques* Bauten auf Lanzarote, wo Harmonie mit der Natur und traditionelle Bauelemente im Vordergrund standen. Auch die nach seinen Plänen angelegte *Playa Jardín* in Puerto weist in diese Richtung.

Über die postmoderne Hotelarchitektur an der *Costa Adeje* (*Bahía del Duque, Anthelia etc.* ➢ Seiten 42+228) der letzten Dekade, die auch kanarische Elemente wie den *Ajimez* und Holzbalkone aufnimmt, wird die tinerfeñische Touristenstatistik entscheiden.

2003/4 **Santa Cruz** erlebt seit Ende der 1990er-Jahre einen kaum vorstellbaren **Bauboom**, der die Veränderungen während des Klassizismus in den Schatten stellt. Neben Restaurierungsarbeiten an Häusern aller Stile werden am südöstlichen Stadtrand auch modernste architektonische Akzente gesetzt. Sie zeugen von einem neugeborenen tinerfeñischen Selbstbewußtsein mit einem Schuß Hybris. Die Stadtväter träumen bei den reichlich fließenden EU-geldern offenbar von einer Verwandlung der gerade mal 220.000 Einwohner zählenden Hauptstadt in ein Mini-Manhattan im Atlantik. Das **Sydneys Oper nacheifernde Auditorium** sowie vis-à-vis die riesige, für alle Ewigkeit betonierte Messehalle zeugen davon. Beide Gebäude wurden von *Santiago Calavatra*, einem der führenden Bauingenieure und Architekten Spaniens, entworfen.

Sodann soll sich der **Hafenbereich** – nach Plänen des Schweizers *Jaques Herzog* – wie ein moderner amerikanischer *Amusement Pier* als Freizeit- und Vergügungsgebiet zur Stadt hin öffnen; und der Vorort-Strand ***Las Teresitas*** bei San Andrés soll nach Ideen des französischen Architekten *Perrault* zum Naherholungsgebiet des Metrobereichs massiv ausgebaut werden. Und last not least: Bis 2006 will man ein hypermodernes Bahnsystem fertigstellen, um das erdrückende Verkehrsproblem der Insel zu lösen.

3.3

Das 2003 fertiggestellte Auditorium von Santa Cruz als Modell im Pueblo Chico bei La Orotava, ➢ Seite 332

ANHANG

REISE-PRAKTISCHE INFORMATIONEN

1. Sport- und Aktivurlaub

In diesem Kapitel sind in Erweiterung der einleitenden Kurzübersicht (➢ Seite 24ff) alle wichtigen sportlichen Urlaubsaktivitäten – soweit angebracht – noch einmal etwas breiter mit ihren Möglichkeiten auf Teneriffa dargestellt. Soweit Gerät und/oder eine spezielle Ausrüstung benötigt werden, finden sich im Anschluß an die Kennzeichnung der jeweiligen Aktivität Adressen von Verleihunternehmen und einschlägigen Kursanbietern.

1.1 Wandern

Situation

Wandern erfreut sich auch auf Teneriffa zunehmender Popularität. Folgende Regionen weisen die besten Bedingungen auf:

Regionen

- Der **Inselnorden** wird in 1.000-2.000 m Höhe durchzogen von langen, nicht zu steilen Forstwegen durch Kiefernwälder.
- **Im äußersten Osten** und **Westen** Teneriffas (Anaga- und Tenogebirge) verlaufen Bergpfade im steilen Auf und Ab durch dichten immergrünen Loorbeerwald mit vielen Moosen und Farnen. Geröllige Abschnitte hoch über der Küste bieten wunderbare Ausblicke. Teilweise schattige und breite Wanderwege (= selten genutzte landwirtschaftliche Fahrwege) finden sich in den östlichen Teno-Ausläufern oberhalb von Los Silos rund um das Städtchen Erjos.
- In der Felslandschaft der ***Cañadas*** (2.000 m und höher) gibt es neben anstrengenden Höhenpfaden auch weitgehend ebene und einfache Wege für weniger geübte Wanderer.

Dagegen hat der **Inselsüden** – wenn überhaupt – nur schlecht ausgewiesene, überwiegend schattenlose Wege. Andererseits gibt es dort weniger bekannte Pfade in Gebiete wie den ***Barranco Infierno***, die ***Paisaje Lunar*** und ***Montaña Roja*** und zum ***Roque Conde***, die viele zum »Teneriffa-Muß« zählen. Die eigentlich reizvolle, beigefarbene, z. T. bizarre Tufflandschaft der südlichen Höhenlagen fällt als Wandergebiet praktisch aus. Wanderkarten liegen zwar in den Rathäusern von Adeje und Arona aus, helfen aber wegen zu großer Maßstäbe bei vor Ort fehlenden Markierungen oft kaum weiter.

Die in diesem Buch genauer beschriebenen Wanderrouten (➢ Seiten 184ff, 395 und 428f) befinden sich im Anagagebirge und im Bereich des Teide bzw. Auffahrten. Für sie und andere Tagestrips ist eine angemessene Ausrüstung ratsam. Dazu gehören

Ausrüstung

- knöchelhohe **Wanderschuhe** mit gutem Profil für die unterschiedlichen Böden: Geröll, feiner Lavastaub und mitunter feucht-glitschige Erde im Lorbeer- und Kiefernwald.
- passende **Outdoor-Kleidung** für feucht kalte bzw. sommerlich warme Witterung, d.h. wind- und regendichte Jacke, Pullover für alle Fälle; Sonnenschutz für Kopf und Haut.

- für Notfälle **Trillerpfeife** und **Taschenlampe**; **Handys** funktionieren in einigen Regionen des Anaga nicht.
- In den Rucksack gehören neben **Proviant** und viel **Trinkwasser/Saft**, eine gute Wanderkarte (möglichst 1:25.000), ggf. ein Fahrplan der TITSA-Inselbusse (➢ Seite 586ff) und Telefonnummern von Taxiunternehmen der Umgebung.

Wanderkarten

23 Karten im Maßstab 1:25.000 kamen erst 2000 als ***Mapa Topográfico Nacional de España*** auf den Markt. Sie lösten die alten Militärkarten ab. Sie enthalten Höhenlinien in 50 m-Schritten und eine ausführliche Legende. Erhältlich sind sie in Buchläden. z.B. in Santa Cruz ***Librería La Isla***; Preis €3/Karte. Näheres dazu auch im **Internet** unter www.cnig.ign.es.

Wer es noch genauer wissen will, wendet sich an das Kartographische Institut ***Grafcan*** in Santa Cruz, ➢ Seite 603

Partner

- ein Wanderpartner/in; das ist sicherer, speziell auf schwierigeren weiten Routen, und macht zudem mehr Spaß als allein

Saison

In den Wintermonaten (**November-Februar**) kann das Wetter an den oberen Hängen der Nordküste unbeständig, neblig-feucht und kühl sein oder binnen Stunden entsprechend umschlagen;

In den Sommermonaten (**Juni-August**) kommt man ganz schön ins Schwitzen, nicht nur bei großen Höhenunterschieden, sondern auch wegen der starken Sonneneinstrahlung in den Bergen., speziell auf den schattenlosen Wegen der *Cañadas.*

Ideale Wandermonate sind also die Monate **März-Mai** und **September/Oktober**. Aber wenn nicht gerade ein Schlechtwettergebiet (*Calima* oder Sturmtief) über dem Archipel liegt, läßt es sich bei »richtiger« Wegewahl auch im Winter gut wandern.

Probleme

Nicht klettern, sondern (auch) kraxeln, heißt es auf manchen Wegen. Man muß nicht selten – im Auf und Ab – 1.000 Höhenmeter und mehr durch tief eingeschnittene *Barrancos* bewältigen. Dazu gehört auf vielen Routen Trittsicher- und Schwindelfreiheit. Wer »einfach mal so« bei – zunächst! – gutem Wetter in Sandalen und T-Shirt losstiefelt, begibt sich auf den Kanareninseln mitunter in tödliche Gefahr.

In den über 2.000 m hohen *Cañadas* macht die dünne Luft so manchem Flachlandeuropäer schon angeschnallt im Autositz zu schaffen, umso mehr bei körperlichen Anstrengungen. Wer mit der **Teide-Seilbahn** zur Bergstation fährt und von dort den **Gipfel** in Angriff nehmen möchte (Registrierung und Erlaubnis vorab notwendig, ➢ Seite 420), wird sich wundern, wie schwer in über 3.000 m Höhe das Laufen fällt, speziell bergauf. Der Weg von der Durchgangsstraße auf den Teide-Gipfel (ganz ohne Seilbahn) ist daher auch nur etwas für angepaßte und trainierte Wanderer.

Wegesystem

Teneriffas Regierung hat zwar schon einiges, aber immer noch nicht genug getan, um das Wegenetz transparent zu machen. Die ICONA-Wanderskizzen reichen nicht immer aus, und neue Schilder sind oft schnell wieder zerstört. Der Wegverlauf ist in vielen

Fällen unklar oder durch unterschiedliche, mitunter widersprüchliche Markierungen gekennzeichnet. Da steht der vor Jahrzehnten geschnitzte Hinweis neben ganz modernen Emaille-Schildern mit Piktogrammen, das improvisierte Steinmännchen neben bunten Farbtupfern – oder auch nichts davon. Man braucht auf manchen Wegen einen sehr guten Orientierungssinn und Kartenroutine.

Nostalgische Wanderwegweiser

Moderne Beschilderung

An- und Abfahrt

Wer keine Rund-, sondern eine Zielwanderung vorhat, braucht einen aktuellen Fahrplan der TITSA-Busse, die man in allen Touristenbüros und jedem ZOB (*Estación de Guaguas*) erhält. Selbst abgelegene Strecken werden vom öffentlichen Bussystem bedient. Die Abfahrtzeiten an Nebenrouten sollte man vorab aufmerksam studieren, um nicht vergebens an der Haltestelle (*Parada*) zu warten. Auf Bitten stoppt der Busfahrer auf Nebenrouten auch an Punkten ohne offizielle Haltestelle.

Organisierte Wanderungen

Eine Reihe von Führern offeriert **Gruppenwanderungen**. Ihre Angebote mit allen Details finden sich in allen größeren Hotels und in den Infobüros. Dies ist die bequemste Art, ohne viel Vorbereitung Teneriffas Berge und Wälder kennenzulernen.

Veranstalter an der Nordküste

- »**Ökowandern mit Oskar**«, keine Anmeldung erforderlich, Termine und Routen liegen in den Hotels aus.
- »**Wandern mit Gregorio**«, eigener Bus, Anmeldung unter © 922 572867 oder im Hotel *Tigaiga* in Puerto, © 922-383500. **Internet**: www. gregorio-teneriffa.de
- »**Bergwandern mit Helmut Frühauf**«, Information und Buchung *Hotel Chiripa* (Block B außer samstags 19.15-19.45 Uhr und *Hotel Tope* neben der Rezeption Do, Fr 20.00-20.30 Uhr, Mo 18.30 -19.30 Uhr; © 922-355960 oder Handy: 608-246994.
- »**Botanik mit *Cristóbal***«, fachkundige Führungen durch Hotelgärten in Puerto und den Botanischen Garten; Tagesausflüge in den Süden und Norden; Hotelabholung. Buchung: bei *Cristóbal*, Handy: 607-677252, oder bei Frau Ulrich: © 922-271277.

- »**Heidi's Wanderclub**«, Puerto de la Cruz; nur mit öffentlichen Verkehrsmitteln, ohne Anmeldung; aktuelle Prospekte in der *Estación Guaguas*, Hotels und Touristenbüro (Plaza Europa); Tour ab €12, © 922-382768 und Handy: 626-854747.

Veranstalter im Süden und an der Westküste

- »***Diga Sports***« bietet mittelschwere bis schwere Wanderungen und Biking-Touren von verschiedenen Ausgangspunkten unter deutscher Leitung an; Infos in Las Américas im *Hotel Park Club Europa* vis-a-vis *Santiago*; Wanderungen €28-€45, © 922-793009, Fax 922-176837; in Puerto de la Cruz in der Carretera del Botánico 8, *Edificio Risco*, Local 6; © 922-388338.
- Wanderführer ***Goetz Kampmann*** macht inselweit individuelle Tageswanderungen mit Einzelpersonen und Gruppen nach Absprache (deutschsprachig). Anfragen: Handy (0034) 636 410 489; E-Mail: info@kanaren-aktiv.de. **Internet**: www.kanaren-aktiv.de
- »***Cats*-Wandern und Mountainbiking**«, geführte Tagestouren (Deutsch/Spanisch, €36-€50); auch Verleih von Scott-Mountainbikes (gefedert); Avenida Quinto Centenario 5 (unweit *Palm Beach Hotel*), © 922-793584, Handy (nur für Infos) 607-57035.
- »***Adventure Club Tenerife***«, jeden Wochentag eine andere Wanderung mit *Conny Sulzer*, gutes Programm für Wandern und Mountain Biking, deutschsprachig; Handy: 609-357003.
- »***Paso a Paso***« (Schritt für Schritt), jeden Wochentag inselweit eine andere Wanderung (Teide, Anaga, Masca, *Cañadas*, Adeje-*Barrancos*), €30-€40, San Miguel de Abona, Plaza de la Iglesia 1, © & Fax 922-700868, Handy 607-377386
- **Masca-Abstieg**: Verschiedene Veranstalter (u.a. ***Paso a Paso*** und ***Diga Sports***. ➢ oben) organisieren die beliebten Wandertouren in die Mascaschlucht (8 km, 3-4 Std). Unten wartet ein Boot und fährt nach Los Gigantes, Los Christianos oder Las Américas; Anfahrt nach Masca im Bus. *Adventure Club Tenerife* macht den Trip auch von unten mit Bootsanfahrt (➢ Seiten 272+284).

Pauschalangebote Wanderreisen

Wer ausschließlich zum Wandern nach Teneriffa möchte, bucht am besten eine **Inklusiv-Reise** bei Spezial-Veranstaltern wie dem Deutschen Alpenverein oder Studiosus/München. Der Flug ist reserviert, man wohnt im fest gebuchten Hotel und wandert von dort in Gruppen. Alles ist organisiert, bedacht und geplant. Kompetente Führer erklären Flora und Fauna, Geologie und Historie.

- Der ***DV Summit Club*** (die Bergsteigerschule des Deutschen Alpenvereins) bietet auf Teneriffa zwei Wanderreisen (8 bzw. 15 Tage) mit festem Hotelstützpunkt in Vilaflor (*Summit-Hotel Alta Montaña*) zu Preisen zwischen €600 und €1300; DAV, 81545 München, Am Perlacher Forst186, © 089-642400, Fax -64240-100, Email: Info@DAV-Summit-Club.de; Internet: www.dav-summit-club.de
- **Studiosus Reisen**-München, 80992 München, Riesstraße 25, www.studiosus.com – Kataloge/Buchung in allen Reisebüros
- **Jahn Reisen**, www.jahnreisen.de – Buchung in allen Reisebüros

Wanderempfehlungen

Die folgenden Wanderungen sind besonders reizvoll und daher schon im Reiseteil angesprochen, ohne jedoch in allen Details beschrieben worden zu sein. Man findet diese Touren in Wanderbüchern, kann sie aber großenteils auch ohne Buch unternehmen. Für sie genügen vor Ort erhältliche Karten und Unterlagen.

- Zur ***Paisaje Lunar***; 2 Stunden Rundwanderung (➢ Seite 415)
- **Abstieg** von der Kammstraße TF 12 bei der *Casa Forestal* **nach Taganana**; 90 min Zielwanderung (➢ Seite 176)
- Vom ***Bailadero*** **nach Almáciga**; 90 min, Zielwanderung (➢ Seite 177 im Kapitel »Anagagebirge«)
- ***Barranco del Infierno***; 2 Std. retour, Zielwanderung (➢ Seite 239)
- **Masca-Abstieg** zum Meer, 2,5 Std. Zielwanderung, Rückfahrt nach Los Gigantes mit dem Boot (➢ Seite 284)
- Bei Erjos (oberhalb von Los Silos) von der *Casa Forestal* an der TF 82 **Ziel-Wanderweg nach El Palmar** ca. 4 Std. (➢ Seite 363).
- Diverse **Wanderwege** oberhalb des Landhotels ***Los Partidos*** an der TF 373, Kilometerstein 14 (➢ Seite 364).
- ***Parque Nacional del Teide***:
  Aufstieg zum Teide-Gipfel, Rückfahrt mit der Seilbahn, 4,5 Std., Zielwanderung (nur mit Erlaubnis ➢ Seite 425/430);
  Diverse Wanderwege im Teide Nationalpark (➢ Seiten 428ff).

Folgende Wanderungen sind in diesem Buch genauer beschrieben:

- **Taganana-Afur-Pfad**, 5 Std. Rundwanderung, ➢ Seite 184.
- **Cumbre de Anaga**: 7,5 Std. Rundwanderung und 3 Std. Zielwanderung, ➢ Seite 187.
- Zu den **Los Órganos**: 4,5 Std. Rundwanderung, ➢ Seite 395.

Vokabular Wandern

Zur Interpretation spanischsprachiger Karten und Broschüren, aber auch fürs eventuelle Fragen unterwegs, ist es für Wanderer ganz nützlich, folgende Begriffe zu kennen:

Spanisch-deutsch

abajo – unten
arena – Sand
arriba – oben
barranco – Schlucht
bosque – Wald
camino – Wanderweg
carretera – Landstraße
Cañadas – Kraterebene unterhalb des Teide
casa forestal – Forsthaus
cementerio – Friedhof
corona forestal – Waldgürtel
cruce – Kreuzung
cumbre – Gipfel, Bergkamm
cumbrilla – kleiner Bergkamm
degollada – Bergsattel
faro – Leuchtturm
fuente – Quelle
galería – Wasserstollen
guagua – Omnibus (sprich Wuawua)
ICONA – Naturschutzbehörde
mesa – Tisch, Tafelberg
mirador – Aussichtspunkt
montaña – Gebirge
paisaje – Landschaft
parada– Haltestelle
Parque forestal – »Forstpark«,

hier »Picknickplatz«
peligroso – gefährlich
pico – Gipfel
piedra – Stein
pinar – Kiefernwald
pista – Feldweg
pueblo – Dorf
puente – Brücke
sendero – Wanderpfad
tiempo – Wetter
vista – Sicht, Blick
zona recreativa – »Erholungszone«, hier: »Picknick/Campingplatz«

Deutsch-spanisch
Aussichtspunkt – mirador
Bergkamm – cumbrilla
Bergsattel – degollada
Blick, Sicht – vista
Brücke – puente
Bus – guagua (sprich Wuawua) -
Dorf – pueblo
Feldweg – pista
Forsthaus – casa forestal
Friedhof – cementerio
Gebirge – montaña
gefährlich – peligroso
Gipfel – pico
Gipfel, Bergkamm – cumbre
Haltestelle – parada
Kiefernwald – pinar
Kreuzung – cruce
Landschaft – paisaje
Landstraße – carretera
Leuchtturm – faro
Naturschutzbehörde – hier: ICONA
oben – arriba
Picknickplatz – parque forestal oder zona recreativa
Quelle – fuente
Sand – arena
Schlucht – barranco
Stein – piedra
Strand – playa
Tafelberg – mesa
unten – abajo
Wald – bosque
Waldgürtel – corona forestal
Wanderweg – camino
Wanderpfad – sendero
Wasserstollen – galería de agua
Wetter – tiempo

Fragen beim Wandern:
A dónde llega este camino? – Wohin führt dieser Weg?
Dónde hay un teléfono? – Wo steht ein Telefon?
Dónde hay un taxi? – Wo finde ich ein Taxi?
Dónde está la parada? – Wo ist die Bushaltestelle?
A qué hora sale la guagua? – Wann fährt der Bus?

Richtungen:
a la derecha – nach rechts
a la izquierda – nach links
todo recto – immer geradeaus
adelante – nach vorn
sigue ... – folgen Sie ...
atrás – zurück

1.2 Klettern/Canyoning

Nur wenige wissen, dass man auf Teneriffa nicht nur gut wandern, sondern auch gut klettern kann. Insbesondere in den Cañadas findet man herrliche Gelände aller Schwierigkeitsgrade: ***Roques de García*** (alpin!) und ***Piedras Amarillas***. Daneben sind die **Schlucht von Arico**, ***Mesa de Tejina*** und ***Tabares*** (direkt hinter Santa Cruz) beliebt; alpin klettern kann man auch bei **Taganana**.

Viele kommen auch zum *Barranco*-Abseilen (*Canyoning*), allerdings führen die Schluchten kein Wasser (Ausnahme: *Barranco Carizal* bei Masca); schöne und gut ausgestattete *Barrancos* sind der *Barranco de Taborno*, das Teno-Gebiet bei Buenavista und die Strecke von Infoche hinab zum Wasserfall des *Barranco* de Infierno (Adeje); beliebt ist auch der *Barranco del Rio* bei Arico.

Zum Abseilen braucht man das Büchlein von Eduardo Gómez, »***Decenso de Canõnes*** - ***Tenerife***« mit 15 Touren (Deposito Legal: B-1977898), €7 und die kopierfähigen DIN-A-4-Seiten »***Zonas Escaladas de Tenerife***«; erhältlich in den Bars (!) von Arico.

Kletterer besorgen sich den Rother-Kletterführer »Teneriffa« oder die Zeitschrift »**Berge - das internationale Magazin der Bergwelt**«, Ausgabe Nov/Dez. 1999: »Kanarische Inseln. Kontakt für Teneriffa: Michael Pause, Email michael.pause@t-online.de. Im **Internet** hilft ggf. Seite **www.atuairelibre.net** weiter (nur spanisch).

1.3 Radfahren/Biken

Um *Jan Ullrich* abermals abzuhängen, quartierte sich der zweimalige Tour de France-Sieger *Lance Armstrong* im März 2001 im *Hotel Parador* ein und trainierte mit seinem *US-Postal-Team* täglich 8 Stunden auf Teneriffas Bergstraßen, fuhr vormittags nach Orotava, nachmittags nach Vilaflor.

Wen alpine Strecken reizen, wenn Pyrenäen und Alpen verschneit sind, der kann in Teneriffa aufs Rad steigen, egal ob Rennrad oder Mountainbike. Je weiter weg von der Küste, desto besser, denn nur in den Höhenlagen (*Cañadas*, Teno- und Anagagebirge) ist der Autoverkehr erträglich ausgedünnt.

Mountainbiker finden schattige, nicht besonders steile **off-road-Wege** (Forstwege) vor allem im Kiefernwald-Gürtel auf der Nordseite oberhalb der Linie Orotava-Realejos-Icod-Garachico.

Neu und im Trend ist ***Bike-Rafting***: ein Kleinbus bringt die Radlergruppe samt Drahtesel ab Las Americas in die *Cañadas* und schon rollt man ab Chasnia 35 km bergab nach Hause. Halbtags €30, ganztägig €60 (➢ Seite 594) inklusive Ausrüstung. Zu buchen bei *Rafting Bike*, ✆ 922-713030 und Handy 699-944622.

Als (asphaltierte) **gute Strecken** gelten alle *Cañadas*-Abfahrten, z.B. die weniger befahrene Straße nach Arafo (TF 523) oder die TF 24 über La Esperanza nach La Laguna, bergab beide ein bequemer »Spaziergang«, sowie die westliche Abfahrt nach Chio (TF 38).

Ohne große Höhendifferenz, aber kurvig verläuft die alte **Höhenstraße TF 82**, besonders schön und ruhiger die **Kammstraße TF 114/123** im Mercedeswald von Las Canteras über den *Bailadero* bis Chamorga (Anagagebirge). Empfehlenswert ist auch die ansteigende kleine **Höhenstraße TF 373** von La Vega (bei Icod) über Puerto de Erjos, dann auf der TF 82 nach Santiago del Teide bis hinunter nach Los Gigantes (TF 454). In den *Cañadas* selbst ist Radfahren nur auf der asphaltierten Durchgangsstraße erlaubt.

Adressen

- »***Diga Sports***« (auch über Jahn Reisen) bietet geführte Touren: täglich 20-50 km für Anfänger und Fortgeschrittene, außerdem Bike-Verleih. Bike-Touren €35-€45. Infos in Las Américas im *Hotel Park Club Europa* vis-a-vis *Santiago*; deutschspachiges ✆ 922-793009, Fax 922-176837; in Puerto de la Cruz in der Carretera del Botánico 8, *Edificio Risco*, Local 6; ✆ 922-388338.

- »*Cats*-**Wandern und Mountainbiking**«, geführte Tagestouren (Deutsch/Spanisch, €36-€50); Verleih von Scott-Mountainbikes (gefedert); Avenida Quinto Centenario 5 (unweit *Palm Beach Hotel*), ✆ 922-793584, Handy (nur für Infos): 607-57035.
- »***Mountainbike Active***«, Mountainbikevermietung und geführte Touren. Rent-a-bike ab €12/Tag, €65/Woche; Tour ab €36; Puerto de la Cruz, Calle Mazaroco 26, *Edificio Daniela*, ✆&Fax: 922-376081, Handy: 620-005998, Internet: www.mtb-active.com
- »**Hobby Motor**« im *Pueblo Canario*, Las Américas (San Eugenio), ✆ 922-794467 und ✆ 922-791639, Fax 751753; Mountain Bikes ab €10/Tag, länger mieten wird billiger
- »**Hotel Atlantic Playa**« in El Médano: Mountainbike-Verleih €15/Tag, Bike ab €6/Tag, Kajak für 2 Personen €7/Std.
- »**Jürgen Tiltmann Radverleih**« in El Médano, ✆ 922-700686 und in Puerto de la Cruz: ✆ 922-383500

Fahrrad-Fachgeschäfte für Reparatur-Notfälle

- ***Canaria Santa Cruz***, ✆& Fax: 922-276606;
- ***El Motorista***, Santa Cruz, Calle Dr. Gonzales Coviella 25
- ***Bicicletas Lutzardo***, La Laguna, Av Lucas Vega 88, ✆ 922-253865
- ***Bici Sprinter***, La Laguna (Taco), Carretera General del Sur, Kilometer 6, ✆ 922-620479
- ***Bicisport***, Los Cristianos, Edificio El Arenal, ✆ 922-751829

1.4 Tauchen

Teneriffa wird neben dem kleinen El Hierro von Tauchern geschätzt. Mit Wasser-Temperaturen von 20°-25° im Sommer und 18°-20° im Winter geht ohne Neopren aber nichts.

Gebiete

Zwei gute **Tauchgebiete** mit besonders klarem Wasser (Sommer-Herbst Sichtweiten 25 m-30 m) liegen vor Teneriffas Westküste (**Playa Paraiso**, **Los Gigantes**, **Playa de San Juan**) und vor der ***Costa del Silencio*** (TenBel). In Las Galletas starten morgens Schlauchboote (*Zodiacs*) zu **Tiefsee-Tauchtouren**. Nur wenn bei Winden S-SW-SE (im Winter), ist die Nordküste die bessere Tauchregion.

Meeresfauna

Im Süden sieht man bis zu 1,20 m große, zutrauliche Rochenarten (*Mantas, Chuchos, Rayas*), große Barsche (*Meros*) und Meeresschildkröten, ferner Tinten-, Trompeten- und Papageienfische, Zackenbarsche, Delphine und Thunfische. Aber auch Barrakudas und Muränen leben dort.

Kurse

Ein Tauchkurs sollte nicht erst in den 1 oder 2 Urlaubswochen vor Ort beginnen. Die Tauchtauglichkeit kann man sich besser schon zu Hause von einem (Fach-) Arzt bescheinigen lassen und auch die theoretischen Trockenkurse daheim absolvieren. Für Jugendliche offeriert der DLRG Kurse.

Alle Tauchschulen auf Teneriffa bieten kostenlose »Schnupperkurse«. Anfängerkurse dauern mindestens 1 Woche (Theorie, Pool, bis zu 4 Meerestauchgänge) und kosten etwa €300.

Internetinfos findet man unter **www.divingtenerife.com**

Tauchschulen (deutsch und/oder englisch)

Bereich Süden

- ***Gruber Diving Club***, Las Américas im Hotel *Park Club Europa*, deutschsprachig; 5-Tage-Kurs (Theorie, 3 Pool-, 4 Meer-Tauchgänge) €340 inkl. Ausrüstungsmiete; © 922-752708, Handy: 649-956923; www.dive-teneriffa.com.
- ***Centro de Buceo Los Cristianos Diver´s***, *Centro Comercial Magaly Local* 11, © 922-751373 & 618982892; Internet: www.tenerifebuceo.com und www.divingtenerife.com
- ***Club Mar y Sol – Aqua Sport***, Los Cristianos, Trasera Victorio Court; Tauchkurse sogar für Rollstuhlfahrer im Pool; Direktbuchung in Deutschland: Reiseagentur *Mar y Sol*, © 07073-1516, Fax 07073-2701; Internet: www.marysol.de
- ***Coral Sub***, Las Galletas, *Urbanización Tamaide* J42, © und Fax 922-730815 und nebenan im Hotelpark TenBel, engl. Leitung; © 922-731920, Fax -730981; Internet: www.canary-guide.com
- »***Baracuda* Tauch Club**«, Playa Paraiso (unterhalb von Adeje) *Hotel Paraíso Flora*, deutsche Leitung © 922-740726 (nach Heinz Scheffler fragen), Internet: www.divers-net.de/teneriffa
- »**Tauchschule Atlantik Sur**«, im *Hotel Riu Adeje*, Costa Adeje, deutschsprachig, © 922-717911, Fax 922-364309; Internet: www.atlantik-tauchen.de; Email: info@atlantik-tauchen.de.

Bereich Westküste

- Das ***Los Gigantes Diving Center*** bietet die größte Vielfalt an (englischsprachigen) Kursen und Ausrüstung. Probetauchen im Pool gratis; Büro in der Hafenzeile (am Ende neben der Pizzeria). ©/Fax 922-860431; Internet: www.divingtenerife.co.uk
- ***Aquanauta Tenerife*** in Los Gigantes; Hafenzeile (*Poblado Marinero*) *Bloques* 3/6; Spanisch erforderlich; © & Fax: 922-867217
- ***Club Alcalá Sub*** – Centro de Buceo; Alcala, Calle la Fábrica 26, ©/Fax 922-866817, Handy 606 739 892
- ***Club San Borodón***, Playa San Juan, © 922-865100
- ***Centro de Buceo***, Los Gigantes (➢ Seite 272)

Keine Taucherfahrung braucht man im **Unterwasser-Scooter**:

- ***BOB-Diving,*** Puerto Colon, Handy: 670-839516, täglich 10 Uhr und 13 Uhr, €40/Person; Internet: www.bob-diving.isgreat.net

Bereich Nordküste

Die an der Nordküste etablierten Tauchschulen praktizieren ihre praktischen Unterricht auch an der Süd-oder Westküste:

- ***Diving School Argonaut*** in Garachico, Calle Esteban Ponte 8 (in der Pension *Il Gardino*), auch deutschsprachig; © 922-830245, Fax -830245; Internet: www.argonautas.net.
- »**Tauchschule Atlantik**«, Los Realejos, Calle El Burgado 1 (im *Hotel Maritim*) deutschsprachig, © 922-362801, Internet: www.atlantik-tauchen.de; Email: info@atlantik-tauchen.de

Tauchschule in Deutschland

- »**Big Blue Tauchbasis**« – Ausbildung/Reisen/Verleih, Gärtnerstr. 48, 20253 Hamburg, © 040-4014941, Fax -4014942, Internet: www.tauchbasis-bigblue.com.

1.5 Hochseeangeln

Hochseeangeln wird auf den kanarischen Inseln immer beliebter. Gefischt wird auf Schwertfisch, Hai und den großen Thunfisch ***Blue Marlin*** (Rekordfang Mai 2003: 454 kg).

Angeltrips ab Los Christianos

- ***FEO, Big Game & Deep-Sea Fishing***; 4- oder 7-stündige Touren für max. 7 Fischer. Ausrüstung & Köder werden gestellt. Jeweils 9 Uhr, nur mit Reservierung; © 922-861918, Fax -860726.
- ***Mar Tambo*** – Fischen für Profis und Amateure, Charterboote mit Crew für private Gruppen; Mo, Mi, So 8 Uhr und 11 Uhr; ab €20; © 922-751576.
- Die Yacht ***Yate Sofia*** geht täglich um 11 Uhr auf Haifisch-Fang; aber auch Dorada, Schwert- und Thunfisch beißen an; © 922-791459 und -796167, Fax: -796167.
- ***Leo Alvarez***, Handy: 600-562141 (ab 20 Uhr © 922-780192) engl.

1.6 Windsurfen

Situation

Die Kanaren sind wegen des beständig wehenden Passats ein gutes Windsurfrevier. Verglichen mit Fuerteventura gilt Teneriffa ab Oktober sogar als besserer Spot, weil der dann nachlassende NO-Passat durch Teide-Fallwinde aufgefrischt wird. Ab Januar baut sich der NO-Passat wieder auf und erreicht im Juli seinen Höhepunkt. Dazu kommt das konstante Azoren-Hoch, das über Monate jeden Regen verbannt. Die Wassertemperatur liegt ganzjährig bei 19°-24°C. 1991, '92 und '93 war Teneriffa Austragungsort von World Cup-Wettbewerben.

In Teneriffa konzentrieren sich die besten Spots auf drei **El-Médano-Strände** (*El Médano, El Muelle, El Cabezo*), die einiges Können voraussetzen, allen voran die ***Playa El Médano***, wo sich die Schulen in erster Linie an Fortgeschrittene wenden. Anfänger kommen dort schon am Ufer mit den *Shorebreakers* nicht klar. Verläßt man die Bucht, wird's obendrein gefährlich.

Windsurf-Schulen/ Surfboard-Verleih

- ***Surf Center Playa Sur*** beim *Hotel Playa Sur Tenerife* in El Médano, auch stundenweise (mindestens 3 Std.: €42). Weitere Tarife: €65/Tag, 1.Woche €180, dann billiger (bis €72/Woche); Unterricht nur für Fortgeschrittene: €45/Stunde, €90/3Std, © 922-176120, Fax: 922-176396 (= ©. des Hotels, das weiterleitet)
- »**Sportcenter**« im *Hotel Atlantic Playa*/El Médano, Surfkurse für Anfänger und Fortgeschrittene, Surfbrett-Verleih *Los Valos*, © 922-176013 und -176120
- ***Escuela de Vela***, Las Américas, Playa del Bobo, Vermietung von Surf-Ausrüstungen und Kurse
- ***La Ballena*** in TenBel/Las Galletas, © 922-730060 und -730006.

Seekajak

- ***Tenerife Kayak Andiana*** (Andreas Reinhardt): Verleih/Kurse/ Touren in Las Teresitas, Abades, Bajamar und Bollullo; © 922-337065, Handy: 679 238185; Email: tenerifekayak@web.de.

1.7 Segeln

Situation

Erfahrene Skipper und Starkwindsegler mit guter Ausrüstung (mindestens 9 m-Boote) werden den Archipel lieben. Mit 320 Windtagen im Jahr muß man nicht erst lange auf Wind warten. Die Sicht ist meist gut, die Navigation leicht, die Strömungen gering und das Wetter ist auch im Winter ideal. Der NO-Passat bläst dann etwas weniger kräftig als im Sommer. Kenner wissen genau, wo sie über die Badehose das Ölzeug ziehen müssen: z.B. zwischen Tenogebirge und La Gomera oder zwischen Candelaria und Las Galletas, wo der Wind permanent sehr kräftig weht.

Andererseits sollte man sich auch nicht auf durchgängig problemloses Segelwetter verlassen. Zwischen den Inseln können plötzliche Böen von 8-9 Windstärken dem Boot kräftig zusetztten und im Winter heftige NW- oder SW-Stürme Skipper und Crew fordern. Am Fels zerschellte Yachten sind nicht selten (z.B. an der bei starkem NW gefährlichen Hafeneinfahrt von Los Gigantes).

Zudem haben die Inseln wenig geschützte Buchten und Häfen mit guter Infrastruktur. Nur auf den jeweiligen Lee-Seiten im Archipel finden sich Anker- und Hafenplätze und die sind teilweise 8-9 lange Segelstunden von der Luv-Seite entfernt.

Charter

- »**Charterhanse Hamburg**«, ✆ 040-796751; »*Sun Yachting*«, Berlin, ✆ 030-3957096; »Segelschule Hering«, Berlin, ✆ 030-8610701; »Segel Centrale Bollinger«, ✆ 07181-22099; »Segeltouristik Meyer zur Heyde«, ✆ 04343-8822
- ***Escuela Canaria de Cruciero*** in Santa Cruz, Calle Miraflores, *Edificio Orchidea, Locál* 13, ✆ 922-240559, Fax: -246321; Internet: www.tenerife.net/ECCYACHT.com
- Segelschule »***Puerto Colón***« in Las Américas, ✆ 922-714543

Segelschulen

Wer als blutiger Anfänger und von der Pike auf Segeln lernen will, sollte das besser nicht auf Teneriffa machen.

- ***Cidemat – Centro Insular de Deportes Marinos*** (eine Institution der Inselregierung *Cabildo Tenerife*) bietet diverse Segel-,

Atlantiksegler im Hafen von Santa Cruz

Surf-, Tauch- und Kajak-Kurse für Jung und Alt an, was **Spanischkenntnisse** voraussetzt. Santa Cruz, Carretera San Andrés (Valleseco), © 922-597825, Fax -597273, www.deportestenerife.net

- ***T & S – Sea School Tour and Sail*** in Los Gigantes in englischer Sprache; 7-Tage-Kurse Theorie und Praxis. Ferner Powerboot-Kurse (1-3 Tage); © 922-786444; Internet: www.tour-sail.net
- Segelschule »***Puerto Colón***« in Las Américas, © 922-714543
- ***Escula de Vela***, Los Cristianos, © 610-871200 und 666-215249

Mitsegel-Törns

Wache schieben, mit anpacken und dabei die wichtigsten seemännischen Arbeiten erlernen – das kann jung und alt (16-69 Jahre) auf dem Windjammer ***Alexander von Humboldt*** in kanarischen Gewässern. Die 1- bis 2-wöchigen Törns zwischen Anfang Dezember und Mitte April kosten um €1200 (Jugendliche 67%).

Weitere Infos und (frühzeitige!) Anmeldung über: »**DSST - Deutsche Stiftung Sail Training**«, 27515 Bremerhaven, Postfach 120129, © 0471-94588-0, Fax: -94588-45, Internet: www.dsstalex.de

1.8 Tennis

Jedes größere Hotel ab 3 Sternen verfügt über einen Tennisplatz oder vermittelt seine Gäste auf Plätze der Nachbarhäuser. Dabei handelt es sich ganz überwiegend um Betonplätze. Die übliche **Platzmiete liegt bei ca. €10/Stunde**.

Im folgenden sind nur die – relativ selteneren – Sandplätze und Quarzsand-/Kunstrasenplätze (*Tierra Batida/Cesped Sintético*) und ganz besonders empfehlenswerte Anlagen genannt:

Norden

- »**Tennis-Center Miramar**«, Los Realejos (am westlichen Rand von Puerto de la Cruz in der *Urbanización Romantica II*). Diese Anlage verfügt über 6 Quarz-Sandplätze (4 mit Flutlicht); ein weiterer Platz befindet sich beim *Hotel Maritim* (zu Fuß etwa 10 min entfernt). Mit Apartment- und **Spielpartner-Vermittlung**, Sauna, Pool, VDT-Tennisschule (DTB-anerkannt, Gerald Steiger, © 650-733453, Handy 699-622427). Jeweils Mo 10 Uhr gratis Schnuppertraining; © *Romántica II*: © 922-364008; *Maritim*: © 922-379000, Internet: http://miramar.teneriffa.com
- ***Club de Tenis y Padel las Arenas***, Puerto de la Cruz, mit zwei Sandplätzen, Carretera de las Arenas 127, © 922-374606.

Süden

- ***Centro Deportivo Tenisur***, Las Américas (San Eugenio Alto, beim Aguapark *Octopus*); außer Tennis auch noch Squash, Badminton, Minigolf (9-24 Uhr), © 922-796167
- ***Hotel Park Club Europa***, Las Américas (Los Morritos), 2 Plätze im schönen Hotelpark, © 922-792 690 und -792 270
- ***Tennisclub La Florida***, Valle San Lorenzo, © 922-766235
- Empfehlenswert zum Tennisspielen sind auch die großzügigen neuen **Hotelanlagen zwischen Fañabé und La Caleta**.

Westküste

- ***Club Aquarius Tenis Country Club***, Callao Salvaje, © 922-740533, Fax -741064

1.9 Reiten

Nordküstenbereich

Parcours- und Ausritte in die bergige Waldlandschaft der Nordseite Teneriffas bieten folgende Reitställe an:

- ***El Manchón – Centro de Actividades en la Naturaleza Hípica***, bei La Laguna; Reitstunden und Ausritte (nur Spanisch). Dieses von *Turismo Rural* geförderte große Gehöft (34 Pferde) liegt versteckt im Grünen mit doppeltem Meerblick über Santa Cruz und Tejina. Volkstümliches Restaurant in mehreren Räumen.

  Den Reitstall erreicht man – von Santa Cruz kommend – über die Nordflughafen-Ausfahrt (*Salida* 11), an deren Ende man aber nicht links über die Autobahnbrücke zum Terminal, sondern nach rechts und unmittelbar danach wieder nach links in den **Camino del Pulpito** einbiegt (ausgeschildert: ***Tasca El Manchón***); Mo, Mi, Do, Fr jeweils 17.30 Uhr, Sa/So 11-12, 12-13 und 17.30-18.30 Uhr, **Stunde € 10**, Unterricht+Ausritt Stunde € 12, ✆ 922-632081 und 257129, Handy: 696-454541 oder 629-740551.
- ***Centro Hípico Los Brezos*** bei Tacoronte, ein hochgelegener kleiner Reiterhof, steht Mo-Fr auch Touristenoffen. *Parcours* und Ausritte bis 4 Personen mit *Barbara* (deutschsprachig); Camino Candelaria-Monte 101; Zufahrt: an der TF 226 (Esperanza-Tacoronte) bei Kilometer 3,5 auf den Abzweig mit Schild 40 km/h achten; dort 100 m bergauf und links in den Feldweg abbiegen. Noch 200 m linkerhand. Anmeldung ✆ 922-560332 oder 922-567222, Handy: 686-480633. Information auch im *Hotel Maritim*/Los Realejos Do 18.30-20.30 Uhr, Transfer vom Hotel.
- ***Finca Verde*** bei Orotava. Indianer und Mongolen ritten nur mit einem Schnurhalfter. Dieser von *Fred Rai* wieder neu aufgenommene einfühlsame Reitstil wird auf der *Finca Verde* gepflegt. Das geführte Haus mit Teide- und Atlantikblick in 800 m Höhe hat **8 ebenerdige Wohneinheiten** (auch für Nichtreiter) und bietet neben Reitkursen und Ausritten auch ***Wellness***, heil- und physiotherapeutisches Reiten. Die Finca liegt an der nördlichen Teideauffahrt (TF 21), Kilometer 10, ✆ 922-334007; ausführliche Website: www.rai-reiten.com.
- ***Club Hípico la Atalaya***, Carretera General del Norte – San Lázaro (La Laguna/unweit Flughafen Los Rodeos), nur spanischsprachig; ✆ 922-632644/-631222
- ***Mamio Verde***, Cuadras de Pino Alto 39, La Orotava; Ausritte in die Berge von La Orotava, Santa Ursula und La Victoria; ✆ 922-333956 und 922-334138, Fax -322504, Handy: 686-480633.
- ***Hípica El Molino***, Unterricht und Ausritte (spanisch); Tegueste, Carretera General del Socorro, Loma las Rias; ✆ 922-541658.

Bereich Süden

Im kargen Süden geh's mehr westernmäßig zu:

- ***Rancho Grande*** (auf dem Gelände des *Amarilla Golf & Country Club*), Unterricht für Anfänger und Kinder, sowie Ausritte; Südautobahn, Ausfahrt 24 Richtung Las Galletas, dann ausgeschildert; ✆ 922-730319, Fax -785557.

- ***Rancho Bonanza***, El Palmar (Südautobahn-Ausfahrt 26, dann Richtung Las Galletas und nach 2,5 km rechts ab); Ausritte durch Bananenplantagen und entlang der Küste, © 922-796415
- ***Los Burros Alegres*** – Pferde- und Eselreiten; Unterricht und Ausritte. Maretas del Rio, Arico, Südautobahn-Ausfahrt 20, Richtung Chimiche-El Rio, © 922-691004

1.10 Gleitschirmfliegen (*Paragliding*, spanisch: *Parapente*)

Situation

Steter Nordostpassat, keine Wärmegewitter und regionale Mikroklimata sorgen für ideale und vielfältige Flugmöglichkeiten. **Das macht Teneriffa europaweit zum besten Paragliding-Gebiet – allerdings nur im Winter**. Im Sommer gibt es auf dem Kontinent weit bessere Möglichkeiten, unter dem 27 m^2-Schirm an 80 Nylonfäden lautlos durch die Lüfte zu schweben.

Wie beim Segeln und Windsurfen hat Teneriffa auch in diesem Fall eher den fortgeschrittenen *Paragliders* etwas zu bieten – wiewohl von manchen Clubs die Gefahren nicht klar genug gemacht werden. Es beginnt beim Abheben: Viele Startpunkte sind auf Teneriffa steil und geröllig, was auch die Landung erschwert. Sie sind am Strand verboten, Notlandungen im Wasser lebensgefährlich. Außer dem berühmten Nordostpassat ist jeder andere Wind nicht konstant und deswegen nur von Kennern zu bewältigen.

Flüge im Norden sind prinzipiell leichter als im Süden, weil dort die Thermik sehr viel unberechenbarer ist. Wenn überhaupt **im Süden**, dann nur früh am Morgen oder erst wieder nachmittags starten wegen starker Auf- und Abwinde über Mittag .

Wegen der vielen Unfälle werden zur Zeit strenge Reglementierungen erarbeitet. Auch fortgeschrittene Gleitsportler müssen sich zunächst bei den spanischen Clubs genauer informieren.

Von den 19 Abflugstellen auf Teneriffa sind folgende optimal

Mesa del Mar, die *Ladera de Güímar*, *Montaña de Fasnia* und *Roque de Jama* (Valle de San Lorenzo); okay ist *Taucho* (bei Adeje), *Montaña de Guaza* (Los Cristanos) und *La Corona* (Los Realejos)

Als gefährlich gelten: *Los Gigantes*, Las Gaviotas und Ifonche.

Der höchste Startpunkt mit der schönsten, längsten und einer der leichtesten Flugstrecke liegt beim **Observatorium *Izaña*** in den *Cañadas* (Kilometer 33 an der Straße TF 24 La Laguna-*Las Cañadas*). Von dort kann man aus 2.350 m Höhe nach Puerto de la Cruz oder (sehr viel schwieriger) nach Puertito Güimar an der Südostküste hinabgleiten.

Auch gute *Paraglider* holen sich vor dem Start noch einmal die neuesten Wind- und Wetterinformationen (nur Spanisch):

Informationen und Kontakte

Wetterbericht: www.inicia.es/de/marechal (sehr gut)

Wind (*Izaña*): www.iac.es/weather/otdata

Radio: 141.610 MHz (ganz Teneriffa);
141.775 MHz (nur für den Süden)

Wer einen **Weltempfänger** mit Airband besitzt (Exportmodell), kann auf der Airband-Frequenz 106,2 Mhz den **Flugwetterdienst Las Palmas Volmet** hören, der ständig auf Englisch die aktuellen Wetterdaten und Windstärken sendet.

Deutschsprachige **Ansprechpartner** auch für Begleitung:

- ***El Refugio*** im *Barranco del Rey*; ***Carmen y Andreas*** in La Escalona/Vilaflor, Calle El Topo 34; ✆ 922-725894
- ***Michael Theiss*** (Handy: 619-540336) und **Armin** (609-522984)
- **Fluglehrer Leo** gibt Einführungskurse am Strand von Tejita (El Médano); Handy: 655-511200
- Deutschsprechender Spanier ***Ibrahim Gonzalez***, ✆ 609-546192

Clubs

- ***Parapente Club del Sur*** (Teneriffas beste Schule), ✆ 922-781357, Edificio Esmeralda 39 – Callao Salvaje, Instructor Rafa ✆ & Fax 922-785038; Kurse in Jama, Taucho und im Süden. Zum Lernen mit Michael Theiss sprechen, Handy: 619-540336.
- ***Escuela de Parapente Izaña*** (Güímar), ✆ 922-524526.
- Fluglehrer ***G. Mesa & P. Hernández***, ✆ 922-510793/284307.
- ***Club de Parapente*** »Norte«, (Emilio Páez) Apartado 134, Los Realejos, ✆ 922-341228; Internet: www.arrakis.es/~mpm00001
- ***Club de Parapente Atlántica*** im *Hotel Maritim*/Los Realejos; ✆ 922-224465

Wichtig **Auf Teneriffa gibt es keinen Ausrüstungsverleih.**

1.11 Golf

Golf unterm Vulkan auf Lavafels und Basaltgrund? Auf Teneriffa gibt`s das siebenfach. Weitere Plätze sollen folgen. Binnen weniger Jahre avancierte die Insel zu einer beachtlichen Winteradresse und mißt sich mit beliebten Golferzielen wie Andalusien, Mallorca, Florida und der Algarve. Die Plätze liegen zwar nahe der Einflugschneisen, dafür aber im Süden höchstens 20 Autominuten voneinander entfernt.

Männer brauchen ein Handicap von 28, Frauen von 36.

Internetinfos
www.webtenerife.com/golf
www.canary-guide.com/tf/tpgsport

Plätze im Norden

Real Club de Golf Tenerife****

Teneriffas ältester Platz (von A. Alberto, A. Lucena, J. Laynez, A. Yanez) liegt im Inselnorden zwischen Tacoronte und La Laguna nahe der *Autopista Norte* (2 km westlich des Nordflughafens Los Rodeos, 24 km östlich von Puerto und 74 km nördlich des Südflughafens). Schon 1932 von englischen Kaufleuten gegründet (deswegen auch *Royal Tenerife* genannt), hat der hügelige Platz in 600 m Höhe und üppig grüner Vegetation noch viel von seinem britischen Flair behalten – allem voran das Clubhaus.

Heute treffen sich hier an Wochenenden wohlhabende Familien aus Santa Cruz, Tacoronte und El Sauzal, so dass Touristen nur werktags willkommen sind. Gefürchtet ist das vierte seiner 18

Löcher, die sich an den Ausläufern der Esperanza-Hänge in Nord-Süd-Richtung erstrecken. Wer scoren will, muß gut zu Fuß sein.

Campo de Golf, El Peñón de Tacoronte, © 922-636607; Par 71, 5.951-5.750 m, Greenfee: **€94**, Cart €53, keine Softspikes-Pflicht.

Golf La Rosaleda

Dieser erste Golfplatz bei Puerto de la Cruz liegt keine 10 Autominuten vom Zentrum entfernt in Bananenplantagen. Tolle Aussicht auf Teide und Meer. *La Rosaleda* ist kein Club, sondern ein offener Platz und insbesondere ein Schnupperterrain, das bis zur Platzreife führt. 9 Löcher (par drei), Golfschule (vielsprachig), mit Übungsplatz, Shop und Kinderbetreuung. Loch 10 ist eine gemütliche Tasca; Greenfee **€95**/Tag, Gruppendiscount.

Mo-Fr 8-13 Uhr, ©/Fax: 922-373000, Handy: 609-805724.

Zufahrt: Von Puerto: Auf der Botánico-Straße Richtung Autobahn, hinter der Brücke an der Bananenpackerei den »Golf«-Schildern folgen: Calle Carrasco 17. Zufahrt von der Autobahn: Ausfahrt *El Botánico* Richtung Puerto, dann die 3. Straße rechts.

Golfplatz Buenavista

Dieser Platz in extrem schöner Lage mit unverbauter Aussicht wurde vom spanischen Golfstar *Severiano Ballestros* entworfen: 18 Löcher, 5 *Greens* direkt über der Steilküste. Golfhotels sind in Bau; Zufahrt über Buenavista (TF 445 Richtung Punta Teno, ➢ Seite 360 Restaurant *Burgado/Piscina Municipal*); Info: *Gestur Tenerife*, Santa Cruz, Calle Robayna/Plaza Pato); © 922-533535.

Plätze im Süden (von Ost nach West)

Die anderen fünf Golfplätze liegen wie grüne Oasen inmitten der Tufflandschaft an Teneriffas Südwestküste; sie wurdenvon namhaften Golfern *(Pepe Gancedo, Donald Steel)* im amerikanischen Design angelegt. Die ***Plaza Amarilla*** gibt sich britisch; selbst die roten Telefonzellen wurden aus dem Mutterland eingeschifft.

Golf de Sur*****

Nach seiner Einweihung 1987 war dieser Platz wiederholt Austragungsort internationaler Turniere. Die 27 Löcher sind küstennah in 3 Schleifen und mit großen schwarzen Lavasand-Bunkern zwischen 8.000 Palmen angelegt. Sehr etabliert. Golfschule, Tennisplätze, keine Softspikes-Pflicht. 3 x 9 Löcher, Links Par 68, Norte Par 72, 4.829-5.578 m, Greenfee (Okt-Apr.) **€84**, Cart €59.

Zufahrt: 2 km westlich des Südflughafens, südlich der Autopista Sur (Salida 24) Richtung Los Abrigos, dann die erste Straße rechts

Geöffnet täglich 10.30-19 Uhr, © 922-738170, Fax 922-738272, Email: golfsur@canaryweb.com; www.canaryweb.es/golfsur.

Amarilla Golf & Country Club***

Dieser 18 Löcher-Platz wurde 1988 eröffnet (Donald Steel) und ist etwas pflegebedürftig. Er liegt Backe an Backe mit dem Golf del Sur. Eingerahmt von einer Villen-Feriensiedlung und der Felsküste hat man weite Blicke auf den Teide und das Meer. Tennisplätze, Pool und Rancho-Grande-Reiten (➢ oben). Par 72, 4.967-5.979 m, Greenfee **€84**, Elektrocart €59.

Zufahrt: Ausfahrt 24, erst ein Stück parallel zur Autobahn Richtung Las Galletas, dann vor Michelin Richtung Meer.

Geöffnet täglich 7.30-19.30 Uhr, © 922-730319, Fax 922-73008.

Centro de Golf Los Palos*** 1994 eröffnete Los Palos (reizvoll angelegt von *José Maria Olazábala*) mit seinen 9 Löchern (Par 27) auf 749-914 m (längste Bahn 136 m). Ein typischer Pitch & Puttplatz, auf den sich durchaus auch Cracks zum Üben verirren. Green Fee **€29**, Elektrocart €59.

Zufahrt über die Autopista del Sur (Ausfahrt 26/Guaza), dann Richtung Meer (Las Galletas), ausgeschildert. Geöffnet 8-20 Uhr.

✆ 922-169080, Fax: 922-169238; Email: amarilla@redkbs.com;

Golf Las Américas**** Dieser angenehm zu spielende Platz mit zahlreichen Wasserhindernissen und Buggies (John Jacobs, 1997) oberhalb der Nobel-Hotelanlagen *Mare Nostrum-Resort* (Los Morritos) hat 18 Löcher (Par 72) auf einer Länge von 5.026-5.860 m. Das von einer Urbanisation eingerahmte Gelände liegt etwas eingeklemmt zwischen der Autobahn und den Ausläufern von Las Américas. Mit Golfschule und schöner Clubhaus-Terrasse.

Greenfee **€88**, Elektrocart €59.

Zufahrt über Ausfahrt 28 der Autobahn. ✆ 922-752005, Fax 922-795250, Email: golfame@correo.step.es.

Golf Costa Adeje***** Ausgelegt auf 27 Löcher, eröffnete der Club 1998 mit 18 Löchern **nördlich von La Caleta**, locker umringt von der Ferienanlage Los Olivos. Der Golf-Architekt *Pepe Gancedo* verstand es, die alten Steinmauer-Terrassen einer Bananenplantage in die Fairways zu integrieren (*Local Rule*: *Freedrop* für Mauernähe). Der herrliche Blick übers Meer reicht bis zur Nachbarinsel La Gomera – **der landschaftlich schönstgelegene Platz Teneriffas**.

Greenfee **€76**; Elektrocart €59. ✆ 922-710000, Fax -710484.

Resorts Zwei Golfresorts liegen direkt am Platz: am *Golf Las Américas* der ***Campostella Beach Club******* (Lage ➢ oben) und direkt am *Golf del Sur* das luxuriöse **Aparthotel *Las Adelfas***; es besteht aus 78 kleinen Villen mit 8 Pools, Einkaufszentrum und Restaurants. Wegen seiner Toplage zwischen den Plätzen *Golf del Sur* und *Amarilla Golf* empfiehlt sich auch das ***Hotel Aguamarina Golf***, 150 m von einem Lavastrand entfernt.

Folgende Hotels mit **Club-Arrangements** sind eine gute Wahl:

Hotel (Bereich) Golfclub

- ***Mencey*** (Metro Santa Cruz) - *Real Club de Golf*/Los Rodeos
- ***Botánico*** (Puerto de la Cruz) - *Real Club de Golf*/Los Rodeos
- **Mare Nostrum Resort** *(Las Américas)* - alle Süd-Plätze
- ***Jardín Tropical*** (Las Américas/San Eugenio) - alle Süd-Plätze
- ***Colón Gunahani*** (Las Américas/Fañabe) - alle Süd-Plätze
- ***Jardínes Nivaria*** (Las Américas/Fañabe) - alle Süd-Plätze
- ***Bahía del Duque*** (Las Américas/Costa Adeje) - alle Süd-Plätze
- ***Adeje Palace*** (Las Américas/Costa Adeje) - alle Süd-Plätze

Preistipp: Für €160 bieten die 4 und 5-Sterne-Golfhotels das pauschale **Sommer-Special** (***Tenerife Golf***) mit 4 Greenfees auf beliebigen Plätzen (gilt jeweils bis 1. Oktober).

2. Teneriffa von A-Z

Apotheken (Farmacia)

Farmacias erkennt man am grünen (oder roten) Malteserkreuz. An jeder Apotheke wird nach Geschäftsschluß die diensthabende nächste ***Farmacia de Guardia*** aufgeführt. Medikamente sind meist billiger und eher rezeptfrei als bei uns. Ab 22 Uhr erfolgt die Medikament-Ausgabe nur noch gegen Rezept. Öffnungszeiten Mo-Fr 9-13 und 16-20, Sa 9-13 Uhr.

Artenerife

➢ auch unter »Souvenirs« und »Museen«

Offizielle Verkaufspavillons mit Exponaten kanarischen Kunsthandwerks (Textilien, Keramik, Holzschnitzerei etc.) gibt es in:

- Orotava: Calle Tomás Zerolo 27
- Puerto Colón: Avenida Gran Bretaña s/n
- Los Cristianos: Playa Las Vistas
- Las Américas: Avenida de Rafael Puig Lluvina
- Puerto de la Cruz: am Fischerhafen (Pavillon und Casa Aduana)
- Santa Cruz: Plaza España (vor der Post/Correos)

Information im Internet: www.artenerife.com

Ärzte und Zahnärzte

Die medizinische Versorgung auf Teneriffa ist überdurchschnittlich gut. Neben der **Uni-Klinik** in La Laguna (✆ 922-641700) gibt es medizinische Zentren in jedem größeren Inselort (*Centro de Salud*, ➢ Liste in Teneriffas Telefonbuch unter Santa Cruz »*Servicio Canario de Salud*«, Seite 226/7).

Sozialversicherte

Bei Vorlage des mitgebrachten EU-Anspruchsscheins E 111 kann man einen Vertragsarzt des spanischen Gesundheitsamtes (INSALUD) aufsuchen.

Der Umtausch des E 111 im Büro des Sozialversicherungsträgers (*Seguridad Social*, Santa Cruz, ✆ 922-245495; Puerto de la Cruz: ✆ 922-382646) in ein spanisches Krankenschein-Scheckheft berechtigt zur Behandlung in einem staatlichen Gesundheitszentrum oder durch einen Arzt der spanischen Sozialversicherung. Dort erwartet einen zwar ein qualifizierter Facharzt, aber – neben dem Sprachproblem – ein relativer begrenzter Leistungskatalog (z.B. keine freie Arztwahl und Extraktion statt Zahnbehandlung). Das Honorar muß bar vor Ort bezahlt werden; die Arztrechnung wird von deutschen Krankenkassen erstattet.

Privatversicherte

Optimal ist abgesichert, wer zu Hause eine private Auslandsreise-Krankenversicherung (€5-35 für 6 Wochen, ➢ Zeitschrift »Finanztest« der Stiftung Warentest, Heft April 2002, Seite 75) abgeschlossen hat, mit der man – ohne Kostenrisiko – auch zu einem der zahlreichen deutschen Inselärzte in Behandlung gehen kann. Falls der eigene Reiseveranstalter oder die Hotelrezeption keine geeignete Arztadresse zur Hand hat, kauft man eine der deutschsprachigen Inselzeitungen, in denen fast alle Praxen inserieren. Außer der Auswahl unten findet man weitere Adressen im Reiseteil unter den Orten in der Rubrik »Praktisches«.

In Notfällen wählt man – wie bei uns – die **Nummer 112** (Polizei, Feuerwehr, Ambulanz – auch deutschsprachig). Werktags ab 17 Uhr sowie an Sonn- und Feiertagen wendet man sich an ein ***Centro de Salud*** oder eine ***Urgencia***; ebenfalls in diesem Buch unter »Praktisches« am Ende der jeweiligen Ortsbeschreibungen.

Ärzte, deutschsprachig

- ***Hospiten***: 24-Stunden, Haus- und Hotelbesuche, kostenloser Anruf im Norden: ✆ 900-200-145; im Süden: ✆ 900-200-143.
- **Deutsches Ärztehaus** Nord/Süd, 24-Stunden, Hotel- und Hausbesuche; **Puerto de la Cruz** (La Paz), Plaza Laurél 3 (*Canary Center*), ✆ 922-385159, Fax -383043; Sprechzeiten Mo-Fr 10-13 und 18-20, Sa 10-12 Uhr. **Las Américas** (San Eugenio Alto), *Urbanización Villablanca*, Local 2 (schräg gegenüber des *Aguapark Octopus*, ✆ & Fax 922-751492, Sprechzeiten Mo-Fr 9-15, Sa 10-12 Uhr und nach telefonischer Vereinbarung.
- **Dr. Heide Evers**, Allgemein (mit Homöopathie/Akkupunktur), *Centro Commercial Cupula*, Local 105, Puerto de la Cruz (La Paz, gegenüber Botanischer Garten) ✆ & Fax 922-368159.

Zahnärzte

- **Manfred Schmidt**, Puerto de la Cruz (La Paz), ✆ 922-370542, Calle Almácigo 29D.
- **Dr. Hans Beter**, Candelaria, Calle Piscina/Calle Generalísimo, *Edificio Venezuela*, ✆ & Fax 922-502849.
- **Dr. Axel Wille** – *Clinica Dental*, Santa Cruz, Calle General Antequera 3, 3. Stock, ✆ 922-274666, Fax -248089.

Banken

Schalterzeiten: Mo-Fr 9-14 und Oktober-Juni auch Sa bis 13 Uhr. Wer ein Konto eröffnen möchte, kann dies als EU-Bürger unter Vorlage des Personalausweises auch in Spanien.

Geldautomaten ➢ Seite 535.

Behinderte

Auf Teneriffa gibt es bisher nur wenige behindertengerechte Einrichtungen. Rühmliche Ausnahmen bilden Los Cristianos und die Promenadenbereiche der Touristenzentren.

Infos bei »Bundesarbeitsgemeinschaft der Clubs Behinderter und ihrer Freunde e.V«, 55131 Mainz, Eupener Str. 5, ✆ 06131-225514

Benzin

Bleifreies Benzin (*sin plomo*/ohne Blei) kostet um die **€0,55-0,60**.

Große Tankstellen (*Gasolineras* an Autobahnen und in Städten) sind durchgehend geöffnet. Man läßt sich vom Tankwart bedienen. In den Bergen (*Cañadas*, Anaga, Teno) gibt es keine Tankstellen.

Bußgelder bei Verkehrsdelikten

Deftige Strafzettel drohen bei Verkehrsverstößen. Hier die Bußgelder für **Delikte außerhalb geschlossener Ortschaften**; sie sind in den Stadtzentren, insbesondere auf Nebenstraßen, teilweise doppelt so hoch wie hier hier angegeben:

- Verkehrsgefährdendes Verhalten €300
- Nichtbeachtung von Zebrastreifen €120

- Nichtbeachtung von Stopp-Schildern € 120
- Überfahren einer roten Ampel € 200
- Fahren ohne Gurt € 120
- Handynutzung während der Fahrt € 120
- Parken auf dem Bürgersteig € 270
- Halten in der 2. Reihe € 120
- Parken in der 2. Reihe € 250
- Parken in Ladezonen € 150

Auf den Kanaren gelten die **EU-Verkehrsregeln**, außerdem:

- **Tempolimits**: 120/90/50 km/h (für Autobahn/Landstraße/ Ort)
- **Gurtpflicht** und **Handyverbot**,
- **0,5 Promille-Grenze**.
- **Parkverbot in gelbmarkierten Zonen, teilweise Parkautomat**.

Camping (➢ Seite 583f)

Diplomatische Vertretungen / Spanische Botschaften

(**Konsulate** auf den Kanaren ➢ Seite 536)

Deutschland: 10785 Berlin, Schöneberger Ufer 89, ✆ 030-23004880.

Österreich: 1040 Wien, Argentinierstr. 34, ✆ 01-50557880.

Schweiz: 3006 Bern, Kalcheggweg 24, ✆ 031-3520412.

Einkaufen

Wegen der **Freihandelszone** sind auf den Kanaren einige Produkte wie (bestimmte) Spirituosen, Tabakwaren und Benzin billiger als auf dem Festland bzw. bei uns. Für Elektronik, optisches Gerät und Uhren gilt Santa Cruz als günstige Einkaufsstadt.

Man sollte jedoch die heimischen Preise im Kopf haben, um echte Gelegenheiten zu erkennen und **Schnäppchenpreise** zu erzielen. Gerade deutschsprachige Touristen gelten bei den *Canarios* als »gute Kunden«, die prompt jeden geforderten Preis zahlen.

Das kanarische **Preisniveau für Lebensmittel** entspricht inzwischen in den Touristenzentren dem in Mitteleuropa. Nur auf den Dörfern bekommt man Grundnahrungsmittel (frischen Käse, Obst, Gemüse) noch deutlich billiger.

Ziege und Kaninchen (*cabra, conejo*) kommen von der eigenen Insel, Rind (*tenera*) überwiegend tiefgefroren aus Südamerika.

Fisch ist ein Sonderthema: Spanier essen traditionell dreimal soviel Fisch wie andere Europäer; allerdings löst man sich erst seit kurzem wieder vom Einfrieren als vermeintlichem Fortschritt. Frischen Fisch gibt es in erster Linie in großen Supermärkten wie *Mercadona, Adelfas* und *HiperDino*.

Supermärkte findet man auch in den riesigen Einkaufszentren *Carrefour, Alcampo* und *Corte Inglés* im Ballungsgebiet Santa Cruz/La Laguna. Diese *Shopping Center* mit US-amerikanischem *Mall*-Stil sind außer sonntags durchgehend von 10-22 Uhr geöffnet und führen alles, was das Herz begehrt.

Entfernungen Entfernungstabelle (km von - nach)

Ort	Santa Cruz	Puerto	Cristianos
Adeje	84	78	11
Arafo	30	71	59
Bajamar	24	31	111
Buenavista	76	42	74
Candelaria	18	59	59
El Médano	62	107	23
Fasnia	36	77	46
Garachico	70	36	68
Granadilla	66	111	27
Guía de Isora	93	56	22
Güímar	27	68	56
Icod	60	26	58
La Esperanza	18	34	94
La Laguna	9	28	87
Las Américas	75	85	4

Ort	Santa Cruz	Puerto	Cristianos
La Victoria	27	12	92
Los Cristianos	77	81	-
Los Gigantes	93	53	40
Los Realejos	48	10	75
La Orotava	39	9	84
Parador Teide	102	84	63
Puerto de la Cruz	41	-	81
San Juan de la Rambla	54	16	65
Santa Cruz-	-	41	77
Santiago	112	39	39
Tacoronte	19	18	98
Tegueste	15	29	109
Vilaflor	80	125	41

Feiertage auf Teneriffa

01. Januar:	Neujahr - ***Año Nuevo***
06. Januar:	Heilige 3 Könige - ***Los Reyes***
März/April:	Gründonnerstag - ***Jueves Santo***
März/April:	Osterwoche - ***Semana Santa***
März/April:	Karfreitag - ***Viernes Santo***
01. Mai:	Tag der Arbeit - ***Día del Trabajo***
03. Mai:	(nur in Orten mit *Cruz* im Namen) Tag der Arbeit und Lugos Landung auf Teneriffa - ***Día del Trabajo/Día de la Cruz***
30. Mai:	Tag der Kanaren - ***Día de Canaria***
Mai/Juni:	Fronleichnam - ***Corpus Christi***
15. August:	Mariä Himmelfahrt - ***Asunción***
25. August:	Nelsons Niederlage - ***Derrota de Nelson***
12. Oktober:	Hispanischer Tag - ***Día de la Hispanidad***
01. November:	Allerheiligen - ***Todos los Santos***
06. Dezember:	Verfassungstag - ***Día de la Constitución***
08. Dezember:	Mariä Empfängnis - ***Immaculada Concepción***
25. Dezember:	Weihnachten - ***Navidad***

Fernsehen

Auf den ASTRA-Satelliten ausgerichtete Parabolspiegel können z.Zt. **über 25 deutschsprachige Programme** empfangen (ARD, ZDF, KiKa/Arte, ORF, Privatsender und alle 3. Programme, n-tv, EuroNews, EuroSport und CNN etc), ferner über 100 deutschsprachige Radioprogramme.

Die bekannten Programmzeitschriften werden an allen Kiosken in den Touristenzentren geführt.

Auf ***Canal 60*** empfängt man im Norden der Insel ein **deutsches TV-Inselprogramm**.

Flaggen

Kanarische Inseln:
senkrechte gelb-blau-weiße Streifen mit Wappen, in dessen mittlerem blauen Teil zwei Hunde unter der Inschrift ***Oceano*** einen gekrönten Schild mit den Vulkankegeln der 7 Inseln halten.

Teneriffa: Blaue Fahne mit weißem Diagonalkreuz.

Fotografieren

Wer filmt oder mit einer konventionellen Kamera auf Fotojagd geht, sollte sich mit dem entsprechenden Filmmaterial schon zu Hause eindecken. Auf den Kanaren ist das Preisniveau höher und die Auswahl nicht so groß. Das gilt vor allem für Diafilme. Auch die Filmentwicklung ist daheim in besseren Händen. Auch auf Teneriffa geht`s zwar per Automat oft binnen weniger Stunden, dafür aber nicht selten mit flauer Qualität.

Fremdenverkehrsämter

(für ganz Spanien)

in Deutschland:

Materialbestellung (Prospekte etc.) nur unter © 06123-99134

- 10707 Berlin, Kurfürstendamm 180, © 030-882-6543, Fax -6661
- 40210 Düsseldorf, Grafenberger Allee 100, © 0211-6803981
- 60323 Frankfurt, Myliusstr. 14, © 069-72-5033, Fax -5313
- 80336 München, Schubertstr. 10, © 089-530158, Fax -5328680

in Österreich:

- 1010 Wien 1, Walfischgasse 7/14, © 01-51295-80, Fax -81

in der Schweiz:

- 8008 Zürich, Seefeldstraße 19, © 01-252-7930, Fax -6240
- 1201 Genf 15, Rue Ami Levrier, © 022-7311133

Geld

Wer seine ec-Karte dabei hat, kann an ec-Geldautomaten (*Telebanco/Servired*) täglich bis zu €200 abheben. Euroschecks werden kaum noch akzeptiert. An denselben Automaten ist Bargeld auch bei Einschub einer Kreditkarte verfügbar. Die Gebühren liegen aber höher. In beiden Fällen geht natürlich nichts ohne PIN-Code.

Geldautomat

Haustiere Nach Spanien dürfen Vögel, Hamster, Meerschweinchen etc. aus EU-Ländern (und der Schweiz) ohne Einschränkung mitreisen. Hund und Katze müssen aber gegen Tollwut geimpft sein. Dazu erhält jedes Tier einen EU-Pass mit einer ID-Nummer und den Impfeinträgen. Die Identität kann anhand eines Mikrochips (wird bis 2010 für alle Vierbeiner eingeführt, ca. € 30) geprüft werden (**www.eu-kommission.de**; weiter unter Haustiere). Das heimatliche Reisebüro kennt die Bestimmungen der Fluggesellschaften über eventuell benötigte Haustierboxen und deren Preise.

Internetcafés **Santa Cruz:**

- ***Cibercafe El Navegate***, Callejón del Combate 12 (nördlich des Parlaments), Mo-Fr 6-22, Sa 8-22, So geschlossen.
- ***CIBER Way***, Calle La Laguna 4, gegenüber der Zentrale der *Caja Canaria*, oberhalb der Plaza Principe, ✆ 922-271226.

Puerto de la Cruz:

- **Cyber B@r** im Apartmenthaus *Masaru* (La Paz) und das
- **Pl@za**, Plaza Charco, Centro Comercial, ✆ 922-376111.

Puerto Santiago:

Lagos de Caesar, gegenüber Kunsthandwerksmarkt in 2. Reihe, normale Geschäftszeiten, teuer.

Los Cristianos:

Internetcafé im ***Valdez-Center*** (im 2. Stock über der *Seguridad Social* und der *Caja Canarias*), ✆ 922-716565.

Las Américas:

CompuM@rket an der Straße zwischen Los Cristianos-Los Morritos/Las Américas, *Edificio Portosin*, Locál 5, ✆ 922-793586 **und** in der Calle San Eugenio über Supermarkt *Mercadona*.

Krankenwagen **La Laguna**: 922-610516/-620505/-621010
Los Cristianos: 922-792949
Puerto de la Cruz: 922-383812

Konsulate **Deutschland**

Santa Cruz, Calle Costa y Grijalba 18 (zwischen der Plaza de los Patos und der Rambla Franco, Höhe Stierkampfarena/Plaza de los Toros); Mo-Do 10-13 Uhr, ✆ 922-22224 820, Fax 922 151 155.

Österreich:

Santa Cruz, Calle de San Francisco 17, ✆ 922 243799

Schweiz:

Las Palmas/Gran Canaria, Calle Domingo Rivero 2, ✆ 928-293450

Kreditkarten Man kann in den meisten Hotels, Restaurants und bei den Autovermietungen die Rechnung mit den gängigen Kreditkarten bezahlen (American Express, VISA, Eurocard). Außerdem auch in vielen Läden und in Tankstellen. Bei Kreditkarten ohne eingeschweißtes Foto wird an manchen Kasssen zusätzlich die Vorlage eines Personalausweises gefordert.

Bankgebühren Seit Juli 2002 dürfen Banken bei Zahlungen mit EC- und Kreditkarten in EU-Ländern keine Gebühren mehr erheben (im Juli 2003 entfielen zudem die Überweisungsgebühren innerhalb der EU). Bargeld-Abhebungen am EC-Automaten im Ausland kosten dagegen (noch) €2-4 pro Transaktion. **Tipp**: wer bei der Filiale einer deutschen Bank abhebt, spart durchweg (Info im **Internet**: www.europa.eu.int/comm; weiter: area/ec01-2560).

Kriminalität Die kanarischen Inseln gelten politisch als sicheres Reisegebiet; der baskische **ETA-Terrorismus** beschränkte sich bisher auf das Festland und richtete sich gegen spanische Mandatsträger.

Gewaltverbrechen und Ausbrüche von **Ausländerfeindlichkeit** gegen Touristen sind auf den Kanaren so gut wie **unbekannt**.

Andererseits nimmt die global organisierte mafiotische **Bandenkriminalität**, die sich aber normalerweise nicht gegen Touristen richtet, rapide zu, ebenso die (drogenbedingte) **Kleinkriminalität** und kriminelle Delikte unter Touristen.

Diebstähle und **Einbrüche** in Häuser und Autos stehen daher auf der Tagesordnung. Im Auto sollte man deshalb besser nichts von Wert liegenlassen. Einige **Autovermieter** empfehlen sogar, über Nacht die Wagen nicht abzuschließen, um Tür-/Fensteraufbrüche möglichst zu vermeiden.

Die meisten **Hotels** haben Zimmersafes, die man nutzen sollte. Auch **am Strand ist dringend Vorsicht geboten**, vor allem, wenn man ins Wasser geht.

Auf den Straßen gibt es **Taschendiebe**, an den Geldautomaten und Haustüren immer neue **Trickbetrüger**, sowie aggressive Werber für *Time-Sharing Apartments*.

Wer Anzeige erstatten will, muß zur ***Policía Nacional***. Dazu braucht man ohne eigene Spanischkenntnisse einen Dolmetscher, ➢ Seite 544, Stichwort »Übersetzungen«.

Kunsthandwerk ➢ unter den Begriffen: Artenerife, Museen, Souvenirs

Märkte **Allgemeine Märkte** (soweit empfehlens-/sehenswert)

- **El Médano**; Mittwoch Morgen 10-13 Uhr **Bauernmarkt**, wo lokale Erzeuger Obst, Gemüse, Wein und Käse verkaufen.
- **Granadilla**; direkt unterhalb der Autobahnausfahrt El Médano (*Salida* 22) an der TF 64 nach El Médano findet im gelblichen Tosca-Gebäude jeden Sa und So 8-14 Uhr ein **Bauernmarkt** statt. Örtliches Obst und Gemüse; Kunsthandwerk.
- **Candelaria**; kleiner **Bauernmarkt** in einer offenen Halle am Hafen neben dem ***Ayuntamiento***.
- **Santa Cruz**; *Mercado de Nuestra Señora de Africa*, täglich bis 13 Uhr großer **Lebensmittelmarkt** (Fischstände und Supermarkt im Untergeschoß); qualitativ gute Produkte.
- **La Laguna**; täglich bis 13 Uhr **Lebensmittelmarkt** mit großem Angebot im *Mercado* an der zentralen Plaza de Adelantado.

- **Puerto de la Cruz**; der **Lebensmittelmarkt** im Betonklotz des *Mercado* liegt an der Zufahrtstraße zur *Playa Jardín*, Avenida de Blas Perez Gonzales; Mo-Sa 7-13 Uhr. Parken ist gratis ab €12 Einkauf.
- **Puerto de la Cruz**; Busbahnhof-Platz (vor Hotels *Dania Park* und *Magec*): Blumen, Obst und Gemüse, Souvenirs, kanarisches **Kunsthandwerk**; Mo und Mi 10-20 Uhr.
- **La Matanza**; *Mercadillo* an der Carretera General (ausgeschildert). **Bauernmarkt** in großer moderner Halle; Lebensmittel, Kunsthandwerk; Sa und So 9-13 Uhr.
- **Tacoronte**; sehr guter **Bauernmarkt** (Lebensmittel und Pflanzen) an der TF 16 Richtung Tejina; Sa/So bis 15 Uhr.

Floh- und Kleidermärkte

- **Santa Cruz** unterhalb des *Mercado de la Nuestra Señora de Africa* (täglich 9-13 Uhr) jeden **Sonntag** 9-13 Uhr zusätzlich **Flohmarkt**; keine Antiquitäten, viel billiger Schnickschack, daher nichts für Schnäppchenjäger.
- **Los Abrigos**; Billig-Klamotten und Klimbim; Di 18-22 Uhr
- **Alcalá**, Plaza del Llano, Mo 9-14. Taxendienst ab Los Gigantes.
- **Los Cristianos** neben dem *Hotel Gran Arona*, So 9-14 Uhr; Schnickschnack und Klamotten.
- **Candelaria**, auf dem Basilika-Platz, Mi Vormittag.
- **Las Américas** beim *Centro Comercial Torviscas*; keine Lebensmittel, überwiegend Kleidung; Do und Sa 9-14 Uhr.
- **Santiago del Teide**; **Kunsthandwerksmarkt** auf der Plaza Pública von Puerto de Santiago jeden 1. Sonntag im Monat.
- **Playa San Juan** (Avenida Reina Sofia); Mi 10-13 Uhr.

Museen/ Kunsthandwerk

➢ siehe nebenstehenden Infokasten.

Öffnungszeiten

Die Geschäfte **in den Städten** öffnen zwischen 9 Uhr und 10 Uhr, schließen dann für eine mehrstündige Siesta (13-16/17 Uhr) und sind dann bis 19/20 Uhr wieder geöffnet. Samstags um 13 Uhr beginnt das Wochenende. Sonntags bleiben die Läden geschlossen. **In den Urlaubszentren** gibt es dagegen keine allgemein gültigen Ladenöffnungs/-schlußzeiten.

Einkaufzentren wie *IKEA*, *Carrefour*, *Alcampo* etc. sind Mo-Sa 10-22 Uhr geöffnet, in der Vorweihnachtszeit auch sonntags.

Handwerker und (Auto-) **Werkstätten** arbeiten 9-13 und 15-18 Uhr, Juli-September nur bis 15 Uhr, dafür meist durchgehend.

Kirchen sind fast immer geschlossen; nur zu bzw. kurz vor den Messezeiten werden die Tore geöffnet.

Polizei (Guardia Civil)

Las Américas: 922-791414,
Puerto: -383528, **Santa Cruz**: 648500

Museen/Kunsthandwerk auf einen Blick

(Mehr Details im Reiseteil unter den Ortschaften; mit **Bono-Busticket**, ➢ Seite 586, erhält man in den Museen 50% Ermäßigung auf den Eintrittspreis)

Orotava

- ***Casa de los Balcones***, das schönste Herrenhaus der Altstadt als Museum mit Laden für Souvenirs und Kunsthandwerk; ausgeschildert. Mo-Fr 8.30-19, Sa 8.30-18.30 Uhr, Eintritt frei.
- ***Casa del Turista***, Kunsthandwerk und kanarische Souvenirs; in der Altstadt gegenüber der *Casa de los Balcones*. Tägl. 9-18 Uhr.
- ***Museo de Artesanía Iberoamericana*** (Museum für lateinamerikanisches Kunsthandwerk), Calle Tomás Zerolo 34, *Convento Santo Domingo*, ✆ 922-321746; Mo-Fr 9.30-18 Uhr, Sa bis 14, €2.
- ***Casa Torrehermosa*** – kanarisches Kunsthandwerk (*Artesanía*) von geprüfter Qualität zum Verkauf (*Artenerife*); Calle Tomás Zerolo 27, Mo-Fr 9.30-18 Uhr, Sa 9.30-14 Uhr, ✆ 922-352906.
- **Keramikmuseum *Casa Tafuriaste***; Calle León, Ecke Calle San Augustin, 10-18, So 10-14 Uhr, €2, ✆ 922-321447.

Tacoronte/Valle Guerra

- ***Museo Etnográfico de Tenerife*** – *Casa de Carta* (Ethnographisches Museum) in Valle Guerra am Ortsrand von Tacoronte an der Straße Tacoronte-Valle Guerra; Di-So 10-13 und 15-18 Uhr, im Sommer: 10-13 & 16-19 Uhr, €2,50, So gratis; ✆ 922-150534.

Puerto de la Cruz

- **Archäologisches Museum**, Calle Lomo 9, ✆ 922-371465, Di-Sa 10-13 und 18.00-21, So 10-13 Uhr, Eintritt €1.

El Sauzal

- ***Museo del Vino*** (Weinmuseum), Autobahn *Salida* 11 (El Sauzál), direkt unterhalb der Ausfahrt (ausgeschildert), Di-Sa 11-20 Uhr, So 11-18 Uhr, ✆ 922-572535, Eintritt frei.

La Laguna

- ***Museo de Historia de Tenerife*** (Geschichtl. Museum der Entwicklung Teneriffas), Calle San Agustín 22, (*Casa Lercaro*), ✆ 922-630121/825943-49, Di-Sa 10-17; €2,50.
- ***Museo de la Ciencia y el Cosmos*** (»Wissenschaft und des Kosmos« – mit Planetarium), Calle Via Láctea (bei der Universität, Zufahrt über die Autobahn, *Salida* 8b, Av Trinidad, ➢ Seite 158); ✆ 922-265265/315080, Di-So 9-19 Uhr, feiertags zu; €3.

Santa Cruz

- ***Museo de la Naturleza y del Hombre*** (Naturkunde-Museum) Calle Fuente Morales 1, ✆ 922-213422/-209320; Di-So 10-20; Eintritt €2,50, sonntags frei.
- ***Espacios Culturales Biblioteca y Museo Municipal*** (Städt. Kulurmuseum und Bibliothek), Calle Ruiz de Padrón 3, Mo-Fr 9-19.30, im Sommer 9-14, ✆ 922-243808.
- ***Museo Militar Regional de Canarias*** (Militärmuseum), Calle San Isidro 2, ✆ 922-271658. Di-So 10-14 Uhr, Mo geschlossen.
- ***Centro de Fotografía***, Plaza Isla de la Madera; ✆ 922-290735.

Güímar

- **Museo Arqueológico y Etnográfico de Agache** (Archäologie und Ethnografie), *El Escobonal*, Mo-Fr 17-19 Uhr; ✆ 922-530495.
- ***Parque Etnográfico Piramides de Güímar*** (Museum & Außengelände um die Reste alter Pyramiden), Calle Chacona, täglich 9.30-18 Uhr, ✆ 922-514510; Eintritt €7.

Garachico

- ***Museo de Arte Contemporáneo*** (Kunstmuseum), Plaza de Santo Domingo, ✆ 922-830000, 9-13 und 16-19 Uhr, €0,75.
- ***Museo Insular de Ciencias Naturales*** (»Filiale« des Naturkundemuseums von Santa Cruz), Ex-Convento de San Francisco; 9-13 und 16-19 Uhr, ✆ 922-830000.
- ***Castillo-Museo Fortaleza de San Miguel***, ✆ 922-830001, 10-18.

2

Post: Tarife

Posttarife in € — Stand Anfang 2004

		Spanien	Europa	Intern.
Postkarten	normal	0,27	0,52	0,77
	groß	0,35	1,05	1,38
Briefe	bis 20 gr	0,27	0,52	0,77
	bis 50 gr	0,40	1,18	1,66
	bis 100 gr	0,55	1,39	2,38
	bis 200 gr	0,89	2,75	4,75
	bis 350 gr	1,58	5,10	8,70

Post nach Deutschland ca. 1 Woche; von D dauert's oft länger.

Geöffnet

Öffnungszeiten: Mo-Fr 8-14.30 Uhr, Sa 8-13 Uhr

Post, wo?

Postamt in **Puerto**: beim Busbahnhof, **Postbank**: Plaza Charco; **Santa Cruz**: beides an der Plaza España; **Los Cristianos**: Montaña Chica; oberhalb der Mobil-Tankstelle an der Av. General Franco; **Las Américas**: *Centro Comercial Pueblo Canario*

Presse

Die tinerfeñischen Tageszeitungen ***EL DIA***, ***LA OPINION*** und ***DIARIO DE AVISOS*** listen im Serviceteil täglich die wichtigsten Schiffs- und Fährverbindungen. In der nationalen Tageszeitung ***EL MUNDO*** liegt die Regionalbeilage ***La Gazeta de Canarias***. Die deutschsprachigen Printmedien liegen meist schon am Nachmittag des Erscheinungstages in den großen Hotels und Kiosken aus.

Die **deutschsprachigen Inselzeitungen** »Wochenspiegel«, »Info-Canarias«, »Teneriffa Magazin« und »Kanarische Rundschau« berichten vor allem über lokale und touristische Themen, Inselklatsch und Prominenz. Sie haben ebenfalls alle einen aktuellen **Service- und Anzeigenteil**, der zu Ärzten und Handwerkern führt und über Museen, Fähren und interinsulare Flüge informiert.

Preisniveau

Da die Kanaren in den letzten Jahren eine relativ hohe Inflationsrate hatten, nähert sich das Preisniveau mit Ausnahme von Benzin, Alkohol, Tabak und einigen Dienstleistungen auf Teneriffa

Ausgewählte Preise (pro kg oder Liter, so nicht anders angegeben), **Stand Ende 2003**

Getränke	Euro	Grundnahrungsmittel	Euro
H-Milch	0,70	Brot	2,50
Mineralwasser (1,5 l) mit Gas	0,60	Butter 250 g	1,20
ohne Gas (Gas=Kohlensäure)	0,35	Yoghurt	0,35
lokales Bier, 0,3 Liter-Dose	0,45	Kaffee 250 g	1,00
guter Rotwein 0,75 l	5,00	lokaler Frischkäse	8,50
Sekt (Cava), z.B. *Freixenet*	5,00	lokaler Gouda	10,00
Cola, Sprite (1,5 l-Flasche)	1,00	Salami	9,00
guter Cognac	22,00	Schinken, geräuchert	12,00
		Schinken, gekocht	7,00

Gemüse	Euro
Kartoffeln	1,40
Tomaten	1,00
Avocados	2,25
Porree	2,50
Kopfsalat	1,50

Obst	Euro
Bananen	1,20
Papaya	3,30
Mangos	3,80
Äpfel	1,00

Fleisch	Euro
Rinderfilet	14,00
Rindersteak	7,00
Schweinekotelett	5,50
Lamm	16,00
Huhn	3,00

Fisch	Euro
Sama	9,00
Sardinen	5,40
Seezunge	10,00
Garnelen	12,00

Schinkenstand im Supermarkt

Sonstiges	Euro
Packung Camel/Marlboro	2,00
Benzin	0,55
kanar. Mittagessen/Person	15,00
Kleines Mietauto/Woche	ab 110,00
Taxifahrt 10km	6,00
Busfahrt 60 km (mit *Bonobus*-Karte bis 40% Discount, Seite 586)	5,00
***Hotel, Selbstbucher DZ	ab 40,00
Ortsgespräch (© Zelle), Einheit	0,20

(Kaufhauspreise im **Internet: www.elcorteingles.es**)

immer mehr dem mitteleuropäischen an. Nur in den Dörfern abseits der Touristenzentren kann man in einfachen Lokalen noch sehr preisgünstig kanarisch essen.

TV

Per **Sat-Schüssel** empfängt man auf Teneriffa **über 100 TV-Sender**.

Radio, deutschsprachig

Die **Deutsche Welle** sendet (auf Kurzwelle)
morgens auf 9545 kHz (=31 m-Band),
mittags auf 15245 kHz (=19 m-Band),
abends auf 17860 kHz (=16 m-Band),
Radio Österreich International (RÖI) im 22 m-Band auf 13730 kHz (abends auch im 49 m-Band auf 5945 und 6155 kHz)
Radio Europa (FM 106,1) bringt rund um die Uhr Nachrichten und Musik. Nur an der Nordküste (Puerto) zu empfangen.
.Radio Megawelle
- im Süden und Westen 88,3 MHz; auf Gomera 102 MHz
- im Norden 103,7 MHz; Internet: www.megawelle.com

Radio Veronica (nur im Norden) FM 102.4 MHz
Happy Radio auf FM 98,7 MHz

Rechsanwälte, deutschsprachig

***Seifert**, F.*, Calle La Hoya 27, Puerto, © 922-388090

Hartmut Evers, Mitglied der RA-Kammern Bremen und Santa Cruz, Puerto de la Cruz, *Edificio Banco Argentaria*, © 922-389022, Fax 922-381312. Sprechzeiten nach tel. Vereinbarung 10-13 Uhr.

Reisebüro (**deutschsprachig**)
- *Viajes Paukner,* © 922-385512 und -385599
- *Viajes Florida,* © 922-722278 und -792151
- Viajes Arco, © 922-373722
- *ITS, Las Américas,* © 922-750644
- *Neckermann, Las Américas,* © 922-790464
- *TUI, Las Américas,* © 922-777740
- *Jahn-Reisen, Puerto,* © 922-384252

Rotes Kreuz (*Cruz Roja*) Las Américas: 922-780759, Puerto: 922-383812

Trinkgeld (propina) *Canarios* zahlen zwar in ihren Stammlokalen nur einen kleinen Obulus, aber im Touristensektor (Restaurant, Taxi) ist inzwischen längst ein Trinkgeld von 10% üblich. Der Kellner bleibt nicht neben dem zahlenden Gast stehen, sondern bringt das Wechselgeld bzw. den Kreditkartenbeleg zurück. Erst danach entscheidet der Gast über die Höhe der ***Propina*** und bedeutet dem Ober im Gehen, daß das kalkulierte Trinkgeld auf dem Tisch liegt. Übrigens reagiert der *Camarero* (Ober) am besten auf den Zuruf »***Oíga, por favor***!« (»Hören Sie bitte!«).

Seniorenheim Den Lebensabend auf Teneriffa verbringen? Die deutsche Pflegeversicherung zahlt auch ins Ausland. Unweit des Lago/Playa Martiánez liegt ein ehemaliges Hotel-Hochhaus, das deutschsprachige Rundumbetreuung (ab €800/Monat) bietet.

Martina Senioren-Residenz, Puerto de la Cruz, Generalísimo 34, © 922-385544, Fax -374610, **Internet**: www.seniores.es

Schulen, (deutsche)
- **Deutsche Schule Teneriffa** (DST), einzige deutsche Schule (2/3 spanische Schüler), die zum Abitur führt (nach 12 Schuljahren); Tabaiba Alto, Calle Drago, © 922-606229, Fax -682746.
- Puerto de la Cruz, Calle San Rafael 3, © & Fax 922-384062.
- Las Américas, Miraverde, © & Fax 922-713217.

Souvenirs Typisch kanarische **Mitbringsel** sind:

Strelitzien, Hohlsaum-Stickereien, Tischdecken und Teneriffa-Spitze, Drachenbaum-Samen und kanarische Zigarren (*Puros*, ➢ Seite 139). Gute Souvenire bilden ferner: Keramik, kanarische *Mojos* (rote oder grüne Soßen, ➢ Seite 67), Inselweine und jede Art von Lavasteinen (➢ auch unter *Artenerife*).

Spanische Sprachkurse Neben Schnell- und Urlaubsprogrammen findet man – vor allem im Inselnorden – auch Ferien- und Intensivkurse.
- Als hochkarätig gelten die 3-wöchigen **Uni-Kurse in La Laguna** in den Sommer-Semesterferien; Mo-Fr 9-14, €280, © & Fax 922-319200; Internet: www.ull.es
- ***Escuela Oficial de Idiomas***; gute staatliche Langzeitkurse, strenger Schulbetrieb, preiswert; Santa Cruz, Calle Enrique Wolfson 16, © 922-283712 und -247826, Fax -249360.
- ***CEFA***; 3-wöchige Schnellkurse (max. 8 Personen, 2 Std. täglich, 30 Stunden insgesamt, Anfänger und Fortgeschrittene €220,

Apt. Park Plaza, Calle José Arroyo 4 (Nähe Plaza Charco), ✆ & Fax 922-828788, Email: cursopuerto@wanadoo.es

- ***Formacion FU, S.L.***, Puerto de la Cruz - *Centro Comercial La Cupula*; ✆ 922-389303, Fax -389458, Email: info@bildungszentrum-lacupula.com
- **Sprachschule Ana**, Kurse für alle Stufen (auch Jugendliche und Senioren), Privatunterricht, Schnellkurse; Puerto de la Cruz - *Jardínes La Quintana* (beim Botanischen Garten); ✆ 922-368325, Handy: 619-949414, Fax 922-380444.
- **INAKO-Sprachen**: Kurse im Norden (*Hotel Maritim* bei Puerto) und Süden (Las Américas); ✆ & Fax 922-323578 und 629294584
- Die **SOTIS-Sprachenschule** bietet 3-6 Wochenstunden in Kleingruppen ab €50/Monat.und Intensivkurse ab 5 Teilnehmern in Los Cristianos und in Puerto de la Cruz/La Paz – *Edificio Tagor Botánico*, Local 29 (beim Botanischen Garten) ✆ 922-368846; Email: sothis@canarias24.com; Internet: www.sothis.tv.

Strom

220 Volt; für Schukostecker braucht man in manchen Quartieren einen Adapter. Wer keinen dabei hat (bei uns preiswert im Kaufhaus), findet ihn auf Teneriffa oft sogar in Supermärkten.

2

Telefonieren

Die blau-grünen Säulen der spanischen ***Telefónica*** stehen allerorten und sind für Münz- und Telefonkartenbetrieb eingerichtet. **Telefonkarten** (*tarjetas telefónicas*) zu €6 oder €12 gibt es an jedem besseren Zeitungskiosk.

Landesvorwahlen:

Deutschland: 0049 **Österreich:** 0043 **Schweiz:** 0041

Von den öffentlichen Telefonen kosten Gespräche ins europäische Ausland ca. **€0,30/Minute** zur Hauptzeit plus €0,12/Gespräch. Mo-Fr 17-22 Uhr zahlt man nur 70%. Ab 22 Uhr, Sa ab 14 Uhr und sonn- und feiertags nur 40% des vollen Minutensatzes.

Öffentliches Telefon a la España

In den Touristenzentren findet man auch ***Teléfonos Públicos*** in Sammelanlagen mit mehreren Telefonen, in denen man ohne Münzen oder Karte telefonieren kann und nach Gesprächsende am Schalter (**teuer**) zahlt.

Wer schon daheim im Reisebüro oder im Flieger eine ***T-Card*** der Deutschen Telekom erwirbt, kann auch damit telefonieren, zahlt aber letztlich mehr als mit Bargeld oder spanischer Karte.

Telefondienste:

Auskunft: **11818**

internationale Auskunft: **11825**

Zeitansage: **093**

Weckdienst: **096**;

Notruf (Feuer, Polizei, Ambulanz): **112** (auch deutschsprachig)

So buchstabiert man in Spanien am Telefon

A = Alemania	I = Italia	R = Roma
B = Barcelona	J = Jérez	S = Sevilla
C = Cáceres	K = Kilo	T = Toledo
CH = Chocolate	L = Lima	U = Uruguay
D = Dinamarca	M = Madrid	V = Valencia
E = España	N = Navarra	W = doble Ve
F = Francia	O = Oviedo	X = ekis
G = Granada	P = Pamplona	Y = Igriega
H = Holanda	Q = Queso	Z = Zaragoza

Time-Sharing Wer ein Time-Sharing-Apartment kauft, erwirbt das Recht, dort (oder in einem europa- oder weltweit anderen Apartment der Organisation) pro Jahr eine festgelegte Zeitspanne zu wohnen. Solche Anteile kosten so ab € 10.000 und erscheinen oft auf den ersten Blick attraktiv. Man sollte jedoch genau nachrechnen, ob das Angebot tatsächlich so günstig ist, wie es nach den blumigen Erläuterungen der Verkäufer zunächst aussieht. Manch einer hat gerade auf den Kanaren den schnellen »Urlaubs-Zuschlag« hinterher bereut. Vor allem die Klauseln für Rücktritt und Kündigung sollte man vor Unterschrift genau studieren.

Touristen-information ➢ Übersicht auf Seite 55.

Trinkwasser Das Leitungswasser ist prinzipiell überall ohne Gesundheitsgefährdung trinkbar, schmeckt aber nicht. Tee und Kaffee werden daher besser mit Quellwasser aus – ökologisch leider unerfreulichen – Plastikbehältern mit 5-10 Litern Inhalt zubereitet, das in allen Supermärkten massenhaft vorrätig ist. Viele Leute kochen auch Spaghetti und Kartoffeln lieber damit.

Übersetzungen Spanisch-Deutsch: ***Sabine Schmidt***, ✆ 922-374363, Email: Servicios_germanicos@lycos.es

Eva Scheller, ✆ 922-563750, Email: scheller@teleline.es

Internetcafe *Pl@za*, Puerto de la Cruz, Plaza Charco, 10-22 Uhr, ✆ 922-376678, www.plazadelcharco.com.

Zeitzone Die Kanaren zählen zur **Greenwich-Zeitzone** (WEZ), d.h. bei der Ankunft muß man seine Uhr eine Stunde zurückstellen, auf dem Heimflug wieder eine Stunde (auf MEZ) vorstellen.

3. Kanarisches Lexikon

Typische spanischsprachige Begriffe, die auch dem Touristen auf Teneriffa immer wieder begegnen und großenteils bereits in diesem Buch vorkommen, sind hier (noch einmal) zusammengefaßt erläutert. Spezielles Vokabular aus den Bereichen »Geologie« und »Essen & Trinken« finden sich in gesonderten Listen in den entsprechenden Kapiteln, ➢ Seiten 437ff (Geologie) und 76ff.

Ajiméz (arab.)	Holzgitter-Verkleidung, ➢ auch unter Architektur, Seite 508.
Areperia	Imbiss oder einfaches Restaurant mit *Arepas*, gefüllten süßen oder salzigen Maistaschen, einer Spezialität aus Venezuela.
Ayuntamiento	Rathaus
Barranco	Schlucht, ausgetrockneter Wasserlauf. Die vielen durch Erosion entstandenen tief eingeschnittenen Schluchten sind heute fast ganzjährig trocken. Nur bei tropischen Regengüssen verwandeln sie sich in Sturzbäche mit viel Sediment (Geröll und Sand), die das Meer bis weit vor die Küste braun färben können. Ausgemauert führen sie enorme Wassermengen rasch ab, andererseits geht dann viel Süßwasser ungenutzt verloren.
Cabeza cuadrada	»Quadratkopf«, kanarischer Spitzname für Deutsche
Cabildo	Inselregierung
Caldera	Schüssel, eingestürzter Vulkankrater, z.B. die *Cañadas*
Cañadas	Eigentlich »Hohlweg, Weidefläche«. Auf Teneriffa Bezeichnung für die Hochebene, aus der sich der Teidekegel erhebt.
Canario	Bezeichnung für die Einwohner der kanarischen Inseln (ursprünglich nur für die Bewohner Gran Canarias). Vermutlich Ableitung von *canis* (lat: »Hund«). Der römische Geschichtsschreiber *Plinius* berichtet von einer Expedition des mauretanischen Königs *Juba* zu den Kanaren, von der er große Hunde mitbrachte.
Charca	Tümpel, kleines Stauwasser
Charco	Pfütze, Wasserlache, auch natürliche Meerwasserpools in Lavafelsen; namensgebend für die Plaza del Charco in Puerto.
Chicharreros	Bewohner Teneriffas. *Chicharro* ist eine kleine Makrelenart
Churro y Chocolate	in ganz Spanien beliebtes (Sonntags-)Frühstück: es handelt sich um große, in Stücke geschnittene Schmalzgebäck-Kringel (nicht süß), die in warme herbe Schokolade getunkt werden.
Cofradía de Pescadores	die Fischereigenossenschaft eines Dorfes und (Kneipen-) Treffpunkt der Fischer. Heute sind die *Cofradías* meistens mit einem einfachen Fischrestaurant verbunden wie in San Andrés, Punta del Hidalgo, Candelaria etc.
Corona Forestal	Wörtlich »Waldkrone«, Bezeichnung für die bewaldeten Zonen Teneriffas oberhalb von etwa 1.000 Höhenmetern.
Coto de Caza	Jagdgebiet, vor allem auf Kaninchen (mit Frettchen und Pharaonenhunden, ➢ weiter unten)
Desaladora	Meereswasserentsalzungsanlage (➢ Seite 448)

Cochinilla

Auf deutsch »Koschenille«. In den trockenen unteren Lagen der kanarischen Inseln gehört die **Opuntie** – eine Kaktusart, die aus Mexiko stammt – mit ihren großen »Ohren« zum typischen Landschaftsbild. Auf der Opuntie lebt ein Parasit von ihrem Kaktussaft, die *Cochinilla*, eine nur pfefferkorngroße, violett-schwarze **Schild-** oder **Krapp-Laus** (Dactylopius cacti). Die Opuntie wurde ab 1830 auf den Kanaren angebaut, um aus ihr roten Farbstoff zu gewinnen. Insbesondere Teneriffa lebte vier Jahrzehnte lang im Cochinilla-Färbemittel-Rausch. Der Anbau ist billig, im warmen Klima quasi automatisch, und Anbau bzw. Ernte bedürfen im Prinzip keiner qualifizierten Arbeitskräfte. Man muß jedoch beim »Pflücken« der lausigen Tierchen geschickt sein; sonst hat man stattdessen widerspenstige Opuntien-Stacheln in den Fingern.

Die parasitären Läuse vermehren sich in Windeseile: etwa alle 10 Wochen kann neu geerntet werden. Ihre Gelege und Larven sind mit einer weißen wachshaltigen Schicht überzogen, an der man die befallenen Pflanzen schon von weitem erkennt. Zerdrückt man eine Laus, bekommt man tiefrote Fingerkuppen vom tierischen Blutfarbstoff. Nach der Ernte wurde die Laus in kleinen Öfen zur Gewinnung des intensiv purpuroten Farbstoffes verbrannt.

Die kanarische Koschenille-Industrie brach 1870 zusammen, als künstliche Anilin-Farben die natürlichen Farbstoffe abzulösen begannen. Die daraus folgende Wirtschaftskrise führte zu einer der größten Emigrationswellen in der kanarischen Geschichte.

Die Koschenille wird heute nur noch als Farbstoff für Lippenstift und Campari genutzt; traditionsbewußten *Canarios* dient sie neuerdings wieder als burgundroter Finca-Fassadenanstrich.

Im Frühjahr tragen die Feigenkakteen organgerote Früchte, die im 19. Jahrhundert exportiert wurden und heute auf den kanarischen Wochenmärkten als *higo chumbo/pico* ein kleines Comeback erleben. Wer mit Vorsicht die stachelige Schale schält, findet saftiges Fruchtfleisch.

Nicht zu verwechseln ist die *Cochinilla*-Laus mit der *Orchilla*-Flechte, einer auf den Kanaren in Felsritzen wildwachsenen grauen Färbe-Flechte (Rocella tinctoria), aus der schon zu Zeiten der Phönizier pupurroter Farbstoff gewonnen wurde. Die beiden Ostinseln Lanzarote und Fuerteventura tragen deshalb auch die Bezeichnung »Purpurarien«.

Von der Cochinilla befallene Opuntie

Ermita	kleine Kapelle mit nur einem Fenster, repräsentativem Eingangsportal und einem kleinen Glockenturm vorne links.
Finca	Ursprünglich ein kleineres Grundstück bzw. ländliches Anwesen; heute Bezeichnung für jede Art von Häuschen, auch im städtischen Bereich; ➢ auch unter *Hacienda*.
Galería	Stollen, der horizontal in den Berg getrieben wurde, um in ihm abgesickertes Gebirgswasser aufzufangen. Über ein Kanalsystem von Rinnen und Rohren wird das Wasser zu den Verbrauchszentren geleitet. (➢ Seite 448).
Godo	Lexikalisch »Gote«, wird aber nicht für Nordeuropäer (Touristen) verwendet, sondern als negative Bezeichnung für (Festland-) Spanier. Die Graffitti-Parolen ***Fuera Godos*** (»Godos raus!«) sind Ausdruck des historisch oft durch Madrid gekränkten kanarischen Nationalbewußtseins (*Conquista*, Frankismus). Seit Spaniens Beitritt zur EU ist die kanarische Autonomiebewegung politisch bedeutungslos, doch Animositäten leben weiter, u.a., weil die besser ausgebildeten Festlandsspanier den *Canarios* gute Arbeitsplätze erfolgreich streitig machen.
Gofio	Geröstetes und dann gemahlenes Getreide; traditionelles, nahrhaftes Grundnahrungsmittel der Urbevölkerung der Kanaren, der Guanchen. *Gofio* wird heute als Beilage zum Eindicken von kanarischen Eintöpfen gereicht (➢ Seite 69).
Guagua	Offizielle Bezeichnung für »Autobus«. Vermutlich haben von Kuba rückkehrende Auswanderer das Wort in ihre alte Heimat mitgebracht. Im nordöstlichen Südamerika wurde das englische Wort *wagon* (Wagen) zu *guagua* (sprich: *wuawua*) für öffentliche Fahrzeuge »eingespanischt«.
Guanchen	Dieser ursprünglich nur für die Ureinwohner Teneriffas benutzte Name wurde zur Bezeichnung für alle Altkanaren. *Guan* bedeutet soviel wie Mann, Einwohner; und *Chinech* war die Guanchen-Bezeichnung für Teneriffa (➢ Seite 480).
Guiri	Englischer oder deutscher Ausländer; nicht negativ gemeint
Hacienda	Landgut, Großgrundbesitz mit einem Herrenhaus; heute auch Steuerbehörde; *Ministro de Hacienda* = Finanzminister
ICONA	Kanarische Forstverwaltung, die auch zuständig für Wanderwege, öffentliche Picknick- und Campingplätze ist.
Indias, las	Ursprünglich Bezeichnung für die spanischen Besitzungen in der Karibik, später für den ganzen südamerikanischen Handelsraum.
Lagar	Alte Weinpresse aus Holz
Lucha Canaria	Verbreitete volkstümliche Sportart, ➢ Seite 387.
Medio Ambiente	Umwelt (wortgleich auch für die entsprechende Behörde)
Mirador	Aussichtspunkt
Mojo	Grüne Soße (mit Kräutern) oder rote (scharfe) Soße mit Paprika; beide Soßen werden traditionell zu Fisch- oder Fleischgerichten mit Runzelkartoffeln (*papas arrugadas*) gereicht, ➢ Seite 66f.

3

Mujedar Bemalte Holzdecke, spanisch-arabisch.

Nivaria Eine der ältesten (römischen) Bezeichnungen für Teneriffa, wahrscheinlich wegen des mit Schnee (*nieve*) bedeckten Teide; bis heute heißt das Bistum Teneriffa *Nivaria*.

Parada Bushaltestelle, von *parar* = anhalten

Parador Ältere Bezeichnung für Gasthaus (gleicher Ursprung wie *Parada*). Heute staatliches Hotel der gehobenen Kategorie, meist in historischen Gebäuden, die auf diese Weise erhalten wurden. Die Idee für diese *Paradores* kam 1926 dem königlichen Kommissar für Tourismus. Zwei Jahre später wurde der erste *Parador* in der *Sierra de Gredos* eingeweiht. Heute gibt es in Spanien 86 *Paradores*, darunter auch einige auf den Kanaren.

Península Halbinsel nennen die Canarios das spanische Festland.

Pleito Insular »Inselstreit«: eine aus dem 19. Jahrhundert stammende Rivalität zwischen den beiden Hauptinseln Gran Canaria und Teneriffa um die Vormacht auf den Kanaren, die 1927 durch die Teilung des Archipels in zwei Provinzen beigelegt wurde (➢ Seite 495). Unterschwellig blieb die Konkurrenz erhalten. Teneriffa und Gran Canaria mißgönnen sich gegenseitig jeden Touristen und jede Madrider Subvention. Und auf allen Santa Cruzer Karnevalsumzügen zeigt eine häßliche *Miss Gran Canaria* aus Pappmaché, was man von der Nachbarinsel hält.

Pharaonenhund Die *Canarios* setzen die rund ums Mittelmeer verbreiteten Pharaonenhunde zur Jagd mit Frettchen auf Kaninchen ein. Dieser bis zu 70 cm große Windhund (Ursprung: Mallorca/Ibiza) ist trotz seiner Ähnlichkeit wohl nicht mit der altägyptischen Hunderasse verwandt. Er hat rotes oder weißes Fell mit roten-gelbroten Tupfen, ist schlank und hat aufrecht gestellte Löffelohren, ein spitzes Maul mit Scherengebiß und ein enormes Sprintvermögen.

Pharaonenhund

Resident = (EU-)Ausländer mit Wohnsitz in Spanien. Wer einen Job auf der Insel nachweist, braucht neuerdings keine *Residencia* (Aufenthaltsgenehmigung) mehr; nur wer ohne Arbeit länger als 3 Monate bleibt, muß einen *Residencia*-Ausweis beantragen; wer länger als 6 Monate bleibt, ist (offiziell) nach dem Doppelbesteuerungsabkommen nicht mehr im eigenen Land, sondern auf den Kanaren steuerpflichtig.

Romería Erntedankfest zu Ehren des Lokalheiligen, ➢ Seite 399.

Tabla Holzbrett, auf denen man früher Lasten zu Tal »rutschen« ließ. Am 30. November – Tag des *San Andrés* und Anstich des neuen Weins – vergnügen sich heute die Jugendlichen damit, auf selbstgezimmerten *Tablas* zu Tal zu düsen, ➢ Icod, Seite 344.

Tenderete	Feucht-fröhliches geselliges Beisammensein (mit Volksmusik).
Teneriffa	Wahrscheinlich nannten die Ureinwohner der Nachbarinsel La Palma, die den schneebedeckten Teide am Horizont sahen, diese Insel *Ten-er-efez* (= weißer Berg; Ten = Berg; er-efez = weiß).
Urbanización	Eine Urbanisation ist eine neu angelegte Siedlung nach amerikanischem Modell mit Bungalows und/oder Reihenhäusern.
Zona Recreativa	Von der Forstverwaltung (ICONA) bzw. der Umweltbehörde eingerichteter Picknickplatz (überwiegend in den bewaldeteten höheren Lagen). Alle sind mit Tischbänken, Grillöfen (Holz liegt auf den größeren kostenlos bereit) und Trinkwasser ausgestattet. Auf vielen darf man campen, ➢ Seite 585. Sie sind vor allem im Sommer bei den *Canarios* sehr beliebt, weil kühl und schattig.

Gebräuchliche Abkürzungen in Spanien/auf Teneriffa

a.C. = *antes de Cristo*	= vor Christus
Avda/Av = *Avenida*	= Allee
Bco = *Barranco*	= tiefe Schlucht
C/ = *Calle*	= Straße
CC = *Coalición Canaria*	= Nationalistische kanar. Partei
C.C. = *Centro Comercial*	= Einkaufszentrum
Ctr/Ctra = *Carretera*	= Landstraße
EE.UU.	= USA
Edf= *Edificio*	= Gebäude
ICONA	= Forstverwaltung
IGIC *(Impuesto General Islas Canarias)*	= kanarische Mehrwertsteuer (5%)
ONCE	= Lotterie des Blindenverbandes
PP = *Partido Popular*	= Konservative Partei (*Aznar*)
PSOE	= Sozialistische Partei
PVP *(Precio de Venta al Público)*	= Laden-/Verkaufspreis
RFA *(República Federál de Alemánia)*	= Bundesrepublik Deutschland
SIDA	= Aids
s/n = *sin número*	= ohne Hausnummer
SP = *Servicio Público*	= Schild bei Taxen/Bussen
Urb. = *Urbanización*	= Neue Siedlung
Ud.,Uds. = *Usted(es)*	= Anrede der Sie-Form (Sing/Pl)
ZEC *(Zona Especial Canaria)*	= Wirtschaftssonderzone mit Steuererleichterungen

4. Empfehlenswerte Unterkünfte

4.1 Situation und Auswahl

Unterkunftsarten

Die unterschiedlichen Möglichkeiten, auf Teneriffa unterzukommen, wurden auf den Seiten 40 bis 44 ausführlich beschrieben und kommentiert. Vom Camping über einfache Pensionen bis hin zu eindrucksvollen Hotelpalästen der Luxusklasse ist alles vorhanden. Darüberhinaus gibt es eine in jüngster Zeit steigende Zahl unterschiedlichster Quartiere abseits der Ferienorte unter dem Begriff ***Turismo Rural***, die – wie die **Campingplätze** – im eigenen Kapitel kommentiert werden.

Pauschale oder individuelle Buchung?

Die **Empfehlungen** beziehen sich sowohl auf pauschal und (großenteils nur) individuell buchbare Häuser. Soweit es sich um Quartiere handelt, die sich in Veranstalterkatalogen finden, sind diese – soweit möglich – hinter dem jeweiligen Hotel bzw. Apartmentkomplex genannt. Es ist aber nicht Ziel dieses Buches, sämtliche Unternehmen zu erfassen, die ein bestimmtes Haus (auch) anbieten. Das gilt speziell für nur regional operierende Firmen. Wegen relativ häufiger Wechsel veralten einige Angaben schon von einer Saison zur anderen. Wer sich einen lückenlosen aktuellen Überblick verschaffen möchte, kann u.a. den **Reisecomputer** der Zeitschrift ***fliegen & sparen*** nutzen. Für eine Gebühr erhält man Übersichten jeweils aller Anbieter mit Preisen.

Systematik

Die **Empfehlungen** orientieren sich an der Einteilung der Insel in Metrobereich, Osten etc. wie auf den Seiten 90ff erläutert. Für (fast) alle dort genannten Ferienorte sind Quartiere genannt und kurz gekennzeichnet, die – in ihrer Kategorie und nach Meinung der Autoren – **im Rahmen des jeweiligen lokalen Angebots positiv auffallen**. Die hier getroffene Auswahl basiert auf persönlichen **Besichtigungen** vor Ort.

Bewertungsfaktoren

Neben weitgehend objektiven **Bewertungskriterien** wie **Strandnähe, Verkehrslärm/Ruhe, Lage der Zimmer** (Sonne, Schatten, freier Blick), **Größe und Umfeld der Poolanlage** (Beton, Garten) etc. spielten auch **subjektive Eindrücke** bei den Empfehlungen eine Rolle. Subjektiv ist z.B. die Favorisierung eines bestimmten Hotels im Vergleich mehrerer ähnlicher Häuser. Eine Erläuterung der Gründe für die Herausstreichung müßte oft detailreich sein und auch negative Eigenschaften der (hier nicht genannten) Konkurrenz mit ins Spiel bringen, was unter wettbewerbsrechtlichen Aspekten problematisch ist und daher unterlassen wird.

Fazit

Sicherlich wird mancher Leser den Empfehlungen nicht in allen Fällen 100%ig folgen können. Gleichzeitig fehlen vielleicht ein paar Häuser, die – je nach persönlicher Optik – ebensogut für eine Empfehlung in Frage gekommen wären. Mit einer Buchung der hier empfohlenen Hotels und Apartmentanlagen wird man aber – **im Rahmen des jeweiligen Ortsangebotes und der Kategorie** sowie unter Berücksichtigung ggf. vorhandener und bereits genannter Einschränkungen – so ganz schief nicht liegen.

Service und Mahlzeiten

Auf einen wichtigen Punkt muß allerdings deutlich hingewiesen werden: **Kaum eine der Hotelempfehlungen berücksichtigt die Qualität von Service und Mahlzeiten!** Eine Bewertung der dabei im Zeitablauf häufig schwankenden Qualität für eine Vielzahl von Häusern ist einfach nicht möglich oder aktualisierbar.

Fon/Fax/Mail/ Internet

Für die **auch** oder **nur** privat zu buchenden Häuser sind Telefon- und Faxnummern und Email-Adressen, so vorhanden, angegeben. In einer steigenden Zahl von Fällen gibt es eigene Webseiten einzelner Unterkünfte im Internet.

Veranstalter

Wer sich die Angebote der Veranstalter ***online*** ansehen möchte, findet Restplätze und aktuelle Offerten im Internet, z.B. bei:

1-2-fly (1-2)	www.1-2-fly.de
Airtours (Air)	www.airtours,de
alltours (a)	www.alltours.de
Dertour (D)	www.dertour.de
FTI (F)	www.fti.de
Gulet/Österreich (Gu)	www.gulet.at
Imholz/Schweiz (IM)	www.imholz.ch
ITS (I)	www.its.de
Jahn (J)	www.jahnreisen.de
LTU plus (L)	www.ltuplus.de (bis 2001 THR)
Neckermann (N)	www.neckermann-reisen.de
Olimar (O)	www.olimar.de
Phönix (P)	www.phoenixreisen.de
Thomas Cook (T)	www.thomascook-reisen.de
Tjaereborg (AE)	www.tjaereborg.de
TUI (U)	www.tui.de

Das **Kürzel hinter den Veranstalternamen** findet sich auf den folgenden Seiten jeweils hinter allen Häusern, welche die Autoren in aktuellen **Katalogen 2004** dieser Firmen fanden (Auslassungen und Irrtümer sind möglich). **Viele der empfohlenen Unterkünfte sind nicht über Veranstalter, sondern nur individuell zu buchen.**

Aufbau

Die **Reihenfolge der Empfehlungen** orientiert sich an Regionen:

- **Metrobereich Santa Cruz & La Laguna**
- **Bereich Anagagebirge**
- **Ostküste**
- **Bereich Süden**
- **Westküste**
- **Nordküste zentraler Bereich Puerto und Umgebung**
- **Nordwestküste**
- **Nordostküste**
- **Teideauffahrten und Teide Nationalpark**

Zusätzliche Hinweise gelten folgenden Sonderfällen:

- **Empfehlungen für Inselrundreisen**
- ***Turismo Ruráa*: *Casa Rurales (Fincas)* und Landhotels**

Preisangaben

Alle Preise für Direktbucher, so verfügbar, sind Ca-Preise, ermittelt Ende 2003. Eine Garantie dafür kann nicht übernommen werden.

4.2 Unterkunftsempfehlungen nach Regionen und Orten

Metrobereich (Santa Cruz/La Laguna)

Santa Cruz

Das kaum touristische Santa Cruz samt Umgebung (Anagagebirge, die *Playa Las Teresitas* und die *Cumbre Dorsal*-Wälder) lohnt einen Kurzaufenthalt. Das »runderneuerte« Zentrum hat Fußgängerzonen mit schicken Geschäften und vielen Restaurants, schöne Parks und Plazas, auch etwas Kultur (Konzerte, 2 Museen).

- ***Mencey******** (z. B. U, O), das von *Sheraton* geführte Haus (286 Zi, 22 Suiten) ist top. Beste Lage gegenüber dem Park *García Sanabria* (21), geschütze Innengärten mit Pool, Tennis und Casino; exquisites Restaurant; Hotelgarten-Zimmer ordern! Calle Dr. José Naveiras 38, (an der Rambla Franco) ✆ 922-276700, Fax -280017, DZ ab €200; Email:mencey@ctv.es
- ***Príncipe Paz*****, ein moderner gelungener Neubau (80 Zi), eingepaßt in ältere Bauten, prima zentrale und ruhige Lage in der Fußgängerzone, sehr empfehlenswert; CalleValentín Sanz am *Parque Principe* (Eingang durch die Ladenpassage); ✆ 922-249955, Fax -281065, DZ €90; Internet: www.principepaz.com
- ***Pelinor****, das Hotel liegt etwas versteckt und unscheinbar, die 73 Zimmer sind klein und einfach, aber die Lage macht es: zentral in einer begrünten Fußgänger- und Shoppingstraße nahe der Plaza España; Calle Bethancourt Alfonso 8, ✆ 922-246875, Fax -280520, DZ €55.
- ***Contemporáneo*****, 128 Zi, nüchtern-elegantes Haus, geräumige Zimmer, viel Komfort. Nach Wochendentarifen und ruhigem Zimmer fragen. Es liegt vis-a-vis des *Hotel Mencey* am Park; Rambla de General Franco 116, ✆ 922-271571, Fax -271223, DZ €90, Internet: www.tenerife.net/CONTEMPORANEO
- ***Plaza*****, recht komfortables Haus am unteren Ende der Castillo, Vorderzimmer mit Blick über die Plaza Candelaria/España und den Hafen, Plaza de la Candelaria 10, ✆ 922-272453, Fax:-275160, DZ/F €60
- ***Horizonte****, 45 Zi, einfach, aber tip top und nicht zu laut, Nähe Plaza Principe (6), Calle Santa Rosa de Lima 11, ✆ 922-271936, DZ €35, 3-Bett-Zi €42.
- ***Casablanca, Pension****, klein, ruhig (Fußgängerstraße), zentral, billig, Etagenbad; Calle Viera y Clavio 15, ✆ 922-278599; DZ €21.

San Andrés/Las Teresitas

Der 1,5 km lange (Saharasand-) Strand *Las Teresitas* liegt 6 km nordöstlich der Hauptstadt am Fuße des Anagagebirges. Er ist von Santa Cruz per Bus (Nr. 910) im 15-min-Takt erreichbar und (bisher noch) »hotelfrei«. Im angrenzenden Dorf San Andrés gibt es nur zwei Quartiere:

- ***Doña Carmen Morales***, die Besitzerin der *Ferreteria* (= Eisenwarenhandlung, ✆ 922-549008) an der Straße nach Taganana vermietet Apartments ab €36.
- ***Turismo Rural***, ➢ Seite 574, vermittelt die einfache ***Casa Cabrera***, ein 2-Zi-Haus hoch über dem Ort mit Weitblick-Terrasse. Für maximal 4 Persen zahlt man €48.

La Laguna

Die kleine Universitätsstadt ist für Individualreisende ein guter Standort für 2-3 Tage. Man wohnt unter *Canarios* in einer UNESCO-geschützten Altstadt und hat ein günstiges Ausgangsquartier für Ausflüge ins Anagagebirge, die Nordost-Küste, die Wälder oberhalb von La Esperanza und den Besuch von Santa Cruz.

- ***Nivaria*****, (z. B. U, O), ein schickes Haus (3stöckig) mit 58 Apts. mit Küche direkt am zentralen grünen Marktplatz mit lebendiger Markthalle; kanarisches Ambiente, Squash, Plaza del Adelentado 11, ✆ 922-264298, Fax -259634, DZ €70/F
- ***Hotel Aguere****, historisches Haus an der Altstadt-Hauptstraße Calle Obispo Rey, großer begrunter, überdachter Patio, sehr sympathisch; Calle Carrera 55, ✆ 922-259490, Fax -631633, DZ/F €63.

– ***Pension Medina****, studentisch, Calle Eduardo de Roo 68, €20; ✆ 922-660848

Bereich Anagagebirge

Im Anagagebirge gibt es bisher keine Hotel- oder Apartementkomplexe; **einfache Unterkünfte** sind z.B. folgende:

- die Besitzer der Bar ***La Caseta El Frontón*** in **Benijo** (unterhalb von Taganana) vermieten 3 einfache DZ für €30; eine Himmelsleiter führt von dort zum Lavastrand; ggf. gut als Ausgangspunkt für Wanderungen; © 922-590107.
- **Benijo**, **Haus N°5** unterhalb des *El Frontón*, kleines Apartment €20/Tag, einfaches Ferienhäuschen €30/Tag; © 222796.
- **Afur**, urig und abgeschieden wohnt man bei ***José Cañón***, dem einzigen Lebensmittelhändler und Restaurantbetreiber (Kaninchen und Ziege). Eine Stunde Abstieg zum steinigen Strand. Sehr einfach, €12/Person, © 922-690141.
- ***Albergue Montes de Anaga Tenerife***, eine moderne **Jugendherberge (eher Wanderhotel)** mit tollem Berg-/Meerblick an der Straße TF 1122 nach Chamorga, keine 2 km östlich des Bailadero (Kleinbus 247 nur 2x täglich ab Santa Cruz). Zimmer: 1x2 mit Bad, 5x4 und 3x6 mit Gemeinschaftsbad (€10 pro Bett/Nacht); Frühstück €4,50, Abendessen €8; Führungen für Wandergruppen; Mountainbikes (6 Std = €6, 24 Std = €21; © 922-822056, Fax: -310193; Internet: www.alberguetenerife.net.

Ostküste

Nordöstlich von El Médano gibt es keine Unterkünfte an der Küste. Nur in **Las Caletillas/Candelaria** befinden sich zwei ältere Aparthotel-Komplexe und – abseits vom Tourismus – oberhalb der Südautobahn einige Landhotels um Arico und Güímar; die Umgebung von Arico avancierte in den letzten Jahren zu einem Zentrum für Miet-Fincas (➢ *Turismo Rural*, Seite 574).

Las Caletillas ist ein in den 1990er-Jahren aus dem Boden gestampftes Neubauviertel mit vielen 8-/10-stöckigen Wohnblocks. Hier wohnen fast ausschließlich *Canarios*, die im Süden oder im 12 km entfernten Santa Cruz arbeiten. Erst in jüngster Zeit konnte der Küstenstreifen vor den Hochhäusern dank einer Umgehungsstraße verkehrsberuhigt werden mit einer großen **Promenade**. Ein künstlicher Strand ist geplant. Beide Hotels liegen in den Ausläufern dieses Neubaugebietes zwischen Backe-an-Backe stehenden 4-/5-stöckigen Mietshäusern. Erst das reizvolle Zentrum von Candelaria (3 km) bietet kanarisches Ambiente.

- ***Tenerife Tour**** (z.B. a), die Anlage (95 Zi) stammt aus den Anfängen des Tourismus; der verblichene Glanz wird mit einigen Vorteilen aufgewogen: unterhalb des Hauptgebäudes liegen auf einer Felsnase ins Meer auf zwei Stufen verschachtelte Bungalowreihen mit Terrassen – alle mit Blick auf Meer; nüchterner Poolanlage, Tennis und Boule; Avenida Generalísimo 170, © 922-500200, Fax -502363, DZ €65.

Hotel-Bungalows Tenerife Tour

4

- das ***Gran Hotel Punta del Rey****** (z.B. N) stammt aus derselben Zeit wie das Nachbarhaus; die beiden quer zur Küste stehenden 9-stöckigen Hotelblocks bieten von ihren vielen Balkons (insgesamt 424 Zi!) nur Meerblick, wenn man etwas den Hals reckt. Zwischen beiden Gebäuden liegt der kaum begrünte Pool. Die großen Trümpfe des Hotels befinden sich jenseits der Küstenstraße: Tennisplätze und ein tolles in den Lavafels gehauenes Meerwasser-Schwimmbad – man denkt man schwimmt im Atlantik; Av. Generalísimo 166, ✆ 922-501899, Fax 500091, DZ/F €75.

Pool am Meer des Hotels Punta del Rey

- ***Finca La Paz (Casa Maria)/Las Cuevecitas*** (z.B. F, O, T). 4 km oberhalb (400 m) von Candelaria liegt in einem tiefen *Barranco* bei Las Cuevecitas ein kleines, schmuckes Feriendorf, das aus mehreren 2-3 stöckigen Villen mit Apartments unterschiedlicher Größe besteht. Von fast allen blickt man über Tal und Meer. Kein Pool, nur ein etwas grösseres Tauchbecken. Nur über Reiseveranstalter zu buchen! Ausfahrt Candelaria (Salida 9) bergauf, 1. links (= TF 82, Richtung Güímar), bei km 23 dann Richtung Cuevecitas; bei km 18 rechts ab und den blauen Schildern folgen; ✆ 922-506902 und 922-504635, Fax: -101190.

Landhotels (➢ *Turismo Rural*/Landhotels, Seite 574f):
Sunny Side *(La Raya)*, ***Finca Salamanca*** und ***Hotel Viña Vieja***.

Bereich Süden

Eine ganze Zeitungsseite mit **Kleinanzeigen** privater, deutschsprachiger Vermieter steht in jeder (14-tägigen) Ausgabe des Wochenspiegel. Telefon der Redaktion: 0034-922-381278, Fax -372167: Internet: **www.wochenspiegel-kanaren.com**

Los Cristianos

Im Ort finden sich nicht nur große Hotelanlagen, sondern auch viele kleine und mittlere Apartmenthäuser in der 2. und 3. Reihe und etliche einfache Pensionen. Im östlichen, sich den Guaza-Hang hinaufziehendem neuen Teil der Stadt wohnt man insgesamt ruhiger als im alten Zentrum gleich oberhalb des Hafens.

Bessere Hotels

- Das ***Arona Gran Hotel******* (z.B. U, T, N, J, Gu, L) liegt direkt an der Meerpromenade; der halbmondförmige Bau überragt mit seinen sechs Stockwerken (391 große Zimmer, begrünte Balkone, alle mit Meerblick) etwas östlich vom Stadtkern den hier wenig bebauten, recht ruhigen strandlosen Küstenabschnitt. Dschungelartige Lobby und tolle Poolanlage. Für die Preisklasse eine gute Wahl. Kleiner Haken: hohe und unschöne Sozialbauten und Erschließungs-Gelände stören in der Hotel-Umgebung; Avenida Los Cristianos, ✆ 922-750678, Fax -750243.

- Das ***Oasis Moreque****** (z.B. I, N, U) liegt 8-stöckig zwischen lautem Küstenzubringer und Meerespromenade. Sehr schön begrünte Poollandschaft. Zimmer zur Straße haben keinen Meerblick; 500 m zum Sandstrand. Die Zimmer zum Meer sind eine gute Wahl; Tennisplätze direkt am Wasser; ✆ 922-790366, Fax -792260.
- ***Reveron Plaza******* (z.B. O, IM, U) mit Restaurant *Mirador de la Plaza*, attraktiv-restauriertes Haus, einziges feineres Stadthotel (5 Etagen) im Zentrum, 44 Zimmer mit Balkonen zum lebendigen Kirchplatz; kleiner Dachpool mit Meerblick; 4 min zum Hafenstrand; an der Plaza del Carmen, ✆ 922-757120, Fax -757052, €100-200.
- Das ***Kurhotel Mar y Sol*** (z.B. U), ein seriöses Zentrum für Prävention und Rehabilitation steht unter deutscher Leitung. Es liegt etwas oberhalb des Meeres am flachen Hang und ist besonders auf **Rollstuhlfahrer** ausgerichtet. Zahlreiche traditionelle und alternative Theraphieangebote gegen Allergien, Hauterkrankungen, Wirbelsäulenbeschwerden und Multiple Sklerose. Drei Pools (einer permanent 32° Celsius) mit Behinderten-Einrichtungen. Tauchschule für Behinderte. Vollwertkost möglich. Buchung unter ✆ **922-794976, Fax -795473 in Deutschland: 07073-1516 oder über TUI**.
- ***Hotel Estefania*******; nur 2 km oberhalb der Autobahn (*Salida* 27/Arona) wohnt man am Rande der britisch dominierten Bungalow- und Villensiedlung Chayofa in einem kleinen, stilvollen Hotel (74 Betten) mit karibisch-kanarischen Akzenten sehr relaxt; namensgebend war Stefanie von Monaco. Lichtdurchflutete Räume alle mit Meerblick, kleine Poolanlage, kleiner Garten, Restaurant mit französischer Küche. Auch für Individual-Reisende eine Superwahl (➢ Hotels/Rundreise, Seite 571f), ab €110; Chayofa, Carretera de Arona, Kilometer 2; ✆ 922-729322, Fax -729533; Email: info@hotel-estefania; Internet: www.hotel/estefania.com.

Hotels und Pensionen für Individualreisende

Folgende einfache Pensionen liegen überwiegend im Fußgängerbereich, strandnah und haben meist nur Etagenbäder; DZ/F kosten €20-€25. Da sie von Gomera-Touristen als Zwischenstation genutzt werden, sind sie oft belegt.

– ***Pension La Paloma***, ruhig in der Fußgängerzone, Calle Paloma 5, ✆ 922-790198.
- ***Pension Casa Blanca***, ruhig im Wohngebiet, nur 7 Zi, Calle Ramon Pino 28, ✆ 922-751975.
- ***Pension Playa***, Fußgängerzone, Nähe Plaza Galdos; Calle General Franco, ✆ 922-792264.

– ***Venezuela***, nettes Haus in der (nicht gerade autofreien) Avenida de Suecia, ✆ 922-753368
– ***Pension Lela***, Calle Juan XXIII, ✆ 922-791389.
- ***Hotel Andreas***, Calle Valle Menendez (laut), ✆ 922-790012, Fax -794270, teurer: DZ/F €50.

Apartment-Vermittlung (überwiegend auf Englisch):

- ***Marcus Management Service*** (Avenida Penetración, L3 Portosin, ✆ 922-751064, Fax -753725, Email: marcusmanagement@infonegocio.com; Internet: www.canary-isles.com) vermietet im ruhigeren östlichen Stadtteil von Los Cristianos (10-20 min zum Strand) moderne, z.T. luxuriöse **Apartments**. Empfehlenswert ist in der ***Urbanización Oasis del Sur*** (beim Guaza-Hang) das ***Royal Palm*** und ***Port Royale*** mit Gemeinschafts-Pools; Wochenpreis: ca. €350 (Studio für 2 Pers.) bis €700 (für 6 Personen).
- ***Anyka Sur*** (*Edificio Azahara*, Los Cristianos, ✆ 922-791377, Fax -751957, Handy: 64940 8515) vermittelt Apartments in Los Cristianos, Las Américas und Chayofa
- ***Canarys World***, Calle Alemania, Villa 111, Playa de las Americas, ✆ 922-788536, Fax 922-788537; Internet: www.canarysworld.es

– ***Custom Holiday***, ✆ 922-796000
– ***Tenerife Holiday Rent***, ✆ 922-795818

Las Américas und Costa Adeje

Durch die heftige und zu enge Bebauung sind in Las Américas regelrechte Stadtviertel entstanden, in denen der überwiegende Teil der großen Aparthotels den heutigen touristischen Erwartungen nicht mehr genügt. Ihnen fehlt es an großzügiger Bauweise, weitläufigen und begrünten Poolanlagen, sowie größeren Balkons. Alle Empfehlungen liegen über diesem Las-Américas-Durchschnitt.

Erst seit Mitte der 1990er-Jahre entstanden neue Bereiche und Hotelanlagen, die in jeder Hinsicht gehobene und höchste Ansprüche erfüllen. Das gilt grundsätzlich für **Los Morritos**, **Fañabé** und den nördlich an Fañabe anschließenden Küstenstreifen bis kurz vor **La Caleta** mit breiten Alleen und verkehrsberuhigten oder autofreien Stichstraßen. Dort reicht es, in der gewählten Unterkunft auf optimale Zimmer zu achten (Meerblick, ruhig).

Dabei ist es natürlich in der ersten Reihe teurer und attraktiver, aber auch in der zweiten und dritten Reihe findet man kurze Wege zum Strand und gepflegtes Ambiente (Shopping, Restaurants und Grünanlagen). Die vierte und fünfte Hotelreihe kann dabei allerdings an der Costa Adeje schon zu sehr in Autobahn-Nähe liegen. Unterkünfte oberhalb der Autobahn (z.B. in San Eugenio Alto) sind durch Autolärm, zu weite Wege zum Meer und enge Bauweise gekennzeichnet. Aus diesem Bereich werden keine Häuser empfohlen.

Für Selbstbucher und Individualreisende kommt ganz Las Américas/Costa Adeje eher nicht in Frage. Es gibt keine kleinen Pensionen, Stadthotels oder Angebote auf gut Glück, da in Südteneriffas Ganzjahres-Saison hohe Bettenauslastung und scharf kalkulierte Kontingentierung der ausländischen Reiseveranstalter Spontanbuchern kaum eine Chance lassen.

- Das ***Mare Nostrum Resort*** (***Hotel Mediterraneum Palace*******, ***Sir Anthony******, ***Marc Antonio-******, ***Cesar-****** und ***Cleopatra-Palace****** (z.B. U, T, N, a) gibt sich wie Klein-Las Vegas. Zu ihm gehören die genannten – unterirdisch verbundenen – Hotels und ein Kongresszentrum für 2.200 Menschen, mit Spielkasino und Showtheater. Der Komplex liegt direkt am besonders schönen hellen Camisón-Sandstrand. Meerblick haben fast alle Zimmer des *Sir Anthony*, viele im *Cleopatra* und im *Mediterraneum* – neben vielen Zimmern zur Straße – nur die obersten Stockwerke. Das *Mediterraneum* besitzt eine sehr attraktive Badeanlage und zusätzlich für **FKK-Freunde** einen Dachpool, sowie Tennis. Bei Frühstücks-, bzw. Halbpensions-Buchung freier Zugang zu den Restaurants und Büffets der anderen *Mare-Nostrum-Hotels*. Fitness– und Wellness-Programme: neben verschiedenen Saunen, Bädern, Massagen und Kosmetik gibt es auch ein umfangreiches medizinisches Therapie-Angebot; Internet: www.marenostrumresort.es
- Das ***Parque Santiago III*** **** (z.B. J, U, I, Gu) ist in Hufeisenform um eine grüne, aufgelokkerte Poollandschaft (Meerwasser) gebaut. Die **Apartments** liegen geschickt zueinander versetzt und haben überwiegend große Balkons. Die helle *Playa Camisón* ist gleich jenseits der angrenzenden Küstenpromenade keinen Steinwurf entfernt. Ein rundherum gutes Haus.

Hotel Apartments Santiago

- ***Hotel Europe Villa Cortés******* (z.B. D, U, O, Air, Gu) ist ganz neu und eines der luxuriösesten Häuser Teneriffas; mexikanisches Design, 150 Zimmer, jedes mit Internet-und Fax-Anschluß, 49 verschiedene Zimmerstile und 6 unterschiedliche Restaurants. Für die gut gefüllte Brieftasche: 156 m^2-Imperial-Suite.
- Die **Ferienanlage *Park Club Europe*** (z.B. U, Gu) liegt in der 2. Reihe (ca. 200 m bzw. 500 m zu zwei Stränden), alles andere ist einfach Spitze! Ein vorbildlicher, z.T. dschungelartiger Hotelpark mit einer Vielzahl von Bereichen (Tennis, Volieren, kleine Pools mit Sandstrandecken) und geglückter Badelandschaft; Animateure sorgen für Abwechslung (viel Sport). Familien mit Kindern, die ein Zimmer (mit z.T. großen Balkonen) mit Blick auf den Park erwischen, werden sich besonders wohlfühlen.
- Der ***RIU Parque Cristobal*** (z.B. U, IM) kann sich sehen lassen und ist vor allem etwas für Familien mit (kleinen) Kindern. Gute Strandlage (15 min zu den Stränden *Las Vistas* bzw. *La Camisón*). Seine einfachen Flachbungalows liegen wie eine abgeschirmte grüne Oase in der zweiten Reihe hinter unschönen Hotelklötzen. 2 Süßwasser-Pools, ein Sandstrand-Spielplatz im Palmenschatten. Ein begehrtes Objekt.

Altes Zentrum von Las Américas

Zwischen der Autobahn und den ausgedienten Hotelkästen (*Gran Tenerife, Palm Beach* und *Park Hotel Troya)* am Meer finden sich mehrere ältere, nur von Fußwegen durchkreuzte Bungalow-Siedlungen in einem recht ruhigen System von Anliegerstraßen, in denen man trotz der Nähe zum *Nightlife-Strip* der Veronicas nicht schlecht, weil sehr individuell und sehr preiswert wohnen kann, wenn man auf Glitzer keinen Wert legt. Beispiel:

- ***Apartamentos Paraiso del Sol*** (z.B. I, AE. P), eine in drei Wohnkarrees gegliederte Siedlung (220 zweistöckige Bungalows) mit schlichten Gemeinschaftspools; ohne Meerblick, ohne Schnickschnack. Wohnungen in der Nähe der Durchgangsstraße Avenida Centenario sollte man meiden. In 15 min ist man zu Fuß auch an den neuen schönen Stränden *Las Vistas* und *Camisón*. Erstaunlich preiswert.

Stadtteil San Eugenio

- ***Hotel Jardín Tropical*******(z.B. D, IM, J, L, T, U, O, Gu, Air) liegt direkt an der Promenade, die hier etwas erhöht über Kliffs (kein Strand!) verläuft; das im maurischen Stil gehaltenen Haus (5-stöckiger Hufeisenbau, 376 Zimmer, viele mit Meerblick) ist eines der ältesten, zeitlos-exklusivsten und teuersten 4-Sterne-Hotels im Süden. Badelandschaft im Hotelpark, zusätzlich (öffentliche) Schwimmgärten *La Roca* in den Kliffs. Im weiteren Hotelumfeld blüht der Massentourismus; Email: reserva@jardín/tropical.com.

Neues Hotel Europe Villa Cortés

4

Stadtteil Fañabé

Von allen beschriebenen Fañabé-(Apart)-Hotelanlagen ist es nur einen Sprung zum Strand, zu kleinen Restaurants und Cafés, sowie zum Shopping und Supermarkt.

- Die ***Apartment-Anlagen ***Sol Sun Beach*** (z.B. N, I, U), *Lagos de Fañabé* und *Los Olivos* liegen alle in der ersten Reihe hinter dem Promenaden-Bollwerk an der hellen Sandstrandbucht. Die 2-/3-stöckigen, aufgelockert gruppierten Wohneinhciten haben samtlich Balkons und im innercn Bereich Blick auf den begrünten Pool. Mittlerer Standard, die Apartments zum Pool sind eine gute Wahl.
- Das ***Aparthotel Parque del Sol******* (z.B. J, T, I, U, Gu) liegt zwar in der zweiten Reihe, wartet aber mit mehr Komfort als die eben genannten (*Sol Sun Beach, Lagos de Fañabé* und *Los Olivos*) auf. Alles ist etwas offener, grüner und weitläufiger. Die stilvolle Hausbar ist mit ihrem wechselnden Programm (Jazz, Piano etc.) auch bei Nichtgästen beliebt. Etwas teurer.
- Das ***Hotel Colon Guanahani******* (z.B. IM, U, J, T, O, L, Gu) ist nicht ganz billig; ein kleines, aber feines Hotel der Oberklasse; 154 Zimmer mit großen Balkonen zum geschwungenen Pool mit Palmen im Innenbereich; gute Gastronomie; Email: nivaria@nexo.es.

Playa del Duque

Der jüngst erschlossene Kliffküsten-Abschnitt mit einer Promenade über dem Meer zwischen Playa de Fañabé und La Caleta heißt ***Playa del Duque***; in diesem Bereich wurde in den 1990er-Jahren mit der kleinkarierten Bebauung gebrochen. Statt geschlossener Apartment-Siedlungen (Fañabé) oder Hochhaushotels (z.B. *Park Hotel Troya* etc.) wurden auf weitläufigem Terrain riesige, autarke Luxus-Anlagen errichtet, die in Europa ihresgleichen suchen. Sie sind am amerikanischen Resort-Modell orientiert, *all-in-one*-Anlagen mit hoteleigenen (teuren) Geschäften, mehreren Restaurants und Parks mit Badelandschaften, die dem Gast jeden Weg außer Haus ersparen sollen und wollen. Den Anfang machte Mitte der 1990er das ***Hotel Bahía del Duque******** (z.B. J, T, U, Air, Gu) unmittelbar hinter dem gleichnamigen Strand. Seitdem entstanden dort weitere, ähnlich große Luxushotel. Eingerahmt von seiner Dependance, dem ***Mirador del Duque***, und dem klassisch-kanarischen ***Dreamplace Gran Tacanda***, ist das *Bahía del Duque* immer noch das aufwendigste, nicht zuletzt wegen seiner tollen Gartenanlage.

Östlich davon entstanden die Luxusherbergen ***Anthelia Park******* und ***Jardines de Nivaria******** (beide an die *Playa Fañabé* angrenzend) und nördlich davon das ***Riu Palace Tenerife******* mit dem – Backe-an-Backe – schräg dahinter plazierten ***RIU Arecas******* sowie dem Edelhotel ***Costa Adeje Palace*******, kurz vor dem Fischerdorf La Caleta. Die letztgenannten drei liegen ein paar Meter oberhalb der Küstenlinie und haben (bisher) keinen Strand.

Unter den genannten fällt die Wahl schwer: das ***Anthelia Park*** (z.B. T, Gu, N, O) hat die absolut grandiose, quasi ins Meer gebaute Badeanlage. ***Jardines de Nivarias*** Restaurant *La Copula* ist berühmt für seine feine Küche im eleganten Ambiente mit Atlantik-Blick (z.B. T, U, IM, J, L, O, Gu, Air). Die ***RIUs*** (vor allem U, IM) verlieren etwas durch die zu nahe Nachbarschaft. Beim ***Adeje Palace*** (z. B. U, I, Gu, Air, N, T) stimmt einfach alles – auch der Preis, der bis zu-€ 300/ Woche niedriger sein kann als im *Duque*.

La Caleta

Das kleine Fischerdorf setzt der neuen Hotelbau-Gigantonomie an der *Costa Adeje/Playa del Duque* einen natürlichen Schlußpunkt und bringt mit seinem bisher einzigen *Aparthotel* die neueste Tourismus-Architektur wieder auf den Boden der kanarischen Realität. Der neue Golfplatz begrünt die Felslandschaft.

- Das ***Aparthotel Jardín Caleta**** (z.B. 1-2, N, Gu) liegt in der zweiten Reihe an der felsigen Küste hinter Villen am Meer und der wenig befahrenen Dorfzufahrt; das vierstöckige Haus (244 Apts für 1-3 Personen) hat einige Zimmer (alle mit Balkonen) mit Meerblick und einen etwas einfallslosen, kaum begrünten Pool. Rundherum einfache Mittelklasse, dafür aber in einem durch und durch kanarischen Fischerort (Leitereinstieg ins Meer) mit attraktiven Fischrestaurants vor der Tür.

Costa de Silencio

Rund 10.000 Gästebetten stehen an der *Costa del Silencio* bereit. Viele davon in **TenBel** (**Ten**eriffa-**Bel**gica nach dem ursprünglichen Hintergrund) an der felsigen Steilküste, einer inzwischen sehr preisgünstigen touristischen Pionier-Anlage aus den 1960er Jahren. Nordöstlich von TenBel schließt sich ein Küstenabschnitt mit nagelneuen, britisch dominierten Bungalow-, Apartment– und Time-Sharing-Anlagen an. Außerdem gibt es dort drei Golfplätze mit etlichen riesigen Golfresort-Komplexen.

- ***TenBel*** wird nur noch in 2 deutschsprachigen Reisekatalogen angeboten (1-2-fly und alltours). Der beste Komplex ist der unmittelbar an die Lavafelsküste grenzende massive Ferienpark ***TenBel Maravilla****** (Fronteinheiten alle mit Meerbalkon). Der gesamte Bereich ist aber durchaus nicht schlecht und recht preiswert. Gut auch für **Langzeit-Urlauber** und Individualreisende. Tarife für ein Apartment €30 bis €70/Tag.

  Selbstbucher wenden sich (vor Ort) an: ***TenBel***, ✆ 922-730721, Fax -731259; Email: sales@tenbel.com; Internet: www.tenbel.com.

Apartment-Vermittlung für die *Urbanisación Golf del Sur*:

- ***Las Adelfas***; ✆ 922-738616
- ***Parque Albatros***, ✆ 922-738802
- ***Santa Barbara*** (elegante Anlage am Meer), ✆ 922-738032

El Médano

El Médano steht bis heute für gebremsten, etwas alternativen Tourismus und Surf-Sport. Das Fischerhafen-Städtchen hat den schönsten natürlichen Strand der Insel (mit Dünen), viele Apartmenthäuser und drei größere Hotels. Die Nähe zum Flughafen stört überraschenderweise so gut wie gar nicht. Bis auf den zentralen Plaza-Bereich ist das Stadtbild indessen keine Perle.

Angesichts der Las-Américas-Konkurrenz wirbt El Médano mit günstigen Angeboten und moderaten Preisen um Gäste. Das Touristenbüro an der zentralen Plaza hält eine Unterkunftsliste parat.

- ***Hotel Playa Sur Tenerife****** (z.B. Gulet) liegt mit 4 Stockwerken sehr ruhig am westlichen Ende der Holzplanken-Promenade; es steht allein außerhalb der Stadt (7 min zum Zentrum). Die wenig begrünte Schwimmanlage ist klein; dafür wohnt man quasi auf dem Strand; viele Zimmer mit Balkon zum Meer; mit Surf-Schule/Verleih nebenan; für Pauschalbucher gutes Preis-Leistungsverhältnis; Preise für Privatbucher: DZ/F ab €70, DZ/ HP €100, Kinder die Hälfte, Langzeitrabatte, ✆ 922-176120, Fax -176337, Internet: www. hotelplayasurtenerife. ws; Buchung auch über TTS Teneriffa Touristik Service GmbH, 22087 Hamburg, Hartwicusstr. 3, ✆ 040-2201477.
- ***Hotel El Médano****** (z.B. N, Gulet, AE); dieses Haus war Ende der 1960er-Jahre das erste feinere Hotel im Süden – noch vor dem Bauboom in Las Américas. Der klassisch-moderne Stil wirkt heute noch ganz elegant, das Interieur dagegen eher altmodisch-verstaubt, ist aber nicht ohne Charme; beste Lage direkt am Hauptstrand und an der zentralen Plaza; Liegeterrasse ohne Pool, Leitereinstieg ins Meer, ✆ 922-177000, Fax -176048.
- ***Calimera Atlantic Playa******* (z.B. F, I, J, T, L) Avenida Europa 2, etwas östlich außerhalb der Stadt mit kaum begrünter Pool-Anlage, direkt am Profi-Surf-Strand »*Playa Cabeza*«, der

4

aber zum Baden und Sonnen weniger attraktiv ist als der Hauptstrand; das *Atlantic Playa* ist das Sporthotel der Stadt; Kurse für Surfen, Tauchen, Kajak, (organisierte) Mountaibike-Touren; viele Zimmer direkt zum Meer; DZ/F €50/Pers., ✆ 922-176242, Fax -176114.

- ***Hostal Carel***, 4stöckig mit 21 DZ, einfach und preiswert, ohne Pool, kleine Balkone, kein Meerblick, zu Fuß 5 min zum Strand; an der Ortseinfahrt/Zufahrtsstraße (TF 64) Avenida José Miguel Galvan Bello gegenüber der Kirche, DZ €35, EZ €25 ✆ 922-176066, Fax -176828.
- ***Playa Grande******, Calle Hermano Pedro 2, nah am Wasser und an der Plaza, klarer moderner 5-stöckiger Bau mit 17 Einheiten.; 1 und 2-Zi-Apartments, alle mit Balkon und Meer/Strand-Blick; die oberen nicht überdachten Terrassen sind prima; empfehlenswert; €40-€ 50/Tag; €270-€ 350 pro Woche, ✆ 922-176306, Fax -176168.
- ***Apartamentos Agua Viva***, direkt an der Strandpromenade, Eingang Calle La Gaviota, einfache Apartments ab €45, ✆ 922-177174.
- Prima ***Bungalows Ker Tulakito***, ebenfalls direkt an der Promenade, Eingang Calle La Gaviota, in unterschiedlichen Größen ab € 60/Tag; ✆ 922-177083.

San Isidro

An der verkehrsreichen Hauptstraße gibt es zwei preisgünstige Hotels, die wegen ihrer Flughafennähe (Taxi 10 min, ca. € 5) von Individualtouristen als Start- oder Endpunkt vor der An- oder Abreise nützlich sind. Obwohl sie auch von einigen Reiseveranstaltern angeboten werden, sind sie für einen Urlaub ungeeignet. Allerdings sind von hier die TITSA-Busverbindungen in die Touristenzentren gut; nach El Médano (5 km) kommt man in ein paar Minuten. Hoteleigene Busse nach Las Américas und Los Cristianos.

- ***Hotel Ucanca*****, im oberen Stock eines Neubaus, sauber, über der Autobahn, teilweise Meerblick; günstig, DZ für 2 Pers. €20; ✆ 922-390776, Fax -390763.
- ***Hotel Monica Sur******, auch bei Veranstaltern. Dachpool mit Meerblick, DZ für 2 Pers. €45, EZ €36, ✆ 922-390036 und 922-390276, Fax -390156.

Bereich Westküste

Die Unterkünfte an der Westküste konzentrieren sich auf die zusammengewachsenen Orte Los Gigantes, Puerto de Santiago und Playa de Arena. Diese Region (zu eng, zu groß und zu eng bebaut) wird von Engländern und Wassersportlern bevorzugt. In deutschsprachigen Katalogen gibt es nur wenige Angebote. Bei den folgenden Adressen handelt es sich z.T. um Apartments für Privatbucher.

- ***TTS–Teneriffa Touristik Service*** vermittelt an Teneriffas Westküste Apartments in 12 Häusern. Einige von ihnen werden unten mit Hinweis TTS empfohlen (TTS in Deutschland, ✆ 040-2201477, Fax 040-2201480; auf Teneriffa: Herr Hüneke, ✆ 922-868009).
- **Apartmentvermittlung Puerto Santiago**: ✆ 922-861412

Los Gigantes

- Das ***Hotel Los Gigantes******* besticht durch seine der Stadt vorgelagerte Position am Meer, so dass man nur nur den Wellenschlag hört. Das 9-stöckige Gebäude (220 Zi) steht zwar quer zur Küste, hat aber viele Räume (mittelgroße Balkons) mit Meer- oder eindrucksvollem Steilfelsen-Blick. Die 180°-Panorama-Halbrundsicht vom Hotelpool (mit Planschbecken für Kinder) entschädigt für dessen geringe Begrünung. Ein Hotel zum Wohlfühlen; Calle Flor de Pascua, ✆ 922-861020, Fax -860475.
- Das ***Poblado Marinero*** (»Seedorf«) ist ein zweizeiliger, aufgelockerter Apartmentkomplex (2-3stöckig) am Yachthafen. Vor der ersten Zeile (mit Meerblick) verläuft die autofreie Hafenpromenade mit Cafés, Restaurants und Touristenshops, vor der zweiten liegt ein langgestreckter begrünter Dorfplatz. Zu beiden Seiten kann man baden: am kleinen Lava-Sandstrand und in *El Laguillo*, der (öffentlichen) Poolanlage des *Poblado*; 1-/2-Zi-Apartments ab €60; ✆ 922-860 966/860 943; Fax -860 679.

Puerto de Santiago

- Das ***Barceló Santiago******* (z.B. I, N, a, Gu, F, T, U, 1-2) ist ein gestreckter, moderner Komplex (406 Zi mit Sat-TV, 23 Suiten) in exponierter Lage auf einer Felsnase im Meer mit 270°-Panoramablick auf Atlantik, La Gomera und die Gigantes-Felswand. Von der schwungvollen Poolanlage mit Palmen wiederholt sich dieser tolle Ausblick; Calle La Hondura 8, ✆ 922-860912, Fax -861808, Internet: www.barcelo.com, Email: santiago@barcelo.com.
- ***Sunset Apartments*** (über **TTS**), 3-stöckiger Hufeisenbau in der 3. Reihe, kleiner Pool, kaum grün, einige Zimmer (alle mit Balkon) mit Meerblick; preisgünstig: ab €45, ✆ 922-860678

Playa de las Arenas

Der an sich reizvolle Lava-Sandstrand wird durch viel zu enge Bebauung der kleinen Bucht förmlich »erdrückt«.

- Die ***Apartamentos Neptuno-Isabel*** und ***Neptuno-Cristina*** (beide über **TTS**) stehen schon ein paar Jährchen, können sich aber immer noch sehen lassen: viele Zimmer mit Meerblick, eigene Pforte zum Strand, kleiner Pool, ein sympathisches Quartier; *Neptuno-Christina*: ✆ 922-861606, Fax -860584; *Neptuno-Isabel*: ✆ und Fax 922-860736. Apartment ab €45 (für 3 Erwachsene oder 2 Erwachsene und 2 Kinder).
- ***Apartamentos Punta Negra*** (über **TTS**), kleine reihenhausartige Chalets in ruhiger Lage auf einer Lava-Felsnase in einer Sackgasse direkt am Wasser. Eine gute Wahl in dieser sonst eng bebauten Gegend. ✆/Fax 922-860029; Hauptsaison €70/Tag (Weihnachten €85); Wochenpreis €450, Langzeit-Rabatte.

Alcala

- La Querencia*, kleines 4stöckiges Apartmenthaus mitten im schlichten Städtchen; untouristisch, schlichte Zimmer ohne Blick, einfache südamerikanische Kneipen-Restauration; Calle Marruecos 2, ✆ 922-865457, Fax -865457, DZ €25

Playa San Juan

- ***Pension Palmero***, Etagen-Pension in einem nüchternen Haus ohne Blick im Ort, untouristisch; Calle Isla Bonita 11, Guia de Isora, DZ €20, ✆ 922-865421

Masca

- Die ***Alte Schule*** mit Restaurant *El Guanche* (11-18 Uhr) hat nur 3 kleine Zimmer; Tagestourismus, aber abends und morgens abgeschieden und ruhig; Start- und Endpunkt für die beliebte Masca-Wanderung zum Meer; DZ €36; €50 mit Frühstück, €60 mit HP; ✆ und Fax 922-861405, deutschsprachig bei Familie König oder spanisch ✆ 922-863424. Reservierung sinnvoll. Zugang: Parkplatz Masca-Mitte, bei der Telefonzelle hinabgehen vorbei an den Restaurants und am Ende des steilen Pflasterwegs rechts ab.

Restaurantterrasse über dem Tal von Masca

Las Portelas (Teno)

- ***Albergue El Bolíco***. Diese moderne Wanderherberge liegt grün eingerahmt im beliebten Wandergebiet oberhalb von Buenavista; nur Mehrbettzimmer; €10/Bett, Frühstück €2, auf Wunsch Mittag- und Abendessen (je €9) vom unterhalb gelegenen ***Meson del Norte*** (➢ Seite 360); Zufahrt: von der TF 436 Buenavista-Masca bei km 9,5 (kurz unterhalb des Restaurants) links ab, dann noch ca. 2 km. ✆ 922-127334 und ✆ 922-822056 , Handy 616 327931.

4

Die Nordküste

Zentraler Bereich

Die folgenden Unterkünfte stehen für das breite touristische Angebot in **Puerto de la Cruz**. Landhotels und Fincas/Ferienhäuser der jeweiligen Region werden hier ebenfalls aufgeführt. Ihre Beschreibung im Detail findet sich jedoch im Kapitel *Turismo Rural* (➢ Seite 574f).

Puerto de la Cruz

Puertos Hanglage bietet **zwei unterschiedliche Wohnbereiche**:

- die fast flache, strandnahe **Unterstadt** (Martiánez, Zentrum, *Playa Jardín*) im weitgehend autofreien Stadtkern, meist mit 1960er-Jahre Hotels (kleine Pools, wenig Grün), einfachen Pensionen und preiswerten *Hostales* in der 2. und 3. Reihe, überwiegend ohne Meer- oder Teideblick.
- die **Oberstadt** am Hang (La Paz/Durazno, Taoro, San Fernando). Hier liegen vor allem größere Aparthotel-Anlagen in weitläufigen Pool-Gärten mit Teide- und/ oder Atlantikblick. Dafür ist der Weg zu Fuß zum Meer steil und/oder weit.

Auf die Beschreibung von Hotels etc. entlang der Ost-West-Verkehrsachsen (Carretera El Botánico und vor allem Calle Valois) wurde bewußt verzichtet.

Unterstadt · Bereich Lago Martiánez

Hinter Puertos berühmter Meer-Badelandschaft *Lago Martiánez* laufen zwei große Straßen (Avenida Generalísimo und Avenida Aguilar y Quesada) auf die *Playa Martiánez* zu. Zwischen beiden Avenidas stehen Apartment- und Hotelhochhäuser der unschönen Art aus den 1960er-Jahren. Sehr viel attraktiver (aber auch teurer) sind die ebenfalls älteren, kleineren Hotels entlang der breiten, immer sehr belebten autofreien Promenade Avenida Colón, die den *Lago Martiánez* landseitig begrenzt. Im Erdgeschoß dieser Hotels befinden sich große Restaurants und Terrassencafes, teilweise mit Live-Musik und Tanz.

- ***Hotel San Telmo**** (z.B. a, 1-2,, N, Ae), einfacheres Haus an der hier trubeligen, engeren Meerespromenade; felsiger Meereinstieg über Treppen, kleiner Hotelpool auf dem Dach mit tollem Panoramablick. Für die gute Lage am Meer preisgünstig.
- Das ***Hotel El Top**e**** (z.B. J, N) liegt etwas oberhalb der Martiánez-Zone, schon auf halbem (Fuß-) Weg nach La Paz, aber noch im fast ebenen Stadtbereich (10 min zum Strand/*Lago Martiánez*). Das moderne, sehr geschmackvolle Haus (216 Zi) ist beliebt wegen seiner günstigen Lage. Der große Poolgarten (mit Tennis) grenzt an einen tiefen, grünen *Barranco*; dadurch wird der weite Blick auf den Teide und das Meer nicht durch nahe Hochbauten gestört. Sehr empfehlenswert! Internet: www.tope.es

Bereich Zentrum/Plaza Charco

Der Altstadtkern Puertos ist weitgehend verkehrsberuhigt, hat aber viel Promenaden-Trubel (Cafés, Restaurants, Geschäfte). Man findet hier keine Luxusanlagen, sondern neben älteren Appartment-Blocks u.a. einfachere Pensionen und zwei kleinere traditionsreiche Stadthotels, das *Monopol* und das *Marquesa*:

- **Marquesa***** (z.B. J, N, a), 4-stöckiges altkanarisches Haus (88 Zi, teils mit Balkon) mit sehr schönem Patio und kleinem Pool auf einer Sonnenterrasse; Calle Quintana 11, ✆ 922-383151, Fax 922-386950. Unter dem gleichen Management wird nebenan das ***Condesa**** betrieben, ein 5-stöckiges moderneres Haus (45 Zi) mit kleinem Pool; Calle Quintana 13, ✆ 922-381050/54.

Im Nostalgiehotel Monopol

- ***Monopol****** (z.B. IM, J, O, U, T, Gu), 4-stöckiges Haus in altkanarischem Stil (100 Zi) in Fußgängerzone, schöner Patio, beheizter Pool auf Dachterrasse mit Meer- und Teideblick; immer Blüten vorm Hotel, Calle Quintana 15; DZ €55; ✆ 922-384611, Fax -370310; www.interbook.net/empresas/monopol.
- ***Chimisay****** (z.B. AE), 4-stöckiges modernes Haus (67 Zi) in der Fußgängerzone mit dem besten Dachpool (Meerblick), Fitness-Raum, Calle Agustin Bethancourt 14, DZ im Winter €55, im Sommer €36, ✆ 922-383552 und -383599, Fax -382840.
- ***Nopal******, kleine Dachterrasse mit Pool und Altstadtblick, Calle San Juan 15, ✆ 922-378062
- ***Regulo****, sympathisches, einfaches Haus (14 Zi) mitten in der Stadt, freundliche Zimmer, kleine Dachterrasse mit Blick, aber kein Pool; ein Block zur Plaza Charco; nachteilig ist die Nähe zur lauten Straße; Calle San Felipe 6, Ecke Calle Perez Zamora. gegenüber dem gleichnamigen *Restaurant*; ✆ 922-388800 und -386161, Fax -370420, DZ ca. €30.
- ***Puerto Azul*****, einfaches Haus in der Fußgängerzone, Lomo 28, ✆ 922-383213, DZ €36.

Bereich Playa Jardín

- ***Apartamentos Punta Brava***; kleines familiär geführtes Haus, Superlage im alten Fischervorort Punta Brava; 6 prima Apartments (1 Einheit rollstuhlgerecht);nur ein paar Minuten zur *Playa Jardín*; **absoluter Tipp**, €315-€525/Woche. Besonders empfehlenswert die Suite mit Teide- und Meerblick. ✆ 922-326029; Internet: www.tenerife-apartamentos.com

Die beiden folgenden Häuser liegen hintereinander am Hang (begrenzt vom wenig schönen *Barranco* San Felipe); ihre Nähe zur *Playa Jardín* ist bemerkenswerter als ihr bauliches Konzept.

- Die ***Apartamentos Bahía Playa* I und II** (z.B. a, N) liegen zum *Jardín*-Strand am nächsten und sind nur durch die belebte Straße vom Loropark getrennt. Viele der großzügigen Apartments blicken auf den *Barranco* und häßliche hohe Wohnblocks. Die Apartments der Westseite des ***Bahía II*** haben den schöneren Blick (auf *Loropark* und Punta Brava). Zwischen beiden *Bahías* befindet sich eine – nicht eben umwerfende – Poolanlage.

Zwischen dem *Barranco*, der Avenida Blas Perez Gonzales und der Avenida Melchor Luz liegen hohe Wohnblocks mit Wabenbalkonen dicht nebeneinander. Einzige Vorteile dieser Apartments sind der Meerblick (aus den oberen Stockwerken) und die Steinwurfnähe zum *Playa Jardín* (nur über die belebte Straße). Die Häuser ***Apartamentos Noelia Playa***, ***Florida*** und ***Tegeguia*** sind preiswert, aber förmlich »umstellt« von diesen Wohnblocks.

Empfehlung: Wer in *Playa Jardín*-Nähe wohnen will, liegt im östlich anschließenden Wohnviertel zwischen Post/ZOB und den Sportanlagen/Aufschüttungs-

Eine ganze Zeitungsseite mit Kleinanzeigen privater, deutschsprachiger Vermieter steht in jeder (14-tägigen) Ausgabe des **Wochenspiegel**. ✆ 0034-922-381278, Fax 922-372167;

Internet: **www.wochenspiegel-kanaren.com**

Apartment- und Zimmervermittlung in Puerto de la Cruz: ✆ 922-373759

4

Gelände am Meer richtig. In einigen ruhigeren Wohnstraßen finden sich empfehlenswerte kleine 3-Sterne-Hotels und Apartments, die allerdings wegen ihrer geringen Höhe keinen Meerblick haben:

- ***Hotel San Borondón****** (z.B. I, T, Gu, P, U), älteres originelles Hauptgebäude mit Wohn-Anbauten; größere Balkons und Terrassen zum geschützten mittelgroßen Meerwasser-Pool im gepflegten Garten mit halboffenem geschmackvollen Restaurant.
- ***Apartamentos Bananas******, nach hinten raus, daher ruhig. Recht große Wohneinheiten; Balkon nach hinten zum Pool, schöne kleine Gartenanlage
- ***Eden Trovador****** (z.B. a, U, J, N, T, F), das einzige Haus (5 Stockwerke) im Viertel mit weitem Meerblick dank des kleinen Dachpools.

Hotel San Borondón mit origineller Fassade

Oberstadt

Mit Ausnahme des gemischt-bebauten Wohnviertels La Paz, wo man Geschäfte und Restaurants in Gehweite findet, wohnt man in der Oberstadt in großen modernen Hoteloasen komfortabler als in der Unterstadt. Dank der Höhenlage hat man meist einen weiten Blick aufs Meer und kann für den Besuch der Unterstadt/Meerespromenade auf das hoteleigene Shuttle-Bussystem zurückgreifen (zu Fuß 20 min durch Grünanlagen).

Taoro

Alle Taoro-Unterkünfte sind empfehlenswert; sie liegen ruhig und haben durchweg große Pools in parkähnlichen Gärten.

- Das ***Sol Elite Parque San Antonio******* (z.B. J, N, U, T) ist eine prima Anlage: flache, langgestreckte Gebäude, große Zimmer und Terrassen (EZ ohne Balkon) mit Blick auf den parkähnlichen Garten und weitläufige Poolanlage; einige wenige Zimmer (an der Straße) mit Meerblick; Internet: www.solmelia.es
- ***Tigaiga******* (z.B. Air, U, T, Gu, IM, J, O), die 1. Wahl: 5-stöckiges, etwas älteres Haus hoch über der Stadt hinter dem Kasino in ruhiger Lage. Paradiesischer Garten mit freiem Blick auf Puerto und das Meer; prima Pool; das *Tigaiga* gewinnt seit Jahren TUI-Auszeichnungen; sonntags Folklore-Darbietungen; Tigaiga 28, © 922-385000 und -383251, Fax -384055.
- ***Villa Chiripa******** (z.B. U, J, T, L), ebenfalls 1 Wahl! Etwas versteckt neben dem Hotel *Chiripa Garden* thront diese Herrenhaus-Villa über blühenden Gärten mit weitem Blick auf Teide, Puerto und Meer. Alles ist vom Feinsten. Neben dem beheizten Pool befindet sich das »gläserne« Wintergarten-Restaurant. Teuer, aber sehr empfehlenswert. Nur 12 DZ, Tennis.

Die folgende Unterkunft liegt schon am Rande des Taoro-Hügels:

- ***Aparthotel Flora Sol******* (z.B. J, T) auf halber Höhe des Taoro-Hügels liegt ruhiger, etwas abseits der Durchgangsstraße. Die Zimmer (Südlage) haben große Terrassen und – bis auf die kleinen Sudios – alle Teideblick. Relativ kleiner, aber schöner Pool im sehr gepflegten und begrünten Garten. Angenehmes, zum Pool hin halboffenes Restaurant. Bessere Wahl.

San Fernando

Preiswert wohnt man in Puertos Stadtteil San Fernando oberhalb des ***Casino Taoro***. Zu Fuß sind es 30 min zum Meer. Unter den 2-3stöckigen, engstehenden Wohnhäusern liegen folgende kleinere Aparthotels abseits derDurchgangsstraße:

- der ***Ferienpark Eden Luz****** (z.B. F, I, T, N) verfügt über einen parkartigen Garten mit Pool, Tennis, Minigolf, Schach, Spielplatz, Boccia. Von den oberen Stockwerken schöner Blick über Puerto aufs Meer oder auf den Teide. Gutes Preis-Leistungs-Verhältnis. Toll für Kinder.
- das ***Hotel Don Candido***** mit kleinem Pool und Balkons (z.B. N).

La Paz/Durazno

Puertos höhergelegener, sehr grüner Stadtteil La Paz ist fest in deutscher Hand. Hier wohnen viele ältere Residenten und Überwinterer, aber auch Kurzurlauber. Zu beiden Seiten und unterhalb des Botanischen Gartens liegen eine ganze Reihe 5-6 stöckige Apartmenthäuser, sehr elegante Hotels und schmucke Villen in blühenden Gärten. Der Verkehr hält sich in Grenzen, nur die Durchgangsstraße neben dem *Jardín Botánico* ist laut. Einkaufszentren, kleine Ladenzeilen und viele Straßen-Restaurants sind gut zu Fuß erreichbar. Von der Kliffpromenade hat man einen weiten Blick über die Küste. In 20 Minuten gelangt man über einen bequemen Treppenweg hinab ans Meer und ins Stadtzentrum.

– Das ***Hotel Botánico******** (z.B. Air, D, Gu, T, O, U) ist Puertos erste Adresse. Es verfügt über einen tropischen Park, große Schwimmbäder, geräumige, bestausgestattete Räume und internationales Flair. Sport, Wellness (Top: ***Oriental Spa***), Musikprogramme. Drei gute Restaurants (Thai, Italienisch, Spanisch); Email: hotelbotanico@hotelbotanico.com.

- Das ***Hotel Semiramis******** (z.B. U, I, J, N, L, Gu) wurde an eine Felswand gebaut. Der zeitlos-elegante Baustil kaschiert das Alter des Hotels perfekt, besonders seit einer kürzlichen Rundumerneuerung. Alle Zimmer haben kleine Balkons mit Superblick über den *Lago*

Hotel Sol Elite Parque San Antonio in Taoro

4

Unterstadt:
Martianez-Bereich
1 Las Vegas
2 Vallemar
3 San Telmo
4 El Tope
Zentrum: Charco
5 Marquesa
6 Monopol
7 Principe
8 Chimisay
9 Nopal
10 Apt. Florida Plaza
11 Regulo
12 Dilani (Garni)
13 Puerto Azul
Oberstadt:
Taoro
24 Parque San Antonio
25 Tigaiga
26 Chiripa / Villa Chiripa
27 Puerto Palace
28 Aparthotel Flora Sol
San Fernando
29 Eden Luz
30 Don Candido
Atlantischer Ozean
Puerto Pesquero
Plaza Europa
Landgewinnung
Sportplatz
Calle de Mequinez
C. Carrillo
FISCHERVIERTEL "LA RAMILLA"
Plaza del Charco
Calle de Quintana
CHARCO
Calle de San Felipe
Calle Puerto Viejo
C. Perez Zamora
C. Blanco
Plaza Concejil
Calle Valois
Guirres
Calle Los
Castillo de San Felipe
Paseo de Luis Lavaggi
Manuel B. Cervia
Calle del Pozo
Busbahnhof
Cementerio San Carlos
Playa Jardin
Avenida de Melchor Luz
Avenida
Jardines Taoro
Autobahn-Ausfahrt 39, Loro Parque, Punta Brava, Hotel Maritim, Los Realejos
María Rosario Sotomayor
Plaza San Felipe
Sportplätze
Casino Taoro
Centro de Congresos
Barranco San Felipe
Avenida de Blas Pérez Gonzales
Sportplatz
TAORO
Parque Ta
Carretera Taoro
Las Cabezas
Mercado
PLAYA JARDIN
Playa Jardin
14 Apt. Punta Brava
15 Bahia Playa I
16 Bahia Playa II
17 Gran Turquesa
18 Turquesa Suit
19 Puerto Playa
20 San Borondon
21 Apt. Bananas
22 Don Manolito
23 Eden Trovador
Camino de Coches
Anglikanische Kirche
Carretera General de las Arenas
SAN ANTONIO
Autobahn-Ausfahrt 35, La Orotava

Lage der Hotels in Puerto de la Cruz
La Paz / Durazno
31 Botanico
32 Semiramis
33 RIU - Interpalace
34 RIU - Canarife
35 RIU - Bonanza
36 La Paz
37 Playa Canaria
38 Apt. Parque Tajinaste
39 Apt. Melia Paz
40 Melia
41 Studios Molino Blanco
Lago Martiánez
Playa Martiánez
Avenida de Colón
Avenida del Generalísimo
MARTIANEZ
C. Aguilar y Quesada
Plaza Viera y Clavijo
Camino de Cabras
Plaza Mirador de La Paz
Leopoldo
Cólogan
Calle de Aceviño
San Amaro
Camino de
Carretera del Botánico
Acantilados Martiánez
Laja de la Sal
Autobahn-Ausfahrt 32
LA PAZ
Jardín de Orquídeas
Barranco
C. Luis Rodríguez Figueroa
C. Rector Benito
Av. Marqués Villanueva
Jardín Botánico
Centro Comercial La Cúpula
Club de Tenis
Martiánez
Barranco Tafuriaste
SAN
Plaza
DURAZNO
Abaco
Autobahn-Ausfahrt 32, Santa Cruz
N
0
200 m
C. de Bélgica
Prado

Martiánez; nur in den unteren der 20 Etagen hört man die Autos der Küstenstraße an Tagen ohne Brandung. Die sehr schöne Poolanlage ist relativ klein, ein Meerwasserbad auf einer Felsnase jenseits der Straße durch einen Tunnel erreichbar.
Für Privatbucher: Email: hotelsemiramis@retemail.es.

- Das ***Hotel La Paz****** (z.B. 1-2, a, I, F) ist ein flach gestrecktes Gebäude mit umlaufenden Balkonen im kanarischen Stil und einem attraktiven großen Garten. Nur die Zimmer mit Blick ins Grüne sind empfehlenswert, weil entschieden leiser.
- Das ***Hotel Playa Canaria****** (z.B. K, N, F, I, J, L, O) hat eine versteckte, sehr ruhige Lage (Sackgasse) an einem grünen *Barranco* im Neubauvillenviertel Durazno. Zu Fuß sind es 1,5 km zum *Jardín Botánico*. Vom Poolbereich mit separater Liegewiese blickt man über Bananenplantagen auf den Teide. Kleiner botanischer Lehrpfad mit sanfter klassischer Musik. Alle Zimmer haben Blick auf Pool, Landschaft und Teide.

Die meisten **Apartmenthäuser** im Ortsteil La Paz sind schon etwas älteren Datums. Obwohl ansprechend im neukanarischen Stil errichtet, fehlen bauliche Auflockerungen in den uniformen Fassaden; auch die Schwimm- und Grünanlagen entsprechen oft nicht mehr heutigen Anforderungen in punkto Größe und Design.

- Die ***Apartamentos Parque Tajinaste*** (z.B. J, N, T, I, Gu) sind sehr empfehlenswert. 3-stöckige terrassierte Gebäude umschließen gepflegte, großzügige Grün- und Schwimmanlagen. Die Zimmer haben (außer den Dachwohnungen) große Terrassen mit Blick auf den Garten. Besonders ruhig sind Apartments, die zum angrenzenden Botanischen Garten hin liegen.
- Die ***Studios Molino Blanco*** (z.B. AM, a, I, 1-2) liegen abseits der Hauptstraße mitten in La Paz. Hufeisenform um den Pool. Große Balkons, prima Preis-Leistungsverhältnis.

Los Realejos

- **Das *Hotel Playa Los Roques****** (z.B. J, L, O, T) liegt auf einer Felsnase. Man blickt von den beiden 3-stöckigen langgestreckten Gebäuden Richtung Osten (schattig!) über die Steilküste auf Puerto. Sonniger ist der gepflegte Hotelgarten mit kleinerem beheiztem Pool und Snackbar. Reizvolle Kliffwege an der Küste, aber kein Zugang zum Meer. Wunderbar ruhig, aber ein Mietauto ist unabdingbar.
- **Hotel *Tierra de Oro***; das flache Gebäude dieses Hauses steht hoch über dem Wasser auf einem großen, grünen Gelände mit herrlich-weitem Meer- und Teide-Blick. Foyers und Speisesäle strahlen eine angenehm unkonventionelle Atmosphäre aus. Der deutsche Eigentümer verzichtete auf kanarische Schnörkel, hat aber die großen Räume (DZ 32 m^2; Apartment mit 2 Schlaf-, 1 Wohnzimmer/Küche 55 m^2) im spanischen Stil eingerichtet. Thermal- und Sprudelbad/Sauna, große Dachterrasse, Liegewiese, Kosmetik- und Gymnastikstudio. Diverse Kuren, Massagen und Therapien: z.B. gegen Rheuma, Athrose, Athritis. Die Küche stellt sich auf jede Kost ein. Das Freizeitangebot ist reichlich: Wandern, Tages-Segeltörns, Mountainbiking. Ausführlicher Prospekt unter ✆ 922-341000/341213 (deutsch.), Fax -344318; Internet: www.dragonet.es/users/d1615/index.htm

Orotava

4 Unterkünfte liegen im historischen Zentrum der Stadt:

- ***Hotel Victoria**** (z.B. Jahn) ist ein gepflegtes Haus aus dem späten 17. Jahrhundert mit stilvollem Restaurant und weitem Blick von der Dachterrasse. Calle Hermano Apolinar 9 (nahe Botanischer Garten). Nur 12 Zimmer, Fax/Modem; teuer: DZ/F ab €100, ✆ 922-331683, Fax -320519; http://victoria.teneriffa.com/german.
- ***Hotel Rural Orotava****** DZ €65, ✆ 922-3293, wwwhotelruralorotava.com, ➢ Seite 328.
- Das ***Hotel Alhambra*** befindet sich in einer großen Villa, die innen um 1900 in maurischem Stil umgestaltet wurde; man wohnt wie in 1001 Nacht. Pool, Whirlpool, Sauna, Meerblick. 7 sehr geräumige DZ/F €80, Calle Nicandro Gonzales Borges 19, absolut super! ✆ & Fax 922-320434, Internet: www.alhambra.teneriffa.com
- ***Pension** Silene***, einfach, zentral; Balkons; Calle Tomas Zerolo 9, ✆ 922-330199, DZ €42.

Nordwestküste

Bis auf die beiden bereits im Reiseteil unter Garachico erwähnten Unterkünfte, , gibt es zwischen Icod und Buenavista kaum Hotels. Dafür werden eine Reihe Fincas und neuere Villen und Bungalows über die Vermittlungsbüros des *Turismo Rural* und auch über Reiseveranstalter angeboten.

Garachico/El Guincho

- 3 prima Häuser liegen in Bananenplantagen in Garachicos **Vorort El Guincho** nahe einer felsigen Badebucht: ***El Patio***, ***Malpais Trece*** (➢ Seite 348+581) und Apartments ***Las Terrazas***.
- ***Hotel San Roque******* (z.B. T, Air, O) ist ein kleines Luxushotel vom Feinsten. Ein klassisches Herrenhaus wurde 1996 mit viel moderner Kunst zu einem Designer-Hotel umgestaltet; Pool. In der 2. Reihe, das Meer um die Ecke; nur 20 Zi, Esteban de Ponte 32; ✆ 922-133435; Internet: www.iedator.es/hsr/ Hotelsanroque.htm; Ab € 150 (Suite € 240)
- Das ***Hotel La Quinta Roja*** (z.B. T, F) ist ebenfalls ein altes Herrenhaus; schöner Patio; nobel und ruhig am Kirchplatz; DZ/F € 120-€ 144; ✆ 922-133377, Internet: www.quintaroja.com.
- ***Il Giardino*** ist eine kleine Villa 100 m vom *San Roque* entfernt; 5 große Zimmer ohne Bad, hübscher Innenhof; stimmungsvoll; DZ € 45. Calle Esteban de Ponte 8; ✆ 922-830245.
- ***Las Terrazas*** (z.B. J, O): 11 einfache Apartments mit Gartenterrasse in ehemaligen Landarbeiterhäusern, Gemeinschaftsraum mit TV & Telefon; schöner Blick auf die Küste. Ab € 36 (Weihnachten € 54); ✆ 922-133120, Fax -830266. (Pedro spricht etwas Deutsch)

Nordostküste

Santa Ursula

- ***La Quinta Park Suites******* (z.B. J) ist die einzige große Aparthotelanlage (4-stöckig, 228 Zi), die sich (7 km östlich von Puerto) hoch oberhalb der Steilküste befindet. Sie liegt in einem grünen weitläufigen Gelände voller Villen und kleineren Chalets. Die meisten Zimmer des halbmondförmigen Gebäudes haben einen weiten Blick über die eigene Poollandschaft, aufs Meer oder die Berge. Umfangreiches Kur-, Schönheits-, Sport- und Fitness-Programm. Die freie Lage nimmt dem Komplex die Massivität. 1 km zur Bushaltestelle; ohnedem sind (Puertos) Geschäfte, Restaurants etc. nur per Mietwagen oder Hotelbus erreichbar.

La Matanza

- ***Jardín de la Paz*** (z.B. Air) steht für eine exklusive Adresse hoch über dem Meer am Hang. 12 eng, aber einzeln stehende weiße Villen teilen sich den üppig begrünten Garten; zwei geheizte kleine Meerwasserpools mit tollem Blick auf Teide und Atlantik. Die Villen sind unterschiedlich in Größe (2-6 Personen), Ausstattung und Preis, alle Wohnungen geräumig, lichtdurchflutet. Alle haben Terrasse oder eigenen Rasen. Mindestens 1 Woche € 130-€ 170, weniger bei Langzeitaufenthalt. La Matanza, Calle de Acentejo 48-52 (Abfahrt La Matanza, dann meerseitig Richtung El Caleton parallel zur Autobahn den Schildern folgen); Auto erforderlich. ✆ in Deutschland: ✆ 06124-2724, Fax -7727; ✆ auf Teneriffa: ✆ 922-578319, Handy: 610-707490, Email: Gabriela.Kreuzberger@t-online.de; www.jardín-de-la-paz.de
- ***Apartamentos Villa Luz de Luna***, kleines Apartmenthaus am steilen Hang mit Meer- und Teideblick; 1- und 2 Zi-Wohnungen mit kleiner Küchenzeile, Balkon oder Terrasse. Pool. La Matanza, Camino Jagre 1 (Zufahrt wie *Jardín de la Paz*), Studio: €48, Apt ab €65 plus Endreinigung, Handy: 676-555051, Fax 922-323392, Email: villaluzdeluna@mixmail.com.

El Sauzal

- ***Balcon del Mar***, eine exklusive Privatpension in traumhafter Steilküstenlage hoch über dem Meer, deutsche Leitung, Puertito del Sauzal 75, ✆ 922-575215, Fax -575398; Internet: www.balcon-del-mar.com.
- Das ***Hotel Salada*** bei Tejina ist ein Juwel, ➢ Landhotels, Seite 580.

4

Bajamar/Punta del Hidalgo

Die Badeorte Bajamar und Punta del Hidalgo waren in den 1960er-Jahren en vogue. Heute sind sie an vielen Ecken und Enden restaurierungsbedürftig. Andererseits bieten sie einen sehr ruhigen und preiswerten Aufenthalt mit guten Meerwasserpools abseits des Massentourismus`. Die Häuser dort sind auf Therapien für ein vornehmlich älteres Publikum eingestellt, insbesondere das *Hotel Oceano*.

Bajamar

- ***Hotel Neptuno**** (z.B. N), 4-stöckiges schlichtes Haus (75 Zi, 32 Apt.) kaum unterhalb der Straße direkt an der Steilküste; ca 1 km zu den Meeresbecken im Zentrum Bajamars; langgestreckter Garten (2 Meerwasser-Pools und Tennis), in dem auch einzelne **Mietbungalows** stehen; einige Zimmer mit großen Balkons, sehr preiswert, ✆ 922-542562, Fax -150402.
- ***Delfin Laguna**** (z.B. N), 5-stöckiges Haus ohne Charme gleich oberhalb der Meerwasserpools; 66 Hotel- und Apt.-Zimmer, die meisten mit Balkon, meerseitig mit Atlantikblick; Tennis, Bowling und kleiner Pool ohne Blick. ✆ & Fax 922-540200-04.

Punta del Hidalgo

- Das ***Hotel Oceano***** ist ein 10-stöckiges Haus, 84 Zi mit 30-70 m², alle mit Balkon und Meer-/Teideblick, großem Garten mit Pool, Tennis, Fitness, (Bio-)Sauna; 50 m zum Meerwasserpool. Ausflüge, Wanderungen, Folklore. Diverse Therapien (Darmentgiftung, Chiropraktik, Osteopathie, Ozon, Vollwertkost, Massagen, Kosmetik, Meditation). DZ/F im Winter ab € 60/Person, HP +€ 13/Person.
  ✆ 922-156000, Fax -156352, Internet: www.oceano.de, email: oceano@kms-online.de; Beratung/Buchung in Deutschland: Oceano-Service, ✆ 08721-96880, Fax -968826.
- ***Aparthotel Atlantis Park**** (z.B. U), 2-stöckige im Karree um den kaum begrünten Meerwasserpool gebaute Anlage, zusätzlich Süßwasserpool und Therapieeinrichtungen, 150 m vom Meer, Email: atlantis@hap.es; Internet: www.hap.es.
- ***Apartamentos Altagay*****, 11-stöckiger altmodischer Klotz (220 Einheiten) mit kleinen (meist Meerblick-) Wabenbalkonen, Studios für 1-3 Personen, kleinem Garten und einer in den Atlantik gebauten tollen Meerwasser-Poolanlage. Mehrere Arztpraxen im Haus.

Teideauffahrten und Nationalpark

La Escalona

- ***Rural Hotel Nogal***, ➢ auch unter Landhotels, Seite 582; ✆ 922-7260099

Bei Ifonche

- ***Finca El Refugio*** ist ein einfach-rustikale Haus in exponierter, ruhiger Berglage mit weiten Blicken. Eigene Produkte kommen frisch auf den Tisch. Individuell gestaltbare Sportangebote unter deutscher Leitung (Wandern, Klettern, Paragliding); Kinderbetreuung möglich. Calle El Topo 34, Escalona; 7 km oberhalb von Arona auf der TF 51 Richtung Vilaflor links in die TF 567 Richtung Ifonche abbiegen; nach 2 km links weist ein Schild links auf die 1,5 km entfernte Finca. ✆ 922-725894.

Vilaflor

- Der ***Summit Club Hotel Alta Montana*** ist eine moderne Villa mit Pool und großer Panorama-Terrasse. In 1.500 m Höhe, an der Wolkengrenze des Südens, wohnt man in kühler, aber sonniger Bergluft. Mitglied des Deutschen Alpenvereins (DAV). Wander- und Mountainbike-Angebote vor Ort. An der Ortsumgehung TF 21 gleich hinter dem *Restaurant Chasna* steil links bergauf, DZ €50 mit HP pro Person, DZ/F €42/Person, Buchung in Deutschland über den DAV-Summit Club, München ✆ 089-642400, Fax 089-64240100, Email: ausland@dav-summit-club.de; in Teneriffa: 922-709000, Fax 922-709293.

- ***German*** ist eine sehr einfache **Pension** (mit Restaurant), ruhig im Zentrum gelegen, sympathisch; Zimmer mit Bad und Klimaanlage, Gemeinschaftsterrasse mit Teideblick, © 922-709028, DZ €30, EZ €25.
- ***Sombrerito, Hostal*** im Haus des Ausflugsrestaurants *Casa Chico*, einfach, zentral, Zimmer mit Heizung; © 922-709052, Fax -709052, DZ/F €40, EZ/F €26.

Bei La Esperanza

- ***Los Tilos***, Las Raices, ➢ Seite 582.
- ***Don Leandro***, Las Lagunetas, ➢ Seite 582.

Teide Nationalpark

- Der ***Parador de Cañadas del Teide*** (z.B. T, U, O), ein staatliches, rustikal-gediegenes Berghotel, ist die einzige Unterkunft im Nationalpark. Das Hotel liegt am Fuß des Teidekegels, 4 km südlich der Seilbahn, und ist ein prima Ausgangspunkt für Wanderungen in der *Cañada*-Felslandschaft. Wer hier übernachtet, genießt morgens und abends die grandiosen Lanschaftsbilder ohne Tagestouristen. Besonders empfehlenswert: DZ ab €85. (➢ Seite 422); © 922-386415 Fax -382352, Internet: www.parador.es.

Unterkünfte für eine Insel-Rundreise

Wer Teneriffas landschaftliche Vielfalt fernab der Urlaubszentren und ggf. auch an wechselnden Standorten erleben möchte, sollte dies besser gründlich planen und vorbereiten. Denn vor Ort ist es nicht immer leicht, kurzfristig oder auf gut Glück für jeweils eine oder nur wenige Nächte eine passende Unterkunft zu finden.

Insbesondere in der Hochsaison (Dezember/Januar, Karneval und Ostern) sind Teneriffas Hotels und Pensionen schon mal ziemlich ausgebucht. Eine telefonische Anfrage vor Reiseantritt macht daher durchaus Sinn. Während man für einfachere Häuser Spanischkenntnisse braucht, wird in großen und besseren Hotels durchweg auch Deutsch und/oder Englisch gesprochen.

Für eine individuell gestaltete Teneriffa (Rund) Reise finden sich einfachste bzw. preiswerte und teure bzw. noble Herbergen.

Die folgende Liste bezieht sich auf beide Alternativen. Die Liste beginnt beim Südflughafen und »umrundet« die Insel im Uhrzeigersinn – was aber nicht als Routenvorschlag gedacht ist, sondern lediglich der rascheren geographischen Einordnung dienen soll. Genannt sind, mit Ausnahme von Puerto de la Cruz und Los Cristianos, vor allem Unterkünfte außerhalb der Touristenzentren, die man individuell buchen kann, unabhängig davon, daß sie z.T. auch in Veranstalterkatalogen stehen.

Nur wenige Häuser sind nur hier genannt. Die meisten finden sich mit detaillierterer Kennzeichnung bereits im Vorkapitel bzw. unter den »Landhotels«, ➢ Seite 580ff.

Folgende Kürzel weisen auf die generelle (subjektiv durch die Autoren erfolgte) Einschätzung der Häuser hin:

– = **Preiswert/einfach,**

! = **herausragende Eigenschaften (z.B. landschaftlich besonders schön gelegen)**

\+ = **höheres Preisniveau, aber auch entsprechend angenehm**

4

San Isidro (2 Südflughafen-Hotels, ➢ Unterkünfte Süden)
- *Monica-Sur*, © 922-390036; Fax -390156; DZ €45, EZ €35
- *Ucana***, © 922-390776, Fax -390763; DZ €40

El Médano (➢ Unterkünfte Süden)
- *Hostal Carel*, © 922-176066 Fax -172868; DZ €35
+ *Playa Sur Tenerife*, ©922.176120, Fax-76337; DZ€ 85
+ *El Médano****, © 922-177000, Fax -176048; DZ/HP, €50-€85

Las Galletas (➢ Unterkünfte Süden)
- *Los Vinitos*, Calle Venezuela im Zentrum, © 922-785803, DZ €22, EZ € 15

Granadilla (➢ Unterkünfte Ostküste)
- *Dos Hermanos**, Calle Fundador Glez, © 922-770735; DZ €30
+ *Hotel Rural Senderos de Abona*, Calle Peatonal de la Iglesia 5, © 922-770200, Fax -770308, DZ €85

Ifonche (➢ Unterkünfte Teideauffahrten)
-/! *El Refugio*, El Tope 34, Escalona, © 922-725894 (deutschsprachig),

La Escalona (➢ Unterkünfte Teideauffahrten)
+/! *Rural Hotel Nogal*, © 922-726009, DZ €45-€ 72; Weihnachten und Ostern €120; EZ deutlich preiswerter

Vilaflor (➢ Unterkünfte Teideauffahrten)
- *German*, © 922-709028, DZ €30, EZ € 25
- *Sombretito*, © 922-709052, Fax -709052, DZ/F €40, EZ €25
+/! *Summit Club Hotel Alta Montana*, Buchung in Deutschland über © 089-642400, Fax 089-64240100, in Teneriffa: 922-709000, Fax 922-709293, DZ mit HP €50/Person, DZ/F €43

Los Cristianos(➢ Unterkünfte Süden)
- *Pension Playa*, Avenida General Franco, © 922-792264, DZ €24
- *Pension Blanca*, Calle Ramon Pino, © 922-751975, DZ €18
+/! *Reveron*****, Plaza del Carmen, © 922-757120, Fax 757052, ab €100
+/! *Estefania*****, Chayofa (2 km oberhalb der Autobahnausfahrt 27, © 922-729322, Fax -729533; Email: info@hotel-estefania; Internet: www.hotel/estefania.com, ab €110.

Adeje (➢ Landhotels Süden, Seite 582) -/+ *Hotel Fonda Central*, © 922-865457

Alcalá (➢ Unterkünfte Westküste)
- *La Querencia**, Calle .Marruecos 2, © 922-865457, Fax -865457, €24

Masca (➢ Unterkünfte Westküste)
-/! *Alte Schule*, 3 kleine DZ €36, DZ/F € 50, DZ/HP € 60; © und Fax 922-861405 (deutschsprachig - Familie König), oder © 922-863424 (spanisch).

Las Portelas (➢ Unterkünfte Westküste)
-/! *El Bolíco*; Wanderherberge, ➢ Seite 561; €12; © 922-127334 oder 616 327931

Erjos (➢ Unterkünfte Landhotels)
+/! Landhotel *Caserio Los Partidos*, © 922-693090/693138, DZ/F €60

El Guincho (bei Garachico, ➢ Unterkünfte Landhotels)
+/! *El Patio*, Calle Finca Malpais 11, © 922-133280, Fax -830089, DZ/F €90
+/! *Malpais Trece*, © 922-830064, Fax -133068/244036, DZ/F €65

Garachico (➢ Unterkünfte Nordwestküste)

+/!! *San Roques*, © 922-133435, Fax -133406; DZ/F €160-€240

Puerto de la Cruz (➢ Unterkünfte zentrale Nordküste)

- *Regulo*, © 922-388800, DZ €28

+/! *Marquesa*, Calle Quintana 11, © 922-383151, €82 (Nebensaison €66)

+/!! *Villa Chiripa*, Calle Belgica 54 (im Stadtteil Taoro); DZ ab €160; © 922-381454/3820/50, Fax -380893, Email: sales@lti.de; Internet: www.lti.de.

Orotava (➢ Unterkünfte zentrale Nordküste)

- *Silene*, Calle Tomas Zerolo, © 922-330199, teuer! DZ €45

+ *Victoria*, Calle H.Apolinar, © 922-331683, Fax -320519, €100

+/! *Hotel Alhambra*, Calle Nicandro Gonzales Borges 19, © & Fax 922-320434, Internet: www.alhambra.teneriffa.com; DZ/F €80

Bei Tejina (➢ Unterkünfte Landhotels)

+/! *Costa Salada*, © 922-690000, Fax -541055, Handy 670362000; Internet: www.costasalada.com; DZ €90-€160

Benijo bei Taganana (➢ Unterkünfte Anagabereich)

-/! *Bar La Caseta* – El Fronton, © 922-590107; €30 (nur 3 einfache Zimmer)

-/! *Albergue Montes de Anaga*, © 922-590107, ➢ Seite 553

Afur (➢ Unterkünfte Anagabereich)

-/! Urig und abgeschieden wohnt man bei *José Cañón* in Afur. Sehr einfach, €12/Person, © 922-690141

La Laguna (➢ Unterkünfte Metrobereich)

+ *Aguere*, Calle Obispo Rey. © 922-822056, Fax -631633, DZ/F €60

+ *Nivaria*, Plaza Adelentano, © 922-264298, Fax -259634, DZ/F €68

La Esperanza (➢ Unterkünfte Landhotels)

+/! *Hotel Rural Los Tilos*, © 922-548969, Fax -297622; Internet: www.hotel-lostilos.com; DZ/F €60-€85/Person, Extraperson 70%, Kinder 50%

Santa Cruz (➢ Unterkünfte Metrobereich)

+/! *Mencey******, © 922-276700, Fax -280017, DZ ab €200

+/! *Principe Paz****, Calle Valentín Sanz, am Parque Principe (Bennetton-Eingang); © 922-249955, Fax -281065, DZ €90

+ *Pelinor***, nahe der Plaza España, Calle Bethancourt Alfonso 8, © 922-246875, Fax -280520, DZ €55

- *Pension Mova***, 21 Zi, einfach, sauber, billig, Rambla Franco/ Höhe *Hotel Mencey*, Calle San Martin 33, © 922-283261, DZ €24

Güímar (➢ Unterkünfte Landhotels)

+ *Finca Salamanca, Hotel Rural* & Restaurant, Carretera de Güímar-El Puertito, km 1,5, © 922-514530/31, DZ/F €65

+! *Finca La Raya*/Sunny Side, Calle La Raya, © 922-513838, Fax -514857, Handy 609-584697, DZ €70-€100

Arico Nuevo (➢ Unterkünfte Landhotels)

+/! *Viña Vieja*, © 922-161131, Fax -161205; DZ ab €70

NP Teide (➢ Unterkünfte Teideauffahrten)

+/! *Parador Nacional*, © 922-386415, DZ/F ab €85

4

4.3 Turismo Rural - Unterkünfte im Hinterland

Kennzeichnung (➢ Kapitel »Wahl der Unterkunft«, Seiten 40ff)

Turismo Rural – ländlicher Tourismus – bedeutet Urlaub außerhalb der touristischen Zentren. Das kann ein rustikales **Landhotel** in einem alten Herrenhaus oder eine kleine versteckte Finca, eine ***Casa Rural***, mit nur ein paar Zimmern/Frühstück oder ein paar Wohneinheiten für Selbstversorger sein. Mal abgelegen am Hang, mal am Dorfrand, mal direkt an der zentralen Plaza, aber fast nie an der Küste sind sie ein guter Tip für Teneriffa-(Wander-)ferien im Sommer. In den Höhenlagen ist es kühler als am Meer; im Winter manchen auch zu kühl. Die Häuser sind dann selten ausgebucht. Das Markenzeichen *Turismo Rural* garantiert, daß restaurierte alte Gebäude auch modernen Komfort bieten.

Bis zu 50% der Renovierungskosten alter Fincas wurden in den 1990er-Jahren von der EU gefördert, wenn diese Häuser anschließend als Landunterkünfte mindestens 10 Jahre zur Verfügung gestellt wurden. Diese Politik lag im Interesse aller Betroffenen. Gemeinden abseits vom profitablen Küstentourismus konnten nun auf die neue Zielgruppe, sog. »Qualitätstouristen«, setzen. Für »solvente«, umweltbewußte Individualreisende, Wanderfreunde und Naturliebhaber sollte dadurch das Massenziel Teneriffa interessanter gemacht werden – mit Erfolg, wie sich nun mehr und mehr herausstellt. Die Finca-Eigentümer retteten mit Hilfe des EU-Programms Familienbesitz und erwirtschaften mit dem wertgesteigerten Haus Einnahmen. Dadurch erhöht sich auch das Steueraufkommen der Gemeinde.

Sowohl die Landhotels als auch die *Casas Rurales* liegen mit ganz wenigen Ausnahmen nicht in Küstennähe, sondern in mittleren Höhenlagen, in denen es selbst im Sommer – vor allem abends wie gesagt – entschieden kühler ist als am Meer. Ein Gartenkamin oder Grill im Patio kann dann sehr willkommen sein.

Im grünen, besiedelteren und traditionell reicheren Norden ist das Angebot an solchen Häusern nicht nur umfangreicher, sondern die *Fincas* sind auch deutlich großzügiger als im Süden, Osten und Westen der Insel. Die meisten haben Meer- und/oder Teideblick und liegen in blühenden Gärten.

Befindet sich eine *Casa Rural* mitten im Dorf, dann ist sie – ganz typisch für Spanien – zur Straße hin fast fensterlos abweisend, öffnet sich aber mit Garten, Patio und/oder Blick in die Landschaft nach hinten.

Da die meisten Häuser im Süden kleiner sind, ist oft auch der Patio-Bereich enger. Dies zusammen mit der kargen Landschaft wirkt auf viele Nordeuropäer zunächst befremdlich. Wer sich dort länger aufhält und einen Blick für die kunstvolle Anlage der Terrassen, die Schönheit von Kandelaber-Kakteen und Margeriten auf steinigem Boden entwickelt, wird auch dieser Andersartigkeit Reize abgewinnen können.

Alle Häuser des *Turismo Rural* genügen – wie bereits erwähnt – heutigen Komfortansprüchen. Manche wirken wie kleine Landmuseen mit Forken und Wagenrändern an der Wand, andere sind mit den landestypischen Materialen wie Holz oder Tosca-Steinen eher schlicht, aber mit Sinn für Ästhetik und Form restauriert worden. Sehr oft fehlt aber – im Gegensatz zu modernen Hotels, Miet-Villen oder -Bungalows – ein Pool.

Ohne **Mietwagen** sind die Wege zum Einkaufen, zu Restaurants oder zum Strand von fast allen Häusern zu weit; er ist daher fast immer unabdingbar.

Buchungsmöglichkeiten für Casas Rurales/Ferienhäuser

Einige der ***Casas Rurales*** werden neben neuen Villen und Bungalows auch von Reiseveranstaltern unter Bezeichnungen wie »Ferienhäuser mit Flair« oder »Die besondere Adresse« angeboten. Größere Häuser sind bisweilen in separate Apartments unterteilt, so daß mehrere Mieter sich den Gemeinschaftsbereich (Garten, Pool) teilen, wenn nicht das ganze Anwesen von einer »Partei« gebucht wurde.

Buchung

Die *Casas Rurales* werden über verschiedene kanarische und deutsche Organisationen vermittelt, deren Telefon- und Fax-Nummern sowie Internet-Adressen unten gelistet sind. Im 62-seitigen Heftchen »***Turismo Rural en Tenerife***« (das auch als knappes Faltblatt »***Alojamientos Rurales de Tenerife***« erhältlich ist) sind über 40 *Casas Rurales* und die Landhotels des Programms abgebildet und beschrieben. Man kann es über die spanischen Fremdenverkehrsämter in Deutschland, Österreich oder der Schweiz beziehen (➢ Wissenswertes A-Z, Seite 535). Das Heft zeigt indessen nur eine Auswahl aller *Rural*-Quartiere.

Kanarische Buchungsbüros

AECAN (auch Englisch) und ATTUR (auch Deutsch) bieten das umfassendste Programm. Am besten im Internet ansehen. Die Preise bewegen sich überwiegend bei €50-€120/Tag und DZ je nach Ausstattung und Saison:

- **AECAN**, © 922-595019 und -595085, Internet: www.cip.es/aecan oder www.aecan.com
- **ATTUR** – *Central de Reservas de Turismo Rural de la Associación Tinerfeña del Turismo Rural*, Santa Cruz, Calle Nivaria, 9, Mo-Fr 9-14 Uhr, © & Fax 922-215582 (auch auf Deutsch), E-mail: tenerife@canary-islands.com. Gute Website: www.canary-islands.com/tenerife/attur.htm oder: www.ecoturismocanarias.com/canarias/es/istas.htm
- **ARICOTUR** vermittelt in der Südost-Region um Arico; €75-€100/Tag;
  Info und Buchung: 38580 Arico, Carretera General 11, © & Fax 922-161133.
- ***Centro Información Cultural y Turismo Local*** vermittelt Häuser zwischen La Laguna, Tegueste und La Matanza; €55-€270/Tag. Büro: Carretera General Tacoronte-Tejina, Tacoronte (La Estación), © 0034-922-570015, Fax -572703.
- **Santa Barbara** – *Associación de Tourismus Rural*: Landhaus-, Apartment- und Zimmervermittlung im Bereich Icod de los Vinos; © 922-121750, Fax -815571, besser über Handy: 626-911888 oder 657-176095/96.
- ***Canarias Trekking*** – Santa Cruz, Quevedo 1, *Edificio Gran Via*; © & Fax 922-201051, Internet: www.canariastrekking.com
- ***Canary Homes & Hotels***, Güímar; © 922-514030, Fax -514061, Handy: 670-568757; Internet: www.ecanarias.com/tenerife/hotels/homes/index.html

Buchungsbüros in Deutschland

Vermittlung von Villen/Bungalows und *Turismo-Rural*-Häusern in Deutschland:

- **Karin Pflieger** aus Hamburg vermittelt neun *Casas Rurales* auf Teneriffa (und weitere auf Hierro und La Palma), die ausführlich in einem Katalog und auf ihrer Website beschrieben sind: www.la-palma-turismo-rural.de; Email: turismorural.pflieger@t-online.de, in Deutschland erreichbar unter © 040-5604488, Fax 040-5604487.

Weitere Informationen im Internet unter

www.canarias-spezial.com
www.el-sur.de
www.ferien-finca.de

4

Ausgewählte Casas Rurales auf Teneriffa

Die folgende Auswahl von ***Casas*** oder ***Fincas Rurales*** deckt unterschiedlichste Preisgruppen und Teneriffa-Landschaften ab. Häuser im Norden sind stärker vertreten, was dem Insel-Angebot insgesamt entspricht. Auch in Veranstalterkatalogen zu findende Häuser sind darunter. **Bei den Preisen handelt es sich um Grobangaben. Generell liegen die Preise zwischen €50 und €120** am Tag, je nach Größe, Belegung, Austattung und Saison. Wer über die direkte Telefonnummer buchen möchte, sollte für die meisten Häuser über Spanischkenntnisse verfügen.

Metrobereich San Andrés (bei Santa Cruz)

- An der Ortsausfahrt Richtung Taganana (TF 12) besitzen ***Lola Rebrow*** und ***Heinz-J. Schneider*** ein **paradiesisches Gartengrundstück am Hang** mit Meerblick (5 min zum Strand). Zur Vermietung stehen ein kleines Ferienhaus (zwei Schlafzimmer, Wohnzimmer, Terrasse ab €50/Tag) und ein winziges Apartment (mit Koch- und Duschecke/Frühstückspavillon auf der Dachterrasse €30/Tag). ✆ &Fax 922-549097 oder ✆ 922-549016; Email: heschnei@vanaga.com.
- In der ***Ferretería La Granja*** (Eisenwarenladen an der Ortsdurchfahrt TF12) vermietet *Doña Carmen Morales* 4 einfache Zimmer für ca. €40/Tag; 13-15 Uhr und So geschlossen; ✆ 922-549008.

Häuser im Nordküstenbereich

La Esperanza

- ***Hotel Parque Los Patos*** (z.B. T). 6 Bungalows (alle mit Kamin, 2-4 Personen) stehen auf einem weitläufigen Garten mit Federvieh, Ententeich und Tennisplatz. Durch manche Baumäste ahnt man in der Ferne den Atlantik. Sehr ruhig. Die Besitzer im Haupthaus sprechen Englisch und lernen Deutsch. 2er-Belegung €54, 4er-Belegung €72/Haus; Calle Preventorio 9, ✆ 922-548004, Handy 669-785353 oder 699-229823, Internet: Internet: www.parquelospatos.com.
- ***Cho Pinito Cruz***, max. 7 Personen, 3 DZ und ein EZ mit Bad. Flaches kanarisches Haus mit Holzveranden an einer Nebenstraße. Garten mit Pool und Bäumen. Speiseraum mit Kamin Bei Belegung mit mehreren Parteien muß die Küche geteilt werden. 900 m hoch in Nebelzone gelegen, kein Meerblick. Nahe Esperanzawald. In Auto-Nähe liegen etliche *Guachinche*-Restaurants (➢ Seite 377). La Laguna und Santa Cruz sind schnell erreicht (10/20 km). Nächstes Städtchen mit Läden ist La Esperanza. Buchung auch über Jahn Reisen; ganzes Haus ca. €90-€100; Direktbuchung ✆ 922 548 436.
- ***Don Leandro*** (➢ Landhotels, Seite 582) verfügt zusätzlich über ein Apartment (Vermittlung über AECAN und ATTUR).

Punta del Hidalgo

- ***La Percuna*** (140 m² Wohnfläche) liegt ruhig am Dorfrand (1000 m zum Zentrum, Bushaltestelle 5 min) mit Blick über einen grünen *Barranco* auf die Berge und das Meer (15 min bergab zum steinigen Strand); geschützter grüner Patio; max. 8 Personen. Über AECAN, €75-€110/Tag je nach Belegung.
- ***Familie Bittermann*** besitzt das *Café Melita* in Bajamar und vemietet gegenüber zwei Häuser mit Meerblick: nur direkt über ✆ 922-150754 (deutsch).

Guamasa (bei La Laguna)

- ***Finca La Garimba***, 3 separate Einheiten (max. je 6 Personen) in einem kanarischen Haus (ohne Meerblick) mit Garten auf einem großen Finca-Gelände in ländlicher, aber recht eng besiedelter Zone: der ehemalige Kuhstall wurde zum Grillhäuschen umfunktioniert. Gut für Wanderungen im Mercedeswald. Hier in 600 m Höhe ist es im Winter oft kühl oder wolkig. Restaurants, Läden und Reitställe in Autonähe. Zum Baden fährt man etwa 20 km nach Bajamar, Hidalgo oder Puerto. Direktbuchung: ✆ 922-272927 und ✆ 922-272632.

Tegueste

- ***Finca El Porte***, sehr ansprechend renoviertes Haus; etwas zu nah an der Straße. Mit großem Gartengrundstück. Das *Portezuelo*-Tal ist üppig grün. Trotz starker Bebauung entsteht kein Eindruck häßlicher Zersiedlung. 2 separate Wohneinheiten für 4 oder 2-3 Personen. €105/Tag für beide Einheiten. Beliebte Restaurants an der gleichen Straße, gute Einkaufsmöglichkeiten erst in La Laguna (4 km entfernt). ATTUR oder direkt: ✆ 922 271 570 und ✆ 922 629 470 235.

Tacoronte (Ortsteil La Calidad)

- ***Los Viñedos***, herrliches altkanarisches Gutshaus (max. 6 Pers.) an einer Nebenstrecke. Terrasse, großer Garten, Schwimmbad und ein überwältigenden Blick aufs Meer und den Teide. In Villenumgebung in blühenden Gärten. Nächste Badestellen in El Pris, Bajamar, Punta del Hidalgo und Puerto. Restaurants und Einkaufsmögichkeiten in Autonähe. €90/Tag; ✆ 922-380103.
- ***La Deseada*** etwas unterhalb von *Los Viñedos* an derselben Straße. Haus mit zwei DZ auf einem größeren Grundbesitz mit mehreren Gebäuden, große Terrasse und Garten mit Blick auf Meer und Teide. Lage und Baden, ➢ *Los Viñedos*, €90. ATTUR oder direkt: ✆ 922-570399.

La Matanza

- ***Suerte Luna***, circa 600 m hoch, wo die dichte Besiedlung aufhört, herrlicher Blick aufs Meer und den Teide; viele Laubbäume. Großes 3-stöckiges Haus (max. 7 Personen), leider dicht am häßlichen Nachbargebäude. Kleiner Garten, Pool, Grillhäuschen mit altkanarischem Steinofen. Innen stilvoll-antik. Baden in Puerto de la Cruz; Preis nach Belegung €60-€90. ATTUR oder ✆ 922-275552.
- ***Madreselva***, prima Haus in einer Plantage mit Blick auf die Gärten; 2 Schlafzimmer (davon eins mit 4 Betten); max. 6 Personen. Nicht weit von La Matanzas unattraktivem Zentrum mit etlichen guten Restaurants und Läden. ATTUR oder direkt: ✆ 922-245312 und ✆ 922-286579.
- ***La Blasina***, 2 Doppel-Schlafzimmer (max. 4 Personen) und großzügiger, offener Wohn/Küchenbereich; großer Garten mit Meer- und Teideblick, Whirlpool; in 650 m Höhe ggf. kühl. Geschmackvoll eingerichtet. Sehr gute Wahl! €90 für 2 Personen. Extraperson €15/Tag; Baden und Infrastruktur ➢ vorstehende Häuser; Buchung über ATTUR oder direkt: ✆ 922-577406 und Handy 629-155790.

Santa Ursula

- ***Casa Peraza*** liegt zurückgesetzt in einer Nebenstraße in ländlicher, aber dicht besiedelter Umgebung. In der 2. Hälfte des Doppelhauses wohnt die Besitzerin, die ein winziges Lokal betreibt (nur sonntags). 2-3 stöckiges Haus mit drei Schlafräumen, Küche, Bad, Eß-/Wohnzimmer und Terrasse mit Teideblick; max. 6 Personen, €85; Buchung über ATTUR oder direkt: ✆ 922-300379.

Los Realejos

- ***La Gananía*** im Ort mit kleinem Garten und Patio, hübsch gestaltete Wohnung für max. 6 Pers., €85; Buchung über AECAN, bei TUI oder direkt: ✆ 922-286396.

Las Aguas (bei San Juan de la Rambla)

- ***Casa del Faro***, ein kleines Haus (max. 4 Pers.) mit Winzküche, direkt über dem Meer am Steilufer. Kleine Terrasse, kleiner Garten. Nur über 10 min Kliffpfad von Las Aguas aus zu erreichen. Im Ort Las Aguas gibt es einen Meerwasserpool über der Küste und ein populäres Terrassen-Restaurant. Etwas für Individualisten. ✆ 922-350131 (nur spanisch!); 2 Personen €36, 4 Personen (eng) €50.

El Tanque/Garachico

- ***Casas Las Cañitas***. Zwei separate Ferienwohnungen für je 2-3 Personen liegen auf einem weitläufigen Gelände am Hang (600 m, im Winter kühl!) unterhalb des Dorfes El Tanque; aus einigen Räumen wunderbar weiter Blick übers Meer. Gemeinschaftspatio mit Pool, Garten, Terrassen – eine herrliche Anlage. Kleine Dorfläden und autonahe *Canario*-Restaurants. Gute Wandergegend! Nächste Bademöglichkeit in Garachico. Buchen bei AECAN, €50-€75.

Buenavista

- die *Finca* ***El Castillo*** (4 Apartments mit Pool) liegt mitten in Bananenplantagen am unteren Rand von Buenavista. Direktbuchung unter ✆ 922-127591.
- ***La Cancela*** liegt außerhalb von Buenavista, einer kleinen Straße zum Playa de Arena (zu Fuß 10 min); 4 Apartments im Haupthaus, 1 separates Apartment, Pool. ✆ 922-127628, nur direkt.

Bereiche Ostküste und Süden

Güímar

- ***La Hoyita*** ist ein kleines Haus für max. 3 Personen. Wohnraum-Küche, DZ, Hof mit Barbeque, kleine Dachterrasse mit Meerblick und Obstgärtchen mit Papayas, Avocados; ein romantisches Anwesen in ländlicher, sehr zersiedelter Umgebung. Sympathisch rustikal, etwas für junge Leute. Die letzten Meter vom Mietauto zum Haus geht's nur zu Fuß auf ungepflastertem Weg. Lage: in La Hoya, einem Vorort des weniger attraktiven Städtchens Güímar. Zu zweit nur €45. ATTUR, Thomas Cook oder direkt: ✆ 922-511357 und ✆ 922-528551

Fasnia

- ***Las Vistas*** liegt auf 650 m Höhe relativ einsam in La Zarza, einem Ortsteil von Fasnia, wo es im Winter kühl und windig sein kann. Einfaches Bauernhäuschen für zwei Personen; nett eingerichtete Zimmer. Kleine Naturterrasse, Meerblick. Für die nächsten Kneipen, Restaurants und Läden braucht man ein Auto. Preis: €75/Tag, ATTUR oder direkt: ✆ 922-502261.

Arafo

- ***Casa el Cura Viejo*** liegt in einer ruhigen Straße am östlichen Rand des Dorfes mit Blick über *Barranco* und terrassierte Felder; drei Wohneinheiten für max. 6 Personen; jede mit einem DZ, Bad und Wohnküche; die beiden Salons, der Garten und Pool gehören zum Gemeinschaftsbereich. Einfache Restaurants und Läden sind zu Fuß erreichbar. Ansonsten braucht man ein Mietauto; €35-€48, Buchung bei ATTUR oder direkt: ✆ 922-511835.

Arico

Die folgenden Häuser liegen in Arico Nuevo, Villa de Arico oder in den zu Arico gehörenden kleinen Siedlungen, insgesamt einem ländlich-kargen Gebiet auf etwa 500 m Höhe. Sehr authentisch, kanarisch und ruhig.

- ***El Moral*** ist ein vorbildlich restaurierter kleiner Farmhauskomplex aus Naturstein mit kleinem Innenhof und Gartenterrasse; weiter Blick über die Felder aufs Meer. Großer Wohnraum mit Küche für 4 Personen. Die beiden Schlafzimmer sind im Nebengebäude untergebracht; sehr ruhig. Das kanarisch-adrette Dorf Arico mit einfachen Läden ist 2 km entfernt, man braucht ein Mietauto. Ein geräumiges Haus für Liebhaber der Einsamkeit mit nahen Wanderwegen. Kleine, untouristische Strände liegen unterhalb bei Fasnia und Abades – La Sabineta bei Arico Vieja, €80; Buchung bei ARICOTUR, ATTUR oder direkt: ✆ 922-278318 und Handy: 649 997 604.
- ***La Tunerea*** in Villa de Arico ist ein größeres typisch-altkanarisches Haus (max. 5 Pers.) mit Holz-Balkonen und -Treppen, Innenhof und Gemüsegarten. Von einigen Zimmern schaut man übers Dorf und die Berge. Stilvoll mit alten Möbeln ausgestattet. Das Dorf mit Kneipen und Läden für das Wichtigste erreicht man zu Fuß. €75, ARICOTUR, ATTUR oder direkt: ✆ 922-244825.
- ***Villa Isabel*** in Arico Nuevo, für max. 7 Personen liegt sehr ruhig am Dorfrand. Das großzügige Haus mit Patio und Grill-Terrasse und Blick zum *Barranco* hat einen riesigen Wohnraum mit Küche und zwei ebenfalls große Schlafräume. Das Dorf hat keinen Laden, nur ein kleines Landhotel; € 100/Tag. Buchen bei ARICOTUR, ATTUR oder direkt: ✆ 922-242246.

Bereich Westküste

Tamaimo (Santiago del Teide)

- ***Villa Antonio*** ist ein kleines Bauernhaus (max 4 Personen) ca 10 km oberhalb der Touristenretorte Los Gigantes in 800 m Höhe. Es liegt ruhig im alten Dorfteil, wirkt von außen abweisend, hat aber vom kleinen Terrassenhof einen weiten Blick über eine im Frühjahr grüne Schlucht; €60. Direkt: ✆ 922-863060.
- **»Bananenfinca«** bei Los Gigantes. Die *Finca* liegt 250 m über Los Gigantes (5 Autominuten zum Meer) mitten in Bananenplantagen und beherbergt ein Apartment. (2-3 Pers., € 45) und ein Studio (1-2 Pers., € 30); beide mit Terrasse, Liegen und Pool. Die deutschen Besitzer organisieren auf Wunsch Mietwagen, Wanderungen, Ausflüge und frische Produkte. ✆ 922-861409 (ab 22 Uhr) oder Handy: 670-965755; Internet: www.bananenfinca.de

Masca

- ***Morro Catana***, ein rustikales Natursteinhaus mit Garten im Ausflugs-Bergdorf Masca bietet einen tollen Blick auf die bizarre Berglandschaft und das ferne Meer. Nach Abfahrt der Ausflugsbusse wird es in Masca schnell ruhig. In der Umgebung beste Wandermöglichkeiten: Tenogebirge, um Santiago del Teide und oberhalb von Buenavista. Restaurants im Dorf; für Besorgungen braucht man hier ein Auto. Etwas für den besonderen Geschmack, max. 4 Personen Buchungen über Jahn-Reisen oder direkt ✆ 922-353197 und Handy: 696-465838.

4

4.4 Die schönsten Landhotels

Die meisten der hier aufgeführten Landhotels gehören zum Programm ***Turismo Rural***; sie lassen sich über die gleichen kanarischen Agenturen wie die *Casas Rurales* (➢ Seite 575) und großenteils auch über Reiseveranstalter buchen. Landhotels, die nicht dem *Turismo Rural*-Verbund angeschlossen sind, finden sich – soweit positiv beurteilt - unter den regionalen Unterkunftsempfehlungen.

Östliche Nordküste

Bei Tejina: Landhotel Costa Salada (1) (z.B. T, F, O, U)

Das *Costa Salada* ist das einzige Landhotel auf Teneriffa direkt oberhalb der (felsigen) Küste. In dieser alleingelegenen, einstigen Finca gibt es 3 Suiten, 12 DZ, 2 EZ – alle mit Meerblick und Sat-TV. Restaurant, beheizter Meerwasserpool, Sauna und Jacuzzi. Meerzugang über Leitern. Etwas für gehobene Ansprüche und die etwas größere Brieftasche. Zufahrt über die TF 161, die in Tejina von der TF 16 (Tacoronte-Hidalgo) abzweigt. DZ/F €90-€160. Sehr empfehlenswert. ✆ 922-690000, Fax -541055, Handy 670362000. Internet: www.costasalada.com.

Westliche Nordküste

Bei El Tanque: Caserío los Partidos (2) (z.B. T)

Tipp an der Waldgrenze: total ruhige Zimmer in idealem Mountainbike/Wandergebiet. 20 kurvige Kilometer zum Meer, 40 km in die Cañadas. Alter Finca-Komplex mit Teideblick. Im Winter kalt (nur kleine Zimmerkamine). Vorbestellt bekommt man ein wunderbares Abendessen (Lammkeule!). Sa/So wird es im Winter voll; in Bar und Leseraum flackern dann die Feuer. 12 rustikale Zimmer mit dezentem Komfort; **San José de los Llanos** (Zufahrt TF 373 Icod-Puerto de Erjos Kilometer 14, ausgeschildert); DZ €70; ✆ 922-693090/693138, ➢ auch Seite 364.

Bei Garachico:

Die folgenden ruhigen und komfortablen Unterkünfte liegen in Bananenplantagen auf einer flachen Landnase am felsigen, aber zu Fuß erreichbaren Ufer. Von Puerto de la Cruz kommend muß man für beide Häuser kurz vor Garachico in einer Rechtskurve auf kleine Hinweisschilder achten:

- ***Hotel Rural El Patio* (3) in El Guincho** (z.B. J, T, O, U). Altes Herrenhaus in Bananenplantagen, 18 geräumige Zimmer, großer begrünter Innenhof, beheiztes Schwimmbad, TV-Raum, Aufenthaltsräume, DZ €90, Frühstück und Abendessen extra. ✆ 922-133280, Fax 922-830089; E-mail: reservas@hotelpatio. com; auch Internet: www. hotelpatio.com.
- ***Finca Malpais Trece* (4) in El Guincho** (z.B. a, TUI). Modernisiertes Herrenhaus, 8 Zimmer. Von einigen Zimmern sowie von den Gartenanlagen Meer- und Teideblick, kein Schwimmbad, Eß- und Wohnräume mit TV. Abendessen auf Wunsch nach Voranmeldung. ✆ 922-830064; Fax 922-133068.

Ostküstenbereich

In Arico Nuevo: Hotel Viña Vieja (5)

Drei Arico-Dörfer (Viejo, Nuevo, Lomo) liegen in 400 m Höhe in kurzer Distanz an der TF 28 (Fasnia-Granadilla) in beiger Tufflandschaft. Sie sind völlig untouristisch und kanarisch schlicht, ohne dörfliches Plazaleben. Das Hotel ist dezent renoviert; ohne Meerblick, aber mit Pool, Patio und eigenem Gemüsegarten. Die überwiegend riesigen, hohen Zimmer und Bäder sind geschmackvoll mit alten Möbeln eingerichtet. Mit Bibliothek und Kaminsalon, denn in Arico kann es abends recht kühl werden. DZ ohne TV ab €70; ✆ 922-161131, Fax -161205.

Oberhalb Güímar: Sunny Side/La Raya (6)

Diese stilecht renovierte Finca liegt am Rande einer Schlucht mitten in Feldern. Nur 3 Zimmer und 3 Suiten (mit eigenen Terrassen) und Blick aufs Meer. Hotelgästen stehen Reitpferde zur Verfügung. Im Restaurant wird – nach Anmeldung – auch für Nicht-Hausgäste fein kanarisch gekocht. Sehr freundliche Wirtsleute. Kein TV, kein Pool. Nächster Strand in Puertito de Güímar (10 min Autofahrt); Suite/F in der Hauptsaison €140, DZ/F € 120 in beiden Fällen inkl. Benutzung der Reitpferde. Nicht-Reiter DZ/F €75; ✆ 922-513838, Fax -514857, Handy: 609-584697; Email: casalaraya@bch.navegalia.com; auch über ATTUR.

Zufahrt: Vom Rathausplatz Güímar bergauf zum Vorort Barranco La Hoya. Dort den Schildern folgen (hinter der Brücke links bis zum Kirchplatz, dort wenden und noch vor der eben überquerten Brücke links bergauf.

Bei Güímar: Finca Salamanca (7) (z.B. F, J, O, U, T)

Dieses Landhotel bietet stilvolle Eleganz auf herrlich weitläufigem Terrain mit Obsthainen. 16 Zimmer, davon 2 Suiten. Nächster Meerzugang: 4 km in Puertito de Güímar, akzeptabler schmaler Lava-Strand in Candelaria (10 km), richtig guter Sandstrand erst in El Médano (40 km). Die Umgebung wird landwirtschaftlich genutzt, aber in der für Südteneriffa typischen Weise: plastikverpackte Bananen-Plantagen. Gutes Restaurant im Haus, toller Garten, Terrassen, beheizter Pool. DZ ab €60; ✆ 922-514530. Internet: www.hotel-fincasalamanca.com

Zufahrt über Autobahnausfahrt 11/Güímar, dann bergauf auf der TF 61 Güímar-El Puertito; bei Kilometer 1,5 ist links die Einfahrt.

In Granadilla: Hotel Rural Senderos de Abona (8) (z.B. U, T, O, J)

Granadilla ist eine unattraktive Versorgungsstadt mit nur punktuellem kanarischem Charme, 10 km vom Strand von El Médano entfernt. Das Hotel liegt etwas versteckt und eingeklemmt, hat aber grüne Ausblicke. Der Obstgarten mit kleinem Pool und der liebevolle Patiogarten bilden winzige Oasen im steindominierten Terrain; nur 12 Zimmer; ✆ 922-770200, Fax -770308, DZ €90.

Bereich Südwesten

In Adeje: HotelFonda Centrál (12) (z.B. a ,T, O, U)

Das Hotel ist ein schön restauriertes Herrenhaus mitten im Dorf an der Hauptstrasse; aber ruhige Zimmer zum romantischen Patio hin; mit **Restaurant**; abseits vom Touristentrubel; DZ/F €32-45; ✆ 922-781550/-711887 und 607 386941, Email: FONDACENTRAL@terra.es; www.empresasadeje.com/pablo

Teideauffahrten

In Escalona (unterhalb Vilaflor): Hostería El Nogál (9) (z.B. a, F, J, O, T)

Diese große kanarische Hazienda (20 DZ) liegt zwar in Teneriffas Süden, aber mit 1.000 m in schon kühlen Höhen. Schöne Gärten, Terrassenpool mit tollem Blick über die mit Minivulkanen besprenkelte Südebene. Klassisch-kanarisch restauriert und möbliert, Holzböden, Heizung, Kamine. 17 km zur Küste (Los Cristianos), nur 20 km in die *Cañadas* zum Abendspaziergang und 5 km zu Wanderwegen um Vilaflor. DZ € 55-€ 75; Weihnachten und Ostern € 130; EZ deutlich preiswerter. ✆ 922-726050/-726009/-725329, Fax -725853; Email: h.enogal@teleline.es. Zufahrt: 150 m oberhalb Plaza Cruce de San Miguel am Camino Real (beschildert).

La Esperanza: Hotel Rural Los Tilos (10) (z.B. Ibero Tours)

An der unteren Kiefernwaldgrenze (Teideauffahrt/Ost unweit von La Esperanza - Carretera Escuela Hogar 17), fühlt man sich in diesem kleinen feinen Berghotel wie im Schwarzwald: 6 Viererzimmer, 1 DZ; Garten, Hydromassage-Badewannen und Sat-TV; winziger Pool, gutes Restaurant und kleines Sportangebot (Reiten, Mountainbiking); DZ/F € 60-€ 90/Person, Extra-Person 30% weniger, Kinder 50%. Zufahrt: von Esperanza bis kurz unterhalb von Las Raices, dann links zur *Escuela Hogar*; nach ein paar 100 m links. ✆ 922-548969; Internet: www.hotel-lostilos.com

Las Lagunetas: Hotel Casa Rural Don Leandro (11)

In 1.400 m Höhe auf einer von Kiefernwäldern eingerahmten kleinen Alm mit Ziegen, Pferden und Obstbaumallee liegt *Don Leandro*, ein großes, bestens renoviertes Farmhaus mit kleinem Restaurant, Pool, 6 DZ, 2 Suiten und einem Apartment (alle mit Heizung). Die Küche komponiert Menüs mit Produkten aus dem angeschlossenen Hof. Eine exklusive Landidylle; der Tip für heiße Sommerwochen. Zufahrt: TF 24 (La Esperanza-Teide) km 16, auf das Schild ***Las Lagunetas*** achten, dann ausgeschildert; DZ ab €70, HP €90; Apartment €100. ✆ & Fax 922-690307, Handy: 629-760083, Email: donleandro@terra.es.

Cañadas: Parador de Cañadas del Teide (13) (z.B. T, U, O)

Der *Parador*, einzige Unterkunft im Nationalpark, ist ein rustikal-gediegenes Berghotel am Fuß des Teidekegels, 4 km südlich der Seilbahn. Sehr guter Ausgangspunkt für Wanderungen in den *Cañadas*. Übernachter genießen morgens und abends die grandiose Landschaft ohne Tagestouristen. DZ ab €85; ✆ 922-386415 Fax 922-382352, Internet: www.parador.es.

4.5 Camping auf Teneriffa

Teneriffa ist nicht gerade ein Paradies fürs Komfortcamping, bietet aber Zeltcampern schöne, einsam gelegene Einfachplätze in den Bergen (➢ umseitig) und auch wildes Übernachten an verschiedenen Strandbuchten, ➢ Seite 44.

Die wenigen kommerziell betriebenen Campingplätze liegen fern der Küsten und genügen nur niedrigen Ansprüchen. Die Stellplätze sind meist beengt; Schatten ist rar. Wer im Wohnmobil den langen und teuren Weg nach Teneriffa antritt, hat meist ein Surfbrett auf dem Dach und steht in El Médano – dort allerdings kostenlos – direkt am Strand (ein offizieller Platz mit 100 Stellplätzen ist im Entstehen begriffen und soll demnächst eröffnet werden, ➢ umseitig).

In den spanischen Schulferien (Mitte Juni-Mitte September) zelten viele junge *Canarios* wild (d.h., ohne sanitäre Anlagen) in Buchten wie bei Taganana und Benijo im Nordosten oder an Stränden, die man nur auf Schleichwegen erreicht.

Kommerzielle Campingplätze

La Nauta (westlich des Südflughafens bei Las Galletas)

Dieser Platz liegt recht ruhig und unattraktiv. Man ist umgeben von plastiküberzogenen Bananenplantagen und (Herbst bis Frühjahr) von abgestellten Wohnwagen. Die Stellplätze sind recht eng; zum Zelten dient ein freies Feld. Winzige **Miethütten** (Tür, Fenster, 2 Betten), Poolanlage und Beton-Tennisplätze. Zeltplatz für 2 Personen mit Auto €12/Tag, Hütte € 18/Tag.

Zufahrt über die Süd-Autobahn, *Salida* 26 (Las Galletas), dann Richtung Meer; hinter Guaza rechts ab in die TF 653, dann ausgeschildert.

Oasis (oberhalb des Südflughafens)

Der Platz liegt mitten in vulkanischer Mondlandschaft, bietet aber einen weiten Blick über Plastik-Gewächshäuser bis zum Meer. Er wurde mit Mühe und Liebe angelegt, ist dennoch sehr einfach, aber sauber, bisher wenig Schatten und Grün; kleiner Pool. Viele *Canarios* kommen nur übers Wochenende in ihre hier abgestellten Wohnwagen. Preiswert: Auto mit Zelt und 2 Personen € 8/Tag.

Zufahrt: Vom Zentrum von San Isidro (dorthin über Südautobahnausfahrt 22) links in Richtung Atogo in die Parallelstraße oberhalb der Autopista (TF 645) einbiegen und nach knapp 5 km rechts dem Schild »*Oasis*« folgen.

El Castillo de Himeche (an der Westküste bei Guía de Isora)

Der beste Teneriffa-Campingplatz bietet in 380 m Höhe einen weiten Panoramablick übers Meer. Mit Stellplätzen von 60-200 m² genügt er mitteleuropäischen Ansprüchen. Saubere sanitäre Anlagen und großzügiger Pool. Viele Dauercamper mit Wohnwagen (Versorgungsanschlüsse vorhanden). Es gibt einige Holzhäuschen und Plätze mit Tischbänken für Zelter. *El Castillo* liegt weit entfernt von Meer und nächstem Supermarkt. Zwei Erwachsene mit Zelt/Auto kosten €12/Nacht; zus. Person €3, Kinder (2-10) €2, Zelt/Auto je €3, Wohnwagen/Camper € 5; Dauercamperplatz € 1.700/Jahr. ✆ und Fax 922-693063, Handy: 670-616454

Zufahrt: An der TF 47 von San Juan nach Guía de Isora achtet man rechts auf ein kleines blau-weißes Camping-Symbol, dem man auf schmaler Asphaltstraße durch Bananen-Plantagen bergauf folgt. Die Straße endet vor dem Campingplatz, der schon von weitem dank einer Toscastein-Burg zu erkennen ist.

Playa de la Arena (Nordküste unterhalb Tacoronte)

Die Anlage, die ein wenig wie eine Kleingartenkolonie wirkt, liegt an der Nordküste fernab vom Autolärm in einer Badebucht (Zufahrt durch den »Hochhaus-Tunnel«) direkt am Strand von Mesa del Mar. Neben Zeltplätzen gibt es auf dem Gelände 8 kleine Holzhütten (*cabañas*), außerdem ein Gartenrestaurant. Man hört nur das Meeresrauschen der bei Wellenreitern beliebten, etwas steinigen Bucht; © & Fax 922-753001.

Zufahrt: unterhalb von Tacoronte von der Straße Tacoronte-Tejina (TF 16) zum Meer abbiegen oder gleich ab Tacoronte die TF 165 nach Mesa del Mar nehmen.

Camping Municipal El Médano Montaña Roja

Im Sommer 2002 soll der neue Campingplatz (100 Stellplätze, gehobenes Niveau) zu Füßen des *Montaña Roja* fertig sein. Er soll das wilde Campen der Surfer mit ihren Wohnwagen beenden und das geschützte Gebiet der *Montaña Roja* bewahren helfen. Infos beim Touristenbüro in El Médano (➢ Seite 248).

Camping Municipal Punta del Hidalgo

Frühsommer 2003 war Teileröffnung des neuen Campingplatzes beim markanten Leuchtturm von Punta del Hidalgo. Geplant sind insgesamt 324 Zeltplätze, 72 Stellplätze für Wohnwagen und 20 Holzhütten (➢ Seite 382). Neben sanitären Anlagen sind Wäscherei, Kochstellen und ein Laden mit Apotheke vorgesehen.

Einfaches Zelten (kostenlos) auf staatlichen Zonas Recreativas

Etwas Besonderes ist das Zelten in den Wäldern unterhalb der *Cañadas* und im Anagagebirge in sogenannten *Zonas Recreativas*, die als **Picknick- und** (großenteils auch) als **Einfachcampingplätze** dienen. Sie liegen überwiegend in Höhen zwischen 1.000 m und 2.000 m. Dort kann es sogar im Sommer nachts empfindlich kühl werden. Im Winter sind diese Plätze nur etwas für Hartgesottene. Dafür entschädigt in den meisten Fällen ihre landschaftlich wunderbare Einbettung. Alle haben jede Menge Tischbänke und rustikale Grillöfen samt geschlagenem Holz (meistens) daneben, einige auch Wasser und sanitäre Anlagen.

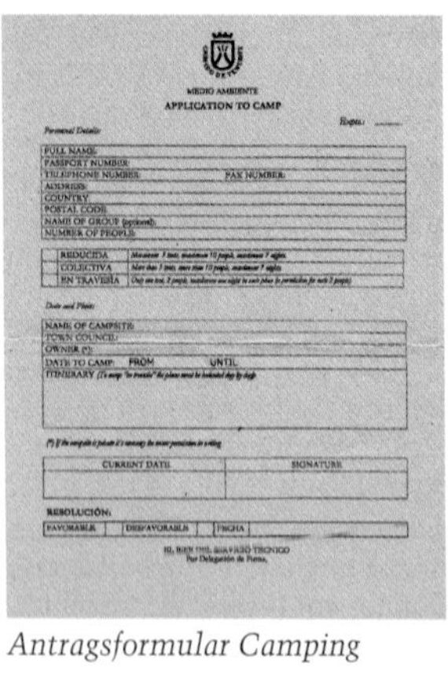
MEDIO AMBIENTE
APPLICATION TO CAMP

FULL NAME:
PASSPORT NUMBER:
TELEPHONE NUMBER: FAX NUMBER:
ADDRESS:
COUNTRY:
POSTAL CODE:
NAME OF GROUP (optional):
NUMBER OF PEOPLE:

REDUCIDA
COLECTIVA
EN TRAVESÍA

NAME OF CAMPSITE:
TOWN COUNCIL:
OWNER (*):
DATE TO CAMP: FROM UNTIL
ITINERARY

CURRENT DATE	SIGNATURE

RESOLUCIÓN:

FAVORABLE		DESFAVORABLE		FECHA	

Antragsformular Camping

Wer auf einem der Plätze (nur mit Zelt) campen möchte, braucht indessen ein **gratis ausgestelltes *Permiso*** (Erlaubnis) der ***Medio Ambiente de Cabildo Insular de Tenerife*** (Umweltbehörde) in Santa Cruz, *Edificio Miramar* (Stadtteil Ofra/Carretera El Rosario), © 922-239199. Via Fax (0034-922-239191) oder Internet (www.cabtfe.es) kann man ein Anmeldeformular anfordern (Englisch/Spanisch), das man maximal 30, spätestens 3 Tage vor der 1. Übernachtung ausfüllt und zurückfaxt bzw. -mailt. Dabei muß neben persönlichen Daten (Name, Pass, Adresse) die Zahl der Personen & Zelte angegeben werden. Ferner gewünschte Daten, Dauer und jeweils bevorzugter Platz. Wer eine Campingrundreise plant, muß genau planen.

Der Maximalaufenthalt pro Platz beträgt 7 Tage.

Offizielle (Picknick-) Plätze/ Zonas Recreativas mit Campingmöglichkeit

(Die Karte zeigt nur die reizvollsten Plätze, Nr. 3 & Nr. 4 kein Camping)

La Ensillada im Anagagebirge (900 m). Kleiner Platz im feuchten Laurisilvawald, einsam, wolkig. An der Straße TF 123 Bailadero-Chamorga.

Llano Viejo im Anagagebirge (700 m); schattiger Platz im Laurisilvawald. An der Straße TF 12 in der Nähe des *Mirador Cruz del Carmen.*

Calderetas im Kiefernwald-Gürtel westlich Ravelo/El Sauzal (1.000 m)

La Vica unterhalb des Kiefernwaldes westlich Ravelo/Matanza (800 m)

La Caldera im Kiefernwald in einem Krater an der nördlichen Teideauffahrt oberhalb Aguamansa (1.200 m). Wandern, Details ➢ Seite 395.

Chanajiga einsame Lage oberhalb von Los Realejos bei Palo Blanco (TF 326), Laurisilvawald-Reste, oft in den Wolken, schön (1.500 m).

El Lagar im Kiefernwald oberhalb von Guancha, weite Feldweg-Anfahrt, ab TF 322, tolle Lage (1.000 m).

Arenas Negras auf 1.300 m Höhe in einem Lavafeld mit Kiefern oberhalb von Garachico bei Montañeta (TF 373); hervorragend. Miethütten.

Chio in 1.600 m Höhe auf Lavakieseln in dünnem Kiefernwald an Westauffahrt in die *Cañadas* (TF 38). Oft über den Wolken. Irre Lage.

Las Lajas an der südlichen Teideauffahrt (TF 21) oberhalb Vilaflor. Große Kiefern, Spielplatz; prima Camping über den Wolken (2.000 m).

Los Frailes im Kiefernwald mit Blick über die Ostküste oberhalb Arafo an der Straße TF 523. Spazierwege, sehr schöner Platz (1.000 m).

Las Raices riesiger, populärer Platz im Kiefernwald an nordöstlicher Teideauffahrt TF 24, ca. 5 km westlich von La Esperanza (1.000 m). Verkehrsgünstig gelegen, aber dafür nicht so schön wie andere.

Information **im Internet zu diesen Plätzen**: www.gobiernodecanarias.org/cgi-bin/medioambiente

5. Transport, Internet & Literatur

5.1 Öffentliche Verkehrsmittel

Zum Thema »Öffentliche Verkehrsmittel« wurde das Wichtigste bereits eingangs auf den Seite 57 und 58 erläutert. Hier geht es nur noch um technische Details, welche die einleitenden Kapitel rein platzmäßig zu stark belastet hätten.

Zunächst zum Linienbussystem TITSA:

Bustarife und -fahrpläne

Fahrpreis-Beispiele	Einfache Fahrt in €	mit Bono Bus
Puerto-Santa Cruz	3,00	2,10
Puerto-Südflughafen	6,60	4,60
Puerto-Las Américas	8,40	5,80
Santa Cruz-Las Américas	5,40	3,70
Puerto-Aguamansa	1,50	1,10
Puerto-Parador/Teide	3,60	2,50
Puerto-Los Gigantes	4,00	2,80
Stadtticket	0,80	0,60

Mit dem **Bono-Bus-Tickets** (ab € 12) spart man im Stadtverkehr 25% und bei längeren Strecken bis zu 40% des offiziellen Fahrpreises. Verkauf an den Busbahnhöfen oder an Zeitungskiosken. Bei Fahrtantritt nennt man dem Fahrer sein Ziel und steckt die Karte in den Entwertungsautomaten. Außerdem gibt`s mit Bonobus 50% Ermäßigung auf den Eintritt in staatlichen Museen.

Im folgenden sind nicht alle, sondern nur die »**Touristenlinien**« der TITSA aufgeführt. Busverbindungen vor 6 Uhr wurden ausgelassen; die Abfahrtzeiten ändern sich gelegentlich. Wer auf Pünktlichkeit angewiesen ist (Abflug!), sollte sich aktuell vergewissern; **TITSA-Auskunft:** ✆ **922-531300** (24 Std-Dienst, spanisch und englisch). ◷ = **ungefähre Fahrtdauer in Minuten**.

TITSA-Info

Im **Internet** unter: **www.titsa.com**

Dynamische Entwicklung

Eine einspännige offene Pferdekutsche für 5 Personen nahm 1884 ihren täglichen Dienst zwischen Santa Cruz und La Laguna auf; 1901 wurde sie von einer elektischen Straßenbahn abgelöst, die bis 1957 verkehrte. Weil der Autoverkehr auf der Insel explodierte, setzt man nun wieder auf die gute alte Tram. Drei Linien soll es bis 2006 geben; Von Santa Cruz zum Nordflughafen, zum Südflughafen und nach San Andrés/*Las Teresitas*.

Die Stadtväter von Puerto de la Cruz träumen gar von einer Linie Güímar-Orotava, also per Tunnel unter der *Cordillera Dorsál* hindurch.

Busse ab Puerto de la Cruz

Alle Angaben Stand Ende 2003; Änderungen + weitere Linien unter www.titsa.com

Puerto Cruz
Icod
Gigantes
(Playa Arena)

⌚ 105 **Linie 325**

Hin	Rück**
06'20	08'40
08'40*	10'55*
10'40	12'55
14'40	17'15
16'45*	19'10*
19'15	21'25

*nicht Sa/So
**Playa Arena
10 Min vorher

Puerto Cruz
El Botánico
Orotava
Aguamansa
Parador Teide

⌚ 105 **Linie 348**

Hin	Rück
09'15	16'00

Puerto Cruz
Los Realejos
La Guancha
Icod

⌚ 70 **Linie 354**

Hin	Rück
07'30	08'00
alle 60 Min.	
20'30	19'00
21'45	20'10

Puerto Cruz-Icod

⌚ 65 **Linie 363**

Hin	Rück
6'00	6'30
all 60 Min.	
21'00	20'30
	23'00

Puerto Cruz
Botánico
La Orotava
Aguamansa
(* zum/ab
Picknickplatz
La Caldera;
Ausgangspunkt
für Wanderungen)

⌚ 55 **Linie 345**

Hin	Rück
07.00	09'00
08'45*	09'45*
09'35*	10'45*
10'20*	11*30*
11'15*	12'15*
11'45*	12'50*
12'30*	13'45*
13'15*	14'20*
14'00*	15'10*
15'00*	16'10*
15'45*	16'50*
16'30*	17'40*
17'15*	18'15*
18'00	19'10
18'45	19'55
20'15	21'10

Puerto Cruz
El Botánico
Autobahnroute
Los Cristianos
Las Américas
(Torviscas)

⌚ 105 **Linie 343**

Hin	Rück*
09'00	09'00
11'10	11'30
15'20	15'30
17'35	17'45

*Torviscas 10 min früher

Puerto Cruz
ohne Stopps
nach Santa Cruz

⌚ 40 **Linie 103**

Hin	Rück
06'50	07'00
07'50	08'00
08'50	09'00
alle 30 min	
18'50	19'00
19'50	20'00
20'50	21'40
21'50	

Puerto Cruz
Nordflughafen
La Laguna
Santa Cruz

⌚ 55 **Linie 102**

Hin	Rück
07'15	07'00
alle 30 min	
21'15	20'30
23'00	21'15
00'45	22'30
03'15	00'15
04'45	02'00
	04'30

Puerto Cruz
Botánico
Nordflughafen
Südflughafen

⌚ 85 **Linie 340**

Hin	Rück
07'10	09'45
12'00	14'00
17'20	20'00
21'45	23'30

Busse ab Santa Cruz

Alle Angaben Stand Ende 2003; Änderungen + weitere Linien unter www.titsa.com

Santa Cruz
La Laguna
Nordflughafen
Orotava/Icod
Garachico
Buenavista

105 Linie 107

Hin	Rück
07'15	6'45
09'15	08'45
11'15	10'45
13'15	14'45
17'15	16'45
19'15	18'45
Sa/So nur:	
09'15	06'45
11'15	08'45
17'15	14'45
19'15	16'45

Santa Cruz
San Andres
Bailadero -
Taganana-
(Almaciga) *

50 Linie 246

Hin	Rück*
06'50	08'00
10'30	11'50
13'10	14'30
14'15	15'40
17'05	18'20
19'15	20'35
Sa, So:	
07'05	08'15
09'10	10'40
11'40	12'55
14'15	15'40
17'05	18'20
20'15	21'30

* ab Almáciga jeweils 10 min früher

Santa Cruz
La Laguna
Tegueste
Tenija/Bajamar
Punta Hidalgo

70 Linie 105

Hin	Rück
7'35	9'00
alle 30 min.	
19'35	20'00
20'15	20'30
20'55	21'00
	21'30
	22'00

Santa Cruz
San Andrés
Las Teresitas

20 Linie 910

Pendeldienst von 6-23.15 Uhr
alle 15 min,
im Sommer öfter

Santa Cruz
San Andrés
Bailadero-
Chamorga

70 Linie 247

Hin	Rück
15'00	16'30
18'00	19'30
Samstags:	
07'30	08'50
15'00	16'30
18'00	19'30

keine Busse an Sonn- und Feiertagen

Santa Cruz-Nordflughafen

30 Linie 109

Hin	Rück
06'00	08'15
21'00	22'15

alle 60 min

Santa Cruz
Stopps an
Autobahn-
ausfahrten
Las Galletas

75 Linie 115

Hin	Rück
07'15	06'00
08'45	07'00
11'10	09'30
12'10	11'30
13'10	13'35
15'10	15'30
17'10	17'30
19'10	19'30
21'10	
Sa,So, feiertags:	
11'30	09'30
16'15	14'40
19'45	18'15

Santa Cruz Südflughafen

50 Linie 341

Hin	Rück
05'30	06'50
06'30	07'50
07'30	08'50
08'10	09'30
09'10	10'30
10'10	11'30
10'50	12'10
11'50	13'10
12'50	14'10
13'30	14'50
14'30	15'50
15'30	16'50
16'10	17'30
17'10	18'30
18'10	19'30
18'50	20'10
19'50	21'10
20'50	22'10
21'30	22'50
00'10	01'30

60 Linie 111

22'30	23'45
23'30	01'00
02'30	05'00

Busse ab Las Américas/Los Cristianos

Alle Angaben Stand Ende 2003; Änderungen + weitere Linien unter www.titsa.com

Las Américas
Los Cristianos
Las Galletas

⌚ 45 **Linie 467**

Hin	Rück
08'00	07'05
⌚ alle 60 min	
	19'05
22'00	22'40
23'50	23'10

Las Américas
Los Cristianos
Autobahbstopps
El Botánico
Puerto Cruz

⌚ 105 **Linie 343**

Hin*	Rück
09'00	09'00
11'30	11'10
15'30	15'20
17'45	17'40

*Torviscas
10 min früher

Los Cristianos
Las Américas
Fañabé -
La Caleta

⌚ 35 **Linie 441**

Hin	Rück
08'10	07'30
09'00*	08'50
	09'45
09'55	10'30
11'15	12'00
12'55	13'40
14'55	15'40
15'30	16'45
16'30	17'20
18'00	18'45
19'55	20'40

*ab Las Américas

Las Américas
Los Cristianos
Arona/Vilaflor
Parador/Teide
El Portillo

⌚ 130 **Linie 342**

Hin	Rück*
09'15	15'15
*Seilbahn	15'40
*Parador	16'00

Los Cristianos
Chayofa
Arona
Vilaflor

⌚ 45 **Linie 482**

Hin	Rück
11'00	12'00
17'00	18'15

Las Américas
Los Cristianos mit
Autobahn-Stopps
Santa Cruz

⌚ 90 **Linie 111**

Hin	Rück
06'00	05'30
22'00	21'30
alle 30 min	
danach	
23'15	22'30
00'30	23'30
04'30	02'30

jeweils mit **Flughafenanbindung**, ➢ links unten

Las Américas
Santa Cruz non-stop

⌚ 70 **Linie 110**

Hin	Rück
06'15	06'15
17'45	18'15
alle 30 min	
danach stündlich bis	
20'45	20'15

Las Galletas-
Las Américas-
Los Gigantes

⌚ 110 **Linie 473**

von 8-20 Uhr alle 20 min; früher & später seltener; letzter Bus

Hin	Rück
21'45	23'30

Los Cristianos
Las Américas -
Calloa Salvaje

⌚ 35 **Linie 472**

Hin	Rück
07'35	07'15
08'25	08'15
danach alle 60 min bis:	
19'25	20'15

Las Américas
Los Cristianos -
San Miguel -
Südflughafen

⌚ 45 **Linie 487**

Hin	Rück
07'20	08'10
08'20	09'10
09'20	10'25
10'20	11'25
11'25	12'10
12'25	13'10
13'20	14'10
14'20*	15'10*
15'20	16'10
16'20	17'10
17'20	18'25
18'20	19'25
19'25	20'10
20'20	21'00
21'20	22'00

*) nicht Sa, So, feiertags

Busse · Sonstige Buslinien

Buenavista
Masca
Santiago

55 **Linie 355**

Hin	Rück
06'15	
09'30	10'35
14'15	
15'45	16'55

ab Masca nach

Buenavista	Santiago
06'45	
10'55	10'05
15'00	16.15
17'15	

Buenavista-El Palmar-
Las Portelas

20 **Linie 366**

Hin:	Rück
05.30	06.00
07.30	08.00
09.30	10.00
13.15	14.00
17.30	18.00
19.30	20.00
Sa/So/feiertags:	
05.30	06.00
07.30	08.00
11.30	12.00
13.30	14.00
15.15	16.00
19.30	20.00

Las Américas
Guía de Isora
Tamaimo -Chío
Erjos -Santiago
El Tanque-Icod

95 **Linie 460**

Hin	Rück
05'25	05'45
07'20	07'30
09'45	10'00
12'00	12'00
13'55	14'15
16'00	16'00
18'00	18'00
20'00	20'10

Taxi: Alle Taxirufe jeweils 922 + angebene Nummer

Radiotaxi *Isla Teneriffa*: 24-Std-Dienst inselweit: ✆ -615111, -615190, -615200.
Unter den folgenden Nummern kann man ganz normal ein Taxi bestellen (selten auf deutsch), aber auch Inselrundfahrten vereinbaren:

Alcalá	867185
Arico	768057
Arona	795414
Bajamar	540485
Buenavista	841180
Candelaria	500190
Costa Adeje	715407
El Médano	177157
El Sauzal	561065
Esperanza	548172
Flughafen Nord	258 95
Flughafen Süd	392119,
Garachico	830056
Granadilla	392119
Guía Isora	850807
Güímar	510811
Icod	810895
La Guancha	828120
La Laguna	259907
Las Américas	791407
La Victoria	580107
Los Abrigos	176670
Los Silos	840164
La Matanza	577216
La Orotava	330174
Playa San Juan	867833
Playa de San Marcos	810345
Puerto de la Cruz	384910 385818, 380190
Los Realejos	340114
Rosario	548172
San Isidro	390990
San Juan de la Rambla	360134
San Marcos	810345
San Miguel	735147
Santa Cruz	621313 212233 212199
Santa Ursula	300031
Santiago/Teide	861627
Tejina	540109
Tacoronte	560635,
Tegueste	541 53
Vilaflor	709047

5.2 Autovermieter vor Ort

In Spitzenzeiten (Weihnachten/Silvester und Ostern) werden Mietwagen knapp. Wer dann spontan ein Auto braucht, kann Pech haben. Daher hier eine Liste fast aller Vermieter an den wichtigsten Urlaubsorten, um sein Glück per Telefon versuchen zu können.

Nordküste Puerto/Los Realejos

- 2000 SL, C/La Hoya 41, ✆ 922-382764
- Acay, C/El Pozo 4, ✆ 922-382476
- Alpes SA, C/El Pozo 4, ✆ 922-386811
- Auto Max, ✆ 922-383289
- Avenida, Avda. Generalísimo, 27. ✆ 922-383351.
- Berlín, Urb. La Paz,. ✆ 922-381974
- Betacar, Edificio Masaru - Urb. La Paz. ✆ 922-387311
- Böke S.L., C/La Longuera 27; ✆ 922-365090, Handy: 629-197235
- Borca, C/Cologán, 12; ✆ 922-385893.
- Cadillac, C/Melchor Luz, 6 - A; ✆ 922-381664.
- Canarias, C/Zamora, 17; ✆ 922-382833
- Ciscar, ✆ 922-632642
- City, Avda. Venezuela, 3; ✆ 922-385890.
- Cruz, C/La Marina, 8; ✆ 922-385958.
- Delta, C/Zamora, 5; ✆ 922-383247.
- Durazno, Urb. El Durazno - H.Los Dogos; ✆ 922-385151.
- Edelweis, La Paz, C/Castaño 2; ✆ 922-386955/-360.
- Guarda, C/Asomada, 3; ✆ 922-386699.
- Hara, C/Iriarte, 23; ✆ 922-380411.
- Herbie, Avda. Generalísimo, 34; ✆ 922-387551.
- Holidays Cars, C/Puerto Viejo, 52; ✆ 922-386300.
- Insular Autos, C/Pérez Zamora, 42; ✆ 922-380258.
- Iscar, Avda. Venezuela, 10 - Edificio Iberia; ✆ 922-380609.
- Jomasa, C/Cordobés, 55 - 2º; ✆ 922-380101.
- J.J.M., Automóviles, Avda. 25 de Abril, 82. Icod; ✆ 922-812752.
- Klaus, Edificio Altagay, 9 - Punta Hidalgo. ✆ 922-543492.
- Lema, C/Inglaterra, s/n. Puerto de La Cruz. ✆ 922-380652.
- Maivan, Carretera La Dehesa, 43; ✆ 922-386732.
- Martiánez, C/Bélgica, 40; ✆ 922-383002.
- Micar, C/Dtor. Ingran, 24; ✆ 922-386504.
- Mono, C/Guirres, 4; ✆ 922-386888.
- Montes, C/La Hoya, 63; ✆ 922-383931.
- Orlando, Carretera del Botánico; ✆ 922-370636
- Rojo, C/Las Cabezas, 3. Puerto de La Cruz. ✆ 922-383069.
- Rols, C/Valois 18; ✆ 922-385152.
- Rolf, C/Palmeras, 20. Los Realejos; ✆ 922-341621.

- Romar, C/La Hoya 64; © 922-380201.
- Robles, C/Aceviños, s/n - Edificio Masaru; © 922-380447.
- Sol, C/Camino del Coche 7, © 922-389848 und 609571358
- Suncars, C/La Hoya 58; © 922-380645.
- VIP, Carretera Botánico 80; © 922-387511.

Restliche Nordküste

- Auto Weber, jetzt Schmitty Cars, Orotava, © 922-322188
- Alimar, La Matanza, Puntilla del Sol, © 922-577817
- Isogue, Avda. Gran Poder, 109 - Bajamar. © 922-541611
- National Atesa, Ctra. Socorro, 259. Tegueste; © 922-638195.
- Sacrauto, Carretera del Socorro, 3. Tegueste; © 922-543455.
- Teide, C/Calvario, 265 - Los Naranjeros; © 922-561922.
- Volante, C/La Unión, 23. Los Realejos; © 922-342053.

Der Süden

Las Américas/ Los Cristianos

- 2000, S.L.. Urb. Torviscas, s/n - San Eugenio, © 922-794262
- A.V.M, España, S.A., Torviscas BL.L-0-2, © 922-796803.
- Alfajet, Avda. Litoral, Res. El Camisón - L.4, © 922-750899.
- Autored, Avda. Penetración - P.Royale, 26, © 922-794308.
- Ayoze, Edificio Soledad, P.1, 3B - Los Cristianos, © 922-794469.
- Classic Car, C/Cal. Verónicas 11, © 922-792455.
- Contreras, C/La Postura, s/n. © 922-780980
- Cora, Urb. Montaña de Yaco, 11 - San Isidro, © 922-770336.
- Ferrari, Local 2 Paloma Beach - Cristianos, © 922-791965.
- Fortes, C/Atalaya Court - Urb. Torviscas Alta, © 922-750381.
- Gomba, Avda. Suecia, 9 - Los Cristianos, © 922-791081.
- Interautos, Hotel Princesa Dácil, © 922-791007.
- J.R.Josez Ruthus, C/Chayofa, 99. Arona, © 922-791126.
- Jocava, Pueblo Canario - Entrada Park, L.1. © 922-794369.
- Lang, Hotel Palmeras - Las Américas, © 922-792871.
- Las Américas, Edificio El Sur 5 - Las Américas, © 922-790825.
- Lowny, Apartamento Laguna Park 1, © 922-794573.
- Luis, Hotel Acapulco L.6 - Las Américas. © 922-790795.
- Mencey, Avda. Penetreación - Apt. California, © 922-792272.
- Minis, Puerto Colón L.120, © 922-792390.
- Motos Afai, Edificio EL Dorado L.8. Arona. © 922-792968.
- Natsan, Villa Tagoro - Urb. Torviscas, © 922-751669.
- Nizza Rent, Rafael Puig, Paraiso Royal 8. Adeje, © 922-792925
- Oasis Solaire, Edif. El Dorado, Las Américas, © 922-793454.
- Orlando, Las Américas, © 922-370636.
- Orotava, Avda. Suecia, 22 - Los Cristianos, © 922-792474.
- Raymond, Parque Cattleya, L 4. Arona. © 922-795253.

- Reyes, C/Juan XXIII, s/n - Los Cristianos. ✆ 922-791552.
- Status Cars, C/Los Diamantes, 2. Arona. ✆ 922-783365.
- Tamarán, Edificio Playa Azul, L.20. ✆ 922-794757.
- Vajia. Avda, Suecia - Los Cristianos. ✆ 922-791645.
- Sueño Car, Playa Fañabé, Local 18. ✆ & Fax 922-712405.

El Médano/ Las Galletas

- Bernardino, (auch Scooter), Av. Espana 16, ✆ & Fax 922-176205
- Cristina, C/José Galván Bello, 11 - El Médano, ✆ 922-704675.
- Médano, ✆ 922-177062.
- Sancho, Poeta Viana 3, ✆ 922-176851.
- APECA, C/Galo Ponte, Edf. Tio Claudio; ✆ 922-177062
- Sancho, El Médano, ✆ 922-176851, Fax -176776
- Yaiza, C/Trece, El Médano, ✆ 922-704.013.
- Mar y Flor, Las Galletas, Rambla 22; ✆ 922-731191

Westküste

- Enriqueos, Apt. Arenas Negras - Playa Arena. ✆ 922-867377.
- Jama, Comercial Arcade, 7 - Los Gigantes. ✆ 922-111115.
- Tamay, Puerto Santiago, im Apt. Sombrero, ✆ 922-867786
- Las Rosas, C/Herrador, 14 - Puerto Santiago. ✆ 922-867507.

Metro Santa Cruz/La Laguna

- Abaco, Pasaje Ojeda 6. Santa Cruz, ✆ 922-274951.
- Ada, C/Emilio Calzadilla 8, Santa Cruz ✆ 922-274953.
- Alamo, C/Sabino Berthelot 2. Santa Cruz, ✆ 922-289711.
- Alonso, Avda. Trinidad 80, La Laguna, ✆ 922-254429.
- Alpa, C Bethencourt Alfonso 4-3. Santa Cruz, ✆ 922-241204.
- Alpes, C/La Rosa 81. Santa Cruz, ✆ 922-286405.
- Alquileres de TFE, C/ P. Guacimara, 9 . S/C ✆ 922-242627.
- Altesa, C/Bethencourt Alfonso 3. ✆ 922-242623.
- Añaten, C/Bethencourt Alfonso 8. Santa Cruz, ✆ 922-245973
- Avis, C/Imeldo Seris, 21. Santa Cruz, ✆ 922-241294.
- Furgonalg, Camino La Villa, 65. La Laguna. ✆ 922-.258739.
- Gecar, C/Bethencourt Alfonso, 4. Santa Cruz. ✆ 922-246764
- Hertz, Avda. Anaga, 7. Santa Cruz. ✆ 922-274805.
- Isabil, C/Porlier, 44. Santa Cruz. ✆ 922-269653.
- Jocar, Rambla Pulido, 89 - 1º. Santa Cruz . ✆ 922-271488.
- Kar Mans, C/La Rosa, 58. Santa Cruz . ✆ 922-276726.
- La Salle, Avda. La Salle, 32. Santa Cruz. ✆ 922-227802.
- Leman, C/Fernández Herrero, 11. Santa Cruz. ✆ 922-211552.
- Lomar, C/San Clemente, 14 - 1º. Santa Cruz. ✆ 922-286153.
- Numancia, C/Méndez Núñez, 42. Santa Cruz. ✆ 922-274700.
- Occa, C/Fernández Navarro, 15-17. Santa Cruz. ✆ 922-230.499.

5.3 Motorrad- und Fahrrad-/Bikeverleih

Motorräder/Scooter

- Los Cristianos:
  Dadashnjad, Av. Penetración 14, ✆ 922-751703
- Los Cristianos:
  Fumero Reveron, Valle Menéndez 24, ✆ 922-792850
- La Matanza: *Autos Alimar*, Av. Berlin 104, ✆ 922-577817
- Puerto de la Cruz:
  Autos-Rueda, Ctr. Gral. Las Arenas 30, Local 7, ✆ 382902
- Puerto de la Cruz: *Zig-Zag Motos*,
  Ctr. Gral. Las Arenas 30, Local 7, ✆ 922-382902
- Puerto de Santiago, *Dominguez Linares*,
  Ctr. Gral. Puerto de Santiago 58, ✆ 922-867234
- La Laguna/La Higuerita,
  Kit Cars 43, Calle Alfonso Garcia Ramos 8, durchgehend 9-21 Uhr, Sa bis 13 Uhr, So zu; Scooter ab €20 (inkl. Versicherung), Discount bei Dauermiete; ✆ 922-656254

Organisierte Motorrad-Touren auf Teneriffa und nach Gomera bietet *moto-sol* - Motorrad-Erlebnis-Reisen&Touren: Ein- oder mehrtägige Trips mit Servicewagen für Gepäck, Picknicks etc; Info und Buchung über:

- www.canary-guide.com/tf/moto-sol, ✆ & Fax: 922-773229; Buchungsbüro Hamburg: ✆ 040-6425794, Fax -6412476, Email: NICEBIKE-ART@t-online.de.
- *Motorbike Excursions & Events*; ✆+Fax 922 691468, Buchungsbüro in Hamburg: ✆ 040-6425794, Handy 610-681581101; Internet: www.moto-sol.de

Fahrräder/Bikes

- La Laguna:
  Kit Cars 43, C/Alfonso Garcia Ramos 8, ✆ 922-656254
- El Médano:
  Jürgen Tiltmann, ✆ 922-700686, (Puerto:922-383500),
- Los Cristianos:
  Beltran Bethencourt, Av. Marítimo s/n, ✆ 922-795078
  Bicisport, ✆ 922-751829,
  Diga-Sports, Park Club Europa, ✆ 922-793009
- Las Américas:
  Pol, Av. Raffael Puig s/n, ✆ 922-750485
  Rafting Bike (im Kleinbus auf 2000 m Höhe und per Drahtesel über Vilaflor 35 km bergab, ✆ 922-713030, ➢ Seite 520.
- Puerto de la Cruz:
  Mountainbike-Verleih *Aktive* (auch geführte Touren); Calle Mazaroco, Edificio Daniela 26 (beim ZOB); ✆/Fax 922-376081, Handy 620 005998; Internet: www.mtb-active.com

5.4 Teneriffa im Internet

(Sp = spanisch, E = englisch, D = deutsch)

Allgemeine Websites zu Teneriffa

- **www.institutum-canarium.org**

die wohl anspruchsvollste (D) Internetseite über die kanarischen Inseln. Das Wiener Institutum Canarium von 1969 ist eine internationale Forschungsgesellschaft, die sich mit Kultur, Historie, Archäologie, Soziologie, Ethnologie, Geologie, Biologie und der Tourismusentwicklung des Archipels befasst. Bibliografie und Kanaren-Links; Suchdienste und Suchkataloge. Aktueller Schwerpunkt: kanarische Felsbilder.

- **www.teninfo.com** - einfach alles über Teneriffa, speziell Tourismusentwicklung etc., eine Fundgrube an Zahlen, Daten, Fakten, (Sp und D).
- **www.canarias.org** - wie oben, aber täglich aktualisiert

Veranstaltungen

- www.vivecanarias.com - Veranstaltungskalender mit Link auf
- www.auditoriumdetenerife.com – u.a. Tickets für Veranstaltungen im architektonisch grandiosen Auditorium von Santa Cruz

Regierung und Verwaltung

- www.gobcan.es = Offizielle Regierungsseite zu Wirtschaft, Politik, Geschichte, Architektur, Tourismus, Umwelt und Kultur;
- www.cabtfe.es = renovierungsbedürftige Regierungsseite Teneriffas; Zugang zu den Ministerien und zum offiziellen Regierungsanzeiger; mit umfassender Touristinfo-Seite; Suchfunktion
- www.sctfe.com = Santa Cruz, das Portal der Hauptstadt
- www.costas-adeje.es = Rathaus in Adeje
- www.arona.org = Rathaus Arona
- www.granadilla.com = Rathaus Granadilla

Links zu weiteren Gemeinden/*Ayuntamientos* über

- www.canarias.org/ayuntamiento
- www.parcan.rcanaria.es = kanarisches Parlament (Sp)
- www.cistia.es/cabildotf/ingles/index.html (Sp); Teneriffas Städte offizielle Politik und Wirtschaft)
- www.historia-viva.org und www.aytolalaguna.com (La Laguna)

Universität La Laguna

- www.ull.es = (Sp) Semesterpläne, Sprachkurse der Uni
- www.librerialemus.com (Uni-Bücherei Lemus)

Informationen der kanarischen Touristenbüros

- www.tenerifeonline.com = Info und news (Sp-E-D)
- www.turarona.com = (Sp-E-D)

- www.arona.org/turismo; auch D (Süden: Las Américas, Los Cristianos, Costa Silencio); ladeintensiv
- www.puertodelacruz.org = (Sp-E-D) mit Event-Kalender
- www.gobiernodecanarias.org/turismo
- www.webtenerife.com/index = (E) Katalog für Info und Buchung
- www.tourspain.es = (D) alles für die Reiseplanung auf die Iberische Halbinsel; die Kanaren sind nur am Rande vertreten

Private/kommerzielle Websites

- www.hoermann-bc.de/kanaren.html = (D) private Homepage mit Fotos, Wetter, Webcamera-Links, Videos
- www.canary-guide.com (D) kommerziell mit Suchmaschine
- www.canarias24.com
- www.eurosol.com (E) touristische Links zur Nordküste
- www.tenerifeguide.com (E)
- www.thebestoftenerife.com (E) kanarischer Tourismus total
- www.ecanarias.com (D, E, Sp) Umfassendes Branchenbuch mit Flüge/Fähren/Hotel/Apt/Auto/Bike/Rurál-Buchung 4000 Seiten; Immobilien/Kooperation mit 140 Firmen
- www.abcanarias.com (mit Buchung)
- www.bjerkholt.com/tenerife
- www.islas.com

Spezielle Websites nach Themen

Umwelt/Natur/Wandern

- www. pateatusmontes.com
- www.dav-summit-club.de (Deutscher Alpenverein)
- www.step.es/jardcan (Botanik)
- www.gobiernodecanarias.org/medioambiente (Sp, E: Botanik)
- www.mma.es/edu (Vögel, Videos)
- www.grupoweb.net/delfinesyballenas = Fotogalerie: kan. Wale
- www.gobcan.es/medioambiente (Öko-Bücher, CDs, Wandern)
- www.desnivel.es (spanische Bergwelt)
- www.gobiernodecanarias.org/medioambiente/eng/education/index.html = (Sp, E) Wald-Campingplätze
- www.mma.es/educ/ceneam = 20 Min. Video über Natur & Küsten
- www.1travel.de/meer/wwkanaren.html = Meere; Gomera-Wale; Literaturliste, Praktikum
- www.kanaren-aktiv.de
- www.m-e-e-r.de, sanftes Whale Watching, ➢ Seiten 255ff

Segeln, Surfen

- www.tenerife.net/ECCYACHT/index.html - Charterjachten
- www.tenerife-boarding-world.com (Surfen, Kiteboard)

Karneval

- www.carnavaldetenerife.com

Vermietungen/Buchungen

- www.teneriffa-travel.de (Privat-Vermietungen)
- www.canarias-spezialcom (Landhäuser)
- www.buchungsmaschine.de
- www.reise-preise.de
- www.vermietung.teneriffa.com (nur Puerto de la Cruz)
- www.ilk.de/hgts/auto
- www.holidaytenerife.com = (E) Studios, Apt., Hotels, Villas
- www.teneriffa--ferien-reisen.de

Hotels

- www.hotelsearch.com/state/canarias.html -
- http://interhotel.com/spain/es/index.hotels

Wetter:

- www.iac.es/weather/otdata/index.html = Wetterbericht
- www.iac.es/weather/lastest/can.jpg = aktuelles Satellitenbild
- www.inm.es/wwc/html = Wetterkarte
- www.puertos.es = Seewetterbericht
- www.asdetour.com = nach Inselregionen

Web-Cameras:

- Puerto - Playa Jardin: www.foton.es/apc/webcam.jpg
- www.puertodelacruz.org/webcam
- Nordküste - La Quinta: www.schauenburg.de/tfs
- Süden Playa de las Vistas: www.arona.org/turismo/camara
- Teideblick von Orotava: http://victoria.teneriffa.com

Wörterbuch der kanarischen Sprache

- www.iac/galeria/westend/guanye.html

Printmedien, deutschsprachig

- www.wochenspiegel-kanaren.com
- www.infocanarias.com (mit Fachbüchern zum span. Recht)
- www.kanarische-rundschau.com
- www.teneriffa-magazin.com

Printmedien, kanarische

- www.eldia.es
- www.la-opinion.com
- www.diariodeavisos.com

Parks, Attraktionen, Museen

- www.loroparque.com = Loropark, Puerto
- www.cip.es/avecstruces-tenerife = Straußenfarm mit Restaurant

- www.cabtfe.es/areas/museos/guia
- www.museosdetenerife.org

Landkarten
- www.atlantis.es/mapas/maps.html
- http://ccdis.dis.ulpgs.es/canarias/tenerife/mapa.html
- www.grafcan-rcanaria.es
- www.puertodelacruz.org/comunes/mapa/framemapa.html
- www.wanderkarte-teneriffa.de (46 Touren, 25 Busrouten)

Tauchen (siehe auch Süden/Praktisches)
- www.divingtenerife.com/deutsch (D)
- www.tenerifebuceo.com
- www.cuatrogrados.com/ponto
- www.arrakis.es/~atlantik
- www.canary-guide.com/tf/tenesub (D)
- www.tenerifafondo.org (E, Sp)

Turismo Rural (➢ auch Seiten 255ff)
- www.casaspain.com
- www.canary-islands.com/tenerife/attur.htm
- www.canariasTrekking.com
- www.cip.es/aecan
- www.ecanarias.com/tenerife/hotels/homes/index.html
- www.ferien-finca.de (Private Unterkünfte, Topseite)
- www.toprural.com
- www.teneriffa-travel.de
- www.finca-iberia.de
- www.teneriffa2000.de
- www.ecoturismocanarias.com/tenerife

Privathäuser
- www.canarias-spezial.com (Häuser im Süden und im Norden)
- www.sucasa.de
- www.el-sur.de

Radiosendung (D)
- www.radioeuropa.ws; (102.3-103.0-103.7-106.1-102.9) = Radio Europa 24-Stunden, stündlich deutsche Nachrichten.
- www.megawelle.com

Verkehr
- Fähren: www.fredolsen.com + www.trasmediterranea.es
- Busse:www.titsa.com
- Flüge: www.aena.es/vuelos/anea.html = Flugauskunft, Flugpläne, aktuelle Flugverspätungen (on-line!)

La Gomera

- www.gomera-island.com = Gomeras Tourismusbüro
- oekotours.com = jeden Wochentag eine andere (geführte) Wanderung (D)

Sonstige/Allgemeines

- www.paginas-amarillas.es (Branchentelefone)
- www.paginasblancas.es (Telefonbücher)
- www.canarias-saturno
- www.teneriffa-infobuch.com = Residenten-Handbuch (Branchen)
- www.teneriffa.de = Lange Linkliste
- www.insulae-fortunatae.de/ = Geologie, Geschichte in Phasen
- www.canarias24.com = (E) Leipziger Allerlei
- www.canary-isles.com = (E) kunterbunte Seite
- www.tenerife.net = (D,E,Sp) Allgemeines über die Insel
- www.Cybercanarias.com = (Sp) Kaufhaus, Buisiness-Seite
- www.fredolsen.es/piramides (Sp,E,D) Pyramiden von Güímar
- www.schwarzaufweiss.de/kanaren/tabelle3.htm = kleine Homepage, alle Kanaren, Geschichtstabelle
- www.canaryonline.com = ecanarias.com (D, E, Sp)
- http://citizens.eu.int = Rechtshinweise für EU-Bürger (D) (Auswanderer, Firmengründer etc)

5.5 Ausgewählte Literatur und Karten

Allgemein (Spanisch)

- Pedro Hernández Hernández (Hsg), »***Natura y Cultura de Islas Canarias***«, La Laguna/Teneriffa, 7. Auflage 1999

Eine sehr informative kanarische Enzyklopädie. Über Geographie, Natur, Guanchen, Geschichte, Kunst, Flora und Fauna bis hin zur aktuellen sozioökonomische Situation des Archipels. Reich bebildert, viele Tabellen. Dickes Handbuch (700 Seiten) für den wissbegierigen und sprachkundigen Kanaren-Fan.

- Pedro Hernández Hernández (Hsg), »***Conocer Canarias - Mil preguntas y respuestas para disfrutar***«, Tafor, La Laguna 2000

Nach dem amerikanischen FAQ-Muster wurden 1000 häufige/interessiernde Fragen kapitelweise für die Kanaren zusammengestellt. So erhält man kurze und knappe Antworten über das Wesentliche. Das Nachschlagen wird spannend gehalten. Reich an Bildern, Karten und Tabellen.

- *Centro de la Cultura popular canaria* (Hsg), »***La Enciclopedia de Canarias***«, Teneriffa und Gran Canaria 1999

Wer plant, ggf. auf dem Archipel zu leben, schon dort wohnt oder immer wieder kommen möchte, wird irgendwann diesen dicken

Schinken in sein Regal stellen. Die Koryphäen der Kanaren gehen umfassend auf alle Aspekte von Staat und Gesellschaft, Natur und Geschichte ein. Mit ausführlicher Bibliographie.

- Richard Pott u.a.: **Die kanarischen Inseln - Natur- und Kulturlandschaften**; Ulmer Verlag Stuttgart 2003, 320 Seiten, €39,90.

Drei Professoren zeichnen ein umfassendes Porträt des Archipels. Auf hohem Niveau, nichtsdestoweiger gut lesbar, werden u.a. behandelt: Vulkanische Entstehung, Öko- und Wassersysteme, die Nationalparks und – extensiv – die Flora. Mit ausführlicher (wissenschaftlicher) Bibliographie und über 300 Fotos und Graphiken; etwas für den Gabentisch des Kanaren-Fans.

Thematisch geordnete Empfehlungen

Vulkanismus

- Walter Hähnel: »**Geologie und Vulkanismus von Teneriffa - Das Innere der Erde und das Äußere der Insel**«, Teneriffa, 3. Aufl. \`97

Der Preis von € 10 für das 64 Seiten starke Heft ist zwar happig, aber wer sich in die Erdgeschichte Teneriffas einlesen will, kommt an dem Büchlein nicht vorbei. Eine gründliche Einführung in die Geologie, den Vulkanismus und die Entstehung der Kanaren gehen den inselspezifischen Kapiteln voraus. Mit geologischer Formationstabelle und kleinem Fachlexikon. Auch in Insel-Büchereien erhältlich.

- Hans-Ulrich Schmincke: »**Vulkanismus**«, Wissenschaftliche Buchgesellschaft, Darmstadt, 2. Auflage 2000, Paperback

Auf 264 Seiten eine reich bebilderte, wissenschaftliche (aber anschauliche) Darstellung des Vulkanismus. Das Buch geht in einigen Abschnitten auch auf die kanarischen Inseln ein und arbeitet die Unterschiede bzw. Ähnlichkeiten zwischen Hawaii und den Kanaren heraus.

- Vicente Arana, Juan C. Carracedo, »**Los Volcanes de las Islas Canarias**«, Bd I Tenerife (mit engl. Übersetzung), Madrid 1978.

Viele Fotos und Zeichnungen veranschaulichen die vulkanischen Materialien und Strukturen im Allgemeinen und speziell auf der Insel. Der letzte Teil informiert über die geologischen Auswirkungen auf Wirtschaft und Gesellschaft Teneriffas. Auf der Insel erhältlich.

Pflanzen (und Tiere)

- Hermann Schmidt, »**Pflanzen auf Teneriffa**«, Basilisken-Presse, 2. Auflage Marburg/Lahn 1997

Das Fachbuchangebot über die Inselvegetation ist groß; Schmidts Werk gilt als **Klassiker für die tinerfeñische Flora**. Wer sich ohne Vorkenntnisse über die vielen endemischen Inselpflanzen einlesen möchte, sollte es sich schon frühzeitig zu Hause besorgen (mindestens 3 Tage Lieferzeit), da es auf Teneriffa sehr schwer zu finden ist. Gute Fotos, sehr klare Beschreibungen.

- David Bramwell y Zoe I. Bramwell: »***Historia Natural de las Islas Canarias - Guia Basica***«, Editorial Rueda, Madrid 1987

Diese umfassende Naturgeschichte des Archipels führt auf den ersten 20 Seiten ein in die kanarischen Biosphären an der Küste, den unteren und oberen Berghängen, sowie die Waldzonen.

Anschließend wird die gesamte kanarische Flora und Fauna (einschliesslich der Meerestiere) in Zeichnungen oder Fotos mit Kurzbeschreibungen aufgelistet. Trotz der Fachbegriffe ist das Buch auch ohne besondere Spanischkenntnisse verständlich; Nachteil: nur mit lateinischer und spanischer Nomenklatur.

- David Bramwell, Zoe I. Bramwell u.a.: »***Wild Flowers of the Canary Islands***«, Editoriál Rueda, Madrid, 2. Auflage 2001.
- Myrtle and Philip Ashmole: »***Natural History Excursions in Tenerife, A Guide to the Countryside, Plants and Animals***«, Kidston Mill Press 1989.

Viele Pflanzen und Tiere werden neben Ausflügen, wo man sie am ehesten beobachten bzw. sehen kann, kurz beschrieben. Für den biologisch und zoologisch Interessierten; ohne bunte Bilder. Jedoch nur nur auf Englisch

Zwei Klassiker sind

- Dieter Lüpnitz: »**Kanarische Inseln - Florenvielfalt auf engem Raum**« Sonderheft 23, Palmengarten Stadt Frankfurt/M 1995.
- Günther Kunkel: »**Die Kanarischen Inseln und ihre Pflanzenwelt**«, Stuttgart 1987

Vögel

- Eduardo Garcia del Rey: »**Where to watch birds in Tenerife**«, Turquesa Ediciones, Santa Cruz 2000, ISBN 84-95412-07-1

Ein kompetenter ornithologischer Führer mit 67 Detailkarten erläutert und beschreibt, wann wo was warum zwitschert.

- Tony Sánchez: »***Aves***«, ISBN 84-7207-136-7 viele Fotos, €30

Fische

- Wer Appetit auf Tintenfische hat, liest das Mark Normanns »**Tintenfisch Führer**« (800 Fotos!), Jahr Verlag Hamburg 2000
- Alberto Brito u.a.: »***Peces de las Islas Canarias - Catálogo comentado y ilustrado***«, F. Lemus Editor, Teneriffa 2002, ISBN 84-87973-16-7; €29; mit 443 Hochglanzfotos der über 600 Arten

Segeln

- Klaus Rhein: »**Die kanarischen Inseln und Madeira - Pläne und Fotos von Häfen und Ankerplätzen**«, Edition Maritim (Nautische Reiseführer), 3. Auflage Hamburg 1999.
- Jimmy Cornell: »**Atlantische Inseln - Revierführer**«, Pietsch Verlag Stuttagrt 1991

5

Hochseefischen

- »**Big Game - Erfolgreich Angeln**«, die große Blinker-Serie, Heft 18, Jahr-Verlag Hamburg

Tauchen

- Sergio Hanquet: »***Bucear en Canarias***«/«***Diving in Canaries***«, Arona/Tenerife 2000, der umfassendste Tauchführer für die Kanaren - leider nur auf Spanisch und Englisch, €29.
- F. Baringo: »**Tenerife - Tauchführer**« (3-sprachig), Teneriffa 1999, **Internet**: www.cuatrogrados.com/ponto.
- Die Meeresfauna bestimmt man optimal mit dem Buch von Peter Wirtz: »**Unterwasserführer/Fische – Madeira, Kanaren, Azoren**«; Verlag Stephanie Naglschmid, Stuttgart 1994.

Radfahren

- Renate Tarrach: »**Radwandern - Kanarische Inseln**«, Hayit-Verlag Köln, empfiehlt Radwanderungen über 4 der Kanaren
- Eberhard Schmitt: »**Teneriffa & Gomera per Rad**« (Cyclo-Reihe), Kettler Verlag, 1. Auflage Berlin 1997.

Sonstige Themen

Auswandern, Langzeiturlauben, Überwintern

- Sören Constantin: »**Kanarische Inseln - Ihre zweite Heimat**«, Pietsch-Verlag, Stuttgart 1. Auflage 2001, 224 Seiten

Alles über den Alltag auf den Kanaren; von der Miete über den spanischen TÜV bis zum Immobilienkauf.

Wanderführer

- Frank R. Scheck »**Wandern auf Teneriffa**«, wird allgemein positiv beurteilt; 35 Touren und gute Karten; Dumont. Köln 2000.
- Peter Mertz: »**Naturwanderführer Teneriffa**«, 19 Wanderungen mit Flora und Fauna, Einkehrmöglichkeiten. Mit separaten Wegbeschreibungen für die Jackentasche, Bruckmann 1999, €19,70.
- Klaus und Anette Wolfsperger: »**Teneriffa - die schönsten Tal- und Höhenwanderungen**«, Rother, München 1999
- Kompass: »**Wanderführer Teneriffa. Ausgewählt, begangen und beschrieben von Andreas Stieglitz**«, Stuttgart, 2. Auflage 1996.
- »***Guia de Senderos Tenerife***« (Spanisch), Gobierno de Canarias, Medioambiente, 1. Auflage 12/1995, 420 Seiten.
- Hsg. von der Naturschutzbehörde (*Medio Ambiente*): »***Senderos de Canarias***« **auf CD-ROM**: 104 per Satellit fotografierte Wanderrouten auf den Kanaren mit spanischer Weg-, Flora- und Fauna-Beschreibung. ISBN 84-920730-7-1, €30; zu beziehen über LEMUS in La Laguna, Calle Catedral 29, ✆ 922-25146.

Spezielle spanische Literatur, die man nicht bei seinem Buchhändler um die Ecke oder im Internet findet, bestellt man über folgende Adresse in La Laguna: **www.librerialemus.com**.

Führer für die staatlichen Picknick- und Campplätze

- »*GUIA - Canaria de Equipamientos en la Naturaleza*«, Hsg. *Medio Ambiente* (Umweltbehörde) der Kanarischen Regierung (*Gobierno de Canarias*), Gran Canaria 1997, 200 Seiten; Insel für Insel werden Seite für Seite die kanarischen Besucherzentren, Picknick- und Campingplätze (mit Foto, Lage Zufahrt und Telefon) aufgelistet. Durch die tabellarische Systematik auch ohne Spanischkenntnisse ein Tipp für Camper, Picknickfreunde und Wandergruppen.

Kanarische Küche

- José Louis Concepción: »**Typisch kanarische Küche - die besten Original-Rezepte, Nachspeisen und Liköre**«. Dieses Heft stellt in deutscher Sprache auf 87 Seiten die klassischen kanarischen Gerichte in ihrer überlieferten Zubereitung vor. Verlag *Associación Cultural de las Islas Canarias*, La Laguna, 12. Auflage 1999.

Landkarten

Das Straßennetz vor allem an mittleren Hängen der Nordküste ist verwirrend engmaschig und die Streckenführung oft unübersichtlich. Die Land- und Nebenstraßen-Nummerierung wurde wiederholt geändert und viele Hausnummern lauten »s/n« (sin número, ohne Nummer). Wer die ***Autopista del Norte*** Richtung Westen fährt, findet manchmal für die gleiche Ortsausfahrt eine andere *Salida*-Nummer als auf der Gegenrichtung nach Osten.

Straßen- und Ausfahrt-nummerierung

Routenbeschreibungen und -tipps brachten dadurch Autoren und Reiseführerleser gelegentlich zur Verzweiflung. Die Teneriffa-Kartenwerke haben allesamt Vorzüge und Nachteile. Zumindest bis Ende 2002 im Handel erhältliche Exemplare wiesen zum großen Teil Unstimmigkeiten bei der Straßennummerierung und den Nummern der Autobahnausfahrten auf. Nicht recht erklärlich sind auch die Unterschiede bei der Betonung von Ortschaften. Kleinste Dörfer erscheinen hier im Fettdruck, dort korrekt klein und fehlen anderswo ganz, während größere Orte in Ballungsgebieten auf einigen Karten kaum auszumachen sind.

Separate Karte dieses Buches

Diesem Reiseführer liegt eine Karte bei, die den meisten Urlaubern für Ausflüge über die Insel ausreichende Dienste leisten dürfte. Sie berücksichtigt die **neue Straßen-Nummerierung** des *Cabildo Tenerife*, die seit Herbst 2001 gilt. Die früher teilweise widersprüchliche und verwirrende Wegweisung ist damit ziemlich ausgeräumt.

Von in Deutschland erhältlichen Karten sind gut das Michelin-Blatt Nr. 222 »Teneriffa (mit La Gomera und La Palma)«, außerdem die »Wander- und Radtourenkarte Teneriffa« von Kompass.

Straßenkarte Teneriffa von RKH

Die **Teneriffa-Karte von Reise Know-How** (1:120.000) verzeichnet bereits die neue Nummerierung. Auch wegen ihrer Handlichkeit (90x72cm) ist sie für Autofahrer eine gute Wahl. Dank der eingezeichneten Höhenlinien und der Schummerung läßt sich auf einfachen Routen damit zur Not sogar wandern.

Wanderkarten **Neue Wanderkarten** (*Mapas Topográficos Nacional de España*: für Teneriffa 23 Blätter im **Maßstab 1:25.000**) kamen 2001 auf den Markt und lösten die alten Militärkarten endlich ab. Mit Höhenlinien in 50 m-Schritten und ausführlicher Legende – da lacht des Wanderers Herz. Zu erwerben in Santa Cruz z.B. in der ***Librería La Isla***; Vertrieb: ***Centro Nacional de Información Geográfica*** (CNIG), €3/Blatt. **Website**: www.cnig.ign.es

CD-ROM 1:10.000 Wer es noch genauer wissen will, wendet sich an das Kartografische Institut in Santa Cruz, Calle Panama 34 Naves 8 y 9 (*Polígono Costa Sur*, unterhalb des Friedhofes), ✆ 922-237860, Email: info@grafcan.rcanaria.es; **www.grafcan.rcanaria.es**.

Dort erhält man Teneriffa auf **62 Meßtischblättern** (1:10.000). Es gibt sie auch als CD-ROM zum happigen Preis von €30/Blatt! Zum Öffnen der Karten braucht man das Programm »AutoCad«.

Know-How auf einen Blick

Sylt
Syrien

Taiwan
Tansania, Sansibar
Teneriffa
Thailand
Thailand – Tauch- und Strandführer
Thailands Süden
Thüringer Wald
Tokyo
Toscana
Transsib
Trinidad und Tobago
Tschechien
Tunesien
Tunesiens Küste

Uganda, Ruanda
Umbrien
USA/Canada
USA, Gastschüler
USA, Nordosten
USA – der Westen
USA – der Süden
USA – Südwesten, Natur u. Wandern
USA SW, Kalifornien, Baja California
Usedom

Venedig
Venezuela
Vereinigte Arabische Emirate
Vietnam

Westafrika – Sahel
Westafrika – Küste
Wien
Wo es keinen Arzt gibt

Edition RKH

Abenteuer Anden
Burma – Land der Pagoden
Durchgedreht
Finca auf Mallorca
Geschichten/Mallorca
Goldene Insel
Mallorca, Leib u. Seele
Mallorquinische Reise
Please wait to be seated!
Salzkarawane, Die
Schönen Urlaub!
Südwärts Lateinamerika
Traumstr. Panamerikana
Unlimited Mileage

Praxis

Aktiv Algarve
Aktiv frz. Atlantikküste
Aktiv Gran Canaria
Aktiv Marokko
Aktiv Polen
All Inclusive?
Als Frau allein unterwegs
Bordbuch Südeuropa
Canyoning
Clever buchen/fliegen
Clever kuren
Daoismus erleben
Drogen in Reiseländern
Dschungelwandern
Essbare Früchte Asiens
Fernreisen a. eigene Faust
Fernreisen, Fahrzeug
Fliegen ohne Angst
Fun u. Sport im Schnee
Geolog. Erscheinungen
GPS f. Auto, Motorrad
GPS Outdoor
Heilige Stätten Indiens
Hinduismus erleben
Höhlen erkunden
Inline-Skaten Bodensee
Inline Skating
Internet für die Reise
Islam erleben
Kanu-Handbuch
Kommunikation unterw.
Konfuzianismus erleben
Kreuzfahrt-Handbuch
Küstensegeln
Maya-Kultur erleben
Mountain Biking
Mushing/Hundeschlitten
Orientierung mit Kompass und GPS
Paragliding-Handbuch
Pferdetrekking
Reisefotografie
Reisefotografie digital
Reisen und Schreiben
Respektvoll reisen
Richtig Kartenlesen
Safari-Handbuch Afrika
Schutz v. Gewalt/Kriminalität
Schwanger reisen
Selbstdiagnose unterwegs
Sicherheit/Bärengeb.
Sicherheit/Meer
Sonne/Reisewetter
Sprachen lernen
Survival/Naturkatastrophen
Tauchen kalte Gewässer
Tauchen warme Gewässer
Transsib – Moskau-Peking
Trekking-Handbuch
Trekking/Amerika
Trekking/Asien Afrika
Tropenreisen
Unterkunft/Mietwagen
Verreisen mit Hund
Vulkane besteigen
Wandern im Watt
Wann wohin reisen?
Was kriecht u. krabbelt in den Tropen
Wein-Reiseführer Dtschl.
Wein-Reiseführer Italien
Wildnis-Ausrüstung
Wildnis-Backpacking
Wildnis-Küche
Winterwandern
Wohnmobil-Ausrüstung
Wohnmobil/Indien
Wohnmobil-Reisen
Wracktauchen weltweit

KulturSchock

Afghanistan
Ägypten
Brasilien
China, VR/Taiwan
Golf-Emirate, Oman
Indien
Iran
Islam
Japan
Jemen
Leben in fremden Kulturen
Marokko
Mexiko
Pakistan
Russland
Spanien
Thailand
Türkei
Vietnam

Wo man unsere Reiseliteratur bekommt:

Jede Buchhandlung der BRD, der Schweiz, Österreichs und der Benelux-Staaten kann unsere Bücher beziehen. Wer sie dort nicht findet, kann alle Bücher über unsere Internet-Shops unter **www.reise-know-how.de** oder **www.reisebuch.de** bestellen.

RKH Reiseführer für Nordamerika

Ute Ritzenhofen

Florida

Von Key West bis New Orleans

Florida auf neuestem Stand: Nicht nur Strände, High-Life, Disney- und Amusementparks, sondern auch Natur satt mit exotischer Flora und Fauna in Mangrovensümpfen, an glasklaren Quellflüssen und am sagenumwobenen Suwanee River. Dazu alte Historie, Multikulti, Architektur und Musentempel. Als Kontrapunkt Weltraum- und Militärtechnik hautnah. Landeskunde und ausführlicher Serviceteil mit jeder Menge Unterkunfts- und Restauranttipps.

ca. 400 Seiten, 22 Karten, 150 Farbfotos, herausnehmbare Karte für Florida und die Golfküste

ISBN 3-89662-187-4 € 19,90 (D)

M. Brinke, P. Kränzle, H.-R. Grundmann

USA, der große Süden

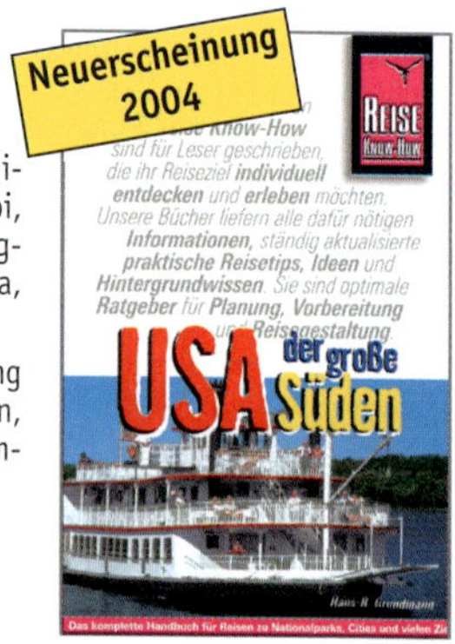

Ein Führer durch die klassischen Südstaaten – Virginia, die Carolinas, Tennessee, Georgia, Mississippi, Louisiana, Alabama – und darüberhinaus: Washington DC mit Zielen in Maryland und Pennsylvania, Kentucky und Florida.

Ausführlicher Teil zu Planung und Vorbereitung einer Reise auf eigene Faust durch den USA-Süden, ausgewählte Übernachtungsmöglichkeiten und Camping, *Southern Drawl*: Süd-Sprachführer.

ca. 600 Seiten, 36 Karten, über 200 Farbfotos, separate Karte USA-Südstaaten.

ISBN 3-89662-175-0 € 22,50 (D)

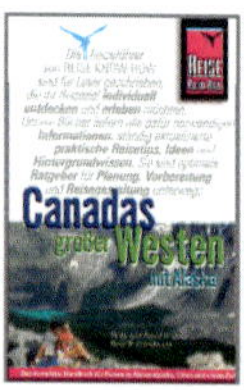

Alphabetisches Register - Index

Im Register finden sich alle Ortsnamen, Sehenswürdigkeiten und geographischen Bezeichnungen ebenso wie alle wichtigen Sachbegriffe. Die häufig anzutreffende Unterscheidung zwischen Sachregister und geographischem Index wurde hier aus praktischen Erwägungen aufgegeben. Egal, wonach man sucht, alles ist unterschiedslos alphabetisch eingeordnet, wobei heißt:

Fette Seitenzahl bei Angabe mehrerer Seiten: ausführlichste Nennung.

REISE KNOW-HOW
reisebuch.de
Schnell. Direkt. Informativ.
Reisetipps
Hintergrundinformationen
Schnäppchenmarkt
Reiseführer
Spezial-Reiseziele
Sprachführer
persönliche Erfahrungen
Reiseführer zum Download
Novitäten
Service
Nützliche Links
„Mit fast 200 Titeln
deckt Reise Know-How
mehr Gebiete
auf dem Globus ab
als jede andere
deutschsprachige
Reiseführer-Reihe
für Individualtouristen"
Kapstadt, Garden Route & Kap-Provinz
Wandern auf Mallorca
PLEASE WAIT TO BE SEATED
USA der ganze Westen
www.reisebuch.de